Wilde Streiks im Wirtschaftswunder

AF799308

Campus Forschung
Band 927

Peter Birke, Dr. phil., Historiker, ist Lehrbeauftragter an der Universität Hamburg.

Peter Birke

Wilde Streiks im Wirtschaftswunder

Arbeitskämpfe, Gewerkschaften und soziale Bewegungen in der Bundesrepublik und Dänemark

Campus Verlag
Frankfurt/New York

Bibliografische Information der Deutschen Nationalbibliothek
Die Deutsche Nationalbibliothek verzeichnet diese Publikation in der Deutschen Nationalbibliografie; detaillierte bibliografische Daten sind im Internet unter http://dnb.d-nb.de abrufbar.
ISBN 978-3-593-38444-3

Das Werk einschließlich aller seiner Teile ist urheberrechtlich geschützt. Jede Verwertung ist ohne Zustimmung des Verlags unzulässig. Das gilt insbesondere für Vervielfältigungen, Übersetzungen, Mikroverfilmungen und die Einspeicherung und Verarbeitung in elektronischen Systemen.
Copyright © 2007 Campus Verlag GmbH, Frankfurt/Main
Printed in Germany

Besuchen Sie uns im Internet: www.campus.de

Kontakt: Werderstr. 10, 69469 Weinheim, info@campus.de

Inhalt

Einleitung 8

I. Kontexte und Subtexte

1. Thesen und Texte 12

Arbeitskämpfe im Wohlfahrtsstaat 14 · Streiks als »Motor des Wandels« 17 · Bundesdeutsche und dänische Streikforschung seit 1970 24 · Neue Debatten: Lokale Konflikte und transnationale Arbeitskämpfe 28

2. Methoden 35

Deutsch-dänische Ungleichzeitigkeit 35 · Statistiken und Archive 39 · Aufbau der Studie 42

II. Kalter Krieg am Arbeitsplatz, 1950 bis 1957

1. Wilde Streiks im bundesdeutschen Boom 44

Der Kampf um die Betriebsverfassung 47 · Tarifpolitik als Ausweg? 50 · Hintergründe des sinkenden Streikvolumens 55 · Die »expansive Lohnpolitik« 58 · Kommunisten und Halbstarke? Die wilden Streiks im Sommer 1955 61 · Der Schleswig-Holstein-Streik von 1956/57 67

2. Warten auf das Wunder: Wilde Streiks in Dänemark 70

»Produktionslinie« und Gewerkschaftspolitik 73 · Notizen aus der Provinz 77 · Der Philipsstreik von 1954 80 · Der Massenstreik von 1956 und die Folgen 84

3. Die wilden Streiks bis 1957 im deutsch-dänischen Vergleich 90

III. Wilde Streiks in »dynamischen Zeiten«, 1958 bis 1963

1. Die »Lokalisierung« der Streiks in der Bundesrepublik 92

Die Anfänge der »wissenschaftlichen Lohnpolitik« 93 · Soziale Bewegungen und wilde Streiks 100 · Neue Ansprüche: Lokale Arbeitskämpfe 106 · »Tempo, Tempo«: Der Kampf um die »Poren des Arbeitstages« 112 · »Untypische« Arbeitskämpfe 117 · Metallarbeiterstreik und Einkommenspolitik 122

2. Unruhen im Boom: Dänische Streikgeschichte um 1960 125

Die »zweite industrielle Revolution« 126 · Arbeitskämpfe bis zur Streikwelle von 1960 130 · Dänische Massenarbeiterinnen im Arbeitskampf 135 · Getrennte Welten: Die wilden Streiks und die Neue Linke 142 · Der tarifliche Massenstreik von 1961 146 · Auf dem Weg zur Verstaatlichung der Tarifpolitik 151

3. Die Neuzusammensetzung der Arbeitskämpfe im Vergleich 154

IV. Zwischen Rezession und Rebellion: Streiks vor »1968«

1. Betriebsnahe Tarifpolitik und wilde Streiks in der Bundesrepublik 158

Wilde Streiks als »zweite Lohnpolitik« 159 · Die »Ford-Aktion« 163 · Zwischen »IG Krawall« und Sozialpartnerschaft 168 · Konzertierte Aktion, Weißbücher und eine Streikwelle 171 · Die Kämpfe bei Hanomag als Beispiel 175 · Arbeitskämpfe am Vorabend des Mai 1968 179 · APO und Gewerkschaften im Mai 182

2. Arbeitskämpfe und »Arbeiterregierung« in Dänemark 191

Die »goldenen« Jahre der Tarifpolitik 195 · Wilde Streiks in »streikfreien« Zeiten 197 · Die Krise bei B&W und die Tarifrunde von 1967 203 · »Arbeiterregierung« und soziale Bewegungen 205 · Der Mai 1968 in Dänemark 208

3. Der Mai 1968 im deutsch-dänischen Vergleich 212

V. Zwei Länder in der »europäischen Streikwelle«

1. Die Veränderung des Standortes 216

2. Die Septemberstreiks in der Bundesrepublik 218

Von der »Initialzündung« bei Hoesch bis zur Streikwelle 220 · Die Septemberstreiks jenseits der Stahlindustrie 230 · Migrantisch geprägte Septemberstreiks 235 · Wilde Streiks und Konzertierte Aktion 238 · Die Septemberstreiks und die Linke 243

3. Die »Eine-Krone-Streiks« in Dänemark 249

Die »schleichende« Streikwelle 252 · Die »Kronenkampagne« bis zum Februar 1970 259 · Proteste gegen Repressionen 265 · Die Streikwelle und die Linke 267

4. Lokale Streiks in einer transnationalen Streikwelle 271

VI. Am Ende des »Goldenen Zeitalters«: Wilde Streiks bis 1973/74

1. Die bundesdeutsche Streikwelle von 1973 und ihre Vorgeschichte 274

Wilde Streiks, Warnstreiks und »offensive Tarifpolitik« 277 · Tarifstreiks bis zur »Gegenwehr« der Unternehmer 283 · Die wilden Streiks von 1973 287 · Zum Beispiel Opel Bochum 292 · Migrantisch geprägte Streiks 296

2. Dänemark: Wilde Streiks als soziale Bewegung 305

Akkordhetze und »Fachkritik« 308 · Arbejdersolidaritet *als Selbstorganisation 314 · »Porzellandamen« im Arbeitskampf 316 · Die Konflikte verschärfen sich 322*

3. Wilde Streiks vor der Weltwirtschaftskrise 326

VII. Ausblick 329

Die Transformation der Arbeitskämpfe 330 · Die Diffusion der wilden Streiks 336 · Arbeitsbeziehungen und Arbeitskämpfe 340 · Am Ende einer Epoche 349

Anhang

Quellen- und Literaturverzeichnis 352
Abkürzungsverzeichnis 372
Tabellenverzeichnis 376

Einleitung

Welche Erzählung über die Revolten in der jüngsten Geschichte würde nicht im Mai 1968 beginnen, auf den Barrikaden des Pariser Quartier Latin? Die Räumung der Sorbonne, die überall zu hörende Forderung nach »Selbstverwaltung«, die Debatten in den besetzten Theatern der französischen Hauptstadt haben die Bilderwelt geprägt, die mit der Chiffre »1968« assoziiert wird. Das hat auch damit zu tun, dass sich die Pariser Proteste in ungeheuer kurzer Zeit im ganzen Land verbreiteten und nicht auf die Universitäten beschränkt blieben: Der wilde Streik, der im unmittelbaren Zusammenhang mit den Straßenkämpfen begann und an dem sich bis zu zehn Millionen beteiligten, war das wohl stärkste Signal für die Überschreitung sozialer Grenzen. Schon in den zeitgenössischen sozialen Bewegungen wurde dieser Arbeitskampf stark beachtet. Die Streiks und Fabrikbesetzungen, die gegen den dezidierten Willen des größten Teils der französischen Richtungsgewerkschaften zu Stande gekommen waren, galten als Modell der Spontaneität, Selbstständigkeit und Autonomie – Werte, die auch in den neuen Jugendbewegungen hoch im Kurs standen. Durch den Einmarsch der Truppen des Warschauer Pakts in die Tschechoslowakei im August 1968 wurden die Versuche mit der betrieblichen Selbstverwaltung dort zurückgedrängt. Dagegen nahmen in vielen westeuropäischen Ländern die offenen Arbeitskämpfe auch danach zu. Dass ein großer Teil dieser Streiks auch in den parlamentarisch verfassten Staaten »informell« beziehungsweise illegalisiert war, ließ Assoziationen zu der Streikwelle in Frankreich zu. Verstärkt wurde dieser Eindruck dadurch, dass einige der Arbeitskämpfe durch Frauen, Migrantinnen und Migranten und junge Leute geprägt wurden. Die Ausbreitung und Verselbstständigung der Kämpfe ging mit ihrer Differenzierung einher.

Diese offene Situation und die in ihr sichtbare Neuzusammensetzung der sozialen Konflikte war Ausgangspunkt meiner Neugier auf eine intensive Beschäftigung mit der Geschichte der wilden Streiks. Die Arbeitskonflikte schienen mir ein Thema zu sein, das einen anderen Blick auf »1968« ermöglichen könnte als in der bundesdeutschen Forschung üblich. Mich interessierte auf der einen Seite, wie diese Konflikte jenseits der Fabrik wirkten, und auf der anderen Seite, wie die neuen sozialen Bewegungen sich in den Fabriken geltend machten. Ich nahm an, dass es genügend Spuren und Hinweise geben müsste, um diese Frage anhand der wilden Streiks zu untersuchen. Ich nahm mir vor, dies nicht anhand des französischen oder italienischen Beispiels zu diskutieren, sondern anhand zweier Länder, die eher, wie es der Titel einer Studie von Marcia Tolomelli paraphrasiert, für die »repressive Trennung« als für die »organische Verbindung« der Proteste bekannt sind. Damit begannen die Probleme …

Das erste Problem: Man könnte meinen, dass die »1968er« zumindest in der Bundesrepublik so gut »beforscht« sind, dass es irgendwo mal ein Projekt mit Namen »1968 in der Fabrik« gegeben haben müsste. Tatsächlich werden nicht nur die Verweigerung der Arbeit und die Proteste der Arbeiterinnen und Arbeiter, sondern das Thema »Arbeit« überhaupt in der Debatte um »1968« fast nie berührt. Selbst die Produktions- und Reproduktionsverhältnisse, die das Leben der sagenhaften »Akteure« des Aufstandes bestimmt haben müssten, kommen so gut wie nicht vor. Wilde Streiks? Ebenfalls ein »blinder Fleck« in der aktuellen Forschung. Die vorliegende Arbeit ist leider die erste systematisch zusammenfassende Studie über die »illegalen« Arbeitskämpfe in der Zeit von 1950 bis 1973. Dies ist ein Grund dafür, dass vieles, was hätte genauer ausgeführt werden müssen, im Folgenden nur skizziert wird. Ich bitte um Nachsicht und verweise auf die auch in diesem Text eingehaltene Konvention, am Ende offene Fragen zu präsentieren. Das zweite Problem liegt im Gegenstand dieser Arbeit selbst. Natürlich ist es kein Zufall, dass die meisten Menschen, denen ich in den vergangenen Jahren erzählt habe, dass ich mich mit »wilden Streiks« in der Bundesrepublik und Dänemark befasse, erstmal mit zweieinhalb Worten reagiert haben: »Gab's das?« Im Alltagsverständnis handelt es sich bei Arbeitskämpfen nicht um »geschichtsbildende« Ereignisse; dass Zahl und Ausmaß der Streikbewegungen in der Bundesrepublik in den letzten etwa zwei Jahren erheblich zugenommen haben und Dänemark ohnehin seit langem an der Spitze der europäischen Streikstatistik steht, ändert daran nichts. Das allgemeine Bewusstsein pflegt sich langsamer umzuwälzen als die gesellschaftlichen Verhältnisse. In Bezug auf die Geschichte der wilden Streiks geht es aber nicht nur darum, dass diese Kämpfe »vergessen« wurden. Die kollektiven Gedächtnislücken haben auch etwas mit den historischen Konjunkturen der Arbeitskämpfe selbst zu tun.

Gerade der Blick auf den Mai 1968 bestätigt das. Die merkwürdige Verschiebung, die den Zusammenhang zwischen sozialen Bewegungen und Arbeitskämpfen in der Bundesrepublik und Dänemark prägte, zeigte sich in diesem Monat besonders drastisch. Dass biographische Texte Marke »Rudi« oder »Dany« auf dem bundesdeutschen Buchmarkt erheblich höhere Auflagen erzielen als Texte über soziale Konflikte, an denen hunderttausende Menschen beteiligt waren, liegt nicht allein daran, dass Ikonen interessanter sind als Konflikte. Es liegt auch daran, dass in jenem mythischen Mai die Hoffnung auf eine Ausbreitung der Streiks nach Nordeuropa enttäuscht wurde. Als die Beschäftigten der Flugzeugwerke Sud-Aviation in Bouguenais am 14. Mai ihren Betrieb besetzten und damit den Massenstreik in Frankreich einläuteten, hatten bundesdeutsche APO-Bewegte einen »Generalstreik« gegen die Notstandsgesetze gefordert. Doch während die französischen Arbeitsniederlegungen ungeahnte Ausmaße annahmen, blieben die Proteste in der Bundesrepublik auf einige Dutzend Betriebe beschränkt. Als die Streiks in Frankreich mit Lohnerhöhungen besänftigt wurden, die bis heute eine Rekordmarke darstellen, unterschrieb die IG Metall einen auf »Sozialpartnerschaft« und Lohnzurückhaltung abgestimmten Tarifvertrag. Die bundesdeutsche Presse bejubelte den Triumph über »englische Krankheit« und »französische Unvernunft«. Die Passivität der bundesdeutschen Metallarbeiter schien einmal mehr das Bild von deren »Entpolitisierung« zu bestätigen.

In unserem nördlichen Nachbarland waren die Verhältnisse vielleicht sogar noch weniger »revolutionär«. Nicht, dass es dort im Mai 1968 keine soziale Bewegung gab. Doch während in der französischen Hauptstadt Barrikaden gebaut wurden, verhandelten die dänischen Studierenden schiedlich-friedlich mit dem Direktor der Kopenhagener Universität über die Demokratisierung der Hochschule. Dabei trafen sie auf einen ehemaligen Widerstandskämpfer, bei dem sie mit ihrem Anliegen offene Türen einrannten. Die Besetzung einiger Institute wurde vergleichsweise rasch beendet. Fast am selben Tag protestierten die Gewerkschaften gegen ein Streikverbot, das die Ende 1967 an die Macht gelangte bürgerliche Regierung verhängt hatte. 30.000 Menschen beteiligten sich, vor allem aus der linken Gewerkschaftsszene. Studierende und Jugendbewegte allerdings waren auf dieser Demonstration kaum zu sehen.

Ein Jahr später hatte sich dieses Bild völlig verändert. Dänische wie bundesdeutsche Studierende begannen, sich intensiv mit Arbeitsbedingungen und Arbeitskämpfen zu befassen. Dabei wirkten die Streiks in Frankreich und die Rolle der Studierenden bei den Arbeitskämpfen in Italien inspirierend. Noch wichtiger war jedoch, dass im Laufe des Jahres 1969 auch die Länder diesseits der Alpen von der »europäischen Streikwelle« erfasst wurden. Im September streikten bundesdeutsche Beschäftigte massenhaft, ohne vorher die Gewerkschaft zu fragen. Und zum Jahresende breitete sich die »englische Krankheit« auch in Dänemark aus. Aufgrund ihrer »Verspätung« schienen diese Arbeitskämpfe weniger bedeutend als in anderen europäischen Ländern zu sein. Manchmal erschienen sie sogar als »Nachahmung« der studentischen Proteste. Doch dieser Eindruck täuschte. Die Aktionen von 1969, die in Nordeuropa wie das plötzliche Erwachen eines Riesen rezipiert wurden, verwiesen formal und inhaltlich auf eine lange, »diskrete« Vorgeschichte. Um Mystifizierungen zu vermeiden, ist es wichtig, diese Kontinuitäten im Detail zu untersuchen. Tatsächlich handelt es sich hier um eine »eigene Geschichte«, in der der Einfluss der neuen Jugendbewegungen relativ gering war.

Mit dieser Periodisierung schließe ich an aktuelle Ansätze in der Forschung an, die die Frage, »wo 1968 liegt«, anhand einer Erzählung über die »langen 1960er Jahre« beantworten und sich zugleich den kulturellen und alltäglichen Aspekten der Revolte zuwenden. Aus meiner Sicht steht diese Erweiterung nicht unbedingt dem Wunsch entgegen, den historischen Bruch zu betonen, den die vielfältigen Protestbewegungen der 1960er und 1970er Jahre in- wie außerhalb der Universitäten bedeuteten. Es handelt sich vielmehr um die Suche nach den Wurzeln der Revolte, nach der Kontinuität jener »atemberaubenden Mitteilungen auf hektographierten Blättern« und »immer neuen Orten, an denen Unerhörtes geschah«[1]. Auch in dieser Hinsicht ist es interessant, sich mit Stechuhren und Fließbändern, Arbeitsmigration und Lohndiskriminierung, wilden Streiks und blauen Montagen – kurz, mit dem Zusammenhang von Arbeitskämpfen und Sozialprotesten zu befassen.

Doch bevor ich dazu komme, möchte ich mich bei Axel Schildt als Betreuer und Klaus Weinhauer als Zweitkorrektor dieser Arbeit bedanken, die im März 2006 im Fachbereich Philosophie und Geschichtswissenschaften der Universität Hamburg als Dissertation angenommen worden ist. Dieser Text wäre nicht zustande gekommen, wenn nicht weitere Menschen geholfen hätten: So wurde er von Marion Fisch, Stefanie Graefe und Henning Herrmann gelesen und kritisiert. Erwähnen möchte ich zudem die herausragende Betreuung durch die Mitarbeiterinnen und Mitarbeiter von *Arbejderbevægelsens Bibliotek og Arkiv* in Kopenhagen, die Unterstützung durch die Rosa-Luxemburg-Stiftung und, last but not least, durch meine Eltern. Ebenso exzellent war die in meinem näheren sozialen Umfeld in der allzu lange dauernden »letzten Phase« der Arbeit gezeigte Geduld. Danken möchte ich zudem den Kolleginnen und Kollegen, die mein Wissen über Arbeitskämpfe während meiner zehnjährigen Tätigkeit als Offsetdrucker bereichert haben. Widmen möchte ich dieses Buch meiner Urgroßmutter Helene Nagelschmidt, die viel über Revolutionen und ihre glücklichen wie tragischen Folgen wusste, obwohl sie nie ein Wort darüber geschrieben hat.

1 Schulenburg, *Welt verändern*, S. 6.

I. Kontexte und Subtexte

> Die neue Erfindung der Luftfahrt wird alle Barrieren niederreißen, die bisher den Menschen gebunden haben, und sie wird vollständige Freiheit erlauben! Zuallererst aber wird sie das unsichtbare und doch allumfassende, einengende Band zerstören, das die Arbeiter an das Kapital fesselt. Ein Mensch, der sich heute weigert, gegen Lohn zu arbeiten, hat tatsächlich keinen anderen Ausweg als zu sterben oder sich ins Gefängnis beziehungsweise ins Armenhaus einschließen zu lassen. All dies wird mit einem Male anders werden, wenn ein Arbeiter, der sich weigert, in die Fabrik einzutreten, eine Flugmaschine oder ein Luftschiff findet, das ihn hinauf in den Raum trägt.
>
> *A. Loria, Die soziale Bedeutung der Luftfahrt, 1910*[1]

1. Thesen und Texte

Was in diesem Buch dargestellt wird, ist eine Teilgeschichte der Sozialproteste zwischen Mitte der 1950er und der 1970er Jahre. Es geht um Streikbewegungen, die zumindest offiziell nicht von den Gewerkschaften organisiert wurden. Je nach politischer und diskursiver Setzung wurden solche Streiks als »spontan«, »wild«, in Dänemark auch als »tarifwidrig« (*overenskomststridig*) bezeichnet. Die Bezeichnungen waren eng mit juridischen Definitionen verbunden. In Dänemark herrschte seit dem »Septembervergleich« zwischen Arbeitgebern und Gewerkschaften von 1899 ein gewerkschaftliches »Streikmonopol«, das die Legitimität und Legalität von Arbeitsniederlegungen auf die zwischen den Arbeitsmarktparteien abgeschlossenen Kollektivverträge begrenzte. Alle anderen Streiks, besonders solche, die während der in diesen Verträgen vereinbarten Friedenspflicht stattfanden, sollten mit aktiver Mithilfe der Gewerkschaften sanktioniert werden. Damit waren die Gewerkschaften als Verhandlungspartner anerkannt, hatten aber zugleich die Rolle eines »Aufpassers« akzeptiert, der gerufen werden konnte, wenn die Arbeitskonflikte drohten, »aus dem Ruder zu laufen«. Mit gewissen Einschränkungen blieb diese Art der Arbeitsteilung selbst in der Zeit der deutschen Besatzung von 1940 bis 1945 erhalten. Ein ähnliches Verhältnis zwischen Arbeitgebern und Gewerkschaften existierte in der Bundesrepublik erst nach 1949. Das gewerkschafliche »Streikmonopol« wurde hierzulande in den 1950er Jahren nach und nach kodifiziert. Seitdem ist das Streiken an durch das Bundesarbeitsgericht ausgeführte Regeln gebunden,

1 Zit. nach Sørensen, *Fængelsesoptagelser*, S. 557. Das Zitat ist dem Kommentarband der dänischen Ausgabe von Gramscis Gefängnisheften entnommen. Wenn nicht ausdrücklich erwähnt, sind Übersetzungen aus den skandinavischen Sprachen von mir angefertigt.

die die »Angemessenheit« der Arbeitskämpfe, vor allem die Verknüpfung mit Tarifvertrag und Friedenspflicht, definieren. Nach den Erfahrungen der Weimarer Republik und des Nationalsozialismus ist allerdings (bis heute), anders als in Dänemark, keine staatliche Zwangsschlichtung eingeführt worden. Wilde Streiks sind Arbeitskämpfe, die den Rahmen überschreiten, den die Friedenspflicht vorgibt. Dabei handelt es sich nicht einmal zwingend um »offene« oder öffentlich sichtbare Aktionen. Gerade der illegalisierte oder halblegale Charakter dieser Formen macht es vielmehr aus Sicht der Beschäftigten häufig nötig, sie zu »verstecken«. Zu wilden Streiks gehören insofern auch Formen wie das *Go slow*, die »Arbeit nach Vorschrift« oder, wie in den letzten Jahren in der Bundesrepublik häufig praktiziert, die »ausgedehnte Betriebsversammlung«. Wilde Streiks sind einerseits schwer zu fassen und zu definieren, andererseits sind sie auch deshalb von großem Interesse, weil sie ein Scharnier zu Formen der individuellen Zurückhaltung der Arbeitskraft bilden, das heißt zu Auseinandersetzungen, die alltäglich und jenseits der Aufmerksamkeit der allgemeinen (oder sogar der lokalen, betrieblichen) Öffentlichkeit stattfinden.

Insbesondere in der gewerkschaftsnahen Debatte wurde die Bezeichnung »wilde« Streiks meist abgelehnt, da sie einerseits von den Arbeitgebern, andererseits von der studentisch geprägten und gewerkschaftskritischen Linken verwendet wurde. Wie also sollte diese Form des Arbeitskampfes bezeichnet werden? Zuschreibungen wie »spontan« oder »tarifwidrig« sind noch unbefriedigender, denn sie enthalten jeweils eine Definition, die nicht den gesamten Gegenstand umfasst, um den es im Folgenden geht. So bezeichnet die Zuschreibung »tarifwidrig« den Bruch der in den Verträgen von Gewerkschaften und Arbeitgebern eingegangenen Friedenspflicht. Wie weit diese Friedenspflicht reichte, war (und ist) sowohl in Dänemark als auch in Deutschland immer umkämpft gewesen und unterlag deshalb wechselnden Definitionen. Je nach politischer Setzung erschienen solche Streiks als legitim oder illegitim, die Bezeichnung »tarifwidrig« blieb vor allem in Dänemark immer eine merkwürdige Mischung aus Definition, Straftatbestand und Kampfbegriff. Ebenso unzureichend ist die eher in der bundesdeutschen Debatte gängige Bezeichnung »spontane Streiks«. Die Opposition zwischen Spontaneität und Organisierung verdeckt den Zusammenhang, dass ohne spontane Entschlüsse kollektive Organisierung kaum denkbar wäre. In diesem Buch geht es um ein schillerndes und historisch sich veränderndes Phänomen, die Verweigerung der Arbeit in unterschiedlichem Ausmaß und unterschiedlichen Formen, verbunden mit einem höchst unterschiedlichen Grad an öffentlicher Beachtung, eher um eine Herausforderung oder Frage als um einen Begriff: Wer kontrolliert die Arbeitsbedingungen? Es geht also um wilde Streiks.

Warum traten wilde Streiks, warum trat die Frage nach der Kontrolle der Arbeitsbedingungen und nach den Machtverhältnissen im Arbeitsprozess in den »goldenen Jahren« der 1950er bis 1970er überhaupt auf? Immerhin handelt es sich um knapp drei Jahrzehnte, die im Rückblick oft als Idylle allgemeinen Wohlstands und sozialfriedlicher Verhältnisse gelten. Wilde Streiks im Wirtschaftswunder – gab es das überhaupt? Und warum ausgerechnet in der Bundesrepublik oder in Dänemark, in Ländern also, in denen Staat und Arbeitsmarktparteien intensive Beziehungen pflegten und in denen noch weitere Spielräume für soziale Verbesserungen bestanden als anderswo? Wieso wurde in einem Land mit »vorbildlicher« Betriebsverfassung, im international bewunderten »rheinischen Kapitalismus« oder gar im »skandinavischen Wohlfahrtsstaat« überhaupt gestreikt? Wieso artikulierten sich Arbeiterinnen und Arbeiter in diesen im Rückblick glücklichen Verhältnissen jenseits der betrieblichen Mitbestimmung und der tarifpolitischen Kanäle? Und kann man behaupten, dass die wilden Streiks irgendeine wichtige historische Rolle spielten, zumindest in Bezug auf die Veränderung der Formen, die betriebliche Modernisierungsprozesse annahmen? Im Folgenden werde ich zu diesen Fragen einige Thesen formulieren. Sodann komme ich darauf zu sprechen, welche Antworten die Forschung der letzten Jahrzehnte gegeben hat, von der Industriesoziologie der 1950er Jahre bis zur aktuellen Historiographie. Im zweiten Abschnitt dieses Kapitels werde ich dann das Problem der »Vergleichbarkeit« diskutieren. Am Ende des Kapitels werde ich schließlich transparent machen, mit welchen Quellen und Materialien ich gearbeitet habe, sowie den Aufbau der Studie erläutern.

Arbeitskämpfe im Wohlfahrtsstaat

In der Zeit zwischen etwa 1955 und 1973 stiegen sowohl in Dänemark als auch in der Bundesrepublik die absolute Zahl und der Anteil der wilden Streiks an den Arbeitsniederlegungen an. Die Bedeutung der dezentralen Arbeitskämpfe wuchs, mitten im Boom, mitten in einer Zeit der »historischen Fortschritte«. Gewerkschaften und Arbeitgeber waren irritiert, Politiker wetterten über die »Maßlosigkeit«, die sich vermeintlich unter anderem in den wilden Streiks ausdrückte. Dass die Streikenden, wo sie sich ausnahmsweise überhaupt öffentlich äußerten, dies in Begriffen taten, die dem wohlfahrtsstaatlichen Diskurs entnommen waren, änderte daran nichts: Auch wo es auf den ersten Blick lediglich um höhere Löhne, »soziale Symmetrie« oder »echte Mitbestimmung« ging – wilde Streiks wurden gleichwohl als Verstoß gegen den »sozialen Frieden« gewertet, der in Ländern wie Dänemark und der Bundesrepublik als Kernstück der Regulation der Arbeitsbeziehungen galt.

Wilde Streiks sind meines Erachtens ein Indikator dafür, dass das, was in der sozialwissenschaftlichen Literatur – in Opposition zur derzeitigen sich schnell verändernden Arbeitswelt – als relativ stabile Situation begriffen wird, nicht nur in ihrer Entstehungsgeschichte, sondern auch auf ihrem Höhepunkt in den »goldenen« 1960er Jahre sowohl umkämpft als auch veränderlich war. Tatsächlich wirkten die sozialen Verbesserungen des »goldenen Zeitalters« – Lohnerhöhungen, Arbeitszeitverkürzung, Wohlfahrtsstaat – nicht nur in eine Richtung, nicht nur »stabilisierend«; im Gegenteil, sie erzeugten auch neue, erweiterte Ansprüche, die tendenziell über das Sich-Abfinden mit dem Dasein als Lohnarbeiter(-in) oder gar als Fabrikarbeiter(-in) hinauswiesen. Indem sie sich mit einer ihrer Ausdrucksformen, den wilden Streiks, beschäftigt, geht die vorliegende Arbeit zugleich den Spuren einer anderen »moralischen Ökonomie« nach, die die angehäuften Reichtümer des Nachkriegsbooms für sich reklamierte und die der staatlichen Sozialpolitik innewohnenden egalitären Ansprüche mit einem eigenen Sinn versah.[2]

Dass die wilden Streiks, insbesondere jene zwischen etwa 1955 und 1967, in der Forschung bis heute fast gar keine Rolle gespielt haben, hat wesentlich damit zu tun, dass noch im so genannten »Postfordismus« die Modelle und Begriffe der »fordistischen« Periode hegemonial geblieben sind. Dazu gehört die Vorstellung, dass Arbeitskämpfe in der genannten Periode eine untergeordnete Rolle gespielt haben. Explizit wird dies im »nordeuropäischen Modell«, das Shorter und Tilly am Ende des »sozialfriedlichen« Jahrzehntes der 1960er Jahre entworfen haben:[3] Die These war, kurz zusammengefasst, dass Arbeitskämpfe in Deutschland und den skandinavischen Ländern durch die Beteiligung von Gewerkschaften und Sozialdemokratie an der Gestaltung der »nachfrageorientierten« Wirtschaftspolitik in aller Regel durch andere Formen der Interessenwahrnehmung ersetzt wurden. Der hohe Organisationsgrad der nordeuropäischen Gewerkschaften und die sozialdemokratische Präsenz in Regierungen gilt dieser These als Ausdruck einer doppelt glatten »Repräsentanz«: Weder soziale Verwerfungen zwischen Organisierten und organisierender Bürokratie noch unterschiedliche Interessen der Beschäftigten kommen in ihr vor. Auch wenn die (nord-)europäische Streikwelle das »Modell« nur ein paar Monate nach der Veröffentlichung des Buches von Shorter und Tilly

2 Zu den Ambivalenzen einer »moralischen Ökonomie«, die einerseits den Logiken der Inwertsetzung entgegengesetzt ist, andererseits durchaus nicht per se mit emanzipatorischen Anliegen gleichgesetzt werden kann, vgl. Thompson, *Die »moralische Ökonomie«*, S. 66–72.

3 Dies wird ausführlich entwickelt in: Shorter/Tilly, *Strikes in France*, S. 318–331, zum »nordeuropäischen Modell« s.: S. 328.

dementierte, hat sich das Denken in der Opposition von »sozialfriedlichen Nordeuropäern« und »streikbereiten Südeuropäern« bis heute erstaunlich hartnäckig gehalten.[4]

Dass die Dezentralisierung der Arbeitskämpfe im »goldenen Zeitalter« bis heute wenig thematisiert wird, hat allerdings noch einen weiteren Grund. Für die Linke, zu der sich die meisten Menschen zähl(t)en, die sich forschend mit Streiks befassten, war »Dezentralisierung« lange Zeit identisch mit »Schwächung«. Die Abnahme der zentralisierten Massenstreiks, die in 1950er Jahren im Vergleich zu den großen Streikbewegungen der unmittelbaren Nachkriegszeit zu beobachten war, wurde als »Passivität« interpretiert. Wilde Streiks galten als Ausnahme, die diese Regel bestätigt, zumal wenn sie von »untypischen« Gruppen wie Frauen und Migranten geprägt wurden. Solche Aktionen passten nicht zu der Vorstellung, dass die Emanzipation der Arbeiterinnen und Arbeiter vor allem »Einheit« erfordere. Zudem griffen die lokalen Kämpfe nicht selten die innergewerkschaftliche und innerparteiliche Autorität der fast ausschließlich männlichen und oft hoch qualifizierten »Kerngruppen« an, die nicht nur die wichtigste soziale Basis der meisten europäischen Arbeiterparteien und Gewerkschaften, sondern traditionell auch diejenigen Gruppen waren, aus denen sich Kader und Funktionäre rekrutierten. Die Abwertung der lokalen und »unverbundenen« Kämpfe, die in diesen Kreisen vorherrschend war, war bis zu einem gewissen Grade unabhängig von deren politischer Provinienz: So konnten auch (partei)kommunistische Funktionäre, der offiziellen Rhetorik zum Trotz, oft wenig bis gar nichts mit lokalen wilden Streiks anfangen, wenn diese nicht in ihr politisches Konzept passten. Der Kalte Krieg und die durch ihn hervorgebrachten Polarisierungen trugen dazu bei, dies zu verdecken. Doch schon in den Bewegungen der 1968er Jahre lagen die Widersprüche zwischen der »alten« und der »neuen« Linken offen zu Tage.[5]

Heute muss als wichtige Qualität begriffen werden, dass die »antisystemischen« Bewegungen schon etwa seit 1955 in Dänemark und der Bundesrepublik einen »dezentrierten« Charakter ausbildeten. Gerade die wilden Streiks sind hier ein gutes Beispiel. Die Arbeitskämpfe der »langen 1960er Jahre« waren ein Puzzleteil im Mosaik der faszinierenden Vorgeschichte, die den

4 In den wenigen Studien, die in den letzten Jahren über den internationalen Vergleich von Arbeitskämpfen erschienen sind, wird dieses Motiv manchmal verwendet: Tolomelli, *›Repressiv getrennt‹*. Einige transnational (das heißt nicht als Ländervergleiche) angelegte Texte relativieren die Nord-Süd-Aufteilung neuerdings: Gehrke/Horn (Hg.), *1968 und die Arbeiter*, S. 15; Dribbusch u.a. (Hg.), *Strikes and Lockouts in a Globalizing World*.

5 Damit schließe ich an Thesen Wallersteins an, der die Bedeutung der Vielfalt und des Streits in den sozialen Bewegungen seit 1968 hervorgehoben hat und den Kampf innerhalb der Linken als eines der wichtigsten Momente der »globalen Revolution« bezeichnete: Wallerstein, »1968. Eine Revolution im Weltsystem«, S. 19–33.

Explosionen und massiven gesellschaftlichen Veränderungen voranging, die um 1968 sichtbar wurden. Ein Verständnis für diese »Gärungsprozesse« zu entwickeln, setzt eine Einsicht in die inneren Antagonismen und die Neuzusammensetzung der Lohnarbeit voraus. Wilde Streiks sind aus dieser Perspektive eine uneinheitliche Artikulationsform jenes »vielköpfigen Ungeheuers«, das früher als »Arbeiterklasse« bezeichnet wurde. Im Inneren dieses Geschöpfes herrschten Machtverhältnisse, die aus der gesellschaftlichen Arbeitsteilung im umfassenden Sinne resultierten, also nicht nur Ausdruck der Verhältnisse innerhalb der Fabrik sind.[6] »Neuzusammensetzung der Streiks« meint, dass deren Form sich historisch wandelt; ein einfacher Satz, der aber angesichts dessen, dass mit dem Begriff Arbeitskampf oft statische Vorstellungen verbunden sind, wichtig ist. In der vorliegenden Arbeit geht es darum, wie sich das Gesicht der wilden Streiks in etwas mehr als zwei Jahrzehnten recht weitgehend veränderte: Vom Arbeiterkampf im Bergbau der 1950er Jahre bis zu den Arbeitskämpfen im öffentlichen Dienst in der ersten Hälfte der 1970er sind nicht viele Jahre vergangen. Aber es ist in der Tat ein weiter Weg, auf dem sich die geschlechtsspezifische, ethnische, berufliche und generationelle Zusammensetzung der Beteiligten völlig veränderte.[7]

Streiks als »Motor des Wandels«

Diese Veränderungen wurden bis heute weder in der Bundesrepublik noch in Dänemark systematisch auf die Streikgeschichte der 1950er bis 1970er Jahre bezogen untersucht. Dass die wilden Streiks *vor* 1968 bis heute keine Geschichte zu haben scheinen, hat auch damit zu tun: Während es für die 1970er viele Regalmeter Literatur gibt, hunderte von Dokumentationen, ganz zu schweigen von Schallplatten, Filmen und anderen Medien, existiert über die Arbeitskämpfe davor fast überhaupt keine Überlieferung. Die Folien, auf denen die internationale Streikforschung später argumentierte, wurden vielmehr in Nordamerika entwickelt, besonders in den USA, wo die Soziologie Arbeitskämpfe bereits zu Beginn der 1950er Jahre als aktives und bedeutendes soziales Handeln verstand. Einige Autoren gingen sogar so weit, Streiks als »wichtigsten Motor der sozialen und ökonomischen Veränderung« zu be-

6 Aus der Perspektive einer transnationalen Arbeitsgeschichte s. van der Linden, »Die Geschichte der Arbeiterinnen und Arbeiter«, hier: S. 22f. Zur Interaktion der sozialen Bewegungen um 1968 s.: ders., *Transnational Labour History*, S. 117–141.

7 Einige neuere Arbeiten analysieren auch die Arbeitskämpfe im öffentlichen Dienst: vgl. etwa Dribbusch, »Sword on the Wall« bzw. Mikkelsen, *Radikaliseringen*. Die vorliegende Studie streift diese Kämpfe, die sich erst nach 1973 massiv artikulierten, nur am Rande.

zeichnen.[8] Mit der Analyse der Arbeitskämpfe verband sich die Hoffnung (und teils die Prognose), dass die Industriesoziologie den Weg einer »Aufnahme« der produktiven Elemente der Konflikte in das Handeln der betrieblichen Akteure weisen könne, die auf Dauer zu einem *withering away* (Verwittern, Verwelken) der Arbeitermilitanz führen könnten. Eine entscheidende Rolle wies man dabei den Gewerkschaften zu. Man unterschied zwischen einem *business unionism*, der sich der Abhängigkeit der Arbeitsplätze von der Performance der Unternehmen bewusst sei, und einem *militant unionism*, der »unverantwortlich« agiere. Obwohl Verbote und Repressalien gegen aktivistische Gewerkschaften nicht explizit abgelehnt wurden, setzte man doch vor allem auf eine Art Selbststeuerung: »Business unionism is the natural enemy of [militant] unionism and a more effective adversary perhaps than the capitalist manager itself«[9]. Die Zusammenarbeit zwischen Staat, Unternehmen und einem in der Arbeiterschaft verankerten *business unionism* sei eine unverzichtbare Voraussetzung einer florierenden Ökonomie. Unter Hinweis auf die Situation in den USA in den 1930er Jahren konstatierte etwa Arthur M. Ross, dass »(t)he period of the highest corporate profits and of greatest union strength one and the same« seien.[10] Eine florierende Marktwirtschaft und starke Gewerkschaften, so lautete die Botschaft, die mit dem Hinweis auf die Einbindung der Gewerkschaften in den »New Deal« der 1930er Jahre illustriert wurde, seien kein Widerspruch. Immer wieder wurde aber auch auf den Modellcharakter der »Sozialpartnerschaft« verwiesen, die sich in den skandinavischen Staaten entwickelt habe.

Die US-Streikforschung der 1950er Jahre präsentierte ein »ganzheitliches« Konzept. Nicht alleine der Staat war als Akteur gefragt, auch die Arbeitsmarktparteien, und diese nicht nur im zentralen, sondern auch im lokalen Maßstab. Um Radikalisierungen und damit eine nachhaltige Störung der Produktion zu vermeiden, sei neben einer »vernünftigen« Gewerkschaftspolitik auch eine Modernisierung der Haltung der Unternehmen notwendig. Betriebliche Konflikte sollten als Indikatoren für Reformen der Unternehmensführung ernst genommen und »gebraucht« werden. Es lag von daher nahe zu ermitteln, in welchen Sektoren offene Arbeitskämpfe besonders häufig auftraten. In Verfolgung dieses Zieles wurde der internationale Vergleich ins Spiel gebracht. Auf der Grundlage einer Untersuchung von elf industrialisierten Ländern seit 1919 kamen Kerr und Siegel zu dem Resultat, dass jene Branchen die meisten Streiks zu verzeichnen hatten, in denen die Arbeitenden »isoliert« seien:

8 Ross, *Natural History*, S. 23.
9 Ebd.
10 Ebd., S. 36.

»The miners, the sailors, the longshoremen, the loggers, and, to a much lesser extent, the textile workers form isolated masses, almost a ›race apart‹. They live in their own separate communities: the local patch, the ship, the waterfront district, the logging camp, the textile town. These communities have their own codes, myths, heroes, and social standards. There are few neutrals in them to mediate the conflicts […].«[11]

Um den *business unionism* zu fördern, sei eine Auflösung des lokalen Zusammenhalts notwendig, was möglich sei, wenn es gelänge, die Beschäftigten und ihre Organisationen in die bürgerliche Gesellschaft zu integrieren. Dabei war allerdings keineswegs vorrangig an die Etablierung und Ausdehnung universaler Bürgerrechte oder sozialer Ansprüche gedacht. Vielmehr lag Kerr und Siegel eine Dynamisierung der Arbeitsmärkte am Herzen, das heißt die Mobilisierung neuer Arbeitskräfte, die Verstärkung der Konkurrenz unter den Arbeitern und eine verbesserte Durchlässigkeit der professionellen Hierarchien. Dies sollte durch die Förderung der Organisierung sowie eine Vereinheitlichung der Erwerbsbevölkerung erreicht werden, die ein größeres Arbeitskräftepotential und damit eine größere Flexibilität im Einsatz der Arbeitskräfte hervorbringen würde. Die staatliche Politik sollte dazu beitragen:

»[…] to increase vertical and horizontal mobility, to encourage a wide variety of mixed associations, to break down barriers between groups and between individuals, to create a mixed community instead of the ›Gold coast‹ or the ›back to the yards‹, which alike aspire ideological thinking.«[12]

Die »unkontrollierbaren« Verhältnisse in bestimmten Sektoren mit hoher Streikhäufigkeit wurden als Ausdruck eines historischen Überhangs gesehen, der mit der Moderation der Konflikte durch Gewerkschaften und Staat verschwinden würde. Die Entwicklung der Produktivkräfte schien diesen Prozess zu erleichtern, denn immer wieder verschwanden ganze Sektoren, in denen sich eine gewisse militante Tradition herausgebildet hatte, aufgrund der technischen Entwicklung und der Verlagerung der Produktion. Doch dadurch wurde aus Sicht der Soziologen das aktive Eingreifen der lokalen Akteure keinesfalls überflüssig. Die Politik des Staates sollte bei der Strukturierung dieses Prozesses nachhelfen: Einerseits sollten Konflikte anerkannt und in »geregelte« und »verbindliche« Bahnen gelenkt werden. Andererseits sollte die Durchlässigkeit der Arbeitsmärkte, der Wechsel zwischen verschiedenen Berufen, die Rationalisierung und die Automation und insgesamt die Mobilität der Ware Arbeitskraft gefördert werden.

Zu der Definition von sozialen Konflikten als »notwendig für eine pluralistische Gesellschaft« gehörte eine systematische Abgrenzung von Arbeits-

11 Kerr/Siegel, *Interindustry Propensity*, S. 191.
12 Ebd., S. 205.

kämpfen, die als zumindest potenziell produktiv gekennzeichnet wurden, und solchen, die als »unkontrollierbar« und damit unproduktiv zu gelten hatten. Dabei kam es weniger auf den formalen juridischen Status der Streiks an als auf ihre Zugänglichkeit für gewerkschaftliche und sozialwissenschaftlich fundierte Moderation. Soziale Konflikte, in denen eine solche Zugänglichkeit nicht gewährleistet war, wurden als unzugängliches, fremdes und deshalb der Vernunft widerstrebendes Phänomen eingeordnet. Die Gruppen, die häufiger als der Durchschnitt in solche Kämpfe verwickelt waren, wurden als *a race apart* bezeichnet. Militanz wurde als *Eigenschaft* dieser Gruppen definiert. Als Ursache für das Auftreten dieser Kennzeichen wurde das räumlich-soziale Umfeld ausgemacht, in dem diese Gruppen sich reproduzierten (beziehungsweise produziert wurden). Es lohnt sich, diese Orte genauer zu betrachten: Kerr und Siegel zählten unter anderem Schiffe, Textilstädte, Hafenviertel und Holzarbeitercamps auf. Die Auflösung dieser »gefährlichen Orte« sollte nicht durch Veränderungen in der Produktion allein geschehen, sondern war Aufgabe von staatlicher (und gewerkschaftlicher) Politik auf zentraler und lokaler Ebene. Zu ihr gehörte die »Sanierung« von Stadtteilen ebenso wie die Schaffung einer materiellen Absicherung für unstetige Arbeiterinnen und Arbeiter. Aber als die wichtigste Medizin gegenüber der Ausbreitung von wilden Streiks galt die Steigerung der sozialen Mobilität und Verbreitung von bürgerlichen Lebensstilen.

Es ist wichtig, sich den ambivalenten Gehalt dieser Medizin zu vergegenwärtigen. Kerr und Siegel formulierten einerseits das Ziel, die »gefährlichen Orte« durch die Mobilisierung der Arbeitskraft aufzulösen, zum Beispiel dadurch, dass mit der »Vererbung« bestimmter Arbeitsmarktpositionen gebrochen würde. Andererseits beschrieben sie solche Arbeiter als besonders unzugänglich, zu deren Kennzeichen gehörte, dass sie innerhalb ihrer Beschäftigungs- und Lebensverhältnisse hochgradig mobil waren: Dies galt für Hafenarbeiter ebenso wie für Seeleute, aber auch für Textilarbeiterinnen und Bergleute. Diese Gruppen waren nicht nur häufig unstetig beschäftigt, in ihren Erwerbsbiografien machte die Beschäftigung in den erwähnten Sektoren zudem oft einen Übergangszeitraum aus. Kerr und Siegel bezeichneten solche Beschäftigungsverhältnisse auch als *intermittent*, was auf der einen Seite mit »vorübergehend«, auf der anderen Seite mit »in Zwischenräumen befindlich«, das heißt »vermittelnd«, übersetzt werden kann.[13] Erkennbar ist ein Widerspruch zwischen der Forderung nach Mobilität (Verflüssigung) und der Beschreibung von Mobilität (Flüssigkeit) als Problem. Die Orte, die die

13 Kerr/Siegel, *Interindustry Propensity*, S. 192.

»Isolierung« dieser »Intermittents«[14] ausmachten, waren Schiffe, Baracken für Waldarbeiter, Textilstädte, die Arbeitskräfte anzogen. Orte, deren Charakteristikum ist, dass sie durch eine starke Fluktuation bestimmt oder sogar selbst beweglich sind.[15] Die Gefahr des Kontrollverlustes, eine Hauptmotivation der Anti-Streik-Literatur, wurde mit dieser Beweglichkeit assoziiert, evoziert wurde das bereits im 19. Jahrhundert geprägte Bild der »gefährlichen Klassen«. Die »Mobilisierung« der Arbeitskraft sollte das Problem auf neue Weise lösen, indem eine produktive Umformung der Dynamik, die von den »gefährlichen Klassen« ausging, vorgeschlagen wurde. Verflüssigung meinte im Sinne von Kerr und Siegel, die verbliebene Autonomie der sozialen Proteste zu brechen.

Zusammengefasst bringen die zitierten Texte der US-Soziologie auf den Punkt, worum es auch später oft ging: Parlamentarische Verhältnisse und legale Gewerkschaften vorausgesetzt, war das Bestreben nicht die Illegalisierung aller Formen des Arbeitskampfes, sondern ihre Einhegung. Die Dynamik, die im Hintergrund der Konflikte wirkte, war eine Mobilisierung beziehungsweise Mobilität der Ware Arbeitskraft, die als gefährlich, aber auch als produktiv gesehen wurde. Die Verknappung der zur Verfügung stehenden Arbeitskraft war zugleich Grundlage dessen, was etwa Ludwig Erhardt immer wieder als »Maßlosigkeit« der Beschäftigten bezeichnete. Die Forscher waren so etwas wie die Zauberlehrlinge, die Vorschläge machten, wie diese »Maßlosigkeit« in den Griff zu bekommen sei. Ein schwieriges Problem, denn die Beschäftigten konnten kaum mobil und sesshaft oder befriedet und dynamisch zugleich sein. Die Antwort war eine *Theorie des Konflikts*: Die Aufforderung an die staatlichen Akteure bestand darin, eine »Integration« und Gestaltung der produktiven Dynamiken anzustreben, die sich in den verschiedenen Formen der Konflikte und Kämpfe artikulierten. Das bedeutete einen Bruch mit der Tradition und zugleich ihre Fortführung: Das Argument, dass in soziale Beziehungen nicht alleine durch Repression, nicht alleine »disziplinarisch« eingegriffen werden sollte, enthielt keineswegs eine Abwendung von der Sicht auf Arbeitskämpfe als grundlegend illegitim. Im Gegenteil, bestimmte Streiks wurden als Ausdruck einer »unverbesserlichen« Mentalität, als *Eigenschaft*, der »isolierten« Gruppen gesehen; eine Vorstellung, die die Kämpfe dieser Gruppen zu einem Charakterzug verklärt und in der Tendenz sowohl individualisiert als auch dämonisiert. Nicht zufällig kam hier der Begriff *race* ins Spiel. Tatsächlich wurde eine »notorische« und »unverbesserliche« Streikbereitschaft als »Gruppenphänomen« gesehen. Der zerklüftete Arbeitsmarkt fungierte als

14 In den jüngsten europäischen Arbeitskämpfen spielt das Beispiel der Aktionen französischer KulturarbeiterInnen, der *intermettents du spectacle*, eine wichtige Rolle.

15 Ich werde im darstellenden Teil beschreiben, wie die Figur der »isolated masses« in der bundesdeutschen Praxis auf die »Gastarbeiter« bezogen wurde.

Regulationsmodus des Rassismus: Die gesellschaftliche Arbeitsteilung trug dazu bei, dass dessen »Wahrheiten« evident erscheinen konnten.[16] Die Konflikte, die sich in den Arbeitskämpfen ausdrückten, wurden nicht als Hinweis auf das Maß der Unfreiheit genommen, das in den Arbeitsbeziehungen herrschte. Wenn es darum ging, die »Militanz« zu kurieren, dann empfahl man eine Mischung aus Reformen auf der einen und einer zielgerichteten Repression auf der anderen Seite. Insgesamt brachte die US-Soziologie der 1950er Jahre damit eine Streikforschung auf die Welt, der es nicht mehr allein um das Zählen der Konfliktfälle, sondern auch um eine Entwicklung von Methoden ging, die langfristig zum Eindämmen der Konflikte beitragen würden.[17]

Der internationale Vergleich war in der nordamerikanischen Streikforschung hoch im Kurs. Von vergleichenden Analysen erwartete man sich Hinweise, die für das Ziel der »Konfliktbewältigung« bedeutend sein würden. Vor allem Dänemark bot sich als Folie an, weil es einerseits hier jene »Sortierung« der Arbeitskämpfe, vermittelt über das eingangs skizzierte »gewerkschaftliche Streikmonopol«, bereits seit vielen Jahrzehnten gab und die Gewerkschaften insbesondere in den 1950er Jahren aktiv und »offiziell« in die staatliche Regulierung der Ökonomie und der Arbeitsmarktpolitik eingebunden wurden. Andererseits wies sowohl in der Bundesrepublik als auch in Dänemark das statistisch erfasste Ausmaß der Arbeitskämpfe ein im Vergleich zu den USA außerordentlich niedriges Niveau auf. In den frühen 1950er Jahren meinte man hierin eine Tendenz erkennen zu können.[18] Dass das »Arbeitskampfvolumen« in beiden Ländern seit dem Ende der großen Konflikte der unmittelbaren Nachkriegszeit stark gesunken war und insbesondere die bundesdeutschen Arbeitsmarktbeziehungen im Vergleich zu denen der Weimarer Republik als ausgesprochen »friedlich« gelten konnten, schien den Zusammenhang zwischen einer engen Definition des Streikrechts, der institutionellen Einbindung der Gewerkschaften und einem niedrigen Streikvolumen zu bestätigen. Ironischerweise war, während die US-Forschung »indirekt« von den »nordeuropäischen« Ländern sprach, eine Arbeitskampfforschung zeitgenössisch weder in der Bundesrepublik noch in Dänemark selbst existent. Im universitären Diskurs der 1950er Jahre spielten Streikbewegungen eine ähnliche Rolle wie heute, nämlich nahezu überhaupt keine, und Gerd Callesen konstatierte später im

16 Zur Diskussion des »strukturellen Rassismus« und seiner Verbindung mit der Frage nach der Segmentierung der Arbeitsmärkte s. ausführlich Bojadžijev, *Die windige Internationale*, Kapitel 1.

17 »Streikforschung« als zahlenmäßige Erfassung von Arbeitskämpfen war (nicht nur) in Deutschland ursprünglich Sache der Polizei: Volkmann, »Modernisierung des Arbeitskampfes«, S. 110–116.

18 So sah Galenson die dänischen Arbeitsbeziehungen Anfang der 1950er Jahre als geeignete Vorlage für eine »study of industrial peace«, vgl. Galenson, *Danish System of Labor Relations.*

Rückblick auch in Bezug auf die historische Arbeitsmarktforschung, diese sei vor 1970 »total zum Erliegen gekommen«[19].

Es entbehrt nicht einer gewissen Ironie, dass die Impulse der US-Soziologie in den 1950er Jahren eher in Südeuropa ankamen, dort aber sozusagen auf den Kopf gestellt wurden. Dabei schien die Idee, Arbeitskämpfe als »Motor des Wandels« zu sehen, brauchbar zu sein, wenn es darum ging, einen Ausweg aus der Sackgasse zu suchen, in die ein Marxismus geraten war, der über keine konkrete Handlungstheorie verfügte.[20] Die Krise, in die die sozialistischen Parteien und Bewegungen Westeuropas Mitte der 1950er Jahre geraten waren, machten das Fragen nach einer solchen Handlungstheorie dringlich: Wie konstituieren sich Kollektivität und Widerstand in der modernen Industrie? Welche Rolle spielen dabei die neuen Technologien und Sozialtechniken? Der italienische Marxist Mario Tronti schrieb 1964, es sei ein Fehler gewesen, dass »wir [...] die kapitalistische Entwicklung an erste, die Arbeiterkämpfe an zweite Stelle gesetzt [haben]. [...] Das Vorzeichen muss umgekehrt, es muss von vorne angefangen werden.«[21] So kam die Frage der Neuzusammensetzung der Belegschaften in den Blick, der unter anderem in »militanten Untersuchungen« bei FIAT oder Olivetti nachgegangen wurde.[22] Diese wurde nicht alleine als »technischer« Prozess, sondern auch als aktive politische Neuformierung verstanden. Der Ansatz, Untersuchung und betriebliche Selbstorganisation als *Co-research* miteinander zu verbinden, begünstigte, dass überraschende Einsichten in die Irrationalität, die Einförmigkeit und die (noch überwiegend versteckte) Kritik an der überbordenden bürokratischen Maschinerie der Großbetriebe gewonnen werden konnten.[23] Zunächst randständige Erscheinungen, gewannen die »Arbeiteruntersuchungen« durch die wilden Streiks in Frankreich und Italien 1968/69 eine unvermutete Aktualität. Die Kämpfe wurden nun nicht mehr lediglich als »Gegenwehr« bei Übergriffen verstanden, sondern auch als aktiv-gestaltendes Handeln. Diese Vorstellung begann schließlich auch nördlich der Alpen eine gewisse Rolle zu spielen.

19 Callesen, »Historieskrivningen«, S. 19.

20 Hier ist leider nicht der Ort, ausführlich auf die Verbindungslinien einzugehen, die es zwischen Industriesoziologie und insbesondere italienischem Marxismus seit den späten 1950er Jahren gab. Hinweise darauf gibt: Wright, *Stroming Heaven*, Kapitel 1 und 2.

21 Tronti, »Lenin in England«, S. 93f.

22 Vgl. in deutscher Sprache: de Palma u.a., »Arbeiteruntersuchung«. Ohne sich zur eigenständigen theoretischen Konzeption weiter zu entwickeln, kam es zur gleichen Zeit in der Bundesrepublik zu ganz ähnlichen Ansätzen, vgl. Kapitel IV, Abschnitt 9.

23 Mit einem etwas anderen Ansatz untersuchte der Franzose Serge Mallet die Neuzusammensetzung der Lohnarbeit. Er konstatierte 1963, dass eine von der technischen Intelligenz dominierte »neue Arbeiterklasse« zumindest potenziell in der Lage sei, die Produktion umfassend zu kontrollieren: Mallet, *Die neue Arbeiterklasse*, S. 46.

Bundesdeutsche und dänische Streikforschung seit 1970

Als Folge der »europäischen Streikwelle« kam es in Dänemark wie in der Bundesrepublik zu einem erstaunlichen, wenn auch insgesamt recht kurzfristigen, Aufleben des Interesses für Arbeitskämpfe. Dabei wurde allerdings die scheinbare »Abwesenheit« der sozialen Kämpfe in den 1950er und 1960er Jahren kaum in Frage gestellt. Die einsetzenden offenen wilden Streiks wurden als völlig neues Phänomen gesehen, das jedoch zugleich auf eine bereits länger zurückliegende Vergangenheit zu verweisen schien. Diese merkwürdige Vorstellung wurde vielleicht am prägnantesten im Slogan von der »Rekonstruktion der Arbeiterklasse« zusammengefasst. In der Debatte wurde im Anschluss oft darüber spekuliert, ob diese »Rekonstruktion« stattgefunden habe oder nicht, seltener wurde der »wesenhafte« Charakter der »Klasse an sich und für sich« grundsätzlicher hinterfragt. Immerhin jedoch war die Spekulation auf dieses Wesen eine Motivation der Entstehung einer schier unüberblickbaren Menge von Dokumentationen und Analysen, die sich fast ausschließlich auf die tagesaktuellen Streiks bezogen. Gesucht wurde einerseits nach den tieferen Ursachen der wilden Streiks und andererseits nach einer realistischen Einschätzung ihrer politischen Perspektiven.

Zuerst meldeten sich in diesem Zusammenhang meist studentische Aktivistinnen und Aktivisten zu Wort, die angesichts der relativen Isolierung der studentischen Revolte auf der Suche nach Möglichkeiten einer »Verbreiterung« der sozialen Bewegungen waren. Fast gleichzeitig trat eine »fortschrittliche« Industriesoziologie auf den Plan, die versuchte, die Frage nach der »Rekonstruktion« durch empirische Erhebungen zu klären. Diese analysierte unter anderem die Kombination von Faktoren wie etwa der Lohn- und Profitentwicklung, dem gewerkschaftlichen Organisationsgrad, der konjunkturellen Entwicklung auf der einen und dem »Streikverhalten« von Belegschaften auf der anderen Seite. Ihr Impuls war, die »Ökonomie« kollektiven Handelns zu ergründen.[24] Ausgangspunkt war, durch Umfragen und andere quantitative Erhebungen Erklärungshypothesen für die Streiks zu entwickeln, die sich von den euphorischen und manchmal direkt mystifizierenden Dokumentationen der linken Studierenden unterschieden.[25] Ein Problem, auf das dieser quantitativ orientierte Ansatz stieß, war der Umstand, dass die vorhandenen statistischen Erhebungen systematische Mängel aufwiesen und die Arbeits-

24 Eine ähnliche Tendenz zur »Objektivierung« kollektiven Handelns im Rahmen einer »Ressourcen-Mobilisierungstheorie« zeigte sich zugleich in der »Sozialen Bewgeungsforschung«, vgl. etwa Klandermans, »Structure«.

25 Vgl. Schumann u.a., *Septemberstreiks*; Velsing Groth, *Strejker i Danmark*.

kämpfe nur unzureichend erfassten.[26] Dies wiederum legte die Sammlung eigener Daten nahe: Die offiziellen Statistiken wurden durch Recherchen in Tages- und Wochenzeitungen sowie durch Erhebungen der Gewerkschaften und Arbeitgeberverbände ergänzt. Auf dieser Grundlage wurde dann versucht, die quantitative Entwicklung der Arbeitskämpfe in der Nachkriegszeit zu rekonstruieren sowie den Anteil der »inoffiziellen« Streiks zu ermitteln. In Bezug auf die wilden Streiks kamen die Autorinnen und Autoren zu dem Schluss, dass diese durch die offizielle Statistik mehr oder weniger systematisch ausgeblendet worden waren.[27] So konnte konstatiert werden, dass der Anteil der Arbeitskämpfe, die durch das eingeschränkte Streikrecht nicht abgesichert waren, überraschend hoch war. Aussagen über Verlaufsformen und Inhalte »inoffizieller« Streiks konnten aus dieser Feststellung alleine jedoch nicht abgeleitet werden.[28] Die Forderung von Rainer Kalbitz, die »eigene Geschichte« der wilden Streiks auch in qualitativer Hinsicht zu untersuchen, blieb in der Streikforschung der 1970er Jahre randständig.

Neben der im engeren Sinne akademischen Literatur erschienen in beiden Ländern unmittelbar nach 1970 sehr viele Texte, die einzelne als exemplarisch gefasste wilde Streiks sowie Streikwellen dokumentierten. In vielen dieser Texte verband sich akademische Arbeit mit einem (links)politischen Eingriff.[29] Forschung so zu verstehen, war eine der wichtigsten Voraussetzungen der studentischen Proteste der zweiten Hälfte der 1960er Jahre. Um 1970 begannen auf dieser Grundlage meist studentische Aktivistinnen und Aktivisten, Erfahrungen und Praxen zu untersuchen, die jenseits der inneruniversitären Konflikte lagen. In der Bundesrepublik verstärkten die Septemberstreiks von 1969 den Eindruck, dass »Betriebsarbeit« in diesem Rahmen ein lohnendes Feld sein könnte. Ein Teil der Kader der im Niedergang befindlichen Studentenbewegung ging so weit, die akademische Sphäre zu verlassen und Beschäftigung in großen Industriebetrieben zu suchen.[30] Die Kollektive, die durch das Aufeinandertreffen von studentischen Aktivistinnen und aktivistischen Arbeitenden entstanden, verfassten Dutzende von Berichten und Analysen über einzelne wilde Streiks nach 1969.[31] Andere Veröffentlichungen entstanden im Kontext der politisch-theoretischen Arbeit von Institutionen und Verlagen der

26 Vgl. Kalbitz, *Arbeitskämpfe*, S. 19–32, sowie Leihardt, »Strejkestatistik«.

27 Velsing Groth, *Strejker i Danmark*, S. 89.

28 Vgl. Kalbitz, *Arbeitskämpfe*, S. 187.

29 Eine vollständige Darstellung der in den 1970er Jahren erschienenen Texte würde den Rahmen des vorliegenden Abschnittes sprengen, weshalb ich hier nur einige ausgewählte Arbeiten zitiere. Weitere Literatur wird im darstellenden Teil diskutiert.

30 Lefèvre, »Konsequenzen«, S. 47.

31 Vgl. z.B.: Arbeiterkampf, *Streik bei Ford*. Betriebsberichte wurden zudem regelmäßig in »Jahrbüchern« (*Jahrbuch Klassenkampf*, *Kritisches Jahrbuch*) gesammelt.

»alten« wie der »neuen« Linken.[32] Diese dokumentarische Literatur begann sich zu verändern, als die differenten Anliegen der wilden Streiks stärker öffentlich wurden. So lösten die »Ausländerstreiks« von 1972/73 eine Auseinandersetzung mit deren Vorgeschichte und Bedeutung aus.[33] Die Kritik an den Arbeitsbedingungen am Fließband sowie an der Ablehnung dieser Streiks durch die Gewerkschaften wurde mit einer Thematisierung des Rassismus »von unten« verbunden. Die Vorstellung von der »einigen Arbeiterklasse« bekam Risse. Zugleich vermittelten die migrantischen Aktionen Perspektiven, die über den Horizont der nationalen Arbeiterbewegung hinaus wiesen. Die Analyse der multinationalen Zusammensetzung der Belegschaften in der Bundesrepublik ergänzte sich durch Darstellungen und Analysen über Streikbewegungen in verschiedenen europäischen Ländern.[34]

In Dänemark erschien in der ersten Hälfte der 1970er Jahre ebenfalls eine große Zahl von Studien über Arbeitskämpfe.[35] Neben den (wilden) Streiks im Inland wurden die Kämpfe in anderen europäischen Ländern rezipiert, wobei allerdings die bundesdeutschen Bewegungen nur ausnahmsweise Beachtung fanden.[36] Die Stimmung, die die meisten dieser Texte vermittelten, war optimistisch bis euphorisch. Einige Autoren sahen in den wilden Streiks einen entscheidenden Bruch mit einer autoritär-paternalistischen Politik, mit der die Sozialdemokratische Partei und die großen Gewerkschaften identifiziert wurden.[37] Häufiger als in der Bundesrepublik stand in den Streikstudien die Analyse der Politik der sozialistischen Parteien im Mittelpunkt. Dies hing damit zusammen, dass die politische Linke, auf deren verschiedene Schattierungen sich viele der Arbeiten bezogen, sich nicht wie in der Bundesrepublik überwiegend in der Illegalität und außerhalb des Parlaments entwickelt hatte. Konzeptionen der »Betriebsarbeit«, die in der Bundesrepublik und anderswo mit einem explizit außerparlamentarischen Politikansatz verbunden waren, blieben in Dänemark vergleichsweise marginal. Texte der »frühen« Streikforschung haben sich meist außerhalb der Fabrik positioniert, die Rolle des (oft solidarischen) Beobachters angenommen.[38] Nachdem die ersten Arbeiten der dänischen Arbeitskampfforschung sich fast ausschließlich mit aktuellen Streiks beschäf-

32 Vgl. Institut für marxistische Studien und Forschungen (IMSF), *Septemberstreiks*; Steinhaus, *Streiks*. Zu den Kämpfen von 1972/73: Express, *Spontane Streiks*.

33 Hildebrandt/Olle, *Ihr Kampf ist unser Kampf*.

34 Siehe z.B.: Albers u.a., *Klassenkämpfe in Westeuropa*. Streikbewegungen in Skandinavien wurden in der bundesdeutschen Literatur nur ausnahmsweise wahrgenommen.

35 Für eine Übersicht s.: Anderson/Clausen, »Arbejdskampstudier«.

36 *Kurasje* Nr. 2/3, 1970. Das schwedische »Zenit«-Kollektiv veröffentlichte Texte in verschiedenen skandinavischen Sprachen, so etwa: Zenit (Hg.), *LKAB-strejken*.

37 Siehe hierzu z.B.: Meidell, *Myndiggørelse*.

38 Vgl. etwa Studenterfronten, *Slagterirapport*; Due, *Tillidsmanden*.

tigt hatten, begann seit etwa Mitte der 1970er Jahre eine stärkere Auseinandersetzung mit historischen Arbeitskämpfen.[39] Diese stellte zunächst die auch in der Arbeitskampfforschung gängige Periodisierung der jüngsten dänischen Geschichte in Frage, deren Eckdaten der Beginn der Hochkonjunktur im Jahre 1958 und das Einsetzen der Rezession 1973 waren. Eine Periodisierung, die kollektives Handeln zum Ausgangspunkt machte, hob demgegenüber Einschnitte wie die großen Arbeitskämpfe von 1954, 1956, 1960/61 oder 1969/70 hervor.[40] Auf dieser Grundlage entstand in Abgrenzung zur bis dahin dominanten organisationsgeschichtlichen Perspektive ein »Arbeitskampfansatz« (*arbejdskamptilgang*). Da dieser sich an der Aufarbeitung der großen, spektakulären Streikbewegungen orientierte, kam es allerdings noch immer zu keiner systematischen Befassung mit den wilden Streiks.[41] Seit ungefähr 1980 wurde der »Arbeitskampfansatz« zunehmend mit der Kritik konfrontiert, die Einseitigkeiten der organisationsgeschichtlichen Perspektive zu reproduzieren. Auch die dänische Forschung begann sich nun zu differenzieren. Einerseits wurden Versuche unternommen, Synthesen zu entwickeln, in denen Arbeitskämpfe als eines von mehreren Momenten der Arbeitsmarktbeziehungen begriffen wurden, ein Verfahren, das den Vorzug hatte, die Bedeutung der Streiks auf ein etwas realistischeres Maß zu bringen. Andererseits wurde wie in der Bundesrepublik die Differenzierung der »Arbeiterklasse« stärker zum Gegenstand der Forschung. So hatte die Erforschung von Geschlechterverhältnissen einen ihrer Ausgangspunkte in Untersuchungen über Frauenstreiks in der Industrie.[42] Der Blick auf die innere Zerklüftung der Arbeiterbewegung, Vorschläge zu einer »anderen« Industriesoziologie, die »dichte Beschreibung« einzelner Streiks, Themen wie die Ökologie am Arbeitsplatz und anderes mehr kamen auch in unserem nördlichen Nachbarland auf die Tagesordnung. Allerdings hat sich diese Erweiterung der Perspektiven in jüngster Zeit relativiert. Heute sind die meisten dänischen Arbeiten, die auf wilde Streiks eingehen, wieder organisationsgeschichtlichen Themen gewidmet.[43]

39 Dabei spielt die »Gesellschaft zur Erforschung der Geschichte der Arbeiterbewegung« (*Selskabet til forskning i arbejderbevægelsens historie*, SFAH) bis heute eine wichtige Rolle.

40 Siehe Larsen, *Kommunisterne*. Die Debatte über die Periodisierung orientierte sich u.a. an Ansätzen der bundesdeutschen Forschung, in denen die Dialektik zwischen »Strukturen« und »Akteuren« verhandelt wurde, vgl. Nielsen u.a., »Historieskrivningen«, hier: S. 113.

41 Vgl. aber: Rostgård, *Socialdemokrati*. Diese bedauerlicherweise unveröffentlichte Magisterarbeit enthält eine der sehr seltenen Darstellungen der wilden Streiks um 1960.

42 So Emerek/Siim, *Kvinder i tobaksindustrien*, über wilde Streiks siehe S. 56–139.

43 So z.B. Grelle/Knudsen, *Gris* oder Hansen, »LO«.

Neue Debatten: Lokale Konflikte und transnationale Arbeitskämpfe

2006 kam es zu bundesweit bekannt gewordenen Arbeitskämpfen der Beschäftigten der AEG in Nürnberg, der BSH in Berlin-Spandau, der Firma Gate Gourmet auf dem Düsseldorfer Flughafen – all diese Streiks richteten sich gegen konkrete Auswirkungen der globalen Standortpolitik dieser Konzerne.[44] Am Tag, an dem dieser Satz geschrieben wurde, streikten in Dänemark Beschäftigte der Müllabfuhr gegen einen internationalen Finanzinvestor, und der dänische Riesenkonzern Mærsk war immer noch mit einem Wochen andauernden Kampf von LKW-Fahrern in Honduras konfrontiert. Viele Arbeitskämpfe des in beiden Ländern außerordentlich »streikintensiven« Jahres 2006 hatten mit solchen globalen Verschränkungen zu tun. Damit eröffnet sich ein in Bezug auf den Gegenstand dieser Arbeit sehr interessantes Feld, nämlich die Frage nach der Vermittlung und Bezugnahme zwischen lokalen oder sogar nur betrieblichen Kämpfen und einer globalisierten Ökonomie. Im Lichte der »europäischen Streikwellen« der späten 1960er und frühen 1970er Jahre stellt sich die Frage, ob diese Bezugnahme tatsächlich so »neu« ist, wie sie – zumindest dort, wo sie öffentlich rezipiert wird – erscheint.

Hervorzuheben ist in diesem Zusammenhang die Dissertation von Friedhelm Boll über die Arbeitskämpfe in Frankreich, der Bundesrepublik und England um die vorletzte Jahrhundertwende: Hier wird sowohl die Frage der Verschränkung von formalen und informellen Aktionsformen als auch die Verbreitung von Arbeitskämpfen im Rahmen der »europäischen Streikwelle« von 1889/90 thematisiert.[45] Die Arbeit bestätigt, dass die Aktionsformen von wilden Streiks eine erstaunliche Kontinuität aufweisen. Sie zeigt, dass das Problem der Repräsentanz der institutionalisierten Arbeitspolitik in der Geschichte des modernen Kapitalismus in wechselnden Formen immer wieder entstand. Dieser Befund widerspricht der Idee der »Verrechtlichung« der Arbeitsbeziehungen und des damit verbundenen »Verschwindens« der Streiks ebenso wie der Vorstellung, dass die »Globalisierung« der Kämpfe ein neues Phänomen sei.[46] Boll stellt an anderer Stelle fest, dass die *Zunahme der lokalen Konflikte im transnationalen Maßstab* (das heißt einer Art »Glokalität« der Kämpfe) bereits um die vorletzte Jahrhundertwende mit einer verstärkten Mobilität beziehungsweise Mobilisierung der Arbeitskraft einherging. In diesem Zusam-

44 Eine ausgezeichnete qualitative Untersuchung über den Gate-Gourmet-Streik gibt neuerdings: Flying Pickets (Hg.), *Sechs Monate Streik*.

45 Boll, *Arbeitskämpfe*, S. 17–23. Ähnliches wird in einer Studie über Arbeitskämpfe vor 1945 in Dänemark konstatiert: Knudsen, *Arbejdskonflikternes historie*, S. 336ff.

46 Vgl. systematisch: Boll, »Changing Forms of Labor Conflict«, S. 47–78. Grundlegend bereits: Geary, »Recent Research on Collective Action« sowie Tenfelde/Volkmann (Hg.), *Streik*.

menhang fällt die Bedeutung von Krisen und Kriegen ins Auge: »Labour conflict during the World War was characterized by increasing numbers of individual strikes, strikes becoming more politically orientated [...], and increased labour mobility«[47].

Die Frage nach der Bedeutung der »labour mobility« wurde in der Forschung der 1990er Jahre im Anschluss an die Veröffentlichung einiger Betriebs- und Branchenanalysen diskutiert. So zeigte Weinhauer in seinen Untersuchungen zur Geschichte der Arbeitskämpfe in den Hamburger Hafenbetrieben, dass die prekäre Lebenssituation der unstetig Beschäftigten eine der Ursachen für die wiederkehrenden Arbeitskämpfe war.[48] Er schloss sich in diesem Zusammenhang der früheren Forderung Tenfeldes an, »das breite Spektrum der proletarischen Existenz« zum Thema zu machen, das heißt das Familienleben und die Bedingungen in den Arbeitervierteln systematisch zu berücksichtigen.[49] Ähnliche Forderungen haben sich auch in Dänemark geltend gemacht, so in der »dichten Beschreibung« von Belegschaften, die für die öffentlich rezipierte Streikgeschichte eine herausragende Rolle spielten.[50] Die Thematisierung dessen, was manchmal etwas unscharf als »Alltag« bezeichnet wurde, schloss allerdings nicht immer eine kritische Auseinandersetzung mit den Geschlechterverhältnissen ein, zumal der Diskurs weitgehend von einer Auseinandersetzung mit der Männerarbeit in »strategischen« Sektoren (Hafenarbeit, Werften, Bergwerke) geprägt wurde. Geschlechterverhältnisse blieben eine Sache von Spezialistinnen.[51] Selten spielte die Frage nach dem »Gendering« der Arbeitskämpfe eine Rolle. Dennoch: Dass Arbeitskämpfe nicht länger alleine als Ausdruck von betrieblichen Verhältnissen begriffen wurden, war unzweifelhaft ein Fortschritt.[52]

---

47 Boll, »Economic cycles«, S. 455.

48 Weinhauer, »Zwischen Betrieb und Straße«, S. 23f., vgl.: Weinhauer, *Hafenarbeiter.*

49 Dies wird u.a. ausgeführt in: Weinhauer, »Konflikte am Arbeitsplatz«, S. 355. Vgl. methodisch auch: Welskopp, »Stolpersteine«; Eisenberg, »Arbeiterbewegungen«, S. 397–410.

50 Vgl. u.a. Nielsen, *Storpolitik.* In den Arbeiten Nils Juul Nielsens steht die Analyse des betrieblichen Alltags auf der Großwerft Burmeister & Wain (B&W) im Vordergrund. Ob und in welchem Sinne diese Werft als exemplarisch für die Arbeitsverhältnisse in Dänemark gelten kann, wird im darstellen Teil meiner Studie eingehend diskutiert. Zur Kulturgeschichte der ArbeiterInnen in Dänemark nach dem 2. Weltkrieg s. im übrigen: Andersen, *Arbejderkulturen.*

51 Siehe für Dänemark: Siim, *Elektronikarbejde.* Jenseits der industriellen Massenarbeit, die Siim schildert, bietet es sich in dieser Hinsicht an, eher auf Arbeitsformen als auf Arbeitsorte zu blicken, siehe z.B. von Oertzen, *Teilzeitarbeit.*

52 Ähnliche Tendenzen lassen sich in der internationalen Forschung beobachten. Vgl. etwa: Feldmann/Tenfelde (Hg.), *Workers, Owners and Politics.* Zur Hafenarbeit: Davies (Hg.), *Dock Workers* sowie Andersen, *Dockers' Culture.* Im deutsch-deutschen Vergleich interessant ist die Oral-History-Studie von Alheit/Bunke (Hg.), *Gebrochene Modernisierung.*

Die Frage, ob und inwiefern die beforschten Felder als »exemplarisch« und »repräsentativ« gelten konnten, blieb hingegen weitgehend undiskutiert. Heute ist in der bundesdeutschen »Arbeitergeschichte« eher so etwas wie eine »Verbetrieblichung« zu beobachten. So tendieren historische Belegschaftsstudien, die in den letzten Jahren erschienen sind, dazu, die Bedeutung der einzelbetrieblichen technischen Entwicklung zu betonen, und die sozialen Kämpfe als eine Art Anhängsel derselben zu beschreiben oder ganz aus den Augen zu verlieren.[53] Von daher gilt es aktuell nicht alleine, einen neuen Resonanzboden für den Ruf nach einer »umfassenden Arbeitsgeschichte« zu schaffen, sondern es geht einmal mehr darum, das Verhältnis zwischen der »technischen« und der »politischen« Neuzusammensetzung der Lohnarbeit umzukehren. Denn Eigenschaften und Qualitäten, die den Lohnarbeitenden zugeschrieben wurden, waren stets umkämpft: Konflikte brachten und bringen neue individuelle Handlungsspielräume, neue Formen der Arbeitsteilung und neue Zuschreibungen hervor. »Normalisierung«/»Verstetigung« ist, ebenso wie »Unstetigkeit«, ein relationaler Begriff, in den sich die sozialen Kämpfe eingeschrieben haben. Stets implizierte die »Dekonstruktion« der Arbeitsteilung und der Arbeiter(-innen)identität aktives Handeln. Dies kann an den verschiedenen Formen der »Flucht vor der Arbeit« nachgezeichnet werden, von denen die »wilden Streiks« nur eine waren – wenn auch eine besonders prägnante. Eine Gesamtdarstellung der Arbeitskämpfe in der Bundesrepublik, die die Frage nach der Neuzusammensetzung der Lohnarbeit und des Eigen-Sinns[54] der sozialen Kämpfe systematisch berücksichtigt, steht noch aus. In der vorliegenden Studie geht es um einen Aspekt einer solchen (noch zu entwerfenden) Geschichte.

Es ist wohl nicht unzutreffend, wenn man konstatiert, dass die Krise der »Arbeitergeschichte« in der Bundesrepublik, und bis zu einem gewissen Grade auch in Dänemark, anhält. Der Elan, der Mitte der 1990er Jahre kurzfristig in der Debatte zu verspüren war, scheint verflogen zu sein. Wer an Fragen nach der Vielfältigkeit und Differenz in der Streikgeschichte interessiert ist, muss (im Grunde wie in den 1950er Jahren) den Blick über die Grenzen unserer immer noch stark nationalstaatlich geprägten Forschungskulturen werfen. So ist etwa in den USA seit Ende der 1990er Jahre eine Wiederentdeckung und

53 Dies gilt in der Tendenz selbst dort, wo wichtige Streikbetriebe untersucht werden: Vgl. etwa Lauschke, *Hoesch*. Weniger an der Dominanz der Rationalisierung/Modernisierung orientiert, aber dennoch nur mit einer kursorischen Schilderung der Streiks: Süß, *Kumpels und Genossen*.

54 »Eigen-Sinn« ist hier nicht als fester Begriff, sondern als Aufforderung zu verstehen, die untergründige Geschichte der Lohnarbeit wahrnehmbar zu machen: Lüdtke, *Eigen-Sinn*, Einleitung.

Neudefinition der Arbeitergeschichte zu beobachten.[55] Eine gewisse Rolle spielt auch dort die Frage nach der »Glokalität«: Wie lassen sich Untersuchungen einer lokalen Arbeitergeschichte mit dem Anspruch verbinden, dieselbe in einer globalen Perspektive zu begreifen? In Bezug auf Arbeitskonflikte (*labor unrest*)[56] haben diesen Anspruch seit den 1990er Jahren Arbeiten der an der Weltsystemforschung orientierten *World Labor Research Group* formuliert.[57] Zuletzt hat Beverly Silver die Konzeption dieser Gruppe zusammengefasst. Ich werde diese nun kurz skizzieren, da sie einige begriffliche Voraussetzungen des vorliegenden Textes geprägt hat, ohne dass sich diese »einfach« auf meine unten genauer auszuführenden Fragestellungen übertragen ließen.

Ausgangspunkt des Nachdenkens über historische Streikbewegungen im globalen Maßstab sollten aus Sicht Beverly Silvers »the interactions among a multiplicy of subunits of the system that are seen as over time creating the system itself« sein.[58] Die beste Strategie, die Entwicklung dieser Interaktionen darzustellen, seien »descriptively accurate narratives, which depict a sequence of events in chronological order«. Da die Annahme, dass es *eine* Erzählung über Arbeitskämpfe mit universaler Gültigkeit gibt, kaum mehr plausibel ist, schlägt Silver vor, verschiedene Erzählungen miteinander zu verknüpfen, um die globalen Verlagerungen der Schwerpunkte der Streikbewegungen sichtbar zu machen. Im Gegensatz zu früheren Arbeiten der soziologischen Streikforschung bezieht sie das Phänomen der Ungleichzeitigkeit der Arbeitskonflikte somit in ihre konzeptionellen Überlegungen ein. Die Verbindung des zeitlichen Niveaus mit dem räumlichen stellt Silver anhand der »Wanderung« der Schwerpunkte sozialer Konflikte von der Automobilindustrie Westeuropas und Nordamerikas nach Südeuropa, Südamerika und in die »Schwellenländer« Südostasiens dar. Während in den zuerst genannten Regionen noch in den 1960er Jahren das Gros der Arbeitskämpfe stattfand, hatten die Arbeitskämpfe der 1990er Jahre ihre Schwerpunkte in Ländern wie Mexiko, Brasilien oder Südkorea.[59] Aufgabe des historischen Vergleiches ist somit, Ähnlichkeiten zwischen Ursachen, Formen und Forderungen von Streikbewegungen aufzudecken, die an unterschiedlichen Orten und zu verschiedenen historischen Zeiten stattfanden. Auf dieser Grundlage soll dann die Position der Streiks in der (hierarchisierten) internationalen Arbeitsteilung bestimmt werden. Silvers These ist, dass die Kämpfe in den verschiedenen Regionen bestimmte Zyklen durchliefen, die sich durch das Verhältnis zwischen der technischen und orga-

55 Vgl. Silver, *Forces of Labor*, S. 2.
56 Der Begriff *labor unrest* umfasst wilde Streiks, Slow-downs, Boykotte usw.
57 Vgl. Arrighi u a. (Hg.), *Labor Unrest*.
58 Silver, *Forces of Labor*, S. 30.
59 Ebd., S. 43.

nisatorischen Entwicklung sowie der betrieblichen und gesellschaftlichen »Verhandlungsmacht« der Beschäftigten bestimmen lassen. Als Ziel formuliert sie das Aufzeichnen einer »Weltkarte« der Arbeitskämpfe.

Damit ist jedoch nur ein Ausgangspunkt für die Darstellung der Oberfläche der globalen Entwicklung der Arbeitskämpfe gegeben. Die Frage, wie die *Vermittlung* zwischen den verschiedenen Orten und Zeiten des *labor unrest* ermittelt werden könnte, muss erst noch beantwortet werden. Silver unterscheidet hier systematisch drei Formen: »Indirekte Verbindung«, »Solidarität« und »Diffusion« (*indirect relation, solidarity, diffusion*). Indirekte Verbindungen seien »strukturell determiniert«, etwa durch eine »neue internationale Arbeitsteilung«, die durch ökonomische Entwicklungen, Firmenverlagerungen, technologische Innovationen und so weiter hervorgerufen wird. Es handelt sich also um ökonomisch-politische Entwicklungen, die Lohnabhängige an verschiedenen Orten miteinander verbinden, ohne dass Formen eines direkten Austausches zwischen Belegschaften gefunden oder die Verbindungen bewusst wahrgenommen werden (müssen). Dagegen entstünden direkte Verbindungen durch »Solidarität«, das heißt im Falle von Arbeitskonflikten durch Kampagnen, in denen der Ausstand von Beschäftigten anderswo, etwa durch Geldsammlungen oder Solidaritätsstreiks, unterstützt wird. »Diffusion« sei schließlich eine Form, die »actors in cases that are separated in time and space« miteinander verbindet.[60] »Diffusion« ist nicht direkte Zusammenarbeit, sondern die Aneignung von aus Erzählungen bekannten Formen und Forderungen. Während im Falle direkter Zusammenarbeit die Vermittlung sichtbar und jedenfalls auf den ersten Blick unproblematisch ist, ist der Vorgang der »Diffusion« als solcher häufig unsichtbar.

Im Gegensatz zur »indirekten Verbindung« enthält der Begriff der »Diffusion« das Element aktiven sozialen Handelns, nämlich in der Form der Aneignung, das heißt der Übernahme der Anliegen von anderen sozialen Kämpfen in die eigene Praxis. Ein konkretes Beispiel wäre die transnationale Verbreitung von egalitären Forderungen in den wilden Streiks um 1969/70: So wurden Festgeldforderungen anstelle von Prozentforderungen formuliert – und damit begründet, dass alle die gleiche Lohnsteigerung erhalten müssten, weil »für alle das Brot gleichermaßen teurer geworden« sei. »Übernahme« heißt dabei immer zugleich auch »Interpretation«: Im Verlauf der Aktion verändern Forderungen und Aktionsformen ihren Kontext und ihren Sinn. Um bei dem Beispiel der Festgeldforderungen zu bleiben: Wo sie von Industriearbeiterinnen formuliert wurden, ging es auch um die Infragestellung der geschlechtsspezifischen Arbeitsteilung, was nicht unbedingt der Fall sein musste, wenn

60 Silver, *Forces of Labor*, S. 26.

männliche Stahlarbeiter dasselbe formulierten. Zugleich veränderten Forderungen nach einer höheren Bewertung von traditionell als Frauenarbeit gefassten Tätigkeiten potenziell nicht nur deren Status, sondern auch den der männlichen Beschäftigten. In einem solchen Prozess der Aneignung formulierte sich nach Silvers Auffassung eine »Sprache der sozialen Rechte«, die tendenziell transnational gesprochen und verstanden wurde. Der auf dieser Grundlage entstehende Dialog über die Grenzen der segmentierten Arbeitsmärkte und der Hierarchie zwischen bezahlter und unbezahlter Arbeit hinweg konnte zwar in »repräsentative Bahnen« gelenkt werden. Aber er war insofern nicht-repräsentativ angelegt, als er keinen identifizierbaren Ausgangspunkt besaß, und vor allem nicht von vornherein identisch mit der Politik bestimmter Institutionen (Gewerkschaften, Parteien, staatliche Einrichtungen etc.) war. Die mit dem Begriff »Diffusion« bezeichneten Mechanismen sind entscheidend, wenn erklärt werden soll, wie es dazu kam, dass sich wilde Streiks von lokalen, isolierten Angelegenheiten in Massenbewegungen verwandelten.

Angesichts der Tatsache, dass wilde Streiks in Westeuropa im Kontext einer vornehmlich auf nationalstaatlicher Grundlage entstandenen Arbeiterbewegungskultur gefasst werden müssen und zudem nur sehr selten eine Dauerhaftigkeit und ein Ausmaß erreichten, das eine Rezeption im internationalen Maßstab überhaupt erst möglich gemacht hätte, ist »Diffusion« die entscheidende Form ihrer überregionalen wie transnationalen Vermittlung gewesen.[61] Sichtbar wurde der transnationale Charakter von Arbeitskonflikten vor allem in Phasen einer Häufung »nicht normierter Konflikte«[62]. Im Anschluss an Piven und Cloward geht Silver davon aus, dass diese Phasen Ausgangspunkte der Reformen und Innovationen der Arbeitsbeziehungen waren:

»Major waves of labor unrest, rather than more institutionalized forms of protest, provoke capitalists/states to implement innovations and are thus the most relevant form for labor unrest for understanding periods of dramatic transformations in the world capitalist system (e.g. the contemporary phase of globalization).«[63]

»Diffusion« geschieht nach Silver nicht nur auf der Grundlage sozialer Kämpfe, nicht lediglich als Prozess »von unten«, sondern auch im Rahmen der weltpolitischen Hegemonie der USA, im Zusammenhang mit weltweiten Kriegen und so weiter. Die aktive Übernahme der globalisierten kulturellen Muster

61 »Direkte Vermittlung« ist auch eine Frage der Ressourcen. Wilde Streiks wurden in aller Regel von Akteuren betrieben, die keine »internationalen Verbindungen« hatten. Ich komme auf diese Frage zurück.

62 Das englische Wort *normative* wird im Folgenden mit »normiert« übersetzt, da das deutsche Wort »normativ« auch die Bedeutung von »maßgebend« hat.

63 Silver, *Forces of Labor*, S. 34. Vgl. auch: Piven/Cloward, »Normalizing Collective Protests«.

war insofern nicht notwendigerweise ein Moment der Subversion. Und auch in ihrem Inneren fasst Silver die Globalisierung der Proteste als ambivalenten Prozess, der die Dimension der Ausgrenzung (die mit der Verteidigung exklusiver sozialer Rechte verbunden ist) ebenso enthielt wie die Dimension der Ausbreitung emanzipatorischer Bewegungen. Sie betont in diesem Zusammenhang, dass einer der Gegenstände sozialer Kämpfe die »Abwehr« von Auslagerungen und Migration war, ein Prozess des *boundary drawing*, der aktiv sowohl »von unten« als auch »von oben« betrieben wurde.

Die Ausgangspunkte, die Beverly Silver formuliert, sind Resultate einer kritischen Revision sowohl der Arbeitergeschichte als auch der soziologischen (Streik-)forschung der letzten 30 Jahre. Eine Frage, die sich aus meiner Sicht an Silvers Arbeiten stellt, ist, ob der Anspruch, eine Weltkarte der Arbeitskämpfe zu entwerfen, sich damit vereinbaren lässt, auch nur annähernd kohärente Darstellungen spezifischer historischer Abläufe und Situationen geben zu wollen. In der Konsequenz ihres weit gefassten Vorhabens fokussiert Silver immer wieder auf die problematische Idee von »besonders bedeutsamen« Orten: Nicht zuletzt um Ordnung in ihre Weltkarte zu bringen, nimmt sie eine Sortierung nach strategisch günstigen Positionen vor. Problematisch an dieser Sortierung ist, dass sie die Hierarchisierung zwischen bezahlter und unbezahlter Lohnarbeit sowie zwischen mehr oder weniger nachgefragten Arbeiterkategorien unweigerlich reproduziert. Damit wird *bargaining power* jedoch zu einer historisch unspezifischen Kategorie, die Machtpositionen jenseits der in ihr hergestellten konkreten Verhältnisse definiert. Die empirische Ausrichtung Silvers, die konzeptionell zwischen einer »dichten Beschreibung« und einer Analyse »historischer Konjunkturen« schwankt, wendet sich am Ende Letzterer zu; dies betrifft auch die problematische Quellengrundlage ihrer Arbeiten, die, ähnlich wie in der westeuropäischen Bewegungsforschung (Neidhardt, Rucht, Mikkelsen) aus einer umfassenden, aber dennoch, was den Begriff der Öffentlichkeit betrifft, etwas einseitig aus den globalen Tageszeitungen *New York Times* und *London Times* ausgehobenen »Fall-Sammlung« besteht.[64] Auf diesem Niveau verschwinden die widersprüchlichen Dispositionen der Handelnden und die Konflikte erscheinen als subjektlos. Die »Kampfzyklen«, die aus der Häufung des in der *Times* erwähnten *labor unrest* herausdestilliert werden, beschreiben nichts historisch Spezifisches mehr, sondern einen sich wiederholenden Vorgang, eine »hoffnungslose Tretmühle der Klassenkämpfe«[65].

64 Silver, *Forces of Labor*, S. 181–197.

65 Naetar, »Vorstellung«, S. 25.

Zusammengefasst bleibt die bedeutende Erkenntnis, dass die »Geschichte der Arbeiterinnen und Arbeiter in der Globalisierung«[66] einen Perspektivwechsel erfordert: In den Fokus geraten die Vielgestaltigkeit und Differenzierung der Arbeitsverhältnisse sowie die Ungleichzeitigkeiten des Prozesses der Inwertsetzung. Die globale Neuzusammensetzung der Arbeit enthält ein postkoloniales Dominanzverhältnis: In jeder Jeans, in vielen Nahrungsmitteln hat sich dieses Verhältnis vergegenständlicht. In politischer Hinsicht führt das mit sich, dass von einer »WeltarbeiterInnenklasse« nur als Begriff für ein konflikthaftes Verhältnis gesprochen werden kann. Widersprüche und Antagonismen, die zwischen unbezahlt angeeigneter Arbeit und den verschieden bewerteten Lohnarbeitsverhältnissen entstehen, sind die paradoxen Konstitutionsbedingungen dieser Klasse. Wenn noch immer behauptet werden soll, dass die »Kämpfe des Proletariats [...] in ganz realer, ontologischer Hinsicht der Motor der kapitalistischen Entwicklung«[67] seien, dann kann von diesen Vieldeutigkeiten nicht abstrahiert werden. Es ist ein »Motor«, der die Logik der Inwertsetzung gleichzeitig erhält und angreift. Ohne diese Ambivalenz zu verstehen, können weder Arbeitskämpfe noch die institutionelle Position von Gewerkschaften richtig gewichtet werden. »Inwertsetzung« – das Prinzip der so genannten »ursprünglichen Akkumulation«, die Erschließung von Märkten, die Produktion geeigneter Arbeitskraft – das alles sind Prozesse, die im Kapitalismus nicht einmalig, sondern dauernd gewährleistet werden müssen. Dabei spielt das auch von Beverly Silver systematisch einbezogenen Phänomen der »Ungleichzeitigkeit« eine Rolle. Auch dies ist für die vorliegende Studie sehr wichtig, und es gilt nicht alleine für die globale Geschichte des *labour unrest,* sondern auch innerhalb der Teilgesellschaften, von denen in diesem Buch die Rede ist. Das nun folgende Kapitel über die Untersuchungsmethoden und Quellen dieser Arbeit beginnt deshalb mit dem Stichwort »Ungleichzeitigkeit«.

2. Methoden

Deutsch-dänische Ungleichzeitigkeit

Damit bin ich bei den konkreten Voraussetzungen eines deutsch-dänischen Ländervergleichs, oder anders gesagt, bei der Frage der Vergleichbarkeit. An-

66 Zum Folgenden vgl.: Van der Linden, »Geschichte der Arbeiterinnen und Arbeiter«, S. 10–40.
67 Hardt/Negri, *Empire*, S. 220.

gesichts der Vielfalt der methodischen Zugänge zu dieser Frage[68] müssen die in diesem Zusammenhang gewählten »forschungsstrategischen« Entscheidungen und Perspektiven transparent gemacht werden. Berücksichtigt werden muss zunächst, dass sich die Analyse wilder Streiks auf einem Feld bewegt, das nicht als »geschichtsbildend« gilt. Vergleiche und Systematisierungen werden dem Gegenstand oft nicht gerecht, aber sie sind eine unerlässliche Perspektive, wenn es darum geht, die Geschichte lokaler Ereignisse aus ihrer Isoliertheit und Abgeschlossenheit zu befreien, das heißt zu ermitteln, was sie etwa zur Geschichte der Arbeitsbeziehungen beigetragen haben. Implizit und explizit habe ich meine Themenwahl in den vorigen Abschnitten insofern damit begründet, dass eine bestimmte Vergleichbarkeit zwischen den Arbeitskämpfen in der Bundesrepublik und Dänemark existiert. In diesem Sinne war beispielsweise die Rede von »korporativen« Beziehungen der Arbeitsmarktparteien oder vom »Streikmonopol« der Gewerkschaften.

Allerdings fallen die Perspektive der lokalen Ereignisse, die im Detail beschrieben und zum Sprechen gebracht werden wollen auf der einen Seite und die Perspektive struktureller, sogar transnationaler, gesellschaftlicher Entwicklungen auf der anderen Seite auseinander. Vergleich, Historizität und »dichte Beschreibung« stehen in einem unauflöslichen Spannungsverhältnis. Restlos gelöst werden kann diese Spannung nicht. In dem Moment, in dem die lokalen Geschichten und Erzählungen einem Vergleich unterzogen werden, entkleidet man sie einer spezifischen, einzigartigen, unvergleichlichen Bedeutung und definiert sie durch die Brille des Anderen. Neben dem systematrischen Zugriff auf die Geschichte bestimmter sozialer Formen setzt die Analyse historischer sozialer Konflikte Neugier auf das Ungleiche, Ungleichzeitige und nicht Einzuverleibende voraus.

Es stellt sich also die Frage nach dem, was zwischen der Bundesrepublik und Dänemark *nicht* verglichen werden kann: Dabei fällt, was die »Makrogeschichte« betrifft, zunächst einmal das asymmetrische Verhältnis beider Länder auf. Dieses kam besonders nach dem 8. April 1940 zum Ausdruck, als Dänemark von der deutschen Wehrmacht besetzt wurde. Damit wurde nicht alleine die Hierarchie bestärkt, die zwischen dem landwirtschaftlich dominierten, kleinen Staat am Rande Mitteleuropas und einer der größten Industrienationen bestand. Zementiert wurde auch die Patenschaft, die das Deutsche Reich für die Stabilität der Herrschaftsbeziehungen im Inneren Dänemarks übernahm. Die Lebensverhältnisse und Arbeitsbeziehungen der ersten Hälfte der 1940er

---

68 Zu den Besonderheiten verschiedener Zugänge zum historischen Vergleich in der internationalen Arbeitsgeschichte s. van der Linden, »Doing Comperative Labour History«, hier: S. 176–189. Zum historischen Vergleich im Allgemeinen s. die Beiträge in: Haupt/Kocka (Hg.), *Geschichte und Vergleich*.

Jahre, die militante Opposition gegenüber dem Besatzungsregime und die Kooperation der dänischen, sozialdemokratisch geführten Regierung mündeten schließlich 1943 und 1944 in Aufständen, die ganz wesentlich von (illegalisierten und repressiv verfolgten) Streikbewegungen bestimmt waren.[69] Spuren der in dieser Zeit entstandenen Streik-Tradition spielten in der »Nachgeschichte« immer wieder eine Rolle, die Kader der »40er« blieben in Dänemark bis in die späten »60er« zumindest betriebspolitisch und punktuell auch darüber hinaus relevant.[70] Auf der anderen Seite spielt eine ebenso starke Rolle, dass die NS-Herrschaft in Deutschland die organisierte Arbeiterbewegung in den 1930er Jahren vermittels blutiger Repressionen in den Untergrund verdrängt hatte, und dass es zu einer vergleichbaren Bewegung wie in Dänemark am Ende des Krieges nicht kam.[71]

Weitere grundlegende Unterschiede beziehen sich nicht auf die Bewegungs- und Beziehungsgeschichte der beiden Staaten, auf deren eigentümliche Kontinuität und Diskontinuität, sondern auf die ökonomischen und topografischen Verhältnisse, die sich im Rahmen dieser Geschichte geltend machten: 1945 lebten in Dänemark weniger als ein Zehntel der Einwohner der westlichen Besatzungszonen. Wie noch heute lag in Dänemark eine einzige Großstadt, in deren Agglomeration jedoch bis heute fast ein Drittel aller Däninnen und Dänen lebten. Dies bedingte einerseits eine Zentralisierung des politischen Systems, die in der föderalen Bundesrepublik unbekannt war, andererseits einen historischen Gegensatz zwischen »der Stadt« (*byen* = Kopenhagen) und »der Provinz« (*provinsen*), der erst in der massiven »zweiten Industrialisierung« der 1960er Jahre gründlich durcheinander gebracht wurde. Auch die Zusammensetzung der Lohnarbeitenden wurde historisch durch diese Verhältnisse bestimmt: Während die dänische Arbeiterklasse sich vor allem in Kopenhagen und einigen wenigen größeren Provinzstädten ausgeprägt hatte, war die Landwirtschaft in der zweiten Hälfte der 1940er Jahre noch immer ein wichtiger Beschäftigungsfaktor und die dominierende Exportindustrie. In den industriellen Sektoren blieben, auch aufgrund des Mangels an Bodenschätzen, handwerkliche Betriebe neben den hafennahen Betrieben der Nahrungsmittelverarbeitung und den Brauereien vergleichsweise bedeutend. Bis heute liegen

69 Kirchhoff, *Samarbejde*.

70 Hier ist zu bemerken, dass der Aufstand im Sommer 1943 in den größeren Provinzstädten begann und sich erst ein Jahr später in Kopenhagen artikulierte, ein Umstand, der nicht zu der Erzählung von der »entscheidenden Rolle« der Kopenhagener Werftarbeiter in der dänischen ArbeiterInnenbewegung passt.

71 Wie bedeutend die Nachwirkungen des NS für die Protestbewegungen Ende der 1960er waren, betont Nielsen, *Demokrati*, S. 174–177.

die Betriebsgrößen in der dänischen Industrie im europäischen Maßstab weit unter dem Durchschnitt.

Die Bedeutung der Kombination aus zentralisierter städtischer Arbeitsbevölkerung auf der einen und der Zersplitterung in den Betrieben auf der anderen Seite verlieh der spezifischen organisatorischen Struktur der dänischen Arbeiterbewegung ihr Gesicht: Es kam zu einer im europäischen Maßstab überraschend frühen Bildung von Gewerkschaften auf der einen, zu der inneren Organisierung derselben entlang der Trennungslinien des Arbeitsmarktes auf der anderen Seite. Schon der traditionelle Name *De samvirkende Fagforbund* (DsF), wörtlich »die gemeinsam wirkenden Fachverbände«, deutet diesen Mix aus Zentralisierung und Dezentralität an. Der gewerkschaftliche Dachverband, der erst in den 1960er Jahren in Anlehnung an die starken norwegischen und schwedischen »Zentralorganisationen« *Landsorganisation i Danmark* (LO) genannt wurde, war die meiste Zeit der Deckel auf einem Konglomerat von sich nicht selten im offenen Konflikt befindenden dezentralen Organisationen. Vor allem die Konflikte zwischen Gelernten und Ungelernten waren prägend. Seit den 1920er Jahren spielten sie in Arbeitskämpfen immer wieder eine wichtige Rolle.[72] Zugleich enthielt die Aufteilung der dänischen »Fachverbände« auch eine geschlechterpolitische Brisanz. So hatten die Industriearbeiterinnen ihre eigene, tariffähige Organisation. Und auch dort, wo es sektoral (wie in der Nahrungsmittelindustrie) eigenständige Industriegewerkschaften gab, hatten die Frauen ihre eigenen *Afdelinger*, Abteilungen, die tariffähig waren. In diesem Buch wird diese Aufteilung eine wichtige Rolle spielen: Die eigenständige Organisierung der Frauen trug einerseits zur Lohndiskriminierung, andererseits aber zur selbständigen Organisierung von »Frauenstreiks« bei, in denen häufig die Forderung nach »gleichem Lohn für gleiche Arbeit« im Mittelpunkt stand.

Dass derartige Verwicklungen für deutsche Leserinnen und Leser manchmal schwer nachzuvollziehen sind, liegt auch daran, dass das Wort »Fachverband« in Deutschland 1933 aus der Geschichte getilgt wurde. Nach 1945 entstanden in den Westzonen rund ein Dutzend »Einzelgewerkschaften« nach dem Industrieverbandsprinzip, während in Dänemark noch um die 70 »Fachverbände« bestehen blieben, eine Zahl, die auch in den Dekaden danach nur im Schneckentempo sank. Solche Feststellungen sind nicht alleine formal wichtig, denn sie bildeten das institutionelle Gefäß, in dem sich die »tarifwidrigen« Streiks bewegten: eine lokale Militanz, die oft als »unzeitgemäß« denunziert wurde, sich allerdings selbst auch häufig nicht anders denn als partikulares, örtlich gebundenes und gefesseltes Phänomen begreifen konnte. Im Folgenden kommt es mir darauf an, die Wirkung der aus Sicht der zentralen In-

72 Vgl. ausführlich: Knudsen, *Arbejdskampe*.

stanzen »unvernünftigen« Reste einer »anderen« Rationalität der Organisierung zu betonen. Dass sich diese »Unvernunft« lange halten konnte, hatte auch damit zu tun, dass die beiden Gesellschaften, um die es hier geht, nicht vom einen auf den anderen Tag und schon gar nicht am gleichen Tag zu Industriestaaten wurden.

Statistiken und Archive

Welche Grundlagen gibt es dafür, diese differenten Spuren einigermaßen kohärent nachzuzeichnen? Ich werde im Folgenden Statistiken als Quelle benutzen, mit der bestimmte Tendenzen der Geschichte wilder Streiks illustriert werden können. Allerdings werde ich dabei stets betonen, dass es sich um die Zahl der *registrierten* Streiks handelt. In der Bundesrepublik wurden durch das Statistische Bundesamt nur Arbeitskämpfe mit über zehn Beteiligten erfasst, die einen Verlust von mindestens 100 Arbeitstagen verursacht haben.[73] Die Sammlung übernahmen die Arbeitsämter auf der Grundlage einer freiwilligen Berichterstattung der Unternehmen. Zahlen über die gesamte Anzahl der »Fälle« wurden nicht gesammelt. In Dänemark galt ebenfalls die Einschränkung, dass Arbeitskämpfe unter 100 Ausfalltagen nicht gezählt wurden. Zudem wurden erst seit 1956 von Danmarks Statistik auch die Arbeitstage gezählt, die in *indirekt* von Streiks betroffenen Betrieben anfielen. Für beide Länder gilt, dass die Statistik nur einen (oft sehr geringen) Teil der Streiks erfasst hat.[74] Zudem verzerrte sie das Verhältnis zwischen den Streikformen systematisch, da die überwiegend kurzen und weniger umfangreichen wilden Streiks zu einem weitaus größeren Teil nicht registriert wurden als die »offiziellen« Streiks. Im internationalen Vergleich bietet die allgemein angewandte Kategorie »Ausfalltage pro 1.000 Beschäftigte« deshalb ein Vergleichskriterium, das in Bezug auf den Gegenstand der vorliegenden Arbeit kaum sinnvolle Anhaltspunkte bietet.

Für die durch zusätzliche Erhebungen korrigierten Streikstatistiken gilt, dass sie das Problem der mangelnden Erfassung der wilden Streiks und der begrenzten transnationalen Vergleichbarkeit nicht befriedigend lösen konnten.

---

73 Begriffe wie »Fälle«, »Ausfalltage« etc. verweisen auf den Ursprung der Streikstatistik in der Polizeiarbeit. Zur Kritik der offiziell erhobenen Daten vgl. für die Bundesrepublik unter anderem Kalbitz, »Streikstatistik«. Für Dänemark:: Leihardt, »Strejkestatistik«. Zur internationalen Statistik: ILO, *Labour Statistics*.

74 Der Anteil der vom Statistischen Bundesamt gezählten Streikbeteiligten an den durch andere Zählmethoden erfassten Streikenden schwankte zwischen 1965 und 1980 zwischen lediglich rund 10% (1972) und etwa 60%: vgl. Dribbusch, »Sword on the Walk«, S. 29.

So liegen nur in der Bundesrepublik Daten in einer ausreichenden Dichte für den gesamten in dieser Studie umfassten Zeitraum vor.[75] Wesentlicher ist jedoch, dass der Gegenstand der vorliegenden Arbeit insbesondere für die 1960er Jahre kaum in einer »Registratur« zu erfassen ist. Denn gerade in dieser Zeit lagen wilde Streiks sehr oft in der Grauzone zwischen sichtbaren und unsichtbaren Formen betrieblicher Resistenz. In einem Jahrzehnt, in dem die lokale, unsichtbare Form des Arbeitskampfes eine entscheidende Bedeutung hatte und ein dynamisches Element in der Transformation der Streikgeschichte darstellte, müssen Untersuchungen, die auf die Erfassung von »Fällen« reduziert sind, defizitär bleiben. Im wohlverstandenen Interesse der Streikenden konnte es, wie erwähnt, liegen, ihre Aktion nicht zu einem »Fall« werden zu lassen, weil dies für die Beteiligten schwere materielle und andere Konsequenzen haben konnte. Wilde Streiks grenzten insofern nicht nur an den legalisierten Tarifkonflikt an, sondern auch an Formen alltäglicher Resistenz. Ohne eine Analyse der qualitativen Spuren, die die wilden Streiks hinterlassen haben, kann der lokale und oft genug merkwürdig verschobene und abgedrängte Charakter der Arbeitskämpfe der 1960er Jahre vielleicht noch weniger erfasst werden als etwa der der frühen 1950er oder der 1970er Jahre, in denen die Streiks zumindest phasenweise stärker symbolisch-demonstrativ ausgetragen und mit Botschaften an die Öffentlichkeit verknüpft wurden.

Deshalb habe ich vor allem bei der Rekonstruktion der lokalen Streiks der späten 1950er und frühen 1960er Jahre angesichts der nicht vorhandenen Primärliteratur neben zeitgenössischen Zeitschriften[76] auch auf ungedruckte Materialien aus Archiven zurückgegriffen. Dort habe ich Materialien gefunden, die im Kontext der Gewerkschaftsbewegung oder der »alten« sozialistischen Parteien gesammelt wurden, darunter Berichte von Vertrauensleuten und Betriebsräten, die im Rahmen der internen Kommunikation der Gewerkschaften erstellt wurden, aber auch wichtige »graue« Literatur wie lokale Flug- und Zeitschriften. Für die Zeit nach ungefähr 1970 sind daneben »Bewegungsarchive« relevant, die schwerpunktmäßig Materialien der neuen sozialen Bewegungen einschließlich der Studentenbewegung gesammelt haben. So bot für

75 Diese finden sich in der im Folgenden überwiegend zitierten Arbeit von Spode u.a., *Statistik*, die den Zeitraum von 1949 bis 1980 umfasst. In Dänemark existieren ähnlich detaillierte und quellenkritische Sammlungen lediglich für die Zeiträume 1969–1972 bzw. 1976–1979.

76 Systematisch wurden eine ganze Reihe Gewerkschaftszeitungen sowie Zeitschriften der politischen Linken ausgewertet (vgl. die Liste im Anhang). Berichte aus Tageszeitungen bzw. Veröffentlichungen der Unternehmerverbände finden zudem dort Verwendung, wo die Tendenz der Berichterstattung analysiert wird. Hier halfen mir die in den Beständen der Gewerkschaften aufbewahrten Pressearchive.

die Phase von 1969 bis 1973 etwa die Recherche im Trikont-Archiv in München wichtige Anhaltspunkte.

In Bezug auf die Archivrecherche sind schließlich einige länderspezifische Besonderheiten zu erwähnen. Charakteristisch für die bundesdeutschen Archive ist, dass sie, entsprechend des föderalen Charakters des Landes und der bestimmenden Position der Einzelgewerkschaften, dezentralisiert und oft nur unter großem (Reise)aufwand zugänglich sind. In meiner Recherche habe ich mich, da die überwiegende Zahl der wilden Streiks im Organisationsbereich einiger weniger Einzelgewerkschaften stattfanden, vor allem auf die im *Archiv der sozialen Demokratie* (= AdsD) in Bonn liegenden Materialien der IG Metall und der ihr mittlerweile angeschlossenen Gewerkschaft Textil und Bekleidung sowie auf im *Archiv für soziale Bewegungen* (= AfsB) in Bochum liegende Materialien der IG Bergbau (und Energie) konzentriert. Eine weitere Besonderheit der bundesdeutschen Entwicklung ist das direkte Interesse, das die staatlichen Stellen der DDR den Streiks entgegenbrachten. Deshalb erschien eine Recherche in der dem Bundesarchiv Berlin angeschlossenen Sammlung der entsprechenden Abteilungen der SED notwendig. Besonders für die Zeit vor ungefähr 1963 war diese auch recht ertragreich. Dagegen stellte sich die Recherche in Dänemark als vergleichsweise einfaches Unterfangen dar. Dort wurden und werden die Bestände der Arbeiterbewegung, das heißt mehr oder weniger aller gewerkschaftlichen Berufsverbände sowie sozialistischen Parteien bis hin zu randständigen, studentisch geprägten Vereinigungen, zentral im Archiv der Arbeiterbewegung (*Arbejderbevægelsens Bibliotek og Arkiv* = ABA) in Kopenhagen gesammelt. Hier fand ich auch eine sehr umfangreiche Sammlung von Unterlagen, die in den Arbeitsgerichtsprozessen Verwendung gefunden haben und die bisher von der Forschung überhaupt nicht erschlossen worden sind.

Insgesamt ließ die Recherche eine relativ vollständige Zusammenfassung der Geschichte der wilden Streiks für den in der vorliegenden Studie umfassten Zeitraum zu. Allerdings kann die Perspektive der Arbeitgeber und der staatlichen Instanzen auf der Grundlage des vorliegenden Materials nur skizziert werden. Eine detaillierte Untersuchung war angesichts des ohnehin bereits großen Umfangs der Studie nicht möglich. Primär- und Sekundärliteratur sowie einige unveröffentlichte Quellen, die die Position der beiden »anderen Parteien« skizzieren, beziehe ich im Folgenden nur ein, insoweit sie für die Interaktion zwischen den Streikenden und der gewerkschaftlichen Politik von Belang waren. Eine weitere Einschränkung ist, dass nicht systematisch mit Zeitzeug(innen)interviews gearbeitet werden konnte. Zwar wurden Berichte von Streikenden aus Archiven und Primärliteratur verwendet und einige ergänzende Gespräche mit damaligen Aktiven geführt. Der Perspektivwechsel, den eine Oral-History-Untersuchung ermöglicht, konnte allerdings nicht erreicht werden. Eine besonders auffällige Lücke gibt es hier hinsichtlich der migrantisch geprägten Streiks, die zeitgenössisch überwiegend von deutschen Institutionen und in deutschsprachigen Veröffentlichungen beschrieben wurden.

Ein Problem, das sich in Bezug auf Quellen aus den 1970er Jahren unweigerlich zeigt, ist, dass im Laufe der Periode, die von dieser Untersuchung umfasst wird, nicht nur die Zahl der schriftlichen Streikberichte geradezu explodiert ist, sondern die Verbreitung unterschiedlicher Medien überhaupt eine expansive Entwicklung nahm. Dies stellt die historische Forschung vor neue Probleme der Auswahl und Strukturierung des Materials. In Bezug auf die wilden Streiks wäre beispielsweise die Auswertung von Radio- und Fernsehnachrichten oder Dokumentarfilmen zu erwägen. Derartige Quellensorten konnte ich im Rahmen dieser Arbeit nur berücksichtigen, insofern sie in den Archiven beziehungsweise in der Primärliteratur dokumentiert waren. Die Innovationen der medialen Inszenierung systematisch zu untersuchen, wäre eine interessante Aufgabe, zumal dieses Element in den neuesten sozialen Bewegungen unübersehbar an Bedeutung gewonnen hat.

Aufbau der Studie

Im Anschluss an dieses Kapitel schildere ich die Geschichte der Arbeitskämpfe seit ungefähr 1950, das heißt mehr oder weniger *nach* der Verfestigung der institutionellen Arbeitsbeziehungen. Ausführlich auf die unmittelbare Vorgeschichte einzugehen, ist hier leider nicht möglich. Für Informationen über die »Hungerrevolten« im Ruhrgebiet der späten 1940er Jahre, den Generalstreik in den Westzonen im November 1948 und die Kämpfe gegen die Demontagen muss auf andere Texte verwiesen werden.[77] Ähnliches gilt für Dänemark, wo die Jahre zwischen etwa 1945 und 1947 ebenso eine Zeit heftiger und massenhafter Streikbewegungen war. Obwohl die Forderungen dieser Arbeitskämpfe den in Kapitel 2 dargestellten Massenstreik von 1956 prägten, kann ihre Geschichte im Folgenden nur kursorisch geschildert werden.

Das Jahr 1958, mit dem ich Kapital 3 beginne, leitete dann die Periode ein, in der sich die ökonomische und politische Entwicklung in beiden Ländern vereinheitlichte. Der industrielle Boom hatte, mit etwa zehn Jahren Verspätung, auch Dänemark erreicht. Zugleich entwickelte sich die »Objekti-

77 Ausführlich s.: Schmidt/Fichter, *Kapitalismus,* S. 25–28; Schmidt, *Ordnungsfaktor,* S. 27ff., die die Bedeutung der »Klassenkämpfe« von 1946/47 und der »verpassten Neuordnung« betonen. Kritisch zu dieser These: Mielke, »Neugründung«, S. 75.

vierung« und »Verwissenschaftlichung« der Arbeitspolitik weiter. In beiden Ländern prägte eine starke Zentralisierung der Tarifverhandlungen das Bild. Gleichzeitig entwickelten sich die wilden Streiks wie »Nadelstiche«, die die Kritik an dieser nunmehr relativ festen Normierung der Arbeitsbeziehungen ausdrückten. In Kapitel 3 gehe ich im Schwerpunkt auf einzelne, lokale Arbeitskämpfe ein. Meine These ist, dass Formen und Forderungen dieser »exemplarischen« Arbeitskämpfe für die späteren Streikwellen bedeutend waren.

In Kapitel 4 stelle ich dann dar, wie der Umfang der wilden Streiks vor dem Mai 1968 in der Bundesrepublik zunahm, ohne allerdings mit den aufkommenden Sozialprotesten vernetzt zu sein. Im selben Kapitel werden die Gründe für die relative Stagnation der Arbeitskämpfe in Dänemark beschrieben. Obgleich in allen Kapiteln die Spur der historischen sozialen Bewegungen verfolgt wird, wird dies in Kapitel 4 besonders wichtig, denn hier geht es um die bereits in der Einleitung entwickelte Frage, aus welchen Gründen sich eine Bezugnahme von Sozialprotest und Arbeitskampf in der Bundesrepublik und Dänemark 1968 als komplizierter darstellte als etwa in Frankreich und Italien. Kapitel 5 ist sodann der Ausformung der »europäischen Streikwelle«, Kapitel 6 ihren Folgen gewidmet.

Alle Kapitel beginnen mit einem Überblick über grundlegende politische und ökonomische Tendenzen, die für die Streiks der jeweils geschilderten Phase wichtig waren. Die Geschichte der wilden Streiks wird jeweils zuerst für die Bundesrepublik und dann für Dänemark analysiert. Es schließt jeweils ein Kapitel an, in dem die Entwicklungen in beiden Ländern zusammengefasst und verglichen werden. Am Ende des Textes werde ich schließlich nach der Aktualität der historischen wilden Streiks für die Entwicklung der Arbeitsbeziehungen und der sozialen Bewegungen im Jahr 2007 fragen.

II. Kalter Krieg am Arbeitsplatz, 1950 bis 1957

Dort bei Philips machen sie die Radios und die Fernseher, die überall auf der Straße die sichtbaren Zeichen dafür sind, dass es aufwärts geht, dort bei Philips sind sie Pioniere, wenn es darum geht, die Produktion zu steigern, mit den modernsten Methoden, und sie haben sich einen Rationalisierungsexperten angeschafft, mit einer ganzen Herde von Zeitnehmern, um die Leute zu tyrannisieren, damit sie schneller arbeiten, schneller, damit es mehr Geräte werden, höhere und immer höhere Ausbeute. Dort bei Philips lehnen sich die Arbeiterinnen und Arbeiter 1954 zuerst gegen die neuen Methoden auf.

Hans-Jørgen Nielsen: Fodboldenglen, Roman, 1979

1. Wilde Streiks im bundesdeutschen Boom

Ein Blick auf die Daten der westdeutschen Ökonomie der 1950er Jahre bestätigt die Vorstellung vom »Wirtschaftswunder«[1]. Trotz einer leichten, unter anderem durch die mangelnde Inlandsnachfrage ausgelösten Stagnation am Anfang des Jahrzehntes wuchs die westdeutsche Wirtschaft in den 1950er Jahren in einem im 20. Jahrhundert bis dahin unerreichten Tempo. Die durchschnittliche jährliche Wachstumsrate des realen Bruttosozialproduktes betrug 6,6 Prozent. Damit lag die Bundesrepublik an der Spitze aller westeuropäischen Länder und wurde im globalen Vergleich nur von Japan übertroffen.[2] Die Expansion wurde durch mehrere Faktoren ermöglicht: In seiner ersten Phase begünstigte die Etablierung von allseitigen außenwirtschaftlichen Beziehungen zwischen den westeuropäischen Staaten,[3] die durch die Marshallplan-Kredite und die Koordination ihrer Anwendung durch eigens dafür geschaffene europäische Institutionen vermittelt wurde, vor allem die westdeutsche Schwerindustrie. Mit einer leichten Verzögerung löste dann der Korea-Krieg einen Boom aus, der weiterhin industriell geprägt war. Das »Wirtschaftswunder« war zunächst eher ein »Exportwunder«: Zwischen 1949 und 1958 verzehnfachte sich das Volumen des bundesdeutschen Außenhandels.[4] Die Regie-

---

1 Die Bezeichnung »Wirtschaftswunder« wurde erst in der Retrospektive eindeutig positiv konnotiert, Zeitgenossen waren eher skeptisch, vgl. Hardach, »Krise und Reform«, S. 204.

2 Hardach, »Rückkehr zum Weltmarkt«, S. 80.

3 1945 waren die europäischen Handelbeziehungen fast vollständig zusammengebrochen. 1952 gingen bereits 62% der westdeutschen Exporte in die westeuropäischen Länder: Ebd., S. 97.

4 Hardach, »Krise und Reform«, S. 98.

rung Adenauer förderte durch Abschreibungsmöglichkeiten und Steuervergünstigungen gezielt die Selbstfinanzierung industrieller und infrastruktureller Investitionen, was eine deutliche Umverteilung des Vermögens zugunsten der Produktionsmittelbesitzer zur Folge hatte.[5] Angesichts der exorbitanten Wachstumsraten entstand schließlich dennoch ein Spielraum für eine starke Ausdehnung des Massenkonsums. Im Laufe des Jahrzehntes verschob sich die Nachfrage von grundlegenden zu komplexen und dauerhaften Gütern, wodurch besonders die seit den 1930er Jahren entstandenen neuen Industrien (Elektronik- und Automobilindustrie) einen Aufschwung erfuhren. Und schließlich wurde der Boom ab etwa Mitte des Jahrzehnts auch durch eine staatlich und politisch induzierte Ausweitung der Binnennachfrage (expansive Lohnpolitik) und der öffentlichen Güter (Leistungen der Krankenversicherung, Renten) abgestützt und verstärkt.[6] Der sekundäre Charakter der Ausdehnung der Konsum- und Versorgungsmöglichkeiten erklärt einen Teil der Arbeitskonflikte der 1950er Jahre. Gleichzeitig trug der Massenkonsum dazu bei, dass soziale Differenzierungen in der bundesdeutschen Öffentlichkeit immer weniger wahrgenommen wurden. Das Bild von einer »nivellierten«, »klassenlosen« Gesellschaft zog auch eine veränderte (Selbst)wahrnehmung von Arbeitskämpfen nach sich.

Ein entscheidender Faktor der expansiven ökonomischen Entwicklung war das Vorhandensein von freien industriellen Kapazitäten und massenhaft verfügbaren sowie vergleichsweise billigen Arbeitskräften. Angesichts einer Erwerbslosigkeit, die um 1950 noch einmal auf deutlich über 10 Prozent anwuchs, musste die Industrie kaum um Arbeitskräfte konkurrieren. Der Arbeitsmarkt absorbierte zunächst die Zuwanderer aus dem Osten und im Verlauf der 1950er Jahre die aus der DDR.[7] Zudem stieg die Zahl der berufstätigen Frauen im Laufe der 1950er Jahre kontinuierlich an, wobei insbesondere der Anteil der als erwerbstätig registrierten verheirateten Frauen zunahm.[8] Damit deutete sich bereits in den 1950er Jahren ein neues Muster weiblicher Erwerbstätigkeit an, das die Hausfrauenfamilie in Frage stellte, obwohl sie innerhalb des Massenbewusstseins immer noch als erstrebenswerte Norm galt. Die Industrie spielte in dieser Phase eine geschlechterpolitische Vorreiterrolle, indem sie nunmehr eine Mobilisierung der Arbeitskraft auch älterer und verheirateter Frauen anstrebte. Dass dabei, wie der Bundesverband der Deutschen

5 Schmidt, *Ordnungsfaktor*, S. 28f.

6 Zu den ökonomischen Wirkungen dieser Politik s. auch Lutz, *Prosperität*, S. 214–219.

7 Bei der Volkszählung 1950 wurden 7,8 Millionen Vertriebene gezählt. Bis zum Mauerbau verließen 3,8 Millionen Menschen die DDR, vgl. Münz/Ulrich, »Wanderungen«, S. 6, 13.

8 Der Anteil der mit einem Lohnarbeiter verheirateten erwerbstätigen Frauen stieg von 1950 bis 1961 von 12,8 auf 26,8%: Niehuss, »Kontinuität«, S. 325.

Industrie formulierte, »in der Hauptsache an Reserven für Hilfsarbeiten« gedacht war, macht deutlich, dass der Modus der Integration in die Erwerbsarbeit die Unterschichtung des Arbeitsmarktes war.[9] Diese Unterschichtung wurde mit der sektoral einsetzenden Knappheit von Arbeitskräften seit etwa 1955 durch die Anwerbung von »Gastarbeitern«, zunächst überwiegend männlichen Geschlechtes, ergänzt.[10]

Insgesamt schaffte die Mobilisierung und Neuzusammensetzung der Arbeitskraft in den 1950er Jahren ein historisch spezifisches Modell ökonomischer Expansion. Das Wachstum des lohnabhängigen Teiles der Bevölkerung hatte seine Ursache vor allem in der expansiven Beschäftigungsentwicklung der Industrie. In den 1950er Jahren stieg der Anteil der Beschäftigten im zweiten Sektor in der Bundesrepublik auf fast 50 Prozent, während die Beschäftigung in der Landwirtschaft sich in einem Tempo verringerte, das dreimal so hoch war wie im Durchschnitt der 100 Jahre zuvor.[11] Und obwohl die hohen Produktivitätssteigerungen der 1950er Jahre weitgehend auf Basis traditioneller industrieller Techniken stattfanden,[12] das heißt eine massenhafte Durchsetzung tayloristischer Verfahren noch bevorstand, waren es besonders die neuen Industrien wie die chemische, die Automobil- und die Elektronikindustrie, die von den Veränderungen profitierten, während eine der beiden klassischen Schlüsselsektoren, der Steinkohlebergbau, bereits im Lauf der 1950er Jahre in eine erste schwere Krise geriet.[13] Infolge der dynamischen industriellen Entwicklung sank schließlich auch die Erwerbslosigkeit. 1960 lag sie bei nur noch 1,3 Prozent der Erwerbstätigen, obwohl die Bevölkerung in den 1950er Jahren von etwa 50 auf über 55 Millionen Menschen angewachsen war.[14]

Ich werde nun die Entwicklung der Arbeitskämpfe während des einsetzenden Booms in der Bundesrepublik analysieren. Dabei werde ich zunächst das Augenmerk auf die Auseinandersetzung um die mit der Gründung der Bundesrepublik anders als in Dänemark noch nicht abgeschlossene Institutionalisierung des Streik- und Koalitionsrechtes legen. Dann werde ich schildern, wie sich parallel und im Anschluss an diese Auseinandersetzung eine Neuorientierung der gewerkschaftlichen Tarifpolitik ergab. Schließlich werde ich darauf eingehen, wie sich in diesem Kontext die Rolle der wilden Streiks veränderte.

---

9 Niehuss, »Kontinuität«, S. 329.

10 Vgl. hierzu: Herbert/Hunn, »Gastarbeiterpolitik«, S. 275–281.

11 Ambrosius, »Strukturwandel«, S. 108.

12 Ebd., S. 114–119.

13 Vgl. Lauschke, *Ruhr*, S. 5–17.

14 Münz/Ulrich, »Wanderungen«, S. 5.

Der Kampf um die Betriebsverfassung

Auch unmittelbar nach Gründung der Bundesrepublik stand für die Gewerkschaften noch die Forderung nach einer »Demokratisierung der Wirtschaft« an erster Stelle. Wichtigster Ansprechpartner ihrer Politik waren nicht die Arbeitgeber, sondern der Staat, wobei man sich nach wie vor erhoffte, dass die SPD die zukünftige Regierung dominieren würde. Dass derartige Erwartungen enttäuscht wurden, trug dazu bei, dass die Gewerkschaften bis Mitte des Jahrzehntes stärker auf eine Tarifpolitik im heutigen Sinne zu setzen begannen. Die Formen und Inhalte von Arbeitskämpfen wurden von dieser Neuorientierung entscheidend beeinflusst, wobei die Grenzen zwischen Tarifkämpfen einerseits und wilden Streiks andererseits noch nicht vollständig definiert waren.

Im Vordergrund der Auseinandersetzung zwischen Gewerkschaften und Bundesregierung stand nach 1950 die noch in der Zeit der unmittelbaren Besatzungsherrschaft entwickelte Montanmitbestimmung, die den Arbeitnehmern eine paritätische Besetzung der Aufsichtsräte in der Montanindustrie zugestand.[15] Die neu gewählte Bundesregierung war von vornherein gewillt, diese Regelung zurück zu nehmen oder wenigstens ihre Ausweitung auf die gesamte Industrie zu verhindern. Ein Hindernis war dabei, dass die Reglungen in den Belegschaften populär waren: Im Winter 1950/51 erklärten sowohl in der Stahlindustrie als auch im Bergbau mehr als 95 Prozent der Abstimmenden, den Erhalt der Montanmitbestimmung notfalls auch durch einen Streik sichern zu wollen.[16] Die Kampfbereitschaft trug dazu bei, dass die Adenauer-Regierung die Montanmitbestimmung zunächst nicht antastete. Zugleich verschob sie die noch ausstehende Regelung der Betriebsverfassung für die restliche private Wirtschaft bis in das Frühjahr 1952. Doch selbst zu diesem späteren Zeitpunkt konnte die Relativierung der »Nachkriegserrungenschaften« nicht durchgesetzt werden, ohne größere Proteste auszulösen. Nachdem die Regierung den Entwurf eines Betriebsverfassungsgesetzes vorgelegt hatte, der eine Einflussnahme der Arbeitnehmer auf die wirtschaftlichen Dispositionen der Unternehmen ausschloss, entwickelte sich im Mai und im Juni 1952 eine Demonstrations- und Streikbewegung, an der innerhalb von 22 Tagen über 1,6 Millionen Menschen teilnahmen.[17] In ihrem Verlauf erweiterte sich die Agenda der Proteste: So kam auch die Ablehnung des Generalvertrags, der die Anerkennung staatlicher Souveränität mit einer Eingliederung neuer bundesdeut-

15 Der Verlauf dieser Auseinandersetzung kann hier nur skizziert werden, vgl. zur Entwicklung in der unmittelbaren Nachkriegszeit: Müller, *Mitbestimmung*.

16 Rajewski, *Arbeitskampfrecht*, S. 30.

17 Kraushaar, *Protestchronik*, Registerband, S. 2.503.

scher Streitkräfte in eine westeuropäische Armee verband, in der Bewegung zum Ausdruck. Mitte Mai 1952 demonstrierten Hunderttausende in Nordrhein-Westfalen, im Rhein-Main-Gebiet, in München und Mittelfranken gegen den Gesetzesentwurf, den auch die Gewerkschaftsspitze als »Restauration der alten Machtverhältnisse« verstand. Die größte Demonstration fand am 15. Mai 1952 in Hamburg statt, wo etwa 150.000 Menschen teilnahmen.[18] Am 28./29. Mai verhinderte dann ein von der IG Druck und Papier (Drupa) ausgerufener 24-stündiger Proteststreik die Auslieferung der meisten Tageszeitungen.[19] Allerdings wurde die Initiative der Drupa, von der sich einzelne Gewerkschaftsaktive eine Ausweitung der Bewegung zu einem »Generalstreik« versprochen hatten, nicht aufgegriffen. Am 13. Juni traf sich die DGB-Spitze mit Adenauer. Der Kanzler erwirkte eine Aussetzung der Aktionen gegen das Versprechen weiterer Verhandlungen. Doch am 19. Juli wurde das Gesetz beinahe unverändert im Bundestag verabschiedet: Die Gewerkschaften hatten den letzten großen »Verfassungskampf« der unmittelbaren Nachkriegsgeschichte verloren.

Das Betriebsverfassungsgesetz bestimmte, dass die Aktivitäten der Gewerkschaften und der Betriebsräte formal voneinander getrennt wurden, also eine »duale Struktur der Interessenvertretung«. Die Betriebsräte wurden auf das Unternehmenswohl verpflichtet, fungierten als Mittler zwischen Belegschafts- und Arbeitgeberinteressen und hatten kein Recht, zu einem Streik aufzurufen.[20] Die Mitbestimmung in den Aufsichtsräten wurde in Aktiengesellschaften mit über 500 Beschäftigten auf eine Drittelparität reduziert. Weder in den Aufsichts- noch gegenüber den Betriebsräten erhielten die Gewerkschaften ein Kontrollrecht. Die Mitbestimmungsrechte der Betriebsräte hingegen wurden auf soziale und personelle Fragen reduziert. Das Gesetz, das heute oft als Errungenschaft gesehen wird, wurde in den Gewerkschaften zeitgenössisch als einschneidende Niederlage wahrgenommen.[21] Der Zeitungsstreik lieferte in der Folge zudem den Anlass für eine Regulierung des Streikrechtes durch Landesarbeitsgerichte und Bundesarbeitsgericht (BAG), die »politische« Streiks ausschloss und illegalisierte.[22] 1955 entschied das BAG, dass nur »sozial adäquate« Streiks zugelassen seien, das heißt, dass die eingesetzten Mittel »ange-

18 Eine Auflistung bietet Kraushaar, *Protestchronik*, Bd. 1, S. 608–621.

19 Zu den Hintergründen s. Markovits, *Trade Unions*, S. 385–401.

20 Vgl. Birke, »Mitbestimmung«, S. 101f.

21 Schneider, »Demokratisierung-Konsens«, S. 216f., 222. Zu den Veränderungen der Position der Unternehmer gegenüber den Gewerkschaften vgl. Berghahn, *Unternehmer*, S. 202–257.

22 Vgl. Rajewsky, *Arbeitskampfrecht*, S. 29–54. Die Regelungen ähnelten denen der Weimarer Republik (vor 1929). Allerdings wurde auf eine staatliche Zwangsschlichtung verzichtet: vgl. auch Boll, »Streik und Aussperrung«, S. 488ff.

messen« auf den jeweiligen Gegenstand bezogen zu sein hatten.[23] Außerdem seien die Regeln der Friedenspflicht inklusive der rechtzeitigen Ankündigung von Kampfmaßnahmen (Einhaltung der Fristen in Tarifverträgen und Schlichtungsvereinbarungen, Durchführung einer Urabstimmung) einzuhalten. Schließlich legalisierte das BAG, im Kontrast zu vielen anderen europäischen Ländern, allerdings nicht zu Dänemark, die Aussperrung.[24] Damit war die institutionelle Einhegung und juridische Definition der Arbeitskämpfe vorläufig abgeschlossen.

Gleichzeitig hatte der Konflikt um die Betriebsverfassung noch einmal verdeutlicht, dass eine an einer Einflussnahme auf grundlegende staatspolitische Entscheidungen orientierte Gewerkschaftspolitik unter konservativer parlamentarischer Hegemonie kaum Erfolg versprach. Zwar hatte die plötzliche »Absage« der Bewegung gezeigt, dass die Gewerkschaftsspitze nicht nur willens, sondern vorläufig auch in der Lage war, die Aktionen unter ihrer Kontrolle zu behalten. Doch das Konzept, die Demonstrationen als Verhandlungsmasse gegenüber der Adenauer-Regierung einzusetzen, war auf ganzer Linie gescheitert. In der Folge kam es zu einer innergewerkschaftlichen Krise und zur Abwahl des DGB-Vorsitzenden Fette, aber eine systematische kritische Reflektion der Strategie blieb aus.[25] In den Jahren nach 1952 verwies die Gewerkschaftsführung weiterhin auf die Notwendigkeit »anderer« parlamentarischer Mehrheiten, ohne damit angesichts der sich stabilisierenden konservativen Hegemonie etwas anderes zu demonstrieren als Ohnmacht.

Allerdings wäre es auch falsch, das Scheitern der Mitbestimmungsforderungen einseitig als »Verrat der Führung« zu charakterisieren. Die Erfahrung der Ohnmacht konnte nicht nur in den »großen« Kämpfen, sondern auch in politischen Streiks »vor Ort« gemacht werden. Lokale Arbeitskämpfe mit politischen Anliegen waren um 1950 stets randständig geblieben und hatten nur selten Erfolg: Dies galt für Aktionen für die Entfernung von Nationalsozialisten aus betrieblichen Positionen[26] ebenso wie für solche gegen Produktion und Transport von Rüstungsgütern.[27] Die massiven wilden Streiks der unmittelbaren Nachkriegszeit – die so genannten »Hungerstreiks« – lebten im Kontext der leichten ökonomischen Stagnation um 1950 sehr kurzfristig

23 Urteil des BAG vom 28.1.1955, s. Rajewski, *Arbeitskampfrecht*, S. 63, 75. 1955 und 1963 erklärte das BAG wilde Streiks für rechtswidrig.

24 Aussperrungen sind in der Bundesrepublik und Dänemark an die Friedenspflicht gebunden, während sie in vielen anderen westeuropäischen Ländern illegal sind.

25 Vgl. u.a. die Darstellung bei: Schmidt, *Ordnungsfaktor*, S. 38–47.

26 Vgl. für 1950: Kraushaar, *Protestchronik*, Bd. 1, S. 188f.

27 Am 8.8.1950 weigerten sich 35 Hafenarbeiter in Hamburg, mit Munition beladene britische Schiffe zu entladen. Ihre Entlassung löste einen wilden Streik im gesamten Hafen aus. Vgl. Ebd., S. 268.

vor allem in Bayern noch einmal auf, um dann angesichts der Verbesserung der Versorgungslage schnell wieder zu verschwinden.[28] Der Kampf um das Betriebsverfassungsgesetz fasste insofern Erfahrungen aus der Konfliktgeschichte der Nachkriegszeit lediglich zusammen: Soziale und politische Verbesserungen, über die auf zentralem Niveau entschieden wurde, durch Arbeitskämpfe durchsetzen zu wollen, schien nicht mehr sehr vielversprechend. Eine Ausnahme von dieser Regel waren alleine die Kämpfe gegen die Demontage von Betriebsanlagen durch die Alliierten gewesen, die in einem Bündnis zwischen Unternehmern und Beschäftigten durchaus Erfolge erzielen konnten. Doch auch diese Konflikte waren mit dem letztlich weitgehend erfolgreichen Kampf für den Erhalt der Anlagen der ehemaligen »Reichswerke« in Salzgitter bereits Mitte 1950 zu ihrem Höhepunkt und Abschluss gekommen.[29]

Tarifpolitik als Ausweg?

Die politischen Proteststreiks waren nunmehr juridisch als »wild«/«illegal« definiert und traten in den Hintergrund. Statt der Regierung wurden die Arbeitgeber die bevorzugten Verhandlungspartner der Gewerkschaften. Tarifverhandlungen versprachen immerhin, soziale Verbesserungen erreichen zu können, ohne gleich die »Machtfrage« stellen zu müssen. Aber auch der Weg zu einer eingespielten Tarifpolitik war zunächst beschwerlich. Zwar waren mit der Verabschiedung eines Tarifvertragsgesetzes am 9. April 1949 und der Verankerung der Koalitionsfreiheit in Artikel 9, Absatz 3 des Grundgesetzes die Voraussetzungen für Verhandlungen zwischen Unternehmern und Gewerkschaften definiert worden. Aber bis in der Praxis geklärt war, was diese Regelungen bedeuten, dauerte es noch einige Jahre. In den tarifpolitischen Auseinandersetzungen der ersten Jahre der 1950er ging es nicht alleine um konkrete soziale Verbesserungen, zugleich wurde das Verhältnis zwischen zentraler gewerkschaftlicher Politik und lokalen betrieblichen Ansprüchen grundlegend justiert. Hinzu kam, dass im Arbeitgeberlager die Hardliner wieder den Ton angaben. Die Unternehmer beharrten auf dem Standpunkt, dass der formal aufgehobene Lohnstopp »zur Sicherung der wirtschaftlichen Stabilität« aufrechterhalten werden müsse.[30] Wenn überhaupt an Zugeständnisse

28 Anfang August 1950 demonstrierten 60.000 Menschen in München gegen »das Arme-Leute-Brot des Kanzlers«. Im März 1951 fanden sich in Nürnberg 100.000 Menschen zu einer ähnlichen Kundgebung zusammen, vgl. Kraushaar, *Protestchronik*, Bd. 1, S. 265, 401.

29 Vgl. ausführlich: Bergmann, *Stahl oder Rüben*, S. 54–92.

30 Lutz, *Prosperität*, S. 209.

gedacht wurde, wurden diese regelmäßig mit der Forderung nach weiteren institutionellen Garantien für den »sozialen Frieden« verknüpft.[31] Die Gesamtkonstellation – konservative Dominanz im Parlament, erfolglose politische Streikbewegungen, das Ende der Welle der wilden Streiks der unmittelbaren Nachkriegszeit und eine noch kaum entwickelte Akzeptanz sozialer Forderungen durch die Unternehmer – erschwerte tarifpolitische Vorstöße der Gewerkschaften. Die Schwierigkeiten, mit denen die gewerkschaftliche Tarifpolitik konfrontiert war, waren besonders prägnant in Sektoren, in denen niedrige Löhne und schlechte Arbeitsbedingungen vorherrschend waren.[32]

In dieser Situation kam es zugleich in Sektoren, in denen die Verhandlungsmacht der Beschäftigten bereits relativ groß war, zu heftigen Konflikten zwischen Gewerkschaftsführung und Teilen der Mitgliederbasis. So wollte die IG Metall 1951 einen »lohnpolitischen Durchbruch« auf der Grundlage eines Flächenstreiks in der hessischen Metallindustrie bewirken.[33] Die Gewerkschaft forderte eine Erhöhung der Ecklöhne von 1,37 auf 1,49 DM brutto pro Stunde. Nach einem vierwöchigen legalen Arbeitskampf wurde eine Lohnerhöhung von durchschnittlich 6,5 Pfennig erreicht.[34] Der Protest gegen dieses Resultat drückte sich in der Urabstimmung aus, in der 63,1 Prozent der Stimmberechtigten gegen eine Wiederaufnahme der Arbeit votierten.[35] Das Abstimmungsresultat in Hessen war eine Art Premiere einer Aufführung, die in den folgenden Jahrzehnten regelmäßig wiederholt wurde: Weil die Gewerkschaften in Arbeitskämpfen auf eine gewisse Aktivität ihrer Mitglieder angewiesen waren, wurde regelmäßig eine Rhetorik angestimmt, die die Erwartung sozialer Verbesserungen erzeugte. Wenn es zum Streik kam, wurde diese Projektionsfläche sozusagen kollektiv ausgebreitet und mit Handlungsmöglichkeiten verknüpft. Mit der Intensität und Dauer der Tarifkonflikte stieg dann die Wahrscheinlichkeit, dass die Beschäftigten nicht so leicht zur Wiederaufnahme der Arbeit zu bewegen sein würden. Die Verweigerung der Zustimmung zu den Resultaten gewerkschaftlicher Tarifpolitik war stets sowohl Pro-

31 Vgl. Kalbitz, *Arbeitskämpfe*, S. 133–136.

32 Dies illustrierte etwa ein Streik der Landarbeiter. Die Männerlöhne lagen hier bei lediglich etwa zwei Dritteln, die der Frauen bei teils unter 40% des durchschnittlichen Industrielohnes. Daran vermochte auch ein »legaler« Streik im August 1951 nichts zu ändern. In den Jahren darauf wurde der Sektor zum Prototyp einer massenhaften Abwanderung der ansässigen Beschäftigten in andere Sektoren, vgl. Kalbitz, *Arbeitskämpfe*, S. 137–142, hier: 138.

33 Eine Übersicht gibt: IGM, *Streik in der hessischen Metallindustrie*.

34 Kalbitz, *Arbeitskämpfe*, S. 145f.

35 Müller-Jentsch, »Streiks und Streikbewegungen«, S. 56f. In den meisten Satzungen der Einzelgewerkschaften war eine 75%-ige Ablehnung des abgeschlossenen Tarifvertrages als Voraussetzung einer Weiterführung von Streiks vorgesehen. Die Quote bezog sich auf die Stimmberechtigten (ÖTV, IG Metall) oder die Abstimmenden (IG Chemie, Drupa).

test gegen das Resultat als auch Aufgreifen der ursprünglichen Forderung. Eine Verweigerung der Zustimmung zu den Verhandlungsresultaten setzte allerdings voraus, dass eine Weiterführung des Arbeitskampfes ohne die Zustimmung der Tarifkommission beziehungsweise eine längerfristige Änderung der Politik der Gewerkschaft realistisch erschienen. Wilde Streiks konnten da lokal als Alternative erscheinen. Sie ergaben sich seit Anfang der 1950er Jahre auch aus Unzufriedenheit mit den Resultaten der Tarifpolitik und der damit einsetzenden Suche nach »alternativen« Formen der Interessenwahrnehmung.

Mit der Definition des Streikrechtes und der Friedenspflicht hatte sich somit auch die Opposition zwischen »offiziellen« und wilden Streiks klarer heraus gebildet. Wilde Streiks blieben Anfang der 1950er Jahre typisch sehr kurz, und ausnahmslos blieben sie in der ersten Hälfte der 1950er Jahre auf die lokale Sphäre beschränkt.[36] In einigen Sektoren prägte sich die lokale Tradition wilder Streiks besonders aus. Vor allem gilt das für das Ruhrgebiet, wo die Suche nach direkten Formen der Organisierung dadurch befördert wurde, dass IG Bergbau und IG Metall vor tariflichen Arbeitskämpfen zurückschreckten, weil sie die Ruhr als »Pulverfass« sahen.[37] Sowohl im Bergbau als auch in der Stahlindustrie fanden deshalb immer wieder Arbeitsniederlegungen statt, die die Funktion hatten, entweder die Unzufriedenheit mit den Resultaten der in anderen Landesteilen erreichten tariflichen Lohnerhöhungen zu kompensieren oder auch Bedingungen zu »erstreiken«, die per Tarifvertrag nicht geregelt waren. So zählt eine auf Grundlage des Archivs der IG Bergbau erstellte »Streikchronik« für einige wenige Monate des Jahres 1950 im Ruhrbergbau dreizehn wilde Streiks mit einer bunten Vielfalt an Forderungen auf, die vom »Protest gegen die Temperaturen von 35 Grad« bis zum Versuch reichen, die Entlassung eines kommunistischen Betriebsratsvorsitzenden zu verhindern.[38] Lauschke konstatiert ähnliches für die Westfalenhütte in Dortmund: Aus mündlichen Überlieferungen schließt er, dass sehr kurze wilde Streiks in den 1950er Jahren dort offenbar als »normales« Mittel angesehen wurden, um Verhandlungen zwischen betrieblicher Interessenvertretung und Firmenleitung zu beschleunigen oder sogar zu ersetzen.[39] Auch bei Hoesch ging es dabei um diverse konkrete Alltagsfragen. Außerhalb des Ruhrgebietes sind solche Streik-

36 Zählt man die Anzahl der Streiks (als einzelne »Ereignisse«), so zeigt sich, dass fast die Hälfte zwischen 1949 und 1952 nicht gewerkschaftlich organisiert wurden. Dagegen waren nur 7,6% der Ausfalltage durch wilde Streiks verursacht: Spode u.a., *Statistik*, S. 354, 395.

37 Zu den Zahlen vgl. Kalbitz, *Arbeitskämpfe*, S. 199.

38 Heith, *Streikchronik*, S. 3f. Bereits in den frühen 1950er Jahren modifizierte die einsetzende Kohlenkrise die Streiktradition in diesem Sektor.

39 Vgl. Lauschke, *Hoesch*, S. 153–159.

formen allerdings nur punktuell nachgewiesen.[40] Auffällig ist, dass die lokalen Streiks in der Montanindustrie offenbar sehr wirksam waren: Angesichts der Auftragslage und der strategischen Bedeutung des Sektors waren die Unternehmer schnell zu Kompromissen bereit.

An dieser Stelle fällt eine polarisierte Aufteilung der wilden Streiks auf, die angesichts der wenigen veröffentlichten Beispiele jedoch nur fragmentarisch nachzuweisen ist. Neben den Stahl- und Bergarbeitern waren auffällig häufig Gruppen an wilden Streiks beteiligten, die unständig oder prekär beschäftigt waren.[41] Diese Streiks nahmen aber einen ganz anderen Charakter an, denn sie dauerten häufig relativ gesehen sehr lang und konnten zu heftigen Auseinandersetzungen führen. Anders als im boomenden Metallbereich waren die Unternehmer Saisonarbeitern und Industriearbeiterinnen gegenüber offenbar oft weniger zu Kompromissen bereit. Dies soll auch deshalb hier kurz geschildert werden, weil sich diese Polarisierung in der Streikwelle von 1969 ebenfalls findet. So hatten etwa die Unständigen im Hamburger Hafen in der unmittelbaren Nachkriegszeit immer wieder in wilden Streiks um ihre in den ersten Nachkriegsjahren erworbenen Beschäftigungsgarantien kämpfen müssen.[42] 1951 hatte die Gewerkschaft ÖTV in der Tarifrunde einen Schiedsspruch anerkannt, der eine aus Sicht der Unständigen ungenügende Lohnerhöhung vorsah.[43] In einer Urabstimmung hatten sich 90 Prozent aller Abstimmenden gegen dieses Resultat ausgesprochen. Aber da sich nur 70 Prozent der Stimmberechtigten beteiligt hatten, wurde die für eine Ablehnung vorgesehene Quote von 75 Prozent nicht erreicht. Aus Protest legten zunächst rund 3.500 unständig Beschäftigte im Hamburger Hafen die Arbeit nieder. Im Verlauf des wilden Streiks, der vom 23. Oktober bis 7. November 1951 andauerte, schlossen sich sodann etwa 6.000 weitere der insgesamt 11.000 Unständigen an. Ein Solidaritätsstreik von einigen hundert Hafenarbeitern im Bremer Überseehafen wurde sofort von der Polizei unterbunden, die nach eigenen Angaben etliche »kommunistische Agitatoren« festnahm. Geldspenden und Solidaritätserklärungen der IG Transport im Freien Deutschen Gewerkschaftsbund (= FDGB) erlaubten es schließlich auch in Hamburg, den Streik als »kommunistisch inspiriert« darzustellen. Der Hamburger Senat erklärte nun das Hafengebiet zum Sperrgebiet, angeblich, um ein »Eindringen von Agen-

40 Die IGM »übernahm« diese Streiks zuweilen: Kraushaar, *Protestchronik*, Bd. 1, S. 600, 793.

41 Vgl. hierzu die Diskussion zum Zusammenhang zwischen Beschäftigungsverhältnissen und »Streikverhalten« bei Weinhauer, »Zwischen Betrieb und Straße«, S. 23f.

42 Vgl. Arbeiterpolitik, *Arbeiterpolitik*, S. 41–43, 100–105.

43 Hier und im Folgenden s. Kraushaar, *Protestchronik*, Bd. 1, S. 502f. Eine Zusammenfassung findet sich auch in Arbeiterpolitik, *Arbeiterpolitik*, S. 153.

ten« zu verhindern.[44] Schließlich wurde den Unständigen mit fristloser Kündigung zum 1. November 1951 gedroht, falls sie die Arbeit nicht sofort wieder aufnehmen würden. Etwa 1.000 der Streikenden kehrten aufgrund dieser Drohung sofort zur Arbeit zurück. Danach bröckelte der Streik langsam ab, bis er am 7. November 1951 vollständig beendet war, ohne dass eine zusätzliche Erhöhung der Löhne erreicht wurde, während die Unternehmer die Gelegenheit nutzten, die »Rädelsführer« aus der Belegschaft auszusortieren.

Streiks von Industriearbeiterinnen zogen sich zusätzlich manchmal deshalb in die Länge, weil die Unternehmer ihrer Vorstellung von den »Unorganisierten« unterlagen und die Kampfbereitschaft der Frauen vollkommen unterschätzten. In den frühen 1950er Jahren sind einige Frauenstreiks nachgewiesen, die gegen niedrige Löhne und die Verweigerung elementarer betrieblicher Rechte gerichtet waren und eskalierten. So war ein Frauenstreik in einer Netzfabrik in Itzehoe (Schleswig-Holstein) im Jahre 1949, in dem es um die Anerkennung eines Betriebsrates ging, mit einer Dauer von neun Wochen wohl der längste Streik in der Gründungsphase der Bundesrepublik.[45] Im Archiv der Gewerkschaft Textil und Bekleidung (GTB) finden sich darüber hinaus mehrere weitere Beispiele von »illegalen« Arbeitskämpfen in der Textilindustrie, an denen ein großer Anteil von Arbeiterinnen beteiligt war.[46] Der Streik der 250 Beschäftigten der Textilfabrik Wienand in Bocholt war dabei einer der wenigen lokalen Aktionen, während derer es zu einer überregionalen Solidarisierung kam. Diese wurde nicht zuletzt dadurch ausgelöst, dass die Polizei eine Streikpostenkette brutal räumte. Am Ende konnte, ebenfalls nach einem langwierigen Arbeitskampf, eine per Aushang angekündigte Kürzung der Akkorde verhindert werden.[47] Der Streik bei Wienand ist ein Beispiel für einen »inoffiziellen« Arbeitskampf, der von der Gewerkschaft offen unterstützt wurde, obwohl sie sich damit in eine legale Grauzone begab. Auch dies ist ein Beispiel für die Verschränkung »offizieller« und »inoffizieller« Streiks. Als 1955 die erste kleine Welle wilder Streiks in der Bundesrepublik bekannt wurde, hatte dies ebenfalls wieder sehr viel mit dieser Verschränkung zu tun. Eine Grundlage dieser wilden Streiks war die gewerkschaftliche Kampagne für eine »expansive« Lohnpolitik. Bevor ich auf diese Streikwelle zu sprechen komme, werde ich nun kurz auf die quantitative Entwicklung der Streikgeschichte der

44 Kraushaar, *Protestchronik*, Bd. 1, 503.

45 Archiv der sozialen Demokratie, Bestand der GTB (AdsD/GTB), Ordner »Arbeitskampf 1951–1961«, Streik in der Itzehoer Netzfabrik. Ich danke Christine Bobzien für den Hinweis.

46 1955 wurden die »Frauenlöhne« aufgrund der Klage einer Hilfsarbeiterin verboten, oft aber durch »Leichtlohngruppen« ersetzt, vgl. Niehuss, »Kontinuität«, S. 331.

47 AdsD/GTB, Ordner Arbeitskampf 1951–1961, Lohnstreik bei der Fa. Wienand.

1950er Jahre eingehen. Dabei greife ich auf einen Datensatz zurück, der von Hasso Spode alternativ zur offiziellen Statistik erhoben worden ist.

Hintergründe des sinkenden Streikvolumens

Eine Recherche über die historische Streikstatistik, die die offiziellen Daten in den 1980er Jahren ergänzt und zum Teil differenziert, bestätigt zunächst die Feststellung, dass die offenen Arbeitskämpfe einschließlich der wilden Streiks in der Bundesrepublik Mitte der 1950er Jahre zurückgingen.

Tabelle 1. Registrierte Streiks in der Bundesrepublik, 1949–1960 [48]

Jahr	*Fälle*	*Betriebe*	*Beteiligte*	*Ausfalltage*
1949–1952	313	7.297	835.854	3.263.980
1953–1956	165	3.420	796.899	4.345.994
1957–1960	144	1.721	342.056	3.330.799

Tabelle 2. Nicht gewerkschaftlich organisierte Streiks, 1949–1960 [49]

Jahr	*Fälle*	*Betriebe*	*Beteiligte*	*Ausfalltage*
1949–1952	141/ 45,0%	1.069/ 14,7%	100.603/ 12,0%	248.359
1953–1956	66/ 40,0%	72/ 2,1%	44.077/ 5,5%	196.524
1957–1960	83/ 57,6%	94/ 5,5%	48.636/ 5,5%	87.092

Tabelle 2 zeigt, dass der Anteil der wilden Streiks an den Arbeitskämpfen nach 1953, gemessen an der Zahl der beteiligten Betriebe, von 14,7 auf 2,1 Prozent und damit auf eine geradezu insignifikante Größe sank. Fast ebenso drastisch war der Rückgang des Anteils bei den Ausfalltagen und den Beteiligten, während sich die Zahl der »Fälle« in einem einigermaßen konstanten Verhältnis hielt. Daraus lässt sich zugleich schließen, dass die einzelnen »Fälle« weniger Ausfalltage nach sich gezogen haben, sprich: dass die wilden Streiks im Schnitt kürzer wurden. Die Veränderung, die diese Zahlen ausdrücken, wird noch plastischer, wenn man bedenkt, dass die Intensität der bundesdeutschen Arbeitskämpfe im internationalen Vergleich sehr niedrig war. Zwischen 1954 und 1959 erreichte die Zahl der Ausfalltage pro 1.000 Beschäftigte nur in zwei

48 Zahlen zusammengestellt nach: Spode u.a., *Statistik*, S. 354.

49 Ebd., S. 395. Der unten kurz geschilderte Proteststreik gegen die Äußerungen von Hermann Reusch im Jahre 1955 wurde weder in der einen noch in der anderen Kategorie mitgezählt.

Jahren (1954 und 1956) annähernd das französische oder britische Niveau. Stets blieb die Zahl weit unter dem Level, der beispielsweise in Italien, den USA oder Belgien erreicht wurde.[50]

Damit hatte sich eine im Vergleich zur Vorkriegszeit, als das Deutsche Reich an der Spitze der internationalen Statistik stand, völlig veränderte Positionierung ergeben.[51] Sucht man nach Erklärungen für diesen bemerkenswerten Bruch, dann liegen drei Ursachen nahe: Erstens die Folgen des Nationalsozialismus, zweitens die Zuspitzung des Kalten Krieges und drittens die Verbesserung der Versorgungslage durch den Boom. Alle drei Erklärungen haben eine gewisse Plausibilität. Dagegen, dass das »Trauma« des NS die Streiks nachhaltig eindämmte, spricht allerdings, dass gleich nach 1945 Kämpfe stattfanden, die in ihrer Massenhaftigkeit durchaus an die Traditionen von vor 1929 anschlossen: Man denke nur an den Generalstreik des November 1948 mit seinen rund neun Millionen Beteiligten.[52] Im Folgenden möchte ich deshalb zunächst auf die Bedeutung des Kalten Krieges und dann auf die Auswirkungen der verbesserten Versorgungslage eingehen.

Die außenpolitische Situation übte auf dem Höhepunkt des Kalten Krieges, der während des Koreakrieges dauernd in einen »heißen« umzuschlagen drohte, einen unübersehbaren Einfluss auf die gewerkschaftliche Politik und damit auch auf die Streikbewegungen aus. In Deutschland war die Bedrohung deutlicher als anderswo, die Auseinandersetzungen um den Status von Berlin hätten auch nach dem Ende der sowjetischen Blockade im Jahre 1949 schnell militärische Dimensionen annehmen können. Während in der DDR in der ersten Hälfte der 1950er Jahre eine drastische Verfolgung von Oppositionellen stattfand und die Welle der neuen »Schauprozesse« bis in die Parteihierarchie hineinreichte, ging die bundesdeutsche Staatsgewalt mit Verboten gegen KP-nahe Publikationen und 1951 gegen Organisationen wie den Rat der Vereinigung der Verfolgten des Naziregimes oder die Freie Deutsche Jugend vor. Im November desselben Jahres beantragte die Bundesregierung beim Bundesverfassungsgericht das Verbot der KPD.[53] Insgesamt 80 Verbote gegen als kommunistisch geltende Organisationen wurden zwischen 1951 und 1958 ausgesprochen. Bereits vor dem Verbot der Partei selbst im Jahre 1956 kam es in der Bundesrepublik zu über 3.000 Verhaftungen aus politischen Gründen. Betroffen waren viele leitende Funktionäre und Parlamentsmitglieder der KP.[54] In der gleichen Zeit nahm der politische Einfluss der Partei dauernd ab. Sie

50 Schmidt, *Ordnungsfaktor*, S. 48.

51 Müller-Jentsch, »Streiks und Streikbewegung«, S. 54f.

52 Vgl. ausführlich: Beier, *Der Demonstrations- und Generalstreik vom 12. November.*

53 Fülberth, *KPD*, S. 84–90.

54 Ebd., S. 89f. Vgl. auch von Brünneck, *Politische Justiz*, S. 20ff.

verlor von 1949 bis 1956 nicht nur fast 150.000 ihrer zuvor etwa 215.000 Mitglieder, sondern auch zahlreiche Landtags- und Bundestagswahlen.[55]

Die Gründung der DDR hatte zur Folge, dass die KPD zur Partei eines als »feindlich« wahrgenommenen Staates wurde. In der Folge wurde der Kalte Krieg innerhalb der Arbeiterbewegung selbst reproduziert: Es gab kaum ein anderes Land, in dem die Töne derart kriegerisch waren wie in den Spalten der Gewerkschaftspresse des DGB (West) und des FDGB (Ost).[56] Bereits Anfang der 1950er Jahre setzte in den DGB-Gewerkschaften eine erste Ausschlusswelle gegen kommunistische Funktionäre und Mitglieder ein.[57] Zur Eskalation des innergewerkschaftlichen Konfliktes hatte auch die KPD beigetragen, indem sie in der »These 37« ihres Parteitages von 1951 den Kampf gegen die Gewerkschaftsführer, die vorgeblich »die Gewerkschaftsorganisation in den Dienst der Kriegsvorbereitung« stellten, zur Pflicht machte.[58] Die DGB-Gewerkschaften hatten damit eine Handhabe, die als Kommunisten bekannten Mitglieder zu nötigen, sich von dieser These zu distanzieren oder ein Ausschlussverfahren in Kauf zu nehmen. Die Weigerung, einen entsprechenden »Revers« zu unterschreiben, wurde in den Betrieben kaum nachvollzogen, zumal die KPD die Situation innerparteilich nutzte, um unliebsame Kritiker auszuschließen. Verlierer des innergewerkschaftlichen Kalten Krieges waren am Ende die Parteikommunisten: Als die KPD 1954 ihre außenpolitisch motivierte, polarisierende Strategie revidierte, war der Einfluss kommunistischer Betriebsräte und Gewerkschaftsfunktionäre bereits rapide gesunken. Dem »Rückzug« der wilden Streiks in die betriebliche Sphäre entsprach in gewisser Weise der der KPD-Mitglieder in dieses Feld, in dem sie aufgrund alltäglicher Vertrautheit nicht in erster Linie als Vertreter der Partei, sondern als engagierte Kollegen wahrgenommen wurden. Damit wurde es für die linke Opposition in den Gewerkschaften immer schwieriger, eine wirksame und alltagsmächtige Alternative darzustellen, nachdem die Auseinandersetzung um die Betriebsverfassung mit einer Niederlage geendet hatte, der Wirtschaftsboom die neo-

55 Fülberth, *KPD*, S. 43f. Bei der Bundestagswahl von 1953 erreichte die Partei nur noch 2,2% der abgegebenen Stimmen und fiel damit unter die erstmals eingerichtete 5%-Hürde.

56 Vgl. Markovits, *Trade Unions*, S. 69–72. Zur Rolle der KPD in dem für die vorliegende Arbeit wichtigen Bezirk Ruhr vgl. Kössler, *Abschied von der Revolution*. Kössler betont die Bedeutung kommunistischer Aktivisten in einigen »roten Betrieben« des Ruhrgebiets. Allerdings geht er nicht systematisch auf die Verbindung dieser Dominanz mit der Streikgeschichte ein.

57 Zwischen 1949 und 1955 wurden 654 mittlere und hohe Funktionäre aus der IG Metall und 60 aus der IG Bergbau ausgeschlossen: Kalbitz, »Gewerkschaftsausschlüsse«, S. 162.

58 Die »These 37« dokumentiert: Jüres/Kuehl, *Werftarbeiterstreik*, S. 223f. Die »neue« Gewerkschaftslinie (die an die Politik vor 1933 anknüpfte) war nicht lediglich »importiert«, sondern hatte in einigen Bezirken durchaus eine Basis. Gleichzeitig provozierte sie jedoch die Abwendung führender KP-Gewerkschafter: Kössler, *Abschied von der Revolution*, S. 301–303.

liberale Politik zu bestätigen schien und die CDU/CSU bei den Bundestagswahlen von 1953 ihre Hegemonie ausbauen konnte. In diesem Kontext formulierten die Gewerkschaften 1954 ihre »expansive Lohnpolitik«: Sie verband sich mit einer günstigen Verhandlungsposition angesichts steigender Gewinne und einem stetigen Abbau der Erwerbslosigkeit.

Die »expansive Lohnpolitik«

Doch bevor es angesichts der Zurückdrängung der KPD etwas mehr Raum für eine offizielle »kämpferische« Linie gab, kam es noch einmal mehr zu einem vielfach als katastrophal wahrgenommen gewerkschaftspolitischen Misserfolg. Ein dreiwöchiger Arbeitskampf in der bayerischen Metallindustrie im August 1954 verdeutlichte, dass selbst die große IG Metall nur begrenzt in der Lage war, tarifliche Streikbewegungen erfolgreich zu beenden.[59] Ziele der Gewerkschaft waren die Erhöhung des Ecklohnes um 12 Pfennig pro Stunde und der Gehälter um 12 Prozent. Die Löhne der Ungelernten und Frauen sollten überdurchschnittlich angehoben werden. Die bereits im Hessenstreik von 1951 angewandte Strategie, die Arbeit in Unternehmen wieder aufzunehmen, die auf die Forderungen der IG Metall einzugehen bereit waren, hatte zur Folge, dass einige Großbetriebe schon nach wenigen Tagen Sondertarifverträge unterzeichneten.[60] Für die in der Tarifauseinandersetzung verbliebenen Belegschaften bedeutete dies, dass der Druck stieg, ebenfalls wieder mit der Arbeit zu beginnen. Da die Zahl der Streikbrecher aus diesem Grunde wuchs, entwickelten sich Streikpostenketten, an denen oft mehrere hundert Menschen aus verschiedenen Betrieben teilnahmen. Nach schweren Auseinandersetzungen mit der Polizei akzeptierte die IG Metall schließlich die Begrenzung der Zahl der Streikposten auf höchstens 20 Personen pro Werkstor.[61] Die Folge war, dass die Streikbewegung langsam zerfiel. In der Schlichtung wurde eine Erhöhung der Ecklöhne um 10 Pfennig vereinbart, allerdings über eine Laufzeit von 18 Monaten und ohne wesentliche Verbesserungen für die Niedriglohngruppen.[62] Die lange Laufzeit des Vertrages, die sich 1954 auch in anderen Tarifgebieten durchsetzte, war vor dem Hintergrund des sich

59 Vgl. ausführlich: Schmidt, *Konflikterfahrung*.

60 Kalbitz, *Arbeitskämpfe*, S. 163.

61 Ebd., S. 162f. Eine »Härteklausel« nahm zudem einen Teil der Betriebe ganz von der Lohnerhöhung aus.

62 Kalbitz, *Arbeitskämpfe*, S. 161, 164. Ein ähnliches Resultat hatten die Beschäftigten der Hamburger Verkehrsbetriebe bei einem ebenfalls im August stattfindenden neuntägigen Streik erreicht, vgl. Kraushaar, *Protestchronik*, Bd. 2, S. 1022f.

verstärkenden Booms einer der Auslöser für die Unruhen, die sich 1955 auf dem Arbeitsmarkt zeigten. Zunächst aber drückten die IGM-Mitglieder ihre Unzufriedenheit erneut bei der Urabstimmung aus: Nur 43,7 Prozent der Stimmberechtigten akzeptierten das Verhandlungsergebnis.[63]

Im Anschluss an den Streik kam es zu weiteren Konflikten, weil die IG Metall eine Klausel akzeptiert hatte, die die Möglichkeit einer fristlosen Entlassung wegen der »Beleidigung« von Streikbrechern vorsah, eine Möglichkeit, von der einige Unternehmer sofort Gebrauch machten.[64] In vier bayerischen Städten ging der Arbeitskampf daraufhin, zunächst mit Unterstützung der IGM, als wilder Streik weiter. Nach einem entsprechenden Urteil des Arbeitsgerichtes Augsburg entschloss sich die Gewerkschaft jedoch, kein Streikgeld zu zahlen und schließlich distanzierte sie sich auch von der Arbeitsniederlegung als solcher und empfahl individuelle Kündigungsschutzverfahren. Das Ausmaß der Repression zeigte sich in der Zahl dieser Verfahren: Nach Angaben der Gewerkschaft klagten bis Oktober 1954 rund 1.600 Beschäftigte gegen ihre fristlose Kündigung.

Angesichts der Niederlage des Bayernstreiks überrascht die Emphase, mit der der Bundeskongress des DGB im selben Monat sein neues Programm der »tarifpolitischen Nahziele« verkündete. Tatsächlich war dieser Bundeskongress einer der wenigen großen Momente eines »gewerkschaftlichen Radikalismus« innerhalb des DGB.[65] Der linkssozialistische Leiter des Wirtschaftswissenschaftlichen Instituts der Gewerkschaften (WWI), Viktor Agartz, der bereits seit einigen Jahren für eine Strategie geworben hatte, mit der ein »Weg aus der Erstarrung« der Gewerkschaften gewiesen werden könne, erntete für sein Konzept der »expansiven Lohnpolitik« den rauschenden Beifall der Delegierten. Die Zustimmung war wohl zum einen der Ratlosigkeit zu verdanken, die neben dem Scheitern der SPD bei den Wahlen die tarifpolitischen Misserfolge und das Sinken des Organisationsgrades ausgelöst hatten, zum anderen der Tatsache, dass der innergewerkschaftliche Kalte Krieg und die damit verbundene Polarisierung drohten, der Gewerkschaftsführung ein für allemal den Ruf einer staatstragenden, ineffektiven Bürokratie zu verleihen.[66] Auch deshalb sollte der Beifall für Agartz nicht darüber hinweg täuschen, dass der latente Konflikt zwischen dem »aktivistisch« orientierten Flügel und der Majorität der Gewerkschaftsfunktionäre Mitte der 1950er Jahre keineswegs beendet war.

---

63 IGM, *Bayernstreik*, S. 197.

64 Kalbitz, *Arbeitskämpfe*, S. 160f.; auch im Folgenden.

65 Vgl. Deppe, »Gewerkschaftsbund«, S. 523–527.

66 Der Organisationsgrad sank von 1951 bis Anfang der 1960er Jahre von fast 40 auf rund 30%, um danach zu stagnieren. Vgl. Streeck, »Mitgliederverbände«, S. 72–75.

Zudem ließen die Formulierungen des Aktionsprogramms viel Raum für Interpretationen. Sie erklärten zwar die »Hebung des Lebensstandards« oder die 40-Stunden-Woche zu »Nahzielen«, gaben aber keine Hinweise darauf, wie diese zu verwirklichen seien. Nach der nur kurze Zeit später erfolgten Absetzung von Viktor Agartz wurde die »expansive Lohnpolitik« immer mehr als Forderung nach einem »gerechten Anteil am Sozialprodukt« verstanden, während das Ziel der Umverteilung in den Hintergrund trat.[67] Angesichts der Tatsache, dass auch die Arbeitgeber von ihrer Politik der »Nullrunden« abzurücken und eine »produktivitätsorientierte« Lohnpolitik zu propagieren begannen, entstanden die Voraussetzungen für eine konsensuale Zentralisierung der Tarifpolitik, die in der Adenauer-Epoche zeitweise bis zu einem gewissen Grade die Funktionen übernahm, die die Moderation des Staates in den skandinavischen Ländern spielte.

Doch diese Einschätzung sollte nicht darüber hinweg täuschen, dass dieser zentralisierte Konsens sich nur langsam durchsetzte, und von zahllosen »inoffiziellen« und sogar einigen schweren »offiziellen« beziehungsweise offen ausgetragenen Konflikten begleitet war. So wurde 1955 zunächst noch einmal deutlich, dass die Neuordnung der westdeutschen Ökonomie noch immer ein potenzieller Kampfplatz geblieben war. Im Januar dieses Jahres nannte Hermann Reusch, Generaldirektor der Gutehoffnungshütte, die Montanmitbestimmung »Ergebnis einer brutalen Erpressung«[68]. Nur einige Tage danach, am 14. Januar, reagierten 30.000 Beschäftigte der Drahtwerke Gelsenkirchen, der Bergbau AG »Neue Hoffnung« und der Hüttenwerke Oberhausen mit einem »inoffiziellen« Proteststreik.[69] Acht Tage später beteiligten sich sogar 820.000 Berg- und Hüttenarbeiter im Ruhrgebiet, im Aachener Revier, in Niedersachsen und in Hessen an einem von der IG Bergbau organisierten Streik. Adenauer distanzierte sich schließlich von Reuschs Äußerung.[70]

67 Agartz wurde 1955 als Leiter des WWI entlassen und 1957 wegen »hochverräterischer Beziehungen« vor Gericht gebracht, weil er als Leiter des Instituts eine Sammelbestellung des FDGB für eine gewerkschaftliche Zeitschrift akzeptiert hatte. Vgl. zur innergewerkschaftlichen Debatte um die Entlassung: Kaiser, *DGB*, Dok. 92, 96, 98.

68 Berghahn, *Unternehmer*, S. 243.

69 Vgl. Heith, *Streikchronik*, S. 5.

70 Vgl. Kraushaar, *Protestchronik*, Bd. 2, S. 1112.

Kommunisten und Halbstarke? Die wilden Streiks im Sommer 1955

Am 1. Mai 1955 wurde das neue Aktionsprogramm des DGB einschließlich der Strategie der »expansiven Lohnpolitik« feierlich verkündet.[71] Gleichzeitig entwertete die Inflation die Reallöhne. Wegen der langen Laufzeiten der Tarifverträge konnten die Preissteigerungen, die sich insbesondere bei Mieten, Gas- und Wassergebühren, Nahverkehrstarifen und Milchpreisen zeigten, nicht mehr vollständig ausgeglichen werden. Im August 1955 kam es vor diesem Hintergrund zu zahlreichen lokalen wilden Streiks. Der erste dieser Streiks, der eine gewisse Aufregung verursachte, war der der Werftarbeiter der staatlichen Howaldtwerke in Hamburg. Es ist zugleich der einzige wilde Streik der 1950er Jahre, der später auf der Grundlage von Interviews mit Beteiligten systematisch rekonstruiert wurde.[72] Die Befragten nannten hier eine Reihe verschiedener Faktoren, die zu seinem »Ausbruch« führten: In der Werft existierte eine Betriebsgruppe der KPD, die mit der Revers-Politik der IG Metall pragmatischer umgegangen war als die Partei selbst und es unter anderem »vergessen« hatte, Mitglieder, die den Revers unterschrieben, auszuschließen. In der KP-Gruppe waren jedoch nur etwa 60 der 8.000 Kollegen der Howaldtwerke zusammengefasst, und die Mehrzahl von ihnen waren passive Mitglieder. Immerhin gab der kleine Kern der Gruppe seit Anfang der 1950er Jahre eine Betriebszeitung heraus, die nach Auskunft auch sozialdemokratischer und parteiloser Zeitzeugen einen »reißenden Absatz« fand, weil sie alltägliche Probleme von Konflikten um den Akkord bis hin zu Missständen bei der Essenausgabe aufgriff.[73]

Zu den unmittelbaren Auslösern des Streiks gehörte die asymmetrische Lohnentwicklung in der Hamburger Metallindustrie. Der industrielle Aufschwung führte dazu, dass die privaten »Landbetriebe« insbesondere Facharbeiter erheblich besser bezahlten als die staatliche Werft. Auf der Werft selbst führte das zunächst nicht zu offenen Unruhen, sondern angesichts der »Ausweichmöglichkeiten« auf dem lokalen Arbeitsmarkt zunächst hauptsächlich zu einer starken Fluktuation. 1954 sollen 2.000 und alleine in den ersten drei Monaten des Jahres 1955 1.700 der ungefähr 8.000 Beschäftigten der Howaldtwerke ihre Kündigung eingereicht haben.[74] Die Folge war, dass die Beleg-

71 Deppe, *Gewerkschaftsbund*, S. 524.

72 Jüres/Kuehl, *Werftarbeiterstreik*, S. 1981. Die Untersuchung war ursprünglich ein Projekt an der Hochschule für Wirtschaft und Politik in HH und umfasste ungefähr 100 Interviews mit Betriebsräten, Werksfunktionären und Arbeitern. Vgl. Könke, *Arbeitsbeziehungen*, S. 426–432.

73 Ausgaben dieser Zeitschrift zitiert: Jüres/Kuehl, *Werftarbeiterstreik*, S. 144f.

74 Zu den »Auguststreiks« von 1955 findet sich im Bundesarchiv eine Sammlung der Gewerkschaftsabteilung der SED, unter anderem: Bundesarchiv, Stiftung Parteien und Massenorgani-

schaft einen überdurchschnittlichen Anteil an Flüchtlingen und jungen Leuten aufwies, die in den 1950er Jahren das Arbeitskräftepotential darstellten, das neu in die Betriebe kam und die frühe »Unterschichtung« des Arbeitsmarktes prägte.[75] Der gewerkschaftliche Organisationsgrad lag vor dem Hintergrund der diskontinuierlichen Belegschaftsentwicklung mit 35 bis 40 Prozent weit unter dem Durchschnitt der Hamburger Metallbetriebe. Die »aktivistische« betriebliche Gewerkschaftsarbeit der KP-Gruppe und einiger sympathisierender Parteiloser und Sozialdemokraten richtete sich somit an ein schnell wechselndes und bunt zusammengewürfeltes Publikum.[76]

Unmittelbar bevor der wilde Streik begann, löste eine ansteckende Augenkrankheit, die vermutlich auf einer der Schiffe nach Hamburg transportiert worden war, in der Belegschaft erhebliche Unruhe aus. Die kommunistische Betriebszeitung verstand es geschickt, die Empörung über den Ausbruch der Krankheit, die etwa 10 Prozent der Belegschaft arbeitsunfähig machte und dort zu erheblichen Lohnverlusten führte, mit den Forderungen des DGB-Aktionsprogramms zu verknüpfen.[77] Erneut zeigte sich, dass der »Kalte Krieg« zwischen den Arbeiterparteien auf lokaler und betrieblicher Ebene zugunsten einer solidarischen gegenseitigen Unterstützung zurückgestellt werden konnte. Die verschiedenen Beschwerden, der Eindruck, den die hohe Fluktuation machte und so weiter – dies alles trug schließlich dazu bei, dass die Forderung nach einer Teuerungszulage, die in vielen Betrieben auf der Tagesordnung stand, auf der Howaldt-Werft besonders viel Unterstützung fand. Dabei wurde diese Forderung »von unten«, in Abteilungsversammlungen, artikuliert. Man verlangte eine »lineare« Lohnerhöhung für alle, die nicht nach Qualifikation oder Alter differenzierte: 20 Pfennig mehr in der Stunde. Als die Geschäftsleitung dies ablehnte, formierte sich am 22. August eine Demonstration, die vor das Verwaltungsgebäude der Werft zog. Eine Delegation der Arbeiter begann Verhandlungen mit Vertretern der Werksleitung. Ein Teilnehmer schilderte die Ereignisse später wie folgt:

»Von der Direktion kam ein ganz Aufgeregter mit Glatze, schwitzend. Mit dem sprachen wir nun. Wörtlich weiß ich's nicht mehr, aber zum Schluss hat er gesagt: ›Das ist doch hier Erpressung. Es ist längst Arbeitszeit. Wenn [S]ie nicht sofort an die Arbeit gehen, dann ist das Arbeitsverweigerung.‹ Daraufhin habe ich schüchtern nur einen etwas intellektuell geprägten Satz gesagt: ›Herr Soundso, sie unterschätzen die Dynamik an der Sache.‹ Darauf er: ›Ach Quatsch. Ihr von der Gewerkschaft habt die Leute doch in der Hand.‹ [...] Während

sationen der DDR (BArch/SAPMO/SED), DY 30/IV 2/10.02, (98), SPD Parteivorstand, Rundschreiben Nr. 17, 1955, Kurzbericht über Streiks in Hamburg und Kassel.

75 BArch/SAPMO/SED, DY 30/IV 2/10.02, (98).

76 Jüres/Kuehl, *Werftarbeiter*, S. 121f., 226.

77 Ebd., 144f. Die Gruppe betonte die Positionen des DGB und nicht die der KPD.

wir da saßen, hörten wir auf einmal von unten Sprechchöre: ›Zwanzig Pfennig her oder keine Arbeit mehr.‹ […] Auf der Treppe habe ich Toni [Vorsitzender der KPD-Betriebsgruppe, P.B.] gefragt: ›Was machen wir denn nun?‹ – ›Ja, verdammt, ich weiß es auch nicht.‹ […] Die Partei war auf so etwas überhaupt nicht vorbereitet.«[78]

Es begann ein wilder Streik, der offensichtlich an tradierte Kommunikationsformen solcher Streiks anknüpfte und ebenso als »Modell« für spätere, ähnliche Aktionen verstanden werden kann. Die Geschlossenheit des Ausstandes wurde durch permanente Versammlungen und die gemeinsame Abstimmung aller wesentlichen Fragen hergestellt.[79] Dass die Hamburger sozialdemokratische Presse die Aktion als »kommunistisch gesteuert«, die bürgerliche Presse »fünfzig jugendliche Kommunisten« am Werk sah und die Gewerkschaftszeitung angebliche »Terrormethoden« verurteilte,[80] führte zuerst nur dazu, dass die Streikenden sich denunziert fühlten und die Solidarität untereinander wuchs. Ohne die Unterstützung der örtlichen Gewerkschaft organisierten sie Essens- und Geldsammlungen, versuchten, andere Werften für eine Unterstützung zu gewinnen und informierten die Bevölkerung in den hafennahen Wohngegenden. Die Beschäftigten besetzten die Werft, stempelten nach »Feierabend« aber aus und gingen nach Hause. Versuche, die Docks zu fluten und Schiffe hineinzulassen, konnten durch die Streikenden zunächst unterbunden werden. Am vierten Tag des Streikes solidarisierten sich die Arbeiter der benachbarten Stülcken-Werft, so dass nun 11.000 Beschäftigte im Ausstand waren. Als die Arbeiter jedoch am nächsten Morgen zu ihrem Arbeitsplatz gelangen wollten, waren die Werften bereits von der Polizei abgeriegelt.[81] Die Werftleitungen, die ihr Vorgehen nun koordinierten, hatten die vorbehaltlose Unterstützung der Stadtregierung.[82]

Aus Sicht von Senat und Werfteignern hatte die Vertreibung der Arbeiter aus den Werften jedoch den Nachteil, dass der Kampf nun in die Stadt, sprich: in die hafennahen Wohngebiete, getragen wurde. Um die Aufnahme der Aktistinnen und Aktivisten dort nicht allzu freundlich zu gestalten, begleitete die Polizei die Demonstrationen der Werftarbeiter mit einem außerordentlich großem Aufgebot: Schließlich sah man »kommunistische Randalierer« durch die Stadt ziehen, und diese hatten dann auch ein entsprechend abschreckendes Aussehen zu geben. Die Situation spitzte sich weiter zu, als die Politische Polizei den von ihr ausgemachten »Rädelsführer« des Arbeitskampfes ver-

78 Zitiert nach: Jüres/Kuehl, *Werftarbeiter*, S. 152f.

79 Die »Basisdemokratie« wurde von der KPD wenig geschätzt: ebd., S. 170.

80 Ebd., 163f. Vgl.: *Andere Zeitung*, Nr. 19, 1955, 7. Anders als die IGM unterstützte die kleine IG Holz den Streik: Dörrich/Schönhoven (Hg.), *IG Metall*, S. 640ff.

81 Jüres/Kuehl, *Werftarbeiter*, S. 167–172.

82 Seit 1953 regierte ein »Bürgerblock«, ebd., S. 173.

haftete. Am Ende funktionierte der Mechanismus der Polarisierung; Der Streik, der, wie wir oben gesehen haben, zwar von einer kommunistischen Gruppe entscheidend mit vorbereitet worden war, aber einer, die explizit einen anderen Kurs vertrat als die Partei, und der zudem nach seinem Einsetzen keineswegs unter der Kontrolle dieser Gruppe stand, wurde angesichts des öffentlichen Drucks immer mehr in die organisatorische Abhängigkeit von der KPD getrieben. Diese war jedoch alleine kaum in der Lage, hinreichend Mittel zu beschaffen, die Versorgung der Werftarbeiter und ihrer Familien für längere Zeit zu gewährleisten. Der Arbeitskampf endete mit einer Niederlage: Am 1. September nahmen die Beschäftigten die Arbeit wieder auf, nachdem die Geschäftsleitung keine Lohnerhöhung, aber die Bezahlung der Streikzeit sowie ein Maßregelungsverbot zugesichert hatte. Unter Bruch dieses Versprechens wurden jedoch das Streikkomitee und Dutzende weitere Aktivisten später nicht wieder eingestellt.[83]

Dass der wilde Streik auf den Hamburger Werften drastische Gegenmaßnahmen auslöste, hatte sicherlich mit der spezifischen Hamburger Situation zu tun, in der »der Hafen« als strategischer Sektor galt, in dem schon seit langem eine »militante«, eigensinnige Arbeiterschaft »Probleme macht«.[84] Aber zugleich machte der Arbeitskampf eine latente Unzufriedenheit manifest, die in vielen Betrieben in- und außerhalb Hamburgs existierte. In aller Regel blieb diese Unzufriedenheit auf dem lokalen, betrieblichen oder sogar auf dem Abteilungsniveau. Dies gilt wohl insbesondere für Bereiche, in denen die Beschäftigung wieder eine gewisse Festigkeit und personelle Kontinuität erreicht hatte und wo, wie in der Schwerindustrie, relativ hohe Löhne gezahlt wurden.[85] Dennoch: Im Sommer 1955 lag die Gefahr der Ausbreitung der wilden Streiks angesichts der Meldungen über die Situation auf den Hamburger Werften auf der Hand. Tatsächlich kam es in Hamburg unter anderem zu Abteilungsstreiks und Demonstrationen auf der Deutschen Werft, an denen sich zwischen 1.000 und 2.500 Menschen beteiligten.[86] Und auch in den »Landbetrieben« fanden im August 1955 vereinzelt wilde Streiks statt, die sich der Forderung nach Teuerungszulagen anschlossen.[87]

Als zudem einen Tag nach Beginn des Howaldtstreiks 11.000 Menschen in den drei Betriebsteilen der Kasseler Henschel-Werke die Arbeit niederlegten, schien der »Arbeitsfrieden« auch überregional in Gefahr zu geraten, zumal die Henschel-Beschäftigten die Forderung nach linearen Lohnerhöhungen kopier-

83 BArch/SAPMO/SED, DY 30/IV 2/10.02, (101).

84 Vgl. ausführlich: Weinhauer, *Hafenarbeiter.*

85 Vgl Lauschke, *Hoesch*, S. 153–159; Heith, *Streikchronik*, S. 5–7.

86 BArch/SAPMO/SED, DY 30/IV 2/10.02, (150), KP-Bericht (Werftarbeiterstreik).

87 BArch/SAPMO/SED, DY 30/IV 2/10.02, (118), KP-Bericht (Henschel-Streik).

ten, die auf den Howaldtwerken aufgestellt worden war.[88] Und ein weiteres Motiv glich dem der »Hamburger«: Während die Howaldt-Kollegen sich gegenüber den »Landbetrieben« zurückgesetzt fühlten, verdienten die Henschel-Metaller wesentlich weniger als ihre Kollegen in südhessischen Metallbetrieben. Bereits in den ersten Monaten des Jahres 1955 hatte es deshalb einige kleinere Lohnstreiks gegeben. Erst am 31. August 1955 wurde dort wieder gearbeitet, aber auch hier erreichte man nicht mehr als die Bezahlung der Streiktage und ein (in diesem Falle eingehaltenes) Maßregelungsverbot. Der Misserfolg beeinflusste wohl auch die Hamburger Werftarbeiter, die am Tag danach die Arbeit wieder aufnahmen.

Doch nicht alle Streiks im Sommer 1955 endeten mit Niederlagen. Arbeitskämpfe, die nicht so stark im Fokus der Öffentlichkeit standen, waren oft erfolgreich. So kam es kurz nach Einsetzen des Streiks bei Henschel zu weiteren Ausständen in Kassel und Umgebung: Unter anderem legten 500 meist weibliche Beschäftigte einer Jutespinnerei in Kassel-Rothenditmold die Arbeit nieder. Sie erreichten sehr schnell Lohnerhöhungen von sieben bis neun Pfennig in der Stunde.[89] Ähnlich verliefen weitere Kurzstreiks, im Frankfurter Raum, bei Opel in Rüsselsheim[90] sowie in einzelnen Bergwerken.[91] Spätere lokale wilde Streiks wie im Bremer Überseehafen oder bei VW in Wolfsburg, die sich auf die Erfahrungen aus Hamburg und Kassel beriefen, erreichten ebenfalls Lohnverbesserungen.[92] Vermutlich trugen sowohl die Repressionen gegen »spektakuläre« Arbeitskämpfe als auch die »diskrete« Gewährung von Lohnerhöhungen dazu bei, dass die Sommer-Streikwelle schließlich abebbte.

Die Beschäftigten konnten im Sommer 1958 lernen, dass sie angesichts der Arbeitsmarktsituation über eine gewisse Stärke verfügten. Aber sie konnten auch erfahren, dass die Streiks, sobald sie öffentlich als »kommunistische Aktion« interpretiert wurden, so gut wie sicher verloren gingen. Die Beschuldigung, die Streiks seien eine »Auswirkung kommunistischer Propaganda« und eine »einheitliche, ferngesteuerte Aktion« führte dazu, dass etwa die Zerschlagung des Howaldtstreikes zur »Chefsache« gemacht wurde:[93] Vom

---

88 Jüres/Kühl, *Werftarbeiter*, S. 179–189.

89 BArch/SAPMO/SED, DY 30/IV 2/10.02, (118). Da der Betrieb in der Nachbarschaft der Henschel-Werke lag, kann ein Zusammenhang der beiden Streiks vermutet werden.

90 BArch/SAPMO/SED, DY 30/IV 2/10.02, (121).

91 Gestreikt wurde am 27.8.1955 auf der Zeche Grimmberg in Kamen und am 29.8.1955 auf der Zeche Wattenbach bei Kassel: Heith, *Streikchronik*, S. 6.

92 BArch/SAPMO/SED, DY 30/IV 2/10.02, (186–191), Bericht »Hafenarbeiterstreik in Bremen, 30.9. bis 15.10.1955«. Im Hauptwerk von VW fand am 1.10.1955 ein Streik im Transporterbau statt: AdsD, IGM-Hauptvorstand, (AdsD/5/IGMA), 582.049, Betriebszeitung *Wir vom Volkswagenwerk*, Herbst 1955.

93 Jüres/Kuehl, *Werftarbeiter*, S. 2: *Kasseler Post*, 24.8.1955.

Hamburger Senat bis zur örtlichen Gewerkschaftsführung glaubte man, nicht einigen tausend unzufriedenen Arbeitern, sondern der »kommunistischen Weltbewegung« gegenüber zu stehen. Bei Henschel musste der zuständige IGM-Sekretär, der gegen den Streik eingestellt war und seine Beendigung wünschte, konstatieren, dass die Geschäftsleitung und der von ihr eingeschaltete Arbeitgeberverband »von der Vorstellung geblendet« seien, dass »kommunistische Wühlarbeit« den Streik verursacht habe.[94] Beide Erfahrungen – die der »diskreten« Stärke und die der Repression – spielten in der Folge eine kaum zu unterschätzende Rolle. Seit Mitte der 1950er Jahre prägten sie die bundesdeutsche Arbeitskampfgeschichte.

Die These, dass »hinter allem die Kommunisten stecken« brachte zugleich das Unverständnis und die Verwunderung darüber zum Ausdruck, dass die Arbeitenden jenseits der dafür institutionell vorgesehenen Kanäle in der Lage waren, sich selbständig und kollektiv zu artikulieren. Interessant ist in diesem Zusammenhang, dass in der örtlichen Presse Hamburgs Vergleiche zu den so genannten »Halbstarkenkrawallen« gezogen wurden.[95] Die Assoziation der wilden Streiks mit Jugendprotesten, auf die während der Streikversammlungen mit »großem Gelächter« reagiert wurde, machen deutlich, dass im Diskurs über wilde Streiks neben dem »Kommunistenschreck« auch auf andere Bilder zurückgegriffen wurde – und andersherum: dass das »Gespenst des Kommunismus« auch aus anderen Ecken spukte als aus der Moskauer Parteizentrale. In der Tat: Was als »wild« und bedrohlich gesehen wurde, zeichnete sich gerade nicht dadurch aus, dass es in Moskau oder Pankow »ausgeheckt« war, sondern dadurch, dass es eine Reaktion auf die Defizite der lokalen, betrieblichen Situation war. Der Verweis auf »jugendliche Krawallmacher« illustrierte insofern eine Unsicherheit und Furcht, die mit der Verjüngung und Fluktuation der Beschäftigten aufkam und die gerade in den Howaldtwerken sehr prägnant auftrat. Wie diese Fluktuation »diskret« ausgenutzt werden konnte, lernten die Beschäftigten sehr schnell, was dazu beitrug, dass die Unternehmer und die Regierenden inmitten der »Goldenen Zeiten« immer wieder in Klagen über die »instabile« Wirtschaftslage ausbrachen.

---

94 BArch/SAPMO/SED, DY 30/IV 2/10.02, (75–77), IGM, vertrauliches Rundschreiben Nr. 89/5: »Alles, was nicht in ihre Theorie passt, erklären [die Arbeitgeber] mit kommunistischer Böswilligkeit.«

95 Jüres/Kuehl, *Werftarbeiter*, S. 23.

Der Schleswig-Holstein-Streik von 1956/57

Die wilden Streiks des Sommers 1955 wurden im DGB dahingehend interpretiert, dass hier die Forderung nach einer »expansiven Lohnpolitik« beim Wort genommen worden sei. Doch mit einer derartigen Aktivierung der Basis konnte man fast ebenso wenig anfangen wie das Arbeitgeberlager, das anlässlich der Konflitke das »triebhafte, chaotische Eigenleben der Lohnpolitik« beklagte, welches »gefährlich« sei und »mehr Ordnung« erfordere.[96] Aus Sicht der meisten DGB-Funktionäre brachten wilde Streiks das Verhandlungsmonopol der Gewerkschaften und damit deren Autorität in Gefahr. Aus diesem Grunde reagierte die DGB-Führung gegenüber den Sommerstreiks von 1955 mit »großer Nervosität«[97]. Das gemeinsame Interesse an »ordentlichen Verhandlungen« setzte sich schließlich durch. In Kassel schalteten sich sogar der hessische Ministerpräsident und der Arbeitsminister ein, um die Gespräche zu beschleunigen. An den Brennpunkten der Streiks handelten Unternehmer, Gewerkschaften und Vertreter des Staates am Ende Vereinbarungen aus, die die Autorität der Gewerkschaften gegenüber den vereinzelten Belegschaften vorläufig wieder herstellten. So erreichte die IG Metall sechs Wochen vor Ablauf des Tarifvertrages Lohnerhöhungen, die sich im Vergleich zu den Ergebnissen von 1954 mehr als sehen lassen konnten. Die Löhne in der gesamten Hamburger Metallindustrie wurden umgehend um einen Festbetrag von 13 Pfennig oder rund 10 Prozent des Ecklohns pro Stunde angehoben.[98] Weniger Anklang fand dagegen einstweilen der an die Regierung gerichtete Vorschlag des DGB-Vorstands, das Missverhältnis zwischen Löhnen und Preisen auf der Grundlage von »Expertengutachten« zu debattieren und einen Ausgleich zwischen Löhnen und Profiten in einer später als »Konzertation« bezeichneten Strategie zu erreichen.[99] Eine solche »wissenschaftliche Lohnpolitik« wurde insbesondere von Bundeswirtschaftsminister Erhardt abgelehnt, der den »Lohndruck« vor allem als »moralisches« Problem (»Inflation der sozialen Ansprüche«) sah.

Die Weigerung der Bundesregierung, auf die konzertierten Bedürfnisse der Gewerkschaftsführung einzugehen, mag eine der Erklärungen für die widersprüchlichen Tendenzen sein, die sich in den beiden Jahren nach 1955 vor

96 Kalbitz, *Arbeitskämpfe*, S. 220.

97 BArch/SAPMO/SED, DY 30/IV 2/10.02, (80), Bericht eines Beschäftigten des DGB-Hauptvorstandes an die Abteilung Gewerkschaften der SED.

98 Vgl. Kraushaar, *Protestchronik*, Bd. 2, S. 1.238.

99 Eine dritte Form der »Preispolitik« waren »Milchstreiks«, das heißt von Belegschaften initiierte Boykotte in einigen Städten des Ruhrgebietes, die gegen Preiserhöhungen von Milch gerichtet waren. Der DGB unterstützte diese Boykotte: Ebd., S. 1.253.

allem in der Tarifpolitik der IG Metall zeigten. Während sich mit dem Unternehmerverband Gesamtmetall trotz der weit auseinanderklaffenden politischen Herkunft und Sozialisation der Akteure auf zentraler Ebene Rahmenverträge aushandeln ließen,[100] die wichtige soziale Verbesserungen wie etwa die schrittweise Einführung des Acht-Stunden-Tages enthielten, weigerte sich die Bundesregierung beharrlich, gewerkschaftlichen Wünschen nachzukommen. Dies führte Ende 1956 zu einem merkwürdigen, »indirekt« politischen Streik, in dem die IG Metall versuchte, durch die Tarifpolitik zu kompensieren, was durch den direkten Einfluss auf das Parlament angesichts der konservativen Hegemonie unerreichbar erschien.[101] Nachdem die Regierung eine Gleichbehandlung zwischen Arbeitern und Angestellten in der Lohnfortzahlung im Krankheitsfall immer wieder verzögert und abgelehnt hatte, forderte die IG Metall für die Tarifverhandlungen des Winters 1956 eine entsprechende Regelung in Schleswig-Holstein. Indem diese exemplarisch für das kleine Tarifgebiet angestrebt wurde, sollte Druck sowohl auf andere Tarifbezirke als auch auf die parlamentarischen Verhandlungen ausgeübt werden.[102] Die Unternehmer lehnten dieses Ansinnen ab, und es entwickelte sich ein legaler Streik von ungefähr 32.000 Beschäftigten, die meisten davon Werftarbeiter in Kiel, Lübeck und Flensburg. Der Arbeitskampf dauerte nicht weniger als 114 Tage, vom 24. Oktober 1956 bis zum 15. Februar 1957. Ende Januar wurde von den Streikenden ein Verhandlungsergebnis verworfen, so dass der Ausstand gegen den Willen der Tarifkommission der IG Metall fortgesetzt werden musste. Die Gewerkschaft beorderte nun »ihre aktivistischsten Funktionäre aus der ganzen Bundesrepublik nach Schleswig-Holstein […], die in heftigen Debatten die Streikenden zur Vernunft bringen sollten«[103]. Erst am 13. Februar 1957 stimmte ein nach der Satzung ausreichender Anteil von 39,4 Prozent der Gewerkschaftsmitglieder dem neu verhandelten Tarifabschluss zu.[104] Das Ergebnis konnte durchaus als tarifpolitischer Durchbruch bezeichnet werden: Die Arbeitgeber garantierten für die ersten drei Krankheitstage eine Zahlung von

100 Das »Bremer Abkommen« von 1956 stellte das erste in dieser Reihe von zentralen Vereinbarungen dar. Es begründete eine starke Tendenz zum Zentralismus in der Tarifpolitik der IG Metall. Vgl. Schroeder, »Industrielle Beziehungen«, S. 515f.

101 Dagegen wurde eine direkte Bezugnahme auf das »Aktionsprogramm« von 1954 immer seltener. Kalbitz, *Arbeitskämpfe*, S. 165ff., nennt das Beispiel eines Holzarbeiterstreikes in Ostwestfalen vom Februar 1956 als einen der wenigen erfolgreichen Versuche, es umzusetzen.

102 Ebd., S. 166f. Ausführlich: Dittrich/Kalk, »Metallarbeiterstreik«, S. 351–391.

103 Pirker, zitiert nach: Kalbitz, *Arbeitskämpfe*, S. 171. Stamp schildert, wie heftig die innergewerkschaftlichen Auseinandersetzungen um den Abschluss waren: In Flensburg etwa stürmten 500 Metaller das Gewerkschaftshaus, als die Streikleitung eine öffentliche Sitzung absagte, die das Ergebnis beraten sollte, s. Stamp, *Arbeiter in Bewegung*, 213–254, hier: 244.

104 Müller-Jentsch, »Streikbewegungen«, S. 59.

50 Prozent, ab dem vierten Tag von 90 Prozent des Nettolohnes. Je nach Betriebszugehörigkeit wurde die Lohnfortzahlung für 21 bis 28 Kalendertage übernommen.[105] Dennoch blieb die Unzufriedenheit der am Streik Beteiligten bestehen: Ein voller Lohnausgleich wurde nicht erreicht.

Am Ende des Streiks hatte sich Konrad Adenauer persönlich in die Vermittlungsgespräche zwischen den Arbeitsmarktparteien eingeschaltet. Damit machte der Bundeskanzler deutlich, dass er sich anders als sein Wirtschaftsminister die Loyalität der Gewerkschaften und der Arbeitnehmerschaft auch durch Zugeständnisse in sozialen Fragen zu sichern beabsichtigte. Die Dynamisierung der Altersrenten, die kurz vor der Bundestagswahl im September 1957 beschlossen wurde, war nur ein weiteres Beispiel für diese letztlich erfolgreiche Strategie.[106] Die Wahlen brachten der CDU/CSU aus diesem und anderen Gründen zum ersten und einzigen Male in der bisherigen Geschichte der Bundesrepublik eine absolute Mehrheit. Die Hochkonjunktur, die 1955/56 ihren vorläufigen Höhepunkt erreichte, eröffnete für die Kompensation der betrieblichen sozialen Konflikte weite Spielräume. Eine tripartistische Koordination der Arbeitspolitik blieb aber, trotz der Erfahrungen in Schleswig-Holstein, auch nach der Wiederwahl Adenauers aus. Wohl auch deshalb enthielt die Zentralisierung der Tarifverhandlungen im Metallsektor nun Elemente, die in anderen Ländern einer tripartistischen Koordination vorbehalten waren. Die zentral vereinbarten Arbeitszeitverkürzungen orientierten sich an der Produktivitätsentwicklung und sollten nach Auffassung der Arbeitsmarktparteien eine »wachstumsfördernde Tarifpolitik« etablieren, die insofern als Teil einer Konjunkturpolitik gefasst wurde.[107] In der Folgezeit beherrschte der Modus der zentralen Verhandlungen zwischen IGM und Gesamtmetall immer stärker die Arbeitsbeziehungen. Die wilden Streiks wurden in den Schatten einer lokalen Existenz verdrängt; in einen Schatten allerdings, der ihrem Wachstum am Ende eher förderlich als abträglich war.

105 Längerfristig bedeutsame Folge des Streikes war, dass die IGM im Anschluss zu Schadensersatzzahlungen in Millionenhöhe verurteilt wurde, da sie Urabstimmungen vor Ablauf der Friedenspflicht abgehalten hatte. Vgl. hierzu: Schroeder, »Industrielle Beziehungen«, S. 515.

106 Die Altersrenten wurden durch das Gesetz vom 23.2.1957 um durchschnittlich 60% erhöht, vgl. Stapelfeldt, *Wirtschaft*, S. 265.

107 Auf diesen Zusammenhang, der auch etwas über die spätere Arbeitszeitpolitik der IG Metall aussagt, verweist Schroeder, »Industrielle Beziehungen«, S. 501.

2. Warten auf das Wunder: Wilde Streiks in Dänemark

Die Situation der dänischen Ökonomie war bis Ende der 1950er Jahre der in der Bundesrepublik entgegengesetzt. Zu Beginn des Jahrzehnts blieb die industrielle Produktion durch Klein- und Mittelbetriebe dominiert, die sich am Binnenmarkt orientierten. Für den Export produzierten nur wenige spezialisierte Betriebe. Obwohl der Anteil der exportierten Güter an der gesamten Industrieproduktion seit 1950 anstieg, blieb deren wertmäßiges Volumen noch bis Ende des Jahrzehntes unter dem der Landwirtschaft.[108] Letztere konnte ihre Rolle auf dem Weltmarkt dadurch bewahren, dass menschliche Arbeitskraft zunehmend durch Maschinen ersetzt wurde. Bevor es zur »zweiten Industrialisierung« Dänemarks kam, stand eine umfassende Rationalisierung der Landarbeit durch den Einsatz von Traktoren, Kunstdünger und so weiter an. Aus diesem Grunde setzte sich die Abwanderung aus dem ersten Sektor unvermindert fort: Zwischen 1949 und 1957 sank die Zahl der Landarbeiter um ein Viertel. Insgesamt verließen in den 1950er Jahren rund 100.000 Beschäftigte den landwirtschaftlichen Sektor.[109] Da die (Binnen-)Migration in die Städte, vor allem in den Großraum Kopenhagen, nicht durch eine entsprechende Ausdehnung der Beschäftigung im zweiten und dritten Sektor ausgeglichen wurde, blieb es bis Mitte der 1950er Jahre bei einer registrierten Erwerbslosigkeit von etwa 10 Prozent.[110] Dies wiederum trug dazu bei, dass sich in Bezug auf die Neuzusammensetzung der Lohnarbeitenden zwei Unterschiede zur Bundesrepublik festhalten lassen. Erstens *sank* die registrierte Erwerbstätigkeit dänischer Frauen in den 1950er Jahren.[111] Zweitens kam es nicht zu einer Anwerbung von Migrantinnen und Migranten, da die Abwanderung aus der Landwirtschaft genügend Arbeitskraft bereitstellte.

Die ungünstige Industriestruktur und die verhaltene Mobilisierung von Arbeitskraft trugen dazu bei, dass das Wachstum des Bruttosozialproduktes in Dänemark im Schnitt der 1950er Jahre nur 2,7 Prozent pro Jahr betrug. Bis 1957 war das Land damit im westeuropäisch-nordatlantischen Vergleich Schlusslicht. Auch im Vergleich zur unmittelbaren Nachkriegszeit hatten sich die Wachstumsraten seit 1950 verschlechtert.[112] Dabei fand durchaus eine Modernisierung gewisser Bereiche der Industrie statt. Während etwa die Textilindustrie bereits in den frühen 1950er Jahren in eine Krise geriet, ließ sich zugleich ein, wenn auch im europäischen Vergleich bescheidener, Boom in der

108 Hansen, *Økonomisk vækst*, S. 146, auch im Folgenden.

109 Ebd., S. 141.

110 Olsen, *Økonomisk historie*, S. 214f.

111 Borchhorst/Siim, *Kvinder*, S. 105.

112 International vergleichend s. Hansen, *Økonomisk vækst*, S. 148.

Metall- und Elektronikindustrie beobachten.[113] Dieser Boom prägte eine schon vorher vorhandene Tendenz weiter aus, die darin bestand, dass sich innerhalb einer insgesamt traditionellen, zum Teil noch stark handwerklich geprägten Produktionsstruktur »Inseln« bildeten, auf denen »moderne Formen« wie das Fließband oder tayloristische Motivationstechniken zur Anwendung kamen. Jedoch scheiterte die sozialdemokratische Regierung in der unmittelbaren Nachkriegszeit zunächst mit ihrem Projekt, diese »Inseln« zum Nachteil von Landwirtschaft und Binnennachfrage zu fördern.

Bei den Wahlen von 1950 verloren sowohl Sozialdemokraten als auch DKP Stimmen. Wie schon in den ersten zwei Jahren nach dem Krieg übernahm erneut eine bürgerliche Minderheit die Regierungsgeschäfte. Aber auch unter Ministerpräsident Erik Eriksen, dessen Regierung sich stärker auf eine restriktive Finanzpolitik zurückzog, kam es nicht zu einer grundlegenden Verbesserung der Wirtschaftslage.[114] Steigende Rohstoffpreise und der Unterschuss in der Handelsbilanz, Resultate der randständigen Stellung dänischer Exporte auf dem Weltmarkt, begrenzten die Kreditwürdigkeit des Staates und damit die Reichweite der ökonomisch-politischen Eingriffe.

Für die SPDK bedeutete der Rückzug aus der Regierungsverantwortung die Chance einer Revision der eigenen ökonomischen Politik. Am Ende der 1940er Jahre hatte die Partei eine rückläufige Mobilisierung ihrer Anhänger nicht nur bei Wahlen konstatieren müssen. Eine der Ursachen war, dass von den drei entscheidenden Forderungen, mit der sie 1945 zum Wiederaufbau der dänischen Wirtschaft aufgerufen hatte – staatlich induzierte Produktionsplanung, Expansion der sozialen Sicherung und zurückhaltende Lohnpolitik – nur die Letztere übrig geblieben war.[115] Es entwickelte sich nunmehr eine heftige innerparteiliche Debatte, in der vor allem aus Reihen einer jungen Generation von oft mit akademischer Bildung ausgestatteten Parteifunktionären der Ruf nach einem neuen »holistischen« Entwurf laut wurde.[116] In diesem wurden sozialpolitische Maßnahmen gegenüber der Wirtschaftspolitik nicht wie bis dahin in der Regierungspraxis als nachrangig, sondern als integraler und wesentlicher Teil einer Politik betrachtet, die von ihren Befürwortern als »Produktionslinie« bezeichnet wurde. Bis Mitte der 1950er Jahre setzte sich diese »Linie« nach und nach gegenüber jenen Positionen innerhalb der SPDK durch, die die Expansion des Wohlfahrtsstaates noch immer als Folge einer eigenständigen, moralischen Forderung nach »sozialer Gerechtigkeit« betrachteten.

113 Hansen, *Økonomisk vækst*, S. 146.
114 Vgl. Rostgård, *Socialdemokrati*, S. 28.
115 Ebd., S. 28.
116 Vgl. Petersen, »Formuleringen«, S. 62–78.

In der neuen Sprechweise meinte das Wort *welfare*, aus dem Programm der britischen Labour Party übernommen, zugleich *Ausbildung* und *Eigeninitiative*.[117] Die Verantwortung für den ökonomischen Aufbruch wurde zu einer Sache gemacht, an der jedermann seinen Anteil haben müsse. Die »Produktionslinie« nahm zugleich die Idee einer Rationalisierung aller Lebensbereiche auf, ihr *Engineering* bezog sich nicht alleine auf die Fabrik, sondern auch auf den Haushalt, die Geschlechterbeziehungen, die Sorgearbeit und das Altern. Innerhalb der Fabrik beziehungsweise des Betriebes sollte die Einführung neuer Technologen die Arbeit (körperlich) leichter machen, während die Einführung »produktionsfördernder Lohnsysteme« für mehr Eigenverantwortung der Beschäftigten sorgen würde.[118] Diese doppelte Dynamisierung der Produktion enthielt insofern auch eine Stellungnahme zu Arbeitskämpfen: Sie konnten keine selbstständige moralische Legitimität beanspruchen, sondern erschienen im Lichte der Verantwortung der Beschäftigten für den Erfolg der »dänischen Produkte« auf dem Weltmarkt, vom dem letztlich auch die wohlfahrtsstaatliche Entwicklung abhängig zu sein schien. 1953 wurde die SPDK, jedoch erneut ohne eigene parlamentarische Mehrheit, wieder zur Regierungspartei.[119] Doch angesichts der fortwährenden ökonomischen Stagnation konnte der neue Gesellschaftsentwurf der an die Spitze der SPDK drängenden »Politologen« (*cand.pol'er*) zunächst kaum umgesetzt werden.

Insgesamt prägten die ökonomische Stagnation sowie die Versuche, ihr mittels der Förderung der Exportindustrien beizukommen, die dänische Streikgeschichte der 1950er Jahre. Nach dem Ende des Zyklus der wilden Streiks in der unmittelbaren Nachkriegszeit nahmen diese zwischen 1950 und 1953 wieder eine »latente«, das heißt lokale und überwiegend »unpolitische« Form an. Doch Mitte der 1950er Jahre stieg ihre Zahl und Intensität wieder signifikant an. 1956 erreichten die Arbeitskämpfe im Massenstreik des Frühjahrs sogar einen historischen Höhepunkt. Dieser Streik trug entscheidend dazu bei, dass die Arbeitskämpfe der 1950er Jahre in Dänemark bis heute stärker in der kollektiven Erinnerung präsent sind als in der Bundesrepublik. Auf den ersten Blick überraschend ist deshalb, dass sich das nach 1950 entstandene Bild von den »sozialfriedlichen« dänischen Arbeitsbeziehungen ebenso beharrlich gehalten hat. Die Geschichte der ökonomischen Rationalität und der Streiks erscheinen wie zwei voneinander unabhängige Welten. Wäh-

117 Zur »Produktionslinie« s. Finnemann, *I Broderskabets Aand*, S. 283–291.

118 Vgl. Petersen, »Formuleringen«, S. 64f.

119 1953 wurde die zweite Kammer *(Landstinget)* in Dänemark abgeschafft und gleichzeitig die Zahl der Abgeordneten im als *Folketing* bezeichneten Parlament erhöht. Nach der Verfassungsreform wurden Neuwahlen abgehalten. Die SPDK steigerte ihren Stimmenanteil leicht: Knudsen u.a., *Kampen*, S. 252.

rend die dänische und internationale Forschung diese Teilung oft reproduziert hat, wird es in den folgenden Abschnitten vorrangig darum gehen, den Zusammenhang zwischen Streikbewegungen, ökonomischer Stagnation und »Produktionslinie« darzustellen.

»Produktionslinie« und Gewerkschaftspolitik

Im Gegensatz zur Bundesrepublik liegt für die Streikbewegungen der 1950er Jahre in Dänemark keine um eigenständige Erhebungen ergänzte Statistik vor. Wir müssen deshalb mit der Auswertung von zeitgenössisch gesammelten Daten vorlieb nehmen, die Defizite aufweisen: Unter anderem registrierte die seit 1947 für das jeweilige Vorjahr veröffentlichte amtliche Arbeitskampfstatistik weder die Solidaritätsstreiks mit dem Philipsstreik von 1954 noch die »tarifwidrigen« Proteststreiks im Anschluss an die Tarifrunde von 1956. Einige Aspekte der Streikgeschichte lassen sich mit den vorhandenen Daten gleichwohl illustrieren.

Tabelle 3. Registrierte Streiks in Dänemark, 1946–1957[120]

Jahr	*Fälle*	*Ausfalltage*	*»tarifwidrig«*
1946/1947	88	1.956.100	36.400
1950–1953	47	17.900	17.900
1954–1957	153	1.116.400	63.700

Zwischen 1950 und 1953 lag das Ausmaß der registrierten Streiks in Dänemark auf einem außerordentlich niedrigen Niveau. Die Statistik weist für diese Zeit, wie aus der Tabelle zu ersehen, nur 17.900 Streiktage aus.[121] Alleine 1946/47 betrug die Zahl mehr als das Hundertfache der in den vier Jahren zwischen 1950 und 1953 registrierten Streiks. Dies hatte wohl auch damit zu tun, dass die ersten beiden Jahre der 1950er in Dänemark anders als in der Bundesrepublik nicht mehr durch den Kampf um die institutionellen Rahmenbedingungen der Arbeitsbeziehungen geprägt waren. Die quantitative Streikgeschichte ist somit auch Ausdruck der hohen Kontinuität des dänischen Gewerkschafts-

120 Zusammenfassung nach: Leihardt, »Strejkestatistik«, S. 153. Die in der Tabelle ausgewiesene Anzahl der Streiks beruht auf Daten von Danmarks Statistik, die der Ausfalltage auf denen des Arbeitgeberverbandes. Letztere sind, obwohl sie nur den Zuständigkeitsbereich des industriellen Bereiches betreffen, für den gesamten Zeitraum leicht höher als die von DS.

121 Vgl. im Detail: Leihardt, »Strejkestatistik«, S. 153.

systems. Andererseits war die Massierung der Konflikte in bestimmten Jahren bereits vor 1940 ein charakteristisches Merkmal der dänischen Streikgeschichte gewesen.[122]

Seit 1945 setzte sich diese Tendenz fort, nicht zuletzt, weil Tarifverhandlungen nach wie vor zeitgleich für nahezu die gesamte Industrie geführt wurden, weshalb sowohl die Streiks von 1946/47 als auch die von 1956 zu Massenaktionen wurden. Dagegen hinterließen die lokalen »tarifwidrigen« Streiks sozusagen ihre eigene Spur in der Statistik. Während sich in Bezug auf die gesamten Ausfalltage ein Bild zeichnen lässt, das die Bedeutung der Massenstreiks von 1946/47 und 1956 hervorhebt, galt für die lokalen wilden Streiks zwar ebenfalls, dass deren Zahl von 1950 bis 1953 ein historisch niedriges Niveau erreichte.[123] Doch in Bezug auf die »tarifwidrigen« Streiks änderte sich das Bild bereits 1954: Alleine in diesem Jahr verfünffachte sich ihr registriertes Ausmaß. Ihre Zunahme setzte damit bereits einige Jahre vor der »überraschenden« Zuspitzung des Tarifkonflikts von 1956 ein.

In den ersten Jahren der 1950er herrschte in Dänemark jedoch zunächst sowohl ökonomische Stagnation als auch »Ruhe in den Betrieben«. Das Resultat der zentralen Tarifrunde fiel entsprechend aus: Abgesehen davon, dass schon 1945 die Anhebung der Löhne auf den Stand von 1939 erreicht worden war, blieben alle wichtigen Nachkriegsforderungen der dänischen Arbeiterbewegung unerfüllt. In der zentralen industriellen Tarifrunde von 1950 konnten die Gewerkschaften nur geringe Verbesserungen der Löhne und keinerlei Verbesserungen in Bezug auf Arbeitszeit- und Urlaubsregelungen erreichen.[124] Bei der Urabstimmung über die Resultate stimmten fast 140.000 Beschäftigte gegen den Abschluss, während sich lediglich etwas mehr als 120.000 für ihn aussprachen. Nur die Korrektur der Resultate durch die »kompetenten Versammlungen«[125] einiger Berufsverbände ergab eine knappe Mehrheit für die Einsetzung des Vertrages. Allerdings verebbte der Protest gegen die Resultate

122 Knudsen, *Arbejdskonflikternes historie*, S. 339ff.

123 In diesen Jahren wurden jährlich lediglich 3.600 bis 5.300 ausgefallene Arbeitstage registriert, ein Minusrekord, der bis heute gilt: Leihardt, »Strejkestatistik«, S. 153.

124 DsF, *Årsberetning* (Geschäftsbericht), 1951, Vorwort. Eine Übersicht über die Abstimmungsresultate nach zentralen Tarifrunden von 1946 bis 1958 findet sich in: Larsen, *Kommunisterne*, S. 53. Die Tarifrunden fanden zwischen 1950 und 1956 alle zwei Jahre statt und begannen jeweils im Winter des ungeraden Jahres.

125 »Kompetente Versammlungen«: Die Abstimmung über die Tarifverträge war (und ist) in Dänemark anders als in der Bundesrepublik obligatorisch. Über die Einsetzung des Vertrages entschied eine einfache Mehrheit. In einigen Berufsverbänden stimmten jedoch lediglich Vorstände oder Vertrauensleute (»kompetente Versammlungen«) im Namen aller Mitglieder ab, was die Wahrscheinlichkeit einer Befürwortung der Tarifverträge erhöhte. Diese Form bot eine Art »Sicherheitsventil« gegenüber unerwünschten Arbeitskämpfen und erfüllte insofern eine ähnliche Funktion wie die 75%-Regel in den bundesdeutschen Gewerkschaftssatzungen.

der Tarifverhandlungen schnell. Die Unzufriedenheit reduzierte sich, wenn überhaupt, auf das Abstimmungsverhalten der Gewerkschaftsmitglieder bei der Urabstimmung. Lediglich in einigen Metallbetrieben, die zu den Zentren der innergewerkschaftlichen Opposition zählten, wurden außerdem Protestresolutionen beschlossen.

Die wilden Streiks, die für die Zeit nach dem April 1950 nachgewiesen werden können, artikulierten keinen direkten Zusammenhang zur Tarifpolitik. Die meisten dieser Streiks blieben auf der Abteilungsebene und wurden durch spezifische Angelegenheiten wie Konflikte mit Meistern und anderen Vorgesetzten ausgelöst. Wo es darüber hinaus um die Tarifpolitik ging, handelte es sich nicht um die Unzufriedenheit mit den Abschlüssen als Ganzes, sondern um die Interpretation einzelner Bestimmungen.[126] Ein gutes Beispiel hierfür sind die Konflikte auf der Schiffswerft von B&W, die Thomsen in seiner Auswertung der Protokolle des dortigen gewerkschaftlichen Klubs dargestellt hat: Zwischen 1950 und 1953 wurden hier viele Resolutionen verabschiedet, aber es fanden lediglich einige wenige und begrenzte wilde Streiks statt.[127] Mit der in der Urabstimmung dokumentierten Unzufriedenheit über die Tarifpolitik korrespondierte keine Zunahme der offenen lokalen Konflikte.

Insgesamt können drei Ursachen für den unauffälligen Charakter der Arbeitskonflikte in den ersten drei Jahren nach 1950 angegeben werden: Erstens die Arbeitsmarktposition der dänischen Arbeitnehmer, zweitens der sich zuspitzende Kalte Krieg und drittens die Resultate der Tarifverhandlungen von 1952 und 1954. Zum ersten Punkt: Während sie in der Bundesrepublik schon seit 1951 gesunken war, stieg die registrierte Erwerbslosigkeit in Dänemark noch bis 1952 auf 12 Prozent an.[128] Auch in den Jahren nach 1952 waren durchschnittlich rund 10 Prozent der Beschäftigten als erwerbslos registriert, und diese Zahl sollte bis Anfang 1957 mehr oder weniger konstant bleiben. Die Binnenmigration trug gleichzeitig dazu bei, dass ein sektoraler Arbeitskräftemangel weitgehend ausblieb. Zum zweiten muss der Druck erwähnt werden, der durch den Kalten Krieg und seine »Übersetzung« in Konflikte zwischen Sozialdemokraten und Kommunisten im Betrieb ausgelöst wurde.[129] Mit dem Korea Krieg hatte auch in Dänemark die Wahrnehmung einer akuten

126 Vgl. die Gegenstände der wilden Streiks, die die jährlich veröffentlichte Sammlung der Arbeitsgerichtsurteile dokumentiert: Christensen, *Kendelser*, 1951–1954.

127 Thomsen, *Øens folk*, S. 72f., 81. Vgl. auch Nielsen, *Storpolitik*, S. 232–235.

128 Olsen, *Økonomisk historie*, S. 214f.

129 In der aktuellen dänischen Historiographie spielt die Erforschung der Geschichte des Kalten Krieges eine wichtige Rolle. Die Arbeitskämpfe werden jedoch manchmal etwas eindimensional als »Kampf zwischen Kommunisten und Sozialdemokraten« geschildert, die um die »Herzen der Arbeiter rangen«. Exemplarisch hierfür ist die Darstellung eines wilden Streikes als »Manöver« in: Nielsen, *Storpolitik*, S. 173–180.

Kriegsgefahr zugenommen. Der noch durch die sozialdemokratische Regierung ratifizierte Eintritt in die NATO im Jahre 1949 hatte das Schisma innerhalb der Arbeiterbewegung vertieft, und der Versuch der KP, die betrieblichen Konflikte für ihren Kampf gegen den »US-Imperialismus« zu instrumentalisieren, trug zu einer weiteren Polarisierung bei.[130] In diesem Kontext hatten Aktionen wie die 1950 durchgeführte Blockade von US-amerikanischen Waffentransporten in den Häfen von Århus und Kopenhagen nur geringe Chancen, in der Öffentlichkeit anders als eine »Parteinahme« im Konflikt zwischen den Großmächten wahrgenommen zu werden.[131] Als »verlängerter Arm« der sowjetischen Außenpolitik identifiziert, verlor die DKP wie in der Bundesrepublik von Jahr zu Jahr an Mitgliedern, Wählerstimmen und öffentlicher Wahrnehmbarkeit. Schließlich sank auch die Zahl der betrieblichen Funktionsträger, die in der DKP organisiert waren. 1951 wurde der in der KP organisierte Gesamtvertrauensmann bei B&W Øen abgewählt und durch einen Sozialdemokraten ersetzt.[132] Im Anschluss an den Schock, den diese Abwahl auslöste, schränkte die Partei ihre Versuche, betriebliche Kader als »Resolutionsmaschine« zu instrumentalisieren, etwas ein und konnte sich nicht zuletzt deshalb wieder ein wenig stabilisieren. Es bleibt jedoch insgesamt zu konstatieren, dass die DKP, obwohl sie nicht unter einem mit der Bundesrepublik vergleichbaren Repressionsdruck stand, auf dem Höhepunkt des Kalten Krieges stark an Einfluss verlor, was insbesondere für die Kopenhagener Gewerkschaftslinke nicht ohne Folgen bleiben konnte.

Drittens waren auch die relativen tarifpolitischen Erfolge der dänischen Gewerkschaften eine der Ursachen für den Rückgang der offenen Arbeitskämpfe: 1952 und 1954 konnten die Gewerkschaften einige Verbesserungen durchsetzen, die die Akzeptanz ihrer Tarifpolitik erhöhten. In der Tarifrunde von 1952 wurde der bezahlte Urlaub um eine Woche auf drei verlängert, und 1954 wurde eine Bezahlung der Feiertage erreicht. In den Urabstimmungen dieser beiden Jahre sprach sich, im Gegensatz zu 1950, daraufhin eine deutliche Mehrheit für die Annahme der Verträge aus. Die Zahl der Neinstimmen halbierte sich von 140.000 (1950) auf etwas mehr als 70.000 (1952), bei einer gleich bleibenden Wahlbeteiligung von 59 Prozent, ein Resultat, das der DsF etwas voreilig als »deutliche Zustimmung zu [unserer] Politik der Nachkriegsjahre« wertete.[133]

---

130 Vgl. die Darstellung bei Larsen, *Kommunisterne*, S. 63ff.

131 Ebd. S. 76.

132 Thomsen, *Øens folk*, S. 69f.; Larsen, *Kommunisterne*, S. 56.

133 Zitiert nach: *Verdens Gang*, Nr. 4, 1952, S. 133. 1954 wurde das Abkommen mit 80% Zustimmung akzeptiert. Allerdings kam es im Anschluss zu wilden Streiks in 16 Kopenhagener

Notizen aus der Provinz

Der betriebliche und arbeitspolitische »Frieden«, der 1953/54 zu herrschen schien, war trügerisch. Etwa zur gleichen Zeit waren die ersten Anzeichen einer Polarisierung zwischen lokalen, betrieblichen Konflikten und der zunehmend zentralisierten Tarif- und Arbeitspolitik zu vernehmen; eine Aufspaltung, die für die Ausprägung der wilden Streiks in den Jahren und Jahrzehnten danach eine entscheidende Bedeutung erhalten sollte. Der kurzfristig erhöhten Akzeptanz der materiellen Verbesserungen, die auf der zentralen Ebene vereinbart wurden, stand eine markante Unzufriedenheit einzelner Belegschaften mit den konkreten lokalen Ausformungen der »modernen« Arbeitsbedingungen gegenüber. Hintergrund dafür war die Durchsetzung einer betrieblichen Rationalisierungspolitik, noch bevor ihre ökonomischen Voraussetzungen, das heißt ein expansives industrielles Wachstum, vorhanden waren. Schon 1950 begann in den Publikationen des DsF und der großen Einzelgewerkschaften eine Kampagne für die Rationalisierung der Produktion. Die Verbesserungen, die vom Einsatz neuer Technologien erwartet wurden, wurden hier vor dem Hintergrund konkreter betrieblicher Mängel präsentiert: Die Rationalisierung versprach das Verschwinden gesundheitsschädlicher Arbeit, aber auch eine »optimierte Anzahl ausgeführter Operationen« als Voraussetzung eines steigenden Wohlstandes.[134]

»Planungsrationalität«, zuvor eine gesellschaftspolitische Forderung, wurde nunmehr, im Kontext der »Produktionslinie«, zuvörderst als Anspruch an einzelbetriebliche Prozesse formuliert und exemplarisch umgesetzt. 1952 begann der DsF, »Rationalisierungsberater« auszubilden.[135] Im selben Jahr vereinbarte der Verband der Schlachtereiarbeiter *(Dansk Slagteriarbejderforbund,* DSF) die Einführung »produktionsfördernder Löhne« in der Konservenindustrie und wurde so Vorreiter eines Trends, der sich im Laufe des Jahrzehnts verallgemeinern sollte.[136] Nach der erneuten Regierungsübernahme durch die SPDK im Jahre 1953 erschien die »Produktionslinie« zudem als ein unmittelbar von der Regierung gefördertes Konzept. Im selben Jahr wurde die dreijährige Ausbildung der Rationalisierungsberater durch den Produktionsausschuss des Handelministeriums übernommen, das heißt de facto zu einer halbstaatlichen Angelegenheit gemacht. Und 1955 wurde das Schulungszentrum der

Druckereien, in denen die Facharbeiter gegen mangelhafte Lohnsteigerungen protestierten: *Arbejderen*, 15.4.1954, 85f., sowie 1.8.1954, 164.

134 Vgl. Hansen, »LO«, S. 19.

135 Ebd., S. 23.

136 Vgl. Larsen, *Arbejdsbetingelser*, S. 280–282.

Arbeiterbewegung in Esbjerg zum zentralen Ausbildungszentrum für Arbeits- und Zeitstudien.[137]

Dass der Schlachtereisektor Anfang der 1950er Jahre zum Vorreiter einer staatlich geförderten Taylorisierung wurde, mag auch erklären, warum die Veränderung von Formen und Gegenständen des Arbeitskampfes in Dänemark zuerst in der Provinz erschien. Jedenfalls trat die Ambivalenz der gewerkschaftlichen Rationalisierungspolitik zuerst hier offen zu Tage.[138] Dieser Sektor bildete im Rahmen der industriellen Entwicklung Dänemarks eine Art Scharnier zwischen der noch landwirtschaftlich geprägten Provinz und dem zentralen Industriestandort Kopenhagen. Die Zusammensetzung der Belegschaften war durch eine starke Fluktuation geprägt. Die Zuwanderung von nicht im Fach ausgebildeten Landarbeitern spielte traditionell eine große Rolle. Angesichts eines schwankenden Arbeitsvolumens waren viele Schlachtereiarbeiter noch unmittelbar nach dem Ende des Zweiten Weltkrieges unständig beschäftigt. Gleichzeitig hatten die Schlachtereien wegen ihrer Bedeutung für den Export eine strategische Position in der dänischen Nationalökonomie der 1950er Jahre inne. Der hoch organisierte und sozialdemokratisch dominierte Schlachtereiarbeiterverband war anders als die meisten dänischen Gewerkschaften ein Industrieverband und als solcher auf eine Politik angewiesen, die zwischen den Interessen der Un- und Angelernten sowie zwischen denen der männlichen und weiblichen Arbeitskräfte vermittelte. Diese »solidarische« Arbeitspolitik kam durch Regelungen zur Verteilung des anstehenden Arbeitsvolumens oder in einer tariflichen Begrenzung der Überstunden zum Ausdruck, begrenzte jedoch die Steigerung der Durchschnittslöhne. Das Lohnniveau lag auch deshalb um 1950 deutlich unter dem Industriedurchschnitt. Nachdem in der Kopenhagener Konservenindustrie zu Beginn der 1950er Jahre Zeitstudien und Akkordarbeit eingeführt worden waren, brachte die im Laufe des Jahrzehnts stark steigende Nachfrage nach Fleischkonserven die modernen Produktionsmethoden auch in die Provinz.[139] Aber das verschärfte Arbeitstempo wurde nicht durch Lohnerhöhungen kompensiert.[140] Die sich öffnende Schere verursachte eine Reihe wilder Streiks. Ende Mai 1953 legten Schlachter im nordjütischen Nørrresundby die Arbeit nieder. Die örtliche Gewerkschaftsabteilung schilderte die tieferliegenden Ursachen:

137 Hansen, »LO«, S. 23.

138 Die Erzählung, dass die »starken Schmiede« die politische Arbeiterbewegung in Dänemark einseitig prägten, ist auch vor diesem Hintergrund zu hinterfragen. Für die Darstellung des Folgenden s. Grelle/Knudsen, *Gris*, S. 69–84.

139 Ebd., S. 88–102, zur Bedeutung der Fleischverarbeitung: ebd., 93f.

140 1947 lag die Produktion in einer Schlachterkette bei ungefähr 125 Schweinen pro Stunde. 1955 hatte sie sich auf bis zu 185 Tiere gesteigert: ebd., S. 81.

»Der Streik entstand, weil man seit Jahren die Plackerei, einen schlechten Umgangston und die Rationalisierung hochgehalten hat und gleichzeitig uns Schlachtereiarbeiter unmenschlich behandelte. Hier soll nur eine einzige Sache angeführt werden: Durchschnittlich passieren 190 bis 200 Schweine oder drei Schweine in der Minute jeden einzelnen Schlachtereiarbeiter, und dazu kommt, dass acht Stunden Arbeit nicht reichen, sondern man die in den Tarifverträgen zulässigen höchstens sechs Überstunden pro Woche um mehr als das Doppelte überschreitet.«[141]

Ein weiterer Verstoß gegen den Tarifvertrag brachte schließlich das Fass zum Überlaufen. Mitte Mai stellte der Betrieb einen unorganisierten Arbeiter ein, während der Vertrag zwischen DSF und Unternehmerverband ein *Closed shop*-System vorsah.[142] Nachdem der Protest des zuständigen Vertrauensmanns lediglich dazu führte, dass die betroffene Abteilung vorgeblich »wegen Arbeitsmangels« für einige Tage nach Hause geschickt wurde, trat am 27. Mai die gesamte Belegschaft in einen Streik. Sofort klagte der Arbeitgeber wegen »Vertragsbruches« vor dem Arbeitsgericht mit dem Ziel, eine Geldstrafe durchzusetzen. Diese Klage verletzte zwar nicht das dänische Recht, aber das Gerechtigkeitsgefühl der Streikenden, gerade angesichts der Tatsache, dass ein Verstoß des Unternehmers gegen den geltenden Tarifvertrag den Streik ausgelöst hatte. Erst jetzt formulierten die Arbeiter neben der Forderung nach einer Entlassung des Unorganisierten auch die nach der Senkung des Arbeitstempos. Und erst diese Forderung machte den fast zwei Wochen andauernden wilden Streik zu einem überregionalen Ereignis. So gingen aus rund einem Dutzend Schlachtereien sowie zahlreichen weiteren Betrieben Solidaritätserklärungen und Geldspenden ein, mit denen ein Teil des Lohnausfalls und die Geldstrafen gedeckt werden konnten. Anfang Juni verurteilte das Arbeitsgericht sowohl die einzelnen Beschäftigten als auch die örtliche Abteilung des Verbands zu einer Geldstrafe. Am 4. Juni erklärte die Zentrale des DSF den Arbeitsplatz für »frei«, das heißt es konnten mit Einverständnis der Gewerkschaft Streikbrecher eingestellt werden. Am 5. Juni nahmen die Beschäftigten die Arbeit gegen das Versprechen von Verhandlungen wieder auf. Nachdem diese Versprechungen sich als haltlos erwiesen hatten, kam es innerhalb des DSF zu einem massiven Konflikt, in dem die Zentrale mit dem Ausschluss des Ortsverbands drohen musste, ohne dies jedoch letztlich durchsetzen zu können.[143]

Bemerkenswert ist, dass Streiks wie der in Nørresundby sich lokal in einem immer wieder aufbrechenden Misstrauen gegen das *Social Engineering* fort-

141 Flugblatt des DSF Nørresundby, 11.6.1953, im Original abgedruckt in: Grelle/Knudsen, *Gris*, S. 80. Vgl. auch: *Land og Folk*, 3./4.6.1953, Interview mit dem Ortsvorsitzenden des DSF.
142 Tiden, *Tre svin*, S. 8. Zur Chronologie des Streiks s.: ebd., 5f.
143 Ebd., S. 12f.

setzten, während sie innerhalb der Spitzen des Gewerkschaftsverbandes die »Produktionslinie« eher stärkten.[144] Die in den Schlachtereien der Provinz seit 1953 regelmäßig aufflackernden Revolten gegen die Arbeitsbedingungen wurden hier als Forderung nach einer »Objektivierung« der Entlohnung interpretiert. Vermittelt wurde dieser Widerspruch dadurch, dass sich auch die Streikenden von Nørresundby nicht gegen »Leistungslöhne« als solche gewandt hatten, sondern dagegen, im Akkordtempo zum Zeitlohn arbeiten zu müssen. Der DSF übersetzte diese Beschwerde kurze Zeit danach in die Forderung nach Akkordlöhnen. Damit wurde die wichtigste Forderung des Streiks – weniger Arbeitsbelastung – auf den Kopf gestellt, gleichzeitig aber kompensiert.

Der Philipsstreik von 1954

Der Streik in Nørresundby blieb am Ende ohne Resultat, und die Beschäftigten mussten sogar die Entlassung eines Aktivisten hinnehmen. Die »Produktionslinie« konnte vor dem Hintergrund solcher Misserfolge zunächst als einzig realistische Option erscheinen. Doch die Rationalisierungskonflikte rissen auch in der Folge nicht ab. Schon im Frühjahr 1954 fanden weitere »tarifwidrige« Aktionen statt, deren Auslöser der Streit um die Akkorde war.[145] Im September 1954 kam es schließlich zu einem wilden Streik im Philipswerk auf der Insel Amager vor Kopenhagen, der die Rationalisierungskonflikte zum Gegenstand einer breiten öffentlichen Debatte machte.[146] Wie kaum eine andere Firma galt die dänische Filiale des multinationalen Philips-Konzerns, die 1934 eröffnet worden war, als Sinnbild einer komplexen, nach den neuesten arbeitswissenschaftlichen Erkenntnissen organisierten Produktion. Der Betrieb, der Lampen, Radios und Fernsehgeräte produzierte, war angesichts der Nachfrage nach solchen Artikeln in den frühen 1950er Jahren schnell expandiert. Die Zahl der Beschäftigten hatte sich in den fünf Jahren vor 1954 nahezu verdoppelt. Von den ungefähr 500 in der Produktion Beschäftigten waren 275 ungelernte Frauen, 142 ungelernte Männer und 42 Facharbeiter.[147] Die

144 Vgl. die Darstellung bei Larsen, *Arbejdsbetingelser*, S. 276ff.

145 So u.a. in einer Maschinenfabrik in Skarrehage und damit verbunden in einem Molierwerk in Esbjerg: *Arbejderen*, 1.8.1954, 183f. dokumentiert das Arbeitsgerichtsurteil.

146 Die erste Dokumentation des Streiks schrieben Vertrauensleute des Werkes: Loft/Høj, *Philipsstrejken*. Eine quellengestützte Darstellung bietet: Hansen, *Philipsstrejken*, 1995, komprimiert in: ders., »Philipsstrejken«, 1996.

147 Arbejderbevægelsens Bibliotek og Arkiv, Bestand Dansk Metalarbejderforbund (ABA/DM), 853, 379: Streikbericht, Philips 1954.

Fluktuation innerhalb der Belegschaft war sehr hoch, und das machte sich in der gewerkschaftlichen Organisierung dadurch geltend, dass der Vertrauensleutekörper ständig erneuert werden musste.[148] Obwohl anders als in vielen anderen Betrieben ein Kooperationssausschuss[149] bestand, war die Beziehung zwischen Vertrauensleuten und Unternehmensleitung angespannt. Dazu trug bei, dass der Betrieb eine Rationalisierungspolitik betrieb, die eine Mischung aus gezielter Verunsicherung und ständig revidierten Zeitstudien war.[150]

Am 21. September 1954 bekam der in der Endbearbeitung von Fernsehapparaten beschäftigte Jørgen Fryd Petersen die Anweisung, zukünftig statt elf 16 Apparate pro Schicht fertig zu machen, während die durchschnittliche Arbeitsleistung bei neun Geräten lag. Nachdem er erklärte, dass er gerne eine andere Arbeit zugewiesen bekäme, wurde er mit sofortiger Wirkung entlassen.[151] Daraufhin solidarisierten sich fünf weitere Beschäftigte mit Petersen und traten in einen unbefristeten Streik. Am folgenden Tag legten alle in der Produktion Beschäftigten die Arbeit nieder und forderten die Wiedereinstellung des Entlassenen. Die Gewerkschaften äußerten zunächst Verständnis für den Streik, der nach ihrer Auffassung Folge einer »fehlgeleiteten Rationalisierung« war.[152] Gleichzeitig forderten sie, entsprechend ihrer Bindung an die Friedenspflicht, zur Wiederaufnahme der Arbeit auf.

Der Arbeitskampf hatte eine ausgeprägte basisdemokratische Struktur mit täglichen Beratungstreffen aller Beschäftigten. Schon zu Beginn des Streikes hatten die Philipsarbeiter ein Streikkomitee gewählt, das aus den Vertrauensleuten sowie Vertretern der Abteilungen bestand. Dieses Komitee startete eine Solidaritätskampagne, um sowohl einen Teil der Löhne als auch die zu erwartenden Geldbußen finanzieren zu können. Die Resonanz war beeindruckend: Bis zum Ende des Streikes wurden in 2.000 Betrieben über 500.000 dänische Kronen gesammelt.[153] Die Sammlung war auch deshalb so effektiv, weil sie durch eine überbetriebliche Unterstützungsgruppe systematisiert wurde. Zu-

148 Hansen, »Philipsstrejken«, 1996, S. 2.

149 »Kooperationsausschüsse« waren paritätische Beratungsgremien aus Vertrauensleuten und Betriebsleitungen, die zunächst freiwillig gebildet wurden, jedoch keine dem deutschen Betriebsverfassungsgesetz vergleichbare Rechtsposition erhielten.

150 Vgl. Knudsen u.a., *Kampen*, S. 247.

151 In Dänemark existierte im Gegensatz zur Bundesrepublik bis Ende der 1950er Jahre weder ein gesetzlicher noch ein tarifvertraglicher Kündigungsschutz.

152 Vor dem Arbeitsgericht bedauerten DA und DsF, dass eine »Rationalisierung, die von allen Parteien gewünscht wird, zu derartigen Konflikten führen kann«: ABA, Arbeitsgerichtsarchiv der LO (ABA/LO), 800, 4.760. Das Arbeitsrechtsarchiv der LO war Anfang 2005 noch nicht vollständig registriert. Die Signatur verweist deshalb auf die Aktenzeichen des Arbeitsgerichtes und damit auf die veröffentlichten Urteile in: Christensen, *Kendelser*, Jg. 1950–1964.

153 *Socialdemokratiske Noter* (im Folgenden: *SN*), Nr. 5, März 1955, 357.

nächst hatten sich 75 Vertrauensfrauen der Kopenhagener Metallindustrie getroffen. Diese hatten sodann ein allgemeines Vertrauensleutetreffen angeregt, an dem sich 125 Menschen beteiligten.[154] Obwohl weder die Streikenden noch die Vertrauensleutetreffen von der DKP dominiert waren und sich insofern nicht bruchlos in die Antagonismen des »Kalten Krieges« einschreiben ließen, sahen die Gewerkschaften diese Netzwerke als Bedrohung an. Die Koordination der Metallarbeiterverbände distanzierte sich in einem Rundschreiben von »allen selbsternannten organisationsfeindlichen Ausschüssen und Personen, die dieser Konflikt nichts angeht und deren Tätigkeit nur zersetzend und zerstörerisch für die Gewerkschaftsbewegung ist«[155].

Am 30. September 1954 verurteilte das Arbeitsgericht den Streik als »tarifwidrig«. Doch die Streikenden beschlossen fast einstimmig seine Weiterführung. Einige Tage später verhängte das Gericht hohe Geldstrafen gegen die Streikenden und eine Buße gegen die beiden zuständigen Gewerkschaftsverbände, die aber relativ geringfügig ausfiel.[156] Gleichzeitig begann die sozialdemokratische Presse, sich von den Streikenden zu distanzieren. Am 20. Oktober erklärte der Dachverband der Gewerkschaften, dass dem Unternehmen freigestellt sei, Streikbrecher zu beschäftigen. Am selben Tag begann die Firma, mit 50 neu Angeheuerten einen Teil der Produktion wieder aufzunehmen.[157] Am 21. Oktober wies der DA dann seine Mitgliedsfirmen an, keinen der Streikenden in einem anderen Betrieb einzustellen. Gleichzeitig wurde Polizei um das Werk herum stationiert, um eventuellen Streikbrechern den Zugang zu ermöglichen. Unter dem Eindruck dieser Zuspitzung versuchten die kommunistischen Vertrauensleute von B&W Øen nun, zwischen Gewerkschaftsverbänden, Arbeitgebern und Streikenden zu vermitteln.

Aber erst nachdem am 23. Oktober in vielen Kopenhagener Betrieben ein Solidaritätsstreik begonnen hatte, zu dem das überbetriebliche Vertrauensleutekomitee aufgerufen hatte, konnte der Konflikt gelöst werden. Noch am selben Tag einigten sich zunächst Verbände, DsF und Vertrauensleute der Streikenden auf einen Vergleich, der dann sowohl von der Firmenleitung als auch von den Beschäftigten akzeptiert wurde. Das Abkommen sah die Wiedereinstellung aller ungefähr 500 Arbeitenden und die Überprüfung der Entlassung von Petersen vor. Die kommunistische Presse feierte das Resultat

154 Rostgård, *Socialdemokrati*, S. 31.

155 Zit. nach Hansen, »Philipsstrejken«, 1996, S. 4.

156 »Organisationsverantwortung« (*organisationsansvar*) bezeichnete die Pflicht der Verbände, bei wilden Streiks aktiv für die Wiederaufnahme der Arbeit einzutreten. Während des Philipsstreiks kam es zu sonst seltenen kritischen Äußerungen gegenüber diesen Regelungen aus der DsF-Spitze: Vgl. *Land og Folk*, 17.10.1954, S. 1, sowie *SN*, Nr. 1, November 1954, S. 73ff.

157 Die Darstellung folgt hier: Hansen, »Philipsstrejken«, 1996, 4–8.

als Sieg. Dabei ging unter, dass die Rücknahme der Entlassung in einer Sitzung des Arbeitsgerichts ein Vierteljahr nach Beendigung des Streiks abgelehnt wurde.[158]

Der Philipsstreik zeichnete sich nicht nur durch seine außerordentliche Länge von fünf Wochen aus. Mindestens ebenso wichtig war die Erfahrung, dass demokratisch strukturierte Foren – Belegschaftsversammlung, Streikkomitee, Unterstützergruppen – in der Lage sein konnten, einen längeren Streik zu tragen, während den Gewerkschaften rechtlich und politisch die Hände gebunden waren. Die Gewerkschaften solidarisierten sich zunächst selbst auf höchster Ebene, was als seltenes Ereignis in der dänischen Arbeitskampfgeschichte bezeichnet werden muss, distanzierten sich jedoch, als sich der »Eigensinn« des Streikes deutlicher herauskristallisierte. Aber die Ambivalenz zwischen Selbst- und Fremdorganisation zeigte sich auch in den Formen der Repräsentanz, die von dem Streik selbst ausgingen. Die ursprünglich von einer Frauengruppe getragene Solidaritätsarbeit wurde innerhalb weniger Tage von den traditionell dominanten und männlich geprägten Gruppen der Gewerkschaftslinken übernommen. Und während der Arbeitskampf mehrheitlich von ungelernten Frauen getragen wurde, repräsentierten die überwiegend männlichen betrieblichen Vertrauensleute von Philips sowie die Delegierten einer Handvoll Kopenhagener Großbetriebe die Streikenden nach außen. Die Bildung oppositioneller Netzwerke wurde durch den Philipsstreik ganz entscheidend gefördert. Aber sie war von vornherein eine ambivalente Angelegenheit, denn in ihr reproduzierten sich die Gegensätze zwischen den verschiedenen Beschäftigungsgruppen. Zugleich wirft der Arbeitskampf ein Schlaglicht auf die Unterschiede in den Organisationsbedingungen zwischen der dänischen Hauptstadt und der Provinz. So hatten auch die Schlachtereiarbeiter aus Nørresundby während ihres Streiks landesweit an die Solidarität der Beschäftigten appelliert, allerdings ohne dieselbe Aufmerksamkeit zu erfahren.

Neben der allgemeinen »Hauptstadtfixierung« der dänischen Medien spielt hier ein weiterer Aspekt eine Rolle: das Bild, das mit den hergestellten Produkten in der Öffentlichkeit verknüpft war. Philips war eine Art Insel der modernen Technik. Der dortige Streik gewann an Stärke, weil die Skepsis gegenüber der Massenproduktion in der dänischen Gesellschaft wohl weiter verbreitet war als in der Öffentlichkeit regelmäßig präsent. Der Fernsehapparat als »Sinnbild der Moderne« bot weitaus griffigere Ansatzpunkte für eine Auseinandersetzung mit den Folgen der Rationalisierung als die Schinken und Konserven, die die Schlachtereiarbeiter herstellten. Dies mag erklären, warum

158 In der Literatur wird oft fälschlicherweise angenommen, dass der Streik mit der Weiterbeschäftigung Petersens geendet habe. Vgl. Hansen, »Philipsstrejken«, S. 5.

der Philipsstreik noch lange später als Symbol für einen (obgleich kurzfristigen) Bruch mit einer scheinbar übermächtigen gesellschaftlichen Rationalität zitiert wurde. Bis heute ist er fester Teil von Erzählungen über die Arbeitskämpfe der dänischen 1950er Jahre geblieben. In der Historiographie gilt er noch immer als Beginn eines Zyklus, der mit dem Massenstreik von 1956 seinen Höhepunkt und sein vorläufiges Ende fand.[159]

Der Massenstreik von 1956 und die Folgen

Im Laufe des Jahres 1955 schwelten die betrieblichen Konflikte um Rationalisierungs- und Lohnfragen weiter, ohne das Ausmaß des Jahres 1954 zu erreichen.[160] Gleichzeitig deutete sich angesichts der fortgesetzten ökonomischen Stagnation und der Aushöhlung der Reallöhne durch die »Krisenpakete« der sozialdemokratischen Regierung eine Verschärfung der Arbeitskonflikte an. Zu Beginn der Tarifrunde des Winters 1955/56 standen sich die Arbeitsmarktparteien mit völlig gegensätzlichen Ausgangsforderungen gegenüber. Der DA, in dem ein Jahr zuvor als *Hardliner* bekannte Direktoren der Kopenhagener Schwerindustrie die Führung übernommen hatten, forderte eine »Nullrunde«. Außerdem standen die Abschaffung des automatischen Inflationsausgleiches der Löhne, eine Kürzung der Zuschläge für unregelmäßige Arbeitszeiten sowie die Wiedereinführung der achten Arbeitsstunde bei Schichtarbeit auf dem Wunschzettel der Arbeitgeber.[161] Die Forderungen des DsF aktualisierten dagegen einige der Ziele, die bereits in der unmittelbaren Nachkriegszeit formuliert worden waren: So die Arbeitszeitverkürzung von 48 auf 44 Stunden in der Woche bei vollem Lohnausgleich oder die Lohnfortzahlung im Krankheits- und Unglücksfall. Dazu forderten die Gewerkschaften eine generelle Lohnerhöhung, durch die die Erhöhung der indirekten Steuern ausgeglichen werden sollte. Einzelne Verbände forderten zudem eine Erhöhung der Frauenlöhne, jedoch noch ohne die Forderung nach gleichem Lohn für gleiche Arbeit zu formulieren. Die Gegensätze zwischen den Arbeitsmarktparteien wurden eher noch akzentuiert, als im grafischen Gewerbe am 8. März 1956 ein

159 Die Geschichte des Streiks wurde in verschiedenen Formen tradiert, so zuletzt durch eine sehr populäre Fernsehserie. Die Serie *Krønikken* (= »Die Chronik«) schilderte 2004–2006 die Geschichte der 1950er Jahre in Form der Familiensaga eines Fernsehproduzenten. Die Serie wurde im ersten dänischen Fernsehen zur besten Sendezeit ausgestrahlt.

160 1955 lag das Ausmaß der wilden Streiks mehr als doppelt so hoch wie im Durchschnitt der Jahre 1950–53, erreichte jedoch nicht das durch den Philipsstreik bewirkte hohe Niveau des Jahres 1954: Leihardt, »Strejkestatistik«, S. 153.

161 Rostgård, *Socialdemokrati*, S. 32.

Branchentarifvertrag abgeschlossen wurde, der die Einführung einer Lohnfortzahlung im Krankheitsfall vorsah.[162] Nach zahllosen Verhandlungen und einer vorläufigen Aussetzung der für den Metallsektor und die Ungelernten angekündigten Streiks erklärte der Schlichter am 16. März 1956 seine Vermittlungsbemühungen für gescheitert.

Am Tag darauf begann der erste Großkonflikt seit 1947. Die DsF-Gewerkschaften wählten eine Strategie der »Nadelstiche«. Der Streik wurde schwerpunktmäßig in »strategisch wichtigen« Bereichen wie der Mineralölindustrie oder der Binnenschifffahrt zwischen den Landesteilen durchgeführt. Zunächst mussten die Gewerkschaften lediglich Streikgeld für rund 30.000 Beschäftigte zahlen. Einige Tage nach Streikbeginn wurde der Arbeitskampf auf ungefähr 60.000 Beteiligte ausgedehnt.[163] Die »Nadelstiche« lösten erhebliche Unruhe aus: Obwohl die Gewerkschaften für »lebenswichtige« Bereiche wie die Versorgung von Krankenhäusern und staatlichen Einrichtungen großzügige »Dispensationen« ausgestellt hatten, forderten bürgerliche Presse und die parlamentarische Opposition ein umgehendes Streikverbot. Die Empörung stieg, als der Verband der Buchdrucker am 24. März begann, die Presse der Konservativen und Liberalen zu bestreiken, während die beiden linken Tageszeitungen weiterhin auf den Markt kamen. Der sozialdemokratische Ministerpräsident H.C. Hansen forderte die Streikenden in den vier großen Mineralölgesellschaften und den Tageszeitungen zur Wiederaufnahme der Arbeit auf, aber die zuständigen Gewerkschaften lehnten ab. Immerhin wurden die Verhandlungen wieder aufgenommen. Am 31. März einigten sich DsF und DA auf einen Schlichtungsvorschlag, der sich nach Gewerkschaftsangaben zu einer Lohnerhöhung von durchschnittlich 4 Prozent für Frauen und zwischen 2,5 und 3 Prozent für Männer summierte. Außerdem wurde der Einstieg in eine Lohnfortzahlung im Krankheitsfall vereinbart.[164]

Das Resultat, das die Spitzen von DsF und DA zur Annahme empfahlen, war in der Gewerkschaftsbasis stark umstritten. Besonders kritisch wurden die zu erwartende Stagnation der Reallöhne sowie die Aufgabe der Forderung nach einer Arbeitszeitverkürzung mit vollem Lohnausgleich gesehen. Die Weigerung der Gewerkschaften, die Streiks im Mineralölsektor während der Urabstimmung auszusetzen, führte dazu, dass die Regierung diese am 6. April per Gesetz verbot. Dies trug jedoch eher zu einer Zuspitzung der Konfrontation bei, denn aus Protest wurde in weiteren Sektoren die Arbeit niederge-

162 Vgl. Groth, »Urolighederne«, S. 50.

163 Vgl. auch das Verzeichnis der Streiks des Jahres 1956 in: Mikkelsen, *Arbejdskonflikter*, S. 325. Für das Folgende s.: Knudsen, *Arbejdskonflikternes historie*, S. 323.

164 Ebd., 325.

legt.[165] Die bürgerliche Opposition forderte nun, aufgrund des fortwährenden Streiks gegen ihre Presse, tägliche Botschaften im Radio verlesen zu können. Der Vorschlag wurde von dem für die Verteilung der Sendezeiten zuständigen Gremium angenommen. Allerdings sprach man aus Gründen der Gleichbehandlung allen im Parlament vertretenen Parteien eine Sendezeit von täglich fünf Minuten zu. In der Literatur herrscht Einigkeit darüber, dass die damit verbundene Möglichkeit der Kommunisten, ein breiteres Publikum zu erreichen, zur Festigung der Streiks beitrug.[166]

Am 12. April lag das Resultat der Urabstimmungen vor: Über 208.000 DsF-Mitglieder oder 64,4 Prozent der Abstimmenden hatten mit »Nein« gestimmt.[167] Am 13. April erhob das Parlament den abgelehnten Vermittlungsvorschlag daraufhin gegen die Stimmen der DKP und bei Enthaltung dreier SPDK-Abgeordneter zum Gesetz. Damit waren alle weiteren Streiks illegal. Dass sich der Eingriff einer SPDK-Regierung gegen die Resultate einer Urabstimmung richtete, stellte einen Präzedenzfall dar. Seit den 1930er Jahren hatten sozial-liberale Regierungen zwar bereits häufiger in Arbeitskonflikte eingegriffen, Ursache war jedoch stets die Ablehnung der Schlichtungsvereinbarungen durch die Arbeitgeber gewesen. Unmittelbar nach der Abstimmung im Folketing kam es deshalb zu massiven Protesten. Dabei spielten die Netzwerke der Vertrauensleute, die bereits anlässlich des Philipsstreiks aktiv gewesen waren, eine tragende Rolle. Schon im Vorfeld und im Verlauf der Urabstimmung waren in Kopenhagen und den größeren Provinzstädten Vertrauensleutetreffen einberufen worden, die das Vorgehen im Falle einer Illegalisierung des Arbeitskampfes abgestimmt hatten. Für Freitag den 13. April rief schließlich die Geschäftsführung der vier gewerkschaftlichen Klubs bei B&W zu einer Protestdemonstration vor dem Regierungssitz auf.[168] Damit nahmen die Werftarbeiter ihre Rolle als »wegweisende« Arbeitsgruppe erneut an, wobei die Besonderheit 1956 darin bestand, dass nicht alleine die kommunistisch dominierten, sondern auch die sozialdemokratisch geführten Klubs zum Protest aufriefen.[169] Am Freitagmittag war der Platz vor dem Regie-

165 Zuvor hatten die Gewerkschaften die Öl- und Benzinlieferungen gestoppt, weil zwei große Mineralölgesellschaften versucht hatten, ein Tankschiff mit Hilfe von Streikbrechern zu löschen: Groth, »Uroligohederne«, S. 51.

166 1956 gab es in Dänemark über 1,2 Millionen Radiohörer und nur etwa 30.000 Nutzer von Fernsehapparaten: Knudsen u.a., *Kampen*, S. 256. Die Auflage der Tageszeitung der KP betrug ungefähr 15.000: Ebd., S. 83.

167 Die Beteiligung der DsF-Mitglieder an der Abstimmung erreichte einen Rekord von 64,7%: Larsen, *Kommunisterne*, S. 53.

168 Das Flugblatt dokumentiert: Groth, »Urolighederne«, S. 49. Eine instruktive Darstellung der innerbetrieblichen Situation bei B&W im April 1956 gibt: Nielsen, *Storpolitik*, S. 256–262.

169 Vgl. Groth, »Urolighederne«, S. 54; Meidell, *Storstrejkerne*.

rungsgebäude der Hauptstadt überfüllt. Auch in der Provinz kam es zu zahlreichen Demonstrationen. Das »Protesttreffen« auf dem Kopenhagener Schlossplatz erinnerte in seinem Charakter an die Demonstrationen des Sommers 1945, nicht nur aufgrund der massenhaften Teilnahme, sondern auch, weil es im Kern immer noch um viele jener Forderungen ging, die unmittelbar nach dem Ende der deutschen Besatzung erhoben worden waren. Die Resonanz übertraf alle Erwartungen: Mit mehr als 200.000 Teilnehmenden war es die bis dahin größte Demonstration der dänischen Geschichte.

Innerhalb der Linken war umstritten, wie mit der Situation umgegangen werden sollte. Im Gewerkschaftsausschuss der DKP gab es eine Mehrheit für die Ausrufung eines unbefristeten Generalstreiks. Darin drückte sich eine Stimmung aus, die in den Betrieben weit verbreitet war. Die Parteiführung entschloss sich jedoch, eine Weiterführung der Proteste nur für den folgenden Tag – der Samstag war damals ein regulärer Arbeitstag – vorzuschlagen.[170] In einer Rede auf dem Schlossplatz empfahl der KP-Vorsitzende Aksel Larsen folgerichtig, »den Beschluss der Vertrauensleute abzuwarten, die in der heutigen Situation der Generalstab sind«[171]. Dieses Vertrauensleutetreffen, das später als »*Situationens Generalstab*« berühmt wurde, war durch heftige Auseinandersetzungen um die Frage der Weiterführung des Streikes geprägt. Doch am Ende setzte sich unter den über 800 Teilnehmenden die Haltung der (sozialdemokratischen und kommunistischen) Gewerkschaftsklubs von B&W durch, die Arbeit am Montag den 16. April unter Protest wieder aufzunehmen. Gleichzeitig sollten lokale Kämpfe geführt werden, um das Ergebnis der Tarifrunde zu unterlaufen. Diese Botschaft wurde im Anschluss an das Treffen von den DKP-Beauftragten im Radio verbreitet. Die große Mehrheit der Beschäftigten streikte am Samstag ebenfalls, ging aber wie vorgeschlagen am Montag wieder zur Arbeit. Lediglich die Beschäftigten einzelner Branchen oder Betriebe führten den Protest weiter, so (mit einem gewissen Erfolg) in den Kopenhagener Bäckereien und (ohne Resultat) auf der Stahlschiffswerft in Odense. Die Seeleute setzten ihren Streik sogar noch bis Ende April fort, mussten ihn schließlich jedoch ergebnislos abbrechen, nachdem das Arbeitsgericht ihren Berufsverband zu einer Geldstrafe in der Rekordhöhe von fast einer Million Kronen verurteilt hatte.[172] Alles in allem war der Massenstreik »diszipliniert« beendet worden. Dass die DKP die Stimmung in den Betrieben insgesamt richtig beurteilt zu haben schien, zeigte sich in den folgenden

170 Groth, »Urolighederne«, S. 52.

171 Zit. nach Knudsen, *Arbejdskonflikternes historie*, S. 325. Wie das Zitat zeigt, hat die Bezeichnung »Situationens Generalstab« alles andere als einen »spontaneistischen« Hintergrund.

172 Mølholm, *Arbejdskampe*, S. 32.

Monaten auch darin, dass die Zahl ihrer gewählten gewerkschaftlichen Vertrauensleute in Kopenhagen 1956 um fast ein Drittel anstieg.[173]

Die Notwendigkeit, in den Arbeitskampf von 1956 einzugreifen, wurde von der Regierung H.C. Hansen mit der Gefahr begründet, dass eine bürgerliche Regierung die Führung des Landes übernehmen könne. Seitens der Linksliberalen, die die SPDK-Regierung tolerierten, war die Illegalisierung des Streiks gefordert worden. Ein Regierungswechsel hätte Gesetzesvorhaben wie die Pensionsreform oder die Schulreform in Frage gestellt. In indirekter Weise trug der Massenstreik (oder vielmehr seine »disziplinierte« Beendigung) insofern dazu bei, dass im Laufe des Jahres 1956 eine unabhängig vom Lohneinkommen garantierte Mindestrente, die so genannte »Folkepension« eingeführt wurde.[174] Die Rentenreform war einer der Schritte, der das von der SPDK angestrebte staatlich-gewerkschaftliche Arrangement vertiefte: Die zurückhaltende Lohnpolitik der Gewerkschaften wurde als Voraussetzung für den Ausbau des Sozialstaates gesehen.

Mehrere Faktoren bewirkten, dass dieser Tausch nach 1956 in den Belegschaften wieder an Akzeptanz gewann. Einer dieser Faktoren war die Spaltung der KP. Das Wachstum der Partei nach dem Massenstreik stellte sich schnell als Zwischenhoch heraus, dem eine neue Krise der kommunistischen Politik folgen sollte. Die relative Demokratisierung in Polen und der 20. Parteitag der KPdSU hatten Hoffnungen auf ein Ende der stalinistischen Periode ausgelöst, die durch die Intervention sowjetischer Truppen in Ungarn im November 1956 enttäuscht wurden.[175] Die Proteste gegen die blutige Niederschlagung des Aufstandes in Ungarn waren in Dänemark ausgeprägter als in den meisten anderen westeuropäischen Ländern. Die Haltung der DKP, die den Aufstand als »faschistische Provokation« bezeichnete, brachte sie überall in Misskredit. Bei den Wahlen des Jahres 1957 verloren beide Arbeiterparteien Stimmen, wobei die DKP von 4,3 Prozent auf 3,1 Prozent sank.[176] Nach der Wahlniederlage kam es innerhalb der KP zum offenen Streit über die Unterstützung der sowjetischen Außenpolitik. Der Vorsitzende Aksel Larsen bekannte sich – durchaus überraschend – nun zu einem »eigenständigen Weg zum Sozialismus«. Nach einem schweren innerparteilichen Konflikt wurde Larsen schließlich abgesetzt und aus der DKP ausgeschlossen.[177] Anfang 1958 gründete er mit einer Gruppe weiterer Ausgeschlossener die Sozialistische Volkspartei (*Socialistisk Folkeparti*, SF), deren wichtigste Botschaft die Ablehnung sowohl

173 Larsen, *Kommunisterne*, S. 56.

174 Die »Volksrente« wird als Meilenstein in der Geschichte des Wohlfahrtsstaates betrachtet.

175 Knudsen u.a., *Kampen*, S. 260.

176 Die Wahlergebnisse sind dokumentiert in: Wagner, *Europa*, S. 296.

177 Larsen, *Kommunisterne*, S. 110ff.

der sowjetischen als auch der NATO-Außenpolitik wurde.[178] Die neue Partei war die erste unabhängige linkssozialistische Partei in Skandinavien; in einer Übergangsphase bedeutete der Parteigründungsprozess jedoch eine Lähmung der linken Opposition im Parlament wie innerhalb der Gewerkschaften.

Ein weiterer Faktor war, dass der Umfang und die Intensität der Arbeitskonflikte nach 1956 wieder aus der öffentlichen Wahrnehmung verschwanden. Der Massenstreik des Frühjahres 1956 markierte das vorläufige Ende eines Zyklus von Arbeitskämpfen. Die Arbeitskämpfe des Jahres 1957 erreichten nicht annähernd die Vehemenz und den Umfang der Vorjahre.[179] Das lag auch daran, dass die Arbeitsmarktparteien aus dem Streik von 1956 Lehren zogen. Im Januar 1957 verabredeten sie neue Regeln für die kommende Tarifrunde, die eine effektivere Konfliktlösung ermöglichen sollten.[180] Die Verhandlungen wurden noch stärker zentralisiert, während die Urabstimmungen nunmehr in acht branchenspezifischen Gruppen stattfinden sollten. Mit diesen Maßnahmen sollte ein industrie- und landesweiter Konflikt wie 1956 zukünftig vermieden werden. Und schließlich brachten die Tarifverhandlungen des Winters 1957/58 Verbesserungen, die seit vielen Jahren auf dem Wunschzettel der dänischen Gewerkschaften gestanden hatten. Gewerkschaften und Arbeitgeber einigten sich im Frühjahr 1958 auf eine schrittweise Verkürzung der Wochenarbeitszeit von 48 auf 45 Stunden, die allerdings nur unter der Voraussetzung entsprechender Produktivitätsfortschritte gewährt werden sollte.[181] Es war die erste Verkürzung der Arbeitszeit seit 1921. Die tarifliche Verabredung eines Mindestlohnes stellte schließlich auch den angesichts der mangelhaften Lohnerhöhungen zunächst kritischen Verband der Ungelernten zufrieden. Dennoch löste das Resultat bei der Urabstimmung keineswegs Begeisterung aus: Nur etwa 150.000 Menschen beteiligten sich, weniger als die Hälfte des Jahres 1956.[182] Nur 38.000 stimmten gegen den Vertrag, im Vergleich zu 208.000 Neinstimmen im Jahre 1956. Urabstimmungen wurden nach der Erfahrung mit dem Regierungseingriff offenbar mehrheitlich nicht mehr als Möglichkeit gesehen, die Tarifpolitik wirklich zu beeinflussen. Dass der Tarifvertrag für drei statt wie bis dahin üblich für zwei Jahre abgeschlossen wurde, schien die Aussichtslosigkeit einer »aktivistischen« Gewerkschaftspolitik zusätzlich zu bestätigen. Aber gerade die lange Laufzeit des Vertrages sollte einige Zeit später dazu beitragen, dass die Zahl der wilden Streiks wieder zunahm.

---

178 Larsen, *Kommunisterne*, S. 116. Zur Geschichte der SF s.: Kragh, *SF 1960–68*.

179 1957 lag die Zahl der registrierten Streiks nur leicht über dem (niedrigen) Durchschnitt der ersten Hälfte der 1950er Jahre, vgl. Leihardt, »Strejkestatistik«, S. 153.

180 Vgl. Due u.a., *Aftalesystem*, S. 204ff.

181 Ebd., S. 209–211.

182 Vgl. die Zahlen bei: Larsen, *Kommunisterne*, S. 53.

3. Die wilden Streiks bis 1957 im deutsch-dänischen Vergleich

Schon aus der einführenden Übersicht resultiert der Eindruck spezifischer, ungleichzeitiger, unterschiedlicher Entwicklungen: So wurde die organisierte Arbeiterbewegung unter der NS-Herrschaft in Deutschland zerschlagen, während sie in Dänemark kontinuierlich eine Rolle spielte. Mit dem deutschen Überfall auf Dänemark wurden diese Unterschiede akzentuiert und verstärkt: Zu einem zentralen Bezugspunkte der dänischen Arbeitergeschichte wurden die Aufstände gegen die Besatzungsherrschaft in den Jahren 1943 und 1944. Auch nach 1945 folgten die Arbeitskämpfe in beiden Ländern zunächst einer stark auf den nationalstaatlichen Rahmen bezogenen Agenda. Für die Einhegung der betrieblichen Konflikte war dies ein entscheidendes Moment. Die Arbeitsbeziehungen wurden als nationalstaatliche Angelegenheit gefasst, Marktbedingungen galten als Außeneinflüsse, die sich über die Zahlen der Handelsbilanz, der Exportquoten und der Geldwertstabilität vermittelten. Wilde Streiks griffen diese Logik an, jedoch ohne über die lokale Ebene hinaus vernetzt zu sein. Auch später erschienen sie deshalb als Ausnahmen, denen die Normalität nationalstaatlicher Kooperation entgegengesetzt wurde.[183]

Auf den ersten Blick scheint die Statistik zu bestätigen, dass Streiks im Nordeuropa der 1950er Jahre zur Ausnahme wurden. So wurde zwischen 1950 und 1953 in Dänemark ein Minusrekord registriert. Wenn man den Zeitraum von 1930 bis 1975 betrachtet, lagen alle drei Kriterien (Anzahl der Streiks, Ausfalltage, Beteiligte) nur unter den besonderen Umständen der ersten beiden Kriegsjahre auf einem ungefähr ähnlich niedrigen Niveau. Nimmt man mit Norwegen ein bevölkerungsmäßig etwa gleich großes skandinavisches Land als Vergleichspunkt, so wurden dort von 1950 bis 1953 insgesamt 153 Streiks registriert, während es in Dänemark nur 47 waren.[184] In der Bundesrepublik waren die Zahlen dagegen bis 1956 noch relativ hoch. In Bezug auf das relative Streikvolumen fielen sie dort erst nach 1954 deutlich unter das im europäischen Vergleich »mittlere« französische Niveau.[185] Dagegen zeigt das Muster der Streikstatistik für die Jahre nach 1955 umgekehrt ein Ansteigen der Zahl der Streiks in Dänemark – im Jahr des Massenstreiks von 1956 befand sich das Land plötzlich an der Spitze der europäischen Statistik. Zur gleichen Zeit sanken die bundesdeutschen Zahlen ab: Von 1957 an lagen sie deutlich unter dem französischen Level. In den Jahren darauf nahmen sie im Vergleich zu anderen großen westlichen Ländern ein insignifikantes Volumen an.

---

183 Vgl. zu dieser Setzung: Mikkelsen, »Industrial conflicts«, S. 45.

184 Mitchell, *Historical Statistics*, S. 186, 189.

185 Schmidt, *Ordnungsfaktor*, S. 42, auch im Folgenden.

Dennoch war das »Zeitfenster«, in dem von einer mehr oder weniger völligen Zurückdrängung der Arbeitskonflikte aus der Sphäre der Öffentlichkeit gesprochen werden kann, sowohl in der Bundesrepublik als auch in Dänemark sehr klein: Es handelte sich um einige wenige Jahre in den 1950ern. Unter der Oberfläche dieser »leeren« Öffentlichkeit deuteten sich schon bald nach 1950 vehemente Konflikte an. Die lokalen (wilden) Streiks zwischen 1950 und 1973 zeichneten so etwas wie eine untergründige Dynamik auf, die trotz der unterschiedlich starken Repressionen gegen die Kommunistischen Parteien in beiden Ländern nicht völlig verschwand. Erst später, in der »europäischen Streikwelle« um 1970, wurden diese lokalen Konflikte zusammengefasst und öffentlich dargestellt. Während die lokalen Konflikte insofern im Ländervergleich ähnliche Verlaufsformen annahmen, verlief die allgemeine Streikgeschichte ungleichzeitig: Ein Grund dafür, dass die Streiks in der Bundesrepublik bis 1953 noch etwas massenhafter auftraten, war, dass die Verfasstheit der Arbeitsbeziehungen in dieser Zeit noch umstritten war. Dagegen konnte in Dänemark relativ bruchlos an die Arbeitsbeziehungen der Vorkriegszeit angeknüpft werden. Doch nach 1954 spielte dieser Aspekt eine immer geringere Rolle. Die dänischen Streiks bezogen sich nunmehr direkt auf das uneingelöste Versprechen der Steigerung des Wohlstandes. Angesichts der fortwährenden Stagnation der dänischen Wirtschaft und der folgenden restriktiven ökonomischen Politik löste der Eingriff einer SPDK-Regierung in den Tarifkonflikt von 1956 den größten Massenstreik des Jahrzehntes aus. Zur gleichen Zeit trugen Boom, Arbeitskräftemangel und konservative Hegemonie in der Bundesrepublik dazu bei, dass die Streiks sozusagen unter dem Erdboden verschwanden. Die These vom »Verschwinden« der Streiks unter sozialdemokratischer Hegemonie ist für die 1950er Jahre also kaum zu bestätigen. Auch diesen »roten Faden« gilt es im Kopf zu behalten: Das Sozialstaatsversprechen konnte durchaus ein Moment der Konfliktverschärfung sein.

III. Wilde Streiks in »dynamischen Zeiten«, 1958 bis 1963

Wir haben damals ganz gedankenlos gelebt. Wir haben versucht, uns Vorteile herauszuholen, wo es nur ging. Ich will nur ein Beispiel schildern: Wir gingen auf den Bahnsteig, es war ein herrlicher Tag, da hat einer gefragt: ›Gehen wir heute zur Arbeit oder nicht?‹ Wir haben dann eine Münze geworfen: wenn Zahl, gehen wir zur Arbeit, wenn Kopf, bleiben wir zu Hause. Es gab dann die Zahl, und wir haben gesagt: ›Wir gehen trotzdem nicht hin.‹

Paul Noll, Das alles frisst – 25 Jahre Arbeit bei VW, 1981

1. Die »Lokalisierung« der Streiks in der Bundesrepublik

Betrachtet man die ökonomischen Daten, so fügt sich die Zeit zwischen 1958 und 1963 bruchlos in die Geschichte des bundesdeutschen »Wirtschaftswunders« ein. 1960 erreichte die Konjunktur einen weiteren Höhepunkt, die Erwerbslosigkeit war so gut wie beseitigt und die Inflation sehr niedrig.[1] Auf den internationalen Märkten konnten sich Produkte »Made in Germany« glänzend behaupten.[2] Zugleich aber hielten die Klagen über eine »triebhafte Lohnpolitik« an, und sie waren mehr als nur Ausdruck einer Mischung aus konservativer Moral und kaufmännischem Kalkül. Die wachsenden sozialen Ansprüche erschienen, auch aus Sicht der regierungsnahen Wirtschaftspolitik, wie Risse im Putz der erfolgreichen »Sozialen Marktwirtschaft«. Die Befürchtung, dass diese Risse größer werden könnten, ließ den Ruf nach staatlichen Eingriffen in die Tarifpolitik lauter werden. Die Gewerkschaften verhielten sich demgegenüber ambivalent: Einerseits plädierten sie für eine »nachfrageorientierte« Wirtschaftspolitik, für die die Regulation der Einkommen im Konsens mit Arbeitgebern und Staat elementar war. Andererseits fürchteten sie um ihre Autonomie, falls es unter der Ägide Ludwig Erhards zu einer solchen Politik kommen würde. Den neuen Bedürfnissen, die die Hochkonjunktur hervorgebracht hatte, standen auch sie zum Teil ratlos gegenüber. Eine Ausdrucksform dieser Bedürfnisse waren die wilden Streiks. Angesichts der Vollbeschäftigung nahmen die Arbeitskonflikte unspektakuläre lokale Formen an, die sehr wirksam

1 Das Wachstum des Bruttosozialproduktes betrug pro Kopf 7,9% im Jahr. Die Inflation lag jährlich bei 1,45%. Vgl. Hardach, »Krise und Reform«, S. 212.

2 Ebd., S. 204, 210.

waren, mit denen die Gewerkschaften jedoch immer häufiger nichts zu tun hatten. Insbesondere für die stark betroffene IG Metall entstand damit ein dringender Handlungsbedarf, zumal sich die Entfremdung zwischen zentraler Arbeitspolitik und lokalen Konflikten in einer Stagnation der Mitgliederentwicklung ausdrückte. Ich werde nun zunächst schildern, wie sich um 1960 die Beziehungen zwischen Gewerkschaften und Staat veränderten. Im Anschluss daran werde ich auf jene Krise der Gewerkschaftspolitik zu sprechen kommen, die immer deutlicher hervortrat, um sich am Ende des Jahrzehntes in offenen Arbeitskämpfen zuzuspitzen.

Die Anfänge der »wissenschaftlichen Lohnpolitik«

1960 beschrieb ein Vordenker der neoliberalen Wirtschaftspolitik, der Staatssekretär im Wirtschaftsministerium, Alfred Müller-Armack, »Leitlinien« für eine »zweite Phase der Sozialen Marktwirtschaft«. Sein Text enthielt eine kurze Bilanz der Erfolge der bundesdeutschen Wirtschaftspolitik, vor allem die Feststellung, dass das »Versorgungsproblem gelöst« sei. Aber:

> »Vollbeschäftigung und der Zuwachs der Produktion [...] haben nicht die erwartete soziale Befriedigung gezeigt, sondern geradezu *Unruhe und Unzufriedenheit wachgerufen*. Kein Hinweis auf das Maß des Erreichten vermochte dagegen anzugehen, die Mobilisierung der Unruhe in unserer Gesellschaft bleibt ein bestürzendes Faktum. Sie war kaum spürbar, solange man sich in einer Phase des dringendsten Aufbaus befand; nunmehr *tritt sie allerorten hervor* und offenbart eine Schwäche der freien Gesellschaft. [...] Geringe Bewegungen von Preisen führen zu überstürzten Reaktionen. Die Forderungen der Verbände [...] *stoßen in einer Atmosphäre der Übererregtheit zusammen*, die zu dämpfen unserer Wirtschaftsordnung das rechte Rezept fehlt.«[3]

Das Ausmaß der zwischen 1958 und 1963 registrierten Streikbewegungen stand in einem krassen Widerspruch zu diesem Bild von einer »wachsenden Unruhe« auf dem Arbeitsmarkt. Es gab in der Tat keine Periode in der Geschichte der Bundesrepublik, die auf den ersten Blick dem Ideal der Sozialfriedlichkeit mehr entsprach als die erste Hälfte der 1960er Jahre: In Bezug auf die Ausfalltage waren die Zeiträume zwischen 1959 und 1961 sowie zwischen 1964 und 1966 so gut wie »streikfrei«.[4] Die absolute Zahl der Arbeitsniederlegungen erreichte 1965 das niedrigste Niveau der Nachkriegszeit, gefolgt von den Jahren 1964, 1960, 1961 und 1959.[5] Zwischen 1959 und 1961 fand kein

3 Zit. nach Stapelfeldt, *Wirtschaft*, S. 290f., meine Hervorhebungen.
4 Spode u.a., *Statistik*, S. 349.
5 Ebd., S. 348.

größerer tariflicher Streik statt.[6] Wovon also sprach der Staatssekretär Ludwig Erhards, wenn er im Jahre 1960 »überstürzte Reaktionen« und »Zusammenstöße« zwischen Arbeitgebern und Gewerkschaften sah?

Die Unruhe, die sich offenbar durch die Indikatoren der Streikstatistik nicht erfassen ließ, stand in einem direkten Zusammenhang mit der um 1960 erreichten Vollbeschäftigung. In den zehn Jahren zuvor war die anhaltende Erwerbslosigkeit ein Ausdruck dafür gewesen, dass der expandierenden westdeutschen Ökonomie gut ausgebildete Arbeitskräfte in allen Preislagen zur Verfügung standen: Millionen Flüchtlinge, DDR-Bürger, ehemalige Landarbeiterinnen und -arbeiter, verheiratete Frauen sowie Migranten und Migrantinnen aus Südeuropa wurden in den Arbeitsmarkt integriert. Insgesamt bestand die Bevölkerung am Anfang der 1960er Jahre zu etwa einem Viertel aus Menschen, die nach 1945 in die Bundesrepublik gekommen waren.[7] Eine der wesentlichen Voraussetzungen der ökonomischen Expansion der 1950er Jahre war die Möglichkeit der Mobilisierung dieser neuen Arbeitskräfte. Diese Entwicklung erreichte um 1960 aus mehreren Gründen ihren Zenit. Schon 1960 war die Zahl der registrierten Erwerbslosen auf 1,1 Prozent gesunken. Zum ersten Mal stand den Arbeitssuchenden phasenweise eine höhere Anzahl offener Stellen gegenüber.[8] Der Bau der Mauer im August 1961 verschärfte das Problem, weil damit die Zuwanderung junger, oft hoch qualifizierter Menschen aus der DDR abgeschnitten wurde. Nach 1962 unterschritt die Erwerbslosenziffer für einige Jahre die 1-Prozent-Marke. Mit der Vollbeschäftigung konnte über die Ware Arbeitskraft nicht mehr in gleicher Weise verfügt werden wie zuvor. Auch die Anwerbung von »Gastarbeitern« aus Südeuropa – ihre Zahl war beim Bau der Mauer mit etwas mehr als 500.000 noch verhältnismäßig niedrig[9] – konnte den Arbeitskräftemangel nicht beheben. Insbesondere in Bereichen mit einer hohen Nachfrage an Arbeitskraft war die Position der Beschäftigten damit vergleichsweise günstig. Die Vollbeschäftigung konnte als handfestes Argument für soziale Forderungen gebraucht werden: Wo Ansprüche kollektiv nicht durchgesetzt werden konnten, blieb immer noch die Option, das Angebot eines nahe gelegenen Betriebes anzunehmen, der bessere Arbeitsbedingungen bot. Der durchschnittliche monatliche Nettoreallohn stieg nach 1958 stärker an als in den Jahren zuvor, mit Höhepunkten in den Jahren 1961, 1962, 1964 und 1965.[10] Zwischen 1960 und

6 Müller-Jentsch, »Streiks und Streikbewegungen«, S. 70.

7 Schildt, »Materieller Wohlstand«, S. 24.

8 Müller-Jentsch/Ittermann, *Industrielle Beziehungen*, S. 46f.

9 In der Literatur kursieren verschiedene Zahlen, was Ausdruck der starken saisonale Fluktuation der Migration ist, vgl. Hardach, »Krise und Reform«, S. 201.

10 Müller-Jentsch/Ittermann, *Industrielle Beziehungen*, S. 149.

1965 kam es erstmals in der Geschichte der Bundesrepublik zu einer leichten Umverteilung des Realvermögens zugunsten der Lohneinkommen.[11]

Ab 1961 schwächte sich das Wachstum der bundesdeutschen Wirtschaft etwas ab, während die Inflation vergleichsweise stark zunahm.[12] An dieser Stelle begannen die Alarmglocken der Ökonomen zu läuten: *Stagflation*, auch wenn sie lediglich im Zuge eines *abgeschwächten Wachstums* und nicht in der Form einer Rezession erschien, bedeutete aus ihrer Sicht, dass das wirtschaftliche Gleichgewicht gestört und die Mechanismen der »freien Konkurrenz« außer Kraft gesetzt waren. Ökonomen wie Müller-Armack waren sich durchaus darüber im Klaren, dass diese »Freiheit« im Rahmen einer kapitalintensiven Rationalisierung, die allgemein als Notwendigkeit erschien, um die Position der in der Bundesrepublik ansässigen Unternehmen auf dem Weltmarkt zu bewahren, kaum uneingeschränkt zu realisieren war.[13] Dies zeigte sich auch daran, dass die Einrichtung der Deutschen Bundesbank (1957) und der Erlass eines »Gesetzes gegen Wettbewerbsbeschränkungen« (1958), das der Errichtung von marktbeherrschenden Unternehmen entgegenwirken sollte, sich offenbar nicht bewährten. Um so mehr musste auf bis dahin ungenutzte Möglichkeiten zurückgegriffen werden, die in der Regulierung der Arbeitsmärkte und damit der Lohneinkommen gesehen wurden. In der Übersetzung der Thesen Müller-Armacks durch das Wirtschaftsministerium wurde propagiert, dass das »Monopol« der Lohnarbeiter auf den Arbeitsmärkten die wichtigste Ursache der »Stagflation« sei. Staatliche Eingriffe erschienen überfällig:

> »In der labil gewordenen Situation bedarf es des Einbaus gesellschaftlicher Stabilisatoren, das heißt von Einrichtungen, die geeignet sind, den in Vereinzelung geratenen Menschen unserer Zeit das Bewusstsein und die objektive Sicherung in einer ganzheitlichen gesellschaftlichen Konzeption zu geben.«[14]

Für die Theoretiker und Praktiker der »Sozialen Marktwirtschaft« war die Bundesrepublik in den 1950er Jahren eine Gesellschaft, in der es keine sozialen Klassen mehr gab: Alle Bundesbürger schienen ihnen als »Verbraucher« gleichgestellt. Aber gerade diese Einschätzung löste ironischerweise die Sorge aus, dass die »Stabilisatoren«, die »kollektiven Orientierungsmuster«, die die sozial zerklüftete Gesellschaft geboten habe, nunmehr entfallen würden. Somit entstand ein Kontrollproblem ganz anderer Art: Die Gefahr lag nicht mehr in der besiegten oder gezähmten Arbeiterbewegung, sondern in den Individuen

11 Vgl. die Statistik in Deppe, »Gewerkschaftsbund«, S. 537.

12 Hardach, »Krise und Reform«, S. 212.

13 Seit ungefähr 1960 begann die »Kapitalproduktivität« zu fallen. Die Konzentration des Kapitals verstärkte sich, vgl. Ambrosius, »Strukturwandel«, S. 115.

14 Zitiert nach Stapelfeldt, *Wirtschaft*, S. 296.

selbst, die nun scheinbar nicht mehr davon überzeugt werden konnten, ihre sozialen Bedürfnisse zugunsten »der Gemeinschaft« einzuschränken. Die »Inflation der Bedürfnisse« wurde vor dem Hintergrund dieses Bedrohungsszenarios seismographisch registriert. Deshalb sind die Stellungnahmen der zeitgenössischen Wirtschaftspolitiker für die Frage nach dem *Charakter* der sozialen Konflikte um 1960, obwohl ihre Reaktionsformen stark ideologisiert waren, wesentlich bessere Indikatoren als etwa die Zahlen der Streikstatistik.

Die Konsequenz, die Müller-Armack und andere aus ihren Beobachtungen und Aussagen zogen, war die Annahme, dass es in der »zweiten Phase der Sozialen Marktwirtschaft« notwendig sei, eine ökonomische Rahmenplanung zu entwerfen, auf die die Arbeitsmarktparteien als »gesellschaftliche Stabilisatoren« zu verpflichten wären. Die Daten, die dieser Planung zu Grunde gelegt würden, sollten von Wirtschaftsexperten geliefert werden; ab 1963 wurde dies als Aufgabe eines »Sachverständigenrates« gesetzlich verankert. Mit der Etablierung einer Politik der »Lohnkontrolle« (*wage restraint*) schloss die bundesdeutsche Wirtschaftspolitik an internationale Entwicklungen an. In den skandinavischen Ländern etwa hatten sich, wie ich im vorigen Kapitel gezeigt habe, die Grundlagen einer staatlichen Einkommenspolitik schon länger etabliert.[15] Zwar waren staatliche Eingriffe als solche in den Wirtschaftskreislauf auch in der Bundesrepublik nichts Neues.[16] Aber sie funktionierten in den 1950er Jahren in der Bundesrepublik in einer Hinsicht grundlegend anders als in Skandinavien: Die Gewerkschaften waren in aller Regel von Konsultationen zwischen Staat und (organisierten) Unternehmern ausgeschlossen.[17] Müller-Armacks Thesen enthielten den Vorschlag, die Arbeitnehmervertretungen stärker einzubinden, das heißt zu kontrollieren und zu instrumentalisieren.

Die DGB-Gewerkschaften lehnten Einkommenspolitik, darin ihren westeuropäischen Schwesterorganisationen ganz ähnlich, keineswegs ab, wünschten aber eine Regulierung *aller Einkommen* inklusive der Preise und Profite. Ihr Verhältnis zu staatlichen Eingriffen in die Lohnfindung blieb wie erwähnt ambivalent: Während sie keynesianische Konzeptionen ausdrücklich unterstützten, fürchteten sie zugleich, dass die »Verwissenschaftlichung« der Lohnpolitik das Koalitionsrecht obsolet machen könnte. Forderungen nach einer »Versachlichung« der Tarifpolitik, wie sie Ludwig Erhard 1962 erhob, wurden deshalb zurückgewiesen, wenn sie sich eindeutig als Modus der Zurückdrän-

15 Zum internationalen Vergleich der Einkommenspolitik seit den 1950ern s. Flanagan/Ulman, *Wage Restraint*.

16 Vgl. Stapelfeld, *Wirtschaft*, S. 265f.

17 Vgl. etwa zur Zusammenarbeit zwischen Staat und Rüstungswirtschaft während des Korea-Krieges: Abelshauser, *Wirtschaftsgeschichte*, S. 84.

gung des gewerkschaftlichen Einflusses erwiesen.[18] Befürchtungen, dass die »wissenschaftliche Lohnpolitik« in der Erhardschen Fassung vor allem gegen die Gewerkschaften gerichtet sein würde, wurden durch die Pläne der Regierung verstärkt, das Streikrecht im Notstandsfall zu suspendieren. Ende der 1950er Jahre begann eine vor allem durch die IG Metall geförderte zehn Jahre andauernde gewerkschaftliche Kampagne gegen die Notstandsgesetze. Andererseits hatten die Gewerkschaften tripartistische Lösungen in konkreten sozialen Konflikten immer wieder vorgeschlagen, so etwa in der geschilderten Debatte um die Konsequenzen der wilden Streiks von 1955. Als 1959/60 Bundeskanzler Adenauer ein »Gutachten zur Preis- und Lohnentwicklung« erstellen ließ, begrüßten die Gewerkschaften einschließlich der »linken« IG Metall die dort vorgeschlagenen »Richtlinien für eine zweckmäßige Lohnpolitik«, *insofern* diese ein »wissenschaftlich ermitteltes« Maß der »Stärkung des Konsums« versprachen.[19] 1961 forderte die Bundesregierung eine gesetzliche Verankerung der antizyklischen Wirtschaftspolitik; ein Ansinnen, dem die Gewerkschaften ebenfalls nicht widersprachen.[20] Das erwähnte »Gesetz über die Bildung eines Sachverständigenrates zur Begutachtung der wirtschaftlichen Entwicklung« vom 14. August 1963 band die Arbeitsmarktparteien erstmals formal in lohnpolitische Konsultationen ein, nachdem in der Tarifrunde des Bergbaus bereits 1962 der von Erhard auf Grundlage von Gutachten definierte »Lohnrahmen« eine allseitig akzeptierte Rolle gespielt hatte. Die partielle Gemeinsamkeit zwischen Regierung und Gewerkschaften bestand jedoch nicht nur in einer allgemeinen Befürwortung staatlicher Eingriffe und »sozialfriedlicher« Wirtschaftspolitik. Es ist interessant, sich anzusehen, wie die DGB-Gewerkschaften auf den *moralischen Diskurs* reagierten, den Müller-Armack, Erhard und andere einführten. Was setzten die Gewerkschaften den Aufforderungen zum »Maßhalten« und den Aufrufen gegen das »Bummelantentum« entgegen? Dies soll hier anhand einiger Äußerungen aus der IG Metall gezeigt werden.

Im Mai 1959 begann in den den organisierten Arbeitgebern nahe stehenden Zeitschriften eine Kampagne gegen das »Blaumachen« sowie die »schlechte Angewohnheit«, sich bei Unzufriedenheit mit den Arbeitsbedingungen einen neuen Arbeitgeber zu suchen. Die Tonlage dieser Kampagne gibt eine Äußerung des Arbeitgeberpräsidenten wieder, der meinte, dass das »deutsche Volk, das einmal als das fleißigste Volk Europas bezeichnet wurde, heute

18 Diese Intentionen wurden von den Gewerkschaften teils vehement abgelehnt. So protestierte die IG Metall gegen einen entsprechenden Vorstoß von Gesamtmetall: *Metall*, Nr. 25, 1959, S. 13–15. Zu Erhards Position: Erhard, *Gedanken*, S. 735.

19 *Der Gewerkschafter* (*DG*), Nr. 4, 1960, S. 1.

20 Vgl. auch für das Folgende: Stapelfeldt, *Wirtschaft*, S. 305.

eine Schülermoral zur Schau stellt, nach dem Motto: Das Schönste im Leben sind die Ferien«[21]. Insbesondere »die Jugend« wurde, im Kontext des Diskurses über die Erscheinung einer neuen »lässigen« Jugendkultur, als »lethargisch«, von »hemmungsloser Vergnügungssucht geprägt« und so weiter bezeichnet.[22] Die IG Metall pflegte solche Vorhaltungen mit eigenen Statistiken zu kontern, die nachwiesen, dass beispielsweise der Krankenstand oder die Fluktuation in der Bundesrepublik im europäischen Vergleich relativ niedrig waren.[23] Man betonte, dass den Beschäftigten »kein rigoroses Ausnutzen der in unserer hochbeschäftigten Wirtschaft vorhandenen Möglichkeiten« vorgeworfen werden könne.[24] Lediglich in denjenigen Bezirken, »in denen die Arbeitskräfte sehr knapp sind«, wie etwa in Baden-Württemberg und Nordrhein-Westfalen, sei die Tendenz zu beobachten, dass die Arbeitsverhältnisse mehrheitlich durch die Arbeitnehmer aufgekündigt würden. Dabei sei die Flucht aus dem Betrieb letztlich Resultat »seelische(r) und physische(r) Verunstaltungen infolge von fremdbestimmter, stark unterteilter monotoner Arbeit«[25]. Die IG Metall begriff also – darin im Grunde weniger realistisch als die Wirtschaftspolitiker und Fachleute der Bundesregierung – die Abwehr der Fabrikdisziplin eindimensional als Folge von »Verunstaltungen« und nicht auch als Form der Artikulation legitimer sozialer Ansprüche.

In dieser Eindimensionalität wurden auch die Organisationsprobleme interpretiert, denen die Gewerkschaften um 1960 ausgesetzt waren. Ihr Organisationsgrad war bereits seit den frühen 1950er Jahren gesunken, wobei insbesondere neue Lohnarbeitende wie Frauen und Berufsanfänger immer seltener eintraten.[26] Die IG Metall erklärte die distanzierte Haltung der neuen Gruppen mit einer allgemeinen »Entpolitisierung der Jugend«. Diese wiederum hänge damit zusammen, dass »die junge Generation« Opfer der »Fremdbestimmung« sei: »Die anonyme Kontrolle [...] spannt [den jungen Arbeiter] in einen für ihn unüberschaubaren Betriebsapparat ein.«[27] In der Folge suche »die Jugend« Zerstreuung in der Freizeit: »Statt seine Lage verbessern zu wollen, und zwar durch eine grundlegende gesellschaftliche Veränderung, begnügt sich der junge Arbeiter heute meist damit, sie sich zu erleichtern: Er geht ins Kino.« Dagegen half aus Sicht der alten Gewerkschafter nur, die Mitgliederwerbung zu

21 *DG*, Nr. 4, 1960, S. 26.

22 Vgl.: Siegfried, »Jugendkultur«, S. 585. Neuerdings ausführlich ders., *Time is on my side*.

23 *DG*, Nr. 4, 1961, S. 29–31.

24 Ebd., S. 30.

25 *DG*, Nr. 4, 1960, S. 26.

26 Vgl. Schroeder, »Industrielle Beziehungen«, S. 496.

27 *DG*, Nr. 1, 1963, S. 28. Siegfried konstatiert, dass in den sozialistischen Jugendverbänden Vergnügen und Politik als Antipoden galten: Siegfried, »Jugendkultur«, S. 585.

effektivieren und zu rationalisieren. Dabei sprach die IG Metall von sich selbst wie von einer »Fabrik«, die »Organisierung« zu produzieren habe. Sehr plastisch illustriert dies das »Handbuch für Vertrauensleute« aus dem Jahre 1962. »Organisierung« wird hier vor allem als technisches Problem behandelt: Als Instrument der Mitgliedergewinnung wird der »gewerkschaftliche Betriebsplan« propagiert. Neben dem Schema einer »Musterfabrik«, das zur Evaluation des »Organisierungsbedarfs« dienen sollte, findet sich folgende Erläuterung:

»Der gewerkschaftliche Betriebsplan zeigt, dass man die gewerkschaftliche Organisation im Betrieb und seinen Abteilungen und Wirkungsbereichen genauso klar und logisch als Arbeitsaufgabe planen kann wie den Aufbau einer technischen Anlage.«[28]

Bedürfnisse, die sich gegen die Fabrikdisziplin wandten, wurden um 1960 von den Arbeitsmarktparteien *im Konsens* diskursiv abgewehrt. Die sehr verschiedenen Formen des Ausweichens und des Protestes gegen die (auch von den Gewerkschaften) grundsätzlich begrüßten technischen Fortschritte wurden als »Abweichung« (als »seelische und psychische Verunstaltung«) qualifiziert. Gegen die pauschalen Vorwürfe, »alle Arbeiter« seien »Bummelanten«, wehrte sich die Metallgewerkschaft als Organisation vorwiegend älterer Arbeiter mit der (vielleicht nicht zu Unrecht erhobenen) Bemerkung, ihre Mitglieder seien »überwiegend fleißig«. Im Kontext dieser gleichzeitigen Abwehr und Übernahme wesentlicher Elemente des bundesdeutschen »Maßhalten«-Diskurses wurde *die Gewerkschaftsorganisation selbst* wie eine Musterfabrik der 1960er Jahre dargestellt, während »Disziplinlosigkeit« als residuales Phänomen gesehen wurde, das mit den »Auswüchsen« der Modernisierung verschwinden würde.[29] In den »Streikrichtlinien« der IG Metall aus dieser Periode zeigt sich, dass derartige Vorstellungen auch hier nicht ohne Folgen blieben. In den »tariflichen Streiks« – für wilde Streiks gab es selbstverständlich keine veröffentlichten »Richtlinien« – sollte von den »leitenden Organen« akribisch dafür Sorge getragen werden, dass die Kontrolle über die Situation behalten wurde. Auf dieser Grundlage wurde eine Art »Streik-Maschine« entworfen, die Verantwortlichkeiten vor und während der Aktion bis ins kleinste Detail hierarchisch strukturiert. Von der Verteilung von Flugblättern bis zum Verhalten der Streikposten sollte nichts dem Zufall oder der Spontaneität überlassen werden. Wer soziale Kämpfe in dieser Weise begriff, musste wilde Streiks und andere Formen von betrieblicher Resistenz in erster Linie als »Irritation« wahrnehmen. Das Erhard-Wort von der »Versachlichung« der Tarifbeziehungen konnte in dieser Hinsicht mit Resonanz rechnen, auch wenn das, was unmittelbar damit gemeint war, vehement abgelehnt wurde.

28 *DG*, Nr. 10, 1962, S. 33: »Der gewerkschaftliche Betriebsplan.«
29 AdsD/IGMA, T 561 a, Tarifabteilung, Streikrichtlinien der IG Metall, 1963.

Soziale Bewegungen und wilde Streiks

Die »Lokalisierung« der wilden Streiks geschah in einer Zeit, die keineswegs frei war von massenhaften Protesten gegen die konservative Regierung. Im Rahmen solcher Bewegungen fanden auch lokale Proteststreiks statt, die jedoch sowohl merkwürdig isoliert gegenüber der Hauptströmung der Proteste als auch ohne expliziten Bezug zu den sonstigen, als »unpolitisch« begriffenen, lokalen Konflikten blieben. Innerhalb der sozialen Bewegungen der letzten Jahre der 1950er zeigte sich eine bedeutende und nachwirkende Modifikation der Aktionsformen – recht grob gesprochen: weg von den »symbolischen Massenaktionen« und hin zur Individualität der »direkten Aktion«. Parallel dazu kam es zu einer »Lokalisierung« der Arbeitskämpfe, ohne dass sich beide Tendenzen explizit miteinander verbanden. Ich werde dies nun zunächst anhand der Bewegung gegen die atomare Bewaffnung der Bundeswehr zeigen.

Am 4. April 1957 hatte Adenauer im Rahmen der Integration der Bundesrepublik in das westliche Militärsystem so genannte taktische Atomwaffen als »Weiterentwicklung der Artillerie« bezeichnet und befürwortet.[30] Auf diese Äußerung reagierte am 12. April eine Gruppe von 18 Atomphysikern, die darauf hinwiesen, dass »jede einzelne taktische Atombombe [...] eine ähnliche Wirkung wie die erste Atombombe [hat], die Hiroshima zerstört[e]«[31]. Die Unterzeichnenden dieser »Göttinger Erklärung« gehörten zu einer Gruppe von Intellektuellen, die zuvor weitgehend auf öffentliche politische Äußerungen verzichtet hatte. Einige von ihnen standen der CDU nahe oder waren Mitglieder dieser Partei. Ihre Stellungnahme konnte also kaum überzeugend als Ausdruck »kommunistischer Infiltration« abgewehrt werden. Mit der »Göttinger Erklärung« als Ausgangspunkt gewann der Protest schnell an sozialer Breite. Die CDU, die seit den Wahlen von 1957 mit einer absoluten Mehrheit regierte, sah sich plötzlich mit dem Dissens einer starken Bevölkerungsmehrheit konfrontiert: Über 80 Prozent lehnten laut Meinungsumfragen die Atombewaffnung ab. Auf dem Höhepunkt der Bewegung befürwortete eine Mehrheit einen Streik gegen entsprechende Beschlüsse des Bundestages.[32]

Im Februar 1958 wurde die Kampagne »Kampf dem Atomtod« offiziell proklamiert. Die Oppositionsparteien SPD und FDP schlossen sich ihr ebenso an wie der DGB. Gleichwohl war ein Teil der im Zusammenhang mit der Protestbewegung stattfindenden Aktionen von der »offiziellen« Opposition weder organisiert noch gewollt. Dies galt unter anderem für die wilden Streiks.

30 Zu den militärpolitischen Hintergründen vgl. Rupp, *Opposition*, S. 30–53.

31 Zit. nach: ebd, S. 74.

32 Im März 1958 erklärten nur noch ca. 30% der Befragten, bei der nächsten Bundestagswahl die CDU wählen zu wollen. Zu den Umfragen siehe ebd., S. 162, 163, 284f.

Am 25. März, dem Tag, an dem im Deutschen Bundestag die atomare Ausrüstung der Bundeswehr beschlossen wurde, legten rund 1.000 Beschäftigte der Henschel-Werke in Kassel die Arbeit nieder.[33] Der Ortsvorsitzende der IG Metall verurteilte die Aktion umgehend, aber die Beschäftigten, deren Betrieb mittlerweile Rüstungsgüter produzierte, zogen dennoch in einem Demonstrationszug in die Kasseler Innenstadt. Dass der Protest sehr kurzfristig organisiert worden war, zeigte sich, als auf der Abschlusskundgebung zunächst kein Redner gefunden werden konnte. Nachdem schließlich ein SPD-Vertreter eine kurze Ansprache gehalten hatte, beschlossen die Versammelten eine Resolution, in der der DGB zur Ausrufung eines bundesweiten Proteststreiks aufgefordert wurde. Ähnlich kurzfristig und unstrukturiert entwickelten sich in den Tagen darauf weitere Proteststreiks, so in den Anker-Werken in Bielefeld oder unter den Hamburger Hafenarbeitern. Gleichzeitig fanden, ohne dass es zunächst eine direkte Verbindung zwischen den verschiedenen sozialen Gruppen oder eine Koordination ihrer Aktivitäten gab, Aktionen in den Hochschulen statt, die vor allem von Studierenden technisch-naturwissenschaftlicher Studiengänge ausgingen.[34] Am 28. März 1958 beschloss eine außerordentliche Bundesvorstandssitzung des DGB eine indirekte und vorsichtige Ablehnung flächendeckender Proteststreiks. Am selben Tag legten die Belegschaften von Volkswagen in Wolfsburg und Braunschweig die Arbeit nieder und forderten im Gegensatz zum DGB eine sofortige Ausweitung der »Kampfmaßnahmen«.[35] Die Position des Bundesvorstandes setzte sich jedoch in letzter Instanz durch: Mit einem weiteren Proteststreik in den Büssing-Werken Braunschweig (31. März) und von 20.000 Beschäftigten in Bremerhaven (9. April) endete die Kette der selbständigen betrieblichen Aktionen.[36]

In der Folgezeit wurden die lokalen Proteste in der »Kundgebungs- und Demonstrationskampagne« des Netzwerkes »Kampf dem Atomtod« zusammengeführt und absorbiert. An der Kampagne beteiligten sich bundesweit Hunderttausende.[37] Sie nahm an einigen Orten Formen an, die sich an die Tradition der symbolischen und zentralisierten Massendemonstrationen der Arbeiterbewegung anlehnten. Ein Beispiel ist die von SPD und DGB veranstaltete Demonstration vom 17. April 1958 in Hamburg, die mit ungefähr

33 Vgl. hierzu auch im Folgenden: Kraushaar, *Protestchronik*, Bd. 3, S. 1.825f.

34 Rupp, *Opposition*, S. 162f.

35 Ebd., S. 164.

36 Otto, *Ostermarsch*, S. 61.

37 Mit rund 1,6 Millionen Teilnehmenden soll die »Kampagne gegen den Atomtod« weitaus massenwirksamer gewesen sein als die gegen die Wiederbewaffnung: Kraushaar, *Protestchronik*, Registerband, S. 2.503, 2.509, 2.511.

150.000 Teilnehmern die mit Abstand meisten Beteiligten zählte.[38] Die Demonstration begann als Sternmarsch der Belegschaften der Großbetriebe und endete mit einer Abschlusskundgebung auf dem Hamburger Rathausmarkt. Den Angestellten des öffentlichen Dienstes war durch den sozialdemokratischen Oberbürgermeister die Fortzahlung ihres Lohnes während der Demonstration zugesagt worden. Außerdem wurde für die Zeit der Abschlusskundgebung eine 45-minütige Verkehrsruhe angeordnet.[39]

Während in Hamburg eine traditionelle, gewerkschaftlich geprägte Massenkundgebung stattfand, orientierten sich die Proteste anderswo an anderen, internationalen Vorbildern. Bereits 1957 hatte die britische *Campaign for Nuclear Disarmament* eine viel beachtete spontane Demonstration in London veranstaltet. Zwischen dem 4. und dem 7. April 1958 fand wenige Tage vor den großen Demonstrationen in der Bundesrepublik, der erste Ostermarsch statt, der von London zum Atomforschungszentrum Aldermaston führte und die Strategie der »direkten Aktion« gegen Atomanlagen international bekannt machte.[40] Obwohl die Proteste in der Bundesrepublik meist symbolisch blieben, begann diese Londoner Inspiration bereits 1958 zu wirken. Bei stärker von Intellektuellen geprägten Kundgebungen, wie der am 18. April in München, drückte sich bereits eine Skepsis gegenüber riesenhaften Manifestationen aus, in denen die massenhafte Teilnahme leicht über die tatsächliche Machtlosigkeit hinwegtäuschen konnte.[41]

Das Problem wurde aktualisiert, als sich im Verlauf des Sommers 1958 mehr und mehr herauskristallisierte, dass die konservative Bundesregierung es letztlich erfolgreich verstehen würde, die Bewegung »auszusitzen«. Im Laufe des Jahres gelang es der CDU, mit dem Hinweis auf die »kommunistische Bedrohung« und die eigenen wirtschaftlichen Erfolge, fast alle Landtagswahlen zu gewinnen, wenngleich sie unter dem Rekordniveau der Vorjahre blieb.[42] SPD und FDP zogen sich schließlich von ihren »außerparlamentarischen« Experimenten zurück und betonten ihre »Bejahung der Landesverteidigung«.[43] Obwohl die Bundeswehr letztlich nicht mit taktischen Atomwaffen ausgerüstet wurde, hatten die Massenproteste nichts an der konservativen parlamentarischen Hegemonie ändern können. Dass die Massendemonstrationen insofern

38 Ähnliche Demonstrationen fanden in Dortmund, Hannover, Frankfurt, Bielefeld und Bremen statt, vgl. Rupp, *Opposition*, S. 183f.

39 Auch in den zentral geplanten und organisierten Demonstrationen konnten sich massive Meinungsverschiedenheiten ausdrücken, so anhand der »Generalstreikforderung«. Vgl. den Bericht eines Zeitzeugen in: *Arbeiterpolitik*, Nr. 4, 2005, 4–6.

40 Kraushaar, *Protestchronik*, Bd. 2, S. 1.838ff.

41 Rupp, *Opposition*, S. 185.

42 Ebd., S. 219.

43 Ebd., S. 213f.

letztlich den durch den Kalten Krieg vorgezeichneten machtpolitischen Rahmen nicht durchbrechen konnten, ließ in der jüngeren Generation der beteiligten Aktivisten die Forderung nach »anderen«, dezentralen Aktionsformen wachsen. Es begann die Suche nach einer Politik, die dauerhafte und kontinuierliche Veränderungsprozesse ermöglichen würde. Die Rezeption internationaler Bewegungen trug dazu bei, solche Optionen zu befördern: An den ersten britischen Ostermärschen nahmen auch Vertreter bundesdeutscher Organisationen teil, später gewann diese Bewegung den Charakter einer »strukturierten internationalen Kampagne«.[44] Gleichzeitig begannen die Demonstrationen, sich direkter an den Gegenständen des Protestes zu orientieren: Der erste bundesdeutsche Ostermarsch fand 1960 als norddeutscher Sternmarsch zum Raketenübungsgelände der Bundeswehr in Bergen-Hohne statt, wo seit 1959 auch Atomsprengköpfe der NATO gelagert wurden. Aus heutiger Sicht erscheinen die Kampagne gegen die Atomrüstung und die ersten Ostermärsche als eine Art Scharnier zwischen »alten« und »neuen« sozialen Bewegungen: Sie trugen zu einer Individualisierung der Protestkultur bei, gleichzeitig akzentuierten sie aber auch die Trennung zwischen politischer Aktion und Arbeitsalltag. Es handelte sich um »Bürgerbewegungen«, in denen sich die Teilnehmenden nicht ausgehend von einer Identifikation mit ihrer sozialen Herkunft engagierten. Die Entwicklung der wilden Streiks zeigte zwar eine ähnliche Tendenz zur Dezentralisierung, erschien aber als von dieser »Bürgerbewegung« völlig getrennt.

In den letzten beiden Jahren der 1950er kam es unabhängig davon zu weiteren Protesten, die von den Gewerkschaften und ihren traditionellen Aktionsformen geprägt waren. Ähnlich wie in der Kampagne gegen die Atombewaffnung wurden dabei selbständige lokale Arbeiteraktionen in symbolische Massenproteste transformiert. Im Fall der Bergarbeiterbewegung im Ruhrgebiet trug hierzu 1959 bei, dass die Überzeugung der Kumpel, an einem strategischen Ort der westdeutschen Ökonomie beschäftigt zu sein, deren Aktionen noch in der Krise prägte.[45] Kurzarbeit und Zechenschließungen trafen die Bergarbeiter überraschend. Mitte 1959 hatten sie ihre Spitzenstellung bei den Löhnen verloren: Die Reallöhne sanken, während die Produktivität nach wie vor stieg.[46] Während jüngere und mobile Bergarbeiter in andere Sektoren »flüchteten« – besonders in die zu dieser Zeit noch nicht von der Krise erfasste Stahlindustrie –, wuchs die Unruhe unter den weiterhin im

44 Otto, *Ostermarsch*, S. 69f., auch im Folgenden.

45 Vgl. Lauschke, *Ruhr*, S. 7f. – Kössler, *Abschied von der Revolution*, S. 300f. schildert, wie der Einfluss der KP auf den Zechen anlässlich einiger wilder Streiks von der IG Bergbau benutzt wurde, um im DGB Druck in Richtung einer stärker antikommunistischen Politik auszuüben.

46 Die Darstellung folgt hier: Lauschke, *Ruhr*, S. 51–54.

Bergbau Beschäftigten. Die IG Bergbau reagierte, indem sie eine Kampagne unter dem Motto »Soziale Sicherheit statt Chaos« startete, wobei sie zugleich immer wieder davor warnte, dass die Unruhe der »politischen Tätigkeit sowjetzonaler Stellen Tür und Tor« öffne.[47] Mit der Kampagne verfolgte die Bergarbeitergewerkschaft die Strategie, die Forderungen nach einem Ausgleich der Krisenfolgen angesichts der laufenden Friedenspflicht in Verhandlungen mit dem Staat zu übersetzen, an dessen »soziales Verantwortungsgefühl« zugleich appelliert wurde. Auch deshalb wurde die IG Bergbau stärker als die IG Metall oder andere Einzelgewerkschaften zum Vorreiter einer »tripartistischen«, »konzertierten« Verhandlungspolitik.

Neben dem Ruf nach einer Verstaatlichung entwarf die IG Bergbau einen Katalog konkreter sozialer Forderungen, die an die Regierung gerichtet waren und von dem Unternehmensverband Bergbau deshalb mit einem gewissen Wohlwollen begleitet wurden. Aufgrund der heftigen innergewerkschaftlichen Kritik an der Beschränkung auf Resolutionen sah sich die IG Bergbau genötigt, Ende August 1959 einen »Aktionsplan mit Großkundgebungen« auszurufen.[48] Zu dieser Zeit war die Stimmung im Pott bereits auf dem Siedepunkt. Für einige Wochen blieb unklar, ob die IG BE die Kontrolle über die Situation behalten würde: Von 29. August bis 12. September demonstrierten in sieben Städten des Ruhrgebiets jeweils zwischen 35.000 und 45.000 Menschen. Auf diesen Demonstrationen kam es zu offenen Konfrontationen zwischen den Kumpel und den Arbeitsdirektoren der montanmitbestimmten Betriebe, die sich innerhalb der Aufsichtsräte für die Restrukturierungsprogramme der Unternehmen eingesetzt hatten.[49] Zudem wurde dort, entgegen der Vorstellungen der IG Bergbau, die Forderung nach einem »Marsch nach Bonn« laut. Schließlich sah sich die Gewerkschaft gezwungen, eine solche Aktion auszurufen, da »eine Beruhigung unserer Kollegen nur durch einen sichtbaren und starken Protest in Bonn selbst« eintrete.[50] Am 16. September 1959 beteiligten sich 60.000 Menschen an diesem »Marsch«. Rund 200.000 Menschen hatten sich in die Reiselisten der IG Bergbau eingetragen, die den Transport aber so organisierte, dass die Zahl begrenzt blieb: Aus Furcht vor »kommunistischen Störversuchen« wurden sage und schreibe 19.000 Polizisten, 400 Ordner und 1.500 »Vertrauensleute« der IG Bergbau eingesetzt, die jeweils 40 Demonstranten »betreuen« sollten. Zu Zwischenfällen kam es jedoch nicht. Das Beispiel der Bergarbeiterbewegung zeigt, wie in einem für

47 Lauschke, *Ruhr*, S. 52.

48 Die Beschäftigten forderten einen eintägigen Warnstreik und die Kündigung der Tarifverträge: Ebd., S. 53.

49 Deppe, »Gewerkschaftsbund«, S. 528.

50 Lauschke, *Ruhr*, S. 53, auch im Folgenden.

die Geschichte der wilden Streiks in den 1950er Jahren wichtigen Sektor selbstständige lokale Aktionen in einen stark zentralisierten Massenprotest verwandelt wurden, wobei sich die Spitze der IG Bergbau offenbar vollständig über die Funktion des kontrollierten »Dampfablassens« in Bonn klar war. Im unmittelbaren Anschluss an die Bonner Aktion vereinbarte die Gewerkschaft eine weitere Erhöhung des Härteausgleichs bei Feierschichten, so dass zum 10. Dezember 70 Prozent der durch die Krise verursachten Lohnausfälle vom Staat ersetzt wurden. Die Möglichkeit der »Flucht« in andere Sektoren und die Warnung vor »sowjetzonalen Einflüssen« trugen neben solchen Kompensationen dazu bei, dass die Regulation der Krise im Ruhrgebiet trotz ständiger Unzufriedenheit der Kumpel letztlich erfolgreich blieb.[51]

Die traditionelle Form der symbolischen Massenkundgebung prägte schließlich auch die Proteste gegen den Entwurf einer Krankenversicherungsreform, den die Bundesregierung Mitte 1959 vorgelegt hatte. Um das so genannte »Blaumachen« einzuschränken, war eine feste Gebühr für jeden Arztbesuch sowie eine Einschränkung der paritätischen Finanzierung durch eine erhöhte Selbstbeteiligung bei Medikamenten und Krankenhausaufenthalten vorgesehen. Seit dem Herbst 1959 protestierten Hunderttausende abhängig Beschäftigte gegen diese Pläne. Im Frühjahr des Jahres 1960 kam es innerhalb von vier Wochen nach Angaben der IG Metall allein in Bayern zu fast 180 Kundgebungen, die überwiegend durch die örtlichen Gewerkschaftssektionen organisiert worden waren. Im März 1960 demonstrierten in Mannheim 60.000 und in Stuttgart 50.000 Menschen.[52] Oft waren die Aktionen mit kurzen Proteststreiks verbunden. Die Regierungsvorlage wurde schließlich mehrmals korrigiert und, nach etlichen weiteren Protestaktionen, im Jahre 1963 aufgegeben. Sowohl gegenüber den Bergarbeitern als auch gegenüber den Protesten gegen die Krankenversicherungsreform war die Regierung zu Kompromissen bereit. Zwar trug insbesondere die Bewegung gegen die Krankenversicherungsreform, wie ich unten am Beispiel Mannheims zeigen werde, dazu bei, dass an einigen Orten wilde Streiks auf ein »politisiertes«, informelles Netzwerk trafen. Doch ein expliziter Zusammenhang zwischen den sozialen Bewegungen und den lokalen, wilden Streiks wurde später auch von den in lokalen Arbeitskämpfen Aktiven so gut wie nie benannt.

---

51 Lokale Streiks der Ruhrbelegschaften wurden fortan zu einer Seltenheit, Aktionen fanden eher in anderen Bergbaugebieten statt. So besetzten im Januar 1962 359 Beschäftigte die von der Schließung bedrohte Zeche »Pfannenberger Einigkeit« im Siegerland, vgl. *Andere Zeitung* (*AZ*), Nr. 1, 1962, 7 und Nr. 2, 1962, 7. Zur Übersicht vgl. Heith, *Streikchronik*, S. 7–9.

52 *Metall*, Nr. 7, 1960, 2.

Neue Ansprüche: Lokale Arbeitskämpfe

Eine Ursache für diese Zusammenhanglosigkeit mag sein, dass es, während in den »Massenaktionen« zumindest vordergründig »Verteidigungskämpfe« auf der Tagesordnung standen, in den lokalen wilden Streiks oft um die Durchsetzung erweiterter und »zusätzlicher« sozialer Ansprüche ging. Hinzu kam, dass diese Kämpfe nicht alleine durch die traditionelle Klientel der bundesdeutschen Gewerkschaften geprägt wurden. In den lokalen Streiks um 1960 meldeten sich nunmehr auch diejenigen zu Wort, die zu der großen Gruppe der neu in den Arbeitsmarkt integrierten Beschäftigten gehörten: Migrantinnen und Migranten, Frauen sowie junge un- und angelernte Arbeiter. Sehr selten bezogen sich diese Gruppen explizit aufeinander, und meistens waren ihre Aktionen von sehr kurzer Dauer. Die lokalen Streiks zwischen 1958 und 1963 blieben insofern ephemer, aber sie waren dennoch kein reines »Oberflächenphänomen«, sondern symptomatisch für tiefe, grundlegende Veränderungen in der sozialen Zusammensetzung und den Mentalitäten der Industriebeschäftigten. Dies werde ich hier zunächst vermittels eines Portraits zeigen: Vorgestellt werden die Erfahrungen von Paul Noll, der zwischen 1955 und 1980 als Automobilarbeiter bei den Volkswagenwerken beschäftigt war.

Die Geschichte, die Noll 1982 erzählt hat,[53] ist die eines Bewusstwerdungsprozesses, sozusagen ein kurzer »Bildungsroman«, in dessen Mittelpunkt aber nicht die bürgerliche Privatheit, sondern die Fabrik und die Notwendigkeit der kollektiven Organisierung stehen. Mir geht es an dieser Stelle nicht darum, diesen Prozess nachzuvollziehen. Im Vordergrund steht vielmehr der Wechsel der Perspektive: Paul Noll schildert die Arbeitskämpfe zwischen 1955 und 1960 als biografische Erfahrung, das heißt er ordnet sie nicht wie die meisten anderen Texte einer politisch-ökonomischen Rationalität unter. Ergänzt durch das, was aus Gewerkschaftsarchiv und zeitgenössischer Presse über die von Noll geschilderten Streiks in Erfahrung gebracht werden konnte, gibt seine Erzählung Aufschlüsse über die Art, wie die Entstehung einer dezentralen »zweiten Lohnrunde« von unterschiedlichen Akteuren wahrgenommen wurde.

Im Alter von 19 Jahren fing Paul Noll im Transporterbau beim Volkswagenwerk Wolfsburg an.[54] Es war im Februar 1955, die Erwerbslosigkeit war noch relativ hoch, aber bei VW wurden ständig ungelernte Arbeiter gesucht. Zudem lagen die Löhne in Wolfsburg weit über dem Durchschnitt: Nolls Einstiegslohn betrug fast das Doppelte seines vorherigen Verdienstes. Dafür nahm Noll in Kauf, dass er nicht in seinem erlernten Beruf als Kunst- und

53 Doleschal/Dombrois (Hg.), *VW*, S. 55–80.

54 Noll, »Das alles frisst«, S. 58f.

Bauschlosser arbeiten konnte und jeden Werktag mit einer kleinen Reise von seinem Wohnort Hannover nach Wolfsburg beginnen musste. Die Fahrzeit eingerechnet, dauerte sein Arbeitstag zwölf Stunden. In der Frühschicht musste Paul Noll gegen drei Uhr aufstehen. In der ersten Zeit bei VW hatte er ein Gefühl der Orientierungslosigkeit und Anonymität. Die ärztliche Untersuchung bei der Einstellung empfand er wie einen »Pferdemarkt«[55]. Die Arbeit war anstrengend und die Arbeitsinhalte waren gleichgültig. Der Großbetrieb konstituierte einen scheinbar völlig eigenständigen Raum, der Lohnarbeit und »Privatleben« auseinanderschnitt.[56] Schon am 1. Oktober 1955 erlebte Noll einen wilden Streik:

»Irgendwann jedenfalls haben wir gesagt: ›Jetzt ist Schluß‹, und haben uns in die Wagen gesetzt. Wir haben gesagt: ›Wir wollen einen Zuschuß zum Fahrgeld haben, und wenn wir das nicht bekommen, bleiben wir hier sitzen.‹ Die Werksleitung hat daraufhin große Lautsprecher aufgestellt. Es wurde gesagt: ›Liebe Mitarbeiter, überlegen Sie doch einmal und arbeiten Sie weiter!‹ Man solle doch weiterverhandeln. Wir haben uns einfach in die Karossen gesetzt und haben geschlafen. Wir wollten solange weiterschlafen, bis die Verhandlungen zu Ende sind. Es ging dann auch sehr schnell; wir haben das Geld gekriegt und weitergearbeitet. Es war für mich irgendwie selbstverständlich, daß wir das geschafft haben, und das nächste Mal wußte ich, wie man das machen kann.«[57]

Aus einer anderen Perspektive kommentierte die zeitgenössische gewerkschaftliche Betriebszeitung von VW Wolfsburg diesen Streik.[58] Der Artikel bezog sich darauf, dass ein Teil des Betriebsrates mit der Geschäftsleitung zusammen eine Erklärung herausgegeben hatte, die die Aktion als »des VW-Arbeiters unwürdig« verurteilte. Diese Erklärung hatte offenbar in den betroffenen Abteilungen heftigen Unmut ausgelöst. Die Zeitung versuchte zu vermitteln, indem sie einerseits ein gewisses Verständnis für den Streik äußerte, andererseits darauf hinwies, dass dem Betriebsrat per Gesetz untersagt sei, Arbeitskämpfe zu unterstützen. Auffällig ist, wie sehr der Kommentar um eine »Verallgemeinerung« bemüht war. So wies man darauf hin, dass der erfolgreiche Kurzstreik eine »Episode« bleiben müsse, da der Fahrtkostenzuschuss nicht durch einen Tarifvertrag abgesichert sei und insofern jederzeit zurückgenommen werden könne. Die Zeitung versuchte, den Streik als Teil des Kampfes um (bessere) Tarifverträge zu verorten; nur konsequent erschien es von

55 Noll, »Das alles frisst«, S. 56.

56 Ebd., S. 60.

57 Ebd., S. 59.

58 Vgl. im Folgenden: AdsD/5/IGMA, 582.049, IGM-Zeitschriften: *Wir vom Volkswagenwerk*, 11/1955. Der Text enthält den Hinweis, dass sich in der Abteilung ein Streikkomitee gebildet habe, die Aktion also nicht alleine die geschilderte Form des »Schlafstreiks« annahm.

daher, dass die Autoren eine enge Verbindung zu den einige Wochen zuvor beendeten und »tarifierten« wilden Streiks in Hamburg und Kassel zogen.[59]

In Nolls Darstellung wird dagegen deutlich, dass der Streik keineswegs einen direkten Bezug zur Tarifpolitik hatte. Die Forderungen berührten in erster Linie die spezifische Situation der Arbeiter, die eine weite Anreise hatten. Die Aktion artikulierte eine Tendenz, die sich in der zweiten Hälfte der 1950er Jahre immer stärker ausprägte: Die betriebliche Streikkultur orientierte sich mehr und mehr an »übertariflichen« Ansprüchen. Auf dieser Grundlage entstand ein buntscheckiges System unterschiedlichster lokaler »Zusatzleistungen«, deren qualitativer, auf spezifische Situationen bezogener Charakter eine allgemeine »Tarifierung« erschwerte. In den zehn Jahren zwischen ungefähr 1955 und dem Einsetzen der Rezession von 1966 blieb die direkte betriebliche Aktion, die im Gegensatz zu einer »Versachlichung« der Arbeitsbeziehungen stand, außerordentlich effektiv, auch ohne dass um sie herum Strukturen der formalen Organisierung aufgebaut wurden. Immer häufiger spielten sich die Konflikte in der Grauzone zwischen verschiedensten Formen der Abwehr der Fabrikdisziplin und wilden Streiks ab. Lokale, informelle Absprachen und individuelles Verhalten spielten dabei die tragende Rolle; Formen, die der traditionellen gewerkschaftlichen Politik verhältnismäßig fremd waren. Noll schildert auch dies exemplarisch: So konnten Zeitvorgaben ignoriert oder selbständig definiert werden, was einen ständigen Kleinkrieg mit den Vorgesetzten auslöste, dessen Gegenstände von der Frage der Überwachung von Toilettenbesuchen bis zum Streit über die Bandgeschwindigkeit reichten.[60] Eine weitere Möglichkeit war, sich der Arbeit vollständig zu entziehen, wobei man damit rechnete, dass der Betrieb aufgrund des Arbeitskräftemangels keine Konsequenzen ziehen würde:

> »[E]s war ein herrlicher Tag, da hat einer gefragt: ›Gehen wir heute zur Arbeit oder nicht?‹ Wir haben dann eine Münze geworfen: wenn Zahl, gehen wir zur Arbeit, wenn Kopf, bleiben wir zu Hause. Es gab dann die Zahl, und wir haben gesagt: ›Wir gehen trotzdem nicht hin.‹ [...] Ich glaube, dass an dieser kleinen Geschichte deutlich wird: wir waren noch jung, im Gärungsprozeß. Wir waren ja fast alles Kollegen, die noch nicht verheiratet waren. Ich glaube, dass das von VW gesehen wurde: irgendwann heiraten die schon, und dann haben wir sie.«[61]

Die Schilderung weist an dieser Stelle nicht nur auf die Freiräume hin, die sich die jungen Bandarbeiter von VW nahmen. Zugleich wird angesprochen, dass die VW-Geschäftsleitung schon seit 1949 Erfahrungen mit der Expansion des

59 AdsD/5/IGMA, 582.049, *Wir vom Volkswagenwerk*, 11/1955.

60 Noll, »Das alles frisst«, S. 62, 65.

61 Ebd., S. 60.

Werkes und der damit verbundenen Notwendigkeit der Akquirierung tausender neuer Arbeitskräfte gesammelt hatte. »Oben« wusste man durchaus, dass sich bei den Jungarbeitern auf Dauer eine andere Haltung entwickeln würde, etwa deshalb, weil es für einen Teil von ihnen möglich sein würde, einen gewissen innerbetrieblichen Aufstieg zu erfahren. So wurde auch Paul Noll mit der Eröffnung des Nutzfahrzeugwerkes in Hannover in einen »Spezialarbeiter« verwandelt. Er wurde am »Putzerband« beschäftigt, das heißt in der Endbearbeitung fertiger Karosserien. Diese Arbeit bestand aus über 50 verschiedenen Tätigkeiten, im Rahmen der Fließproduktion eine recht hohe Zahl. Es handelte sich um eine als »hochwertig« angesehene Arbeit, mit der eine gewisse Identifikation möglich war:

»Da spielte dann ein bestimmtes Prestigedenken mit, das Bewußtsein, etwas Besonderes zu sein. Das äußerte sich im ›Orden-Tragen‹. Man hatte sich um den Hals einen Feueranzünder gebunden, und die Kollegen sagten: ›Aha, das ist einer vom Rohbau‹.«[62]

In einem von der Qualifizierung der Spezialarbeiter untrennbaren Zusammenhang wurden andere, als weniger wertvoll angesehene Tätigkeiten von neuen Arbeitskräften übernommen. Ende der 1950er Jahre reichte der Zustrom der Menschen aus der nur wenige Kilometer von Wolfsburg entfernt gelegenen »Ostzone« nicht mehr aus, um den Bedarf an Arbeitskräften zu decken.[63] 1959/60 wurde deshalb verstärkt zunächst auf weibliche Arbeitskräfte[64] und später auch auf Migranten zurückgegriffen. Die Beschäftigung beider Gruppen blieb überwiegend ungesichert, sie wurden als »mobile Arbeitskraftreserve« definiert.[65] Anders als im Falle der männlichen Spezialarbeiter war ein betrieblicher Aufstieg meist ausgeschlossen. Die Abwehr der Fabrikdisziplin beziehungsweise die relative Autonomie, die die Arbeitergeneration Paul Nolls sich eroberte, war insofern von vornherein ambivalent: Sie funktionierte als Abgrenzung gegenüber der Forderung nach ununterbrochener Verwertung der Ware Arbeitskraft *und* sie stabilisierte sich um 1960 nach und nach im Rahmen der Abgrenzung gegenüber anderen Arbeitergruppen und -generationen. So war der *eigene Sinn* der Arbeitskämpfe der weißen, männlichen Spezialarbeiter auch mit der Reproduktion einer Arbeitsteilung verbunden, in der die Frauen für die unbezahlte Arbeit zuständig waren; Paul Noll illustrierte die Bedeutung dieser Arbeitsteilung, indem er sie als eine Art moralische Strategie des Unternehmens begriff (»irgendwann heiraten die…«). Ein solcher Prozess der »Nor-

62 Noll, »Das alles frisst«, S. 67.

63 Von Oswald, » ›Venite a lavorare‹ «, S. 697. Vgl. auch Wellhöner, *»Wirtschaftswunder«*, S. 139.

64 Ebd., S. 142. Zur Frauenarbeit s.: von Oertzen, »Männerwelt Volkswagenwerk«, S. 211–217.

65 In soziologischen Arbeiten wurde dieser Prozess auch »Unterschichtung« des Arbeitsmarktes genannt, kritisch dazu: von Oswald, » ›Venite a lavorare‹ «, S. 704.

malisierung« der Geschlechterverhältnisse trug dazu bei, dass die Revolte der jungen Spezialarbeiter ein relativ isoliertes »Übergangsphänomen« blieb.

Für die bei VW beschäftigten männlichen Spezialarbeiter hatte die expansive Entwicklung der neuen Industrien den Vorzug, dass Arbeitsniederlegungen kaum Aufsehen erregen mussten und oft schnelle Erfolge erzielten. Paul Noll schildert in seinem Bericht einige kleine wilde Streiks, die um 1960 im VW-Werk in Hannover stattfanden und die »innerhalb von einer Stunde« mit dem Einlenken der Werksleitung beendet wurden.[66] Solche Konflikte waren oft erklärtermaßen »unpolitisch«.[67] Auch in dieser Hinsicht folgten sie ihrer eigenen Rationalität. Der Horizont einer gesellschaftspolitischen Intervention, der noch 1955 in einigen wilden Streiks vorhanden war (etwa als Protest gegen die gewerkschaftliche Tarifpolitik oder die Preissteigerungen bei öffentlichen Gütern), war um 1960 weitgehend verschwunden. Eine Parteinahme fand nicht statt: Man hatte aus der Erfahrung gelernt, dass Konflikte, denen ein »kommunistischer« Hintergrund unterstellt wurde, im Kalten Krieg so gut wie immer verloren wurden. Die Verweigerung gegenüber einer solchen Parteinahme äußerte sich in der Konsequenz zuweilen recht massiv.[68]

Insgesamt waren die von Paul Noll geschilderten lokalen wilden Streiks um 1960 unpolitisch, ephemer, gruppenspezifisch und eigensinnig – aber sie konnten zugleich *sehr effektiv* sein und erforderten ein hohes Maß an informeller Organisierung. Dieser lokale und isolierte Charakter änderte jedoch nichts daran, dass die wilden Streiks vor allem von den Gewerkschaften als sehr ernstes Problem wahrgenommen wurden. So fand die Zeitschrift *Metall* im Herbst 1959 folgende starke Worte:

> »Noch nie wurde in der Nachkriegszeit eine so große Zahl von Streiks verzeichnet wie gegenwärtig. [...] Nun legen dieselben Menschen, die Jahre hindurch sehr zurückhaltend waren und die so manches über sich ergehen ließen, ohne Widerstand zu leisten, von einer Stunde zur anderen die Arbeit nieder. Manchmal sind es einzelne Gruppen oder Abteilungen, immer häufiger aber handeln auch die Belegschaften großer Betriebe so. Spontan, ohne Aufruf, ohne Organisation.«[69]

Ende 1959 wurden auf diese Weise Betriebe im ganzen Bundesgebiet bestreikt: Die *Metall* erwähnte unter anderem Siemens-Schuckert in Mühlheim/Ruhr, die

66 Noll, »Das alles frisst«, S. 68.

67 Ebd., S. 67.

68 Im Mai 1962 bedrohten Streikende eines Walzwerkes in Osnabrück einen Reporter des Rundfunks der DDR mit Schlägen, als er ein Interview mit ihnen machen wollte, vgl. Archiv für soziale Bewegungen, Bestand IGBE (AfsB/IGBE), Nr. 12.997, Pressearchiv 1961–1966. In Berlin kam es zu Protesten und sogar Streiks gegen Kollegen, die der KP angehört haben sollen: vgl. *Gewerkschaftspost*, Nr. 5, 1961, S. 5; *AZ*, Nr. 50, 1961, S. 7.

69 *Metall*, Nr. 25, 1959, S. 2. Den Artikel verfasste der Chefredakteur Kuno Brandel.

Schnellpressenfabrik Albert & Cie in Frankenthal, das Gelsenkirchener Eisenwerk, die Buderus-Stahlwerke in Wetzlar, die Karman-Karosseriewerke in Osnabrück, eine Zahnradfabrik in Friedrichshafen am Bodensee, die Landmaschinenfabrik Deere-Lanz in Mannheim und das neue VW-Werk in Hannover-Stöcken.[70] Dennoch lässt sich die Schlussfolgerung der Zeitschrift, es habe »noch nie in der Nachkriegszeit eine so große Zahl« von Arbeitskämpfen stattgefunden, statistisch keineswegs bestätigen:

Tabelle 4. Alle Streiks und Anteil der wilden Streiks (Bundesrepublik), 1949–1964 [71]

Jahr	*Alle »Fälle«*	*Anteil (»wild«)*	*Beteiligte*
1949–1952	313	45,0%	100.603
1953–1956	165	40,0%	44.077
1957–1960	144	57,6%	48.636
1961–1964	121	60,3%	62.183

Wie aus der Tabelle zu ersehen ist, sank im Gegenteil die *Gesamtzahl* der Arbeitskämpfe bis Mitte der 1960er Jahre ununterbrochen. Allerdings zeigt die Statistik zugleich, dass bereits seit 1957 der prozentuale *Anteil der wilden Streiks* an den registrierten Arbeitsniederlegungen zu steigen begann. Im Verhältnis der Arbeitskampfformen illustriert die Statistik somit eine Trendwende. Ab 1960 lag der Anteil der nicht von der Gewerkschaft organisierten Streiks in der Tat über dem in Deutschland bis dahin erfassten Niveau, um bis 1973 nicht mehr darunter zu sinken.[72] Dass dem Rückgang der zentralen, offiziellen Streiks ein Wachstum der wilden Streiks gegenüberstand, war in der expandie renden Metallindustrie vernehmbarer als irgendwo sonst: Zwischen 1959 und 1963 waren im Organisationsbereich der IG Metall bereits 88,5 Prozent der Streiks nicht gewerkschaftlich sanktioniert.[73] Dies begründete den Eindruck, die lokalen Kämpfe hätten ein ungeahntes Ausmaß erreicht.

Bemerkenswerte Veränderungen zeigen sich auch, wenn man sich der qualitativen Seite der Streiks des Herbstes 1959 zuwendet. Denn einige der in der Zeitschrift Metall beschriebenen Arbeitskämpfe wiesen »untypische« Züge auf. So soll es sich bei Siemens-Schuckert im Herbst 1959 um den ersten wilden Streik in der 112-jährigen Werksgeschichte gehandelt haben. Viele

70 Kraushaar, *Protestchronik*, Bd. 3, S. 2.312.

71 Zusammenstellung aus der revidierten Statistik in: Spode u.a., *Statistik*, S. 354, 395.

72 Vgl.: Volkmann, »Modernisierung«. Die Feststellung bezieht sich auf einen Vergleich der Weimarer Republik mit der Zeit nach 1945. Die NS-Zeit, während der der Anteil der wilden Streiks bei 100% lag, da es überhaupt keine »legalen« Streiks gab, bleibt unberücksichtigt.

73 Kalbitz, *Arbeitskämpfe*, S. 193, 199.

streikende Belegschaften bestanden zudem offenbar zum großen Teil aus ehemaligen Landarbeitenden, die bis dahin nicht gerade durch übermäßig rebellisches Verhalten aufgefallen waren.[74] In den meisten Aktionen scheint die Frage der »Eingruppierung« eine Rolle gespielt zu haben, insbesondere der Streit um die Bewertung der Arbeit nach technischen oder organisatorischen Änderungen.

»Tempo, Tempo«: Der Kampf um die »Poren des Arbeitstages«

Auch Rationalisierungskonflikte spielten zunehmend eine wichtige Rolle, obgleich sie nicht in gleichem Maße wie in Dänemark im Mittelpunkt der »offiziellen« gewerkschaftlichen Debatte standen. Als Beispiel kann ein Streik im VW-Nutzfahrzeugwerk Hannover dienen. Hier hatte die Verschleppung von Haustarifverhandlungen Befürchtungen der Bandarbeiter ausgelöst, trotz der günstigen Bedingungen des Booms im Vergleich zum bereits abgeschlossenen Flächentarifvertrag benachteiligt zu werden. Mit der Forderung, die lokalen Verhandlungen zu beschleunigen, zogen am 23. September einige hundert Beschäftigte durch das Werk.[75] Im Verlaufe der zweitägigen Aktion gerieten dann die Arbeitsbedingungen immer mehr in den Fokus. Dabei soll es auch zur Beschädigung von Fließbändern gekommen sein; ein »Vergehen«, das einen Aufschrei in der örtlichen wie überregionalen Presse hervorrief.[76] Am Ende konnte die VW-Geschäftsleitung durchsetzen, dass 98 Bandarbeiter entlassen wurden, obwohl ihnen keine direkte Beteiligung an den »Krawallen« nachgewiesen werden konnte. Trotz der günstigen Arbeitsmarktsituation hatten die Entlassenen im Anschluss Schwierigkeiten, neue Arbeit zu finden. Während das Zentralorgan der IGM die »schwarzen Listen« der Arbeitgeber kritisierte, stellte sich die lokale Wolfsburger Gewerkschaftszeitung auf die Seite der Geschäftsleitung:

> »Voraussetzung [ist], daß sich ein solcher Kampf im gesetzlichen Rahmen abwickelt (sic!). Gewalttätigkeiten sind nicht zulässig. Die Streikmaßnahmen dürfen erst nach einer Mitgliederbefragung und nach Zustimmung des Gewerkschaftsvorstandes eingeleitet werden. [...] Das war also ein sogenannter ›wilder Streik‹. Jedem Gewerkschafter ist klar, dass derart ungezügelte Ereignisse keinem Arbeitnehmer einen Vorteil einbringen können, dass sie

74 *Metall*, Nr. 20, 1959, S. 3.

75 AdsD/5/IGMA, 582.049, *Wir vom Volkswagenwerk*, November 1959. Vgl. auch die Ausführungen bei Noll, »Das alles frisst«, S. 67f.

76 Zum Folgenden: *Metall*, Nr. 21, 1959, S. 5. Die Presse sprach von »Maschinenstürmern«.

vielmehr nur Schaden anrichten. Insofern können wir nicht mit gutem Gewissen gegen die Konsequenzen Stellung nehmen, die die Geschäftsleitung gezogen hat.«[77]

Die Stellungnahme der betrieblichen Interessenvertretung verstieß zwar nicht gegen die offizielle Politik der IG Metall, aber sie stand doch im Widerspruch dazu, wie die Spitzen der Gewerkschaft den Streik und seine Resultate kommentierten. So sah der Chefredakteur der Zeitschrift *Metall*, Kuno Brandel, ein strukturelles Problem:

»Hannovers Volkswagenwerk ist ein Bandbetrieb, der nahezu perfektioniert worden ist. Also rechnet man den Menschen der Einfachheit halber gleich mit ein und stellt alles unter die Devise: T e m p o ! Gerade in den letzten Wochen ist die Produktion wiederum laufend erhöht worden. Weitere Steigerungen stehen bevor. Bedeutet das für die erfahrenen Arbeiter schon zusätzliche Belastungen – wie müssen erst die Neuen darunter leiden!«[78]

Der moderne Betrieb, für den das Hannoveraner Werk auch nach außen hin ein Muster war, verlangte von den Beschäftigten »die mechanische Wiederholung mehr oder weniger einfacher Handgriffe«[79]. Hohen Vergleichslöhnen, einer Gewinnbeteilung und innerbetrieblichen Aufstiegsmöglichkeiten standen die Belastungen der Bandarbeit entgegen. Die von der VW-Geschäftsleitung registrierten Symptome der Unzufriedenheit – relativ hoher Krankenstand, »Abgangsneigung« und »schlichte Arbeitsverweigerung« – wuchsen, als die Vollbeschäftigung den Druck verminderte, jede beliebige Arbeit annehmen zu müssen. Die Klagen über alle möglichen Dinge nahmen zu: Das hohe Tempo an den Bändern, die mangelnde Einarbeitung der »Neuen«, die Missachtung des Gesundheitsschutzes durch bestimmte Vorgesetzte, hohe Preise in der Kantine, verschmutzte Waschkauen und minderwertige Werkswohnungen.[80] Dabei ist auch zu berücksichtigen, dass es sich bei den Bandarbeitern überwiegend um neue Arbeitskräfte handelte, denen die Fabrikdisziplin noch nicht zur zweiten Haut geworden war und die auch deshalb geneigt waren um das zu kämpfen, was Marx als die »Poren des Arbeitstages« bezeichnet hat. Die Spitze der IG Metall, die sich grundsätzlich zu Taylorisierung und Fließproduktion bekannte, appellierte an die Unternehmer, es sich mit der Interpretation der Proteste nicht zu einfach zu machen. Denn die Probleme, die sich bei VW in Hannover exemplarisch zeigten, mussten gelöst werden, wollte man nicht riskieren, dass die Akzeptanz der modernen Formen der Arbeitsorganisation als Ganzes in Frage gestellt würde.[81]

---

77 AdsD/5/IGMA, 582.049, *Wir vom Volkswagenwerk*, November 1959.

78 *Metall*, Nr. 20, 1959, S. 3, Sperrung im Original.

79 Vgl. Wellhöner, *»Wirtschaftswunder«*, 1996, S. 143f.

80 *Metall*, Nr. 20, 1959, S. 3.

81 Zum Verhältnis der IGM zu neuen Technologien: Schiller-Dickhut, *Tarifpolitik*, S. 65–70.

Es war kein Zufall, dass die Spitze der Organisation mehr Verständnis für die Streiks aufbrachte als die lokale Gewerkschaftshierarchie, die ihre Position durch die »illegitimen Streiks« unmittelbar bedroht sah. Aus Sicht der Zentrale erschien dringlich, die Verselbstständigung der lokalen Konflikte einzudämmen.[82] Dass dabei nicht nur mit einer polternden Rhetorik und mit Drohungen gegenüber den Streikenden gearbeitet werden durfte, lag auf der Hand. Das Beispiel der Reaktion auf den VW-Streik ist insofern auch exemplarisch für einen Streit, der in der IGM im Laufe der 1960er immer lauter vernehmbar wurde. Dabei war, wie so oft, die »Beschlusslage« im Grunde eindeutig.

Bereits auf dem Gewerkschaftstag von 1958 hatte der Tarifsekretär des Hauptvorstandes, Fritz Salm, eine Konzeption »betriebsnaher« Tarifpolitik vorgelegt, die »offiziell« akzeptiert und propagiert wurde, jedoch in den lokalen Gewerkschaftsapparaten und bei den »Betriebsratsfürsten« der Großbetriebe auf Vorbehalte und hinhaltenden Widerstand stieß.[83] Salms Vorschläge beinhalteten einen potenziellen Machtverlust der lokalen Funktionäre: Neben der Stärkung der gewerkschaftlichen Vertrauensleute sollten auch wilde Streiks nicht mehr rundweg verurteilt werden.[84] Nicht zufällig engagierten sich die innergewerkschaftlichen Exponenten der »betriebsnahen« Politik 1960 während eines wilden Streiks im Mannheimer Werk des Landmaschinenherstellers Deere-Lanz. Dieser Streik kann insofern als Beispiel für die Möglichkeiten und Grenzen des damaligen Versuches gesehen werden, Alternativen zu einer reinen Abwehr der »ungesetzlichen« Aktionen zu entwickeln.[85]

Eine gute Voraussetzung für eine »betriebsnahe Tarifpolitik« war es, wenn »aktivistische« Netzwerke vor Ort bereits im Vorwege existierten. In Mannheim war dies gegeben. Das hatte damit zu tun, dass die Stadt auch über Deere-Lanz hinaus ein Schwerpunkt des politischen Aktivismus innerhalb der IGM war. Der Streik fand in einer Zeit statt, in der Mannheim eine gewerkschaftliche Massendemonstration gegen die Krankenversicherungsreform erlebte, bei der die Belegschaften der Metall verarbeitenden Betriebe eine entscheidende Rolle spielten.[86] Anders als in anderen Städten existierte zudem eine Tradition der gegenseitigen Unterstützung bei wilden Streiks, in die sich

---

82 1962 betrug die Differenz zwischen Tarif- und Effektivlohn im Schnitt bereits alarmierende 20%. Vgl. IGM, *Geschäftsberichte*: 1960/61, 1962, S. 38, 40.

83 Die Geschichte der »betriebsnahen Tarifpolitik« schildert: Achten, *Flächentarifvertrag*, 2007.

84 IGM, *Geschäftsbericht 1958/59*, S. 11: Der Bericht konstatiert einen Zusammenhang zwischen der »Stagnation der Mitgliederbewegung« und der »starken Ausdehnung der Wirtschaft«. Die »zahlreichen spontanen Streiks« von 1959 hätten gezeigt, dass sich »unsere Arbeit wieder stärker den Betrieben zuwenden« müsse.

85 Vgl. Deppe, »Gewerkschaftsbund«, S. 549.

86 Kaiser, *Dokumente*, S. 280f. Zu den Protesten gegen die Krankenversicherungsreform vgl.: AdsD/5/IGMA, 582.024, IGM-Zeitschriften, *Mannheimer Metaller*, Mai 1960, S. 2.

sowohl örtliche Betriebsaktivisten als auch IG Metall-Funktionäre stellten.[87] Auch der Deere-Lanz-Streik war durch spezifische betriebliche Probleme ausgelöst worden, aber durch das Vorhandensein der aktivistischen Netzwerke ganz anders eingebunden als die meisten wilden Streiks um 1960.

Charakteristisch für die Situation bei Deere-Lanz war, dass der Betrieb im örtlichen Vergleich unterdurchschnittlich zahlte.[88] Die Folge war eine hohe Fluktuation, die durch die Anwerbung neuer Arbeiter aus der landwirtschaftlichen Umgebung ausgeglichen wurde: Alleine im Jahr 1959 sollen ungefähr 1.400 Beschäftigte oder fast ein Drittel der Beschäftigten den Betrieb verlassen haben.[89] Gleichzeitig betrieb das seit kurzer Zeit zu einem US-Konzern gehörende Unternehmen eine Rationalisierungspolitik, die vor allem auf »objektive« Methoden der Arbeitsbewertung setzte. Insbesondere wollte die Firmenleitung die ständige Auseinandersetzung um die Akkordlöhne durch die Einführung der »Methoden-Zeit-Messung« (MTM) beenden.[90] Bei diesem System handelt es sich um ein Verfahren, welches behauptete, unabhängig von einer Zeitmessung am Arbeitsplatz durch Bewegungsstudien »objektive« Grundlagen zur Bewertung von einzelnen Arbeitsschritten ermitteln zu können. Als Grundlage galt die in Versuchsreihen außerhalb des konkreten Arbeitsprozesses festgelegte Dauer von Einzelbewegungen wie Strecken, Beugen und so weiter, aus deren regelhafter Zusammensetzung Zeitvorgaben für alle konkreten Arbeitsvorgänge abgeleitet wurden. Die Einführung solcher Verfahren raubte den Beschäftigten jegliche Möglichkeit, Akkorde individuell oder kollektiv auszuhandeln. Außerdem entstand das Problem, dass die »Objektivität« des Verfahrens den Gedanken an eine Mitbestimmung des Betriebsrates ausschloss: Bis zum Beginn des wilden Streiks im März 1960 hatte Deere-Lanz bei mindestens 130 Beschäftigten die Vorgabezeiten für die Akkorde bestimmt, ohne die lokale Interessenvertretung der Beschäftigten einzubeziehen.

Bereits 1959 hatte die Akkordfrage zu mehreren Kurzstreiks geführt, mit einem Höhepunkt im Oktober, als alle Beschäftigten für kurze Zeit die Arbeit niederlegten. Im Januar 1960 war es in einer Sektion des Werkes sodann zu drei einstündigen wilden Streiks gekommen, in denen gegen »den angreifbaren Zeitrahmen eines Kalkulierers« protestiert wurde.[91] Unmittelbarer Auslöser des

87 Vgl. die Streikberichte in: Kaiser, *Dokumente*, S. 267–271.

88 Die *Andere Zeitung* berichtete ausführlich über den Streik, wobei sie auf Informationen aus dem Betrieb zurückgreifen konnte: *AZ*, Nr. 7, 1960, 9. Berichte dieses linkssozialistischen Wochenblatts – Herausgeber war der ehemalige Chefredakteur des *Vorwärts* Gleisberg – stellen oft die einzige Quelle über wilde Streiks um 1960 dar.

89 *AZ*, Nr. 7, 1960, S. 9.

90 Eine ausführliche Darstellung der Vorgeschichte des Streiks findet sich in: AdsD/5/IGMA, 582.024, *Mannheimer Metaller*, Sonderausgabe, März 1960, S. 2.

91 *AZ*, Nr. 7, 1960, S. 9, auch im Folgenden.

wilden Streiks der 3.500 Arbeitenden im März 1960 war schließlich aber nicht die Einführung des MTM-Systems oder andere Formen der Akkordverschlechterung, sondern folgender Aushang der Geschäftsleitung:

»Außerhalb der Pause darf die Arbeit zum Zwecke des Essens nicht mehr eingestellt werden. Mit der Einführung der Morgenpause wird der Verkauf in den Werkshallen eingestellt.«[92]

Die Akkordarbeitenden waren besonders erbost über diese Anordnung, da zu ihrem Arrangement mit der Arbeitssituation gehörte, eine gewisse Zeitsouveränität zu bewahren, das heißt die Pausen »auf eigene Kosten« zu selbst bestimmten Zeiten zu gestalten. Nach der Schließung der Essensverkaufsstände richtete die Geschäftsleitung acht »Imbisswagen« ein, die die insgesamt 4.500 Arbeiterinnen/Arbeiter und Angestellten in einer viertelstündigen Pause versorgen sollten. Ein größeres Chaos entstand, das dazu führte, dass viele der aus der ländlichen Umgebung Mannheims anreisenden Pendler ganz ohne Frühstück blieben. Am zweiten Tag der Einführung der »Imbisswagen« rundete der Betrieb zudem die Essens- und Getränkepreise *auf*, um eine schnellere Abwicklung des Verkaufs zu ermöglichen. Als die Geschäftsleitung am 3. März auch noch mitteilte, dass die neue allgemeine Pause für die Akkordarbeitenden unbezahlt bliebe, da diese in den Akkordrichtzeiten bereits enthalten sei, brachte das das Fass zum Überlaufen. In der Dreschmaschinenabteilung legten 150 Akkordbeschäftigte die Arbeit nieder. Noch am selben Tag schlossen sich nach und nach alle anderen Arbeiterinnen und Arbeiter an. Die Geschäftsleitung wies die Verhandlungsbemühungen der Vertrauensleute, des Betriebsrates und der Gewerkschaft zurück. Als es die Streikenden nach drei Tagen nicht mehr bei einem Sitzstreik am Arbeitsplatz beließen, sondern in einer Demonstration vor das Direktionsgebäude zogen, verließ die Geschäftsleitung das Gebäude »durch die Hintertür«.[93]

In der zweiten Streikwoche kam eine hochrangige Delegation der IG Metall nach Mannheim, die unter anderem aus dem Bezirksleiter Willi Bleicher sowie dem »Erfinder« der »betriebsnahen Tarifpolitik« Otto Salm bestand.[94] Die Delegation erklärte, dass der Unternehmer verschiedene Rechtsvorschriften des Betriebsverfassungsgesetzes und des geltenden Tarifvertrages nicht beachtet habe.[95] Sie drohte damit, dass die IG Metall einen legalen Streik erklären würde, da die Firmenleitung die Friedenspflicht verletzt habe, an die die Gewerkschaft deshalb ebenfalls nicht mehr gebunden sei. Am achten Tag des Streiks handelten Gewerkschaft und Arbeitgeberverband in der regionalen

92 Zit. nach: AdsD/5/IGMA, 582.024, *Mannheimer Metaller Sonderausgabe*, S. 2: Chronologie.

93 *AZ*, Nr. 7, 1960, S. 9.

94 Kaiser, *Dokumente*, S. 328: Protokoll der Delegiertenversammlung der IGM.

95 Vgl. hierzu: *Metall*, Nr. 6, 1960, S. 4.

Schlichtungsstelle der Tarifparteien die Bildung einer Kommission von Betriebsrat und Firmenleitung aus. Diese entschied schließlich einvernehmlich, dass für die Akkordbeschäftigten ungefähr die Hälfte der Pause bezahlt würde. Außerdem erkannte das Unternehmen ein Maßregelungsverbot an.[96] Der Streik war beendet. Er resultierte in der Anerkennung des Verhandlungsmandates der IGM sowie der Mitbestimmungsrechte des Betriebsrates und kann damit als Muster einer erfolgreichen integrativen Politik gegenüber wilden Streiks gelten. Jedoch konnten sich solche Eingriffe der Gewerkschaft vorläufig lediglich exemplarisch und nicht flächendeckend durchsetzen. Denn die »Lokalisierung« der Arbeitskämpfe setzte sich zwischen 1960 und 1963 fort. Selten erreichten wilde Streiks eine längere Dauer.[97] Angesichts der Arbeitsmarktlage gingen die Unternehmer meist schnell auf die Forderungen der Beschäftigten ein. Bei den lokal verstreuten Kurzstreiks kam die gewerkschaftliche Feuerwehr regelmäßig erst dann, wenn das Feuer bereits gelöscht war. Auch dies war ein Grund dafür, dass die »betriebsnahe Tarifpolitik« zunächst kaum mehr als eine gute Idee der Gewerkschaftszentrale blieb.

»Untypische« Arbeitskämpfe

Im Dezember 1961 begründete der Generaldirektor des Volkswagenwerks, Heinrich Nordhoff, auf einer Belegschaftsversammlung die Entscheidung, angesichts des Mangels an Arbeitskraft italienische Migranten anzuwerben:

> »Unkameradschaftlichkeit, mit der einige wenige Prozent der Belegschaft auf Kosten aller anderen blau machen [...] hat uns, sehr gegen meinen Wunsch und meine Hoffnung, gezwungen, ausländische Arbeitskräfte einzusetzen, sie werden Mitte Januar [1962] kommen und uns helfen, unser Programm zu fahren, mit dem wir durch die Nachlässigkeit der Bummelanten sehr in Rückstand geraten sind.«[98]

Bereits einige Monate zuvor hatte Nordhoff die Absicht bekundet, ungefähr 6.000 migrantische Arbeiter zur Ausfüllung eines kurzfristigen Arbeitskräfte-

96 Allerdings wurde die Bezahlung der Streikstunden nicht erreicht: *AZ*, Nr. 15, 1960, S. 9.

97 So bei Delog Tafelglas, Gelsenkirchen (*AZ*, 26/1960, S. 10), M. Achgelis, Bremerhaven, (*Metall*, 11/1961, S. 1, 5), Yale und Co., Velbert (*Metall*, 22/1962, S. 1, 14) oder Henschel in Kassel (*AZ*, 1/1963, S. 7). Auch kleine Anlässe konnten Proteste auslösen: So streikte die Belegschaft von KHD (Köln), weil die Werkszeitung geschrieben hatte, dass »ein Drang zur Bequemlichkeit festzustellen« sei. Der Artikel wurde zurückgezogen: *Metall*, Nr. 23, 1962, S. 4.

98 Zit. nach: Von Oswald, »›Venite a lavorare‹«, S. 695. Die Rede illustriert, dass die »Unterschichtung« auch einen gegen die Kernbelegschaft gewendeten disziplinierenden Effekt hatte.

bedarfs zu beschäftigen und in »Baracken« und »Lagern« unterzubringen.[99] Im Herbst 1961 war daraufhin ein »Anwerbemann« des Werkes nach Süditalien gefahren, um »eine Stückzahl von 3.000 jungen Männern« für die Arbeit bei Volkswagen anzuwerben. Anders als andere westdeutsche Betriebe, die sich an die offiziellen Kommissionen wenden mussten, konnte VW aufgrund der persönlichen Kontakte Nordhoffs zum Vatikan die Arbeiter »für ein Spottgeld« mithilfe der katholischen Kirche nach Wolfsburg holen. Ein Plan, die Migranten »konzentriert« in der Endmontage des Werkes einzusetzen, wurde nicht zuletzt aufgrund der Intervention des Betriebsrates aufgegeben. Dieser trat dafür ein, die Migranten auf alle Akkordabteilungen zu verteilen, um eine gleichmäßige Besserstellung der deutschen Arbeiter zu erreichen. Schließlich entschied sich auch die Geschäftsleitung für diese Variante, da ein »konzentrierter Einsatz« in der Endmontage den Migranten bei eventuellen Arbeitskonflikten eine strategische Position verschafft hätte.[100] Dagegen sorgte die Firma für eine Segregation in Bezug auf die Unterbringung. Im Februar 1962 baute das Werk »Gastarbeiterunterkünfte«: Vier Menschen wohnten in ungefähr 13 m^2 großen Zimmern, die mit »zwei Doppelbetten, einem kleinen Tisch, vier Stühlen und einem kombinierten Wäsche- und Essensschrank« ausgerüstet waren.[101] Das Werk betonte, dass diese Art der Unterbringung als vergleichsweise »komfortabel« anzusehen sei. Im Mai 1962 zog man einen zwei Meter hohen Zaun um das »Gastarbeiterlager« an der »Bremer Brücke« und sicherte den Zugang mit einem durch den Werkschutz bewachten Schlagbaum. Die Kasernierung trug wohl dazu bei, dass die Fluktuation der »Gastarbeiter« bei VW sehr hoch war: 1962 verließen 55,5 Prozent und 1963 sogar 83,3 Prozent nach nur wenigen Monaten die »Autostadt«.[102]

Bereits im November 1962 kam es in der Unterkunft an der »Bremer Brücke« zu massiven Protesten der italienischen Arbeiter.[103] Auslöser war eine schon länger beklagte mangelhafte ärztliche Betreuung. Nachdem am 3. November ein italienischer Arbeiter an einem Gehirnschlag gestorben war und Tags darauf der von einem Bewohner gerufene Krankenwagen mehr als 40 Minuten benötigte, um zur Unterkunft zu gelangen, versammelten sich die Bewohner zu einer Demonstration auf einer nahe gelegenen Straße, wobei sie nicht vergaßen, unterwegs den Schlagbaum am Eingang der Unterkunft zu demolieren. Nachdem sie bis gegen Mitternacht diese Straße blockiert hatten,

99 Von Oswald konstatiert, dass der Einsatz der »Fremdarbeiter« im Zweiten Weltkrieg »eindeutig Orientierungspunkt« gewesen sei: Von Oswald, »›Venite a lavorare‹«, S. 699.

100 Ebd., S. 701.

101 Ebd., S. 700–702, auch im Folgenden.

102 Ebd., S. 705.

103 Vgl. AdsD/5/IGMA, 220.962, Brief Tyrakowski (BR VW) an Brenner, 14.11.1962.

wurde die Polizei gerufen. Die Protestierenden zogen sich nach ihrer Ankunft in die Unterkunft zurück und zündeten an deren Eingang Barrikaden an. Am nächsten Morgen blockierten dann einige Bewohner das Werkstor und forderten dazu auf, nicht zur Arbeit zu gehen. Im Betrieb selbst kam es zu Sitzstreiks. Während der Werkschutz »die Personalien der Streikenden feststellte«, ging die Geschäftsleitung auf die Forderung nach einer Verbesserung der ärztlichen Versorgung ein.[104] Aber nach dem Streik entließ man 71 als »Rädelsführer« bezeichnete Italiener. 354 Kollegen lösten »freiwillig« ihr Arbeitsverhältnis.

Die Presse berichtete ausführlich über den Streik, ohne viel Verständnis für die Proteste aufzubringen. So hatte die Aktion nach Auffassung der *F.A.Z.* in »einem musterhaft eingerichteten Lager, trotz guter Verpflegung und größter Freiheit« stattgefunden. Die Feststellung, dass die Arbeiter nicht nur die italienische Fahne trugen, sondern auch »Viva Castro« gerufen hätten, wurde allgemein als Beweis dafür gewertet, dass »kommunistische Scharfmacher am Werk« gewesen seien.[105] Auch der Betriebsratsvorsitzende von VW meinte, der Streik sei »aus verhältnismäßig nichtigen Anlässen« durch »radikale Elemente« organisiert worden. Auf einer Betriebsversammlung im Dezember 1962 forderte er die Italiener auf, »mehr Kameradschaft zu zeigen«.[106] In einem Schreiben eines Betriebsrates an den Vorsitzenden der IG Metall, das von diesem in der Weiterleitung an den Hauptvorstand als »zutreffende Beschreibung« gekennzeichnet wurde, wurde nochmals behauptet, dass Kommunisten hinter der Aktion gestanden hätten: »Leider konnten wir jedoch infolge mangelnder Verbindung und Verständigungsschwierigkeiten nichts Näheres feststellen«[107]. Von ungefähr 4.000 Migranten waren nur etwa 100 in der IG Metall organisiert; angesichts des Umgangs des Betriebsrates mit ihren Interessen wandte ihre Mehrheit sich bei Problemen lieber an das italienische Konsulat als an die deutsche Gewerkschaft.

Zu migrantischen Streiks der frühen 1960er Jahre existieren bislang so gut wie keine Studien, die auf der Grundlage von Zeitzeugenberichten argumentie-

104 Von Oswald, » ›Venite a lavorare‹ «, S. 717f., auch im Folgenden.

105 *F.A.Z.*, 9.11.1962, zit. nach von Oswald, » ›Venite a lavorare‹ «, S. 718. Balestrini schrieb später darüber, was es bedeutete, wenn Streikende » ›Viva Fidel Castro‹ « riefen: »Aber das waren die verrücktesten Sachen, die wir riefen, Sachen, die nicht einen Hauch mit FIAT zu tun hatten, nur um gegen das alles zu sein: Mao Tse-Tung, Ho-Chi-Minh, Arbeitermacht. Und alles mögliche andere, was nichts zu tun hatte mit dem, was gerade passierte, was wir aber gut leiden konnten. Sowas wie Viva Gigi Riva, viva Cagliari, viva schöne Damen, sowas riefen wir, eben genau, weil [es nichts] mit der Sache zu tun hatte«: Balestrini, *Vi vil ha det hele*, S. 80.

106 Von Oswald, » ›Venite a lavorare‹ «, S. 717.

107 AdsD/5/IGMA, 220.962, Bericht Tyrakowski.

ren.[108] Aber selbst auf dieser einseitigen Quellengrundlage kann festgestellt werden, dass der Protest in Wolfsburg kein Einzelfall war. Im Gegenteil weisen einige Arbeiten der neueren Migrationsforschung bereits für die frühen 1960er Jahre sowohl auf vielfältige Protestformen als auch auf eine beginnende eigenständige Organisierung von »Gastarbeitern« hin.[109] Zeitgenössisch wurden migrantische Streiks auch in der deutschen Öffentlichkeit punktuell wahrnehmbar; wohl auch, weil die Zahl der »Gastarbeiter« nach dem Bau der Mauer bundesweit von etwa 300.000 (1960) auf 1,3 Millionen (1965) anwuchs.[110] Die Streikenden artikulierten Forderungen nach einer Verbesserung der Unterbringung, der materiellen Versorgung und der ärztlichen Betreuung.[111] Im Mittelpunkt stand zudem der Kampf um soziale und politische Rechte: Die Lebensverhältnisse in der Migration waren direkte Folge der Bindung des Aufenthaltsrechtes an die Anstellung bei einem bestimmten Arbeitgeber. Immer wieder wurden migrantische Streiks durch die Verhaftung und Ausweisung der Aktivisten beendet. So im Februar 1961, als die italienischen Arbeiter auf der Zeche »Lothringen« in Bochum in den Ausstand getreten waren. Der Unternehmer rief sofort die Polizei, die elf Beschäftigte verhaftete und als »Rädelsführer« auswies.[112]

Für das Frühjahr 1962 können etliche migrantische Streiks im Ruhrbergbau nachgewiesen werden.[113] Hier hatte sich die Auftragslage nach der ersten »Kohlenkrise« vorläufig stabilisiert. Es herrschte Arbeitskräftemangel, der durch »Gastarbeiter« abgefedert werden sollte. Am 21. und 22. Februar 1962 streikten spanische Bergleute auf der Zeche Graf Bismarck in Gelsenkirchen: Sie forderten nach ihrer Ausbildung zum Hauer den gleichen Lohn wie die deutschen Kumpel. Auch dieser Streik wurde durch die Drohung mit Ausweisung niedergehalten.[114] Im März legten dann 108 türkische Bergarbeiter auf der Zeche »Hagenbeck« in Essen die Arbeit nieder.[115] Ihre Forderung war die nach der Auszahlung des Bruttolohnes, da sie von den deutschen Versicherungs-

108 Ausnahme ist eine Arbeit über die Migration nach Südhessen, die dokumentiert, dass migrantisch geprägte Streiks seit den 1950er Jahren stattfanden und zu Versuchen führten, die Migration stärker staatlich zu regulieren: Sonnenberger, *Migrationspolitik*, S. 244.

109 Vgl. ebd., S. 344. Oft lösten erst Aktivitäten der migrantischen Beschäftigten eine verstärkte Organisationstätigkeit der deutschen Gewerkschaften aus: Hunn, ›*Nächstes Jahr*‹, S. 121f.

110 Herbert/Hunn, »Gastarbeiterpolitik«, S. 304. Vgl. zu den Streiks: Sonnenberger, *Migrationspolitik*, S. 301–304 (diverse Streiks), S. 340 (Holzmann, Frankfurt am Main).

111 Vgl. etwa *AZ*, 1/1961, S. 9. Anfang 1963 kam es erneut zu Protesten gegen die Wohnbedingungen bei VW Wolfsburg. Daneben wurden auch Konflikte um die Akkorde registriert, vgl. Hildebrandt/Olle, *Ihr Kampf ist unser Kampf*, S. 10f.

112 IfsB/IGBE, 12.997, Pressearchiv, Streik der italienischen Bergarbeiter in Bochum.

113 Zu den migrantischen Steiks im Bergbau s. Hunn, ›*Nächstes Jahr*‹, S. 111–117.

114 *AZ*, Nr. 10, 1962, S. 7.

115 Hunn, ›*Nächstes Jahr*‹, S. 111.

beiträgen nicht profitierten. Zehn dieser Beschäftigten wurden als »Rädelsführer« ausgemacht und fristlos entlassen. Die Polizei holte sie umgehend aus ihrem Wohnheim und schob sie gegen die vehementen Proteste ihrer Landsleute ab.[116] Bis Ende des Monates folgten weitere Streiks: So etwa auf der Anlage Schamrock 1/2 in Herne, wo 89 Griechen mit der Forderung, sich selbst verpflegen zu dürfen, in einen Hungerstreik traten.[117] Die Streikenden wurden vom Außenministerium Griechenlands mit »Strafen im Heimatland« bedroht. Nach einem 24-stündigen Ausstand verhaftete die Polizei zwölf der Kumpel und wies sie aus.

Auf gewerkschaftliche Unterstützung warteten die von solchen Repressalien Betroffenen vergeblich: Die IG Bergbau setzte sich sowohl gegen die wilden Streiks als auch gegen die Beschäftigung der Migranten überhaupt ein. Diese wurden in der Bergarbeitergewerkschaft als Konkurrenz betrachtet und pauschal als »organisationsfeindlich« und »unzuverlässig« angesehen. Ihre Forderungen bezeichnete man als »unklar und überspitzt«, und man vergaß nicht, auf die Gefahren hinzuweisen, die damit verbunden seien, dass in den Heimatländern vieler Migranten »starke kommunistische Parteien vorhanden sind«[118]. Nicht alle Gewerkschaften vertraten derart rigide Ausgrenzungsstrategien wie die IG Bergbau, aber alle sahen es in erster Linie als ihre Aufgabe an, die Interessen der deutschen Kernbelegschaften zu vertreten. Im Konsens mit Bundesregierung und Unternehmern vertrat deshalb auch der DGB, dass die Anwerbung keinen dauerhaften Charakter bekommen solle.[119] Gleichzeitig sorgten die Gewerkschaften sich um die Einhaltung von Tarifen und arbeitsrechtlichen Bestimmungen. Die Ambivalenz dieser Argumentation – die Verweigerung sozialer Rechte basierte ja gerade auf der Verweigerung dauerhafter Aufenthaltsrechte – wurde ignoriert.

Insofern die Gewerkschaften vor allem die Interessen der Kernbelegschaften vor Augen hatten, ähnelten sich die Diskurse über migrantische und über weiblich geprägte Streiks:[120] Allgemein galten Frauen in Arbeitskämpfen als »unzuverlässiger« als Männer und ihr Solidaritätsgefühl galt als »weniger ausgeprägt«. Ironischerweise führte diese Zuschreibung, die nicht selten von Gewerkschaften und Arbeitgebern geteilt wurde, immer wieder dazu, dass sich die Streiks der Industriearbeiterinnen in die Länge zogen, weil deren Solidarität

116 *WAZ*, 17.3.1962, zit. nach: Lupa/Jäger, *Ausländer*, S. 68.
117 *AZ*, Nr. 13, 1962, S. 7.
118 Vgl. Lupa/Jäger, *Ausländer*, S. 75.
119 Vgl. Herbert/Hunn, »Gastarbeiterpolitik«, S. 276f.
120 Monika Mattes hält in ihrer Dissertation fest, dass der Einsatz von Migrantinnen die tradierten Geschlechterverhältnisse festigte: Mattes, *»Gastarbeiterinnen«*, S. 10.

und Ausdauer schlicht unterschätzt wurde. Die mit Abstand längsten Einzelstreiks der frühen 1960er Jahre waren Arbeiterinnenaktionen.

So fand vom Dezember 1961 bis Februar 1962 in den Fränkischen Schuhfabriken in Nürnberg ein Arbeitskampf statt, in dem die Entlassung einiger Vorgesetzter gefordert wurde, die sich mit Schlägen und Beleidigungen durchzusetzen pflegten.[121] Der Selbstmord eines Beschäftigten hatte den Streik ausgelöst. Die 500 meist weiblichen Beschäftigten wurden von der zuständigen Industriegewerkschaft Leder zunächst nicht unterstützt. Später versuchte die Gewerkschaft dann erfolglos, den Streik zu legalisieren: Das Arbeitsgericht Nürnberg wertete die Aktion als »Bruch des Arbeitsverhältnisses«, und sowohl die Gewerkschaft als auch die Streikenden wurden zu hohen Schadensersatzforderungen verurteilt, ohne ihre Forderungen durchgesetzt zu haben.[122]

Noch länger streikten einige Monate später etwa 200 fast ausschließlich weibliche Beschäftigte einer Porzellanfabrik in Coburg/Bayern. Sie forderten die Abschaffung der niedrigsten Lohngruppe in der »Ortklasse I«; eine Forderung, die in Arbeiterinnenstreiks stets eine wichtige Rolle spielte. Gleich zu Beginn hatte der Unternehmer einen Teil der Streikenden ausgesperrt und ihnen mit Entlassungen gedroht. Der IG Chemie, die damals eine »aktivistische«, linksorientierte Einzelgewerkschaft war und in Bezug auf Arbeitskämpfe eine »integrative« Linie verfolgte,[123] übernahm die Forderungen der Streikenden und trat erfolgreich für eine Legalisierung des Streiks ein. Gleichwohl dauerte der Ausstand vom Sommer 1962 bis zum Frühjahr 1963 und damit sage und schreibe 40 Wochen. Obwohl er nur mäßige öffentliche Unterstützung fand, stand an seinem Ende die Abschaffung der niedrigsten Lohngruppe.[124]

Metallarbeiterstreik und Einkommenspolitik

In der Übernahme der Frauenstreiks durch die Gewerkschaften zeigt sich ein Unterschied zu den migrantischen Streiks. Letztere fanden zunächst statt, ohne dass die »Gastarbeiter« elementare Organisationsrechte in Anspruch nehmen

---

121 Vgl. *AZ*, Nr. 1, 1962, S. 7 sowie *AZ*, Nr. 3, 1963, S. 7.

122 BArch/SAPMO/SED, DY 30/IV 2/10.02, (361–364), SED, Abt. Gewerkschaften, Bericht über den Streik, 19.2.1962.

123 *Gewerkschaftspost*, Nr. 5, 1963, S. 1. Zur IG Chemie: Markovits, *Trade Unions*, S. 271f. Die quantitative Bedeutung der chemischen Industrie in den Streikbewegungen war allerdings gering: Insgesamt lag die Quote der Streiks im Bereich der IG Chemie bei 2% der »offiziellen« und ungefähr 4% der wilden Streiks, vgl. Spode u.a., *Statistik*, S. 393.

124 *AZ*, Nr. 7, 1963, S. 7 sowie Nr. 15, 1963, S. 7.

konnten. Während solche Differenzen nicht unterschlagen werden dürfen, müssen die verschiedenen Kategorien wilder Streiks aber dennoch zugleich in ihrer Kontinuität begriffen werden. So können in Bezug auf die migrantischen Proteste Erklärungen, wonach es sich um eine Wiederaufführung »vorindustrieller Aktionsformen« handelte, nicht überzeugen. Ebensowenig lassen sich die Aktionen einseitig auf die »Stärke der Kommunisten in den Heimatländern« der Migrantinnen und Migranten zurückführen.[125] Vielmehr schienen die Arbeitskämpfe *als Ganzes* die einleitend skizzierten Befürchtungen zu bestätigen, die Wirtschaftspolitiker wie Müller-Armack mit der Individualisierung und den damit verbundenen neuen sozialen Ansprüchen assoziierten. Insofern handelte es sich in der Tat nicht um »von außen« herbeigeführte Konflikte, sondern um direkte Resultate der Neuzusammensetzung der Beschäftigten und ihrer relativen Autonomie im Boom. Oder anders gesagt: Die Hochkonjunktur hatte die alten »gefährlichen Inseln« der selbstständigen und »unberechenbaren« Proteste untergehen lassen, aber zugleich hatten sich neue »Inseln« gebildet.

Hinzu kam, dass die »Lokalisierung« der Kämpfe den Druck der Forderung nach einer »Einheit« unter der Ägide der männlichen Facharbeiter und ihrer Funktionäre verringerte, was die regressiven Anteile, die die traditionellen Massenaktionen der Arbeiterbewegung oft enthalten hatte, nach und nach verminderte. In den lokalen, wilden Streiks der frühen 1960er Jahre ging es entsprechend selten darum, für Andere, für »die Klasse« oder auch nur für eine abstrakte Allgemeinheit der Spezialarbeiter oder Migranten zu kämpfen. Eine an den eigenen, konkreten Alltagsanliegen anknüpfende Haltung war ein *potenzieller*, jedoch noch selten expliziter Bezugspunkt zu den Vorstellungen von Politik, die sich zugleich in dem weit von den wilden Streiks entfernten Feld der neuen sozialen Bewegungen entwickelten. Und es sollte noch einige Jahre dauern, bevor solche und andere Überschneidungen entdeckt und nach und nach in einer eigenen Sprache zusammengefasst werden konnten.

Dort, wo sich die ersten Worte dieser Sprache bildeten, knüpften sie sich an die Verheißungen des Wirtschaftswunders, die in der bürgerlichen Öffentlichkeit immer wieder vorgeführt wurden. Das Versprechen eines »Ausgleichs« zwischen Arbeit und Kapital wurde in den Arbeitskämpfen in eigenwilliger Weise interpretiert.

Mit jedem Jahr, in dem sich die Arbeitsmarktsituation für die Beschäftigten »golden« darstellte, nahmen deshalb die Bemühungen zu, die Gewerkschaften in die staatlich-politische Regulation der Arbeitsbeziehungen einzubinden. Selbstverständlich waren hier zuerst jene Einzelgewerkschaften angesprochen,

125 Vgl. etwa Lupa/Jäger, *Ausländer*, S. 75.

deren Nähe zu »sozialpartnerschaftlichen« Entwürfen bekannt war. 1963 spielten einkommenspolitische Elemente auf dieser Grundlage in der Tarifpolitik eine nicht unbedeutende Rolle, jedoch ohne dass es in der Bundesrepublik wie zur gleichen Zeit in Dänemark bereits ein ausgeformtes Konzept der »Globalsteuerung« gegeben hätte. Im Februar des Jahres ließ sich die IG Bergbau und Energie im Kohlenbergbau auf einen Tarifvertrag mit einer zweijährigen Laufzeit und Lohnsteigerungen um 3 Prozent ein, nachdem dies zuvor von Ludwig Erhard auf der Grundlage wissenschaftlicher Gutachten befürwortet worden war. Fast gleichzeitig unterzeichnete die IG Bau, Steine, Erden einen Tarifvertrag, der den Unternehmen für zwei Jahre »Planungssicherheit« bot.[126] In der Metallindustrie waren derartige Strategien noch nicht ganz so willkommen. Nicht nur die IG Metall war skeptisch, auch der Unternehmerverband Gesamtmetall wollte sich auf eine staatlich moderierte, langfristige Lohnpolitik 1963 nicht einlassen. Noch einmal stand hier die offene Konfrontation der Arbeitsmarktparteien auf der Tagesordnung, von der sich die Unternehmer eine »exemplarische« Eindämmung der in der Metallverarbeitung besonders ausgeprägten »Lohndrift« versprachen.

Die Arbeitgeber kündigten alle Tarifverträge, boten keinerlei Lohnerhöhungen an und forderten die Verschiebung der in den Jahren zuvor in Spitzengesprächen ausgehandelten Arbeitszeitverkürzung.[127] Der Konflikt eskalierte. Im Tarifbezirk Nordwürttemberg-Nordbaden kam es am 29. April 1963 zum tariflichen Massenstreik, obwohl Gesamtmetall die Forderung nach einer »Nullrunde« kurz vor dem Streik aufgegeben hatte.[128] Die IG Metall konzentrierte den Streik auf die Großbetriebe der boomenden Automobilindustrie des Rhein-Neckar-Raumes, um zahlungskräftige wie im Arbeitgeberlager einflussreiche Betriebe zu treffen. Gesamtmetall antwortete auf den Streik der 120.000 Metaller mit der ersten Massenaussperrung in der bundesdeutschen Geschichte, von der 300.000 Arbeitende betroffen waren. Bewußt dehnten die Arbeitgeber zudem den Konflikt auf Regionen außerhalb des Verhandlungsgebietes aus. Schließlich schaltete sich, noch als Wirtschaftsminister, Ludwig Erhard in die Tarifrunde ein.[129] Am 10. Mai 1963 wurde in Bonn ein Kompromiss ausgehandelt, der Lohnerhöhungen von 5 Prozent vorsah. Der Zeit-

126 Markovits, *Trade Unions*, S. 197, 199. Im Kohlenbergbau blieb es bei einer »maßvollen« Tarifpolitik. Der »Tausch« funktionierte vor allem im Ruhrgebiet: Am 11.3.1963 protestierten erneut bis zu 350.000 Bergleute in einem einstündigen Warnstreik gegen Zechenstilllegungen und setzten weitere Subventionen durch: Heith, *Streikchronik*, S. 9.

127 Im »Bad Homburger Abkommen« vom 8.7.1960 war die Senkung der Wochenarbeitszeiten auf 40 Stunden bis 1965 ausgehandelt worden, deren Realisierung sich schließlich aber bis 1967 hinauszögerte: vgl. Markovits, *Trade Unions*, S. 196, 200f.

128 Ebd., S, 197f. Vgl. ausführlich: Noé, *Klassenkampf*.

129 Zur Geschichte der Aussperrungen vgl. Kalbitz, *Aussperrungen*.

plan der Arbeitszeitverkürzungen wurde zunächst nicht wie von den Arbeitgebern gefordert revidiert. Mit diesem Resultat, das mehr oder weniger unverändert in allen Bezirken übernommen wurde, war die IG Metall trotz des Streikes kaum über die Ergebnisse anderer Gewerkschaften hinausgekommen. Dennoch befürwortete die Mehrheit der Mitglieder bei den Urabstimmungen das Abkommen. Lediglich dort, wo der Streik die stärkste Dynamik entfaltet hatte, stimmte nur eine Minderheit zu. Unter anderem in den Werken von Daimler-Benz formulierte die Gewerkschaftsopposition ihre Kritik: Sie sprach vom »Fernsehstreik« und von einer »Passivisierung der Mitglieder«. Und schließlich kritisierte sie auch die »Brot-und-Butter-Politik« der IG Metall, die Forderungen nach einer Verbesserung der Arbeitsbedingungen außer Acht lasse.[130]

Solche Kritik blieb 1963 innerhalb der IG Metall noch ungehört. Auf den Streik folgte vielmehr eine »Moderation« ihrer Politik. Und auch in den bundesdeutschen Gewerkschaften insgesamt setzte sich nun immer mehr die Idee einer tripartistischen »Konzertation« durch. Das »Düsseldorfer Programm« des DGB legte sich noch im selben Jahr darauf fest, dass eine Teilnahme an einer staatlichen Wirtschaftsplanung wünschenswert sei, falls diese unter den Maßgaben der »Nachfrageorientierung« funktioniere.[131] Diese von Markovits als »Technifizierung der Politik« bezeichnete programmatische Wendung sah den Staat als »Instrument zur Verbesserung des ökonomischen Kreislaufes«. Die Vorstellung, über die Einflussnahme auf die Regierungspolitik eine gesellschaftliche Demokratisierung durchsetzen zu können, wurde dagegen vorläufig zurückgestellt, obwohl dies im starken Widerspruch zu dem in den Gewerkschaften anhaltenden Protest gegen den Entwurf der Notstandsgesetze stand. Im Oktober 1963 endete die Ära Adenauer und Ludwig Erhard wurde zum Bundeskanzler gewählt. Aber das Programm des DGB las sich in weiten Teilen bereits wie eine Art Entwurf der Wirtschaftspolitik der Großen Koalition.

2. Unruhen im Boom: Dänische Streikgeschichte um 1960

Das »Wirtschaftswunder« begann in Dänemark fast zehn Jahre später als in der Bundesrepublik. Doch in den letzten beiden Jahren der 1950er setzte »eine der markantesten Ausdehnungsperioden in der neueren Wirtschaftsgeschichte«

130 Markovits, *Trade Unions*, S. 199. Der Streik von 1963 signalisierte einen Wandel hin zu Tarifrunden, in denen mehr oder weniger ganz auf kollektive Ausdrucksformen verzichtet wird.
131 Ebd., S. 108.

ein.[132] Das Bruttosozialprodukt wuchs zwischen 1957 und 1965 im Schnitt um 5,3 Prozent pro Jahr und wurde in den westlichen Industrieländern nur von Italien (5,5 Prozent) und der Bundesrepublik (5,4 Prozent) übertroffen. In der dänischen Literatur sprach und spricht man von der »zweiten industriellen Revolution«.[133] In der Tat konnte die ökonomische Expansion um 1960 durchaus als »umwälzend« empfunden werden: In ihrem Kontext veränderte sich nicht alleine die dänische Ökonomie, auch Lebensweisen, Konsumformen und Alltagsleben wandelten sich, in Kopenhagen wie in der Provinz. Formen und Inhalte der industriellen Arbeit unterlagen im Boom ebenso einer schnellen Veränderung. In Bezug auf die Arbeitskämpfe konnte um 1960 wie in der Bundesrepublik eine »Lokalisierung« und Differenzierung beobachtet werden. Aber anders als in der Bundesrepublik kam es, im Anschluss an einen vorübergehenden Rückgang nach 1956, bereits 1959 erneut zu einer Streikwelle, die im Sommer 1960 große Teile der Industrie erfasste. Bevor ich diese Entwicklung schildere, muss zunächst ein genauerer Blick auf jene »Revolution« geworfen werden, die ihren Hintergrund bildete.

Die »zweite industrielle Revolution«

Vor allem die dänische Exportindustrie war der Motor der »zweiten Industrialisierung«. Nach 1957 steigerte sie ihre Wertschöpfung Jahr für Jahr überdurchschnittlich. Am Ende der in diesem Abschnitt geschilderten Periode überstieg die Ausfuhr des zweiten Sektors erstmals die der Landwirtschaft.[134] Grundlage des industriellen Aufschwungs waren, im Grunde ähnlich wie in der Bundesrepublik um 1952, drei Faktoren: Die Mobilisierung neuer Arbeitskraft, die expansive Entwicklung der europäischen Märkte und, last but not least, die »investitionsfreundliche« Politik der Regierung. Die Mobilisierung der Lohnarbeit geschah auch in Dänemark vermittels einer massenhaften Wanderungsbewegung, und sie war ebenso wie in der Bundesrepublik mit einer »Unterschichtung« des Arbeitsmarktes verbunden. Zugleich gab es bedeutende Unterschiede: So wurden in Dänemark weiterhin Landarbeitende, seit 1960 vermehrt auch kleine, selbstständige Landwirte, in Industriearbeitende verwandelt. Etwa 70 Prozent dieser neuen Lohnarbeiter waren zunächst als Ungelernte beschäftigt.[135] Zwischen 1957 und 1970 nahm zudem die registrierte Erwerbsfrequenz der Frauen deutlich zu, wobei der Anteil der verheira-

132 Hansen, *Økonomisk vækst*, S. 177, auch im Folgenden.

133 Zu diesem Prozess s. Knudsen u.a., *Kampen*, S. 269f.

134 Insofern war 1963 ein »Epochenjahr«: Hansen, *Økonomisk vækst*, S. 171.

135 Andersen, *Arbejderkultur*, S. 102.

teten erwerbstätigen Frauen überdurchschnittlich stieg.[136] Dass weibliche Lebensentwürfe nunmehr eine kontinuierliche lohnabhängige Beschäftigung enthalten konnten, änderte jedoch nichts daran, dass die Frauen in der Industrie überwiegend auf Massenarbeit in abgegrenzten Tätigkeitsfeldern verwiesen wurden.

Die Anwerbung von »Gastarbeitern« war in Dänemark auch deshalb keine Option, weil es selbst auf dem Höhepunkt des Aufschwungs im Gegensatz zur Bundesrepublik nicht zu einem allgemeinen Arbeitskräftemangel kam. Die Erwerbslosigkeit sank zwischen 1957 und 1960 von ungefähr 10 auf 4,2 Prozent. Noch in der ersten Hälfte der 1960er Jahre lag sie im Schnitt bei etwa 3 Prozent.[137] Zudem stagnierte die Nachfrage der Industrie nach Arbeitskraft bereits in der zweiten Hälfte der 1960er Jahre: Neue Lohnabhängige wurden bald vollständig vom expandierenden dritten Sektor aufgenommen.

Neben der Mobilität auf dem Arbeitsmarkt, die seit Mitte der 1950er Jahre durch eine verstärkte Ausbildung von Spezial- und Facharbeitern gefördert wurde, spielten auch direkte staatliche Interventionen in der Anfangsphase des Booms eine wichtige Rolle. So vermittelte die Zentralbank angesichts der niedrigen Selbstfinanzierungsquote der Unternehmen Auslandskredite, die die rasant ansteigenden industriellen Investitionen zu einem wichtigen Teil finanzierten.[138] Die Regierung gewährte außerdem großzügige Abschreibungen bei Neuinvestitionen und trug damit zu einer Umverteilung der Steuern zugunsten der mittleren und großen Industriebetriebe bei. Weitere wichtige Merkmale der »zweiten Industrialisierung« waren das veränderte Verhältnis zwischen Stadt und Land sowie die zunehmende »Europäisierung« der dänischen Industrie. Auch hier half die Regierung kräftig nach. So markierte der Erlass des »Gebietsentwicklungsgesetzes« (*Egnsudviklingslov*) im Jahre 1958 den Beginn einer weiteren Etappe staatlich geförderter Industrialisierung der landwirtschaftlich geprägten Regionen. Das Gesetz versah Investitionen in neue Fabrikanlagen in der Provinz mit einer staatlichen Förderung von bis zu 90 Prozent der Entwicklungskosten und beschleunigte damit die industrielle Entwicklung Nord- und Ostjütlands.[139] Zudem hatten sich angesichts der Befürchtung, durch die Errichtung von »Zollmauern« im Export in die EG benachteiligt zu werden,

136 Die Erwerbsfrequenz von Frauen über 16 Jahren stieg von ca. 35% (1955) auf 50% (1965). Die Zahlen sind allerdings wegen der verstärkten Registrierung informeller Lohnarbeit etwas verzerrt, vgl. Borchhorst/Siim, *Kvinder*, S. 105–107.

137 Knudsen u.a., *Kampen*, S. 272f. Von 1957 bis 1970 nahm die Zahl der Erwerbstätigen von 2,04 auf 2,36 Millionen zu, während die Einwohnerzahl Dänemarks von 4,48 auf 4,92 Millionen wuchs: Hansen, *Økonomisk* Vækst, S. 232.

138 Das Investitionsvolumen war doppelt so hoch wie das in der privaten Industrie vorhandene Eigenkapital, vgl. Hansen, *Økonomisk vækst*, S. 174.

139 Vgl. aus kulturhistorischer Perspektive: Andersen, *Arbejderkultur*, S. 104–108.

Großbritannien, Portugal, die Schweiz, Österreich, Schweden und Norwegen nach 1957 zum *European Free Trade Agreement* (EFTA) zusammengeschlossen.[140] Dänemark schloss sich Anfang 1960 auf Einladung der britischen Regierung diesem Abkommen an. Damit stand die Konkurrenzfähigkeit der dänischen Industrie noch stärker als zuvor im Mittelpunkt der öffentlichen und auch der arbeitspolitischen Debatte.[141]

Die Kohärenz und Wirkungsmacht der staatlichen Eingriffe in die dänische Ökonomie wuchs am Ende der 1950er Jahre. Dazu trug auch bei, dass sich nach der Folketingswahl von 1957 ein neues parlamentarisches Muster gebildet hatte. Nachdem die dänische Parteienlandschaft der Nachkriegszeit bis dahin von wechselnden Minderheitsregierungen geprägt war, kam es nach diesen Wahlen und damit erstmals nach 1945 wieder zu einer sozial-liberalen Koalition. Zur allgemeinen Überraschung verbündete sich die SPDK, die zu den Wahlverlierern gehört hatte, sowohl mit den Linksliberalen als auch dem wirtschaftsfreundlichen *Retsforbund*.[142] Die neue Stabilität der Regierung kam einer gezielten staatlichen Intervention in den Wirtschaftskreislauf entgegen, auch wenn die Methoden dieser Intervention aufgrund des Einflusses neoliberaler Konzeptionen innerhalb der Koalition nie eindeutig und ausschließlich »keynesianistisch« waren.[143] Gleichwohl wurden etwa die infrastrukturellen Maßnahmen der neuen Regierung im Bildungsbereich und in der Regionalentwicklung von den Gewerkschaften begrüßt. Und positiv wurde ebenfalls vermerkt, dass die wachsenden indirekten Steuern mit »Sonderabgaben« für Großverdiener verbunden wurden.[144]

Die »zweite industrielle Revolution« trug dazu bei, die Plausibilität der These zu stärken, dass »die geschaffenen Werte nicht sofort verbraucht, sondern angewandt werden [müssen], um länger währende Werte zu schaffen«[145]. Die Wirtschaftspolitik der neuen Regierung nahm sich wie eine Illustration dazu aus. Die Anwendung neuer Technologien schien dazu beizutragen, die strukturelle Erwerbslosigkeit zu beseitigen und zugleich einen Ausbau des Wohlfahrtsstaates und des Ausbildungssystems zu ermöglichen. Die mehr und mehr hypothetisch anmutende Angst davor, dass neue Techniken Qualifikati-

140 Hansen, *Økonomisk vækst*, S. 156f.

141 Schätzungen von 1958, dass bis zu 40% der Industriebetriebe die Öffnung der Märkte nicht überleben würde, erwiesen sich als stark übertrieben, vgl. ebd., S. 159.

142 Die SPDK erreichte 39,4% (1953: 41,3), die DKP nur noch 3,1% (1953: 4,3) der Stimmen. Wahlsieger waren die Liberalen: Wagner, *Europa*, S. 296.

143 Vgl. Rostgård, *Socialdemokrati*, S. 44–49.

144 Speziell der DAsF begrüßte die Industrialisierung des ländlichen Raumes, zumal unter den Ungelernten die Erwerbslosigkeit in den »strukturschwachen« Regionen 1957/58 noch bis zu 40% betrug: ebd., S. 48.

145 Vgl. Finnemann, *I Broderskaabets Aand*, S. 289, auch für das Folgende.

onen überflüssig machen und Erwerbsmöglichkeiten einschränken könnten, wurde von Jahr zu Jahr selbstbewusster mit der Feststellung beantwortet, dass in einem solchen Falle eben nicht genügend qualifiziert, rationalisiert und investiert worden sei. Die Politik schien ihre eigene »Ewigkeitsmaschine« konstruiert zu haben: Innerhalb der SPDK war man zuversichtlich, alle im Rahmen der »zweiten industriellen Revolution« möglicherweise auftretenden Probleme lösen zu können. Dabei nahm die »Produktionslinie« zugleich die alte sozialdemokratische Forderung nach einer »Verstaatlichung« auf. Gemeint war jedoch nicht mehr eine »Überführung in Gemeineigentum«, sondern eine allumfassende staatliche Planung unter vorgegebenen Eigentumsverhältnissen. Der Boom täuschte darüber hinweg, dass sich in diesem neuen Pragmatismus eine grundlegende Ohnmacht ausdrückte. Verzichtet wurde auf alle Optionen einer Veränderung der Eigentums- und Machtverhältnisse. Die alte Vorstellung von politischen Eingriffen wurde insofern gleichzeitig *objektiviert* und *suspendiert*: Indem der Staates als »neutrale« Instanz fetischisiert wurde, wurde die Frage verdrängt, welche gesellschaftlichen Kräfte ihn dominieren. Soziale Ansprüche erschienen als erfüllbar, wenn sie im Einklang mit der technischen Entwicklung standen.

Mit der Ausdifferenzierung der »Produktionslinie« wurde die Strategie der Einbindung der Gewerkschaften fortgeschrieben. Bereits 1956 war als unmittelbare Reaktion auf den Massenstreik ein Komitee gebildet worden, das »Zusammenarbeitsprobleme in der dänischen Wirtschaft« diskutierte.[146] Dem Ausschuss gehörten neben den führenden sozialdemokratischen Regierungspolitikern ökonomische Experten sowie die Spitzen von DsF (LO) und DA an.[147] Er konstatierte, dass eine »einkommenspolitische« Koordination zwischen Staat, Banken, Gewerkschaften und Arbeitgebern auf der Grundlage von wissenschaftlich erarbeiteten »objektiven« Rahmendaten erforderlich sei. Die praktisch-institutionelle Konsequenz dieser Überlegung war zunächst die bereits am Ende des vorigen Kapitels beschriebene Zentralisierung des Verhandlungsprozesses bei den Tarifverhandlungen. Die Tarifpolitik war nun noch stärker als zuvor von jenen »sachlichen« Überlegungen geprägt, die in den Zentralvorständen der Verbände und ihren wissenschaftlichen Apparaten angestellt wurden. Die Aufteilung der Urabstimmungen in acht Industriegruppen sollte die handwerklichen Traditionen einzelner Gewerkschaften brechen, die als Hindernis für eine »Verwissenschaftlichung« der Lohnpolitik betrachtet wurden. Der zentrale Tarifabschluss von 1958 wurde mit seiner dreijährigen

146 Die Darstellung folgt hier: Rostgård, *Socialdemokrati*, S. 50–52.

147 Ebd., S. 53f. 1959 wurde der industrielle gewerkschaftliche Dachverband in *Landsorganisation i Danmark/DsF* (LO/DsF) umbenannt, 1967 in *Landsorganisation i Danmark* (LO).

Laufzeit als Eckstein einer »langfristigen Planbarkeit« gesehen. Alles in allem kann festgehalten werden, dass, während der Boom in Dänemark später als in der Bundesrepublik einsetzte, die dänische »Einkommenspolitik« den bundesdeutschen Entwicklungen voraus war. Als die Inflation den Abschluss des Frühjahrs 1958 mehr und mehr aushöhlte, geriet jedoch auch das Konzept der »wissenschaftlichen Lohnpolitik« in eine erste ernste Krise.

Arbeitskämpfe bis zur Streikwelle von 1960

Nach 1957 nahmen die Konflikte auf dem dänischen Arbeitsmarkt zu, 1959/1960 durch »tarifwidrige« Streiks und 1961 durch einen tariflichen Massenstreik. In der Statistik spiegelte sich dies dadurch wider, dass zunächst die Zahl der Streiks zunahm und im Anschluss ihr in Ausfalltagen gemessenes Volumen.

Tabelle 5. Tarifliche und wilde Streiks in Dänemark, 1957–1961 [148]

Jahr	*Zahl*	*Ausfalltage*	*»tarifwidrig«*
1957	14	7.400	7.400
1958	15	10.500	10.500
1959	23	15.100	13.300
1960	82	56.600	56.600
1961	34	2.120.500	13.800

1960 wuchs die Zahl der Streiks auf einen Höhepunkt: In der in der vorliegenden Studie behandelten Periode wurden nur 1956 und 1973 mehr Ausstände gezählt.[149] Was die allein durch wilde Streiks verursachten Ausfalltage betrifft, so stieg deren Zahl 1959 leicht an, und 1960 verfünffachte sie sich. Das Volumen aller durch Streiks »verlorenen Arbeitstage« erreichte 1961 aufgrund des Tarifstreiks dieses Jahres einen Nachkriegsrekord, während gleichzeitig der Umfang der »tarifwidrigen« Aktionen zurückging: Die Statistik reflektiert, dass die Tarifbewegung mindestens zum Teil eine Reaktion auf das Ansteigen der »wilden« Aktionen war. Sie gibt die Entwicklung jedoch nur in »verhüllter« Form wieder. Für die Zeit von 1959–1961 existieren detaillierte Aufstellungen, in diesem Fall als Produkt eines Versuches der SPDK, sämtliche Streiks aufzuzeichnen, um dem Phänomen der lokalen »tarifwidrigen« Aktionen auf die

148 Leihardt, »Strejkestatistik«, S. 153: Zahlen lt. DS, Ausfalltage lt. DA.
149 Ebd., S. 153f.

Spur zu kommen. Diese Aufzeichnungen zeigen, ähnlich wie spätere Untersuchungen, dass die amtlichen Statistiken den Umfang der wilden Streiks tatsächlich nur erahnen ließen. Die Zeitschrift zählte alleine zwischen dem 10. September 1958 und dem 1. Dezember 1960 nicht weniger als 261 wilde Streiks und damit weit mehr als das Doppelte der in der amtlichen Statistik verzeichneten.[150] Die meisten dieser Arbeitskämpfe wurden wohl auch deshalb nicht registriert, weil sie sehr kurz waren: Fast die Hälfte dauerte nicht länger als zwei Tage.[151]

Die massiven wilden Streiks um 1960 sind in Dänemark bislang nicht als Teil der »Vorgeschichte« der Streikwelle Ende des Jahrzehnts analysiert worden. Neben den in der Einleitung geschilderten Eigentümlichkeiten der Streikforschung ist ein weiterer Grund dafür, dass ihr Charakter eine solche Aufarbeitung erschwerte. In einer der wenigen zeitgenössischen Zusammenfassungen sprach Carl Heinrich Petersen im August 1960 von den wilden Streiks als einer »Sommermode«, die der Öffentlichkeit wie eine »soziale Naturkatastrophe« erschienen sei. Und er fuhr fort, dass die »Geschichte dieser Streiks zu schreiben fast eine Unmöglichkeit« sei, da ihr »Schwerpunkt ganz offensichtlich auf dem einzelnen Arbeitsplatz« gelegen habe.[152] Im Folgenden versuche ich diese Geschichte dennoch zusammenzufassen, wobei mir, anders als Petersen, die Materialien aus dem Arbeitsrechtsarchiv der LO zur Verfügung stehen. Interessant ist dabei der Vergleich mit dem Ablauf der Streikbewegungen zwischen 1953/54 und 1956. In den Sommerstreiks von 1960 zeigte sich bereits eine Erneuerung der Streikkultur, die erst am Ende des Jahrzehntes in Dänemark öffentlich wahrgenommen wurde.

Zunächst jedoch begann der Zyklus der »tarifwidrigen« Streiks von 1959/60 wie der von 1954: als Konflikt um die Arbeitsbedingungen. Die Mehrheit der wilden Streiks, die zwischen dem 10. September 1958 und dem Frühjahr 1960 stattfanden, war durch die in der schnellen Expansion der Industriebetriebe erhöhten Arbeitsbelastungen verursacht.[153] In enger Verbindung damit standen weitere Konflikte: Auseinandersetzungen mit Vorgesetzten, oft mit den für die Arbeitsvorbereitung und die Überwachung zuständigen Meistern und Vorarbeitern, sowie um Entlassungen, die häufig aufgrund von Auseinandersetzungen um individuelle Spielräume innerhalb der Arbeit verhängt wurden. Ein Schwerpunkt dieser Konflikte waren erneut die Schlachtereien der Provinz, hinzu kamen die Kopenhagener Brauereien sowie einzelne Betriebe der Tabakindustrie. Das Gemeinsame dieser Sektoren war, dass sie

150 *SN*, Nr. 10, Juli 1960, S. 930–935. Hier werden auch Dauer und Ursachen benannt.
151 *Danmarks Statistik* zählte bis 1995 nur Streiks, die über 100 Ausfalltage verursachten.
152 Petersen, »Sommerens mode«.
153 Stichworte zu den Ursachen finden sich in: *SN*, Nr. 10, Juli 1960, S. 930–935.

traditionell stark durch Saisonarbeit geprägt waren. Im Boom wuchs die Zahl der in den größeren Betrieben dieser Sektoren Beschäftigten schnell an. Der wachsende Bedarf an Arbeitskräften wurde unter anderem durch (ehemalige) Landarbeiterinnen und Landarbeiter sowie (verheiratete) Frauen gedeckt.[154] Die Löhne in den Schlachtereien, den Brauereien und der Tabakindustrie bewegten sich in den 1950er Jahren durchweg am unteren Rand der industriellen Lohnskala. Die wilden Streiks waren insofern also weder »Lohnstreiks« noch »Rationalisierungskonflikte«, sondern artikulierten gerade die Verbindung zwischen beidem.

Wie bereits 1953 wurde die Zunahme der offenen Arbeitskämpfe zuerst in den Provinzschlachtereien registriert. Bereits Anfang 1959 häuften sich hier die Arbeitsgerichtsverfahren gegen »tarifwidrige« Streiks.[155] Im Mittelpunkt dieser Kämpfe stand erneut das Verhältnis zwischen stagnierenden Löhnen und wachsenden Arbeitsbelastungen. In den meisten Schlachtereien wurde trotz der Vereinbarung über die Einführung von »produktionsfördernden Lohnsystemen«, die der Berufsverband unterzeichnet hatte, noch im Zeitlohn vergütet. Die Arbeitskämpfe nahmen daher einmal mehr die Form von *Slow-downs* an, wobei die Schlachtereiarbeitenden erneut ihre strategische Position als Beschäftigte in einer der wichtigsten dänischen Exportindustrien zu nutzen wussten.[156] Im Spätsommer 1959 wuchs sich die von den Arbeitenden selbst als »Slomo-Aktion« bezeichnete Kampfform zu einer abgestimmten Strategie aus. Man senkte das Tempo an den Schlachterketten gleichzeitig ab; nach den Beschäftigten in der Schlachterei von Nørresundby, die möglicherweise noch von der im 1953er-Streik erworbenen Autorität zehrten, reduzierten auch jene in Køge, Frederikssund, Horsens, Skive, Randers, Holbæk, Vejle und Grindsted das Tempo um ein Viertel, und in Kolding reduzierte man die Zahl der die Schlachterkette durchlaufenden Tiere von 188 auf 111 pro Stunde.[157]

Wie 1953 übersetzte der Schlachtereiarbeiterverband, der die Aktionen ablehnte, die Verringerung des Arbeitstempos in die Forderung nach einer flächendeckenden Einführung von Akkordsystemen. Am 16. Oktober 1959 boten Verband und LO den Arbeitgebern der Provinzschlachtereien auf dieser

154 Eine weitere Gemeinsamkeit dieser Sektoren war, dass die Gewerkschaften im Industrieverbandsprinzip organisiert waren. Die Trennung der verschiedenen Beschäftigtengruppen reproduzierte sich jedoch teils in Form getrennter Tarifverhandlungen für Männer und Frauen. Übersichten geben Grelle/Knudsen, *Gris* (Schlachtereien); Assens u.a., *Bryggeriarbejderne* (Brauereiarbeiter); Emerek/Siim, *Kvinder i tobaksindustrien* (Frauen in der Tabakindustrie).

155 Die Arbeitsgerichtsakte über einen Streik im jütischen Herning etwa schildert zwischen Oktober 1958 und Januar 1959 einen Zustand permanenter Unruhe: Mindestes fünf Mal kam es in wenigen Wochen zu wilden Streiks: ABA/LO, 800, 5.165.

156 Vgl. Grelle/Knudsen, *Gris*, S. 108.

157 Ebd., S. 108. Weder die *SN* noch die offizielle Statistik registrierten diese Aktionen.

Grundlage die sofortige Einführung »experimenteller« Zeitstudien an. Die Unternehmer akzeptierten dies, verlangten aber, dass diese Akkorde nach dem MTM-System ermittelt werden sollten.[158] Auch deshalb gingen die »Slomo-Aktionen« weiter. Schließlich einigte man sich auf die Gewährung einer als »Akkordersatz« deklarierten Lohnerhöhung von 15 Kronen in der Woche für Männer und 10 Kronen für Frauen.[159] Mit einiger Mühe und einer knappen Mehrheit konnte diese Art der »kompensatorischen« Politik innerhalb des DSF zwei Tage später durchgesetzt werden.[160] Im Anschluss daran verschwand der koordinierte Charakter der Arbeitskämpfe, doch in einigen Betrieben weigerten sich die Beschäftigten noch für Monate, zum alten Arbeitstempo zurückzukehren. Im Frühjahr 1960 kam es dann erneut in einer Reihe von Betrieben zu wilden Streiks.[161] Insbesondere der Versuch, das unbeliebte MTM-System durchzusetzen, traf auf Widerstand.[162] Die innerhalb von »leistungsbezogenen« Systemen fungierenden Mechanismen (Identifikation mit der Arbeit, innerbetriebliche Konkurrenz, Akzeptanz des Arbeitsdrucks) blieben zwar auch in den Schlachtereien keineswegs wirkungslos, aber sie mussten sich gegenüber einer Beschäftigtengruppe durchsetzen, die trotz hoher Fluktuation ein erstaunliches Maß an informeller Organisierung und kollektiver Resistenz entwickelt hatte.

Während die Slow-downs in der Provinz nicht viel Wirbel in der dänischen Öffentlichkeit auslösten, wurde ein anderer wilder Streik – wohl auch, weil er Assoziationen zum Philips-Streik von 1954 auslöste – weitaus stärker beachtet.[163] Der Ausstand in der Schraubenfabrik Henze in Kopenhagen richtete sich einmal mehr gegen eine angesichts des fehlenden Kündigungsschutzes legale, aber von den 125 Beschäftigten als ungerechtfertigt empfundene Entlassung. Ein Spezialarbeiter hatte die Überwachung der Maschine eines Kollegen übernommen, der zur Toilette gegangen war, und wurde deshalb sofort nach Hause geschickt.[164] Meistens wurden derartige Konflikte, die sich 1959 auffällig häufig in wilden Streiks entluden, schnell gelöst, aber der Henze-Streik

158 Zum MTM-System vgl. die Schilderung des Konfliktes bei Deere-Lanz.

159 »Akkordersatz« (*akkordafsavn*) ist ein Terminus technicus der dänischen Tarifpolitik.

160 Grelle/Knudsen, *Gris*, S. 110.

161 Eine Aufzählung findet sich in: *SN*, Nr. 10, Juli 1960, S. 930f.

162 So auch auf dem Kongress des DSF im Sommer 1960: Grelle/Knudsen, *Gris*, S. 113f. Auch in den Betrieben, die das MTM-System erproben sollten, kam es zu Slow-downs: ABA/LO, 800, 5.378, 5.381, Urteile vom 14.12.1960.

163 Vgl. die Sammlung von Berichten in den Gerichtsakten: ABA/LO, 800, 5.226.

164 ABA, Bestand DKP (ABA/DKP), 921, 232, Erklärung der Streikenden der Firma Henze. Der DAsF war im Übrigen in den zehn Jahren zuvor zu 24 Verhandlungen wegen fristloser Kündigungen bei der Firma Henze hinzugezogen worden: ABA/LO, 800, 5.226.

dauerte 45 Tage.[165] An seinem Ende stand ein Disput zwischen dem Verband der Schmiede und Metallarbeiter (DM&SF), der den Arbeitskampf als »Provokation einer kleinen kommunistischen Clique« verurteilte, sowie dem Verband der Ungelernten, der sich von dieser Behauptung distanzierte.[166]

Auch in Dänemark war diese Zuweisung mittlerweile kaum noch glaubwürdig: Eher als die Stärke der KP im Betrieb illustrierte der Arbeitskampf – gerade im Vergleich zu den großen Kämpfen von 1945/46, 1954 und 1956 – ihren mittlerweile eingetretenen Zusammenbruch. Wie die Arbeitsgerichtsakten belegen, ging der Streik unzweifelhaft von den Kollegen des Betriebes aus und wurde vor allem von sozialdemokratischen und parteilosen Arbeitern getragen.[167] Erst als die Situation aufgrund einer Intervention des industriellen Arbeitgeberverbandes eskalierte, der den Konflikt zu einer Grundsatzfrage machte, indem er auf das im Hauptvertrag verbriefte Recht der Arbeitgeber über die Arbeitskraft zu disponieren verwies, schalteten sich die Reste der linken Vertrauensleutenetzwerke ein. Jedoch zeigte sich zugleich deren mittlerweile eingetretener Niedergang: Henze nahm die Arbeit mit Streikbrechern teilweise wieder auf, aber nicht einmal bei B&W konnte der Boykott der Produkte des Bolzen und Schrauben produzierenden Werkes durchgesetzt werden.[168] Ein Solidaritätsstreik kam, anders als 1954, nicht zustande, und eine in der kommunistischen Presse groß aufgeschlagene »Henze-Demonstration« wurde am 20. Oktober 1959 zum Fiasko: Nur etwa 1.500 Menschen nahmen an ihr teil.[169]

Schließlich mussten die Arbeiter ihren Streik beenden, ohne die Forderung nach Wiedereinstellung des Entlassenen durchgesetzt zu haben. Zudem konnte nur rund die Hälfte der Streikenden wieder an ihren Arbeitsplatz zurückkehren.[170] Wenn man die Streiks von 1953/54 und 1959 vergleicht, dann zeigen sich einerseits thematische Parallelen, etwa im Kampf gegen Entlassungen und Rationalisierungen. Aber andererseits wird, jenseits der Frage nach der Rolle der DKP, deutlich, dass traditionelle Protestformen auch in Dänemark an Ausstrahlung und Bedeutung verloren hatten.

---

165 In den Tagen vor dem Henze-Streik registrierten die *SN* alleine in Kopenhagen drei wilde Streiks gegen Kündigungen: *SN*, Nr. 10, Juli 1960, S. 930–932.

166 Die Behauptung wurde u.a. im Zentralorgan der LO verbreitet: *Løn og Virke*, Nr. 21, 1959, S. 327. Vgl. auch die Erklärungen in: *SN*, Nr. 1, Oktober 1959, S. 85f.

167 ABA/LO, 800, 5.226, Bericht der *Arbejderbevægelsens Informations Central* (AIC), Oktober 1959.

168 Die vorherrschende Einschätzung, dass der Streik kaum Unterstützung erfuhr, ist nicht ganz richtig: So kam es zu einer Spendensammlung in 800 Betrieben, vgl. ABA/DKP, 920, 232.

169 ABA/DKP, 920, 232, Chronologie sowie ABA/LO, 800, 5.226, AIC-Bericht über das Vertrauensleutetreffen am 3.11.1959.

170 Vgl. den Vertrag der Arbeitsmarktparteien, in *SN*, Nr. 2, November 1959, S. 205.

Dänische Massenarbeiterinnen im Arbeitskampf

Der Schwerpunkt der Streiks von 1959/60 lag eindeutig im Niedriglohnsektor, und er lag zugleich quer zu den traditionellen politischen Verortungen. Besonders klar erscheint dies, wenn man sich den Arbeiterinnenaktionen zuwendet, die seit 1959 stattfanden. Diese reagierten ebenso wie die Streiks in den Schlachtereien auf den Zusammenhang zwischen der dänischen »Exportoffensive« im Vorfeld des Beitritts zum EFTA, der »Produktionslinie« und der verstärkten Arbeitsbelastung. Ein gutes Beispiel ist ein Ausstand in der Dansk Gummi- und Galoschefabrik, die im 50 Kilometer südlich von Kopenhagen gelegenen Køge unter anderem Gummischuhe produzierte. Dort hatte der Direktor die »großen Möglichkeiten für konkurrenzfähige Betriebe auf dem neuen europäischen Markt« bereits seit Sommer 1959 herausgestellt.[171] In den Monaten darauf wuchs die Produktion der Firma in der Tat schnell an, aber nur die 650 dort beschäftigten Männer wurden mit Lohnerhöhungen bedacht, während die ungefähr 540 Frauen leer ausgingen. Im Frühjahr 1960 verdienten die Männer in der Schuhproduktion zwischen 236 und 240 Kronen in der Woche, während die Frauen in derselben Zeit lediglich auf ungefähr 156 Kronen kamen.[172] Am 18. April legten Letztere darum kurz die Arbeit nieder, nahmen sie aber wieder auf, nachdem der Unternehmer sich zu Verhandlungen mit ihrem Verband der Industriearbeiterinnen (KAD) bereit erklärt hatte.

Nachdem sich bis zum 25. Mai 1960 nichts getan hatte, traten die Frauen in der Gummischuhproduktion in einen Sitzstreik, das heißt sie blieben an ihren Plätzen und weigerten sich, mit der Arbeit zu beginnen. Nun begannen die Verhandlungen, und am 30. Mai erreichten Vertrauensfrauen und KAD eine Zusage, die sich auf der Linie bewegte, die unter anderem im Schlachtereisektor im Vorjahr eingeschlagen worden war: Vereinbart wurde eine Lohnerhöhung von 15 Kronen, die aber nur bei einer Produktionssteigerung um ungefähr 5 Prozent gewährt werden sollte. Doch die Streikenden lehnten dies mit 440 zu 53 Stimmen ab. Am 1. Juni 1960 wählten die Frauen ein Streikkomitee, das Geld für die Lohnausfälle und die Strafen des Gerichtes sammelte. Ein interner sozialdemokratischer Bericht konstatierte besorgt (!), dass dieses Komitee nicht aus Kommunistinnen bestand: Sechs der Frauen waren SPDK-Mitglieder, weitere sechs galten als »Sympathisanten«. Bei drei Frauen schließ-

171 ABA/LO, 800, 5.292, AIC-Bericht.

172 Die Darstellung folgt Rostgård, *Socialdemokrati*, S. 79 sowie den Berichten des AIC in den Arbeitsgerichtsakten: ABA/LO, 800, 5.292. Vgl. auch das Interview mit den streikenden Frauen in: *Land og Folk*, 5.6.1960, S. 7: »Man kann wohl kaum von uns verlangen, dass wir dieselbe Arbeit wie die Männer machen, bloß für hundert Kronen in der Woche weniger.«

lich war die Parteipräferenz unklar.[173] Der Bericht schloss, dass »uns unsere Basisarbeit um die Ohren fliegen wird, wenn wir versuchen, diesen Streik zu stoppen«. Aber nach einer Zeit »stoppte« der Streik gleichwohl, weil die Frauen unter zunehmenden materiellen Druck gerieten. Auf Grundlage der Spendensammlungen, die vor allem in Industriebetrieben mit einem hohen Anteil weiblicher Beschäftigter erfolgreich waren, konnte nur ein relativ geringer Betrag eingesammelt werden, der bevorzugt an die allein erziehenden Mütter ausbezahlt wurde. Am 11. Juni 1960 wurde der Streik mit einer Lohnerhöhung von 8 Kronen pro Woche beendet, die immerhin nicht an die Produktivität gebunden wurde; ein Resultat, das sich jedoch im Vergleich zu den Ergebnissen, die kurz darauf in wilden Streiks erreicht wurden, bescheiden ausnimmt.[174]

Auslöser der Streikwelle, die unmittelbar nach dem Abbruch des Køge-Streiks einsetzte, war nicht alleine die Diskriminierung der Industriearbeiterinnen. Alle Beschäftigtengruppen, die, anders als etwa die Metallfacharbeiter, kein Recht auf »zwischentarifliche« Verhandlungen hatten, waren durch die dreijährige Laufzeit des Tarifvertrags von 1958 benachteiligt. Die im Boom entstehenden Spielräume, insbesondere für Beschäftigte in »Mangelberufen«, ließ die Löhne in den Niedriglohnsektoren[175] weiter zurückfallen: Die Streikwelle fand zwar nicht nur in in diesen Sektoren statt, aber sie hatte dort eindeutig ihren Ausgangspunkt. Zudem wurde, anders als 1956, die Unruhe nicht zuerst in einer Tarifrunde, sondern in einer allgemeinen Verbreitung lokaler »tarifwidriger« Kämpfe zum Ausdruck gebracht.

Ein Beispiel aus der Streikwelle, das zugleich als typisch für den Kampf gegen die hierarchischen Geschlechterverhältnisse gelten kann, waren die Arbeitskämpfe in den Brauereien. In den 1950er Jahren galt die Erwerbstätigkeit von Frauen auch in der dänischen Massenproduktion als residual, mit der Folge, dass sie ungarantiert und innerbetrieblich randständig blieb. In den Brauereien war sie traditionell Saisonarbeit: Überstunden im Sommer stand Erwerbslosigkeit im Winter gegenüber.[176] Frauen waren in den 1950er Jahren vor allem in den Abfüllhallen und als Reinigungskräfte beschäftigt. Solche als »einfach« und »weiblich« definierten Arbeiten wurden im Landesdurchschnitt zu 74 Prozent im Akkord vergeben, während nur 11 Prozent der Männer im

173 ABA/LO, 800, 5.292, AIC-Bericht.

174 Zum Resultat des Streiks vgl. *SN*, Nr. 10, Juli 1960, S. 933.

175 Die dänischen Tarifverträge nennen Löhne, die während der Laufzeit der Verträge fest liegen, *normalløn*. Im Boom wird dieser »Normalllohn« regelmäßig zum »Niedriglohn«, weil die vereinbarten Erhöhungen mit der steigenden Inflationsrate nicht mithalten können – die Bezeichnung ist vor dem Hintergrund des derzeitigen bundesdeutschen Diskurses um »Normalarbeitsverhältnisse« etwas verwirrend.

176 Die Darstellung folgt hier: Assens u.a., *Bryggeriarbejderne*, S. 106–109.

Akkord arbeiteten. Bei den Löhnen, aber auch in Bezug auf Krankengeld, Urlaub und so weiter waren die Frauen gegenüber den Männern benachteiligt. Diese Benachteiligung wurde durch die getrennte gewerkschaftliche Organisierung zementiert, die aber zugleich Ausgangspunkt einer selbstständigen Artikulation von »Frauenforderungen« werden konnte.[177] Während der Brauereiarbeiterverband (als Zusammenschluss auf Branchenebene) nicht geschlechtsspezifisch aufgeteilt war, hatten Männer und Frauen auf betrieblicher und lokaler Ebene ihre eigenen Fachvereinigungen, die auch Betriebsvereinbarungen abschlossen. Der Konflikt um die Geschlechterhierarchien äußerte sich insofern nicht alleine als Konflikt zwischen Arbeiterinnen und Brauereibesitzern, sondern immer wieder auch in Kämpfen zwischen männlicher und weiblicher Fachvereinigung, die sich unter anderen darum stritten, ob bestimmte Arbeiten als »männlich« oder »weiblich« zu gelten hatten. Daran änderte sich auch dadurch nichts, dass die »männliche« Vereinigung in Kopenhagen ausgesprochen linksorientiert war.

Bereits seit Mitte März 1960 hatten diese »aktivistischen« Klubs und Vereinigungen der männlichen Brauereiarbeiter in der Hauptstadt umgehende Lohnerhöhungen von 20 Kronen in der Woche gefordert.[178] Am 21. Mai kam es zu einem kurzen wilden Streik bei Tuborg und Carlsberg in Kopenhagen, der in eine Demonstration zum Unternehmerverband mündete. Die Unternehmer boten dem Brauereiarbeiterverband daraufhin zwölf Kronen Lohnerhöhung für die im Fahrbetrieb Beschäftigten und neun Kronen für alle anderen an. Die Frauen blieben dabei ebenso ausgespart wie die Beschäftigten der Brauereien in der Provinz. Obwohl der (geschlechterübergreifende) Verband dieses Angebot mit einem Hinweis auf sein Prinzip der »solidarischen Lohnpolitik« ablehnte, akzeptierte es die Vereinigungen der männlichen Brauereiarbeiter in Kopenhagen.[179] Damit trat ein weiteres Problem auf, denn die Brauereibesitzer hatten nun selbst gegen die »Friedenspflicht« verstoßen und sich damit innerhalb des Arbeitgeberlagers entsolidarisiert. Aus Sicht der zentralen Arbeitgebervereinigungen konnte dies nicht hingenommen werden, denn nun war absehbar, dass auch andere Beschäftigtengruppen anfangen würden, während der Laufzeit der Tarifverträge »außerplanmäßige« Lohnzuschläge zu fordern. Zur Abschreckung wurden die Brauer deshalb von der DA zu einer Organisationsstrafe von 100.000 Kronen verurteilt, da sie gegen die Satzung des Verbandes verstoßen hatten.

177 Vgl. Assens u.a., *Bryggeriarbejderne*, S. 106.
178 Ebd., S. 109f.
179 Rostgård, *Socialdemokrati*, S. 77.

Doch die Direktoren der Kopenhagener Brauereien hatten in der Tat andere und wichtigere Dinge im Kopf als die Satzung des DA: Sie dachten vor allem an die bevorstehenden olympischen Sommerspiele in Rom, weniger aus Begeisterung für den Sport als vielmehr, weil sie sich unter den Anbietern ausländischen Bieres ein Alleinverkaufsrecht gesichert hatten. Doch die Zugeständnisse steigerten den Durst nach Lohnerhöhungen sofort auch bei den durch sie ins Hintertreffen geratenen Gruppen: Am 1. Juni 1960 traten zunächst die Arbeitenden in Helsingør und Ålborg für einen und in Århus für drei Tage in einen wilden Streik und verlangten dieselben Lohnerhöhungen wie in der Hauptstadt. Am 2. Juni folgten die Brauereiarbeiterinnen in Kopenhagen mit derselben Forderung. Die Tatsache, dass die Männer nunmehr 239 Kronen im Zeitlohn und die Frauen im Schnitt 200 Kronen im Akkord verdienten, erhitzte die Gemüter.[180] Auch in der Provinz schlossen sich die Arbeiterinnen der Forderung nach einem gleichen Lohn für gleiche Arbeit an. Am 3. Juni demonstrierten 1.500 Frauen vor dem Arbeitsgericht gegen die Verurteilung der Streikenden zur Wiederaufnahme der Arbeit. Am 7. Juni verhängte dasselbe Gericht eine Geldbuße von 20–28 Kronen für die Frauen und 25–35 Kronen für die Männer pro Streiktag, aber der Streik ging dennoch weiter.[181] Das Nahen der Sommerspiele erhöhte die Verhandlungsbereitschaft der Brauer von Tag zu Tag, noch jedoch verhinderte der Arbeitgeberverband ein Abkommen. Gleichzeitig begann die Streikwelle sich auf andere Betriebe und Sektoren auszudehnen, in denen immer wieder die Forderung nach einer linearen Lohnerhöhung formuliert wurde: Vom 8. bis 16. Juni 1960 legten Werft- und Metallarbeiter in Kopenhagen und Århus, die Milchlieferanten in Herning, die Busfahrer in Århus und die Beschäftigten dreier Molkereien in Kopenhagen die Arbeit nieder.[182] Schließlich nahmen die Brauereiarbeiterinnen am 15. Juni die Arbeit wieder auf. Drei Tage danach vereinbarten Gewerkschaft und Arbeitgeberverband Lohnerhöhungen in der gleichen Höhe der bei den Hauptstadt-Männern durchgesetzten.[183] Mit dem Wind der erfolgreichen Frauenstreiks im Rücken, dehnten sich die wilden Streiks bis August auf die gesamte Industrie und sogar darüber hinaus aus. Im Spätsommer begannen fast täglich neue Streiks, meist mit Festgeldforderungen von ungefähr 15 Kronen pro Woche.

Arbeitgeber- wie Arbeitnehmerorganisationen waren völlig überrascht. Weder die offiziellen Gewerkschaftsinstanzen noch die Gewerkschaftslinke spielten in den Streiks eine prägende Rolle. Eine Koordinierung zwischen den

180 Vgl. Assens u.a., *Bryggeriarbejderne*, S. 110–115.

181 Christensen, *Kendelser*, 1961, S. 24.

182 *SN*, Nr. 10, Juli 1960, S. 933.

183 Assens u.a., *Bryggeriarbejderne*, S. 111.

Aktionen war kaum vorhanden, wenn überhaupt, dann kann wohl eher von einer gegenseitigen »Inspiration« die Rede sein, die sich wie beim Brauereistreik auf die Betriebe derselben Branche bezog. So forderten am 2. Juli die Lagerarbeiter in Ålborg 15 Kronen mehr pro Woche – was nach einem kurzen Streik bewilligt wurde. In Kopenhagen wurden daraufhin von derselben Beschäftigtengruppe Lohnerhöhungen in Verhandlungen erreicht.[184] Mitte Juli 1960 streikten alle Hafenarbeiter mit ähnlichen Forderungen, namentlich einem 25-prozentigen Zuschlag auf die Akkorde (Ålborg, Århus) und einem 100-prozentigen Zuschlag auf den Grundlohn (Kopenhagen). Um das Löschen von Schiffen in anderen Häfen zu verhindern, waren die Hafenarbeiter zu gewissen Absprachen genötigt, was sich sowohl auf den Zeitpunkt des Streikes wie auf die erhobenen Forderungen auswirkte.[185] Fast gleichzeitig traten Mitte Juli 1.200 Seeleute in einen Solidaritätsstreik mit ihren Kollegen bei den Langstrecken-Personenfähren in Kopenhagen. Am 21. Juli forderten die Hafenarbeiter in einer gemeinsamen, landesweiten Konferenz den Wegfall der Geldstrafe des Arbeitsgerichtes als Voraussetzung für eine Wiederaufnahme der Arbeit. Dieselbe Forderung erhoben die Beschäftigten der Stahlschiffwerft in Odense am 5. August.[186] Am 12. und 13. September erregte schließlich ein Arbeitskampf der 3.000 beamteten Kopenhagener Postboten öffentliches Aufsehen. Mit dem Ausstand, dem sich die Postboten in Århus und Odense am 13. September anschlossen, protestierte man gegen die Anstellung von Aushilfskräften, durch die ein Überstundenboykott unterlaufen werden sollte.[187] Hintergrund des Boykottes wiederum war ebenso wie in der Industrie die Forderung nach linearen Lohnerhöhungen. Die Postboten, deren Arbeit weit unterdurchschnittlich entlohnt war, setzten schließlich wie Hunderte anderer Belegschaften ihre Forderung durch; es war der erste bedeutende Streik im öffentlichen Sektor in der dänischen Nachkriegsgeschichte.

In den Reaktionen der dänischen Gewerkschaften auf die Streikwelle wiederholte sich das Muster, das sich anlässlich des Henzestreiks bereits gezeigt hatte. Der Vorsitzende des DM&SF Hans Rasmussen verurteilte am 9. Juli die »zunehmende Anarchie«.[188] Im August 1960 schrieb Jern og Metal, die Zeitschrift des DS&MF, dass es eine »manische Art« sei, »ungesetzliche Arbeitsniederlegungen zu etablieren«, eine »Kinderei«, eine »Krankheit«, und »in allerhöchstem Grad ein Bruch mit der Solidarität in der Gewerkschaftsbewe-

184 Rostgård, *Socialdemokrati*, S. 83, sowie *SN*, Nr.10, Juli 1960, S. 333.
185 Rostgård, *Socialdemokrati*, S. 83.
186 Mølholm, *Arbejdskampe*, S. 46.
187 *SN*, Nr. 12, September 1960, S. 1.082.
188 *SN*, Nr. 10, Juli 1960, S. 923.

gung«.[189] Dagegen äußerte der DAsF als wichtigste Gewerkschaft des »Normallohnbereiches« weitaus mehr Verständnis für die Streikforderungen. Mit der Zunahme der Streiks – im Juni wurden 33, im Juli 36 und im August 58 Arbeitsniederlegungen gezählt[190] – setzten zugleich Bemühungen der Gewerkschaftszentrale ein, mit dem DA zu Vereinbarungen über Lohnerhöhungen im Normallohnbereich zu kommen, um die Streikwelle zu beenden. Doch die zahlreichen Treffen zwischen den Dachverbänden blieben ohne Resultat: Auch der gewerkschaftliche Vorschlag, die für den Winter 1960/61 turnusmäßig anstehende zentrale Tarifrunde vorzuziehen, wurde von den Arbeitgebern im August 1960 abgelehnt. Das Scheitern dieser zentralen »Gespräche« – von »Verhandlungen« war erst gar nicht die Rede – trug dazu bei, dass die lokalen Streiks erst im Herbst langsam von der Bildfläche verschwanden: Vom 17. September bis zum 31. Oktober 1960 wurden noch 23, vom 3. November bis zum 1. Dezember nur noch 14 Streiks gezählt.[191]

Eine Ursache für das Abebben der Streikwelle dürfte ihr materieller Erfolg gewesen sein: Während sich im Juni auf Grundlage der Zugeständnisse der Brauereien viele Belegschaften fanden, die die Frauenstreiks »nachahmten«, war dies im Herbst zunehmend weniger notwendig. Viele Arbeitgeber gewährten angesichts der vollen Auftragsbücher bereits bei der Androhung von Arbeitsniederlegungen Lohnerhöhungen, die sich schließlich bei 15–20 Kronen in der Woche einpendelten.

Insgesamt trugen die wilden Streiks dazu bei, dass die Reallöhne ab 1960 stärker stiegen als zuvor.[192] Bemerkenswert ist, dass durch die Aktionen materiell mehr erreicht wurde als durch die Tarifrunde von 1958.[193] Daran konnten auch die Geldbußen des Arbeitsgerichtes nichts ändern. Zwar mussten die Arbeitenden 1960 eine stattliche Summe von 667.587 Kronen zahlen, während die Arbeitgeber wegen anderer »Vergehen« gegen Tarifverträge mit ganzen 700 Kronen davonkamen.[194] Aber da das Gericht wegen der Menge der »Fälle« überfordert war, kamen viele Streikende »straflos« davon: Nur 22 der 138 Verfahren endeten mit einem Urteil. Angesichts von weit mehr als 200 wilden Streiks wurde fast die Hälfte der Aktionen nicht zur Anzeige gebracht.

Aufgrund dessen, dass eine zentrale Vereinbarung von Lohnerhöhungen zur Wiederherstellung der Autorität der Gewerkschaften von den Unter-

---

189 Zitiert nach: *SN*, Nr. 11, August 1960, S. 998.

190 Mølholm, *Arbejdskampe*, S. 43.

191 Ebd., S. 47.

192 Lohnerhöhungen außerhalb der zentralen Tarifrunden spielten bis 1970 in Dänemark eine immer wichtigere Rolle, vgl. Flanagan/Ulman, *Wage Restraint*, S. 123f.

193 Rostgård, *Socialdemokrati*, S. 84.

194 *Løn og Virke*, Nr. 8/9, 1961, S. 130.

nehmern nicht akzeptiert wurde, blieb es beim indirekten Eingriff gegenüber den Ursachen der Streikwelle nach dem Muster der Schlachtereien: Vermehrt wurden Vereinbarungen getroffen, Zeitlöhne durch »produktionsfördernde Lohnsysteme« zu ersetzen. Bereits im Mai 1960 hatten die Tarifparteien der Metallindustrie »Richtlinien für die Anwendung von Arbeitsstudien« unterzeichnet. In den Monaten darauf wurden in den Bauberufen und im Handel ähnliche Vereinbarungen unterschrieben. Die Entwicklung veranlasste besonders die Arbeitgeber zum Optimismus:

> »Man hat oft gesehen, dass Konflikte und Unruhen auf dem Arbeitsmarkt Signale für Reformen waren. [...] Ob man wohl darauf hoffen kann, dass der Sturm, der derzeit über die Arbeitswelt bläst, trotz allem zum Rückenwind für das wird, was man mit einem Schlagwort ›produktionsfördernde Lohnsysteme‹ nennt?«[195]

Man durfte hoffen: Im November 1960 schrieben LO und DA einen neuen §9 in den etwas mehr als ein Jahr zuvor gekündigten Hauptvertrag, in dem die Arbeitsmarktparteien verpflichtet wurden, in den Tarifverträgen die Ersetzung von Zeitlöhnen durch Akkordlöhne zu vereinbaren.[196] Bis 1963 wurde schließlich ein Rahmenvertrag ausgehandelt, der eine »Verbesserung unserer Position in der internationalen Konkurrenz« erreichen wollte und in diesem Zusammenhang die gemeinsame Begleitung und Evaluation von Arbeitsstudien festschrieb.[197] Damit hatte sich die Strategie, den Unruhen mit der Umstellung auf Leistungslöhne zu begegnen, vorläufig gegenüber den Bedenken aus der Gewerkschaftsbasis durchgesetzt.[198]

Für die Streiks des Jahres 1960 war insgesamt charakteristisch, dass sie weder im Kontext einer zentralen Tarifrunde noch in dem einer Kampagne der linken Gewerkschaftsopposition standen. Die Streikwelle begann auf lokaler Ebene, und auch in ihrem Verlauf waren die Foren, auf die sich die Streikenden bezogen, ausschließlich die Betriebe, Berufsgruppen oder lokalen Fachvereinigungen. Ein gutes Beispiel hierfür ist die Situation im Brauereiarbeiterverband: Die Vereinigung der männlichen Brauereiarbeiter in der Hauptstadt war

---

195 *Arbejdsgiveren*, 15.9.1960, zit. nach *SN*, Nr. 12, September 1960, S. 1.078.

196 *Hansen*, »LO«, S. 22. Zugleich verbesserte der neue Hauptvertrag nach den Erfahrungen unter anderem des Henzestreiks den Kündigungsschutz. In §4 wurde die Einsetzung eines paritätischen Ausschusses vereinbart, der »ungerechtfertigte Kündigungen« diskutieren sollte. Er hatte allerdings nicht das Recht, die Wiedereinstellung der Entlassenen durchzusetzen. Bis zur erneuten Verhandlung des Hauptvertrags 1970 tagte der Ausschuss lediglich 81-mal, wobei er in ungefähr einem Drittel der Fälle Abfindungen zusprach, vgl. Rostgård, *Socialdemokrati*, S. 71.

197 Vgl. DA/LO, *Produktionsfremmende lønsystemer*, S. 6.

198 Aus der so genannten Esbjerg-Untersuchung von 1962, die die Effekte der Rationalisierungen in 14 Betrieben kritisch zusammenfasste, schloss man in der LO vor allem auf ein »Informationsdefizit«. Vgl.: *Løn og Virke*, Nr. 22, 1962, S. 3.

traditionell linksorientiert, zu ihren führenden Vertrauensleuten zählten Aktivisten, die sich zusätzlich in den nach 1954 entstandenen Netzwerken engagiert hatten. Dennoch gingen die Aktivitäten der Vereinigung während der Streikwelle in der Vertretung der eigenen »männlichen« Fachgruppe auf. Die Frage, wie es dennoch zu einer Streikwelle kommen konnte, beantwortet sich doppelt: Erstens, die »Verallgemeinerung« der Forderungen ging eindeutig von den Frauenstreiks aus, und zweitens, ihre Vermittlung geschah, wenn überhaupt, eher durch die Berichterstattung der Presse und des Hörfunks als durch die Organisationen der Arbeiterbewegung. Die Bedeutung dieser doppelten Erfahrung muss mit Blick auf die späteren Streikwellen in Dänemark wie in der Bundesrepublik betont werden.

Zugleich kann konstatiert werden, dass die »Sommerstreiks« fast keine Spuren hinterlassen haben. Einer der wenigen Autoren, der sich systematisch mit den Streiks befasste, war Claus Hinrich Petersen, dänischer Korrespondent einer schwedischen syndikalistischen Zeitschrift, die weitaus mehr Sinn für dezentrale Protestformen hatte als der skandinavische Durchschnitt. Aber auch in Petersens Begriff von der Streikwelle als »Sommermode« spukte, wenn auch mit einer gewissen Ironie, noch die publizistische Tradition der »Frauenseiten« zeitgenössischer Gewerkschaftsblätter, die nördlich wie südlich von Flensburg »weibliche« Angelegenheiten im Reproduktionsbereich verorteten. Auf der Grundlage derartiger kulturell-politischer Verortungen entwickelten sich die zwei Welten der Arbeitspolitik der 1960er Jahre in Dänemark weiter: Die lokalen Streiks blieben dem Mainstream der Arbeiterbewegung gegenüber »unzugänglich« und unaufgeschlossen; sie entwickelten sich »wild«. Zwar ging es den Streikenden wie den dänischen Gewerkschaften auch um eine »solidarische Lohnpolitik«. Aber die »von unten« formulierte Variante dieser Politik war gleich in dreifacher Hinsicht von der gewerkschaftlichen Tarifpolitik unterschieden: erstens, weil sie die Hierarchien des Arbeitsmarktes nicht allein »von außen« angriff, sondern auch als Konflikt innerhalb der Gewerkschaften begriff, zweitens, weil sie sich gegen die Politik der Lohnzurückhaltung richtete, die ein Kernstück der »Einkommenspolitik« war, und drittens, weil sie die Verknüpfung zwischen Produktivitätssteigerung und Lohnhöhe in Frage stellte.

Getrennte Welten: Die wilden Streiks und die Neue Linke

Die Streikwelle von 1960 lag in ihren Formen und Forderungen quer zu dem »klassischen« Streit zwischen kommunistischer und sozialdemokratischer Gewerkschaftskonzeption. So musste der sozialdemokratische Informationsdienst während des Streiks in der Schuhfabrik in Køge erstaunt feststellen, dass »unsere Genossinnen« zu den »aggressivsten Kräften« im Streikkomitee gehören. Und die Streiks der Brauereiarbeiterinnen wandten sich unter anderem gegen die Politik der linksoppositionellen männlichen Fachvereinigung. Zur gleichen Zeit, da sich in den wilden Streiks ein Bruch mit den Traditionen und Hierarchien in der Gewerkschaftsbewegung andeutete, kandidierte bei den Folketingswahlen im November 1960 erstmals die Ende 1958 gegründete Sozialistische Volkspartei (*Socialistisk Folkeparti*, SF) des ehemaligen DKP-Vorsitzenden Aksel Larsen. Diese Partei gilt bis heute als früheste Formierung der nordeuropäischen Neuen Linken, die eine Massenbasis vorweisen konnte und erste Risse in den Bekenntnissen zu den »historischen Strömungen« der Arbeiterbewegung hervorrief. Allerdings vertieften sich diese Risse nach und nach, und am Ende verabschiedete sich die SF gänzlich von der Konzeption der »Arbeiterpartei«, zumal ihre soziale Basis stets weitaus diffuser blieb als etwa die der DKP. Die wilden Streiks des Sommers 1960 traten auch deshalb »unvermittelt« auf, weil sie innerhalb der in Dänemark vor allem parteiförmigen Neuen Linken (noch) weitgehend ohne Resonanz blieben. Mit Blick auf die »Fusion« von Streiks und sozialen Bewegungen ist es gleichwohl wichtig, im Folgenden etwas ausführlicher auf diese Etappe der Geschichte der dänischen Neuen Linken einzugehen.

Dass sich die SF 1960 im dänischen Parlament etablieren konnte, kam ebenso überraschend wie die Streikwelle des Sommers. Bis dahin waren Versuche, einen »dritten Weg« zwischen KP und SPDK zu gehen, auch in Dänemark stets randständig geblieben.[199] Zudem war die SF innerhalb der Gewerkschaften kein bedeutender Faktor. Zwar hatten sich einige bekannte Funktionäre wie der Vorsitzende der Kopenhagener Buchdrucker Willy Brauer für die neue Partei entschieden,[200] und auch im Klub von B&W Øen war eine Minderheit von der DKP in die SF übergetreten.[201] Insgesamt jedoch zeigt eine Übersicht über die Parteizugehörigkeit der Vorstände in Kopenhagener Gewerkschaftsabteilungen Ende 1959, dass 1.402 Vorstandsmitglieder der SPDK, 95 der KP und nur 33 der SF angehörten.[202] Dass die neue Partei selbst in den aktivistischen Schichten der Arbeiterbewegung eine schmale Basis

199 Der letzte derartige Versuch war die »Dänische Sozialistische Partei« gewesen, die 1958 in einige Kommunalparlamente einziehen konnte, insgesamt aber eine Splittergruppe blieb, vgl. Petersen, *Danmarks Socialistiske Parti*.

200 Vgl. Larsen, *Kommunisterne*, S. 117f., 126f.

201 Thomsen, *Øens Folk*, S. 90f.

202 *SN*, Nr. 4, April 1960, S. 362f. Diese regelmäßig publizierte Auflistung ist ein guter Indikator für die Verteilung der Parteipräferenzen in der Kopenhagener Gewerkschaftsbewegung. Der Anteil der SF stieg bis 1962 leicht an, blieb aber weiterhin deutlich unter dem der DKP. Außerhalb Kopenhagens waren die Linken wohl noch schwächer.

hatte, hatte eine ganze Reihe von Gründen: In politischer Hinsicht repräsentierte gerade Aksel Larsen eine Orientierung an der nach 1945 neu aufgelegten Volksfrontkonzeption der KP. Seine Berufung auf einen »eigenständigen Weg zum Sozialismus«, die die Ablehnung der sowjetischen Invasion in Ungarn begründet hatte, stammte aus dieser ideologischen Quelle. Immer wieder war es auf der Grundlage der »nationalen« Bündnispolitik unter Larsen zu Konflikten zwischen Parteiführung und Arbeiterbasis der DKP gekommen. Besonders während der Arbeitskämpfe am Ende des Krieges und beim Massenstreik von 1956 waren die politischen Gegensätze sehr deutlich zum Ausdruck gekommen. Auch aus diesem Grunde repräsentierte die SF zunächst eher die linken Intellektuellen als die oppositionellen Arbeiter.

Ihren Durchbruch erreichte die neue Partei mit Themen, die 1960 die junge Generation, die Studierenden, einen Teil der linken Sozialdemokratie sowie kritische Akademiker besonders beschäftigten. Sie strebte eine einseitige dänische Abrüstung, ein Ende der Atomrüstung in Ost *und* West sowie ein solidarisches Verhältnis zu den aufkommenden Befreiungsbewegungen des Südens an.[203] Und schließlich stand sie, obwohl dies angesichts der stalinistischen Vergangenheit einiger ihrer Vertreter nicht völlig glaubwürdig erschien, für einen Bruch mit den autoritären innerparteilichen Traditionen der KP.

Bei den Wahlen im November 1960 stimmten zum Erstaunen der Öffentlichkeit 150.000 Menschen für die neue Partei, die damit einen Anteil von 6,1 Prozent der abgegebenen Stimmen erreichte und mit elf Abgeordneten im Folketing vertreten war.[204] Die DKP bekam nur noch 1,1 Prozent und verschwand danach für mehr als ein Jahrzehnt von der parlamentarischen Bühne. Offenbar ließ die mangelnde Verankerung in der organisierten (oppositionellen) Arbeiterbewegung keine Schlüsse auf das Wahlverhalten der Arbeiterwähler mehr zu: Die SF gewann ihre Stimmen vor allem in den traditionellen Hochburgen der DKP.[205] Die Wahl von 1960 markierte damit eine Veränderung, die in der Tendenz die Arbeiterbewegung insgesamt betraf: Die Entfernung zwischen dem sich rasch neu zusammensetzenden sozial-kulturellen Milieu der Lohnarbeiter und seiner politischen Repräsentation wurde im Laufe der 1960er Jahre immer deutlicher. Aber da diese Entwicklung zunächst latent blieb, konnte sie leicht ignoriert, das heißt für ein spezifisches Problem der DKP gehalten werden. Denn vorläufig hatte die SPDK mit 42,1 Prozent der Stimmen einen Nachkriegsrekord aufgestellt und Ministerpräsident Kampmann konnte nunmehr ohne den nicht mehr im Parlament vertretenen *Retsfor-*

---

203 Vgl. Knudsen u.a., *Kampen*, S. 261.

204 Larsen, *Kommunisterne*, S. 127.

205 Vgl. z.B. Knudsen u.a., *Kampen*, S. 278f.

bund und mit einer geschwächten linksliberalen Partei regieren.[206] Die mit dem Slogan »Mach' gute Zeiten besser« angetretene Sozialdemokratie schien in blendender Verfassung zu sein. Was kümmerte es da, dass gleichzeitig die Mitgliederzahl der Partei auf einen Tiefststand gesunken war oder der Einfluss in den lokalen Gewerkschaften langsam erodierte?[207] Die erstmals seit langem in der zweiten Legislaturperiode in Folge errungene Parlamentsmehrheit schien zu zeigen, dass eine zugleich wohlfahrtsstaatliche und wirtschaftsnahe Politik Zustimmung fand.

Der Wahlerfolg der SF machte deutlich, dass eine Partei, deren soziale Basis weit weniger definiert und fest gefügt war als die der DKP, 1960 eher in der Lage war, auf parlamentarischer Ebene Erfolge zu erzielen. Ein Grund dafür war die sich um 1960 wie in der Bundesrepublik verstärktende Dynamik der sozialen Bewegungen. Dabei hatten die antimilitaristischen Proteste in Dänemark bis 1960 keineswegs das Ausmaß erreicht, wie es sich in der Bundesrepublik etwa in den Massenaktionen von 1958 manifestiert hatte.[208] Das Spektrum der antimilitaristischen Aktivitäten war fast ausschließlich durch Unterschriftenlisten, Resolutionen und Konferenzen geprägt gewesen. Aber am Ende der 1950er Jahre war die Zahl der Proteste gegen die drohende Stationierung von Atomraketen angestiegen. 1960 wurde dann nicht nur zum Jahr des parlamentarischen Erfolges der SF, sondern auch zum Jahr des Durchbruchs der Kampagne gegen Atomwaffen. Auch in Dänemark wirkten die Aktionen des *Emergency Comitee of Direct Action* inspirierend, das 1960 100.000 Menschen zu einem Ostermarsch in London mobilisiert hatte. Etwa ein halbes Jahr später, vom 21. bis zum 23. Oktober, veranstaltete unter anderem die Gruppe »Nie wieder Krieg« (*Aldrig mere krig*) einen »Anti-Atom-Marsch«, der von Holbæk, einem der Lagerorte von US-Raketen in Dänemark, in das ungefähr 60 Kilometer entfernte Kopenhagen führte. Obwohl die meisten alten Aktivisten der dänischen Friedensbewegung der »Übersetzung« der englischen Aktionsformen zuvor keinerlei Erfolgschancen eingeräumt hatten, nahmen trotz Schneeregens 800 Menschen an dem Protestmarsch und 5.000 an der Abschlusskundgebung teil. In den Jahren darauf wuchs diese Zahl schnell bis auf 25.000 und damit auf eine für dänische Verhältnisse sehr ansehnliche Menge. Das Konzept »Ostermarsch« wurde wie in der Bundesrepublik ein Erfolg, weil es eine alternative kulturelle Prägung besaß. Direkte Ak-

206 Vgl. Wagner, *Europa*, S. 296.

207 Rostgård, *Socialdemokrati*, S. 73. Seit Anfang 1961 war die Bilanz der SPDK bei den Kopenhagener Gewerkschaftswahlen ständig negativ. Bis 1970 verlor sie rund 40% ihrer Mandate, überwiegend an (soweit dem AIC bekannt) »Parteilose«. Vgl. ABA/DKP, 920, 231, Statistik der Gewerkschaftswahlen, Ende 1964, sowie Larsen, *Kommunisterne*, S. 56.

208 Einen Überblick gibt: Rasmussen, *Sære Allianser*, S. 40–45.

tion, Kommunikation und Handlungsfähigkeit standen im Vordergrund. Ein Zeitzeuge berichtet:

»Die Kampagne gegen Atomwaffen hatte eine spezielle Anziehungskraft vor allem auf junge Menschen, was dadurch erklärt werden kann, dass ihre Grundhaltung befreiend war, wenn man sie mit der grauen, kleinbürgerlichen, konformen, farblosen und misstrauischen [Haltung] der 50er vergleicht, innerhalb derer keinerlei persönliche und abweichende Entfaltung möglich war. Den Aufstand sah man in den äußeren Formen: Die Jazzmusik am Rande der Demonstrationsroute war ein Symbol für freie Entfaltung, die Bekleidung mit Stoffhosen und Anorak war ein Protest gegen die Schlips-und-Kragen-Mentalität.«[209]

1960 traten drei bemerkenswerte neue Elemente in der politischen Landschaft Dänemarks auf: die direkten, antimilitaristischen Aktionen, die Welle der lokalen Streiks und der parlamentarische Durchbruch einer Partei der Neuen Linken. Alle drei Elemente markierten den Beginn einer Modifikation der Formen und Inhalte sozialer Kämpfe und gehören somit zur Vorgeschichte jener Bewegungen, die ab 1967/68 unübersehbar wurden.[210] Allerdings waren diese drei Elemente sozial, politisch und in der zeitgenössischen Wahrnehmung keineswegs miteinander verknüpft. Während die Ostermarschbewegung auch in ihren Symbolen und Forderungen ein transnationales Anliegen darstellte, blieben die wilden Streiks ein lokales Phänomen, das zudem nach 1960 für einige Jahre fast komplett von der öffentlichen Bildfläche verschwand. Explizite Verbindungen zwischen den Streikbewegungen und den antimilitaristischen Protesten existierten auch in Dänemark nicht. Wo Arbeitende gemeinsam mit der Neuen Linken gegen die Rüstung protestierten, blieb dies eine seltene Ausnahme.[211]

Der tarifliche Massenstreik von 1961

Während die neuen sozialen Bewegungen einen ersten Aufschwung erlebten, setzte sich die Krise der Gewerkschaftslinken fort. Im Januar 1961 konnten die in den industriellen Gewerkschaften Dänemarks Organisierten über das neue Hauptabkommen zwischen LO und DA abstimmen. Damit standen sowohl

---

209 Zit. nach Rasmussen, *Sære Allianer*, S. 52.

210 Auch in quantitativer Hinsicht kann ab 1960 eine Differenzierung und Erneuerung der Artikulationsformen der Protestbewegungen konstatiert werden, die auf das Ende der 1960er Jahre verweist, vgl. Mikkelsen (Hg.), *Bevægelser*, S. 67.

211 1959 hatte sich die Weigerung von Hafenarbeitern in Århus, Schiffe mit Raketen zu entladen, die atomar bestückt werden konnten, mit Aktionen von AntimilitaristInnen verbunden, die aus demselben Anlass eine 36-stündige Sit-down-Blockade veranstalteten. Insgesamt blieben solche Zusammenarbeitsformen jedoch Ausnahmen, vgl. Jørgensen, *Atomvåben*, S. 28.

die Grundlagen der dänischen Arbeitsverfassung als auch die geschilderte Strategie der Einführung von »produktionsfördernden Löhnen«, und somit eine der zentralen »sozialpartnerschaftlichen« Reaktionsformen auf die Arbeitskämpfe von 1960, zur Disposition. Für die Gewerkschaftsopposition, die vehement für ein »Nein« geworben hatte, war das Resultat eine Enttäuschung. Trotz aller Kritik, die während der Streiks von 1959/60 am nicht vorhandenen Kündigungsschutz oder an den Gerichtsurteilen gegen Streikende laut geworden war, wurden die rechtlichen Grundlagen der Arbeitsmarktbeziehungen bestätigt: 60.000 Gewerkschaftsmitglieder stimmten gegen, 120.000 für den Vertrag.[212] Die Abstimmung zeigte allerdings nicht so sehr eine breite Zustimmung zum Hauptabkommen, sondern vor allem, dass den Gewerkschaftsmitgliedern die Arbeitsverfassung relativ egal war:[213] Die Beteiligung war (noch) niedriger als bei sämtlichen Urabstimmungen über Tarifverträge. Alles in allem hatten nur rund 35 Prozent der Wahlberechtigten mit »Ja« gestimmt.[214] Noch am meisten schienen sich die Facharbeiter für die Abstimmung zu interessieren, wobei die Buchdrucker zugleich die Einzigen waren, die das Vertragswerk mit einer klaren Mehrheit ablehnten. Bei den stark in die Streikwelle von 1960 involvierten Mitgliedern der KAD und des DSF, aber auch im DS&MF, schwankte die Stimmbeteiligung zwischen 40 und 60 Prozent. Die ungelernten (männlichen) Arbeiter des DAsF stimmten sogar nur zu rund 30 Prozent ab. Eine Beteiligung an den wilden Streiks von 1959/60 und ein Desinteresse gegenüber der Arbeitsverfassung waren offensichtlich nicht nur kein Widerspruch, sondern sogar die Regel.

Fast gleichzeitig mit den Urabstimmungen über den Hauptvertrag begannen die zentralen Tarifverhandlungen. Bereits im Vorfeld dieser Verhandlungen begann in den LO-Gewerkschaften ein Streit um die Ziele der Tarifrunde. Durch die Streiks des Vorjahres waren die Verbände der Ungelernten und der Arbeiterinnen bestärkt worden, anders als 1957/58 auf einer »solidarischen Lohnpolitik« zu bestehen und diese gegebenenfalls auch zu »erstreiken«.[215] Dagegen warnte der DM&SF davor, dass »die dänische Gewerkschaftsbewegung die ökonomische und soziale Fortschrittslinie« durch »überhöhte Lohnansprüche« in Gefahr bringen könnte.[216]

Die unterschiedlichen Positionen der großen Berufsverbände trugen dazu bei, dass die Tarifparteien schon am 20. Januar 1961 den staatlichen Vermittler

212 Zu diesen und den folgenden Zahlen s.: *SN*, Nr. 3, Januar 1961, S. 291–294.

213 Zum »Absentismus« von ArbeiterInnen gegenüber dem Kampf zwischen Kommunisten und Sozialdemokraten in den Betrieben s. auch: Nielsen, *Storpolitik*, S. 11–30.

214 So der LO-Vorsitzende Eiler Jensen in *SN*, Nr. 3, Januar 1961, S. 292.

215 Vgl. Rostgård, *Socialdemokrati*, S. 88.

216 Hans Rasmussen, in: *Jern og Metal*, Nr. 1, 1961, S. 3.

einschalteten, der allerdings erst drei Monate später einen Vergleich vorschlug. Dieser wurde, da er die Forderung der Ungelernten nach einem Mindestlohn von 250 Kronen kaum berücksichtigte, nicht nur in den traditionell linksorientierten Verbänden, sondern auch von der DAsF und einigen kleineren Verbänden zur Ablehnung empfohlen.[217] Bei der Urabstimmung stimmte eine knappe Mehrheit (165.741 gegen 164.908 Stimmen) gegen den Vertrag. Dadurch, dass die Abstimmungsregeln nunmehr die Aufteilung in acht Industriegruppen vorsahen, kam es jedoch nur in zwei dieser Gruppen, nämlich im Transportsektor und in der Metallindustrie, zu Mehrheiten für Streiks. Dabei hatte der Transportsektor deshalb gegen den Vertrag votiert, weil trotz Zuschlägen für die Frauen- und Niedriglohngruppen von 50 beziehungsweise 65 Øre pro Stunde der geforderte Mindestlohn von 250 Kronen in der Woche nicht erreicht wurde. Außerdem beschränkte sich die vorgesehene Arbeitszeitverkürzung auf die Schichtarbeiter. In der Metallindustrie hatten sich sowohl die im DAsF als auch die im KAD Organisierten gegen den Vertrag ausgesprochen, während die Facharbeiter überwiegend mit »Ja« stimmten: Hier waren noch geringere Erhöhungen für die unteren Lohngruppen als in den anderen Sektoren vereinbart worden.[218]

Der Streik von 95.000 Beschäftigten in der Metallindustrie begann am 12. April 1961.[219] Die SPDK-Regierung beschloss am selben Tag, nicht wie 1956 per Gesetz und Streikverbot in den Konflikt einzugreifen, sondern LO und DA lediglich zu weiteren Verhandlungen aufzufordern. Gleichzeitig achteten die Gewerkschaften – auch dies reflektierte die Erfahrungen von 1956 – penibel darauf, dass sich die sichtbaren Auswirkungen des Streiks in Grenzen hielten. Am 24. April schlug der Schlichter vor, die Zuschläge zu den Niedriglöhnen in der Metallindustrie auf das Niveau der anderen Gruppen zu heben. Dieser Vorschlag wurde schließlich sowohl von Arbeitgebern als auch in den Gewerkschaften angenommen.[220] Weitaus konfrontativer nahm sich dagegen die Streikbewegung im Transportbereich aus. Zwar gingen die Verbände dieses Sektors zunächst ähnlich vorsichtig vor wie jene im Metallbereich. So wurden die Transporte von landwirtschaftlichen Produkten sowie von Öl und Benzin vom Arbeitskampf ausgenommen.[221] Allerdings konnte dies nicht verhindern, dass die Streikbewegung, obwohl sich nur 40.000 Menschen beteiligten, stärker spürbar wurde als die der Metallarbeiter.

---

217 Vgl. LO/DsF, *Geschäftsbericht 1961/62*, S. 5.

218 Die Abstimmungsresultate dokumentiert: *SN*, Nr. 7, April 1961, S. 587.

219 Zur Chronologie des Streikes: Mikkelsen, *Arbejdskonflikter*, S. 327f.

220 Vgl. *SN*, Nr. 8, Mai 1961, S. 656.

221 Rostgård, *Socialdemokrati*, S. 91.

Dies hatte damit zu tun, dass unter anderem die beiden Berufsverbände der Seeleute die defensive Strategie des DAsF vehement kritisierten und sich weigerten, diese auf die Schifffahrt anzuwenden.[222] Am 13. April versammelten sich die streikenden Seeleute und andere Gewerkschafter zu einer Kundgebung »mit den bereits bekannten Transparenten aus dem Jahr 1956«[223] vor dem Parlament, um vor einem staatlichen Eingriff zu warnen. Am gleichen Tag erklärten die skandinavischen Seeleuteverbände einen sofortigen Boykott aller dänischen Schiffe. Innerhalb des DAsF wurde damit der Druck stärker, die »strategischen« Bereiche einzubeziehen. Als Reaktion veröffentlichte der Verband am 23. April schließlich eine »Streikwarnung« für die Öl- und Benzinversorgung. Als dem gleichwohl keine Aktivitäten folgten, blockierten Streikende vier Tage später die Ölhäfen in Århus und Kopenhagen ohne das Plazet der Gewerkschaftsführung, wobei es zu heftigen Schlägereien mit der zur Räumung angerückten Polizei kam.[224] Am 4. Mai schaltete sich daraufhin Ministerpräsident Kampmann in die Tarifverhandlungen ein und erreichte einen Kompromiss, der eine zusätzliche lineare Lohnerhöhung von 10 Øre pro Stunde für alle Beschäftigten vorsah. In den Abstimmungen der Gewerkschaften wurde dieser Kompromiss akzeptiert, zumal man mit dem Resultat »bis jetzt unübertroffene Lohnerhöhungen« erreicht hatte.[225] Gleichwohl endeten die Tarifverhandlungen auch diesmal mit einem Staatseingriff. Denn diesmal sagten die Arbeitgeber »Nein« und daraufhin erklärte der Folketing das Resultat der Schlichtung am 14. Mai zum Gesetz.

Den Tarifstreik von 1961 als »bürokratischen und von oben organisierten Massenstreik«[226] zu betrachten, wie es in einem Teil der Literatur über die dänische Streikgeschichte nachzulesen ist, ist angesichts der geschilderten Konflikte allzu einseitig. Richtig ist zwar, dass sein Niederschlag in der Streikstatistik alleine kein Indikator für seine Bedeutung ist. Gemessen an der Zahl der ausgefallenen Arbeitstage (ungefähr 2,3 Millionen) übertraf die Bewegung zwar die bis dahin gültigen Rekorde von 1946 (1,39 Millionen) und 1956 (1,1 Millionen) fast um das Doppelte und wurde erst von dem am Ende dieser Studie beschriebenen Massenstreik von 1973 übertroffen.[227] Doch in der Tat sagen solche Zahlen wenig über den Charakter des Arbeitskampfes aus, der eher aus dem Kontext der Streikwelle von 1960 heraus betrachtet werden muss, das heißt als Fortführung, aber auch als Substitution dieser Bewegung.

222 ABA, Sømændenes Forbund (ABA/SØF), 556, 191, *Strejke-Nyt*, 14.4.1961.
223 ABA/SØF, 556, 191, *Strejke-Nyt*, 14.4.1961, S. 3.
224 Knudsen, *Arbejdskonflikternes historie*, S. 328.
225 Mikkelsen, *Arbejdskonflikter*, S. 328.
226 Dieses Motiv findet sich bei: Mølholm, *Arbejdskampe*, S. 47.
227 Mikkelsen, *Arbejdskonflikter*, S. 434.

So schlossen in beiden bestreikten Sektoren die Proteste gegen das Verhandlungsresultat an den Gegenstand der »Sommerstreiks« an: Unzufrieden waren vor allem die Gruppen mit vergleichsweise niedrigen Löhnen.

Eine der Folgen der Aufteilung in acht Abstimmungsgruppen, durch die wie erwähnt erreicht werden sollte, dass die Arbeitskämpfe auf einem kontrollierbaren Level blieben, waren »tarifwidrige« Proteststreiks von Beschäftigten, die mehrheitlich gegen das Abkommen waren, aber durch die Zusammensetzung der Abstimmungsgruppen überstimmt worden waren. So fanden in rund einem Dutzend Kopenhagener Buchdruckereien zwischen dem 15. und 17. April 1961 koordinierte wilde Streiks statt, in denen lineare Lohnerhöhungen zwischen 15 und 30 Kronen pro Woche gefordert wurden.[228] Die Streiks wurden durch den Buchdruckerverband mehr oder weniger offen unterstützt: Während der Verband schließlich eine Geldbuße von recht erträglichen 5.000 Kronen zahlte, wurde den Forderungen (nicht gerade im Geiste der Friedenspflicht und des eben neu ratifizierten Hauptabkommens) entgegengekommen, indem Mindestlöhne und Urlaubsgeld erhöht wurden. Das Beispiel der Drucker zeigt, dass es angesichts der Hochkonjunktur sehr schwierig blieb, Forderungen einzelner »militanter« Beschäftigtengruppen abzuwehren, zumal wenn diese durch einen sektoralen Arbeitskräftemangel gestärkt waren. Dass der Buchdruckerverband in Kopenhagen sich offen gegen die »offizielle« Gewerkschaftsstrategie der »Industriegruppen« stellte, hing nicht nur mit dessen linkssozialistischer Ausrichtung, sondern auch damit zusammen, dass sich die kleinen, starken Verbände mit Händen und Füßen gegen ein dem neuen Verhandlungssystem immanentes Aufgehen in große Industrieverbände stemmten. Dies wiederum war eine Grundlage dafür, dass die Abstimmung in den acht »Industriegruppen« schließlich (wie sich später zeigte, ein für alle Mal) abgeschafft wurde.

Ein weiteres Resultat der Tarifrunde war, dass die Arbeitsmarktparteien ihr gemeinsames Ziel, die »Lohndrift« einzudämmen, wieder einmal zurückstellen mussten. Erneut kam es angesichts der gewachsenen sozialen Ansprüche zu einer Art »Kettenreaktion«. So gewährte der Staat im öffentlichen Dienst Lohnerhöhungen von 13 Prozent, nachdem auch die Kopenhagener Postboten erneut gestreikt hatten.[229] Die Kosten der Tarifrunde stiegen weiter, als die Landwirte für jede Krone Lohnerhöhung am 4. Mai 1961 eine Kompensation durch den Staat forderten. Trotz der vehementen Proteste aus der

---

228 Vgl. die Unterlagen für das Arbeitsgericht in: ABA, Bestand Dansk Typografforbund, Abteilung Kopenhagen (ABA/DTF Kbh.), 564, 50.

229 Hansen, »LO«, S. 33.

Industriearbeiterschaft, unter anderem in Form einer Demonstration am 9. Mai, erfüllte die Regierung schließlich auch die Wünsche der Landwirte.

Auf dem Weg zur Verstaatlichung der Tarifpolitik

1962 ging die Auseinandersetzung um die *wage drift* deshalb weiter. Das Wachstum der Einkommen, die steigende Binnennachfrage und nicht zuletzt der stetig wachsende Export waren von einem stärkeren Defizit in der Handelsbilanz und einer wachsenden Inflation begleitet. Die sozial-liberale Regierung begegnete diesen Problemen mit einem Versuch, die Nachfrage einzuschränken. Am 9. März 1962 brachte sie eine Neuauflage der Krisenpolitik der 1950er Jahre in das Parlament ein: Vorgeschlagen wurde eine indirekte Steuer (OMS, *Omsætningsafgift*) im Einzelhandel. Die Umverteilung zugunsten der Reichen, die durch diese Abgabe vorgenommen wurde, sollte durch andere Maßnahmen nur zum geringeren Teil kompensiert werden.[230] Der Vorschlag löste eine Regierungskrise aus: In der Lesung des entsprechenden Gesetzes wandten sich überraschend zwei Abgeordnete der Koalition gegen die Steuer, darunter ein Sozialdemokrat, der stattdessen unter Hinweis auf einen entsprechenden Passus im eben erst beschlossenen neuen Programm der SPDK eine Steuer auf Kapitaleinkommen forderte. Da der Vorschlag keine parlamentarische Mehrheit fand, bemühte sich die SPDK um einen Vergleich mit den bürgerlichen Oppositionsparteien. Die OMS wurde schließlich eingeführt, nunmehr allerdings im Großhandel und damit für den Verbraucher weniger sichtbar, dafür aber in doppelter Höhe und ohne die zuvor vorgesehenen Kompensationen bei den Sozialleistungen. Nur die SF stimmte gegen das Gesetz. Die Gewerkschaften protestierten, vor allem der Verband der Ungelernten.[231] Doch Versuche, Proteststreiks gegen die indirekte Steuer zu initiieren, blieben erfolglos: Ein Aufruf der DKP vom Frühjahr 1962, als Antwort auf das Gesetz eine dezentrale Bewegung für lineare Lohnerhöhungen zu starten, wurde in den Betrieben fast komplett ignoriert.[232] Die Verbesserungen, die durch die »tarifwidrigen« Kämpfe seit 1959 ebenso wie durch die Tarifrunde des Vorjahres erreicht worden waren, wurden durch das Gesetz teilweise ausgehöhlt. Die Schwäche der linken Opposition zeigte sich darin, dass sie nicht in der Lage war, dem »außerparlamentarisch«, das heißt durch die Initiierung von wilden Streiks, zu begegnen.

230 Die Kompensationen bestanden in einer Erhöhung des Kindergeldes und einer Steuersenkung für untere Einkommen, vgl. Rostgård, *Socialdemokrati*, S. 93f.
231 Ebd., S. 95
232 Ebd., S. 96.

Dennoch lernte die sozial-liberale Koalition aus der Regierungskrise: Schon seit Mitte 1962 versuchte sie, wieder stärker auf die Interessen der Gewerkschaften einzugehen. Natürlicher Ansprechpartner war dabei die Gewerkschaftsspitze, und die Form, die sich anbot, war eine weitergehende Einbindung der Arbeitsmarktparteien in eine »wissenschaftliche Lohnpolitik«. Im August 1962 wurde deshalb ein »Ökonomischer Rat« (*Økonomisk Råd*) eingerichtet, der personell mehr oder weniger identisch mit den zentralen Verhandlungskomitees der Tarifparteien war.[233] Den Vorsitz des Rates übernahmen drei Ökonomen – die »drei Weisen« –, die die Aufgabe hatten, Analysen herauszugeben, die als Grundlage einer »objektiven«, längerfristigen Planung der ökonomischen Politik dienen sollten. Damit waren die Voraussetzungen für eine staatliche Politik gegeben, die weiter als in irgendeinem anderen westeuropäischen Land in die Tarifpolitik eingriff.[234]

Ebenfalls im Spätsommer 1962 konnten sich LO und Arbeitgeber nicht auf neue Regeln für den Ablauf der kommenden zentralen Tarifrunde einigen, womit die Aufteilung in acht Industriegruppen erledigt war. In der im Winter 1962 beginnenden Tarifrunde standen sich die Positionen der Arbeitsmarktparteien einmal mehr diametral gegenüber, zumal der DA für eine »Nulllösung« bei den Löhnen eintrat.[235] Am 18. Dezember 1962 schlug der »Ökonomische Rat« eine »ausgewogene, umfassende Lösung« des Tarifkonfliktes vor und skizzierte einen finanziellen Rahmen, der »das wirtschaftliche Gleichgewicht« nicht gefährden würde. Nachdem sich die Tarifparteien bis Ende Februar 1963 nicht hatten einigen können, lud die Regierung LO und DA-Spitze zu Einzelgesprächen ein. Als Resultat dieser Gespräche wurden die Tarifverträge ohne weitere Verhandlungen und ohne Urabstimmungen am 12. März 1963 für zwei Jahre mit nur wenigen Änderungen verlängert.[236] Neben einem allgemeinen Lohnstopp wurden auch die Preise, Dividenden und Subventionen für die Landwirtschaft eingefroren. Um eine Situation wie im Sommer 1960 oder nach der Tarifrunde von 1961 zu vermeiden, gewährte die Regierung eine leichte Erhöhung der Niedriglöhne sowie eine Angleichung der automatischen Inflationsregulierung der Frauen- und Männerlöhne.[237]

Diese »umfassende Lösung« (*Helhedsløsning*) war der Höhepunkt einer von den Gewerkschaften akzeptierten »Verstaatlichung« der Tarifpolitik, bei gleich-

233 Due u.a., *Aftalesystem*, S. 219. Zur Einrichtung des »Ökonomischen Rates« auch ebd., S. 208.

234 Flanagan/Ulman, *Wage Restraint*, S. 116, 134f.

235 Rostgård, *Socialdemokrati*, S. 99f.

236 Die Darstellung folgt: Hansen, »LO«, S. 36f.

237 Zugleich wurden Steuern und Abgaben nicht mehr in diesen Inflationsausgleich einbezogen. Es war ein erster Schritt der Aushöhlung dieser seit dem Ende des Ersten Weltkrieges existierenden Regelung: Flanagan/Ulman, *Wage Restraint*, S. 130.

zeitigem Ausbau des Wohlfahrtsstaates:[238] Die Krankenversicherung und die Rentenleistungen wurden verbessert, die Mietpreise eingefroren, schließlich eine zusätzliche Arbeitsmarktpension eingeführt, die zu zwei Dritteln aus Arbeitgeber- und zu einem Drittel aus Arbeitnehmerbeiträgen finanziert wurde.[239] Selbst innerhalb der Gewerkschaft der Ungelernten wurde nunmehr die pragmatische Fraktion stärker. Später sprach deren Vorsitzender Alfred Petersen davon, dass er zwar »prinzipiell dagegen [war], Löhne wie eine Art staatlicher Beihilfe auszuzahlen«, sich aber angesichts mangelnder Alternativen mit dem Eingriff in die Tarifpolitik abgefunden hatte.[240] Hinzu kam, dass der DA die Reform abgelehnt hatte und die bürgerliche Opposition im Parlament mit der SF gegen das Gesetz stimmte.

Unter diesen Umständen blieb die innergewerkschaftliche Opposition randständig: Gegen den Regierungseingriff protestierten etwa ein Dutzend Berufsverbände und Fachvereinigungen.[241] In einigen Betrieben kam es zu kurzen Proteststreiks, an denen mehr oder weniger die »üblichen Verdächtigen« beteiligt waren, so die Kopenhagener Brauereiarbeiter oder B&W Øen. Eine Kundgebung gegen die Verabschiedung des Gesetzes vor dem Regierungssitz demonstrierte eher als alles andere die Schwäche der linken Opposition. An der Passivität änderte sich auch nichts, als der Preis- und Gewinnstopp im Herbst 1963 aufgehoben wurde.

Zwar zeigten sich Risse in der Einkommenspolitik, als die ungelernten Arbeiter in der Maschinenbauabteilung von B&W zwischen dem 29. Oktober und dem 12. November 1963 für eine Angleichung ihrer Löhne an die trotz des »Lohnstopps« gestiegenen Facharbeiterlöhne in den Streik traten. Doch eine massive Gegenreaktion der Unternehmer, die eine Aussperrung für den gesamten Metallsektor ankündigten, falls der Streik nicht beendet werden würde, sowie die Unentschlossenheit der Streikenden selbst verhinderten eine Ausweitung dieser Aktion.[242] Insgesamt kam es 1963 nur zu einer Handvoll lokaler wilder Streiks in Betrieben der Metallindustrie, den Schlachtereien, der Tabakindustrie und bei den Buchdruckern.[243] Die registrierten Ausfalltage lagen in diesem Jahr und in den Jahren danach zwar über dem Niveau der frühen 1950er, erreichten aber nicht mehr auch nur annähernd die Werte von

238 *Løn og Virke*, Nr. 6, 1963, S. 3 (Leitartikel): Das Zentralorgan der LO bezeichnete die Suspendierung der Tarifautonomie mit wenig Emphase als »Wermutstropfen«.

239 Rostgård, *Socialdemokrati*, S. 100f.

240 Zit. nach ebd., S. 103.

241 Zum Folgenden: *Løn og Virke*, Nr. 6, 1963, S. 85.

242 Zum Ablauf dieses Streikes s.: ABA/LO, 800, 5.728, Presseübersicht der LO.

243 Dies ist dokumentiert in: ABA/LO, 800, 5.655, 5.658.

1959/60.[244] Auch in Dänemark waren die »tarifwidrigen« Aktionen nunmehr nur noch ein vereinzeltes, lokales Phänomen.

3. Die Neuzusammensetzung der Arbeitskämpfe im Vergleich

In der Bundesrepublik wurden die wilden Streiks nach 1958 fast völlig in die »Unsichtbarkeit« der betrieblichen Sphäre abgedrängt. Zwei Erfahrungen förderten diese »Unsichtbarmachung«: Erstens, dass es angesichts der Vollbeschäftigung verhältnismäßig einfach war, Zugeständnisse durch wilde Streiks zu erreichen, und zweitens, dass die Eskalation und »Politisierung« der Arbeitskämpfe in aller Regel eine Öffentlichkeit mobilisierte, die gegen die »illegalen« Aktionen eingestellt war. Aus beidem erklärt sich die Form, die diese Kämpfe annahmen: Es handelte sich ganz überwiegend um kurze Aktionen, die zudem häufig die Abteilungsebene nicht überschritten. Ungefähr seit 1960 drückte sich dieses Muster auch in quantitativer Hinsicht aus, was aber erst in den »korrigierten« Statistiken der 1980er Jahre registriert wurde.[245] Die dänischen Industriebeschäftigten, deren Zahl ungefähr bei einem Zehntel der bundesdeutschen lag, streikten 1960 vier Mal so oft wie ihre südlichen Nachbarn. 1961 wurden im kleinen Dänemark 2,3 Millionen Ausfalltage gezählt, in der großen Bundesrepublik lag die Zahl offiziell bei 38.000. Gemeinsam ist beiden Ländern allerdings, dass ihr Streikvolumens nur in wenigen Jahren ein im europäischen Vergleich »mittleres« oder »hohes« Niveau erreichte. In der Bundesrepublik galt dies zwischen 1958 und 1968 nur für das Jahr des Metallarbeiterstreiks von 1963.[246]

Paradoxerweise spiegelte sich gerade darin ein Paradigmenwechsel in der bundesdeutschen Streikkultur: Seit der zweiten Hälfte der 1950er Jahre öffnete sich die Schere zwischen einer zentralisierten Tarif- und Arbeitspolitik und den dezentralen Konflikten immer mehr. Der Anteil der wilden Streiks an den Arbeitsniederlegungen erreichte ein bis dahin ungekanntes Niveau. Zwischen 1958 und 1968 begannen die lokalen, wilden Streiks die Arbeitskampfgeschichte zu prägen, freilich ohne dass dies in der allgemeinen Öffentlichkeit zunächst anders als als diffuse »Unruhe« wahrgenommen wurde. Ähnliches konnte in der dänischen Arbeitskampfgeschichte beobachtet werden. Denn auch der Schwerpunkt der »Sommerstreiks« von 1960 lag eindeutig am einzel-

244 Vgl. Leihardt, »Strejkestatistik«, S. 153 (1950er Jahre), S. 154 (1960er Jahre).

245 In der amtlichen Statistik ist für die Bundesrepublik um 1960 das niedrigste Niveau der Nachkriegszeit ausgewiesen.

246 Mitchell, *Historical Statistics*, S. 186f.

nen Arbeitsplatz. Auch diese Bewegung fand fernab von den Apparaten statt, die die Arbeitsbeziehungen regulierten. Dennoch erschienen diese Streiks aus drei Gründen weniger verstreut als in der Bundesrepublik: Erstens handelte es sich um die ersten eigentlichen Hochkonjunkturstreiks in Dänemark, während in der Bundesrepublik bereits 1954/55 der sektorale Arbeitskräftemangel eine Rolle gespielt hatte: Der Boom, der in der Bundesrepublik bereits fast ein Jahrzehnt anhielt, zog sich in Dänemark sozusagen auf drei Jahre zusammen. Entsprechend schnell verbesserte sich die Arbeitsmarktposition der abhängig Beschäftigten; die Verdichtung und Dynamik des dänischen Booms machte die »langfristig« angelegten zentralen Tarifverträge des Frühjahrs 1958 obsolet, als sich zunächst die besser positionierten Gruppen ihren »Hochkonjunkturzuschlag« sicherten. Alle anderen Arbeitenden und insbesondere die »Niedriglöhner« mussten »tarifwidrig« streiken, damit sich die Schere zwischen Löhnen und Profiten nicht noch weiter öffnete. Im Protest gegen die Aushöhlung der Verträge war den Aktionen des Sommers 1960 damit eine Gemeinsamkeit gegeben, die in der Bundesrepublik zur gleichen Zeit nicht existierte.

Zweitens war es im kleineren Dänemark leichter, eine nicht durch Netzwerke irgendeiner Art verbundene Streikbewegung so auszubreiten, dass sie öffentlich als zusammenhängend wahrgenommen wurde. In der Bundesrepublik blieben Bewegungen, die keinen klaren organisatorisch-politischen Kern hatten, wo sie später stattfanden, stärker auf bestimmte Regionen (wie Baden-Württemberg, das Ruhrgebiet oder den Mannheimer Raum) begrenzt. Drittens bezogen sich die dänischen Streiks ablehnend auf die Polit-Ökonomie der »Produktionslinie« und das diese bestimmende Dogma von der notwendigen »Lohnzurückhaltung«. Dieses hegemoniale Dogma wirkte sowohl als Fokus als auch als Zusammenfassung der sozialen Ansprüche. Die Streikenden nahmen es beim Wort (»Jetzt wollen wir auch unseren Anteil haben…«) – und stellten es gerade dadurch auf den Kopf.

In der Tat waren insbesondere die »tarifwidrigen« Kämpfe eine Art praktische Negation der Wachstums- und Rationalitätsvorstellungen, die die tripartistische Arbeitspolitik in Dänemark seit den frühen 1950er Jahren beherrschten. Nicht zentrale Verhandlungen der »Fachmänner«, sondern die Sitzstreiks der Massenarbeiterinnen beherrschten *diese* Szene. Damit brachten die Kämpfe die sonst in der Öffentlichkeit meist verdrängten und unsichtbaren Befürchtungen und Vorbehalte gegenüber den modernen Sozialtechniken zum Ausdruck – womit sie wiederum an eine Botschaft des Philips-Streiks von 1954 anknüpften. Doch wie schon 1954 gelang es auch 1960 nicht, alternative Optionen zu formulieren. Dies ist wohl einer der Gründe dafür, dass die massiven Arbeitskämpfe von 1959 bis 1961 weitaus weniger als vergleichbare Aktionen am Ende des Jahrzehnts erinnert und historisch aufgearbeitet worden sind.

Dennoch: Alle drei Aspekte – der ökonomische, der geografische und der politische – haben dazu beigetragen, dass die dänischen Streiks um 1960 als verdichteter, vernetzter, organisierter erschienen und den öffentlichen Diskurs stärker prägten als vergleichbare Bewegungen, die in derselben Zeit in der Bundesrepublik stattfanden.

Ironischerweise trugen die dänischen »tarifwidrigen« Streiks jedoch zugleich dazu bei, dass die Verstaatlichung der Arbeitspolitik forciert wurde: Sie waren einer der Auslöser der steuerpolitischen Eindämmung der »driftenden« Binnennachfrage im Jahre 1962, bevor mit der *Helhedsløsning* 1963 eine Einkommenspolitik erprobt wurde, die die Tarifautonomie »vorläufig« suspendierte. Damit war Dänemark, was die Entwicklung der *incomes policy* betraf, »weiter« als alle anderen parlamentarischen Demokratien der westlichen Welt.[247] Gleichzeitig konnte die Suspendierung der Tarifautonomie Akzeptanz nur durch eine Politik des »Tausches« gegen den Ausbau der staatlichen Sozialleistungen erringen – und wurde in den Betrieben daran gemessen. Auch in diesem Kontext muss der Ausbau der sozialstaatlichen Leistungen nicht nur als »Ersatz« für soziale Konflikte, sondern als deren *Auslöser* gelten; die Suspendierung der »Unruhen« auf dem Arbeitsmarkt durch eine verstaatlichte Lohnpolitik enthielt insofern bereits den Keim neuer Konflikte.

In der Bundesrepublik dagegen waren derart weitgehende Eingriffe in die Tarifpolitik 1960 nicht durchsetzbar, wozu sowohl die Erfahrungen mit der Politik der Notverordnungen vor 1933 als auch die (wenn auch langsam erodierende) Hegemonie neoliberaler Wirtschaftspolitik beitrugen. Während eine staatliche Zwangsschlichtung noch immer als unakzeptabel galt, griff die Gründung des Sachverständigenrates im Jahre 1963 die Forderung nach der »Verwissenschaftlichung« der Lohnpolitik auf und erinnerte insofern an den 1962 in Dänemark gegründeten *Økonomisk Råd*. An die Reichweite der *Helhedsløsning* kam die bundesdeutsche Einkommenspolitik damit allerdings zu diesem Zeitpunkt bei weitem nicht heran.

Insgesamt kann als eine der Merkwürdigkeiten dieser »dynamischen Zeiten« gelten, dass sowohl die »Lokalisierung« als auch die »nationalstaatliche« Einkommenspolitik *transnationale* Erscheinungen waren. Sie hatten ihr spezifisches Gesicht, aber die Risse und Brüche, die sie repräsentierten, waren sich ähnlich, auch wenn sie ungleichzeitig auftraten. Dies gilt auch für die unterschiedlichen Formen der sozialen Differenzierung der Kämpfe, die in Dänemark durch die Streiks von Massenarbeiterinnen geprägt waren, während sie aufgrund des spezifischen Migrationsregimes in der Bundesrepublik schon um

247 »[Denmark] featured the most comprehensive and determined attempt at ›concertation‹ made in any country«: Flanagan/Ulman, *Wage Restraint*, S. 116.

1960 ein »migrantisches« Gesicht hatten. Was an diesen Differenzierungen »transnationale Bedeutung« hatte, war zu Beginn der 1960er kaum sichtbar und wurde auch innerhalb der Streikbewegungen und der Veröffentlichungen der nationalen Gewerkschaften so gut wie gar nicht thematisiert. Eine ganz andere transnationale Vermittlung existierte innerhalb der neuen sozialen Bewegungen, die zu dieser Zeit vor allem durch die antimilitaristischen Proteste bestimmt waren. Diese erlebten in beiden Ländern – in den erwähnten spezifischen Formen – um 1960 eine gleichzeitige Wende hin zu alltagspolitischen, direkten Aktionsformen, die mit der Mentalität der wilden Streiks in gewisser Weise *korrespondierten*, dabei aber in der Wahrnehmung der Akteure vollständig voneinander getrennt blieben: Während die Ostermarschbewegung um 1960 eine transnationale Perspektive (inklusive gemeinsamer Ziele, einer gemeinsamen Symbolsprache und einer internationalen Koordination) entwickelte, blieben die wilden Streiks noch völlig zwischen lokalem Protest und nationalem Arbeitsregime verortet.

IV. Zwischen Rezession und Rebellion: Streiks vor »1968«

Der rote Faden dieser Entwicklung war, dass alle Lebensäußerungen mit einem Mal rationell organisiert wurden. Es war eine soziale Revolution, aber sie fand auf eine eigentümlich störungsfreie Weise statt. Der durchaus vorhandene Widerstand blieb oft im Verborgenen und Unausgesprochenen, oder er erschien verschoben in Bezug auf das, worum es sich handelte.

Nils Ole Finnemann, I Broderskabets Aand, 1985

Das Band frisst Menschen, und es spuckt Autos aus.

Günter Wallraff, Industriereportagen, 1964

1. Betriebsnahe Tarifpolitik und wilde Streiks in der Bundesrepublik

Im Oktober 1963 endete die Ära Adenauer und Ludwig Erhard wurde mit den Stimmen von CDU/CSU und FDP zum Bundeskanzler gewählt. Doch obwohl nunmehr die Personifikation des wirtschaftlichen Erfolgs die Regierungsgeschäfte führte, verlor die neoliberale Wirtschaftspolitik zunehmend an Überzeugungskraft. Zwar erreichte das Wachstum des Sozialproduktes 1964/65 noch einmal Rekordmarken, aber zugleich wollte das Unbehagen über die bereits am Anfang des vorigen Kapitels thematisierten Ungleichgewichte in der wirtschaftlichen Entwicklung nicht verschwinden.[1] Erhards Maßhalteappelle wirkten hilflos, zumal es ganz offensichtlich zugleich an Instrumenten fehlte, mit denen die Ratschläge des Sachverständigenrates in konkrete politische Maßnahmen umgesetzt werden konnten.

Dass selbst Unternehmerverbände und Politiker der Regierungsparteien die mangelnde wirtschaftspolitische Initiative Erhards rügten, hatte zwei Gründe: Einerseits sanken angesichts einer zunehmend kapitalintensiven Produktion bereits seit Beginn des Jahrzehntes sowohl die Gewinnmargen als auch die Ausnutzung der industriellen Kapazitäten.[2] Die Verschuldung der Unternehmen bei den Banken wuchs, was die Vorstellung von der »freien Konkurrenz« immer unrealistischer erscheinen ließ. Andererseits waren angesichts

1 Abelshauser, *Wirtschaftsgeschichte*, S. 296.
2 Mandel, *Wirtschaftskrise*, S. 10.

der Arbeitsmarktsituation die Möglichkeiten begrenzt, eine erhöhte Selbstfinanzierung der Unternehmen durch die Zurückdrängung der sozialen Ansprüche der Beschäftigten zu erreichen. Auch die Unterschichtung des Arbeitsmarktes durch »Gastarbeiter« – ihre Zahl stieg bis 1965 auf über eine Million – änderte daran nichts: Infolge der Vollbeschäftigung stiegen die durchschnittlichen Bruttoverdienste in der Industrie bis 1965 weiter an.[3]

Erst nachdem 1966/67 der gleichzeitige Rückgang der Investitionstätigkeit des Staates und der Privatwirtschaft sowie eine restriktive Geldpolitik eine Abschwächung des Wachstums und schließlich eine Rezession auslösten, änderten sich die Kräfteverhältnisse, wobei zunächst »Gastarbeiter« und Frauen als »Arbeitskraftreserve« und schließlich auch die Kernbelegschaften von dem einsetzenden Arbeitsplatzabbau betroffen waren.[4] Mit der Flaute spitzte sich die Kritik an der Wirtschaftspolitik Erhards zu. Ende 1966, nach einer Bundestagswahl, bei der die SPD bereits fast 40 Prozent der Stimmen und damit fast 10 Prozent mehr als noch 1957 auf sich vereinigen konnte, und nach einer Landtagswahl im bevölkerungsreichsten Bundesland Nordrhein-Westfalen, in der die SPD erstmals seit langer Zeit die CDU als Regierungspartei ablöste, endete die Episode der Erhard-Regierung nach nur dreijähriger Amtszeit.[5] Die daraufhin gebildete Große Koalition stellte sich zuvörderst die Aufgabe, die bundesdeutsche Wirtschaftspolitik zu modernisieren. Mit dem »Gesetz zur Förderung der Stabilität und des Wachstums der Wirtschaft« vom 10. Mai 1967 institutionalisierte sie erstmals eine »nachfrageorientierte« Politik, innerhalb der die »konzertierte Planung« der Einkommensentwicklung eine ähnliche Rolle spielte wie in einer Reihe anderer westlicher Staaten, mit der *Helhedsløsning* in Dänemark als Muster.[6] Die Krise der neoliberalen Wirtschaftspolitik und das Aufkommen sowie die Durchsetzung »nachfrageorientierter« Positionen war dabei wie auch in Dänemark unter anderem ein Versuch, die »Lohndrift« in den Griff zu bekommen.

Wilde Streiks als »zweite Lohnpolitik«

In den beiden Jahren, bevor die Rezession einsetzte, waren die offiziellen, tariflichen Arbeitskämpfe in der Bundesrepublik nahezu vollständig von der

3 Mandel, *Wirtschaftskrise*, S. 24.
4 Ebd., S. 22f.: So verschwanden ungefähr eine Mio. Arbeitsplätze.
5 Vgl. Rudolph, »Jahrzehnt der Volksparteien«, S. 490f.
6 Vgl. Stapelfeldt, *Wirtschaft*, S. 312f.

Bildfläche verschwunden.[7] Die registrierte Zahl der insgesamt an Streiks Beteiligten sank 1964/65 auf den mit Abstand niedrigsten Stand zwischen 1930 und 1980. Seit 1957 waren die registrierten Arbeitskämpfe in Bezug auf alle Dimensionen der Streikstatistik stetig zurückgegangen.[8] Nach 1965 stieg dann zunächst die Anzahl aller Arbeitsniederlegungen auf ein Niveau, das jenes seit der zweiten Hälfte der 1950er Jahre überstieg. Ebenso stieg die gesamte Zahl der bestreikten Betriebe und der Beteiligten. Beides hatte seinen Grund im Anstieg der wilden Streiks. Während das in Ausfalltagen gemessene Volumen sämtlicher Streiks noch bis Ende der 1960er Jahre zurückging, begann das Ausmaß der »inoffiziellen« Streiks bereits seit Mitte der 1960er Jahre zu steigen. Dass der Anteil der nicht von den Gewerkschaften organisierten Arbeitsniederlegungen in den 1960er Jahren stark an Bedeutung gewann, verweist auf die Relevanz der damit verbundenen Arbeitskampfformen in der bundesdeutschen Streikgeschichte dieses Jahrzehntes.

Tabelle 6. Wilde Streiks und ihr Anteil an sämtlichen Streiks, 1957–1968

Jahr	*Fälle*	*Betriebe*	*Beteiligte*	*Ausfalltage*
1957–1960	83/ 57,6%	94/ 5,5%	48.636/ 5,5%	87.092/ 2,6%
1961–1964	73/ 60,3%	112/ 18,9%	62.183/ 27,4%	31.779/ 2,2%
1965–1968	156/ 85,7%	556/ 38,3%	429.759/ 81,7%	149.036/ 25,3%

Die »inoffiziellen« Arbeitskämpfe wurden zeitgenössisch als Ausdruck des Widerstandes gegen den Versuch wahrgenommen, die Rezession zur Kürzung übertariflicher Leistungen zu nutzen. Ein Blick auf die Statistik zeigt jedoch, dass der Anteil der »inoffiziellen« Kurzstreiks bereits vor dem Einsetzen der Rezession eine steigende Tendenz aufwies, das heißt, dass die Modifikation des Verhältnisses zwischen lokalen und legalen Streiks sich 1966/67 lediglich *deutlicher ausprägte* als zuvor.

Ich werde dies hier anhand der Streikgeschichte des Metallsektors darstellen, was deshalb sinnvoll ist, weil nicht weniger als 137 der 156 im Zeitraum von 1965 bis 1968 von Spode erfassten wilden Streiks im Organisationsbereich der IG Metall stattgefunden haben.[9] Eine wichtige Rolle spielte dabei, dass die größte bundesdeutsche Einzelgewerkschaft ihre »betriebsnahe Tarif-

7 Bei einem Bruchteil von Beschäftigten wurde in Dänemark im gleichen Zeitraum fast die doppelte Menge an »Fällen« registriert: Mitchell, *Historical Statistics*, S. 186f.

8 Vgl. Spode u.a., *Statistik*, S. 354, 395, auch für die folgende Tabelle. Die Anteile der wilden Streiks sind von mir berechnet. Zum Zusammenhang zwischen Hochkonjunktur und Kurzstreiks vgl. auch: Kalbitz, *Arbeitskämpfe*, S. 192.

9 Vgl. Spode u.a., *Statistik*, S. 394f.

politik« fortsetzte. In einem gewissen Kontrast zur »Feuerwehrpolitik«, die im letzten Kapitel anhand des Streiks bei Deere-Lanz geschildert wurde, kam es nach 1960 zu einer Systematisierung: Die so genannte Ford-Aktion war um 1964 das Muster einer Kampagne, die das Konzept der »betriebsnahen« Tarifpolitik illustrierte. In der Rezession wurde der dezentrale Ansatz dann erstmals flächendeckend praktiziert, was seine bereits in der Ford-Aktion zu beobachtende Ambivalenz sozusagen verallgemeinerte.

Aber zunächst wurde die »betriebsnahe« Politik dadurch befördert, dass es parallel zu den 1964 und 1965 ohne größere Konflikte ausgehandelten zentralen Tarifvereinbarungen erneut zu punktuellen »Verdichtungen« der wilden Streiks im Metallsektor kam. Im Februar berichtete die Zeitschrift *Metall* zum ersten Mal seit vier Jahren von einer Reihe nicht gewerkschaftlich organisierter und offenbar nicht koordinierter, aber doch mehr oder weniger gleichzeitiger Arbeitsniederlegungen in der Metall- und Stahlindustrie.[10] Im Mai 1964 kam es dann wiederum zu einer Häufung der wilden Streiks.[11] Wie 1960 handelte es sich ausschließlich um lokale Kurzstreiks, in denen Konflikte um die Akkordsetzung bestimmter Arbeitsgänge oder um die Verschärfung der Zeitvorgaben erneut häufige Auslöser waren.[12] Die Reaktion der Gewerkschaft darauf war, ganz im Stil des geschilderten Einsatzes bei Deere-Lanz, Verständnis für die Streiks zu äußern sowie gleichzeitig die Mitbestimmungsrechte des Betriebsrates und damit eine »Normalisierung« der Konfliktformen anzumahnen.[13]

Während die IGM die Streiks als »Abwehrkämpfe« bezeichnete, zeigen in der *Anderen Zeitung* dokumentierte Äußerungen von Streikenden, dass es häufig um die Forderung nach *zusätzlichen und übertariflichen* Leistungen ging.[14] Die Darstellung als »Abwehrkämpfe« hatte jedoch den (auf Dauer allerdings etwas zweifelhaften) Vorteil, dass damit das Problem, dass die »zweite Lohnrunde« auch eine praktische Kritik an einer als unzureichend wahrgenommenen gewerkschaftlichen Tarifpolitik enthielt, nicht offen diskutiert werden musste. In Wirklichkeit hatten sich lokale, wilde Streiks 1964 längst als Handlungsoption etabliert, die unaufgeregt praktiziert wurde: Aus den Zeitungsberichten geht hervor, dass zumindest die Beschäftigten, die danach jemals gefragt wurden und Lust hatten, die Frage zu beantworten, »öffentliche« Kurzstreiks einfach als Begleiterscheinung der Hochkonjunktur betrachteten.[15] Bestätigt

10 *Metall*, Nr. 4, 1964, S. 1, 4.

11 *AZ*, Nr. 21, 1964, S. 7f.

12 Dabei fällt die Kontinuität des Auftretens wilder Streiks in einzelnen Betrieben wie Deere-Lanz oder den Howaldtwerken auf: *Metall*, Nr. 4, 1964, S. 1, 4.

13 *Metall*, Nr. 9, 1964, S. 1, 2.

14 *AZ*, Nr. 21, 1964, S. 8.

15 Ebd., S. 8.

wurde diese Mentalität nicht zuletzt dadurch, dass diese »zweite Lohnrunde« außerordentlich erfolgreich war. Insbesondere die Stahlarbeiter des Ruhrgebietes verstanden es, den schiedlich-friedlichen Charakter der Tarifpolitik in Nordrhein-Westfalen durch die erfolgreiche Artikulation lokaler Forderungen zu »ergänzen«.[16] Mitte 1964 veröffentlichte das Statistische Bundesamt eine Untersuchung, in der festgestellt wurde, dass die Differenzen zwischen Tarif- und Effektivlohn in der Stahlindustrie und der Metallverarbeitung am höchsten waren: Das bedeutet, dass die Forderung nach »zwischentariflichen« Zuschlägen zuerst von den »starken« Gruppen durchgesetzt wurde und die Schere zwischen Hoch- und Niedriglöhnen sich dadurch zunächst weiter öffnete. Vor dem Einsetzen der sektoralen Krise betrugen etwa die »Zuschläge« der Stahlwerker im Schnitt das Doppelte der entsprechenden durchschnittlichen Lohnanteile weiblicher Beschäftigter.[17] Die lokale Artikulation von Forderungen und eine »solidarische« Lohnpolitik standen zu diesem Zeitpunkt im Gegensatz zueinander; die zwei »Verdichtungen« wilder Streiks im Frühjahr 1964 unterschieden sich insofern von späteren Streikwellen, als in ihnen keine Kritik an den Lohnhierarchien nachgewiesen werden kann.

Zugleich lehnten die Arbeitgeber und ihre Verbände den Abschluss betrieblicher Tarifverträge, die eine Alternative zur unkoordinierten »zweiten Lohnrunde« gewesen wären, weiterhin strikt ab, nicht zuletzt, um bei einer sich verschlechternden Arbeitsmarktsituation die Option der Kürzung der lokalen »Sonderleistungen« zu behalten.[18] Für eine »betriebsnahe Tarifpolitik« blieben deshalb wesentlich zwei Ansatzpunkte: Eine Option war das Eingreifen in einzelne offene Arbeitskonflikte nach dem Muster der geschilderten Intervention bei Deere-Lanz. Aber 1964 fanden die Befürworter einer solchen Strategie, auf die sich die Berichte über wilde Streiks in der *Metall* durchaus positiv bezogen, noch immer schlechte Voraussetzungen vor. Nicht nur hatten die Betriebsräte häufig gar kein Interesse an einem Eingreifen der Gewerkschaft in die betrieblichen Konflikte, auch die außerordentlich kurze Dauer der Aktionen verhinderte eine »Tarifierung« der lokalen Konflikte in aller Regel.

Schließlich waren derartige Eingriffe, wie oben am Mannheimer Beispiel geschildert, von der Existenz einer der Gewerkschaft gewogenen lokalen Arbeiterbewegungstradition abhängig. Aber gerade diese Tradition zerfiel nach 1960 immer mehr, was sich sowohl in dem Erstaunen der *Metall* darüber manifestierte, dass bis dahin »völlig unpolitische« Belegschaften »plötzlich« in einen

---

16 »In Nordrhein-Westfalen ist die Zahl der spontanen Streiks [regelmäßig] doppelt so hoch wie die der gewerkschaftlich legitimierten Konfliktfälle; kein anderes Bundesland erreicht nur annähernd derart ausnahmige [sic!] Relationen [...]«: Kalbitz, *Arbeitskämpfe*, S. 60.

17 Die Untersuchung dokumentiert: *Der Gewerkschafter* (*DG*), Nr. 2, 1965, S. 47.

18 AdsD/5/IGMA, 150.373, Tarifabteilung, Stellungnahmen im *Industriekurier*.

Streik treten konnten, als auch in der Abwesenheit symbolischer Massenproteste, die wie geschildert vor 1960 noch eine Rolle gespielt hatten.

Als Alternative zur Sisyphosarbeit der Betreuung lokaler wilder Streiks lag es deshalb nahe, die »betriebsnahe Politik« in einzelnen so genannten Schwerpunktbetrieben zu entwickeln. Die Hoffnung war, das gute Beispiel der »Tarifierung« (und der damit verbundenen Mitgliedergewinnung) möge dazu führen, dass es sowohl innerhalb der Gewerkschaft als auch in den Betrieben Schule mache. Exemplarische Erfolge sollten Werbeträger sein – innerhalb der IG Metall für die Akzeptanz einer dezentralen Arbeitspolitik, bei den betrieblichen Akteuren für die Akzeptanz eines Eingreifens der Gewerkschaft.

Die »Ford-Aktion«

Die 1960 begonnene Ford-Aktion ist das prominenteste Beispiel für einen derartigen Versuch. In ihr wurden viele Elemente einer Erneuerung und (relativen) Demokratisierung der Gewerkschaftspolitik skizziert, die erst später, nach 1969, weitere Bedeutung erlangten. Ihr Erfolg wie ihr Scheitern schaffte zudem einige der Voraussetzungen des berühmten Ford-Streikes von 1973. Grund für die Wahl von Ford zum »Schwerpunktbetrieb« war der besondere Charakter der dortigen Arbeits- und Organisationsverhältnisse. In den 1950er Jahren hatte sich die Zahl der Beschäftigten in dem Kölner Werk von 5.600 auf 26.700 gesteigert, eine auch im Rahmen der expansiven bundesdeutschen Automobilindustrie überdurchschnittliche Zahl.[19] Seit Anfang der 1960er Jahre erzielte Ford in der Bundesrepublik einen wachsenden Marktanteil.[20] Grundlage der standortpolitischen Erfolge war ein Arrangement, das seit der Gründung der Kölner Zweigstelle im Jahre 1931 hergestellt worden war: eine Art buchstäblicher FORDismus,[21] in dem weit überdurchschnittlich hohen Löhnen und Sonderleistungen extrem harte Arbeitsbedingungen gegenüberstanden. Hinzu kam eine ausgeprägt paternalistische betriebliche Verhandlungskultur, die sich unter anderem in der durch die von den Beschäftigten oft als willkürlich erachteten Vergabe von Leistungszulagen durch die Meister darstellte. Eine Folge dieser ambivalenten Bedingungen war, dass bei Ford-Köln Anfang der 1960er Jahre eine ausgeprägte Trennung zwischen Kern- und

19 Vgl. detailliert: Wittemann, *Ford-Aktion*, S. 233.

20 Der bundesdeutsche Marktanteil war 1963 von 12,9 auf 14,4% gestiegen, wofür die Produktion um 27% erhöht werden musste, *AZ*, Nr. 24, 1964, S. 7.

21 Die Firmenleitung von Ford stellte sich vor dem Ersten Weltkrieg in den USA dieselbe Aufgabe wie im Köln der 1950er/1960er Jahre: die Integration einer stark fluktuierenden und wesentlich migrantisch geprägten ArbeiterInnenschicht.

Randbelegschaft existierte und folglich eine noch stärker ausgeprägte Fluktuation als in anderen Automobilbetrieben.[22] Eine weitere Folge war, dass der Betrieb nahezu »gewerkschaftsfrei« blieb, denn zu der betrieblichen Verhandlungskultur gehörte, dass es einerseits keinen Tarifvertrag gab, andererseits der Betriebsrat seine Machtposition dadurch stärkte, dass er als »Ersatzgewerkschaft« agierte und Betriebsvereinbarungen unterschrieb, die sonst zum Gestaltungsbereich der Tarifpolitik gehörten. Die Abwesenheit der IG Metall im betrieblichen Alltag manifestierte sich im Organisationsgrad: Obwohl sämtliche (Arbeiter-)Betriebsräte Gewerkschaftsmitglieder waren, lag der Anteil der Mitglieder bei den Arbeitern lediglich bei 5 Prozent und bei den Angestellten bei 3 Prozent.[23]

Innerhalb der IG Metall waren an den Beschluss, Ford-Köln zu einem »Schwerpunktbetrieb« zu machen, unterschiedliche und sich zum Teil widersprechende Erwartungen geknüpft. Die Frankfurter Zentrale (vor allem der Tarifsekretär Wöhrle) erstrebte vor allem eine »Normalisierung«, das heißt »Tarifierung« der »wilden« Arbeitsbedingungen. In den 26.000 Ford-Beschäftigten sah man ein enormes Mitgliederpotenzial und in der Ford-Aktion vor allem eine Kampagne zur Steigerung des Organisationsgrades.[24] Der mit der konkreten Durchführung beauftragte Bildungssekretär Hans Matthöfer hatte weiter gefasste Vorstellungen. Bereits seit Jahren hatte er eng mit einer Reihe von Funktionären aus dem aus der SPD ausgeschlossenen Sozialistischen Deutschen Studentenbund (SDS) zusammengearbeitet. Was er mit den SDS-Aktivisten teilte, war die Suche nach Wegen, das zu durchbrechen, was man als »Passivisierung« der Arbeiter wahrnahm.[25] Es ging mit anderen Worten um die Erneuerung der Bezugnahme zwischen Arbeiterschaft und sozialistischer Politik, wobei die Gruppe um Matthöfer diese Bezugnahme, anders als die traditionelle Arbeitsbewegung, als *Verhältnis* und damit nicht ausschließlich als Frage der *Mobilisierung* sah.[26] In Zusammenarbeit mit den Bildungsabteilungen von IG Metall und IG Chemie hatten Soziologen wie Oskar Negt, Michael Schumann oder Peter von Oertzen in diesem Kontext die didaktische Forderung formuliert, eine Alternative zu einer reinen Vermittlung von »instrumentellem« Wissen beziehungsweise von »Organisationstechnik« einerseits und

22 Wittemann, *Ford-Aktion*, S. 133f.

23 Ebd., S. 131f.

24 Ebd., S. 150–154.

25 Ausgangspunkt der Zusammenarbeit war die demonstrative Teilnahme Matthöfers am Kongress des durch die Konflikte mit der SPD in seinem Fachverband bedrohten SDS am 1./2.10.1960: Ebd., S. 56f.

26 Damit stellte die Gruppe implizit einen Zusammenhang zu Strategien der »Mituntersuchung« her, die in der transnationalen Neuen Linken entwickelt wurden, vgl. Birke, »Oberfläche«.

alltagsfernen marxistischen Formeln andererseits zu entwickeln.[27] Es ging also um nicht weniger als um eine kleine Revolution in der Bildungsarbeit der Gewerkschaften: Das Verhältnis zwischen Lehrenden und Lernenden sollte »umgekehrt« werden, die Vermittlung von Wissen auf der Grundlage aktueller und alltäglicher Arbeitserfahrungen geschehen. Dass die Ford-Aktion vom Bildungssekretär des IGM-Vorstandes verantwortet wurde, betonte sowohl den Zusammenhang zu solchen Konzeptionen als auch den experimentellen (und damit allerdings nur eingeschränkt verbindlichen) Charakter der Kampagne.

Eine der ersten Maßnahmen der Ford-Aktion war folgerichtig eine Befragung von Beschäftigten, deren Ziel war, hinter die Fassade der »Entpolitisierung« derselben zu blicken. 1961 wurde auf der Grundlage von Interviews mit 50 in der IG Metall organisierten und 50 »unorganisierten« Arbeitern die erste so genannte »Ford-Untersuchung« erstellt. Ihr wichtigstes Resultat war, dass sich in den Antworten der Beschäftigten eine ausgeprägte Ambivalenz zwischen »Lohnzufriedenheit« einerseits und einer Unzufriedenheit mit dem »Ford-Tempo« andererseits zeigte, wobei sich das Bewusstsein der Gewerkschaftsmitglieder in dieser Hinsicht nicht von dem der »Unorganisierten« unterschied.[28] Aus der Untersuchung leitete Matthöfer die Notwendigkeit ab, in den betrieblichen Publikationen der IGM Forderungen nach der Verbesserung der Arbeitsbedingungen zu betonen. Konkret wurden in der im Rahmen der Kampagne erstellten Betriebszeitung eine Änderung der »willkürlichen« Entlohnungskriterien sowie die Einführung so genannter Bandpausen propagiert. Begleitet wurde die Aktion außerdem durch weitere kreative Neuerungen. Auf ihrem Höhepunkt veröffentlichte Günter Wallraff (unter einem Pseudonym) in der Zeitschrift *Metall* eine erste auf eigenen Erfahrungen und Interviews mit Ford-Beschäftigten beruhende »Industriereportage«. Auch Wallraff propagierte die Forderung nach den »Bandpausen«:

»Das Zermürbende am Band ist das ewig Eintönige, das Nichthaltmachenkönnen, das Ausgeliefertsein. Die Zeit vergeht quälend langsam, weil sie nicht ausgefüllt ist. Sie erscheint leer, weil nichts geschieht, was mit wirklichem Leben zu tun hat. Ungefähr alle zehn Minuten ein Blick auf die Hallenuhr. Wenn wenigstens jede Stunde das Band für einige Minuten stillstünde, man hätte etwas, worauf man hinarbeiten könnte. […] Man hat mir von einem Arbeiter erzählt, der sich auf seine Art gegen das Band zu wehren wusste. Er soll am vorderen Bandabschnitt eingesetzt gewesen sein. Um eine einzige Zigarette zu rauchen, beging er Sabotage am Band. Statt seinen Pressluftbohrer an die vorgesehene immer gleiche Stelle der Karosserie zu halten, bohrte er kurz in das Band hinein, und alles stand augenblicklich still: Tausende Mark Ausfall für das Werk, für ihn drei bis fünf Minuten Pause.«[29]

27 Vgl. zusammengefasst: Negt, *Soziologische Phantasie.*

28 Im Detail s. Wittemann, *Ford-Aktion*, S. 154–174.

29 Wallraff, *Industriereportagen*, S. 11.

Die Ford-Aktion war von Organisierungsmodellen inspiriert, die die US-Gewerkschaften in den dortigen Fordwerken entwickelt hatten. Die eigens für die Aktion erstellte Zeitschrift berichtete regelmäßig über Arbeitskonflikte in den USA und war nach dem Vorbild der US-Betriebszeitungen erstellt. Auch die Bedeutung, die die Ford-Aktion dem *Image* des Betriebes zusprach, wies auf das US-Vorbild hin: Umfrage wie Wallraff-Text dienten dazu, den Mythos von Ford als »attraktivstem Arbeitgeber der Region« zu zerstören. Die Gründung einer betrieblichen Tarifkommission sollte ebenso wie die Förderung einer Schicht junger Funktionäre in Konkurrenz zu dem »alteingesessenen« Betriebsrat dazu beitragen,[30] den Druck auf den Unternehmer zu erhöhen, einen Tarifvertrag und damit die IGM als Verhandlungspartnerin zu akzeptieren. Entsprechend bewertete die IGM-Betriebszeitung wilde Streiks, die auch bei Ford ohne Zutun der Gewerkschaft, des Betriebsrates und der Vertrauensleute stattfanden: Eine erfolgreiche Arbeitsniederlegung in der Y-Halle etwa wurde zwar keineswegs verurteilt, aber doch mit dem Kommentar versehen, dass »gründliche Abhilfe nur durch einen Tarifvertrag geschaffen« werden könne.[31]

Der Erfolg der Ford-Aktion konnte an der beeindruckenden Steigerung des Organisationsgrades abgelesen werden. Schon bis April 1963 hatte sich die Zahl der IGM-Mitglieder ungefähr vervierfacht. Während die Organisationsverhältnisse langsam normale Formen annahmen, tat Ford im Mai 1963 den überraschenden Schritt, in den Arbeitgeberverband einzutreten, das heißt die Tarifverträge der Metallindustrie zu übernehmen und damit der Ford-Aktion eine ihrer Grundlagen zu entziehen. Denn mit dem Eintritt hatte die IG Metall zwar ein weiteres Ziel der Kampagne erreicht. Gleichzeitig aber kamen die unterschiedlichen Ansprüche der gewerkschaftlichen Akteure nunmehr stärker zum Ausdruck. So bestand anders als für die Tarifabteilung im Hauptvorstand das »Exemplarische« der Ford-Aktion aus Sicht des Bildungssekretärs und seiner SDS-Kollegen vor allem darin, neue Bedürfnisse der Beschäftigten in Erfahrung zu bringen und zu veröffentlichen.

Mit den Forderungen nach einer verbindlichen Regulation der individuellen Prämien sowie nach einer »Bandpause« sollte die Kampagne zum »Vorreiter« für weitergehende, später als »qualitativ« bezeichnete Forderungen werden. Im Frühjahr 1964, parallel zu der oben erwähnten »Verdichtung« der wilden Streiks, bereitete die Matthöfer-Gruppe deshalb einen legalen Streik für diese Forderungen vor. Im Frühjahr 1964 gab Matthöfer eine infas-Untersuchung über die Streikbereitschaft der Belegschaft in Auftrag und erhielt wenig überraschend eine Bestätigung des Wunsches nach einer Verbesserung

30 Wittemann, *Ford-Aktion*, S. 130.

31 Ebd., S. 178f.

der Arbeitsbedingungen über den Tarifvertrag hinaus.[32] Im Mai 1964 beschloss die betriebliche Tarifkommission, eine Urabstimmung über einen Streik einzuleiten.[33] Aber nach einigem Hin und Her, auch innerhalb der lokalen IG Metall, die einem Streik für »übertarifliche« Bedingungen mit nur wenig Vorfreude entgegensah, beschloss das Arbeitsgericht Köln am 19. Juni, alle weiteren »Kampfmaßnahmen« unter Hinweis auf die Friedenspflicht zu untersagen. Die Arbeitsbeziehungen bei Ford waren »normalisiert«, und die Ford-Aktion war am Ende.[34]

Das Experiment der Ford-Aktion war jedoch nicht alleine an der in der IG Metall dominanten Politik, sondern auch an inneren Widersprüchen gescheitert. So war die vorgesehene »Aktivierung« der Mitglieder von vornherein eine Kopfgeburt. Zwar wurde eine Art »Mituntersuchung« praktiziert, aber diese blieb instrumentell auf die Regulierung der Arbeitsbeziehungen und die »Verankerung« der IGM im Betrieb zugeschnitten. Aus dieser Sicht war es konsequent, dass die Untersuchung der Streikbereitschaft 1964 nicht mehr den Soziologen aus dem SDS, sondern einem professionellen Meinungsforschungsinstitut übertragen wurde. Auch die Matthöfer-Gruppe dachte in Bahnen, die für die traditionelle Mentalität von Arbeiterfunktionären typisch waren: Mit Clausewitz und Gramsci galt die Ford-Aktion ihnen als Taktik in einem »Stellungskrieg«.[35] Das Bild illustrierte, dass es sich eher um ein Projekt einer funktionalen Dezentralisierung als um eines der Demokratisierung handelte. Aus Sicht der selbsternannten Offiziere war es entscheidend, an den »vorgeschobenen Linien des Feindes« anzusetzen und dadurch seine (arbeitspolitische) Hegemonie anzugreifen. Da die Taktik die Definition »strategischer« Orte und Gruppen voraussetzte, definierte sie ihre Grenzen sozusagen aus sich selbst heraus: Die ersten Ansprechpartner der Ford-Aktion waren die fest und dauerhaft Beschäftigten männlichen Geschlechtes, qualifiziert oder angelernt, mit deutschem Pass.

Dass der Anteil der meist türkischen »Gastarbeiter« des Betriebes 1964 innerhalb von drei Jahren von rund 13 auf über 30 Prozent gestiegen war,[36] wurde zwar registriert, aber eben nicht als entscheidende Veränderung angesehen. Hans Matthöfer bemerkte 25 Jahre später, dass er angesichts der Zunahme der migrantischen Beschäftigung »mit meiner klug ausgetüftelten Strategie ge-

32 *AZ*, Nr. 24, 1964, S. 7. Der Forderungskatalog ist dokumentiert in Nr. 26, 1964, S. 7.
33 Zum Ende der Ford-Aktion s.: Wittemann, *Ford-Aktion*, S. 214–226.
34 Siehe hierzu auch: Delp u.a., »Betriebspolitik bei Ford«, S. 161ff.
35 Vgl. das Vorwort von Gert Sørensen, in: Gramsci, *Fægelsesoptagleser*.
36 Wittemann, *Ford-Aktion*, S. 103.

wissermaßen ein Feldherr ohne Truppen« wurde.[37] Die Kampagne scheiterte demnach nicht alleine an der Weigerung von Teilen der IG Metall, die Strategie Matthöfers bis zu ihrer Konsequenz des lokalen Arbeitskampfes mitzutragen, sondern auch an der Ohnmacht der beschriebenen post-militaristischen Taktik angesichts der Neuzusammensetzung der Beschäftigten. Als weithin bekannte Überlieferung aus der Ford-Aktion kann deshalb heute nicht die Matthöfer-Kampagne, sondern vor allem Günther Wallraffs Text über die moderne Fließproduktion gelten, der Anfang der 1970er Jahre dazu beitrug, dass seine »Industriereportagen« zu Bestsellern wurden.[38] Die Y-Halle in den Ford-Werken in Köln-Niehl, in der die Endmontage der Automobile stattfand und die im August 1973 Ausgangspunkt des wilden Streiks der Bandarbeiter wurde, hatte Wallraff bereits 1964 als eine Spielart der Hölle vorgestellt:

> »Vorgesehen sind alle drei Stunden zehn Minuten Pause, wenn das Thermometer morgens um neun Uhr 25 Grad im Schatten zeigt. Das zuständige Thermometer hängt am Haupttor neben dem Direktionsgebäude, wo ständig ein frischer Wind vom Rhein her weht. Da sind 25 Grad auch bei der mörderischsten Hitze morgens nicht drin. Ich habe jetzt während der heißen Tage die Temperatur in unserem Hallenabschnitt gemessen. Wir arbeiten zwischen zwei Lacköfen. Temperatur: 38 Grad um die Mittagsstunden. Hierher dringt kein frischer Wind vom Rhein.«[39]

Zwischen »IG Krawall« und Sozialpartnerschaft

Die Experimentierfreude und Konfliktorientierung, die die Ford-Aktion auszeichneten, lag keineswegs im Trend. Vielmehr nahm die zentrale Gewerkschaftspolitik auch der sonst gerne als »kämpferisch« bezeichneten IG Metall Mitte der 1960er Jahre immer stärker sozialpartnerschaftliche Züge an. So unterzeichneten Arbeitgeberverband und IG Metall im selben Monat, in dem sich die wilden Streiks häuften und die Ford-Aktion ihren Höhepunkt erreichte, erstmals seit 1959 wieder ein Schlichtungsabkommen. Der als Sprecher von Gesamtmetall fungierende Hanns Martin Schleyer sah in diesem Abkommen nicht zu Unrecht eine Vereinbarung über die »Rückführung des Streiks auf das allerletzte Mittel«[40]. Der Vertrag der Tarifparteien erweiterte die ohnehin bereits weit gefasste Friedenspflicht: Sie galt nunmehr auch während der

37 Zit. nach Wittemann, *Ford-Aktion*, S. 232. Einzelne türkische Aktivisten machten sich die gewerkschaftliche Organisierung der türkischen Arbeiter bei Ford seit ungefähr 1963 trotz des Desinteresses der Mehrheit der Funktionäre zur Aufgabe: Hunn, *›Nächstes Jahr‹*, S. 123–125.

38 Zwischen 1970 und 1977 wurden in elf Auflagen 330.000 Exemplare des Buches gedruckt.

39 Der Text wurde zuerst in *Metall*, Nr. 10, 1964, S. 5 veröffentlicht.

40 Zit. nach *AZ*, Nr. 5, 1964, S. 7. Vgl. Schroeder, »Industrielle Beziehungen«, S. 516.

automatisch einberufenen Schlichtung. Im Gegenzug für dieses Zugeständnis verzichtete der Unternehmerverband auf noch ausstehende Ansprüche von 38 Millionen DM aus der Klage wegen der Durchführung einer »illegalen« Urabstimmung während des Schleswig-Holstein-Streiks von 1956/57.[41]

Die Zentralisierung der Tarifpolitik entwickelte sich anschließend weiter: Im Juli 1964 unterzeichneten IG Metall und Gesamtmetall das »Erste Erbacher Abkommen«, das eine Verlängerung des Jahresurlaubs, ein erhöhtes Urlaubsgeld und Lohnerhöhungen von 7,5 Prozent vorsah.[42] Obwohl das Abkommen, als Konzession an den von den Unternehmern beklagten Facharbeitermangel, eine Verschiebung der Verkürzung der Wochenarbeitszeit auf 40 Stunden um ein Jahr vorsah, wurde es innerhalb der IGM als »beachtlicher Teilerfolg« gewertet.[43] Auch der Sachverständigenrat begrüßte das Tarifwerk, da es im Rahmen der empfohlenen Lohnsteigerungen blieb. Anfang 1965 machten die IG Metall und die Arbeitgeber des Stahlsektors sodann einen weiteren Schritt in Richtung einer »einkommenspolitischen« Lohnpolitik. Nach zahlreichen Warnstreiks in den Hütten, die zum Teil fließend in wilde Streiks mit lokalen Forderungen übergingen,[44] war nach dem Scheitern der Verhandlungen Mitte Januar eine 22-tägige »Abkühlungsfrist« wirksam geworden, die allerdings die Arbeitsniederlegungen nur bedingt stoppte. Der als Schlichter eingesetzte Frankfurter Volkswirt Helmut Meinhold befand schließlich eine Lohnerhöhung von 7,5 Prozent für angemessen, da diese der »Formel« Inflation plus Produktivitätssteigerung entsprach. Diese »Meinhold-Formel« wurde danach zur Grundlage zahlreicher tarifpolitischer Kompromisse: »Produktivitätsfortschritte« waren nunmehr das entscheidende Kriterium von Lohnerhöhungen, hinter das Vorstellungen von sozialem Ausgleich durch Umverteilung zurücktraten. Die Mitte der 1960er Jahre einsetzende Krise verfestigte dieses Arrangement.

Die »konziliante« Wende der in der zeitgenössischen Öffentlichkeit gerne als »IG Krawall« bezeichneten Metallgewerkschaft hat das Bild einer »hohen Integrationsfähigkeit« bundesdeutscher Tarifbeziehungen bis heute geprägt.[45] Hinter diesem Bild bleiben die »anderen« Arbeitskämpfe nach dem Mai 1964 weitgehend unsichtbar, zumal sie überwiegend von randständigen Gruppen des Arbeitsmarktes getragen wurden: So kam es im Juni 1964 zu einem Frauenstreik in der Kleider- und Wäschefabrik Nora in Witzenhausen bei Göttingen, in dessen Rahmen erfolgreich um einen Tarifvertrag gekämpft

41 Markovits, *Trade Unions*, S. 200.

42 In anderen Sektoren wurden ähnliche Ergebnisse erreicht: *AZ*, Nr. 27, 1964, S. 8.

43 *AZ*, Nr. 29, 1964, S. 7. Später wurde die Verkürzung auf Juli 1967 verschoben.

44 *AZ*, Nr. 6, 1965, S. 7. Zu den wilden Streiks vgl. *AZ*, Nr. 7, 1964, S. 7.

45 Schroeder, »Industrielle Beziehungen«, S. 514.

wurde. Nach dem Streik wurde der Urlaub auf vier Wochen verlängert. Die Löhne stiegen sogar um nicht weniger als 60 Prozent, die geschlechtsspezifische Lohndiskriminierung wurde zumindest relativiert.[46] Ebenfalls im Sommer 1964 kam es zu einem migrantischen Streik in einem Chemiewerk in Bad Homburg bei Frankfurt, in dem wie in der Ford-Aktion die Senkung der Bandgeschwindigkeit gefordert wurde.[47] Im Frühjahr 1965 fanden dann etliche lokale Streiks der Bekleidungsarbeiter Bayerns und Westfalens statt, da die Unternehmer, weniger konziliant als in der Metallindustrie, die gewerkschaftlichen Lohnforderungen rundweg abgelehnt hatten.[48] Aber all diese Streiks wurden in der bundesdeutschen Öffentlichkeit kaum wahrgenommen.

Erst als die Rezession einzusetzen begann, wurde auch die migrantische Beschäftigung wieder zu einem öffentlichen Streitgegenstand. Aber nunmehr stand nicht mehr die Empörung über die schlechten Arbeitsbedingungen der Migrantinnen/Migranten im Mittelpunkt, sondern der Versuch, die Unterschichtung der Arbeitsmärkte endlich zu nutzen, um den Druck auf die Beschäftigten zu erhöhen. Dies wiederum führte zu Konflikten, die ihren stärksten Ausdruck im so genannten *Bild*-Streik des Frühjahrs 1966 fanden. Am 31. März hatte die *Bild-Zeitung* mit der Schlagzeile »Gastarbeiter fleißiger als deutsche Arbeiter« getitelt.[49] Auf einer Tagung des Arbeitgeberverbandes, so hatte das Blatt weiter ausgeführt, sei festgestellt worden, dass die »Gastarbeiter weniger krank« seien und »sogar bereit, zwölf Stunden zu arbeiten«.Wenn »die Deutschen« mehr und länger arbeiten würden, sei der Import von Arbeitern überflüssig. Auf diese Äußerungen reagierten mindestens 6.000 Beschäftigte, mit einem Schwerpunkt in den Daimler-Benz-Werken in Untertürkheim, Sindelfingen und Mannheim, mit einem Proteststreik. In Stuttgart zogen erboste Metallarbeiter vor den Hauptsitz des Arbeitgeberverbandes, um gegen den Vorwurf des »Bummelantentums« zu protestieren. Die Aktionen richteten sich in erster Linie gegen die *Bild-Zeitung* und den Arbeitgeberverband Gesamtmetall. Aber auch die im Windschatten der Krise erstarkte NPD nutzte die Gelegenheit, um im Verlaufe der Aktion ihre eigene »Arbeiterpolitik« zu formulieren. Auf den Kundgebungen der Metallarbeiter verteilte sie ein Flugblatt, das die Überschrift »Heute Kollegen – morgen Lohndrücker« trug, worauf die üblichen Tiraden gegen »die Schmarotzer« folgten.[50] Die IGM, der DGB und verschiedene betriebliche und überbetriebliche Gewerkschaftsgrup-

46 *AZ*, Nr. 23, 1964, S. 8.

47 Hildebrandt/Olle, *Ihr Kampf ist unser Kampf*, S. 10f.

48 *AZ*, Nr. 4, 1965, S. 7.

49 Vgl. AdsD/IGMA, D752/D758, Dokumentation: Die Ausländerwelle und die Gewerkschaften: *Bild-Zeitung*, 31.3.1966. Ausführlich s.: Schönwälder, *Einwanderung*, S. 171–177.

50 Abgedruckt in: AdsD/IGMA, D752/D758, »Ausländerwelle«.

pierungen, darunter auch Vereinigungen der Migrantinnen und Migranten, reagierten mit einer eindringlichen Warnung vor dem Versuch, »deutsche und ausländische Arbeiter gegeneinander auszuspielen«.[51] Allerdings betonte die IG Metall im gleichen Atemzug die Notwendigkeit einer »Begrenzung« der Migration und forderte unter anderem, »daß ebenso wenig wie chronisch Kranke und nachweislich Kriminelle, künftig auch keine Analphabeten mehr im Ausland angeworben werden«.[52] Die Forderung nach »Integration« war damit auch eine nach Anpassung und Ausgrenzung. Die Perspektive der Migranten hatte innerhalb der Gewerkschaften noch immer keine Stimme.

Dass die Arbeitgeber den 1966 ungefähr 1,3 Millionen Migrantinnen und Mirganten »besonderen Fleiß« attestierten, änderte im übrigen nichts daran, dass diese in der Rezession zuerst vom Arbeitsmarkt verdrängt wurden. Darüber hinaus waren Frauen, Un- und Angelernte sowie ältere Beschäftigte überdurchschnittlich betroffen. Und zudem traf die Rezession bestimmte Regionen (etwa das Saarland) und bestimmte Branchen (so die Stahl- oder die Bekleidungsindustrie) besonders hart.[53] Ende 1966 wurde jedoch langsam klarer, dass auch die Kernbelegschaften mit Verschlechterungen rechnen mussten.

Konzertierte Aktion, Weißbücher und eine Streikwelle

Die Gewerkschaften legten sich in dieser Situation darauf fest, die ökonomische Politik der eben angetretenen Großen Koalition zu unterstützen. Nicht nur in »sozialpartnerschaftlich« orientierten Gewerkschaften wie der IG Bau, Steine, Erden oder der IG Bergbau und Energie wurde das »neue wirtschaftspolitische Instrumentarium« begrüßt.[54] Mit der »Konzertierten Aktion«, die im Februar 1967 erstmals tagte, verband sich auch in den linksorientierten Einzelgewerkschaften die Hoffnung, den Ausschluss von der Einflussnahme auf Parlament und Regierung endlich überwinden zu können.[55] Die ökonomischen Rahmendaten, die vom Sachverständigenrat ausgegeben wurden, wurden von den Gewerkschaften nicht selten zustimmend zitiert, zumal die »Wirtschaftsweisen« sich von der mangelnden Einbeziehung der Gewerkschaften unter der Regierung Erhard kräftig distanziert hatten.[56] Im Gegenzug war es im DGB

51 Die NPD profitierte von einem zunehmenden offenen Rassismus. Zwischen 1966 und 1969 zog sie in sieben Landtage ein: Herbert/Hunn, *Gastarbeiterpolitik*, S. 297.

52 AdsD/IGMA, D752/D758, »Ausländerwelle«.

53 Vgl. IGM, *Zweites Weißbuch*, S. 17ff.

54 Vgl. den Überblick bei Markovits, *Trade Unions*, S. 106–112.

55 Ebd., S. 110.

56 Vgl. Hardach, «Krise und Reform«, S. 210f.

weitgehend Konsens, der neuen Regierung eine Chance zu geben, indem man an der Überwindung der Rezession durch »maßvolle Lohnabschlüsse« mitwirkte. Auch wenn es etwa zwischen der enthusiastischen IG Bau und der skeptischen IG Metall in der öffentlichen Beurteilung der Chancen der Konzertierten Aktion Unterschiede gab; in der Tarifpolitik ging es »rechten« wie »linken« Einzelgewerkschaften 1966/67 um wenig mehr als um eine »Bestandssicherung«. So verschob die IG Bau die im Tarifvertrag für das Bauhauptgewerbe vorgesehenen Lohnerhöhungen auf dem Höhepunkt der Krise im Frühjahr 1967 um zwei Monate. Für die Zeit danach akzeptierte sie einen Abschluss, der deutlich unter den Empfehlungen des Sachverständigenrates blieb.[57] Aber auch die IGM nahm in der Metallverarbeitung eine neunmonatige Nullrunde hin, die vom Oktober 1967 bis zum März 1968 galt.[58] Zwar kritisierten die Gewerkschaften einzelne Maßnahmen der Regierungspolitik, so die Mehrwertsteuererhöhung, die Kürzungen bei den Renten, die einseitige Investitionsförderung. Strategisches Ziel blieb langfristig gleichwohl eine (sozial-)politische Kompensation der lohnpolitischen Zurückhaltung nach »skandinavischem Vorbild«.[59]

Vor dem Hintergrund der Einbindung der IG Metall in die »Konzertation« scheint es auf den ersten Blick durchaus ein Widerspruch zu sein, dass dieser Gewerkschaft gleichzeitig eine »aktivistische« Kampagne betrieb, die letztlich das Ziel hatte, das Auseinanderklaffen zwischen Tarif- und Effektivlöhnen einzudämmen. Um dieses Ziel zu erreichen griff die Gewerkschaft, wie man es ja bereits in der »betriebsnahen Tarifpolitik« der frühen 1960er Jahre entwickelt hatte, die Konflikte vor Ort einschließlich der im Laufe des Jahres 1967 massiv zunehmenden wilden Streiks auf. Im Sommer 1967 startete die IGM vor diesem Hintergrund erstmals eine systematische, flächendeckende Aktion gegen die betriebliche Lohnpolitik einzelner Unternehmer. Dass es dabei nicht darum ging, Gesamtmetall als Ganzes vom Verhandlungstisch zu verjagen, zeigt sich daran, dass die IGM an »vernünftige« und »faire« Unternehmer appellierte, während sie die »Willkür« einzelner schwarzer Schafe anprangerte. Dennoch hatte die Kampagne bemerkenswerte Effekte, zu der auch eine gewisse Mobilisierung der gewerkschaftlichen Basis gehörte. Im ersten »Weißbuch zur Unternehmermoral« der Gewerkschaft wurden Übergriffe auf Betriebsräte, willkürliche Entlassungen, körperliche Misshandlungen, Angriffe auf Kranke, Kürzungen der Akkordvorgaben und -preise, die Einstufung in niedrigere Lohngruppen, Kürzungen beim Weihnachtsgeld und so weiter dokumentiert.[60] Die

57 Markovits, *Trade Unions*, S. 358.
58 Ebd., S. 203.
59 Ebd., S. 111.
60 IGM, *Erstes Weißbuch*. Das Buch wurde am 2. Juni veröffentlicht.

Strategie, solche in den Betrieben sicherlich schon lange bekannten Phänomene an die Öffentlichkeit zu bringen, wurde häufig begrüßt und angenommen, auch wenn die Beschäftigten etwas einseitig als »Opfer« erschienen. Nur vier Monate nach dem ersten erschien das zweite »Weißbuch«, in dem sich zeigte, dass die Kampagne durchaus Anklang gefunden hatte: Viele Hinweise auf »Verstöße« kamen offenbar nunmehr direkt aus den Betrieben.[61]

Zumindest die »aktivistisch« orientierten Funktionäre der Gewerkschaft, zum Teil aber auch die Belegschaften selbst, sahen die Kampagne offenbar als Möglichkeit, die eigenen Forderungen zu artikulieren. Wenn im Zeitraum zwischen 1965 und 1968 im Zusammenhang mit wilden Streiks in der Bundesrepublik fast nur vom Metallsektor die Rede ist, spiegelt dies dessen herausragende Rolle wider. Bei den offenen Arbeitskonflikten im Metallbereich handelte es sich fast ausschließlich um lokale, wilde Streiks.[62] In ihrem Organisationsbereich wurden von 1965 bis 1968 137 wilde Streiks in 398 Betrieben mit 125.929 Ausfalltagen gezählt.[63] An zweiter Stelle folgte die IG Chemie mit fünf Streiks in sieben Betrieben und 1.723 Ausfalltagen. Daran, dass die absolute Zahl der wilden Streiks geradezu sprunghaft anstieg, hatte der Organisationsbereich der IG Metall den Löwenanteil: 1966 verdoppelte sich ihre Zahl im Vergleich zum Vorjahr, und 1967 verdreifachte sie sich sogar.[64]

Ein Teil des statistischen Effektes war allerdings durch die Taktik der *Sichtbarmachung* produziert worden, wie sie sich in den beiden »Weißbüchern« darstellte. Dass für die IG Metall die Vermittlung zwischen Tarifpolitik und lokaler Arbeitspolitik ein besonderes Problem darstellte, hatte, wie erwähnt, auch damit zu tun, dass die Unterschiede zwischen Tarif- und Effektivlöhnen im Organisationsbereich dieser Gewerkschaft besonders krass waren: In der Automobilindustrie lagen die Effektivlöhne Mitte der 1960er Jahre im Schnitt um 68 Prozent, im Maschinenbau um 57 Prozent und in der elektrotechnischen Industrie immerhin noch um 47 Prozent über den zwischen den Tarifparteien vereinbarten Margen. Dagegen lagen die Löhne etwa der Bauarbeiter durchschnittlich nur 6,8 Prozent über dem Tarif.[65] Auch aus diesem Grunde begann die IG Metall als erste und einzige bundesdeutsche Gewerkschaft 1967 mit einer systematischen Erfassung »irregulärer« betrieblicher Konflikte. Die Ergebnisse der Befragung machten einerseits das Ausmaß

61 Die Unternehmer reagierten mit einer »Gegenbroschüre« namens »Moment«. Damit stützten sie unfreiwillig die Strategie der IGM, die Situation in den Betrieben öffentlich zu debattieren: IG Metall, *Zweites Weißbuch*, S. 8f.

62 Vgl. Spode u.a., *Statistik*, S. 387.

63 Ebd., S. 394.

64 Kalbitz, *Arbeitskämpfe*, S. 201.

65 Vgl. Markovits, *Trade Unions*, S. 349.

der Konflikte, andererseits den Grad der Entfremdung der IG Metall von den betrieblichen Aktionen deutlich. Letztere zeigte sich etwa daran, dass die Motive der 300.000 »Metaller«, die 1966/67 in überwiegend sehr kurze Streiks mit einer Dauer von zwischen 15 Minuten und 32 Stunden getreten waren, der Gewerkschaft im Rahmen ihrer Erhebungen überwiegend unklar blieben.[66] Die Politik der »Weißbücher« muss auch als Reaktion auf diese Beobachtung gewertet werden.

Die IG Metall legitimierte ihre Kampagne unter anderem damit, dass es sich bei den Streiks um »Abwehrkämpfe« handelte, die sich gegen die »Willkür« der Unternehmer richteten. Wirft man einen genaueren Blick auf die Streikwelle von 1966/67, dann zeigt sich allerdings, dass gerade die Kämpfe, die die meiste öffentliche Aufmerksamkeit auf sich zogen und damit bis zu einem gewissen Grade als beispielhaft und verallgemeinernd wirkten, in Betrieben stattfanden, die von der Rezession weniger als andere betroffen waren. Dies galt bereits für den ersten bundesweit beachteten Konflikt, der die Zunahme der wilden Streiks im Metallsektor einläutete:[67] Im November 1966 hatte die Geschäftsleitung der Offenbacher Druckmaschinenfabrik Faber & Schleicher in einem »10-Punkte-Programm« trotz guter wirtschaftlicher Lage die Streichung von Sozialleistungen annonciert, unter anderem den Abbau eines Akkordzuschlages. Auslöser des darauf einsetzenden wilden Streiks war daneben die Forderung nach der Entlassung zweier autoritärer Vorgesetzter. Der Ausstand endete erst nach fast einer Woche mit der Rücknahme des »10-Punkte-Programms« sowie mit der Beurlaubung eines der beiden Kritisierten. Obwohl weder die geforderte Entlassung des Personalchefs noch die Bezahlung der Streikzeit durchgesetzt werden konnte, erreichten die Streikenden damit weitaus mehr als lediglich eine Begrenzung und Regulierung des Abbaus, wie sie die Krisenpolitik der IGM anstrebte.[68] Grundlage dafür war auch, dass es sich bei Faber und Schleicher überhaupt nicht um einen wirklichen »Krisenbetrieb« handelte und die Konflikte insofern viel eher im Kontext des Kampfes um die »Poren der Arbeitszeit« gesehen werden müssen, der seit den frühen 1960er Jahre praktisch ständig auf der Tagesordnung gestanden hatte.

Als zum Jahreswechsel 1966/67 die Versuche der Unternehmer anhielten, die Arbeitsbedingungen auch dort zu verschlechtern, wo es nachweislich keine oder nur geringe Umsatzeinbrüche gegeben hatte, verlor die These von der

66 Bei zwei Dritteln der Streikenden konnten die für die Erfassung zuständigen Sekretäre keine klaren Angaben über deren Motive machen: IGM, *Geschäftsbericht 1965–1967*, S. 132f.

67 Für das Folgende: AdsD/5/IGMA, 150.373, Mappe: Streik bei Faber & Schleicher, November 1966. Zusammenfassend auch: Steinhaus, *Streiks*, S. 33–35, sowie *Metall* Nr. 24, 1966, 3. Am Beispiel der Maxhütte (Oberbayern) vgl. Süß, *Kumpel und Genossen*, S. 276.

68 AdsD/5/IGMA, 150.373, Vereinbarung zwischen Betriebsrat und Geschäftsleitung.

ökonomischen Notwendigkeit der »Sparmaßnahmen« weiter an Glaubwürdigkeit. Zudem machte die gleichzeitige Anordnung von Massenentlassungen und die Neueinstellung junger, »unverbrauchter« Beschäftigter deutlich, dass bei der Restrukturierung auf die Meriten älterer Beschäftigter und männlicher, deutscher Facharbeiter keine Rücksicht genommen wurde. Die unintendierte Folge war, dass die »Sparmaßnahmen« als Angriff auf die sozialen Ansprüche *aller* Beschäftigten gesehen wurden.[69]

Die Kämpfe bei Hanomag als Beispiel

Dies zeigen unter anderem die wilden Streiks in der Hanomag AG in Hannover im Frühjahr 1967.[70] Zugleich können diese Arbeitskämpfe als Beispiel dafür gelten, wie sich die Ambivalenz der Politik der IGM und der betrieblichen Interessenvertretung vor Ort darstellte. Hanomag war eine der 38 Tochtergesellschaften des montanmitbestimmten Rheinstahl-Konzerns, in dessen Aufsichtsrat ein von der Arbeitnehmerseite vorgeschlagener Arbeitsdirektor sowie ein Mitglied des Hauptvorstandes der IG Metall saßen. 1966 ging der Umsatz des Konzerns, der sich in verschiedenen Branchen engagierte, um 1,4 Prozent zurück. 1967 stagnierte er, um im wieder einsetzenden Boom 1968 bei mittlerweile wesentlich weniger Beschäftigten erneut Rekordhöhe zu erreichen. Diese Berg- und Talfahrt erlebte auch die Belegschaft des Hanomag-Werkes in Hannover, das vor dem Berliner und Hamburg-Harburger Werk mit etwa 7.500 Beschäftigten die größte Zweigstelle des Fahrzeugbauers war.[71] Bereits seit Ende 1965 hatte die Belegschaft, nachdem der Betrieb noch kurz zuvor einen Umsatzrekord erzielt hatte, wegen der Verringerung der Nachfrage auf dem Binnenmarkt Kurzarbeit und Entlassungen hinnehmen müssen.[72] Bedeutete die Kurzarbeit bereits erhebliche Lohnverluste, so wurden im Laufe des Jahres 1966 weitere »Restrukturierungsmaßnahmen« aufgelegt, die zu einer erneuten Senkung der Effektivlöhne führten. Die Rückstufung in niedrigere Lohngruppen, die Kürzung übertariflicher Zuschläge bei Überstunden sowie eine Kürzung des Weihnachtsgeldes und der Akkordsätze waren von Entlassungen im Rahmen der so genannten 49er Quote begleitet, das heißt unter Vermeidung der Pflicht, mit dem Betriebsrat über einen Sozialplan

69 Dies betonen Roth/Behrens, *Die »andere« Arbeiterbewegung*, S. 240f.
70 Vgl. auch für das Folgende: Surkemper, *Inoffizielle Streiks*, S. 116, 208.
71 Ebd., S. 118.
72 Ebd., S. 158.

zu verhandeln.[73] Der Widerstand gegen diese Unternehmenspolitik blieb zunächst sporadisch. Im Winter 1966/67 kündigte die Geschäftsleitung dann erneut die Entlassung von etwa 800 Kollegen sowie ein weiteres »Sparprogramm« an, das eine pauschale Kürzung der (übertariflichen) Effektivlöhne um bis zu 6 Prozent sowie die Streichung des Weihnachtsgeldes und einer »Treueprämie« beinhaltete.[74] Die Entlassungen betrafen vor allem ältere Kollegen, die durch Abfindungen entschädigt wurden.

Ende April 1967 hatten bereits über 400 Beschäftigte den Betrieb verlassen, gleichzeitig begann die Geschäftsleitung jedoch, Neueinstellungen jüngerer Arbeiter vorzunehmen und Überstunden anzuordnen.[75] In der Hannoveraner Presse konnte zudem von einer erheblich verbesserten Auftragslage und Gewinnsituation gelesen werden. Als die Geschäftsleitung ankündigte, die für den Sommer vorgesehenen »Sparmaßnahmen« trotz der verbesserten Auftragslage nicht zurücknehmen zu wollen, wurde deutlich, dass es sich in erster Linie um den auch anderswo beobachteten Versuch handelte, »Grauköpfe« und »Leistungsschwache« loszuwerden.[76] Am 28. April kam es deshalb zu einem ersten wilden Streik, der im Konsens der IG-Metall-Betriebsräte, Vertrauensleute und der örtlichen Verwaltungsstelle vorbereitet worden war.[77] Während des kurzen Streiks wurde eine durchdachte Arbeitsteilung praktiziert: Der Betriebsrat hielt sich mit öffentlichen Äußerungen zurück, die Vertrauensleute riefen als Kollektiv zum Streik auf. Die am stärksten organisierten Abteilungen führten mehrere Demonstrationszüge durch den Betrieb durch, die »zögerliche« Kollegen von der Teilnahme überzeugten. Um elf Uhr versammelte sich schließlich der größte Teil der Belegschaft vor dem Gebäude der Hauptverwaltung und beschloss den Streik »offiziell«. In diesem Vorgehen zeigt sich, dass es bei der Hanomag grundsätzlich eine hohe Loyalität der Belegschaft gegenüber der Politik der lokalen Gewerkschaft gab: Der Streik lief »wie am Schnürchen«, und es waren zunächst keinerlei Konflikte zwischen Gewerkschaft und der zu über 90 Prozent in der IGM organisierten Belegschaft sichtbar.[78]

Der erste Kurzstreik endete nach nur wenigen Stunden, als die Direktion ihre Verhandlungsbereitschaft erklärte. In den Verhandlungen zeigte sich allerdings, dass es der Firmenleitung vor allem darum ging, die geplanten Kür-

---

73 Die Zeitschrift *Arbeiterpolitik* berichtete, dass bis zum Frühjahr 1967 auf diese Weise ungefähr 1.100 Arbeitsplätze verloren gingen, *ARPO*, Nr. 4, 1967, S. 8.

74 Surkemper, *Inoffizielle Streiks*, S. 165.

75 AdsD/5/IGMA, 582015, Mitteilungen für die Beschäftigten der Hanomag AG, Mai 1967.

76 Vgl. das Dokument über den »Ilo-Streik« in: Schulenburg (Hg.), *Das Leben ändern*, S. 92–95.

77 Surkemper, *Inoffizielle Streiks*, S. 178–180, auch im Folgenden.

78 Vgl. den Bericht von Heinz Brandt in: *Metall*, Nr. 10, 1967, S. 5.

zungen von rund 4,5 Millionen DM als »betriebswirtschaftliche Notwendigkeit« zu legitimieren. Am 2. Mai reiste außerdem der Arbeitsdirektor des Konzerns nach Hannover, um dem Betriebsrat mitzuteilen, dass er selbst sogar Kürzungen von 5 bis 6 Millionen DM für notwendig halte.[79] Beide, Direktion und Direktor, forderten die Belegschaft zu einer »konstruktiven« Mitarbeit an den »unvermeidlichen Sparmaßnahmen« auf. Zugleich wurden die Vertrauensleute der IG Metall, die den Streik entscheidend getragen hatten und die als weniger kompromissbereit galten als die Mehrheit des Betriebsrats, aus den Verhandlungen ausgeschlossen. Am Ende bot der Arbeitsdirektor an, dass die Lohnkürzung halbiert und gleichzeitig die leitenden Angestellten durch die Einschränkung des Weihnachtsgeldes einen eigenen Beitrag zur »Sanierung« leisten würden. Nachdem der Betriebsrat dies mehrheitlich abgelehnt hatte, kam es am 8. Mai 1967 erneut zum Streik.

Nunmehr forcierte die Geschäftsleitung den Druck, indem sie die Belegschaft vor dem Verwaltungsgebäude mit einer Erklärung beschallen ließ, nach der jeder, der per Mikrophon zu der Versammlung sprechen würde, mit Entlassung zu rechnen habe. Gleichzeitig wurden aus der »sicheren Position« des verschlossenen Verwaltungsgebäudes Aufnahmen mit einem Teleobjektiv gemacht. Außerdem wurden Massenentlassungen und sogar die Schließung des Werkes angedroht, falls sich die Kollegen weiterhin weigerten, den Kürzungen zuzustimmen.[80] Ziel all dieser Maßnahmen war es, die Dynamik des Streiks zu brechen, indem man die Herstellung einer internen Öffentlichkeit und damit die kollektive Entscheidungs- und Handlungsfähigkeit der Streikenden unterband. Unter solchem Druck, wohl aber auch, weil es innerhalb des Betriebsrates eine zunehmende Tendenz gab, schnell einen Kompromiss auszuhandeln, ließ die Streikbereitschaft zunächst erheblich nach. Am 12. Mai legte der Rheinstahl-Vorstand erneut einen Vorschlag vor, der ungefähr dem oben skizzierten entsprach. Doch diesmal lehnte die örtliche Geschäftsleitung ab, die mittlerweile wieder ihre Chance sah, das ursprünglich vorgesehene Kürzungspaket durchzusetzen. Für den 16. Mai riefen die Vertrauensleute erneut zum Streik auf.

Die Belegschaft verließ an diesem Tag zunächst schleppend und widerwillig den Arbeitsplatz. Am Vormittag wiederholte sich sodann das bekannte Szenario vor dem Verwaltungsgebäude, diesmal jedoch war der Druck auf die Versammlung noch größer, unter anderem deshalb, weil die *Bild-Zeitung* im Vorfeld in großer Aufmachung von einem Beschluss der IG Metall berichtet

---

79 *ARPO*, Nr. 4, 1967, S. 9, auch im Folgenden.
80 Surkemper, *Inoffizielle Streiks*, S. 203.

hatte, an die Streikenden kein Streikgeld auszahlen.[81] Außerdem hatte die Geschäftsleitung den Werkschutz in einem internen, aber der IG Metall zugespielten Papier aufgefordert, Taten wie das »Beschimpfen von Arbeitswilligen« zu registrieren, damit eine Strafverfolgung mit dem Ziel von »Geldstrafen bis zu 10.000 DM oder Gefängnis bis zu zwei Jahren« eingeleitet werden könne.[82] Die Folge derartiger Ankündigungen war, dass zunächst niemand vor der Versammlung zu sprechen wagte, zumal die damit verbundene Entlassungsdrohung weiterhin aufrechterhalten wurde. Erst nach einiger Zeit nahm ein Vertrauensmann in einer »Einzelaktion«[83] das Mikrophon, informierte über den unveränderten Stand der Verhandlungen und erklärte zugleich, dass die gesammelten Spendengelder ausreichen würden, um den Lohnausfall für einige Tage zu finanzieren. Damit war der Bann gebrochen, den die Geschäftsleitung über die Versammlung zu legen versucht hatte. Als dem Vertrauensmann am 17. Mai gekündigt wurde, kam es nicht nur zu heftigen Protesten der weiterhin Streikenden in Hannover, sondern auch zu Solidaritätsstreiks in den Zweigwerken in Hamburg-Harburg und Berlin.[84] Schließlich musste die Firmenleitung am 19. Mai nicht nur die Kündigung, sondern auch ihre Kürzungsvorschläge weitgehend zurücknehmen, woraufhin die Arbeit wieder aufgenommen wurde.

Der Hanomag-Streik ist nicht nur ein gutes Beispiel für den Charakter der wilden Streiks in der Streikwelle von 1966/67. Er verweist auch auf eine Tendenz, die sich bis zum Ende des Jahrzehntes noch stärker ausprägen sollte. In seinem Mittelpunkt stand neben der Frage der »übertariflichen« Leistungen die Begrenztheit der großen gewerkschaftlichen »Errungenschaft« der Montanmitbestimmung, die sich angesichts der offenen Arbeitskonflikte nun deutlich zeigte. Denn der während des Streiks heftig kritisierte Arbeitsdirektor hatte in der Tat lediglich die im Gesetz vorgesehene Rolle als Vermittler von Konzerninteressen übernommen. Für die Weiterführung des Streiks war entscheidend, dass die Belegschaftsversammlungen aufrechterhalten werden konnten. Die Geschäftsleitung beging den Fehler, durch die massiven Drohungen gegen diese Versammlungen aus einem zunächst mit wenig Begeisterung geführten Arbeitskampf einen harten Konflikt zu machen. Insbesondere die Kündigung des Vertrauensmannes trug dazu bei, dass sich eine Dynamik entfaltete, die der Geschäftsleitung keine Alternative ließ, als die Forderungen der Streikenden

81 *ARPO*, Nr. 4, 1967, S. 9: In der Öffentlichkeit war nicht unbedingt klar, dass die Gewerkschaft in einem wilden Streik ohnehin legal keine Streikgelder zahlen konnte.

82 *Metall*, Nr. 11, 1967, S. 5.

83 *ARPO*, Nr. 4, 1967, S. 9.

84 Surkemper, *Inoffizielle Streiks*, S. 221 sowie *DG*, Nr. 4, 1967, S. 223.

(mit Ausnahme der Kürzung der Jahresleistung) zu akzeptieren.[85] Viele Elemente, die sich im Hanomag-Streik zeigten, fanden sich 1967 und, unter den Bedingungen der Hochkonjunktur, nach 1969 in den wilden Streiks in montanmitbestimmten Betriebe wieder.

Arbeitskämpfe am Vorabend des Mai 1968

Beispiele wie Hanomag bildeten sozusagen die Eckpfeiler der Streikwelle in der bundesdeutschen Metallindustrie: Ihre relativ lange Dauer und ihr erfolgreicher Abschluss sorgte für eine größere Öffentlichkeit als üblich und wirkte auf andere Belegschaften inspirierend. Mit der Zeit wurde die Tagesordnung der Streikbewegungen einheitlicher: Seit November 1967 standen jahreszeitlich bedingt Konflikte um die Kürzung der Jahresleistung, danach Auseinandersetzungen um die Eingruppierung nach dem neuen Lohnrahmentarifvertrag in Nordrhein-Westfalen im Vordergrund.[86] In der letzten Phase der Rezession ging die IG Metall dazu über, die wilden Streiks nicht mehr nur hinter vorgehaltener Hand zu unterstützen, sondern offen zu fördern. Insgesamt wirkte der Versuch der Unternehmer, die Einkommen unabhängig von der wirtschaftlichen Lage des Unternehmens und den tradierten Lohnhierarchien zu kürzen, in Richtung einer Vereinheitlichung der Forderungen und einer Kooperation der unterschiedlichen »Schichten« der Belegschaften. So kam es 1966/67 zu einigen Streiks mit überwiegend migrantischer Beteiligung, in denen die Konkurrenz mit anderen Belegschaftsgruppen nicht dazu führte, dass die verschiedenen Interessen gegeneinander ausgespielt werden konnten.[87] Solche Erfahrungen prägten eine »solidarische Lohnpolitik«, die in der Streikwelle nach 1969 auch »von unten« formuliert wurde.[88]

Dass sich wilde Streiks als realistische, alternative Handlungsoption darstellen konnten, hatte auch mit der Tarifpolitik zu tun. Wie erwähnt gestaltete sich diese selbst auf dem Höhepunkt der Kampagne gegen »Unternehmerwillkür« zur vollkommenen Zufriedenheit der Unternehmer. Ende 1967 stellte der »Industriekurier« zufrieden fest, dass der neue Tarifvertrag im »Pilotbezirk« Nordwürttemberg/Nordbaden als »optimale Lösung« bezeichnet werden müsse. Die vereinbarte Lohnpause von neun Monaten sei »von den Arbeitge-

85 Dass es »erstmals in der Geschichte der Bundesrepublik gelang, übertarifliche Leistungen ›einzustreiken‹ «, wie die *Welt am Sonntag* am 21.5.67 schrieb, war eine Übertreibung. Vgl. dazu *Express international*, Mai 1967, S. 8.

86 Steinhaus, *Streiks*, S. 32.

87 Vgl. etwa *Metall*, Nr. 14, 1967, S. 5.

88 Vgl. Roth/Behrens, *Die »andere« Arbeiterbewegung*, S. 240f.

bern von Anfang an erstrebt« worden.[89] Obwohl während der Tarifrunde etliche Proteststreiks gegen die Angriffe der Unternehmer auf die Löhne stattgefunden hatten, die im November in Demonstrationen mit ungefähr 180.000 Teilnehmenden mündeten, akzeptierte die klare Mehrheit der Gewerkschaftsmitglieder schließlich diesen Abschluss.[90] Andererseits jedoch kam es außerhalb der Metallindustrie 1966/67 zu einigen, teils wilden, teils offiziellen Streiks. Bemerkenswert war hier vor allem die Kontinuität zwischen den Themen der wilden Streiks und der Tarifkämpfe. So streikten etwa 6.000 Fliesenleger in Nordrhein-Westfalen vom 10. Juli bis zum 30. September 1966, um eine drastische Kürzung der Akkordsätze zu verhindern.[91] Im November sorgte dann ein Streik in der hessischen Gummiindustrie für Aufsehen – auch, weil es in seinem Verlauf zu heftigen Zusammenstößen zwischen Streikposten und der Polizei kam.[92] Der Ausstand begann mit wilden Arbeitsniederlegungen, die sich gegen die Akkordbedingungen bei der Firma Dunlop in Fulda richteten. Die IG Chemie »legalisierte« diese Streiks und überführte deren organisierende Dynamik und deren Themen in die laufende Tarifrunde. Die 15.000 Beschäftigten, darunter überdurchschnittlich viele Migranten, erreichten immerhin Lohnerhöhungen von 4 bis 5 Prozent. Zudem unterzeichnete die CPK ein »Rationalisierungsschutz-Abkommen« für ältere Beschäftigte.[93]

Die Rezeption der wilden Streiks blieb innerhalb der bundesdeutschen Linken 1966/67 noch randständig. Das hatte nicht alleine damit zu tun, dass diese Linke akademisch-bürgerlich geprägt war, sondern auch damit, dass die Kämpfe in Sektoren und Gegenden stattfanden, die weit abseits der Bühne lagen, auf der sich die Studentenrevolte abspielte. Von den wilden Streiks war man, soweit man sie überhaupt wahrnahm, ebenso überrascht wie die allgemeine Öffentlichkeit.

Die Arbeiterbewegung galt als integriert. Warum wurde dennoch gestreikt? Die Erklärungen der 1950er Jahre griffen nicht mehr. Rädelsführer wurden gesucht, aber nicht gefunden. Die KPD war verboten und hatte in den Betrieben nur noch punktuellen Einfluss. [94] Ihre illegale Parteileitung nahm das Anwachsen der wilden Streiks seit Anfang 1967 kaum wahr.[95] Aber nicht nur

89 AfsB/IGBE, Nr. 12.997, Pressearchiv: *Industriekurier*, 14.11.1967.

90 Vgl. *ARPO*, Nr. 1, 1968, S. 7.

91 Kalbitz, *Arbeitskämpfe*, S. 178f.

92 Vgl. hierzu: *Express international*, Januar 1968, S. 9 sowie *ARPO*, Nr. 1, 1968, S. 5.

93 Siehe zusammenfassend: *Gewerkschaftspost*, Nr. 11, 1967, S. 3ff.

94 BArch/SAPMO/SED, BY 1/2.855, SED-Politbüro, Berichte (KPD), Kommission für Gewerkschafts- und Sozialpolitik, 5.9.1967. In wenigen Betrieben (wie Daimler, Mannheim und Untertürkheim, AEG, Nürnberg, Opel, Rüsselsheim) hatte die KP noch AktivistInnen.

95 Im Februar 1968 berichtete die Leitung der KP an das Politbüro der SED, dass »die politische Arbeit mit den Betriebsgruppen schwach und in vielen Regionen nicht existent« sei. Auf »die

die »alte«, auch die »neue« Linke hatte ganz offensichtlich keinen Einfluss auf die Streiks des Jahres 1967. Nur selten etwa erheischte die Situation in den Betrieben die Aufmerksamkeit der rebellierenden Jugend: Gemeinsame Aktionen von Arbeiter- und Jugendbewegung blieben Ausnahmen. Am ehesten noch spielten solche Grenzüberschreitungen 1967/68 wohl in den lokalen Aktionen gegen Fahrpreiserhöhungen eine Rolle. Unter anderem in Kiel, Bremen, Dortmund und Bochum blockierten zeitweise Tausende von Jugendlichen den Stadtverkehr, wobei sie von einigen betrieblichen Aktivisten unterstützt wurden.[96] Doch in der Regel fielen Arbeitskämpfe und die Jugend-Proteste in der Bundesrepublik, anders als in südeuropäischen Ländern wie Frankreich und Italien, zeitlich, inhaltlich und räumlich auseinander.

Die Haltung der Gewerkschaften gegenüber den wilden Streiks veränderte sich angesichts der Stagnation der Mitgliederzahlen und der Rezession. Fasst man diese Haltung für die Zeit zwischen 1963 und 1968 zusammen, dann kann festgestellt werden, dass sie durch den Versuch bestimmt war, einerseits die Entfremdung zwischen Apparat und Basis zu mindern und andererseits in Verhandlungen über die Wirtschaftspolitik der Regierung eingebunden zu werden. Während er schon in den geschilderten Kämpfen bei VW Wolfsburg, Deere-Lanz oder Ford-Köln eine Rolle gespielt hatte, wurde der Widerspruch dieser beiden Tendenzen unter dem Eindruck der Rezession und der Konzertierten Aktion zugespitzt. Das Changieren der gewerkschaftlichen Politik zwischen einer Mobilisierung, Einbindung und Eindämmung der Kämpfe zeigte sich nunmehr auf allen Ebenen: im Streit zwischen Vertrauensleuten und Arbeitsdirektor bei Hanomag, im Widerspruch zwischen »konziliantere« Tarifpolitik und Kampagne gegen »Unternehmerwillkür«, – und nicht zuletzt auch in einer schwanken Haltung gegenüber der Regierungspolitik im Allgemeinen. Nachvollziehbar ist es von daher, dass Zeitgenossen vom »Doppelcharakter der Gewerkschaften« sprachen.[97] Obgleich diese Rede mitunter davon absah, dass dieser »Doppelcharakter« nicht einfach voluntaristisch aufgelöst werden konnte, sondern dem Charakter der Gewerkschaften als Vermittler von Forderungen aus Lohnarbeit durchaus entsprach: Betont werden muss, dass sich der Kampf zwischen einer auf Autonomie und Aktivismus setzenden Betriebs- und Gewerkschaftspolitik und einem Verständnis, das diese vor allem als »Ordnungsfaktor« sah, unvermindert fortsetzte. Während sich dieser Streit zunächst vor allem an der Beziehung zu den außerparlamentarischen Protesten festmachte, spitzte er sich in den Septemberstreiks

Entwicklung der Lohnbewegung« nehme man kaum Einfluss. BArch/SAPMO/SED, BY 2.884, Vorlage des ZK der KPD an Gen. Albert, 12.2.1968.

96 Vgl. *AZ*, Nr. 1, 1968, S. 7. In Kiel und Bremen wurde die Zusammenarbeit später fortgesetzt.

97 Darauf wiesen Buchtitel wie »Ordnungsfaktor oder Gegenmacht« hin (Schmidt, 1969).

1969 im traditionellen Kernbereich gewerkschaftlicher Organisierung zu. Ford-Aktion, Weißbücher und Hanomag-Streiks müssen alles in allem zur Vorgeschichte der bundesdeutschen Variante der »europäischen Streikwelle« gerechnet werden. Bevor ich zur letzteren komme, folgt nun zunächst ein Exkurs zur Beziehung zwischen Arbeitskämpfen und APO.

APO und Gewerkschaften im Mai

Wie anhand der Zusammenarbeit der IGM/CPK und des SDS in der Ford-Aktion bereits exemplarisch geschildert, waren die Kontakte zwischen gewerkschaftlichen und studentischen Funktionären im Mai 1968 nichts Neues, sondern eine Nebenwirkung der vorsichtigen Distanzierung einiger linker Gewerkschafter vom Godesberger Programm der SPD. Foren, in denen sich diese Zusammenarbeit im Laufe des Jahrzehnts hatte weiter entwickeln können, waren die antimilitaristische Bewegung, die Proteste gegen den Vietnamkrieg und, vor allem, die Kampagne gegen die Notstandsgesetze. Im Folgenden werde ich zunächst kurz skizzieren, was sich in diesen Foren entwickelte, bevor ich auf die Kooperation zwischen APO und Gewerkschaften im Mai 1968 zu sprechen komme.[98]

Bereits die antimilitaristische Bewegung der frühen 1960er Jahre hatte sich in der Bundesrepublik als »vorparlamentarisch« und »überparteilich« verstanden, in Abgrenzung gegenüber der SPD des Godesberger Programms wie gegenüber dem »real existierenden Sozialismus« im Osten. Im Mittelpunkt ihrer Agenda hatte die Ablehnung der Atomrüstung gestanden. Dabei war die Strategie der Ein-Punkt-Bewegung eine Art »Umweg« gewesen: Bei der Kritik an der Rüstungspolitik ging es um ein Thema, das angesichts der andauernden Kriegsgefahr Menschen mobilisierte und dass zugleich als exemplarisch genommen werden konnte. Bis 1964 hatte die Ostermarschbewegung von Jahr zu Jahr Tausende von neuen Unterstützern gewonnen. Mit der »Kampagne für Abrüstung« (KfA) hatte sie sich zudem einen organisatorischen Überbau geschaffen, auf den sich flächendeckend Aktionsgruppen bezogen. Mitte der 1960er Jahre war die Kampagne damit nolens volens zum entscheidenden Bezugspunkt der linken, außerparlamentarischen Opposition geworden.[99]

Doch dies hatte auch zur Folge, dass sie sich stärker an das »Legalitätsprinzip« band, um ihre Massenwirksamkeit nicht zu gefährden. Direkte Aktio-

98 In der Forschung werden die hier beschriebenen Aspekte aktuell kaum berücksichtigt. Vgl. zur Historiografie Siegfried, »Weite Räume«. Zur Kritik: Birke, »Virtualität«.

99 Vgl. u.a. Thomas, *Protest Movements*, 2003, 40.

nen, die, wie beschrieben, ein wichtiger Motor der Erneuerung der Protestformen nach 1958 waren, wurden zunehmend durch symbolische ersetzt. Die traditionellen Mittel des Protestes (Unterschriftenliste, Massendemonstration) nahmen wieder einen zentralen Platz ein. Die Dynamik der Bewegungskonjunktur, die mit der neuen Jugendbewegung in der zweiten Hälfte der 1960er Jahre entstand, erschütterte deshalb das Selbstverständnis der »älteren« Protest-Generation. Doch anstatt sich den Initiativen der »neuesten Linken« zu verweigern, begann die KfA, ihre Ziele und Aktionsstrategien wiederum zu erweitern und zu erneuern.[100] Wichtige Katalysatoren dieser Entwicklung waren die Beziehungen zwischen KfA und Gewerkschaften auf der einen sowie zwischen KfA und Studentenbewegung auf der anderen Seite.[101] Einigkeit bestand im Koordinierungsausschuss der KfA zunächst über die Forderung nach einer Verbreiterung der antimilitaristischen Bewegung in sozialer Hinsicht. Eine Umfrage der regionalen Ausschüsse des Ostermarsches hatte 1965 gezeigt, dass unter den sie Unterstützenden etwa ein Drittel Studierende und Lehrende an Universitäten, 47 Prozent Angestellte und Beamte, aber nur 11 Prozent Arbeiterinnen und Arbeiter waren.[102] Angesichts der Zusammensetzung der Bewegung entschied man sich mehrheitlich für eine Erweiterung der sozialen Basis »von außen«, vermittels einer Kooperation mit den linken Einzelgewerkschaften; vor allem mit jenen, die als entschiedene Gegner der Notstandsgesetzgebung auftraten.

Einen ersten Höhepunkt erreichte diese Zusammenarbeit anlässlich des Kongresses »Demokratie vor dem Notstand«, der auf Anregung der linken Studentenverbände am 30. Mai 1965 in Bonn stattfand.[103] Zwar wurde trotz der Verstärkung der Kampagne der mit einfacher Mehrheit (das heißt ohne Grundgesetzänderung) abzustimmende Teil der Notstandsgesetze vom Bundestag verabschiedet, aber nach wie vor standen die Eingriffe in die Grundrechte und insbesondere in das Koalitionsrecht zur Debatte.[104] Daraufhin nahmen im Oktober 1966 an einem zweiten Kongress gegen die Notstandsgesetze bereits etwa 20.000 Menschen teil. Kurz zuvor war das Kuratorium »Notstand der Demokratie« gegründet worden, zu dessen erstem Vorsitzenden der bis dahin als SDS-Vorsitzender amtierende Helmut Schauer gewählt wurde. Die Zentrale der Notstandsgegner residierte fortan in Räumen der IG Metall im Frankfurter Gewerkschaftshaus.[105] Die Kampagne gegen die Not-

100 Im Detail s.: Otto, *Ostermarsch*, S. 149–151.
101 Tolomelli, ›*Repressiv getrennt*‹, S. 155f.
102 Vgl. Thomas, *Protest Movements*, S. 40.
103 Siehe ausführlich: Schneider, *Demokratie*, S. 129.
104 Vgl. Ridder, »Neujahrsprogramm«.
105 Tolomelli, ›*Repressiv getrennt*‹, S. 170.

standsgesetze war zum Anlass der Erweiterung des Themenspektrums der »alten« antimilitaristischen Bewegung in der Bundesrepublik geworden. Die KfA befasste sich nun nicht mehr lediglich mit der Atomrüstung im Allgemeinen, sondern auch mit einer »inneren Militarisierung«.

Neben der KfA war der SDS zu diesem Zeitpunkt bereits für ein halbes Jahrzehnt zu einem Sammlungspunkt der Neuen Linken geworden.[106] Bis zu seinem Rausschmiss aus der SPD war er deren studentischer Verband gewesen. Anlass des Unvereinbarkeitsbeschlusses der SPD war das Insistieren der SDS-Mehrheit auf linkssozialistischen Positionen wie der Zentralität der Arbeiterklasse als politisches Subjekt und der Notwendigkeit der Abschaffung des Privateigentums an Produktionsmitteln. Eine wichtige Rolle für die Aufrechterhaltung des SDS spielte im Anschluss daran auch in materieller Hinsicht die Kooperation mit Teilen der Gewerkschaften.[107] Bis Mitte der 1960er Jahre blieb eine »gewerkschaftsorientierte« Gruppe innerhalb des SDS dominant, die die Zusammenarbeit mit IGM-, CPK- und Drupa-Funktionären nicht als Widerspruch zu ihrem Wunsch begriff, den SDS als Kristallisationspunkt der Neuen Linken zu etablieren. Dieses »doppelte« Interesse trug dazu bei, dass die Kooperation stets brüchig blieb, da die Gewerkschaften verlangten, dass Kooperationspartner ihre grundsätzlichen inhaltlichen Setzungen teilten.[108] Zudem blieb die Zusammenarbeit bis 1968 eine Sache der Verbandsspitzen, innerhalb der die studentischen Funktionäre zum Elitereservoir für die Gewerkschaften wurden und der Studentenverband als »nicht repräsentativ« galt. Die asymmetrische Form der Zusammenarbeit basierte damit letztlich sowohl auf der einseitigen Verfügung über Ressourcen als auch auf dem tradierten Verständnis, das innerhalb der Gewerkschaften in Bezug auf Hochschulen und Studierende vorherrschte.

In den Gewerkschaften, aber auch in der Arbeiterbewegung insgesamt, wurden Entwicklungen, die die soziale Zusammensetzung der Studierenden in den 1960er Jahren revolutionierten, nur oberflächlich wahrgenommen. Mit der Relativierung des bürgerlichen Bildungsmonopols wuchs jedoch auch die Wahrscheinlichkeit, dass ein Verband wie der SDS (und andere linke Studierendenverbände) eine weitaus bedeutendere Rolle an den Hochschulen spielen würde.[109] Dass die Studierenden dabei an unterschiedliche Formen der Aktionsorientierung anknüpften, die nicht in der traditionellen Arbeiterbewegung, sondern in den transnationalen sozialen Bewegungen entwickelt worden

---

106 Zur Organisationsgeschichte des SDS vgl. u.a. Fichter/Lönnendonker, *SDS*.

107 Die Darstellung folgt hier: Tolomelli, ›*Repressiv getrennt*‹, S. 143.

108 Ebd., S. 171–173.

109 1964 hatte sich die Zahl der Studierenden in der Bundesrepublik innerhalb von zehn Jahren mehr als verdoppelt: Thomas, *Protest Movements*, S. 54.

waren, führte deshalb auf Dauer zu einem sich verschärfenden Antagonismus gegenüber Gewerkschaften und anderen »alten« Linken, hatte aber gleichzeitig zur Folge, dass die neue Jugendbewegung eine wichtige Quelle der Inspiration werden konnte, die zumindest potenziell auch weitere soziale Sphären ergriff.

Auch in der Bundesrepublik war einer der ersten Konfliktpunkte, der in diesem Prozess in den Mittelpunkt geriet, der Widerspruch zwischen der Zunahme der Studierenden auf der einen und der mangelnden materiellen Ausstattung der Universitäten andererseits.[110] Hinzu kam die Kritik an autoritären Lernformen und überholten Lehrinhalten. In der international vergleichenden Literatur werden diese Aspekte manchmal übersehen, weil sich die studentischen Proteste vor allem in Westberlin vor dem Hintergrund der besonderen Situation in dieser geteilten Stadt und ihrer Rolle für den Ost-West-Konflikt innerhalb sehr kurzer Zeit zu im engeren Sinne »politischen« Protesten entwickelten. Dies zeigte sich unter anderem im expliziten Bezug auf die Studierendenbewegung in den USA und ihre Aktionen gegen die politischen »Redeverbote«. Anlässlich des Versuches der Leitung der Freien Universität Berlin, Veranstaltungen mit Kritikerinnen und Kritikern des Vietnamkrieges zu verhindern, reagierten auch die Westberliner Studierenden mit der Forderung »to listen to anyone, at anytime, on any subject, and to discuss it with them«[111].

Die Forderung nach Demokratie stand in einem krassen Gegensatz zum Selbstbild der Universität als eine Art Schaufenster der liberalen Gesellschaftsordnung. In der Folge schlossen auch die Aktionsformen der Proteste an diejenigen der US-Studentenbewegung an: *Sit-ins*, *Teach-ins*, Besetzungen.[112] Und auch diese Formen begannen innerhalb kurzer Zeit zu eskalieren: Sie verließen den Raum der Universität und betraten die städtischen Öffentlichkeiten, in einigen Fällen in Form von Provokation und Spektakel. Innerhalb weniger Monate wurden somit aus den begrenzten Hochschulprotesten direkte Konflikte mit einer militärisch überlegenen Staatsgewalt. Vor allem in Berlin begann 1967 eine über viele Monate andauernde Konfrontation zwischen studentisch geprägten Demonstrationen und der Polizei, deren erster Eskalationspunkt die Erschießung Benno Ohnesorgs durch einen Polizisten auf einer gegen den Schahbesuch gerichteten Demonstration am 2. Juni 1967 war. Die studentischen Aktionen erweiterten sich danach zu Protesten gegen die Polizeigewalt. Am 11. April 1968 folgten die Schüsse auf Rudi Dutschke und die »Aprilunruhen«, das heißt die Versuche von Studierenden und meist jungen Menschen in der gesamten Bundesrepublik, die Auslieferung der *Bild-Zeitung*

110 Nielsen übersieht den zuerst genannten Aspekt: Nielsen, *Demokrati*, S. 127–129.

111 Thomas, *Protest Movements*, S. 56.

112 Die Geschichte der Studentenbewegung kann hier nur skizziert werden. Für eine Übersicht vgl.: Kraushaar (Hg.), *Studentenbewegung*, Bd. 1.

zu verhindern, deren Berichterstattung eine Mitverantwortung für das Attentat zugeschrieben wurde.

Schon zu diesem Zeitpunkt zeigten sich erste Reibungen zwischen KfA, SDS und Gewerkschaften, die ihre Grundlage in der vollkommen unterschiedlichen Parteinahme dieser drei Organisationen in Bezug auf den Kalten Krieg hatten. Während sich die KfA mit den Studierenden solidarisierte, wies etwa die IG Druck und Papier auf die »Gefährdung der Mitarbeiter« der Druckbetriebe Springers hin, während sie zugleich erklärte, dass die Forderung nach einer Enteignung Springers »oberflächlich« sei, da »überall dort, wo freie Meinungsäußerung herrscht, die Presse privatwirtschaftlich organisiert ist«[113]. Auch die IG Metall distanzierte sich, nach anfänglicher Kritik Otto Brenners an den Polizeimaßnahmen, von der »politischen Gewalt« der Demonstrationen.[114] Gleichzeitige Versuche einer Vertiefung der Kooperation zwischen der neuen Jugendbewegung und den Belegschaften von Großbetrieben, durch die die Reduzierung auf die Kooperation der Verbandsspitzen hätte durchbrochen werden können, blieben begrenzt. Als Beispiel kann eine im März 1968 vom Kölner AStA, der örtlichen IG Metall und dem Betriebsrat von Ford in Köln organisierte »Arbeiter- und Studentenversammlung« dienen, die wie zuvor die Ford-Aktion auf die Debatte der Probleme in dem als »exemplarisch« gedachten Automobilbetrieb bezogen und reduziert blieb.[115] Insgesamt zeigte sich auf dem Höhepunkt der neuen Jugendbewegung zugleich ihre relative Isolation.

Im Rahmen einer Studie über wilde Streiks ist es sehr wichtig darauf hinzuweisen, dass diese relative Isolation keine »Einbahnstraße« war, sondern sich in allen Bereichen und somit auch in Bezug auf die Tarif- und Arbeitspolitik zeigte. Dass die Gewerkschaften und die einzelnen Belegschaften der studentischen Revolte in den bundesdeutschen Großstädten zunächst bestenfalls staunend gegenüber standen, konnte nicht ohne Auswirklungen auf eine Arbeitspolitik bleiben, in der sich nach wie vor keinerlei Zusammenhang zwischen ihren zwei Welten – der Geschichte der lokalen, wilden Streiks einerseits und der Tarifpolitik andererseits – zeigte. In der Tat ging, anders als etwa in Frankreich, während die gesellschaftliche Unruhe ihren vorläufigen Höhepunkt erreichte, das tarifpolitische Alltagsgeschäft in Westdeutschland wie gewohnt weiter.[116] Im Mai 1968 unterzeichneten die Arbeitsmarktparteien der Metall-

---

113 Erklärung des Hauptvorstandes der Drupa, zit. nach *Express international*, Januar 1968, S. 2.

114 Nachdem er zuerst gegen die Polizeigewalt protestiert hatte, erklärte Brenner schließlich, dass die »Osterunruhen« schädlich seien, da sie als »Alibi für Notstandspläne« dienten, vgl. *Metall*, Nr. 9, 1968, S. 3. Linksgewerkschaftliche Gruppen kritisierten Springer, distanzierten sich aber von gewaltförmigen Protestformen, so z.B. Negt in *Express international*, Mai 1968, S. 9.

115 AStA Uni Köln, *Protokoll der Protestkundgebung*.

116 Dies betont: Tolomelli, *›Repressiv getrennt‹*, S. 170ff.

verarbeitung einen neuen Tarifvertrag – ohne Urabstimmung und ohne vernehmbare betriebliche Proteste. In der Presse war man sich über die Tragweite des Vorgangs einig, zumal der französische Massenstreik zur gleichen Zeit die Schlagzeilen beherrschte. So schrieb die *Neue Rheinische Zeitung*:

»Die Ereignisse in Großbritannien und Frankreich zeigen uns, welche Schwierigkeiten antiquierte Sozialstrukturen und die daraus entstehenden Spannungen zum Schaden der Volkswirtschaft heraufbeschwören können.«[117]

Dass die Arbeitsbeziehungen in der Bundesrepublik allem Anschein nach von den Erschütterungen frei blieben, die international zu verspüren waren, wurde in der bundesdeutschen Öffentlichkeit nicht zuletzt auf die »moderne« Politik der »Konzertation« zurückgeführt. Bemerkenswert ist, dass der neue Tarifvertrag die Margen, die der Sachverständigenrat als »objektive« Spielräume von Lohnerhöhungen ermittelt hatte, sogar *unterschritt*. Das Abkommen bedeutete, nach Abzug der Inflation, reale Einkommensverluste. Im Gegenzug zur Bereitschaft der »Lohnzurückhaltung« sicherte sich die IG Metall wie zuvor bereits die IG Chemie Regelungen, die einen Kündigungsschutz für ältere Beschäftigte vorsahen.[118] Für den Vertrag sprach aus Sicht der IGM-Spitze, dass die Sicherung der Arbeitsplätze wegen der Rezession Vorrang habe. Angesichts von Konjunkturdaten, die bereits auf ein Ende der Flaute hinwiesen, sollte sich diese Einschätzung als folgenreicher Fehler entpuppen. Auch die für damalige Verhältnisse lange Laufzeit der Verträge verdeutlicht, dass die Gewerkschaft noch unter dem Eindruck der Krise und der eigenen »Krisenpolitik« stand: In den 15 Monaten ihrer Geltungsdauer wurden die im Frühjahr 1968 in der Metallverarbeitung und der Stahlindustrie unterzeichneten Tarifverträge von der realen Entwicklung überholt. Die Schere zwischen Löhnen und Profiten öffnete sich, und die Arbeitenden brauchten nicht lange, um zu verstehen, dass die Entwicklung nicht zu ihren Gunsten verläuft. Noch während der Laufzeit des Vertrages zeigten sich massive Risse im institutionellen Arrangement zwischen Gewerkschaften, Arbeitgebern und Staat.

Parallel zu der »Konzertation« in der Metalltarifrunde wurde in der ersten Maihälfte 1968 die Verabschiedung der Notstandsgesetze im Deutschen Bundestag angekündigt. Gleichzeitig erreichten die Proteste in Paris ihren Höhepunkt. Den Aktiven der Anti-Notstandsbewegung war die Verbindung der eigenen Aktionen mit den Ereignissen in Frankreich bewusst. Dies zeigte sich etwa an dem »Besuch« des Sternmarsches der Anti-Notstandsbewegung am 11. Mai, nur einen Tag nach der berühmten »Barrikadennacht« im Quartier Latin,

117 AdsD/IGMA, T 561 a, Tarifabteilung: Pressspiegel, hier: *Neue Rheinische Zeitung*, 22.5.1968.

118 Der Rationalisierungsschutz für Mitarbeiter unter 55 Jahren konnte Massenentlassungen später nicht verhindern, vgl. Schiller-Dickhut, *Qualitative Tarifpolitik*, S. 93.

bei der französischen Botschaft in Bonn. Die Beziehungen zwischen den Protesten der Studierenden und der Arbeitenden zu betonen, lag angesichts des französischen Beispieles durchaus nahe. Die im Mai 1968 auch in der Bundesrepublik erhobene Forderung nach allgemeinen Proteststreiks gegen die Verabschiedung der Notstandsgesetze muss in diesem Kontext begriffen werden. Doch die DGB-Spitze lehnte dies, wie zehn Jahre zuvor bei den Protesten gegen die Atombewaffnung, ab.[119]

Zur Begründung wurde nicht alleine die Nähe zu einer Regierung angeführt, in der die SPD dafür Sorge trage, dass den Gesetzen die Spitze genommen würde. Einen allgemeinen Streik konnten sich die Spitzenfunktionäre des DGB zudem kaum anders vorstellen denn als Unternehmen, das mit einem sagenhaften Aufwand an Ressourcen und Propaganda verbunden sein und dessen Generalstab man selbst bilden würde. Typisch für diese Haltung war die Rede des ÖTV-Chefs Heinz Kluncker während der als Konkurrenz zum »Sternmarsch« der APO angesetzten Protestveranstaltung des DGB am 11. Mai in der Dortmunder Westfalenhalle. Kluncker entfaltete hier eine Rhetorik, die den Mythos vom »Generalstreik« ebenso bediente, wie sie dessen praktische Umsetzung in weite Ferne rückte. Seine Forderung nach einem »Generalstreik zugunsten der Verfassung« fand, wie im Protokoll der Veranstaltung vermerkt, sehr starken Beifall. Das Entscheidende war jedoch, dass sie sich gerade nicht auf die aktuelle politische Situation bezog. Die Rede verschob die soziale Bewegung auf eine zukünftige Krise der bundesdeutschen politischen Ordnung. Ein Proteststreik wurde als »letzte Möglichkeit« propagiert, die man einsetzen würde, falls die Regierung die Notstandsgesetze *anwendet*.[120] Vorschläge des Frankfurter DGB und einiger IGM-Bezirke, einen symbolischen bundesweiten »Warnstreik« gegen die Verabschiedung der Notstandsgesetze durchzuführen, wurden aus dieser Logik heraus verworfen.[121] Eine Sitzung des DGB-Bundesvorstands am 19. Mai 1968 drohte organisationsinterne Repressionen an, falls lokale Gewerkschaftsgruppen trotz des »verbindlichen« Anti-Streik-Beschlusses Arbeitsniederlegungen ins Werk setzen würden.[122] In

119 AdsD/IGMA, G 914, Korrespondenz Brenners zu den Notstandsgesetzen. Einen Massenstreik gegen die Verabschiedung der Notstandsgesetze hatten sowohl DGB als auch IGM im Übrigen bereits vor 1963 ausgeschlossen: Fichter/Lönnendonker, *SDS*, S. 93ff.

120 Dieselbe Intention verfolgte eine von Otto Brenner initiierte Unterschriftenaktion, die u.a. die Professoren von Friedeburg und Adorno unterstützten. Der DGB-Vorstand verurteilte diese gleichwohl als »unabgesprochen«: AdsD/IGMA, G 914, Korrespondenz Brenner.

121 Dass DGB Landesbezirk Hessen, IG Metall in Bayern und andere Gewerkschaftsgliederungen zu einem »Generalstreik« aufgerufen hätten, ist, obwohl es in der Literatur häufiger auftaucht, aus den Quellen nicht zu belegen.

122 Zweifel an dieser Position wurden lediglich von der Drupa geäußert: AdsD/IGMA, G 564 a, DGB-Bundesvorstandssitzung, 19.5.1968, handschriftliches Protokoll.

der Folge ließ die IG Metall das von ihr seit vielen Jahren getragene »Kuratorium gegen die Notstandsgesetze« und damit zugleich die Kooperation mit KfA und SDS fallen.

Die Argumente, mit denen dieser Rückzug aus der laufenden Protestbewegung verteidigt wurde, bezogen sich direkt auf die mögliche Erosion der erreichten Verhandlungsposition gegenüber dem Staat und den Unternehmern. Gerade die von allen Einzelgewerkschaften im Grundsatz mitgetragene Konzertierte Aktion beinhaltete eine klare Entscheidung für den Verhandlungsweg. Mit den Protesten gegen die Verabschiedung der Notstandsgesetze wurde somit ein Konflikt aktualisiert, der im Kern die Position der Gewerkschaften gegenüber einer »Verstaatlichung« der Arbeitspolitik berührte. Die Mehrheitsposition im DGB bezog ihre Plausibilität gerade daraus, dass selbst die IG Metall mit demselben Staat, der aus der Sicht der Notstandsgegner zur »Gefahr für die Demokratie« geworden war, den ökonomischen Rahmen der Tarifpolitik auszuhandeln bereit war. Die DGB-Führung betonte, dass die Beschäftigten nicht willens seien, wegen der Notstandsgesetze den »sozialen Frieden zu riskieren«. Die Bereitschaft zum politischen Streik, so hieß es weiter, sei zudem durch die Rezession stark gesunken.[123] An dieser Haltung änderte sich auch nichts, als beim Vorstand der IG Metall im April und Mai zahllose Resolutionen von Orts- und Betriebsgruppen eingingen, die einen Streik gegen die Gesetze forderten.[124]

Ausgerechnet im Mai 1968 wurde somit das Trennende zwischen neuer Jugendbewegung und Arbeiter(-innen)bewegung stärker artikuliert als in den Jahren zuvor. Die antiinstitutionelle Kritik der neuen Jugendbewegung traf in der Bewegungssituation frontal auf die Haltung vieler älterer Gewerkschaftsfunktionäre, die nach »Organisationsdisziplin« riefen. Der transnationale Charakter und Bezug der Jugendbewegung wurde mit der nationalstaatlichen Verankerung der bundesdeutschen Gewerkschaften konfrontiert. Insbesondere bezüglich der Aktualität der Notstandgesetze gingen die Wahrnehmungen der in der Protestbewegung vereinigten Gruppen weit auseinander. Im SDS wurden polizeiliche Repressionen, die seit den Schüssen auf Ohnesorg und Dutschke die eigene Erfahrungswelt prägten, als »praktizierter Notstand« bezeichnet.[125] Äußerungen, die von einem Streik im »Falle eines Notstands« sprachen, erschienen vor diesem Hintergrund als Farce. Versuche der Vermittlung zwischen diesen »zwei Welten« blieben randständig, und es ist sicherlich richtig, dass die zu beobachtende Trennung im Mai 1968 ausgeprägter erschien als in

123 AdsD/IGMA, G 564 a, DGB-Bundesvorstandssitzung, 19.5.1968.
124 Vgl. AdsD/IGMA, G 954, Sammlung »Resolutionen«/Notstandsgesetze.
125 AdsD/IGMA, G 564 a: Kopie *»Diskus Nr. 3, Mai 1968«*, S. 2.

anderen europäischen Ländern.[126] Falsch ist allerdings, den Bruch zwischen APO und Gewerkschaften, der sich vor allem auf der Ebene der Verbandsspitzen abspielte, dahingehend zu interpretieren, dass für den Mai 1968 hierzulande *keinerlei* soziale Diffusion der Proteste beobachtet werden könne. Auch in der Bundesrepublik hatte sich die soziale Zusammensetzung der Studierenden verändert, und auch hier setzten sich im Mai 1968 die Versuche fort, an die Kooperationsformen anzuknüpfen, die seit Beginn des Jahrzehntes zwischen unterschiedlichen sozialen Gruppen innerhalb der Protestbewegungen etabliert worden waren.

Im Mai artikulierten sich solche Versuche unter anderem in zahlreichen lokalen politischen Streiks. Ein Schwerpunkt dieser Proteststreiks war Frankfurt am Main, wo zeitweise bis zu 30 Betriebe im Ausstand waren.[127] In einer Reihe weiterer Mittel- und Großstädte fanden ebenfalls Arbeitsniederlegungen statt, und es kam zu gemeinsamen Versammlungen von Schülern, Studierenden und streikenden Belegschaften. In Bochum zogen Mitte Mai 1.300 Stahl- und Hüttenwerker, unterstützt von Schülern, aus Protest gegen die Absage an einen politischen Streik vor das Gewerkschaftshaus.[128] Am Bonner »Sternmarsch«, der mit etwa 60.000 Teilnehmern erheblich besser besucht war als die Saalveranstaltung in Dortmund, nahmen viele kritische Gewerkschafter teil. Unter anderem soll sich ein Block von 3.000 Beschäftigten von Ford-Köln gebildet haben. Während der dritten Lesung des Gesetzespaketes vom 27. bis 29. Mai erreichte die Protestwelle ihren Höhepunkt. In Frankfurt, Mannheim und München fanden lokale Demonstrationen von je über 10.000 Menschen statt, die von Arbeitsniederlegungen begleitet wurden. Auch in einer Vielzahl weiterer Städte wurden Kundgebungen organisiert. Im Vergleich zu der spektakulären Streikwelle in Frankreich blieben diese Proteste zwar marginal. Doch zugleich markierten sie den Beginn einer Kooperation zwischen studentischen und gewerkschaftlichen Basisgruppen, die bis Ende des Jahrzehntes an Bedeutung gewinnen sollte. Das unmittelbare Scheitern der Zusammenarbeit zwischen APO und Arbeiter(-innen)bewegung im deutschen Mai zu konstatieren, sollte nicht davon abhalten, die Spur dieser Versuche zu verfolgen.

---

126 Nielsen erklärt die »Militanz« der Ausläufer der studentischen Bewegungen in der BRD mit deren Ausschluss aus der institutionellen Politik. Die These erscheint im Lichte der heutigen bundesdeutschen Debatte um die Kontinuitäten der »68er« als zu eindimensional: Nielsen, *Demokrati*, S. 174f.

127 Diese relativ hohe Zahl kann auch darauf zurückgeführt werden, dass der Frankfurter DGB gegenüber »Warnstreiks« aufgeschlossen war. Zudem saß das »Kuratorium« in Frankfurt, was die Registrierung der Aktionen erleichterte. Eine Übersicht gibt: Steinhaus, *Streiks*, S. 40.

128 Vgl. Kozicki, *Aufbruch im Revier*, S. 29ff., auch für das Folgende.

2. Arbeitskämpfe und »Arbeiterregierung« in Dänemark

Das Jahrzehnt des Wohlfahrtsstaates begann in Dänemark mit der Einführung einer allgemeinen, staatlich finanzierten Krankenversicherung.[129] Im Zuge des Eingriffes in die Tarifrunde von 1963 beschloss die sozial-liberale Koalition dann unter anderem eine Zusatzpension auf Versicherungsbasis. 1964 wurde der Kreis der Anspruchsberechtigten der »Volkspension« auf nahezu alle dänischen Staatsbürgerinnen und Staatsbürger ausgedehnt. 1965 verbesserte die Regierung die Lage der Erwerbsunfähigen durch die Einführung einer eigenständigen Invalidenpension. Und auch der Bau von Bibliotheken und Kulturzentren, die Ausdehnung der öffentlichen Kinderversorgung, des Schul- und Hochschulwesens und des Pflegesektors trugen dazu bei, dass öffentliche Investitionen in weiten Teilen der Bevölkerung begrüßt wurden. Der öffentliche Dienst wuchs in der Folge in den dänischen 1960ern in einem im internationalen Vergleich fast einmaligen Tempo.[130]

1966/67 zeigte sich zudem, dass öffentliche Investitionen unter bestimmten Vorzeichen in der Tat »antizyklische« Wirkungen entfalten können. Sie glichen, anders als in der Bundesrepublik, den Rückgang der privaten Investitionen aus, was dazu beitrug, dass der Rückgang des Bruttosozialproduktes sich vergleichsweise in Grenzen hielt.[131] Noch bevor dies in der Bundesrepublik en vogue wurde, versuchte die dänische Regierung solche Entwicklungen durch eine Aufstellung von »Langzeitplänen« systematisch zu gestalten. Damit handelte man sich jedoch zugleich das später auch in der Bundesrepublik beobachtete Problem ein, dass das Parlament gegenüber den ökonomischen Experten und den Verwaltungsapparaten an Gestaltungsmöglichkeiten verlor. Vor diesem Hintergrund entstand der Eindruck, dass die Farbe der Regierung für die geführte Politik relativ gleichgültig ist: In ihrer konkreten Ausformung konnte die Ausweitung der ökonomischen Steuerungsmöglichkeiten durch die Zentralregierung sich auch in dieser Hinsicht als zweischneidiges Schwert erweisen.

Früher und intensiver als in der Bundesrepublik trug der Ausbau des öffentlichen Sektors in Dänemark dazu bei, dass sich die Keimformen einer »postindustriellen« Gesellschaft entwickelten. Öffentliche und private Dienstleistungen und Handel nahmen in der zweiten Hälfte der 1960er Jahre den gesamten Neuzugang an Arbeitskräften auf.[132] Während die Industriebeschäftigung insgesamt gesehen stagnierte, verschoben sich ihre regionalen Schwer-

---

129 Vgl. Ibsen/Jørgensen, *Fagbevægelse*, S. 283–289.

130 Hansen, *Økonomisk vækst*, S. 176, 195.

131 Ebd., S. 181.

132 Ebd., S. 167f.

punkte. Die Zahl der Arbeiter in Industrie und Handwerk ging in der Hauptstadt zwischen 1960 und 1970 um mehr als 10 Prozent zurück, wuchs dafür in einigen Bezirken Jütlands um bis zu 15 Prozent und im neuen »Industriegürtel« rund um Kopenhagen sogar um etwa 25 Prozent.[133] In Bezug auf die Neuzusammensetzung der Lohnarbeit ist die aus der Expansion sowohl der neuen Industrien als auch des öffentlichen Sektors resultierende massiv wachsende Zahl der verheirateten lohnabhängigen Frauen zu bemerken. Der öffentliche Dienst bot sowohl Beschäftigungs- als auch Betreuungsmöglichkeiten, die eine Rückkehr der Frauen auf den Arbeitsmarkt nach der Geburt von Kindern ermöglichten. Gleichzeitig stagnierte der Anteil der lohnabhängigen unverheirateten Frauen angesichts des Ausbaus des Bildungssystems. Dennoch veränderte das Jahrzehnt insgesamt die geschlechtsspezifische Zusammensetzung der Lohnarbeitenden grundlegend und nachhaltig.

Doch trotz der neuen Möglichkeiten, blieben Frauen weit überproportional in schlechter bezahlten und weniger angesehenen Sektoren der Wirtschaft sowie in prekären Arbeitsverhältnissen wie Teilzeitarbeit und Saisonarbeit beschäftigt. Die Asymmetrie der Geschlechter reproduzierte sich sowohl auf dem Arbeitsmarkt als auch innerhalb der Reproduktionsverhältnisse.[134] Im Laufe der 1960er Jahre wurde ein Haushalt mit zwei lohnarbeitenden Eltern in Dänemark zur Norm, in dem die Mutter »doppelbelastet« war und eine Rolle als »Nebenverdienerin« annahm, oft, um die Schulden zu finanzieren, die durch den Kauf von Wohneigentum und dauerhaften Konsumgütern entstanden waren. Doch zugleich war die Einbindung in Erwerbsarbeit Grundlage neuer sozialer und politischer Ansprüche. Je mehr sich die skizzierte Arbeitsteilung verstetigte, desto lauter und vernehmbarer wurden die Forderungen der Frauen nach gleichberechtigter Teilhabe.[135]

Während sich die dänische Gesellschaft zwischen 1963 und 1968 in einem äußerst dynamischen Wandel befand, stabilisierte sich zugleich die Verdrängung der Arbeitskonflikte in diskrete, nicht öffentliche Formen. Nach 1963 lag die Zahl der offenen Arbeitskämpfe für einige Jahre weit unter dem Niveau, das angesichts des Zyklus der Arbeitskämpfe von 1959 bis 1961 aufgezeichnet worden war.

---

133 Hoff, »Arbejderklassen«, S. 35.

134 Die Ungleichverteilung der Hausarbeit blieb erhalten: Borchhorst/Siim, *Kvinder*, S. 118.

135 Von 1960 bis 1980 stieg die Zahl der im dritten Sektor beschäftigten Gewerkschaftsmitglieder von 127.300 auf 468.000. Zu dieser Entwicklung s.: Mikkelsen, *Radikaliseringen*, S. 14.

Tabelle 7. Ausfalltage bei tariflichen und wilden Streiks in Dänemark, 1964–1968[136]

Jahr	*Tarifstreiks*	*Wilde Streiks*
1964	0	14.300
1965	244.000	23.000
1966	0	16.600
1967	0	9.700
1968	0	10.900

Wilde Streiks blieben in Dänemark wie in der Bundesrepublik zwischen Mitte 1964 und etwa Mitte 1966 lokale, unverbundene Ereignisse, auch wenn ihr Volumen nicht wieder auf das niedrige Nieveau der ersten Hälfte der 1950er Jahre sank. Zudem ist das fast komplette Fehlen von Tarifkonflikten bemerkenswert. Nur in den Brauereien kam es 1965 zu einem größeren »offiziellen« Arbeitskampf. Die zentralen Tarifrunden in der Industrie verliefen hingegen in den Jahren nach 1963 ohne größere Konflikte. In den Verhandlungen von 1965 und 1967 einigten sich die Parteien problemlos auf soziale Verbesserungen, die den durch den Ökonomischen Rat gesetzten Rahmen nicht sprengten. Angesichts des Verteilungsspielraums in der boomenden Ökonomie war ein staatliches Eingreifen in die Verhandlungen nicht erforderlich. Nur in kleineren, dezentralen Verhandlungen wie in der Seefahrt oder bei den Telefonisten erhob die Regierung in dieser Zeit Schlichtersprüche zum Gesetz.

Dass es bis 1968 nicht zu Massenstreiks wie 1956 oder 1961 kam, hatte auch mit der dänischen Industrieentwicklung in der zweiten Hälfte der 1960er Jahre zu tun. Während die Industrieproduktion in der Bundesrepublik 1966/67 um 4,5 und 6 Prozent zurückging, stieg sie in Dänemark in diesen beiden Jahren um rund 5 bis 10 Prozent an. Damit lag Dänemark, obwohl die industriellen Neuinvestitionen ebenso wie südlich von Flensburg rückläufig waren, bei den Produktionszuwächsen im Vergleich der westlichen Industrieländer hinter Italien immer noch auf dem zweiten Platz.[137] Da die Krise insofern in Dänemark schleichend eintrat – der Rückgang der industriellen Neuinvestitionen hing eng mit ihrer, wie in der Bundesrepublik, seit 1965 sinkenden Rentabilität zusammen[138] – wurde ihr kurzfristiger »Ausbruch« Ende 1967 als »externes« Ereignis wahrgenommen. Auslöser war die Abwertung des englischen Pfundes im Herbst 1967, der die dänische Regierung

136 Leihardt, »Strejkestatistik«, S. 154, Statistik des DA.
137 Hansen, *Økonomisk vækst*, S. 181.
138 Vgl. Velsing Groth, *Strejker i Danmark*, S. 72.

mit einer etwas geringeren Abwertung der Krone folgte.[139] Die Position der dänischen Wirtschaft auf den Exportmärkten verschlechterte sich, was zu einem schnellen Rückgang der Auslastung und zu einem kurzfristigen Anstieg der Erwerbslosigkeit führte. Angesichts dessen, dass sich diese Zunahme als im Vergleich zur Bundesrepublik sehr kurzfristiges Phänomen erwies, blieb ein »Generalangriff« auf die Reallöhne in Dänemark aus.

Bereits Ende 1968 setzte zudem ein erneuter (europaweiter) Boom ein, der nachhaltige Veränderungen im Kräfteverhältnis der Arbeitsmarktparteien vorläufig blockierte. Insgesamt scheint es gerechtfertigt davon zu sprechen, dass die Forderungen der dänischen sozialdemokratischen Arbeiter(-innen)bewegung um 1965 erfolgreich ins Parlamentarische transformiert wurden. Erleichtert wurde dies durch die Mehrheitsverhältnisse im Folketing. Bei den Wahlen von 1964 erreichte die SPDK erneut über 40 Prozent der Stimmen, und auch die SF blieb vier Jahre nach ihrem Debüt auf dem hohen Level ihres ersten Wahlerfolges.[140] Ende 1966 kamen die beiden Parteien dann erstmals auf eine knappe Mehrheit. Die SPDK gab nun ihre abwehrende Haltung auf, und eine von der SF tolerierte sozialdemokratische Minderheitsregierung übernahm die Amtsgeschäfte. Ironischerweise war es aber gerade diese »Arbeiterregierung«, die an dem Versuch scheiterte, in der kurzen Währungskrise Ende 1967 eine »einkommenspolitische« Lösung durchzusetzen. Das mit dem Einverständnis der Arbeitsmarktparteien vorgeschlagene Einfrieren eines Teiles des gesetzlichen Inflationsausgleiches der Löhne fiel im Parlament durch, weil sechs Abgeordnete der SF dagegen stimmten. Zu Beginn des Jahres 1968 scheiterte die »Arbeiterregierung«. Die Neuwahlen brachten eine Mehrheit für eine Koalition der drei bürgerlichen Parteien. Die SPDK verlor nach 15 Jahren die Regierungsmacht.

Für die öffentliche Wahrnehmung der Arbeitskämpfe blieben die sozialdemokratische Dominanz und die »wohlfahrtsstaatliche« Politik zwischen 1963 und 1968 nicht ohne Folgen. Den Arbeitskämpfen wurde im »Wirtschaftswunderland« keine große Bedeutung zugeschrieben, und auch in der späteren Rezeption der Streikforschung wurden sie oft übersehen.[141] Erst mit dem Scheitern der »Arbeiterregierung« schien der Ring frei für eine neue Runde von Arbeitskämpfen. Da es mir in der vorliegenden Studie darum geht zu erklären, warum die wilden Streiks nach 1968 auch öffentlich wieder »auftauchten«, soll im Folgenden zunächst ein genauerer Blick auf die »tarifwidrigen« Arbeitskonflikte in den fünf Jahren zuvor geworfen werden.

139 Die Abwertung des Pfundes war der Beginn von »Währungsturbulenzen«, die die internationale Ökonomie bis zur Krise prägten, vgl. Hansen, *Økonomisk vækst*, S. 181.

140 Wagner, *Europa*, S. 296.

141 Vgl. etwa Mikkelsen, *Arbejdskonflikter*, S. 326.

Die »goldenen« Jahre der Tarifpolitik

Wie am Ende des vorigen Kapitels dargestellt, hatte der Eingriff der Regierung in die Tarifrunde von 1963 anders als 1956 keine Massenproteste ausgelöst. Als sich kurz nach dem Streik bei B&W Christianshavn vom November 1963 in Kopenhagen erstmals die parteiübergreifende »Vorsitzendeninitiative« (*Formandsinitiativ*, FI) traf, die sich in der Tradition des *Situationens Generalstab* von 1956 verstand, folgten nur elf Gewerkschaftsfunktionäre der Einladung.[142] Eine »Situation«, in der ein »Generalstab« benötigt wurde, war ganz offensichtlich nicht in Sicht: Der Einfluss der durch die DKP-Aktivisten geprägten hauptstädtischen Gewerkschaftslinken war auf seinem vorläufigen Tiefpunkt angelangt. Die relative Schwäche der KP wirkte sich, im Kontext des nach der Kubakrise von 1963 einsetzenden »Tauwetters« im Kalten Krieg, im Betrieb dahingehend aus, dass die Konfrontation zwischen Kommunisten und Sozialdemokraten abnahm. Die DKP reagierte auf diese Situation in doppelter Weise: Einerseits bemühte sie sich noch intensiver als bis dato darum, Funktionen innerhalb der lokalen Gewerkschaften und Klubs zu erringen, andererseits ließ sie sich auf eine begrenzte Zusammenarbeit mit einer Handvoll parteiloser, linkssozialistischer und sozialdemokratischer Funktionäre ein. Die Gründung der FI war Ausdruck von beiden Strategien.[143]

Diese Fokussierung auf die innergewerkschaftliche Debatte trug dazu bei, dass die linke Opposition zunächst so gut wie keinen Einfluss errang, als in Dänemark die »wissenschaftliche Lohnpolitik« zu einer schleichenden Entfremdung zwischen zentralen Verhandlungen und lokalen Konflikten beitrug. Allerdings erreichte diese Entfremdung Mitte der 1960er Jahre keine mit der Bundesrepublik vergleichbaren Ausmaße. Zwar ging der »Lohndrift« weiter, ja in der Tat vergrößerte sich die Lücke zwischen zentral vereinbarten und effektiv gezahlten Löhnen zwischen 1963 und 1968 stärker als jemals nach 1945. Der Anteil der Lohnerhöhungen, die außerhalb der zentralen Tarifrunden gewährt wurden, stieg bis 1968 auf über 50 Prozent.[144] Doch in Dänemark gab es mehr und andere Möglichkeiten als in der Bundesrepublik, dieses Phänomen in die »offizielle« Arbeitspolitik zu integrieren. Die betriebliche Interessenvertretung war an die Gewerkschaften angebunden und hatte nicht wie in der deutschen Betriebsverfassung im Interesse des Betriebsfriedens »vermittelnd« tätig zu sein. Daher resultierte die »zweite Lohnrunde« nicht selten in

142 Vgl. zur Entwicklung der FI: Christensen, *Arbejderpartierne*, S. 50ff.

143 Dies hing damit zusammen, dass die DKP ihre Verankerung in den Gewerkschaften angesichts des Wegfalls der Folketingsmandate als »letzte Bastion« sah. Das ZK bestand in den 1960er Jahren oft mehrheitlich aus Gewerkschaftern. Vgl.: ABA/DKP, 920, 227–231.

144 Hansen, *Økonomisk vækst*, S. 183.

verbindlichen lokalen Abkommen zwischen den Arbeitsmarktparteien. Im »Minimallohnbereich« waren lokale Verhandlungen sogar systematischer Teil des Tarifvertragswesens. Dezentrale und zentrale Verhandlungen waren somit kein zwingender Gegensatz. Dies führte andererseits dazu, dass sich diese zweite Lohnrunde, angesichts der Dominanz der Männer und der Facharbeitergruppen in den Gewerkschaften, tendenziell zuungunsten der neuen Lohnarbeitenden und der prekär Beschäftigten auswirkte. In der ersten Hälfte der 1960er Jahre erwarben die männlichen Facharbeiter im Schnitt 59 Prozent der Lohnerhöhungen außerhalb der zentralen Verhandlungen. Bei den Ungelernten waren es »nur« 39 Prozent, bei den Frauen 27 Prozent.[145] Dass von den benachteiligten Gruppen initiierte wilde Streiks anders als 1959/60 ausblieben, lag wohl auch daran, dass die »solidarische Lohnpolitik« die »offiziellen« Tarifverhandlungen stärker als in den 1950er Jahren prägte. So wurde in der Tarifrunde des Frühjahrs 1965, obgleich die Forderung nach »gleichem Lohn für gleiche Arbeit« immer noch als nachrangig behandelt wurde, eine überproportionale Verbesserung der Löhne im Niedriglohnsektor erreicht.[146] Insgesamt ergab sich somit 1964 bis etwa 1967 trotz der »Lohndrift« ein vergleichsweise stabiles Arrangement zwischen »dezentralem« und »zentralem«, »offiziellem« und »inoffiziellem« Niveau der Arbeitspolitik. Die Erfahrungen mit den »Unruhen« von 1960 und dem damit verbundenen Kontrollverlust der Arbeitsmarktparteien spielten dabei eine kaum zu leugnende Rolle.

Gleichwohl waren die Erfolge der Gewerkschaften selbst auf dem Höhepunkt der staatlichen Integrationsbemühungen begrenzt. Ein Beispiel dafür ist der Misserfolg der Bemühungen der LO, die Unterstützung und Teilhabe an der »wissenschaftlichen Lohnpolitik« mit der Forderung nach einer Demokratisierung der Wirtschaft zu verknüpfen. Trotz einer Kampagne, mit der eine am deutschen Betriebsverfassungsgesetz orientierte Reform der betrieblichen »Kooperationsausschüsse« erreicht werden sollte, musste die LO 1964 einem Abkommen zustimmen, das den Status quo kaum veränderte.[147] Etwas erfolgreicher war da schon der Versuch einiger Einzelgewerkschaften, die Vertrauensleutearbeit zu systematisieren und die betrieblichen Funktionäre stärker an die Gewerkschaftspolitik zu binden.[148] Betriebliche Organisationsrechte wie etwa in Großbritannien oder Mitbestimmungsrechte wie in der Bundesrepublik wurden den dänischen Gewerkschaften zu keiner Zeit garantiert.

Angesichts der Fortschritte, die in den zentralen Verhandlungen ratifiziert wurden, schienen solche Misserfolge jedoch ohne Bedeutung zu sein. Neben

145 Hansen, *Økonomisk vækst*, S. 183.

146 Vgl. Hansen, »LO«, S. 47.

147 DA/LO (Hg.), *Samarbejdsudvalgsaftalen*, 1964. Vgl. Dalgaard, *Demokratiet*, S. 139–171.

148 Zur Vertrauensleutearbeit s. Hansen, »LO«, S. 42–44.

dem überproportionalen Anstieg der Niedriglöhne wurde 1965 eine kräftige Erhöhung *aller* Reallöhne vereinbart. Im selben Jahr kamen die Gewerkschaften mit der Verkürzung der Wochenarbeitszeit von 44 auf 43 Stunden (42 Stunden für Schichtarbeiter) bei vollem Lohnausgleich dem Ziel des Acht-Stunden-Tages einen Schritt näher. Die Zeiten waren gut, und man hatte sich daran gewöhnt: Anzeichen einer zunehmenden Passivität der Mitgliederbasis wurden nur als Randerscheinungen wahrgenommen. Angesichts der Tatsache, dass der Tarifabschluss bei der Urabstimmung von 1965 eine solide Mehrheit fand, konnte der Rückgang der Stimmbeteiligung, die mit nur 46,3 Prozent rund 20 Prozent unter dem Ergebnis von 1961 lag, keine große Besorgnis auslösen.[149] Der Schritt vom Desinteresse zur Desintegration schien weit zu sein. Auch in der Gewerkschaftsspitze wusste man schließlich über die geringen Besucherzahlen oppositioneller Versammlungen genau Bescheid. Im Vordergrund der Kommentare über die Urabstimmung stand deswegen wieder einmal, dass sie vor allem eine Niederlage der Linken sei, die erneut vergeblich für ein »Nein« geworben hatte. Zudem kaschierte der fortgesetzte Mitgliederzuwachs die langsam wachsende Entfernung zwischen Apparat und Basis. Da die Berufsverbände Arbeitsvermittlung und Arbeitslosenversicherung kontrollierten, wurden ihnen weiterhin die Mitglieder »automatisch« zugeführt: Nach 1963 wurde die in einzelnen Jahren sinkende Zahl der organisierten Männer durch den Zustrom von Arbeiterinnen mehr als kompensiert wurde.[150] Mit den Mitgliederzahlen wuchsen auch die Ressourcen: Die zahlreichen »Gewerkschaftspaläste«, die die Berufsverbände in den 1960er Jahren bauen ließen, legen in der Kopenhagener Innenstadt noch heute Zeugnis von diesen »goldenen Zeiten« ab – sie wurden erst später als Symbole einer »bürokratischen Versteinerung« wahrgenommen.[151]

Wilde Streiks in »streikfreien« Zeiten

Jenseits der Welt der modernen Gewerkschaftsbürokratien, aber auch unabhängig von der Gewerkschaftslinken fanden die meisten wilden Streiks der Zeit nach 1964 statt, viele davon außerhalb Kopenhagens, oft in Provinzstädten. Um diese Streiks herum Unterstützungsnetzwerke aufzubauen, die wiederum Voraussetzung für eine nachhaltige und kontinuierliche Organisierung gewesen wären, war so gut wie unmöglich. Denn wie in der Bundesrepublik

149 Hansen, »LO«, S. 47.

150 Pedersen, »Overenskomstforhandlinger«, S. 52.

151 »Fachversteinerung« (*fagforstening* statt *fagforening*) war ein beliebtes Wortspiel der linken Opposition der frühen 1970er Jahre.

waren die »tarifwidrigen« Streiks auch in Dänemark unter den Bedingungen der Hochkonjunktur meist nach einigen Stunden oder höchstens Tagen beendet. Geldsammlungen, die regelmäßig die wichtigste Grundlage für den Aufbau von Unterstützungsnetzwerken waren, hatten bei diesen Kurzstreiks keine besondere Dringlichkeit, da Lohnausfälle und Bußgelder gering blieben. Spektakuläre »tarifwidrige« Streiks, die eine landesweite Öffentlichkeit jenseits der Parteiblätter der Linkssozialisten und Kommunisten erreichten, fanden 1964/65 nicht statt. Wenn man anhand des Arbeitsrechtsarchivs der LO versucht, die »tarifwidrige« dänische Streikgeschichte von 1964/65 zu skizzieren, dann lassen sich nur wenige Konturen eines Bildes ausmachen. Das Bild zeigt schwache und punktuelle Kontinuitäten zur Phase vor 1963: So stand in den lokalen wilden Streiks von 1964 die Kritik an Entlassungen, autoritären Vorgesetzten, schlechten Arbeitsbedingungen und gesundheitlichen Belastungen im Vordergrund.[152] In einzelnen Sektoren war diese lokale, verstreute *Kontinuität der Themen* stärker zu beobachten. Dort schloss sich auch so etwas wie eine *Kontinuität der Formen* an. Im Übrigen zeigt sich an dem nun folgenden Beispiel auch, dass die »Flucht aus dem Betrieb« auf dem Gipfel der Hochkonjunktur auch eine alternative und »diskrete« Form des Arbeitskampfes darstellen konnte.

Im Frühjahr 1964 fielen die Löhne in den Schlachtereien im Vergleich zu den Durchschnittslöhnen der Industrie wieder einmal zurück. Angesichts der günstigen Arbeitsmarktsituation setzte, anders als bis 1960, nunmehr eine regelrechte Flucht aus dem Sektor ein. Die (ehemaligen) Schlachtereiarbeiter suchten sich Arbeit am Bau oder in der Konservenindustrie.[153] Besonders im Industriegürtel um Kopenhagen, wo es in der Tat aufgrund des außerordentlich schnellen Wachsens direkt benachbarter Industriebetriebe reichlich Alternativen zur Schlachterarbeit gab, gerieten die Arbeitgeber in große Schwierigkeiten, weil sie keine Ersatzarbeitskräfte finden konnten. Einige dieser Betriebe mussten Aufträge abweisen, eine einzelne Schlachterei wurde sogar kurzfristig geschlossen. Dass die »Flucht aus dem Betrieb« zum Massenverhalten geworden war, zeigt sich auch daran, dass die Erwerbslosigkeit unter den Schlachtereiarbeitenden im Sommer 1964 auf unter ein halbes Prozent sank.[154] Die Unternehmer reagierten auf die Abwanderung mit dem Versuch, den Druck auf die verbliebenen beziehungsweise neu eingestellten Arbeiter abzuwälzen. Dies wiederum löste sofort und unmittelbar Proteste gegen die Arbeitsbedin-

152 Vgl. die Gerichtsakten ABA/LO, 800, 5.748, 5.844, 5.835.

153 Vgl. Grelle/Knudsen, *Gris*, S. 115f., auch im Folgenden.

154 Es ist interessant, dass es in dieser Situation nicht zur Anwerbung migrantischer Arbeitskräfte kam. Eine Erklärung hierfür ist vielleicht, dass die Schlachtereigewerkschaft dagegen war. Im Archiv des DSF habe ich jedoch keine Hinweise auf eine entsprechende Debatte gefunden.

gungen und eine erneute Welle von »Slomo-Aktionen« (langsam arbeiten) aus.[155] Der Gewerkschaftsverband forderte in dieser Krisensituation eine »zwischentarifliche« Lohnerhöhung, die die steigenden Arbeitsbelastungen kompensieren sollte. Allerdings lehnten die Arbeitgeber dies mit dem Hinweis auf den seit 1963 geltenden Lohnstopp ab.[156] Alternativ wurde vorgeschlagen und schließlich auch vereinbart, dass der Gewerkschaftsverband bei der Gestaltung der Akkorde zukünftig ein entscheidendes Wort mitreden würde: Das Forschungsinstitut der Schlachtereien wurde damit beauftragt, bis Ende August »einheitliche Richtlinien« für die Akkorde zu entwerfen, denen beide Arbeitsmarktparteien zuzustimmen hatten.

Das von Gewerkschaft und Arbeitgebern getragene Institut entwarf daraufhin das Modell einer hochtechnologischen »Basisschlachterei«, an deren Tätigkeitsprofil die Akkorde sich künftig orientieren sollten. Dort, wo die Rationalisierung noch nicht »mustergültig« fortgeschritten war, sollten entsprechend höhere »Akkordpreise« gezahlt werden. Wieder einmal sollten somit Rationalisierungen und Leistungslöhne den Weg zum Betriebsfrieden weisen. In der Presse war im Anschluss an die Verhandlungen bereits von möglichen Lohnerhöhungen von bis zu 25 Prozent die Rede. Doch als die Verhandlungsführer der Gewerkschaft das Ergebnis auf einer Mitgliederversammlung am 5. September vorstellten, mussten sie mitteilen, dass es für einen Teil der Beschäftigten überhaupt keine Lohnerhöhungen geben würde. Das Forschungsinstitut habe auf »wissenschaftlicher« Grundlage festgestellt, dass die Bezahlung für diese Tätigkeiten angemessen sei.[157] Daraufhin kam es zwischen dem 7. und dem 10. September 1964 in 29 Betrieben zu teils mehrtägigen Proteststreiks.[158] Der Druck, den diese Proteste angesichts von Auftragslage und Arbeitsmarktsituation entfalteten, führte schließlich auch jenseits der »Objektivität« zu einer weiteren Verbesserung der Akkordsätze. Dass aus den Schlachtereien bis Ende der 1960er Jahre ein Hochlohnbereich wurde, war insofern nicht allein der »Akkordsetzung« als solcher zu verdanken. Die Provinzschlachtereien waren vielmehr der einzige Wirtschaftszweig, der im »friedlichen« Jahr 1964 eine Welle wilder Streiks verzeichnete.

Auch im Jahr darauf blieb der Arbeitsfriede in Dänemark ansonsten weitgehend erhalten, obwohl die zentrale Tarifrunde einige wilde Streiks zur Folge hatte, die die Interpretation des Abschlusses zum Gegenstand hatten und sich

---

155 Vgl. die Gerichtsakte im Verfahren gegen die Beschäftigten einer Schlachterei in Skive, die ihr Arbeitstempo um ein Drittel reduzierten: ABA/LO, 800, 5.824.

156 Grelle/Knudsen, *Gris*, S. 116, auch im Folgenden.

157 Ebd., S. 117.

158 ABA/LO, 800, 5.823, Klageschrift des SALA, 9.9. und 10.9.1964. Die amtliche Statistik zählte für das Jahr 1964 für die gesamte Wirtschaft 40 Streiks, vgl. DS, *Statistisk Årbog, 1970*, S. 333.

fast ausschließlich um die Zahlungsmodi drehten.[159] Hier zeigte sich, dass die Unzufriedenheit mit einzelnen Elementen der landesweiten Vereinbarungen zwischen LO und DA auf betrieblicher Ebene relativ leicht und unspektakulär korrigiert werden konnte. Verbindungen zwischen Aktionen der Beschäftigten verschiedener Betriebe, Sektoren und Provinzen sind auf Grundlage der vorhandenen Akten über diese Streiks nicht erkennbar. Sogar als die Regierung im Laufe des Jahres in die Tarifrunden der Telegrafisten in der Seefahrt und in die der Telefonisten eingriff, blieben Proteste anderer Berufsgruppen aus.[160]

Größeres Aufsehen verursachte dagegen der sechswöchige Tarifstreik in den Brauereien. Zusammen mit den Buchdruckern waren die Kopenhagener Brauereibeschäftigten wohl die Gruppe, die ihre Unzufriedenheit mit der Zentralisierung der Tarifpolitik regelmäßig am deutlichsten zum Ausdruck brachte. 1963/64 hatten sie Demonstrationen gegen die Auswirkungen der *Helhedsløsning* arrangiert, bei denen es zu gewalttätigen Konfrontationen mit der Polizei gekommen war.[161] Da ihr Gewerkschaftsverband in der Konsequenz seiner Kritik an der LO-Politik aus dem Dachverband ausgetreten war, fanden 1965 erstmals seit vier Jahren in den Brauereien Dänemarks wieder sektorale Verhandlungen statt, die von der zentralen Tarifrunde in der Industrie entkoppelt waren. Während die beiden Arbeitsmarktparteien sich schnell auf eine – an das in den zentralen Verhandlungen vereinbarte Modell angelehnte – Arbeitszeitverkürzung einigen konnten, lagen die Vorstellungen in Bezug auf die Lohnfrage weit auseinander. Am 12. April 1965 mussten die Gespräche ohne Resultat abgebrochen werden. Ein zentraler Kritikpunkt der Gewerkschaft war, dass das Angebot der Arbeitgeber darauf hinauslief, die Schere zwischen den Facharbeiter- und den Niedriglöhnen sowie zwischen den Lohnsätzen der Hauptstadt und der Provinz weiter zu öffnen. Am 2. Mai 1965 traten erstmals nach 41 Jahren 6.000 der 9.000 Mitglieder des Brauereiarbeiterverbandes in einen legalen Streik.[162]

Obwohl die Erwerbslosigkeit auch im Brauereisektor auf dem Nullpunkt gesunken und die Verhandlungssituation der Arbeiterseite deshalb im Grunde recht gut war, stand der Streik von vornherein unter keinem guten Stern.[163]

159 ABA/LO, 800, 5.853–5.925, diverse Klageschriften, u.a. Streik in der Skandinavsik Tobakskompani, Ålborg, 2.3., 9.3.1965, sowie Streik von Lagerarbeitern bei der P.E. Erhardt A/S, Kopenhagen, 5.3.–8.3.1965. Zur Metallindustrie s. auch: Mølholm, *Arbejdskampe*, S. 54, zu diversen Abteilungsstreiks bei B&W: Thomsen, *Øens folk*, S. 92.

160 Mølholm, *Arbejdskampe*, S. 56.

161 Die Proteste endeten mit der Anpassung der Akkorde an die Preisentwicklung, was wie in den Schlachtereien bis Ende der 1960er sowohl erhebliche Lohnsteigerungen als auch die fast vollständige »Akkordsetzung« der Brauereien bewirkte: Assens u.a., *Bryggeriarbejderne*, S. 118f.

162 Mølholm, *Arbejdskampe*, S. 58.

163 Vgl. zu dem Folgenden: Assens u.a., *Bryggeriarbejderne*, S. 120ff.

Denn die Eigenmittel des Brauereiarbeiterverbandes reichten nicht aus, um für eine längere Zeit eine Lohnfortzahlung zu gewährleisten, und die LO verspürte wenig Drang, einer Organisation mit Finanzspritzen beizuspringen, die den Dachverband aus Protest gegen die »Konzertierung« verlassen hatte. Hinzu kam, dass die Gewerkschaftsspitze dem Kopenhagener Vorsitzenden der Brauereiarbeiter, Holger Foss, einem Mitglied der SF und der »Vorsitzenden-initiative«, mit größtem Misstrauen gegenüberstand und der Versuchung kaum widerstehen konnte, ihm stellvertretend für alle notorischen Linken einen »Denkzettel« zu verpassen. Zwar reagierten die Streikenden auf die ausbleibende Hilfe mit einer eigenen Spendenkampagne, aber anders als im Falle von einzelbetrieblichen Streiks wie bei Philips 1954 oder Henze 1959, in die jeweils nur einige hundert Menschen involviert waren, war der Brauerstreik einfach zu groß und zu lang, als dass eine Sammlung hinreichende Mittel zum Ausgleich der Löhne hätte bereitstellen können. Zudem kam der Verband der Buchdrucker, der Anfang des Jahres ebenfalls aus Protest gegen die »Konzertation« aus der LO ausgetreten war, unter Druck, weil seine offiziell bewilligte Spende von 11.000 Kronen nach einer Klage der Arbeitgeber durch das Arbeitsgericht als »illegal« bewertet und mit einer Geldstrafe von 6.000 Kronen geahndet wurde.[164] Am Ende sah sich der Brauereiarbeiterverband gezwungen, Streikgelder auszuzahlen, die unter dem Existenzminimum lagen.

Am 24. Mai, 22 Tage nach Beginn des Streiks, befürwortete die Zentrale des Verbandes unter diesen Umständen ein durch einen Schlichter vermitteltes Ergebnis, das zusätzliche Lohnerhöhungen von nur zwei Øre vorsah. Aber Holger Foss' Vereinigung der männlichen Brauereiarbeiter Kopenhagens wehrte sich vehement gegen dieses »beleidigende« Angebot.[165] Am 29. Mai zeigte sich sodann, dass eine klare Mehrheit der Beschäftigten auch in der Provinz gegen den Willen des Hauptvorstandes und trotz der schweren persönlichen finanziellen Belastungen für eine Weiterführung des Streikes gestimmt hatte. Damit wurde der Konflikt endgültig zum Politikum, zumal auch die DA ihn angesichts ihrer schlechten Erfahrungen mit den Streiks von 1960 und den »Krawallen« von 1963 als »exemplarisch« ansah und entsprechend Druck ausübte, auf keinen Kompromiss einzugehen. Am 12. Juni 1965 endete der sechswöchige Arbeitskampf, nachdem die Geldsammlungen weiterhin

164 Vgl. ABA/LO, 800, 5.916, Arbeitsgerichtsurteil, 28.5.1965: Der Hauptvertrag untersagte die Unterstützung von Tarifstreiks durch »außenstehende« Verbände. Das Gericht meinte, dass auch Gewerkschaften, die nicht Mitglied der LO waren, als »außenstehend« zu gelten hatten.

165 Zit. nach Assens u.a., *Bryggeriarbejderne*, S. 122.

unzureichend geblieben waren.[166] Das von der LO vermittelte Verhandlungsresultat wich nur unwesentlich von dem bereits in der Schlichtung am 22. Mai Zugesagten ab. Insgesamt muss der Arbeitskampf nicht nur als Konflikt zwischen Arbeitgebern und Arbeitnehmern, sondern auch als Kräftemessen der verschiedenen gewerkschaftspolitischen Linien gesehen werden. Er machte deutlich, dass es 1965 nur sehr begrenzte Perspektiven für eine Tarifpolitik gab, die sich dem Vertretungsanspruch der LO nicht unterordnete.

1966 und 1967 blieben die »tarifwidrigen« Streiks erneut eine fast durchgehend auf das lokale Niveau reduzierte Angelegenheit. Inhaltlich schlossen sie an die Konfliktpunkte an, die bereits in den beiden Jahren zuvor in ihrem Mittelpunkt gestanden hatten: Es ging um hohe Raumtemperaturen im Sommer oder undichte Fenster im Winter, um Akkordstreitigkeiten und um das Arbeitstempo.[167] Die Gewerkschaften begriffen diese lokalen Streiks als Reaktionen auf besonders skandalöse Methoden der Arbeitgeber, die von der »Normalität« des Arbeitsalltags abwichen; ein Motiv, das an das der »Unternehmerwillkür« erinnert, das zur selben Zeit die gleichnamige Kampagne der IG Metall prägte. Wenn das Arbeitsgericht im Anschluss an die lokalen Streiks Geldbußen aussprach, konnte dies dazu führen, dass sich die Proteste verstetigten, wie im Fall eines Streikes auf der Werft von Ålborg, der vom 3. bis zum 9. Juni 1966 dauerte.[168]

Angesichts der wachsenden Bedeutung, die das Thema Demokratie im gesellschaftlichen Diskurs, aber auch in der in derselben Zeit einsetzenden Kampagne der LO für »ökonomische Demokratie« einnahm, wirkte das Arbeitsgericht mehr und mehr antiquiert.[169] Schließlich wurden in diesen Verfahren immer wieder grundlegende Rechtsprinzipien wie die Möglichkeit der Revision, die persönliche Vertretung oder das Rederecht der »Angeklagten« systematisch missachtet. Diesem Widerspruch musste auch die LO Rechnung tragen: In den Zeitschriften und Rechenschaftsberichten wurden die Urteile des Gerichtes auffällig häufiger erwähnt und zusammengefasst.[170] Allerdings gab die LO weder ihre Verurteilung wilder Streiks auf, noch forderte sie eine

---

166 Vgl. Mølholm, *Arbejdskampe*, S. 60. Lediglich in einem einzelnen Fall kam es außerhalb der Branche zu einem Solidaritätsstreik, der gegen die Entlassung eines Brauereiarbeiters gerichtet war, der sich aus Geldmangel dort verdingt hatte.

167 Ebd., S. 55. Fast schon zur Gewohnheit waren die Konflikte in den Schlachtereien geworden. In ihrer Grundstruktur wichen diese nicht von dem für 1953, 1959 und 1964 Geschilderten ab, vgl.: Birke, »Bizarre Autonomie«, S. 155.

168 ABA/LO, 800, 6.030, Fællesklub Ålborg Værft an LO, Schreiben vom 26.9.1966.

169 1967 forderte der LO-Kongress eine »produktivitätsfördernde« Arbeitnehmerbeteiligung am Kapital der Betriebe: Dalgaard, *Demokratiet*, S. 164ff.

170 Die LO wies die Kritik zurück, obwohl den Beschäftigten ein Vielfaches der Geldsumme auferlegt wurde, die die Arbeitgeber zahlen mussten: LO, *Geschäftsbericht 1967*, S. 26.

Reform des Arbeitsrechtes. Dass es gegenüber dieser Linie zunächst so gut wie keinen Protest gab, hatte wohl auch damit zu tun, dass die innergewerkschaftliche Opposition vorläufig mit anderen Problemen zu kämpfen hatte.

Die Krise bei B&W und die Tarifrunde von 1967

Im Frühjahr 1967 geriet die Zentralfigur aller größeren Arbeitskämpfe seit 1943, der gewerkschaftliche Klub von B&W Øen, unter Druck: Bereits im Laufe des Jahres 1966 waren 400 Arbeiter entlassen worden, und nun wurde öffentlich erklärt, dass die Schließung der vorgeblich ineffektiven Werft bevorstehe.[171] Die tiefere Ursache war, wie auch die Gewerkschaften einräumten, weniger eine »verfehlte Firmenpolitik« als die zunehmende internationale Konkurrenz im Schiffbau, die zuerst die Betriebe mit relativ hohen Löhnen und regulierten Arbeitsbedingungen traf.[172] Angesichts der Schließungsdrohung dachten die Aktiven nicht zuerst an Proteststreiks, sondern versuchten sich in einer Strategie, die die öffentliche Bedeutung von B&W betonte. Statt die Arbeit niederzulegen, schickte man Deputationen zum nahe gelegenen Folketing. Wie in der westdeutschen Montanindustrie leitete man aus der Krise die Forderung nach einer stärkeren staatlichen Subventionierung der »Schlüsselindustrie« ab. Von den Hochkonjunkturstreiks unterschied sich der Kampf gegen die Werftschließung dadurch, dass er sich weitestgehend auf Appelle reduzierte: Als es am 27. April 1967 doch noch zu einem »Demonstrationsstreik« kam, endete dieser vor dem Regierungssitz. Auf Druck von Ministerpräsident Krag wurde schließlich eine Kommission eingesetzt, die die Notwendigkeit festhielt, 20 Prozent des »Zeitverbrauchs« und 25 Prozent der Kosten einzusparen.[173]

Am 14. September stimmten die Arbeiter in einer Urabstimmung einem lokalen Abkommen zu, das eine Steigerung der Produktivität und eine Verringerung der gewerkschaftlichen Klubs (und damit der »geschützten Berufe«) von 37 auf 12 zum 1. Januar 1968 vorsah. Es erwies sich als weitaus schwieriger, in Arbeitskämpfen, die sich gegen eine Werkschließung richteten, erfolgreich zu sein als in einer Situation des Arbeitskräftemangels.

Ein Effekt der B&W-Krise war, dass sich die innergewerkschaftliche Opposition weiter modifizierte. Dies wurde auch am Verlauf der zentralen Tarifrunde des Frühjahrs 1967 deutlich, die mehr oder weniger zeitgleich mit den

171 Thomsen, *Øens Folk*, S. 94. Vgl. Nielsen, *Storpolitik*, S. 300–304.

172 Vgl. ABA, Bestand Socialistisk Folkeparti (ABA/SF), 501, 45, Referat B. Larsen, (Vertrauensmann B&W Øen), 26/27.8.1967.

173 Lange, *Juvelen*, S. 71f.

Debatten über die mögliche Schließung der Werft abgeschlossen wurde. Als sich die »Vorsitzendeninitiative« im Januar 1967 traf, um ihre Tarifstrategie zu beraten, hatte sich ihr Kreis seit der Gründung von 1963/64 so gut wie gar nicht erweitert.[174] Der Aufruf zu dem Treffen war von 21 Gewerkschaftern unterzeichnet worden, wovon die meisten bereits seit Jahren zu den »üblichen Verdächtigen« der Opposition gehörten. Man rief (wie immer) dazu auf, den von den »Wirtschaftsweisen« kalkulierten Lohnrahmen zu »durchbrechen« und »überall für Aktivität an den Arbeitsplätzen zu sorgen«. Gleichwohl verlief die Tarifrunde ebenso reibungslos wie zwei Jahre zuvor. Am 21. März 1967 stimmten die Mitglieder dem neuen Tarifvertrag zu, wobei die Beteiligung an der Urabstimmung auf dem niedrigen Niveau von 1965 blieb.[175] Im Resultat brachte die Tarifrunde Lohnerhöhungen von 6,5 Prozent im Laufe von zwei Jahren und eine weitere Verkürzung der Wochenarbeitszeit auf 42½ Stunden zum 1. Juni 1968. Nach dem Abschluss kam es dann zu einer Auseinandersetzung, die quer zu den alten Fraktionierungen innerhalb der LO verlief. Auf dem Kongress des Dachverbandes im Mai 1967 kritisierten die Delegierten der von den Frauen dominierten Verbände, dass die Forderung nach »gleichem Lohn für gleiche Arbeit« in den Verhandlungen einmal mehr zurückgestellt worden war.[176] Besonders die Verbände des Bekleidungs- und des Tabaksektors sowie der Gewerkschaft der Privatangestellten protestierten. Ihr Selbstbewusstsein hatte nicht nur mit einem konstanten Mitgliederzuwachs zu tun, sondern auch mit einer zunehmenden Ungeduld der weiblichen Gewerkschaftsbasis.[177]

Anders als in der Bundesrepublik kam es in Dänemark 1966/67 weder zu legalen Arbeitskämpfen größeren Ausmaßes noch zu einem signifikanten Anstieg der wilden Streiks. Einige Anhaltspunkte, die zur Erklärung dieser Entwicklung beitragen können, sind bereits genannt worden: Die wirtschaftliche Situation und die Verhältnisse auf dem Arbeitsmarkt blieben vergleichsweise stabil, die Arbeitsteilung zwischen lokaler und zentraler Arbeitspolitik weitgehend unumstritten, die Gewerkschaftsopposition befand sich noch immer in der Krise. Ein wichtiger Faktor war zudem, dass 1966 zum ersten Mal in der Geschichte eine parlamentarische Mehrheit und Zusammenarbeit

174 ABA, Bestand Bryggeriarbejdernes Fagforening Kopenhagen (ABA/BF Kbh.), 674, 77, Sammlung von Materialien der FI.

175 LO, *Geschäftsbericht 1967*, S. 13f.

176 Vgl. Hansen, »LO«, S. 47.

177 Ein Beispiel waren Streiks in der Tabakindustrie, wo drei Viertel der Gewerkschaftsmitglieder Frauen waren. Im September 1967 kam es zu einem viel beachteten dreitägigen Ausstand von 284 Tabakarbeiterinnen bei der Skandinavisk Tobakskompani in Ålborg. Gegenstand war die Lieferung von schlechtem Material und die damit verbundene Verschlechterung der Akkorde, vgl. ABA, Bestand Tobaksarbejderforbund (ABA/TF), 597, 44, ST-Streik.

zwischen zwei Linksparteien zustande kam. Nicht nur für die linke Opposition in den Gewerkschaften, auch für die außerparlamentarische Opposition insgesamt war damit eine in Westeuropa einzigartige Konstellation gegeben: Mit der SF tolerierte eine Partei der Neuen Linken, ja sogar eine dezidierte »Anti-NATO-Partei«, eine sozialdemokratische Minderheitsregierung. Ich werde nun zunächst auf die (kurze) Geschichte dieser »Arbeitermehrheit« eingehen, um im Anschluss daran zu schildern, wie sich ihre kurze Existenz auf die sozialen Bewegungen in Dänemark auswirkte.

»Arbeiterregierung« und soziale Bewegungen

Die in der Gewerkschaftslinken als »Arbeitermehrheit« bezeichnete Konstellation war ironischerweise dadurch ermöglicht worden, dass sich die Politik der SPDK 1965/66 nach rechts entwickelt hatte. Ohne eigene Mehrheit im Folketing kooperierte sie in diesen beiden Jahren zunehmend mit den großen bürgerlichen Parteien. Besonders deutlich wurde dies in der Wohnungsbau- und Mietpolitik. Im Januar 1966 einigten sich SPDK und bürgerliche Opposition auf einen Gesetzesvorschlag, der die Besitzer von Eigentumswohnungen entlastete. Dieses Gesetz wurde eines der zentralen Themen der Kommunalwahlen vom Frühjahr 1966, bei denen die SF vor allem auf Kosten der SPDK und besonders in den innerstädtischen Arbeitervierteln Kopenhagens zu einem Rekord-Wahlergebnis kam.[178] Bei den Parlamentswahlen des 22. November 1966 profitierte die SF dann nicht nur von ihrer lokalen Verankerung, sondern außerdem von den auch in Dänemark stark zunehmenden Protesten gegen den Vietnamkrieg.[179] Die Parteien, die immer noch ein gewisses Verständnis für die US-Politik im Fernen Osten aufbrachten, verloren stark an Stimmen: Die SPDK rutschte erstmals seit 1957 wieder unter einen Anteil von 40 Prozent und erzielte das schlechteste Resultat seit Kriegsende. Die rechtsliberale Partei kam mit 19,3 Prozent ebenfalls auf den niedrigsten Stimmenanteil nach 1945.

Wahlsieger waren hingegen die SF und die linksliberale Partei, die beide Gegner des Vietnamkrieges waren. Die SF konnte ihren Stimmenanteil von 5,8 auf 10,9 Prozent steigern. In der Hauptstadt war sie, vor allem auf Kosten der SPDK, auf rund 25 Prozent gekommen.[180] Weil die SPDK diese Verluste durch Stimmengewinne in der Provinz teils ausgleichen konnte, war, wenn auch nur mit der knappsten denkbaren Mehrheit von einem Mandat, die linke

178 Zudem wurde die Arbeit der SF im Kopenhagener Stadtparlament honoriert, vgl. Schmiederer, *Sozialistische Volkspartei*, S. 139.

179 Zu den Ergebnissen s.: Wagner, *Europa*, S. 296.

180 Schmiederer, *Sozialistische Volkspartei*, S. 141. Die DKP stagnierte bei ca. 1% der Stimmen.

Mehrheit im Folketing Ende 1966 Realität. Obwohl die SPDK eine Zusammenarbeit mit der Partei Aksel Larsens bis dahin vehement abgelehnt hatte, sprach sie sich im Dezember 1966, nicht zuletzt auf Drängen sowohl des DM&SF als auch des DAsF hin, für Koalitionsverhandlungen aus. Dabei ging die Sozialdemokratie allerdings mit einigen »Mindestforderungen« in die Verhandlungen: Keine Veränderung der Außen- und Verteidigungspolitik, Beibehaltung der kritisierten Wohnungsgesetzgebung sowie Einführung einer Mehrwertsteuer auch im Einzelhandel. Nachdem die SF-Delegation gegen alle drei Forderungen Vorbehalte erhoben hatte, einigte man sich statt auf eine Koalition auf die Tolerierung einer sozialdemokratischen Minderheitsregierung. Zu diesem Zweck wurde im Frühjahr 1967 ein ständiger Ausschuss der beiden Parteien eingerichtet, der etwaige Streitfragen klären sollte – das in der bürgerlichen Presse so genannte *Rote Kabinett*. Doch was in Teilen der Presse leuchtend rot erschien, war in der Praxis der Versuch der SPDK, die SF angesichts ihrer Besorgnis erregenden Stimmengewinne »in die Verantwortung einzubinden«. Diese Taktik kann insgesamt als erfolgreich bezeichnet werden. Im Laufe der sehr kurzen Phase der Tolerierung gab die SF etliche jener Essentials preis, die sie nach 1960 zur ersten großen Partei der Neuen Linken in Westeuropa gemacht hatten.

Im März 1967 unterschrieben SPDK und SF ein Abkommen, das die Einführung einer zehnprozentigen Mehrwertsteuer (MOMS) vorsah.[181] Als Ausgleich für die Belastungen der Arbeitnehmerhaushalte wurden eine Erhöhung der Steuerprogression sowie eine stärkere Kontrolle von Kapitalgewinnen und Abschreibungen vereinbart. Der Haken an dieser Vereinbarung war jedoch, dass diese Maßnahmen erst einige Monate nach den durch die MOMS ausgelösten Preissteigerungen bei Grundnahrungsmitteln wirksam wurden. In der Zwischenzeit gingen nicht nur die Umfragewerte der SF in den Keller. Auch in der Partei selbst kam es nun zu offenen Konflikten, weniger, weil die Tolerierung der SPDK-Regierung abgelehnt wurde, sondern weil die Parteipresse das MOMS-Paket als »historischen Sieg der Arbeiterklasse« darstellte. Die Opposition in der SF war ob solcher Berichte, die allzu sehr an den Stil der KP-Parteipresse früherer Zeiten erinnerte, wenig begeistert: In der Parteizeitung beklagten sich die Kritiker von Woche zu Woche stärker über »diese Halleluja-Stimmung«, die die »fade Steuererhöhung« *(den lede MOMS)* als »achtes Weltwunder« präsentiere.[182] Die Sache wurde nicht besser, als alle zwanzig Abgeordneten der SF am 30. März 1967 erstmals (auch) dem Militärhaushalt

181 Die MOMS (*Meromsætningsafgift*, »Umsatzzusatzabgabe«) war die Neuauflage eines noch immer unbeliebten Vorschlages von 1962, vgl. Kapitel III.

182 Vgl. die kritischen Kommentare von Mitgliedern in: *SF-bladet*, 19.4. und 3.5.1967.

zustimmten und Aksel Larsen fast gleichzeitig verlauten ließ, dass »die NATO mir nicht den Nachtschlaf raubt«[183].

Im Juni 1967 eskalierte der innerparteiliche Konflikt: Der Kongress der SF ließ nahezu alle Kandidaten des »pragmatischen« und für eine Regierungszusammenarbeit eintretenden Flügels bei den Vorstandswahlen durchfallen: In den Spitzengremien saßen fortan vor allem junge und bis dahin unbekannte Oppositionelle. Am Ende des Jahres brachte die SPDK dann den oben bereits erwähnten Vorschlag vor den Folketing, angesichts der Währungskrise einen Teil des Inflationsausgleiches einzufrieren. Damit entsprach sie im Übrigen einem Anliegen, das die Arbeitgeber in praktisch jeder Tarifrunde der Nachkriegszeit formuliert hatten. Nach MOMS und Militärbewilligung war dies für einen Teil der SF-Parlamentsfraktion zuviel: Sechs Abgeordnete stimmten mit der bürgerlichen Opposition gegen die Regierungsvorlage. Auf einem außerordentlichen Kongress spaltete sich die SF daraufhin. Die »Dissidenten« gründeten mit den »Linkssozialisten« (*Venstresocialisterne*) eine neue Partei.[184] Gleichzeitig trat Ministerpräsident Krag zurück. Am 23. Januar 1968 kam es zu Neuwahlen, bei denen die »alte« SF nur noch etwas mehr als die Hälfte der ein Jahr zuvor erhaltenen Stimmen auf sich vereinte, während die VS mit knapp über 2 Prozent in den Folketing einzogen.[185]

Die Bedeutung der linken *parlamentarischen* Opposition, ihre Beteiligung am »roten Kabinett« von 1967, ihre Spaltung am Ende des Jahres und schließlich die Existenz einer »linksradikalen« Parlamentsfraktion beeinflussten die Transformation der neuen sozialen Bewegungen. Im Unterschied zur Bundesrepublik der Periode der »Großen Koalition« blieb die Idee einer »außerparlamentarischen« Opposition in Dänemark marginal. Hinzu kam, dass die Ostermarschkampagne in Dänemark nach ihrem Aufschwung Mitte der 1960er Jahre zerfiel. Auch dies hatte damit zu tun, dass sowohl die parlamentarische Konstellation als auch die Position Dänemarks im Kalten Krieg von der in der Bundesrepublik abwich. Nachdem an den Protestmärschen 1964 mehr (junge) Leute teilgenommen hatten als jemals zuvor, erklärte die Regierung Krag, dass sie gegen die Stationierung von Atomwaffen auf dänischem Territorium sei.[186] Um mehr als eine Ein-Punkt-Bewegung zu sein, fehlte es den Ostermarschierern an organisatorischer Konsistenz: Eine der bundesdeutschen KfA vergleichbare koordinierende Instanz entstand in Dänemark nicht. Die Existenz einer Parlamentsfraktion der Neuen Linken trug zusätzlich zur Substitution der außerparlamentarischen Initiativen bei. Die neuen sozialen Bewegungen

183 Schmiederer, *Sozialistische Volkspartei*, S. 147.

184 Vgl. zusammenfassend: Madsen/Madsen, *VS*.

185 Die SF verlor 130.000 Stimmen: Larsen, *Kommunisterne*, S. 151.

186 Jensen/Jørgensen, *Studenteroprøret*, S. 86.

blieben deshalb zunächst ephemer und generationell geprägt. Die Kampagne gegen die Atombewaffnung blieb die Jugendbewegung der *frühen* 1960er Jahre: Bis 1967 zerfiel sie und noch vor dem Mai 1968 löste sie sich auf, ohne sich wie in der Bundesrepublik zuvor neuen inhaltlichen Herausforderungen gestellt zu haben.[187] Eine neue Jugendbewegung trat an ihre Stelle.[188] Die ersten Kampagnen gegen den Vietnamkrieg gingen von linken Jugendorganisationen und studentischen Gruppen sowie von der Lehrlingsbewegung aus.[189]

Ähnlich wie die Ostermarschbewegung fand auch die Bewegung gegen den Vietnamkrieg schnell Zuspruch. 1965/66 kam es zu ersten direkten Aktionen gegen den Krieg, die überwiegend von neu entstandenen anarchistischen und linkskommunistischen Kleinstgruppen getragen wurden. Ab 1966 begann die Kampagne »Giro 1616«, in der Geld nicht mehr alleine für humanitäre Zwecke, sondern zur Unterstützung der Guerilla und der nordvietnamesischen Armee gesammelt wurde.[190] Ende 1967 wurde Roskilde zum Schauplatz des zweiten internationalen »Russell-Tribunals«. Für einige Tage stand Dänemark damit im Mittelpunkt der weltweiten Antikriegsproteste. 1968 war die Bewegung gegen den Vietnamkrieg dann unzweifelhaft die Protestbewegung, die die größte Dynamik entwickelte. Am 27. April 1968, praktisch zeitgleich mit den ersten Schritten der dänischen Studentenbewegung, fand die bis dahin größte Demonstration gegen den Vietnamkrieg vor der US-Botschaft im Kopenhagener Stadtteil Østerbro statt.[191] Sie eskalierte zu einer Straßenschlacht zwischen Polizei und Demonstranten. Die Ereignisse verdichteten sich: Die Bilder aus Berlin und aus Kopenhagen begannen sich zu gleichen, auch ohne dass die dänischen Bewegungen zuvor eine mit den bundesdeutschen vergleichbare Kontinuität entwickelt hatten.

Der Mai 1968 in Dänemark

Dass die Distanz der sozialen Bewegungen gegenüber institutioneller und parlamentarischer Politik in Dänemark grundsätzlich geringer war als in der Bundesrepublik, hatte nicht alleine mit der Präsenz der Parteien der Neuen

187 Jensen/Jørgensen, *Studenteroprøret*, S. 85.

188 Außerhalb der Jugendbewegung kam es zu einigen wenigen internationalistischen Aktionen. So hatten die Hafenarbeiter 1963 für fast ein halbes Jahr trotz erheblicher Geldstrafen des Arbeitsgerichtes Schiffe mit Waren aus Südafrika boykottiert. Vgl. ABA/LO, 800, 5.691.

189 Jensen/Jørgensen, *Studenteroprøret*, S. 85, 95. Zur Bewegung gegen den Vietnamkrieg und der Rolle der KP sowie ihrer Jugendorganisation vgl. neuerdings auch: Larsen, *Tiden*, 2007.

190 Rasmussen, *Sære alliancer*, S. 59.

191 Im Oktober 1967 nahmen 15.000, im April 1968 etwa 30.000 Menschen an Demonstrationen gegen den Vietnamkrieg teil, Johansen/Gluud, *Vietnambevægelsen*, S. 13f.

Linken zu tun.[192] Es resultierte auch daraus, dass die Proteste von vornherein weit weniger studentisch geprägt waren als hierzulande. Das drückt sich bis heute darin aus, dass in der dänischen Forschung weniger von der Studentenbewegung als insgesamt von *ungdomsbevægelsen*, von der Jugendbewegung, die Rede ist.[193] In diesem Zusammenhang ist wichtig, dass die Lehrlingsbewegung in Dänemark der Studentenbewegung zeitlich voraus ging. Im Frühjahr 1966 beschloss die Gewerkschaftsjugend (*Faglig ungdom*, FU) in den drei größten dänischen Städten, im Vorfeld der für den Herbst anstehenden Tarifverhandlungen, eine Kampagne für die Rechte und die Verbesserung der materiellen Situation der Lehrlinge durchzuführen. Hintergrund dieser Kampagne waren die Veränderungen im dänischen Ausbildungssystem. Immer mehr junge Leute schlossen ihre Schulbildung nach der einheitlichen zehnjährigen Volksschule (*Folkeskole*) ab.[194] Dies führte dazu, dass die Auszubildenden älter wurden, während sich Methoden, Inhalte und Entlohnung weiterhin nach den paternalistischen Maßgaben ausrichteten: In der »Meisterlehre«, der traditionellen Form der handwerklichen Ausbildung, wurden die 16 bis 18-jährigen Lehrlinge als billige Arbeitskräfte gebraucht und zugleich häufig noch wie Kinder behandelt.

Die Gewerkschaftsjugend forderte vor diesem Hintergrund eine erhebliche Erhöhung der Ausbildungsvergütungen, die Schaffung von bezahlbarem Wohnraum durch Lehrbetriebe und Kommunen sowie eine Berufsausbildung in staatlichen Schulen. Der Protest artikulierte gleichzeitig einen innergewerkschaftlichen Konflikt, zumal die Gewerkschaftszentrale der FU aus Angst vor »kommunistischen Einflüssen« kein eigenes Organisationsrecht auf überregionaler Ebene zugestanden hatte und die Lehrlinge durch den sozialdemokratischen Jugendverband repräsentieren ließ. Die jungen Gewerkschafter kritisierten sowohl die Gewerkschaftsspitze, die »in unserem Namen Tarifverträge unterschreibt, ohne uns jemals zu fragen«, als auch die älteren Kollegen insgesamt, die »junge Leute, die eine Berufsausbildung machen wollen, als Laufburschen missbrauchen«[195]. Im August 1966 organisierten die FU'en eine Demonstration vor dem Kongress der Metallarbeitergewerkschaft in Odense, an der sich 500 Lehrlinge beteiligten. Es folgten zahlreiche weitere Protestaktionen in den Großstädten, die von den FU'en, aber auch von Lehrlingsabteilungen einzelner Verbände oder Betriebe organisiert wurden. Im Dezember erreichte die Kampagne ihren Höhepunkt mit Demonstrationen in Århus und

192 Nielsen, *Demokrati*, S. 173f.

193 Einen Überblick über den Forschungsstand gibt Warring, *Historiography*.

194 Der Anteil der Absolventen stieg von 18,6 (1945) auf 42,4% (1969): Hansen, *Økonomisk vækst*, S. 183. Zum Folgenden vgl.: Nielsen, »Lærlingeoprøret«, S. 9ff.

195 Entschließung der FU, Kopenhagen, April 1966, zit. nach ebd., S. 10.

Kopenhagen, an denen sich die ansehnliche Zahl von zwischen 7.000 und 9.000 Auszubildenden beteiligte.

Mit ihren Protesten erreichten die Lehrlinge schließlich, dass bei den Tarifverhandlungen im Frühjahr 1967 eine Erhöhung der Ausbildungsvergütungen um bis zu 60 Prozent vereinbart wurde. Zudem führte die Kampagne dazu, dass das Problem der Ausbeutung der Lehrlinge öffentlich debattiert wurde. Nach 1966 bildeten sich eigenständige landesweite Lehrlingsorganisationen, deren Aktive in den Arbeitskämpfen noch sehr lange eine wichtige Rolle spielen sollten.

Im Gegensatz zu den Lehrlingen hatten die Studierenden der damals zwei dänischen Universitäten nicht das Problem, zunächst das Organisationsrecht erstreiten zu müssen. Schon seit vielen Jahrzehnten existierte etwa das Forum »Studierendengesellschaft« (*Studentersamfund*), in dem sich die linken Studierenden trafen. Die »Gesellschaft« hatte im Zuge der antimilitaristischen und internationalistischen Bewegungen der 1960er an Breite und Unterstützung gewonnen, blieb aber im Gegensatz zum SDS eher ein Debattierzirkel und Bildungsverein als eine aktivistische Gruppe. Andererseits waren die dänischen Studierenden mit dem lokalen »Studentenräten« *(Studenterråd)* und dem landesweiten »Rat der dänischen Studierenden« *(Danske Studenternes Fællesråd)* auch institutionell vertreten. Diese institutionelle Einbindung mag dazu beigetragen haben, dass die dänischen Studierenden recht lange so gut wie keinerlei Neigung zum politischen Aktivismus ausdrückten. Erst seit dem März 1968 verbreiteten sich die internationalen Studierendenproteste auch an die Universitäten von Kopenhagen und Århus.[196]

Inspiriert von der bundesdeutschen Bewegung empfahl die »Studierendengesellschaft« »Demonstrationen und eventuell einen Unterrichtsboykott in zugespitzten Situationen«, um eine grundlegende Demokratisierung der Hochschulen durchzusetzen. Wenige Tage später nahm ein Komitee der Kopenhagener Psychologiestudierenden dies mehr als ernst: Es kam zur ersten Institutsbesetzung, mit Forderungen nach Mitbestimmung, Parität in den universitären Organen sowie Einfluss auf Professorenstellen und Lehrinhalte. Am 23. April schlossen sich 5.000 Studierende in einer Demonstration diesen Forderungen an.[197] Zwar fiel die Reaktion der Universitätsleitung angesichts der Tatsache, dass mit Mogens Fog ein Linkssozialist und ehemaliger Widerstandskämpfer Präsident der Kopenhagener Universität war, sehr verständnisvoll aus, aber dennoch: Der studentische Aktivismus war in Dänemark angekommen.

196 Vgl. im Folgenden: Jensen/Jørgensen, *Studenteroprøret*, S. 98ff.
197 Vgl. Gottschau, *Rebeller*, S. 49ff.

Angesichts der Demonstrationen gegen den Vietnamkrieg und der Studierendenproteste war der Mai 1968 in der dänischen Hauptstadt ein unruhiger Monat. Etwas abseits von den spektakulären Demonstrationen der Jugend kam es zudem erstmals seit vielen Jahren wieder zu einer Massendemonstration der Kopenhagener Arbeitenden. Auslöser dafür war der Eingriff der Regierung in zwei Arbeitskämpfe, die außerhalb des Organisationsbereiches der LO stattfanden.[198] Zunächst übte der Arbeitsminister gegenüber einem Streik der Telefonisten massiven Druck aus, um ein schnelles Verhandlungsresultat zu erreichen.[199] Fast gleichzeitig unterband er einen Arbeitskampf der Telegrafisten und Steuerleute in der Seefahrt. Am 14. Mai 1968 kam das entsprechende Gesetz vor den Folketing.[200] Die Ablehnung des Gesetzesentwurfes erzeugte in den LO-Verbänden eine seltene Einmütigkeit, zumal die Reeder den Konflikt provoziert hatten, indem sie einige Exportboote trotz des Einverständnisses der streikenden Seeleute nicht fahren ließen. Die Führung der LO wollte einer bürgerlichen Regierung keine ähnlichen Eingriffe in die Tarifautonomie zugestehen wie einer sozialdemokratischen: Sogar Aufrufe der Gewerkschaftslinken zu Protestaktionen, die unter anderen Bedingungen in heftigen Wendungen verworfen worden wären, galten nunmehr als »verständlich«.

Die Proteste gegen das Gesetz liefen schließlich noch einmal nach einem eingeübten Muster ab: Am 21. Mai riefen alle gewerkschaftlichen Klubs von B&W anlässlich der dritten Lesung des Gesetzes zu einer Demonstration vor dem Parlament auf.[201] Am selben Tag warnte die LO vor Aktionen während der Arbeitszeit, erklärte sich allerdings zugleich mit den Zielen der Aktion einverstanden.[202] Am 24. Mai traten bis zu 100.000 Arbeiter in Kopenhagen in einen im Schnitt dreistündigen Streik. Rund 30.000 Menschen beteiligten sich an der Kundgebung vor dem Folketing.[203] Auch in Århus demonstrierten ungefähr 5.000 Menschen, und auf den Werften von Helsingør und Odense wurde gestreikt. Erstmals seit mehr als zehn Jahren hatte die Gewerkschaftslinke erfolgreich zu politischen Protesten aufgerufen.

Im Mai 1968 fand in Dänemark kein »Generalstreik« statt, und anders als in der Bundesrepublik wurde nicht einmal der Ruf danach laut. Arbeitende

198 Hansen, *Økonomisk vækst*, S. 193.

199 Der Konflikt endete mit dem Abschluss von (schlechteren) »Separatverträgen« für Jütland und Fünen: ABA/SF, 501, 43, Bericht über den Telefonkonflikt.

200 ABA/SF, 501, 43, Bericht über den Steuerleutekonflikt.

201 Eine Kopie des Aufrufs liegt in: ABA/LO, 800, 6.308.

202 ABA/TF, 597, 46, Pressemappe. In der LO gab es auch Stimmen für eine Kooperation mit der Regierung: ABA/LO, 1.500, 2.208, Protokoll geschäftsführender Vorstand, 17.5.1968.

203 LO, *Geschäftsbericht 1968*, S. 22.

und Studierende protestierten gleichzeitig, nur ein paar hundert Meter voneinander entfernt im Zentrum der Hauptstadt, blieben aber dennoch ohne Bezug zueinander. Eine der wesentlichen Lehren, die die dänische Neue Linke aus dem Mai zog, war, dass dieses Nicht-Verhältnis geändert werden müsse.

3. Der Mai 1968 im deutsch-dänischen Vergleich

Die Frage, »wo 1968 liegt«, ist sowohl in der bundesdeutschen als auch in der dänischen Geschichtswissenschaft umstritten. Am Vorabend des 40-jährigen Jubiläums haben sich (mindestens) zwei Perspektiven etabliert: Eine dieser beiden ist, die Proteste primär aus ihrer eigenen Vorgeschichte heraus zu begreifen, wobei die Motivationen und Ansichten der Aktiven eine wichtige Rolle spielen.[204] Andere Autoren und Autorinnen nehmen »Kontextualisierungen« vor, häufig im Zusammenhang mit der These, dass in den »langen 1960er Jahren« eine »Fundamentalliberalisierung« stattgefunden habe, die sich mit den und durch die Proteste am Ende der 1960er Jahre durchsetzte.[205] Fragen nach der Bedeutung der sozialen Klassen, der Lohnarbeit oder der Arbeitskämpfe sind in beiden »Richtungen« so gut wie völlig abwesend. Immerhin bietet der zuletzt genannte Ansatz die Perspektive, nach längerfristigen kulturellen, politischen und sozialen Voraussetzungen und Wirkungen zu fragen. Wichtig wäre, die Analyse der »Jugendkultur« auf Fragen wie die nach den Veränderungen im Arbeitsregime und der Neuzusammensetzung der Lohnarbeit zu beziehen.

Bilang existiert nur eine einzige Studie, die (unter anderem) die Protestbewegungen von 1968 im deutsch-dänischen Vergleich behandelt. Der Befund ist hier, dass die bundesdeutsche Bewegung institutionell bei weitem nicht so akzeptiert, sozial wesentlich stärker von Studierenden geprägt und eher an politischen Großereignissen orientiert gewesen sei als die dänische.[206] In Dänemark sei die Linke sozial breiter verankert und deshalb später besser in der Lage gewesen, sich wirksam auf Arbeitskämpfe zu beziehen.

Die These ist auf den ersten Blick plausibel. Die dänische Linke verfügte über parlamentarische Ressourcen und konnte sich deshalb eher als in der Bundesrepublik an die allgemeine Öffentlichkeit wenden. Was die gewerkschaftliche Opposition betrifft, so war diese zwar im Vergleich mit der Periode von 1943 bis 1956 personell schwach und politisch nahezu ohne Einfluss.

204 Paradigmatisch dazu: Gilcher-Holtey, *›Die Phantasie an die Macht‹*, S. 44–104.

205 Vgl. von Hodenberg/Siegfried, *Wo ›1968‹ liegt*, Einleitung.

206 Siehe die Gegenüberstellung in Nielsen, *Demokrati*, S. 173–175.

Doch sie konnte aufgrund der legalen Existenz der KP eine gewisse Kontinuität entwickeln, die sie im Mai 1968 wieder in eine wichtige Position brachte. Und, last but not least, begann die dänische Jugendbewegung nicht an den Universitäten, sondern unter den Lehrlingen. Gleichwohl lässt ein genauerer Blick auf die Ereignisgeschichte des »dänischen 1968« Zweifel an dieser »stärkeren sozialen Verankerung« aufkommen. Denn auch in Dänemark war die soziale Zersplitterung und mangelnde Bezugnahme der vielfältigen Proteste augenfällig. Eine sichtbare Interaktion oder gar eine direkte, organisatorische Zusammenarbeit fand meist nicht statt.

Es handelt sich um eine für Ländervergleiche nicht untypische Täuschung: Die »soziale Verankerung« der dänischen »1968er« kann relativ hoch erscheinen, wenn man den vergleichenden Blick auf die Bundesrepublik richtet. In der Tat war der Zugang der Linken zu den sozialen Dynamiken, die sich »1968« Luft verschafften, auf beiden Seiten der deutsch-dänischen Grenze ein Problem. Das hängt auch damit zusammen, dass ein zentrales Element der Revolte war, dass sich der Begriff der »Organisierung« selbst wandelte. So blieb das Verhältnis zwischen der Dynamik der Protestereignisse und dem Eingreifen organisierter Zusammenhänge, Netzwerke, Gewerkschaften und Parteien prekär. Etwas, was wir über die Geschichte der wilden Streiks bereits wissen, kann somit auf die Ereignisse des Mai 1968 bezogen werden: Selbst für die Aktiven, die die Sprache der Proteste sprachen, kamen sie meist überraschend. In den Arbeitskämpfen des Jahres 1968 drückte sich ein ähnliches Verhältnis aus. Wie in den Jahrzehnten zuvor, verhielt sich die linke Opposition zu wilden Streiks meist nur dann, wenn diese eine längere Dauer annahmen. Dabei ist für das dänische Beispiel zu berücksichtigen, dass sich die politische Verankerung der SF vornehmlich nicht auf den Betrieb bezog. Eine parlamentarische (und legale) Präsenz bedeutete zwar, über ein Forum zu verfügen, mit dem man sich an eine *allgemeine* Öffentlichkeit wenden konnte. Jedoch war diese *allgemeine* Kommunikation eben nicht zwingend auch »erfolgreich«: Lokale, außerparlamentarische Konflikte mussten sich in ihr keineswegs darstellen.

Dass sich die Vielfalt der persönlichen Motive und der sozialen Komposition der Proteste im Mai 1968 in der Bundesrepublik weitaus stärker und geballter zum Ausdruck brachte, hatte auch damit zu tun, dass die APO keine parteiförmige Veranstaltung war. Vielmehr trafen hier unterschiedlichste Gruppierungen aufeinander, die sich im Laufe der 1960er Jahre nach und nach in einem Feld jenseits des Parlaments versammelt hatten. Dass der bundesdeutschen DKP 1968 eine Neugründung gestattet wurde, falls sie das proletarisch-stalinistische Outfit der alten KPD ablegen würde, hatte nicht alleine mit der Entspannung im Ost-West-Konflikt zu tun, sondern auch damit, dass man sich von Seiten des Staates eine bessere Übersicht über die vielfältige und wilde Dynamik der sozialen Konflikte verschaffen wollte. Dem widersprach nicht, repressiv auf die Proteste zu reagieren. Nielsens Einschätzung, dass die staatlichen und institutionellen Reaktionen auf die Studierendenproteste in Dänemark weniger gewaltförmig und repressiv ausfiel, ist sicher richtig. Gleichzeitig muss aber betont werden, dass die repressive Reaktion sich in der Bundesrepublik keinesfalls *total* ausformte. Sie bezog sich stets auf einen definierten Teil der Bewegung, vor allem in der Folge des Mordes an Ohnesorg, der Schüsse auf Dutschke und der »Osterunruhen« von 1968. Im Rahmen der vorliegenden Arbeit kann nicht geklärt werden, inwiefern diese selektive Repression gezielt eingesetzt wurde, um die Interaktion verschiedener sozialer Sphären in den Protesten zu brechen. Festzuhalten bleibt jedoch, dass die unterschiedlichen Erfahrungen mit der Staatsgewalt im Mai 1968 sehr unterschiedliche Rezeptionen »des Notstandes« prägten. Dies war einer von mehreren Gründen dafür, dass die Kampagne gegen die Verabschiedung der Gesetze im Bundestag begrenzt blieb und scheiterte.

Zwischen einer »diskreten« und einer »veröffentlichten« Geschichte zu unterschieden, ist nicht nur in Bezug auf die Proteste des Jahres 1968 insgesamt, sondern auch in Bezug auf die Einschätzung der Streikbewegungen wichtig. Zwar gab es, gemessen an den Ausfalltagen, die die offiziellen Statistiken registrierten, kaum ein Jahr nach 1945, in dem die Unterschiede zwischen »streikbereiten« Ländern wie Frankreich, Italien oder England auf der einen sowie der Bundesrepublik und den skandinavischen Staaten auf der anderen Seite derart extrem ausfielen.[207] Doch dass die »Massenhaftigkeit« der Streiks unmittelbar nach dem Mai 1968 sowohl in Dänemark als auch in der Bundesrepublik rapide zunahm, setzte voraus, dass sich eine »Sprache der sozialen Rechte«, ein bestimmtes Repertoire an Forderungen und Aktionsformen, in den Jahren zuvor bereits »diskret«, auf lokaler Ebene, gebildet hatte. Forderungen nach linearen Lohnerhöhungen oder nach einer Bandpause und nach gleichem Lohn für gleiche Arbeit wurden in einzelnen Betrieben laut, lange bevor sie von der »offiziellen« Gewerkschafts- und Tarifpolitik entdeckt wurden. Die Geschichte der wilden Streiks kann insofern auch nicht auf Konjunkturen, auf ihre Massenhaftigkeit oder gar ihre ökonomische Rationalität reduziert werden. Die ökonomischen Entwicklungen verbesserten beziehungsweise verschlechterten deren Aussichten; ein Faktor, der zur Wahl der Artikulationsformen beitrug, aber die Konflikte keineswegs einseitig determinierte.

207 Vgl. van der Velden, *Statistics*. Auch die ILO-Statistik illustriert dieses Verhältnis.

Die Proteste von 1968 bildeten eine Art »Scharnier«, das die »diskreten« mit den »veröffentlichen« Arbeitskämpfen verband. In der Bundesrepublik schlossen Arbeiter(-innen)aktionen gegen die Notstandsgesetze zumindest punktuell an die Erfahrungen der Arbeitskämpfe in der Metallindustrie an, die bereits 1966/67 ein »epidemisches« Ausmaß erreicht hatten. Nicht ohne Grund stand die Montanindustrie sowie der Organisationsbereich der IG Metall 1969 wiederum im Mittelpunkt der wilden Streiks. In Dänemark war die Arbeitskampfgeschichte nach der Eindämmung der Streiks in der »ganzheitlichen Lösung« von 1963 und angesichts der relativ geringfügigen Auswirkungen der »Währungskrise« des Jahres 1967 stärker unterbrochen. Dass im Rahmen der Demonstration gegen die bürgerliche Regierung im Mai 1968 die Form des politischen Proteststreiks erneuert wurde, hat die öffentliche Artikulation der wilden Streiks ab 1969 jedoch sicherlich begünstigt.[208] In beiden Ländern kamen schließlich weitere Faktoren hinzu: Die leichte Rezession verwandelte sich in einen Boom, der die Auftragsbücher füllte, die Gewinne steigen ließ, ein Wachstum in ungekannter Höhe und am Ende wiederum einen zumindest partiellen Arbeitskräftemangel hervorbrachte. Und schließlich spielte, wie ich im nächsten Kapitel schildern werde, auch die globale soziale Bewegung ihre spezifische Rolle im nordeuropäischen »Streikaufschwung« des Jahres 1969.

Was die subjektive Seite dieser fürwahr »dynamischen Zeiten« betrifft, so nahmen viele Zeitgenossen die Proteststreiks als Wiederkehr wahr: So lag etwa in der Bundesrepublik der Vergleich mit den großen Protestbewegungen gegen die Atomrüstung rund zehn Jahre zuvor nahe. Doch gleichzeitig lösten die Krise der APO und der Zerfall des SDS Suchbewegungen aus, die die Ereignisse von 1968 als etwas wirklich Neues begreifen wollten. Dabei knüpfte man unter anderem an die Arbeitskonflikte an, deren Rezeption ein Ausbrechen aus der relativen Isolation versprach, in die die neuen sozialen Bewegungen nach dem Mai geraten waren. Hinter den repräsentativen Fassaden der »Konzertierung« begann man, eine »andere Arbeiterbewegung« zu vermuten. Die jungen, eben erst politisierten Aktiven beider Länder »entdeckten« die wilden Streiks im Laufe des Jahres 1969 wie einen neuen Kontinent. Deshalb konnte die Illusion entstehen, dass dieser nicht existiert habe, bevor man ihn in Augenschein genommen hatte.

208 Diesen Aspekt betont Mikkelsen, *Arbejdskonflikter*, S. 328.

V. Zwei Länder in der »europäischen Streikwelle«

> Gestern war ich so müde, dass ich darum bat, um drei Uhr nach Hause gehen zu können. Da sagte der Meister, dass ich einfach ein wenig Lebertran nehmen solle. Ich antwortete, dass wir keinen Lebertran und keine Nervenpillen und keine Schlaftabletten mehr bräuchten, wenn wir den Akkord abschaffen würden, aber er rief: ›Abschaffen? Du warst doch selbst dafür, dass er eingeführt wird.‹
>
> *Benthe Østrup Madsen, Konflikt, Roman, 1977*

1. Die Veränderung des Standortes

Die französischen Arbeitskämpfe im Sommer 1968, der »heiße Herbst« in Italien 1969 und die fast gleichzeitige Streikwelle in Großbritannien signalisierten einen Bruch in den Mustern der westeuropäischen Arbeitskämpfe der Nachkriegszeit. Der Massenstreik in Frankreich war unzweifelhaft und mit Abstand der größte in der Geschichte des Landes. Während sich 1936 rund zwei Millionen Menschen an Streiks gegen die drohende faschistische Machtübernahme beteiligt hatten, gehen die groben Schätzungen von bis zu zehn Millionen Streikenden auf dem Höhepunkt der Arbeitskämpfe des Sommers 1968 aus.[1] In Italien bildeten die Streiks des Herbstes 1969 sowohl in quantitativer Hinsicht als auch angesichts ihres politisierten Charakters den Höhepunkt der Arbeitskampfgeschichte nach 1945.[2] In Großbritannien erschütterten zwischen Ende 1968 und 1970 sektorale Arbeitsniederlegungen ebenso wie Proteste gegen Anti-Streik-Gesetze und Einkommenspolitik die Regierung.[3] Seit 1969 nahmen die offenen Arbeitskämpfe dann auch in der Bundesrepublik und den skandinavischen Staaten zu. In der ersten Hälfte der 1970er Jahre verdoppelte sich der Umfang der Streikbewegungen in Schweden im Vergleich zum Jahrfünft zuvor, in der Bundesrepublik wurden neunmal und in Dänemark sogar zwanzigmal so viele Ausfalltage gezählt.[4]

Erstmals seit etlichen Jahren wurden auch in Nordeuropa Arbeitskämpfe wieder als Massenphänomen wahrgenommen. Sowohl in der Bundesrepublik als auch in Dänemark markierten wilde Streiks den Ausgangspunkt dieser

1 Gilcher-Holtey, *»Die Phantasie an die Macht«*, S. 297.

2 Franzosi, *Puzzle of Strikes*, S. 4f.

3 Albers u.a., *Klassenkämpfe in Westeuropa*, S. 216 sowie 243–264.

4 Zahlen der ILO, vgl.: Müller-Jentsch, »Streiks und Streikbewegung«, S. 25.

Zunahme. Die lokalen Streiks weiteten sich aus, verließen das Niveau der Abteilung und der einzelnen Fabrik, phasenweise auch des Ortes und der Region. Die Kritik der offiziellen Gewerkschaftspolitik, der mangelnden Demokratie im Arbeitsalltag, der Bandarbeit oder der Lohnhierarchien – all dies fand nun den Weg in eine allgemeine Öffentlichkeit. Zur »Synchronität« der Ereignisse trug im deutsch-dänischen Vergleich bei, dass sich am Ende der 1960er Jahre die Unterschiede in der Wirtschaftsentwicklung beider Länder stark relativiert hatten. Mitte der 1960er Jahre war auch aus Dänemark ein Land geworden, dessen Volkswirtschaft von der modernen Exportindustrie eindeutig dominiert wurde und abhängig war. Der Zeitraum zwischen etwa 1965 und 1975 ist in der Tat der einzige historische Moment, in dem beide Länder als eindeutig industriell geprägte Staaten verglichen werden können. Dazu kommt, dass der ökonomische Boom und die damit verbundene Stärkung der Arbeitsmarktposition der Beschäftigten sich 1968 gleichzeitig in der Bundesrepublik und Dänemark zeigten. Dies ist eine Erklärung dafür, dass im Herbst 1969 in beiden Ländern Lohnkämpfe stattfanden.

Gerade deshalb ist es bemerkenswert, wie wenig sich die transnationalen Arbeitskämpfe direkt aufeinander bezogen. Von einer »europäischen Streikwelle« war unter den an dieser Beteiligten wohl kaum die Rede. Eine Einsicht in den transnationalen Charakter der Kämpfe stellte sich keineswegs von selbst her. Immer noch mussten die Erfahrungen jenseits der Grenzen mühsam »übersetzt« werden. Wo dies (eher ausnahmsweise) stattfand, waren zwei Faktoren entscheidend: Einerseits die Fortsetzung der Interaktion zwischen transnationalen sozialen Bewegungen und den lokalen Arbeiterbewegungen, die, wie ich schildern werde, nach 1968 eine neue Grundlage erhielt; andererseits die Entwicklung von Positionen innerhalb der Arbeitskämpfe selbst, die sich gegen die Logik der Konkurrenz zwischen Betrieben und Standorten wandten und stattdessen die sozialen Ansprüche der Beschäftigten und die Verweigerung gegenüber betrieblichen Hierarchien zum Ausgangspunkt machten. Das eine wäre ohne das andere nicht denkbar gewesen, und es kann kaum übersehen werden, dass es sich um ein anspruchsvolles und sogar utopistisch anmutendes Projekt handelte. Die zeitgenössischen wilden Streiks trugen zwar dazu bei, dass das Feld einer »sozialen Gewerkschaftsbewegung« sichtbar wurde, aber sie waren zumeist auch Beispiele für die Grenzen eines solchen Projektes.

Schließlich gewann mit dem Einsetzen der Weltwirtschaftskrise und dem (relativen) Bedeutungsverlust der großen Industrie die Verteidigung der betrieblichen Errungenschaften und der nationalstaatlich verfassten Sozialsysteme wieder an Bedeutung, wodurch viele der kaum erfassten Möglichkeiten erneut verloren gingen. Doch die Veränderung des Standortes, die sich nach

1969 in Bezug auf die Arbeitskämpfe ergab, ist vielleicht gerade aus diesem Grunde aus heutiger Sicht bemerkenswert.

Die wilden Streiks, die seit 1969 stattfanden, bedeuteten für die Streikgeschichte der in dieser Studie behandelten Länder einen Einschnitt. Nicht so sehr, weil sie etwas völlig Neues waren. Eher, weil sie soziale Konflikte darstellten, die in der Öffentlichkeit bis dahin kaum Interesse geweckt hatten. Sie machten Gegenstände und Aktionsformen wahrnehmbar, die sich seit etwa Mitte der 1950er Jahre auf lokalem Niveau entwickelt hatten. Vor 1969 war es sehr selten dazu gekommen, dass wilde Streiks über einen engen Kreis interessierter Gewerkschaftsaktivisten oder einzelner Industriesoziologen hinaus debattiert wurden. Und auch diesen galten die lokalen Streiks überwiegend als in der Geschichte der Arbeitsbeziehungen »atypische« Ereignisse. Dagegen sind die »Septemberstreiks« und die »Eine-Krone-Streiks« von 1969/70 umso mehr zum Gegenstand des Interesses der Aktiven der Studentenbewegung und der sozialwissenschaftlichen Forschung geworden. Die vor dem Hintergrund dieses Interesses produzierten Texte in ihrer Gesamtheit zu dokumentieren und zu diskutieren, übersteigt den Rahmen dieser Arbeit. Im Folgenden werde ich mich daher darauf konzentrieren, die Streikwellen in beiden Ländern im Kontext der Geschichte der Streiks seit 1950 zu verorten.

2. Die Septemberstreiks in der Bundesrepublik

Die Zunahme der Arbeitskämpfe wurde 1969 zunächst durch wilde Streiks ausgelöst, denen 1970 »halboffizielle« Warnstreiks und 1971 Tarifkonflikte folgten. Während die Warnstreiks eine Art Antwort insbesondere der IG Metall auf die nicht von der Gewerkschaft kontrollierten Arbeitskämpfe darstellten, hatten die Tarifkonflikte ihre Ursache auch in einer »Gegenoffensive« der Unternehmer und nahmen unter anderem die Form der Flächenaussperrung an. Dieser »Plot« lässt sich auch in den verschiedenen Dimensionen der Streikstatistik darstellen. Bezogen auf die Ausfalltage pro 1.000 Arbeitnehmern, also auf die Dimension der *Massenhaftigkeit,* war der Anteil der wilden Streiks 1969 relativ insignifikant, was eine Erklärung dafür ist, dass sich die Zunahme der Arbeitskämpfe in der Bundesrepublik in der international vergleichenden Statistik erst 1970 zeigte. Erst in den ersten drei Jahren der 1970er kam es auch in der Bundesrepublik zu einem signifikanten Anstieg der durch Streiks verursachten Ausfalltage.[5] Zählt man dagegen die *Zahl der Streiks,* ergab sich schon

5 Müller-Jentsch, »Streiks und Streikbewegung«, S. 24f.

1969 ein deutlicher Trend nach oben, der sich 1970 fortsetzte und 1973 einen Höhepunkt erreichte: 1969 verdoppelte sie sich im Vergleich zum Vorjahr, 1970 kam es bereits fast zu einer Verdreifachung und 1973 fast zu einer Verfünffachung im Vergleich zu 1968. Die Zahl der »Fälle« verzeichnete damit einen weitaus stärkeren Anstieg als die Zahl der Ausfalltage beziehungsweise der Beteiligten. Die Bedeutung der kurzen wilden Streiks in der Streikwelle nach 1969 lässt sich insofern auch quantitativ nachvollziehen.

Tabelle 8. Wilde Streiks in der Bundesrepublik, 1965–1972[6]

Jahr	*Fälle*	*Betriebe*	*Beteiligte*
1965–1968	156/ 85,7%	556/ 38,3%	429.759/ 81,6%
1969–1972	606/ 90,6%	1.875/ 67,5%	1.283.387/ 80,4%

Die bereits in den vorigen Kapiteln geschilderte längerfristige Entwicklung reproduzierte sich also während des Zyklus zwischen 1969 und 1971. Als es zu den Arbeitsniederlegungen des Septembers 1969 kam, hatte der Anteil der wilden Streiks bereits seit 1960 und ihre Zahl seit etwa 1965 kontinuierlich zugenommen.[7] Noch zwischen 1953 und 1956 hatten die Arbeitsniederlegungen, die offiziell nicht von den Gewerkschaften unterstützt wurden, insgesamt nur einen Anteil von 5,5 Prozent erreicht, bis 1964 war er bereits auf 70,3 Prozent gestiegen. Nach 1969 war der größte Teil der Arbeitskämpfe »wild«, im Organisationsbereich der IG Metall lag der Anteil sogar weit über 90 Prozent.[8]

Nicht nur die Statistik weist 1969 als ein Jahr aus, in dem Entwicklungen zusammenkamen, ihren Zenit erreichten, etwas Neues begonnen wurde. Die Arbeitskämpfe von 1969 stellen auch qualitativ eine Art Scharnier zwischen den traditionellen Arbeiterprotesten und neuen Ausdruckformen betrieblicher Konflikte dar. Im Folgenden werde ich zunächst auf die Streikbewegung in der Montanindustrie und anderen traditionell kämpferischen Sektoren, ihre unmittelbare Vorgeschichte, ihre exemplarischen Fälle und ihre Folgen eingehen. Auf welcher Grundlage sich die wilden Streiks sodann in andere Bereiche, die Textilindustrie, den öffentlichen Dienst und in von migrantischer Beschäftigung geprägte Betriebe der Metallverarbeitung ausdehnten, wird im Anschluss dargestellt. Schließlich werde ich die Reaktionen auf die wilden Streiks schil-

6 Spode u.a., *Statistik*, S. 347.

7 Spode bezog auch Warnstreiks als »nicht verbandliche« ein, die 1969 noch gegen die Friedenpflicht verstoßen haben, vgl. ebd. S. 374. Seit den 1970ern ist diese Definition problematisch, da die Warnstreiks legalisiert und schließlich auch ritualisiert wurden.

8 Weit geringer war mit 42,2% der Anteil der wilden Streiks in der chemischen Industrie. Andere Branchen lagen bei bzw. unter 20%, vgl. ebd. S. 399.

dern und dabei auch auf die Rolle der Studentenbewegung und der neuen sozialen Bewegungen eingehen.

Von der »Initialzündung« bei Hoesch bis zur Streikwelle

Die Septemberstreiks wurden erst im Nachhinein, in der ersten geschichtspolitischen Auseinandersetzung um sie, unter diesem Schlagwort zusammengefasst. Tatsächlich schlossen sie an eine Modifikation der lokalen wilden Streiks an, die sich schon im Laufe des Jahres 1968 beobachten ließ. Unter der damals genreüblichen Überschrift »Gegen Willkür« wusste die IG Metall zu berichten, dass in Betrieben der Metallindustrie 1968 rund 35.000 Beschäftigte an Arbeitsniederlegungen teilgenommen hatten. Die regionalen Schwerpunkte der Aktionen waren Nordrhein-Westfalen (zwei Drittel aller Streiks) und Nordwürttemberg-Nordbaden (fast ein Drittel).[9] Über 60 Prozent der Konflikte hatten »Entlohnungsmethoden« und »Einstufungsschwierigkeiten«, das heißt den Zusammenhang von Arbeitsbedingungen und Löhnen, zum Gegenstand. Anders als in den Jahren zuvor ging es nun offenbar nicht mehr um die Abwehr von Leistungskürzungen und Entlassungen. Als Beispiel kann ein Streik in drei Betrieben des Elektrokonzerns AEG bei Stuttgart dienen.[10] Hier waren 1967 wie anderswo übertarifliche Leistungen gekürzt worden. 1968 sollten neue, strengere Bemessungsgrundlagen für die ganz überwiegend weiblichen Akkordbeschäftigten eingeführt werden. In einem je nach Betrieb und Abteilung einige Stunden bis zwei Tage dauernden Kurzstreik konnten die Arbeiterinnen dieses Vorhaben abwehren und zudem eine allgemeine Lohnerhöhung durchsetzen. Ähnliches ereignete sich in anderen Betrieben, die laut IG Metall »längst die Talsohle der Rezession überschritten« hatten.[11]

Die recht hohen lokalen Lohnforderungen wirkten sich in der Tarifpolitik der Gewerkschaften vorläufig nicht aus. So lehnte sich der Tarifvertrag, den die IG Metall mit Gültigkeit ab 1. Juni 1968 in der Stahlindustrie abschloss, an den im vorigen Kapitel dargestellten Tarifvertrag für die Metallverarbeitung an. Vereinbart wurde eine Erhöhung der Löhne um 5 Prozent ab sofort und von weiteren 2 Prozent ab dem 1. März 1969, insgesamt ein Resultat, das vor allem 1969 den Reallohn nicht sicherte.[12] Die IG Bergbau und Energie erreichte für die Zechen des Ruhrgebietes sogar nur eine Erhöhung von 5 Prozent für die Zeit vom 1. Juni 1968 bis zum 1. Dezember 1969. In beiden Tarifverträgen

9 *Metall*, Nr. 2, 1969, S. 5.
10 *Metall*, Nr. 15, 1968, S. 3.
11 *Metall*, Nr. 11, 1968, S. 6.
12 Vgl. auch im Folgenden: Schmidt, *Ordnungsfaktor*, S. 109.

war unter dem Eindruck der Krise, der Regierungsbeteiligung der SPD und der Debatten in der Konzertierten Aktion eine Laufzeit von 18 Monaten vereinbart worden. Damit hatten sich die für die Montanindustrie zuständigen Gewerkschaften im einsetzenden Boom eine lange Friedenspflicht auferlegen lassen. Andere Gewerkschaften folgten diesem Beispiel. Dies wiederum trug dazu bei, dass 1968 das Jahr einer einzigartigen Gewinnexplosion wurde, die sich selbst in den sehr summarischen offiziellen Einkommensstatistiken abbildete: Die Einkünfte der Selbständigen stiegen um 22,8 Prozent, während die aus unselbständiger Arbeit im Schnitt nur um 4,7 Prozent wuchsen.[13] Der Sachverständigenrat konstatierte, dass »die Tarifpolitik der Gewerkschaften, die 1967 und 1968 durch Zurückhaltung gekennzeichnet war, [...] bis Mitte 1969 den konjunkturellen Rückstand der Effektivlöhne nicht abzubauen vermochte«[14].

Ursache für diese asymmetrische Entwicklung war neben der gewerkschaftlichen Tarifpolitik die Wirtschaftspolitik der Großen Koalition, die zur Beilegung der Rezession vor allem auf eine »Exportoffensive« setzte und dementsprechend die inländische Nachfrage als zweitrangig betrachtete. Die Gewerkschaften folgten lediglich dieser Linie, umso mehr als sie, was die ökonomischen Rahmendaten betrifft, außerordentlich erfolgreich zu sein schien: Seit 1968 wuchs das Bruttosozialprodukt wieder, 1969 erreichte die Steigerungsrate fast 9 Prozent. Damit knüpfte die westdeutsche Ökonomie noch einmal an die historischen Steigerungsraten der Aufschwungphasen nach 1950 an.[15] Die registrierte Erwerbslosigkeit, die bereits im Durchschnitt des Jahres 1968 auf 0,8 Prozent gesunken war, fiel weiter bis auf 0,5 Prozent, wobei es in vielen Sektoren zu einem Arbeitskräftemangel kam. Besonders ausgeprägt zeigte sich die Entwicklung in der Montanindustrie: Auf den Boom in der Metallverarbeitung folgte im Laufe des Jahres 1969 der der Stahlindustrie. Die Auslastung, die in den Rezessionsjahren zwischen 55 und 70 Prozent gelegen hatte, stieg in allen Stahlwerken schnell an.[16] Im Herbst 1969 erreichte sie ebenso wie im Durchschnitt der westdeutschen Industrie wieder über 90 Prozent. Die Produktivität je Arbeitsstunde stieg sogar noch stärker als in anderen Sektoren.[17] Anders als anderswo wurde die erhöhte Arbeitsleistung jedoch nicht durch Neueinstellungen gemildert, was unter anderem mit der sinkenden Attraktivität der schweren körperlichen Arbeit angesichts eines »leergefegten Arbeitsmarktes« zu tun hatte. Ganz ähnlich verlief die Entwicklung im Steinkohlebergbau,

13 Dribbusch, »Sword on the Wall«, S. 31.
14 Deutscher Bundestag (Hg.), *Jahresgutachten 1969*, S. 22.
15 Ebd., S. 4.
16 Referat Willi Michels, 22.9.1969, nach: Schmidt, *Ordnungsfaktor*, S. 106, auch im Folgenden
17 Eine Übersicht gibt: IMSF, *Septemberstreiks*, S. 18–21.

nachdem die Nachfrage nach Koks die Halden im Ruhrgebiet und im Saarland geleert hatte.

Das Gefühl der Stahlwerker, zu einer benachteiligten Gruppe zu gehören, wurde verstärkt, weil die IG Metall auf den Boom zuerst in der Metallverarbeitung reagierte. Hier forcierte sie im Sommer 1969 angesichts der Unzufriedenheit der Beschäftigten mit der »sozialen Asymmetrie« den vorzeitigen Abschluss eines neuen Tarifvertrages. Schließlich beschlossen die Arbeitsmarktparteien völlig unüblicherweise bereits einige Wochen vor dem Ablauf der Friedenspflicht für den 1. September eine Lohn- und Gehaltserhöhung um 8 Prozent.[18] Wiederum folgten andere Gewerkschaften, wie die IG Bau oder die IG Chemie, der Linie von Gesamtmetall und IG Metall.[19] Die Tarifabschlüsse, die die gegebenen materiellen Möglichkeiten bei weitem nicht ausschöpften, kamen wohl auch deshalb so schnell zustande, weil die Gewerkschaften die Position der SPD kurz vor den für Ende September vorgesehenen Bundestagswahlen stärken wollten. Man vermutete, dass der Ausbruch von Streiks Mittelschichtwähler vom Votum für die Sozialdemokraten abhalten könnte.

Das Opfer, das die Metallgewerkschaft für ihren schnellen Abschluss bringen musste, war, dass er erneut in Spitzengesprächen mit Gesamtmetall, das heißt ohne jegliche Konsultation und Beteiligung der Gewerkschaftsmitglieder, für das gesamte Bundesgebiet verhandelt und vereinbart worden war. Innerhalb der Gewerkschaft wurde dieser seit den späten 1950er Jahren entwickelte zentralistische Politikstil nun immer stärker kritisiert. Zunächst beschränkte sich die Auseinandersetzung allerdings mehr oder weniger auf eine Diskussion unter Funktionären in den Spalten der *Metall*.[20] In den Betrieben der Metallverarbeitung kam es zwar weiterhin zu wilden Streiks, die vorzeitige Lohnerhöhung hielt jedoch die Balance zwischen »erster« und »zweiter« Lohnrunde einstweilen aufrecht. Im Vordergrund der betrieblichen Proteste standen weiter die Arbeitsbedingungen sowie Konflikte mit autoritären Meistern.[21] Dagegen begannen die wilden Streiks in der Stahlindustrie, die im Sommer 1969 punktuell aufkamen, die Tarifpolitik der Gewerkschaften nun zunehmend nicht mehr zu ergänzen, sondern zu ersetzen.[22] Die IG Metall erkannte dieses Problem durchaus. Bereits seit dem Frühjahr hatte sie gegenüber den

18 Zugleich wurde eine Verbesserung des Schutzes der gewerkschaftlichen Vertrauensleute sowie der Urlaubsregelung vereinbart. Vgl. *Metall*, Nr. 16, 1969, S. 1.

19 Hamburger Institut für Sozialforschung, Sammlung Streikbewegungen (HIS/Sbe), 060, Box 001, 01: Gruppe Internationaler Marxisten (GIM), *Die Tarifpolitik der IG Metall 1969/70*, S. 2f.

20 *Metall*, Nr. 17, 1969, S. 2f.

21 *Metall*, Nr. 16, 1969, S. 3, 15.

22 In den Streiks wurden Festgeldforderungen erhoben und Erhöhungen des Stundenlohns von zehn bis 20 Pfennig erreicht: Schmidt, *Ordnungsfaktor*, S. 113.

Stahlindustriellen eine »Entfristung« der Tarifverträge gefordert.[23] Nach der Unterzeichnung des Tarifvertrages in der Metallindustrie baten im August 1969 sogar die Arbeitsdirektoren der Stahlwerke dringend um vorzeitige Lohnerhöhungen. In der Metall verarbeitenden Industrie betrug der tarifliche Ecklohn nun im Schnitt fast 4,50 DM pro Stunde, in den Stahlwerken wurde rund 50 Pfennig weniger verdient.[24] Der Arbeitskräftemangel, der zunehmende Arbeitsdruck, dauernde Überstunden und nicht zuletzt die Hitze des Sommers 1969 ließen die Spannungen weiter steigen. Ein hauptamtlicher IGM-Funktionär fasste die Situation kurz vor dem Beginn des Streiks so zusammen:

> »Bewerber für einen Arbeitsplatz in den Produktionsbetrieben lehnen die Arbeit ab, nachdem ihnen der Lohn genannt wurde. Es dürfte kein Geheimnis mehr sein, dass in der Verarbeitung bessere Verdienstmöglichkeiten bestehen. All diese Tatbestände haben zu einer unerträglichen Spannung in den Betrieben geführt. Ohne Übertreibung kann gesagt werden, dass nur noch der Funke fehlt, der eine Explosion erzeugt, deren Ausmaß zur Zeit noch nicht beschrieben werden kann.«[25]

Die Streikwelle in der Stahlindustrie begann am 2. September 1969 in den drei Werken der Hoesch AG in Dortmund, die zusammen mehr als 27.000 Menschen beschäftigten.[26] Die Hoesch AG, nach Thyssen zweitgrößter bundesdeutscher Stahlerzeuger, war ein Vorzeigebetrieb der sozialpartnerschaftlichen Unternehmenspolitik. Das in dieser Hinsicht unverdächtige »Institut für marxistische Studien und Forschungen« (IMSF) wusste zu berichten, dass insbesondere die »Westfalenhütte« in Dortmund, in der die Arbeit zuerst niedergelegt wurde, »sehr lange im gesamten Gebiet als *der* ›soziale Betrieb‹ galt, [...] betont liberal, presse- und öffentlichkeitsfreundlich«[27]. So hatte sich das Unternehmen am Bau von Werkwohnungen beteiligt und ein eigenes Krankenhaus errichtet. In der betrieblichen Krankenversicherung waren Ende der 1960er Jahre nicht weniger als 160.000 Menschen eingeschrieben.[28] Auf Grundlage der Montanmitbestimmung hatten die von Gewerkschaften und Betriebsräten de facto ernannten Arbeitsdirektoren direkten Einfluss auf die Personalpolitik.[29] Zusätzlich wurden ihnen bei Hoesch die Verantwortungsbereiche »zentrale Sozialleitung«, »werksärztlicher Dienst« und »Öffentlichkeitsarbeit« zuge-

23 Vgl. AdsD/IGMA, G 669 a, Abteilung Tarifpolitik: Tarifbewegung 1969.

24 Schmidt, *Ordnungsfaktor*, S. 112f.

25 W. Dietrich, Vwst. Dortmund der IGM, 22.8.1969, zit. nach: Schmidt, *Ordnungsfaktor*, S. 148f.

26 Zum Streik bei Hoesch: IMSF, *Septemberstreiks*, S. 54–66, sowie ausführlich: Surkemper, *Inoffizielle Streiks*, S. 300ff.

27 IMSF, *Septemberstreiks*, S. 55, Hervorhebung im Original.

28 Surkemper, *Inoffizielle Streiks*, S. 312ff.

29 Dies hatten die Parteien im »Lüdenscheider Abkommen« von 1959 vereinbart.

standen.[30] Der Betriebsrat hatte über seine gesetzlich festgelegten Mitbestimmungsrechte hinaus einen starken Einfluss auf Einstellungspolitik und Arbeitsbedingungen. Gemeinsam mit den Vertrauensleuten hatte er ein Vetorecht bei der Einstellung und Entlassung von Meistern und Vorarbeitern. Als eines der ersten Stahlwerke in der Bundesrepublik übernahm das Unternehmen in den 1960er Jahren Konzeptionen der *Human relations*-Schule. Das Prinzip der »kooperativen Führung«, so hieß es in einer Erklärung von Betriebsrat und Unternehmensleitung, »gibt dem Mitarbeiter die Möglichkeit zur Entfaltung seiner Persönlichkeit und steigert seine Arbeitsfreude, nicht zuletzt auch dadurch, dass die Mitarbeiter den Vorgesetzten bei der Vorbereitung von Entscheidungen beraten«[31].

In den frühen 1960er Jahren wurde diese integrative Betriebspolitik bei Hoesch durch das Prinzip eines gewerkschaftlichen *closed shop* ergänzt. Auch ohne, dass die Gewerkschaftsmitgliedschaft formale Einstellungsvoraussetzung war, waren in allen drei Hütten nahezu 100 Prozent der Arbeiter und immerhin noch 60 Prozent der Angestellten Mitglieder der IG Metall.[32] Die Betriebsräte gehörten ausnahmslos dieser Gewerkschaft an. Ihre Mehrheit vertrat die sozialpartnerschaftlichen Grundsätze der örtlichen und überregionalen Gewerkschaftsführung, und die meisten waren SPD-Mitglieder. Auch in der Belegschaft selbst war die SPD parteipolitisch die mit Abstand wichtigste Kraft: Alleine in der »Westfalenhütte« waren 1969 sage und schreibe 2.000 Arbeiter SPD-Mitglied, wovon allerdings nur etwa jeder Fünfzigste Parteiversammlungen besuchte. Der hohe Mitgliederstand der SPD war unter anderem ein Überbleibsel aus einer Periode, in der das sozialdemokratische Parteibuch innerbetriebliche Karrierewege öffnete, und die Passivität der sozialdemokratischen Basis war Folge ihrer relativen Saturierung. In allen drei Betriebsteilen existierte Ende der 1960er Jahre eine Minderheit von Sozialdemokraten, Kommunisten und Parteilosen, die eine eher konfliktorientierte Gewerkschaftspolitik wünschte. Vor allem die »Westfalenhütte«, die in unmittelbarer Nähe der Dortmunder Innenstadt lag, konnte eine oppositionelle Tradition vorweisen, die auch im Vertrauensleutekörper des Werkes repräsentiert war.

Im Verlauf der 1960er Jahre war es immer wieder zu wilden Streiks in den Werken der Hoesch AG gekommen, die die Zurückdrängung der relativen Autonomie der Beschäftigten im Arbeitsprozess zum Gegenstand hatten. Schließlich war mit der analytischen Arbeitsbewertung bis ungefähr 1964 eine

30 Vgl. Surkemper, *Inoffizielle Streiks*, S. 302.

31 »Führungsgrundsätze«, vgl. ebd. S. 302f.

32 IMSF, *Septemberstreiks*, S. 55, auch im Folgenden.

»objektive« und der »Moral der Crew« wenigstens auf dem Papier weitgehend entzogene Lohnfindung durchgesetzt worden.[33]

Die einsetzende Krise in der Stahlindustrie, aufgrund der im Zeitraum von 1957 bis 1965 die Belegschaft der Westfalenhütte um etwa die Hälfte reduziert worden war, trug schließlich dazu bei, dass die Stahlarbeiter von der Spitze der Lohnskala verdrängt wurden. 1969 wurde bei Hoesch sogar etwas weniger verdient als im Branchendurchschnitt.[34] Die Kritik an den »ungerechten Löhnen« wurde durch die Fusion von Hoesch und der Dortmund-Hörder-Hütten-Union 1966 weiter forciert, denn in den Werken »Union« und »Phönix« wurde im Schnitt schlechter gezahlt als in der »Westfalenhütte«.[35] Bei der auf die Fusion folgenden Rationalisierung wurden einige Abteilungen der drei Werke zusammengelegt, mit der Folge, dass dort identische Tätigkeiten zu unterschiedlichen Löhnen ausgeführt wurden.[36] Letzter Auslöser des Streiks vom 2. September 1969 war die Verschlechterung der Arbeitsbedingungen: Die Produktion lief ohnehin kontinuierlich, 24 Stunden am Tag. Neben dauerhaften Belastungen durch Hitze, Lärm, Staub und Enge häuften sich 1968/69 die Unfälle, auch mit Todesfolge. Die gewerkschaftlichen Aktivisten erklärten dies nicht zuletzt mit der Arbeitssituation nach der massiven Produktionssteigerung im Boom.[37] Im Sommer 1969 erhöhte sich dementsprechend angesichts der Nachfrage auf dem Arbeitsmarkt die Abwanderung aus den drei Dortmunder Hütten der Hoesch AG. Weil kaum Neueinstellungen vorgenommen wurden, nahm die Belastung für die Verbliebenen zu.

Am 2. September legten zuerst die Beschäftigten der Westfalenhütte die Arbeit nieder. Sie forderten 20 Pfennig Lohnerhöhung für alle. Wilde Streiks waren anders als legale gewerkschaftliche Aktionen darauf angewiesen, eine Losung zu formulieren, der sich die gesamte Belegschaft anschließen konnte, um eine Entsolidarisierung zu verringern.[38] Wie geschildert waren solche Festgeldforderungen ein charakteristisches Moment der wilden Streiks der 1960er Jahre. Im Kontext der Septemberstreiks in der Stahlindustrie wurden sie zu einem Politikum, weil sie die Tarifhoheit der Gewerkschaften auch öffentlich in Frage stellten. Hans Mayr, damaliger »Tarifexperte« der IG Metall, erklärte,

33 Die Rationalisierungen trugen zur Erosion der Sozialpartnerschaft bei, indem sie den beruflichen Status der Facharbeiter untergruben. Vgl. Surkemper, *Inoffizielle Streiks*, S. 306f., 312. Zur Autonomie der »Crew« auf der Westfalenhütte s.: Lauschke, *Hoesch*, S. 153–159.

34 Ebd. S. 311.

35 *Heiße Eisen, Betriebszeitung der DKP*, in: IMSF, *Septemberstreiks*, S. 13* (Dokumente).

36 Ebd. S. 54.

37 »Heiße Eisen«, in: Ebd., S. 14*.

38 Schmidt hat darauf hingewiesen, dass sich in den linearen Forderungen eine traditionelle Gerechtigkeitsvorstellung manifestierte: »Das Brot ist für alle gleich teurer geworden, also sollen auch alle die gleiche Lohnerhöhung erhalten«: Schmidt, *Ordnungsfaktor*, S. 124.

dass solche Forderungen das Ende einer »leistungsbezogenen Tarifpolitik« bedeuten würden.[39] In der linearen Lohnforderung drückte sich damit nicht nur eine »Entfremdung«, sondern *Gegensatz* zur traditionellen Politik der Gewerkschaften aus, auch wenn es im Arbeitskampf sicherlich nicht vorrangig darum ging, eine Änderung der Gewerkschaftspolitik zu erreichen.

Wer organisierte diesen Streik, der sich im faktischen Gegensatz zur Gewerkschaftspolitik befand, aber doch in einem Werk stattfand, in dem Gewerkschaften und Betriebsräte formal einen höheren Einfluss hatten als irgendwo sonst in einem bundesdeutschen Großbetrieb? Surkemper hat in seiner detaillierten Untersuchung der Aktion nachgewiesen, dass die Initiative zur Arbeitsniederlegung nicht von einem eindeutig definierten Personenkreis ausging, sondern dass sich auf der Grundlage einer informellen Kommunikation nach und nach Einigkeit über den Streik herstellte. Neben einem streikbereiten Teil des Vertrauensleutekörpers spielten hier etwa die Betriebshandwerker mit ihrem Zugang zu verschiedenen Abteilungen und Arbeitsplätzen eine wichtige Rolle, wobei sich keine »Streikleitung« bildete, sondern eher so etwas wie »Knotenpunkte« eines Netzwerkes.[40] Der Streik begann in der »Westfalenhütte« als Demonstration durch das Werk, während der die Abteilungen »besucht« wurden, die noch nicht einbezogen waren. Die Infrastruktur des Streiks entwickelte sich zum Teil erst während dieser »Prozession«, während der spontan Schilder gemalt oder Lautsprecher organisiert wurden. Sogar die präzise Höhe der Forderung ergab sich erst in ihrem Verlauf.

Auch bei Hoesch versuchte der Arbeitsdirektor, ähnlich wie im geschilderten »Fall« Hanomag, zwischen Streikenden und Geschäftsleitung zu vermitteln. Nach wenigen Stunden verkündete er, dass die Forderung von 20 Pfennig akzeptiert würde, allerdings offenbar ohne sich hinreichend rückversichert zu haben. Als bekannt wurde, dass die Firmenleitung tatsächlich nur zugesagt hatte, einen Vorschuss auf eine zukünftige Tariferhöhung zu gewähren, beschloss die Streikversammlung nicht nur die Fortsetzung des Arbeitskampfes, sondern auch, nunmehr 30 anstatt der ursprünglichen 20 Pfennig zu verlangen.[41] Die Empörung über den »Versuch uns für dumm zu verkaufen«, trug dazu bei, dass sich der Streik verselbstständigte. Ein Werkstudent schlug vor, das Verwaltungsgebäude zu besetzen:

39 *Der Gewerkschafter* (*DG*), Sonderdruck Tarifbewegung, 1970, S. 4.

40 Vgl. Surkemper, *Inoffizielle Streiks*, S. 371ff.

41 Interview mit einem Hoesch-Arbeiter, zit. nach ebd., S. 401. Später wurden vereinzelt sogar 50 Pfennig und mehr verlangt. Es entwickelte sich eine Politik des »Überbietens«: Wenn die Geschäftsleitung ein Angebot machte, hieß das, dass sie im Stande war, mehr zu bezahlen. Derartiges wurde sonst eher in Italien beobachtet: Vgl. Franzosi, *Puzzle of Strikes*, S. 217ff.

»Kurze Zeit später dringen die Streikenden in das Verwaltungsgebäude ein. Einige Mitglieder des geschäftsführenden Ausschusses des Betriebsrates stellen sich ihnen vergeblich in den Weg. Über Megaphon werden anfeuernde Worte gesprochen. Immer wieder bilden sich Sprechchöre, in denen die Arbeiter ihre Forderungen unterstreichen. Dabei nehmen sie ihre Schutzhelme und schlagen damit im Takt der Sprechchöre auf den Boden und auf das Treppengeländer. Zwei Arbeiter haben inzwischen eine Handsirene aus ihrer Abteilung geholt und setzen sie vor dem Gebäude in Betrieb.«[42]

Um die Situation unter Kontrolle zu bekommen und die Streikenden zur »Ruhe und Disziplin« und zum Verlassen des Gebäudes aufzufordern, bestellte der Betriebsrat beim Werkschutz einen Lautsprecherwagen.[43] Als der Wagen kam, wurde er jedoch sofort von den 5.000 Versammelten zweckentfremdet. Die Streikenden installierten ein »offenes Mikrophon«, das fortan, während auf die Stellungnahme der Geschäftsleitung gewartet wurde, dem Austausch über alle möglichen Angelegenheiten des betrieblichen Alltags diente.[44] Nach den Ereignissen des Vormittags schlossen sich schließlich auch die Kollegen der Werke »Phönix« und »Union« dem Streik an. Am 3. September versammelten sich die Arbeiter erneut vor dem Verwaltungsgebäude. Zudem veranstalteten sie eine Demonstration durch Dortmund, an der auch die Familien der Streikenden teilnahmen und bei der sich die Polizei auf die Regelung des Verkehrs beschränkte.

Auch in dieser Hinsicht ganz ähnlich wie im Hanomag-Streik von 1967, stand die Auseinandersetzung mit den eigenen Repräsentanten im Aufsichtsrat, die traditionell die Verantwortung für die Lohn- und Personalpolitik der Stahlwerke übernahmen, für die Streikenden bei Hoesch zunächst im Vordergrund. Die erste Wut richtete sich gegen den Arbeitsdirektor. Erst als sie verflogen war, verstärkte sich die Kritik an der Konzernspitze. Dabei fiel besonders negativ auf, dass sich die Direktion »verdrückt« hatte, vor den streikenden Arbeitern regelrecht geflüchtet war, um die Verhandlungen mit dem Betriebsrat später an einem »sicheren« Ort außerhalb des Werkes durchführen zu können. Die »Flucht« vor der Besetzung des Verwaltungsgebäudes brachte schließlich einige wenige Streikende auf die Idee, der Villa des Vorstandsvorsitzenden Dr. Harders einen »Besuch« abzustatten. Die *F.A.Z.* berichtete anschließend, dass die Aktivisten die Villa hätten anzünden wollen, was durch die Gattin des Direktors »mit gezückter Pistole« verhindert worden sei.[45] Es war

42 Surkemper, *Inoffizielle Streiks*, S. 398.

43 Ebd., S. 400ff.

44 Was in dieses »offene Mikrofon« gesprochen wurde, ist leider unbekannt. Offenbar wurden aber Äußerungen, die als »politische Agitation« wahrgenommen wurden, durch Pfiffe und Buhrufe unterbunden, wovon sowohl Vertreter der Studentenbewegung als auch der NPD betroffen waren: IMSF, *Septemberstreiks*, S. 65f.

45 Ebd., S. 114*: *F.A.Z.*, 9.9.1969; *Bild-Zeitung*, 10.9.1969.

eine Falschmeldung, die von allen Beteiligten dementiert wurde, was die *Bild-Zeitung* nicht an der Weiterverbreitung hinderte. Die Versammlung vor dem Verwaltungsgebäude begann deshalb damit, die Zeitungskästen des Boulevardblattes zu demolieren, ein Ereignis, das fotografisch festgehalten wurde.

Die Fotos trugen, angesichts der noch frischen Bilder von der studentischen Kampagne gegen die Springerpresse nach dem Anschlag auf Dutschke, dazu bei, linke Aktive zu einer Beschäftigung mit den Streiks anzuregen. Dies wurde zusätzlich noch dadurch gefördert, dass Fritz Berg, Präsident des BDI, den erfundenen »Überfall auf die Villa« noch einige Tage nach dem Dementi öffentlich *im alten Stil* kommentierte: »Die hätte ruhig schießen sollen, einen totschießen, dann herrschte wenigstens Ordnung.«[46] In der Tat täuschten derartige Phantasien und ihre öffentliche Verbreitung darüber hinweg, dass der Streik außerordentlich diszipliniert verlief.[47] In der Nacht wurde das Werk von mehreren hundert Beschäftigten bewacht, was sowohl der Abwehr von Streikbruch als auch von anderen »unerwünschten« Gästen diente. Wie bei wilden Streiks männlicher Arbeiter in der Bundesrepublik üblich, stempelten die Arbeiter morgens pünktlich ihre Arbeitskarten und zogen Arbeitskleidung an, um den Anspruch auf Lohnfortzahlung zu dokumentieren. Auch zur Demonstration am 3. September fanden die Männer sich in Arbeitskleidung ein. Noch am selben Tag stimmte die Direktion der 30-Pfennig-Forderung und der Bezahlung der Streiktage zu.

Im Anschluss an den Erfolg bei Hoesch setzte eine Welle wilder Streiks ein, die Dimensionen erreichte, die das in der Bundesrepublik in den 1960er Jahren Gekannte überstiegen. Kurz vor der Bundestagswahl des 28. September fanden die Streiks eine große öffentliche Resonanz. Die Politiker waren genötigt, ihre Anti-Streik-Agitation zu mäßigen, und die Unternehmer wurden schließlich zu Kompromissen gezwungen. Insgesamt streikten vom 2. bis zum 19. September 1969 mindestens 140.000 Menschen im Ruhrgebiet und im Saarland, später auch in der Oberpfalz, in Kiel und Bremen und punktuell in einer ganzen Reihe weiterer Orte.[48] Die Streikwelle betraf vor allem die Stahlwerke, in denen rund die Hälfte der registrierten Streikenden beschäftigt war, aber auch die Metallverarbeitung, den Bergbau, die Textilindustrie und den öffentlichen Dienst. Den Ausgangspunkt der Streiks in der Hoesch AG zu sehen, ist sicher sinnvoll, da eine Reihe von Belegschaften von Großbetrieben im Anschluss an die Forderungen der Dortmunder Stahlwerker die Arbeit

46 IMSF, *Septemberstreiks*, S. 116*, 117*.

47 Ebd., S. 56–58.

48 Umfassend: Ebd., S. 39–53. Die neueste Darstellung eines der betrieblichen Streiks des September 1969 findet sich in: Süß, *Kumpel und Genossen*, S. 351–358. Sehr oberflächlich bleibt dagegen: Kittner, *Arbeitskämpfe*, S. 694f.

niederlegten, so seit dem 3. September in den Rheinstahl-Werken in Duisburg, Mülheim und Gelsenkirchen, in den Neukircher Eisenwerken am 4. September oder bei Krupp und den Klöckner-Werken in Hagen am 8. beziehungsweise 9. September. Auch die Streiks auf einigen Werften Schleswig-Holsteins orientierten sich am Beispiel des Hoesch-Streiks, ebenso aber am Vergleich mit den höheren Löhnen, die die Werfteigner in Hamburg zahlten. Der bekannteste dieser Streiks fand bei den Howaldtwerken (HDW) in Kiel statt. Mit einer Dauer von (nur) zwölf Tagen, vom 9. bis zum 21. September, war es der längste Ausstand im Verlauf der Streikwelle.[49] Weitere kleinere Werften schlossen sich kurzfristig an. Der HDW-Streik, der wie andere mit dem Zugeständnis einer linearen Lohnerhöhung endete, war zugleich das einzige Beispiel einer festen Zusammenarbeit zwischen dem örtlichen AStA und dem von den Arbeitern gewählten Streikkomitee. Unmittelbar nach Ende des Streikes versuchte die Geschäftsleitung, zwei »Rädelsführer« zu entlassen, was aber durch einen weiteren kurzen Ausstand Ende September abgewehrt werden konnte.

Ebenfalls recht langwierig, vom 5. bis zum 13. September, entwickelte sich ein Streik bei den Stahlwerken von Klöckner in Bremen. Abweichend von dem bei Hoesch beobachteten Muster spielte hier der linksorientierte Betriebsrat eine entscheidende Rolle, während die Mehrheit der Vertrauensleute den Ausstand zu verhindern suchte.[50] Die Bremer IG Metall trat vor diesem Hintergrund massiv gegen den Streik auf, der sich unter anderem deshalb verschärfte, weil die örtliche Gewerkschaft der erschreckten Öffentlichkeit die von der Unternehmensleitung verbreitete Falschmeldung bestätigte, die Arbeiter würden die Zerstörung eines teuren Aggregats in Kauf nehmen, um das Unternehmen zu erpressen.[51] Gleichwohl konnten auch die Klöckner-Stahlwerker am Ende einen Erfolg verbuchen: Im Rahmen der Haustarifverhandlungen wurde eine Rekord-Lohnerhöhung von 16 Prozent ausgehandelt.[52] Der Klöckner-Streik war einer der wenigen, der nicht endete, als die IG Metall die Stahlunternehmer dazu bewegt hatte, in Bayern am 5. September und in Nordrhein-Westfalen am 11. September vorzeitige Tarifverhandlungen mit dem Ziel einer »Justierung der Löhne« aufzunehmen. Dort einigte man sich auf einen »zwischentariflichen« Zuschlag von 11 Prozent, rückwirkend zum 1. September.

49 Ausführlich s. u.a.: Proletarische Front, *Rationalisierung*, S. 44–53.

50 Vgl. Eschenhagen, *Gewerkschaften*, S. 73–97.

51 AdsD/IGMA, G 669 a, Tarifbewegung 1969, DGB-Bundesvorstand, Abteilung Tarifpolitik, Briefwechsel. Die Bremer Opposition wurde von der Metallgewerkschaft mit 41 Ausschlussverfahren wegen »gewerkschaftsschädigenden Verhaltens« beantwortet, ein Vorgeschmack auf den späteren »Radikalenerlass« der IGM, vgl. *ARPO*, Nr. 3, 1969, S. 1–7. Ein Zeitzeugenporträt findet sich in: Dinné u.a. (Hg.), *68 in Bremen*, S. 175–186, Interview: 187ff.

52 Auch der Betriebsrat sah dies als Erfolg: IMSF, *Septemberstreiks*, S. 47*.

Die Stahlwerker hatten vor dem Hintergrund der wilden Streiks damit weitaus mehr erreicht als zuvor in der Tarifrunde der Metallverarbeitung vereinbart.[53] Wenn man berücksichtigt, dass die nach den Streiks einzelbetrieblich verabredeten Lohnerhöhungen nochmals zwischen 30 und 70 Pfennig betrugen und meist eine Bezahlung der Streikzeit durchgesetzt wurde, erreichten die Lohnerhöhungen punktuell eine Rekordmarke von über 20 Prozent.

Neben der Stahlindustrie und den Werften kam es im Rahmen der Septemberstreiks auch zu Arbeitsniederlegungen in drei Betrieben der nordrhein-westfälischen Textilindustrie und im öffentlichen Dienst, wo in mindestens 15 Städten zwischen dem 9. und dem 19. September Aktionen stattfanden.[54] In der Folge waren einige kommunale Arbeitgeber zu einer einmaligen Zahlung von 300 DM bereit, durch die die Zeit bis zu den Anfang 1970 anstehenden Tarifverhandlungen überbrückt werden sollte. Ein ähnliches Arrangement entwickelte sich in der chemischen Industrie, wo es lediglich in der Kölner ESSO-Raffinerie zu einem wilden Streik gekommen war. Am 2. Oktober erreichte die IG Chemie »kampflos« eine allgemeine, vorzeitige Lohnerhöhung. Es folgten weitere »zwischentarifliche« Lohnverbesserungen, ohne dass es zu Streiks kam: so in der Druckindustrie, der Nahrungsmittelindustrie, den Banken oder bei der Bundespost.[55] Bei nur 140.000 Streikenden wurden für nicht weniger als rund acht Millionen Arbeitnehmer vorzeitige Tarifverträge ausgehandelt. Damit hatten sich die Septemberstreiks wahrlich, um mit einem Bild von Dribbusch zu sprechen, als *sword on the wall* erwiesen: Sie trugen zu einer Trendwende in der Einkommensentwicklung bei. Bei einer gleich bleibend niedrigen Erwerbslosigkeit stiegen die Löhne 1969 im Schnitt um 8,5 Prozent und 1970 um 15,7 Prozent. 1970 kam es erstmals in der bundesdeutschen Geschichte zu einer Umverteilung zugunsten der Lohneinkommen.[56]

Die Septemberstreiks jenseits der Stahlindustrie

Wenn ich mich hier den wilden Streiks außerhalb der Stahlindustrie zuwende, dann berührt das auch die Frage nach der Abgrenzung der Septemberstreiks überhaupt. Wie immer ist diese auf den zweiten Blick schwieriger als auf den ersten. In der Metallverarbeitung begannen die Streiks bereits am 29. August mit einer Arbeitsniederlegung bei Daimler-Benz in Sindelfingen und sie ende-

53 Vgl. *Metall*, Nr. 20, 1969, S. 1ff.

54 IMSF, *Septemberstreiks*, S. 44. Die Aufzählung des IMSF ist nicht komplett, u.a. werden Streiks, die in München stattgefunden haben, nicht erwähnt. Vgl. *SDS-Info*, Nr. 22, 1969, S. 36ff.

55 Zur Übersicht s.: IMSF, *Septemberstreiks*, S. 53.

56 Vgl. Dribbusch, »Sword on the Wall«, S. 31.

ten erst am 30. September mit einem Ausstand bei der AEG in Winnenden bei Stuttgart. Während keine der späteren Untersuchungen über die Streikwelle diese Aktionen einbezogen hat, sind sie in einer zeitgenössischen Analyse des DGB-Bundesvorstands verzeichnet.[57] Andere Arbeitskämpfe wurden zwar wahrgenommen, passten aber nicht zu der Erzählung von den Streiks als »weitgehend erfolgreich«. Dies gilt einerseits für die Aktionen im Bergbau, andererseits für die »Randerscheinung« der migrantischen Streiks.

Im Steinkohlebergbau war der Gegenwind für die Belegschaften so stark, dass sie selbst unter den herrschenden günstigen Bedingungen fast keine Verbesserungen durchsetzen konnten. Dies hatte zwei Gründe: Erstens war der Bergbau die Krisenbranche der 1960er Jahre schlechthin, die Lohn- und Arbeitsplatzverluste in der Rezession waren hier besonders drastisch. Und zweitens agierte die IG Bergbau und Energie vor allem an der Ruhr eindeutig gegen die Streikenden. Auch deshalb begannen die Streiks im saarländischen Revier, das heißt bei der zu rund drei Vierteln im Besitz des Bundes und zu einem Viertel im Besitz des Landes befindlichen Saarbergwerke AG.

Am 6. September 1969 weigerten sich 200 von 300 Arbeitern der Grube Luisenthal einzufahren, inspiriert von dem seit zwei Tagen andauernden Streik in den nahe gelegenen Neunkircher Eisenwerken.[58] Kurz darauf traten bis zu 20.000 Beschäftigte in sechs Gruben in den Ausstand. Hintergrund des Streiks war, dass die Löhne im Saarbergbau, in einem Land, das von der Rezession 1966/67 von allen Bundesländern am stärksten betroffen gewesen war, im Herbst 1969 trotz des Booms noch immer um ungefähr 20 Prozent unter denen des Ruhrbergbaus lagen: Während an der Ruhr Effektivlöhne von etwa 900 DM im Monat gezahlt wurden, waren es an der Saar nur 650 bis 750 DM. Allerdings scheint die Forderung nach einer Angleichung der Löhne nur eine von mehreren gewesen zu sein. Eine SDS-Gruppe, die vor dem Streik systematisch Flugblätter vor einer der sechs Zechen verteilt hatte, wusste über seinen Beginn in der Grube »Jägersfreude« Folgendes zu berichten:

»Vor der Grube [...] sammelte ein Bergmann die Forderungen seiner Kollegen. Jede überhaupt vorgebrachte Forderung wurde in den Katalog aufgenommen. [Es folgt eine Aufzählung von zwölf Punkten]. Die unterschiedliche Qualität dieser Forderungen ist offensicht-

57 AdsD/IGMA, G 669 a, Tarifbewegung 1969: DGB-Bundesvorstand, Abteilung Tarifpolitik, Bericht vom 30.9.1969. Hier wird auch deutlich, dass die Definition einer »Streikwelle« zwei Dimensionen hat: Gefragt werden muss einerseits nach der »Verdichtung« des Vorkommens von Streiks, andererseits danach, wie die »Streikwelle« sich als zusammenhängende Erzählung konstituiert hat: Die Streiks bei der AEG und bei Daimler wurden meist nicht als Teil der »Streikwelle« gesehen, weil sie sich nicht auf die Hoesch-Aktion bezogen. Es waren Akkordkonflikte, die die lokale Tradition der wilden Streiks seit ungefähr 1960 fortsetzten.

58 IMSF, *Septemberstreiks*, S. 143.

lich: Teilweise entspringen sie eher ständischem Bewußtsein, teilweise gehen sie weit darüber hinaus, zum Beispiel Stundenlohn statt Gedinge [Akkordlohn]; oder 1.000.- netto, was wenigstens von einem Teil als Einheitslohn verstanden wurde. [...] Eine gemeinsame Einzelforderung konnte sich nicht durchsetzen, weil den Bergarbeitern bewusst war, dass sich bei deren Erfüllung ihre Lage kaum verbessert hätte. [...] So hatte der Streik den Charakter einer allgemeinen Unmutsäußerung.«[59]

Da die Saarbergwerke verstreut lagen und die Mehrheit der Beschäftigten in über 200 kleineren Orten lebte, fanden mehrere Demonstrationen zur Verwaltungsstelle der Saarbergwerke AG nach Saarbrücken statt, um die Forderungen öffentlich zu machen. Die Beteiligung an diesen »Märschen«, die eine traditionelle Aktionsform der Arbeiterbewegung im Saarland darstellten, war relativ hoch.[60] Am 9. September 1969 wurden über 10.000 Demonstranten gezählt, die »den Verkehr in der Saarbrücker Innenstadt vollständig lahm legten«[61]. Angesichts dessen, dass die Bergarbeiter die Gruben verließen, um sich in der Landeshauptstadt zu treffen, kam es anders als in der Stahlindustrie nicht zu kurzfristigen Betriebsbesetzungen.

Nicht anders als andere Belegschaften während der Septemberstreiks lehnten die saarländischen Bergleute eine »Politisierung« des Streiks »von außen« strikt ab. Aufregung verursachten sie dadurch, dass sie während einer der Demonstrationen eine rote Fahne des örtlichen SDS öffentlichkeitswirksam verbrannten. Während das Bild von den brennenden *Bild-Zeitungen* bei Hoesch linke Identifikationen auslöste, bewirkte die Nachricht von der brennenden roten Fahne das Gegenteil. Als die Kumpel dem CDU-Ministerpräsidenten Beifall spendeten, der auf der Kundgebung in Saarbrücken wahlkampfgerecht Verständnis für die Forderungen der Streikenden äußerte, galten sie endgültig als Beispiel für eine »unpolitische« oder sogar rechtsorientierte Arbeitergruppe. Doch auch dieses Bild muss auf sein Zustandekommen hinterfragt werden: So war die brennende Fahne auch nach Auffassung des örtlichen SDS eine Antwort auf den ungeschickten Versuch, die Streikenden zu agitieren, zu belehren und zu verbessern. Und der Beifall für den Ministerpräsidenten verwandelte sich sofort in Pfiffe, als dieser erklärte, dass man verständliche Forderungen selbstverständlich nicht mit »illegalen Mitteln« durchsetzen dürfe. Im Übrigen teilten die Kumpel an der Saar die Kritik anderer Beschäftigtengruppen an der Politik der Gewerkschaft: Mehrmals zogen einige tausend Beschäftigte vor das Saarbrücker Gewerkschaftshaus und beschimpften die Vertreter der IG BE, die zu ihnen sprechen wollten, als »Schlofköppe« (Schlafmützen).[62]

59 *SDS-Info*, Nr. 22, 1969, 26.

60 Ebd., S. 23.

61 IMSF, *Septemberstreiks*, S. 143.

62 Ebd., S. 143ff., auch im Folgenden.

Am 10. September sicherte der Vorstand der Saarbergwerke den Streikenden schließlich eine einmalige Prämie von 310 DM zu, wenn sie wieder mit der Arbeit beginnen würden. Das Angebot löste starken Unmut aus, und bei einer erneuten Massendemonstration nach Saarbrücken wurde der (allerdings wohl eher zaghafte und jedenfalls erfolglose) Versuch unternommen, die Verwaltung der AG zu besetzen.[63] In der Folge reduzierte sich die Forderung der Streikenden auf die Bezahlung der ausgefallenen Schichten. Aber als das Unternehmen am 11. September »fliegende Kassen« einrichtete, die die zugesagte einmalige Lohnzahlung sofort auszahlten, zerfiel der Streik endgültig, ohne dass diese Forderung erfüllt wurde.

Zu diesem Zeitpunkt befanden sich mehrere tausend Bergarbeiter des Ruhrgebiets seit zwei Tagen im Streik, ohne dass dieser mit den Saarbergleuten koordiniert worden war. Am 9. September waren Beschäftigte der Ruhrkohle AG in Dortmund in den Ausstand getreten.[64] Die Arbeitsniederlegung begann in der Hauptwerkstatt der Zeche »Fürst Hardenberg«. Schnell legten alle 4.500 Beschäftigten die Arbeit nieder und organisierten einen Demonstrationszug zur benachbarten »Minister Stein«, wo sich der Hauptsitz der Firmenverwaltung befand. Während die Zentrale der IG Bergbau in Bochum in einer Presseerklärung zuerst noch ein gewisses Verständnis für die Streikenden durchblicken ließ,[65] war es damit spätestens vorbei, nachdem die Gewerkschaft noch in der Nacht zum 10. September einen vorgezogenen Tarifabschluss getätigt hatte, der von ihr als »schnellste und erfolgreichste Tarifbewegung in der Geschichte« verkauft wurde.[66] Erreicht wurde eine Erhöhung des Schichtsatzes von 3,50 DM pro Mann; ein Abschluss, der weder die Forderung der Kumpel nach einer Rückkehr zu »Spitzenlöhnen« befriedigte, noch die Befürchtung ausräumte, dass die Erhöhung letztlich wieder einmal durch eine Verschlechterung der Akkordsätze »aufgefressen« würde.

Nach dem Tarifabschluss verschärfte sich der Konflikt zwischen den Dortmunder Streikenden und der IG BE. Die Zentrale der Bergarbeitergewerkschaft versuchte, ihre Autorität wieder herzustellen, die Streiks zu beenden und vor allem den Ausbruch weiterer Streiks zu verhindern.[67] Anders als in Saarbrücken drohte die örtliche IG BE in Dortmund den Streikenden mit

63 *SDS-Info*, Nr. 22, 1969, S. 28.

64 Zudem fanden Kurzstreiks in einigen Zechenkraftwerken und in der Zeche Ewald in Oer-Erkenschwick statt: IMSF, *Septemberstreiks*, S. 40.

65 AfsB/IGBE, 14.500, Abteilung Organisation, Wilder Streik im September 1969, Presseerklärung der IG BE, Nr. 10, 1969.

66 *Einheit*, Nr. 18, 1969, S. 1.

67 AfsB/IGBE, 14.500, Abteilung Organisation, Notizen zum Ablauf des wilden Streiks, Resolution Schachtanlage »Grimberg«.

Ausschluss aus der Gewerkschaft und »informierte« darüber, dass bei einem »illegalen Streik« die Krankenversicherung entfalle; ein Argument, das in den Jahren zuvor mehr als einmal von Arbeitgebern gegen lokale Arbeitskämpfe in Anschlag gebracht worden war.[68]

Am zweiten Tag des Streiks kam es zur Belagerung des Dortmunder Gewerkschaftshauses durch 2.000 unzufriedene Beschäftigte der Ruhrkohle-Zechen, während der die Gewerkschaftsvertreter verbal angegriffen wurden. Am selben Tag schlossen sich die Zechen »Hansa«, »Zollern I« und »Germania« dem Streik an, so dass die Zahl der Beteiligten auf 10.000 anwuchs. Nach einem zweistündigen Fußmarsch dieser Kumpel zum Vorplatz vor der Zeche »Minister Stein« wurde am Morgen des 11. September 1969 eine achtzehnköpfige Streikleitung gewählt, die fast ausschließlich aus Kollegen bestand, die keine gewerkschaftlichen Funktionen hatten. Ihr Sprecher wurde Fred Olschewski, ein bis dahin völlig unbekannter Arbeiter, der einfaches Mitglied der IG BE war.[69] Olschewski und seine Kollegen versuchten zunächst, Verhandlungen mit der IG BE in Bochum zu führen, wurden dort aber nicht vorgelassen. Als nächstes trat man an den Ministerpräsidenten von Nordrhein-Westfalen heran, um ihn als »Vermittler« zu gewinnen, aber auch dieser weigerte sich, mit einer »inoffiziellen« Delegation zu sprechen. Als die Streikleitung feststellen musste, dass sie niemand außer den Arbeitern selbst anerkannte, trat sie zurück. Olschewski erklärte, der Streik sei perspektivlos geworden und forderte seine Kollegen zur Wiederaufnahme der Arbeit auf. Die Aktion nahm nun chaotische Formen an, aber die Streikenden versuchten dennoch, Zechen außerhalb Dortmunds von einer Beteiligung zu überzeugen. Erst nachdem auch diese Versuche misslangen, wurde die Arbeit am 12. September morgens wieder aufgenommen.[70]

Nach Ende des Streiks setzte die Bochumer IG BE-Zentrale ihre Kampagne gegen die Streikenden fort. Im Organ des IG BE-Hauptvorstandes *Einheit* waren Überschriften zu lesen wie: »Falschmünzer am Werk; Raffiniert im Hintergrund gewühlt; Ungeheuerlich: Was für die Chinesen gut ist, soll auch für die Bergleute gut sein«[71]. Aufmachung und Inhalt der drastischen Berichte erinnerten an Kampagnen der 1950er Jahre, als sich die IG BE-Spitze ihre ersten Sporen im Kampf gegen das »kommunistische Gespenst« verdient hatte. Geht man den Vorwürfen nach, dann erweist sich, dass sie in der Tat ähnlich substanzlos waren wie rund fünfzehn Jahre zuvor. Zwar hatte sich der Bochumer SDS um einen Kontakt zu den Beschäftigten bemüht und auch die

68 IMSF, *Septemberstreiks*, S. 111f., auch im Folgenden.

69 AfsB/IGBE, 11.332, Abteilung Organisation, Presse 1969, diverse Artikel.

70 Ebd., *Neue Rheinische Zeitung*, 13.9.1969.

71 *Einheit*, Ausgaben 18–23, 1969, diverse Artikel.

DKP verteilte vor den Zechen Flugblätter. Einen bestimmenden Einfluss auf die Streikentwicklung hatten die Linken jedoch sicher nicht. Die Kampagne der BE war ein Versuch, den Konflikt auf ein Terrain jenseits der Tarifpolitik zu verschieben. Die Jubelberichte, die die *Einheit* angesichts der Gewährung »zwischentariflicher« Zuschläge verbreitete, konnten die offensichtlich gewordene Enttäuschung der Bergarbeiter gegenüber der seit rund einem Jahrzehnt andauernden Mitwirkung der Gewerkschaft an Stellenabbau und Restrukturierungspolitik kaum übertönen.[72] Allerdings war die Bergarbeiterschaft 1969 bereits weitgehend demoralisiert. Anders als in den 1950er Jahren hatten ihre wilden Streiks in Dortmund und an der Saar 1969 einen spontaneistisch-eruptiven und fast schon verzweifelten Charakter. Die 1.000-DM-für-alle-Forderung, die insbesondere den Streik in Dortmund zum Schluss prägte, war noch stärker als anderswo gegen die Marktgängigkeit der Lohnpolitik schlechthin gerichtet. Der Ruf nach einem Einheitslohn mutete geradezu utopisch an – aber es war Utopie, die nur kurz aufleuchtete.

Migrantisch geprägte Septemberstreiks

Während es in Bezug auf die Forderungen durchaus Ähnlichkeiten gab, unterschieden sich die migrantisch geprägten Streiks in ihren Ausdrucksformen von allen anderen Aktionen der Streikwelle. Zunächst muss bemerkt werden, dass solche Aktionen im September 1969 randständig blieben: Nur zwei derartige Streiks sind bekannt geworden.[73] Die beiden betroffenen Metall verarbeitenden Betriebe unterschieden sich bereits in institutioneller Hinsicht stark von den sonst typischen Streikbetrieben: Es gab keine paritätische Mitbestimmung wie in der Montanindustrie, und der Organisationsgrad in den Gewerkschaften lag unter dem Durchschnitt. Die Ausgrenzung der »Gastarbeiter« aus Gewerkschaften und betrieblicher Repräsentation hatte dazu beigetragen, dass die IG Metall hier im Wesentlichen die schmale Schicht der bundesdeutschen Arbeiter vertrat.

Am 10. September 1969 begann bei dem Autoteilehersteller Ehrenreich A. & Cie. in Oberkassel bei Düsseldorf ein wilder Streik.[74] 40–45 Prozent der Arbeiter dieses Betriebes waren migrantischer Herkunft, die meisten davon mit griechischem Pass. Der Organisationsgrad der Beschäftigten in der IG Metall

72 Zur Wirkung der Restrukturierungsprogramme s. auch: Lauschke, *Ruhr*, S. 263–277.

73 In anderen europäischen Ländern kam es 1968/69 zu migrantisch geprägten Aktionen, die profilierter waren als in der Bundesrepublik. Vgl. Baudouin u.a., »Marginal Workers«, S. 71ff. Dieser Text vergleicht die Bundesrepublik, Frankreich, Italien, England und Belgien.

74 IMSF, *Septemberstreiks*, S. 124. Vgl. Hildebrandt/Olle, *Ihr Kampf ist unser Kampf*, S. 12.

lag bei etwa 35 Prozent. Der Streik begann, nachdem die Kollegen, die in Schichtarbeit an den Fließbändern beschäftigt waren, feststellten, dass eine Akkordumstellung erhebliche Lohneinbußen bewirkt hatte. Am ersten Tag des Streikes beteiligten sich die wenigen deutschen Kollegen der Rohrabteilung, in der der Ausstand begann. Insgesamt nahmen von ungefähr 2.000 Beschäftigten des Werkes etwa 250 bis 300 »Gastarbeiter« und zehn deutsche Arbeiter teil. Aus der Gruppe der Streikenden heraus wurden fünf Sprecher gewählt, darunter ein Deutscher. Kurz nach Beginn der Arbeitsniederlegung entließ die Geschäftsleitung zwei griechische Arbeiter und den deutschen »Streiksprecher«.[75] Um eine weitere Solidarisierung zu vermeiden, versetzte sie am Tag nach Streikbeginn die deutschen Arbeiter der Rohrabteilung, woraufhin die griechischen Beschäftigten isoliert weiterstreikten. Während des Arbeitskampfes kam es zu einer Mobilisierung von Ressentiments: Die Streikenden wurden als »Hetzer« bezeichnet, und deutsche Beschäftigte machten während des Streiks Überstunden, um »den Griechen zu zeigen, dass es auch ohne sie geht«[76]. Der Arbeitskampf fand zudem keine Unterstützung der örtlichen IG Metall, die das Lohnsystem akzeptiert hatte und lediglich die Informationen darüber für unzureichend hielt. Er endete schließlich am 15. September weitgehend ohne Resultat: Das neue Lohnsystem wurde beibehalten, aber im Einzelfall einer Revision unterzogen. Forderungen nach einer Bezahlung der Streikzeit wurden nicht erfüllt. Immerhin wurden die Entlassungen zurückgenommen. Verglichen mit den migrantischen Streiks der ersten Hälfte der 1960er Jahre, in denen regelmäßig die Polizei gerufen wurde und Entlassungen beziehungsweise Abschiebungen üblich waren, hatte der Ehrenreich-Streik somit ein glimpfliches Ende gefunden.

Am 16. September begann dann in der »Westfälischen Metallindustrie Hueck und Co.« in Lippstadt eine Arbeitsniederlegung. Im »Hella«-Nordwerk, dem Zentrum des Streiks, besaßen von 2.400 Beschäftigten nur 400 einen deutschen Pass. Die Streikenden forderten ein Ende der Ungleichbehandlung bei den Löhnen, deren niedrigste Stufen auch der örtliche IG Metall-Sekretär als »schamlose Ausbeutung« bezeichnete.[77] Die migrantischen Frauen wurden nach der »Leichtlohngruppe« der Metallverarbeitung bezahlt. Auch die männlichen Migranten erhielten noch rund 1 DM weniger Stundenlohn als ihre deutschen Kollegen. Neben »gleichem Lohn für gleiche Arbeit« forderten die Streikenden auch den »Wegfall von Abzügen vom Weihnachtsgeld infolge von Fehlzeiten«. Diese Forderung weist darauf hin, dass die Arbeiterinnen oft mit

75 IMSF, *Septemberstreiks*, S. 125.
76 Ebd., S. 125f.
77 Ebd., S. 127f.; Hildebrandt/Olle, *Ihr Kampf ist unser Kampf*, S. 12.

einer Doppelbelastung durch die Kindererziehung konfrontiert waren, wodurch sie größere Fehlzeiten hatten als die Männer. Für alle Migranten war es zudem schwierig, den vierwöchigen Urlaub für die Reise in ihre Heimatländer nicht zu überziehen.

Als die 2.400 Arbeiterinnen und Arbeiter am 16. September vom »Hella«-Nordwerk zum Hauptwerk gezogen waren, fanden sie nicht nur verschlossene Türen vor, sondern auch eine Geschäftsleitung, die sich weigerte, mit ihnen zu verhandeln. Daraufhin wurden die Tore überklettert und gewaltsam geöffnet. Der Betriebsrat berief eine Versammlung ein, um die Forderungen besprechen zu können. Gleichzeitig wählten die Streikenden eine eigene Verhandlungskommission. Im Laufe des Tages präzisierte sich die Forderung: Die Beschäftigten verlangten nun 1 DM mehr für alle. Um 14 Uhr brannte der Dachstuhl des Lagerhauses im Hauptwerk aus, worauf der Streik zunächst abgebrochen, dann aber am folgenden Tag fortgesetzt wurde. Am Donnerstag, den 18. September streikten noch 1.500 Kolleginnen und Kollegen. Betriebsrat und IG Metall forderten zur Wiederaufnahme der Arbeit auf, was am Freitag, den 18. September 1969 auch geschah.[78] Die deutschen Kollegen hatten sich anfangs mit den Streikforderungen identifiziert, der Dachstuhlbrand änderte diese Einstellung jedoch. Obwohl keine Brandstiftung vorlag, riegelte die Polizei das Hauptwerk »zum Schutze der Gebäude« ab, was den Arbeiterinnen und Arbeitern eindeutig die *Absicht* der Brandstiftung unterstellte. Die Nachrichtenagentur dpa kommentierte die Ereignisse am 17. September: »[Die] Gefährlichkeit südländischen Temperamentes scheint offenbar, nachdem am Dienstagmittag während des Streiks ein Lagergebäude urplötzlich in Brand geraten war«[79]. Als Resultat des Streiks sagte die Geschäftsleitung lediglich die »Überprüfung der Einstufungen« zu. Von den Forderungen der Streikenden wurde nur die nach der Bezahlung der Streikzeit erfüllt.

Der Streik bei Hella war der Beginn einer ganzen Reihe von Arbeitskämpfen, in denen die Abschaffung der Lohnhierarchien und der geschlechtsspezifisch ungleichen Arbeitsbedingungen gefordert wurde. Noch am 22. September beteiligten sich die Erzieherinnen in 19 Kindertagesstätten in Berlin-Kreuzberg an einem kurzen wilden Streik, um gegen die Überbelegung der Einrichtungen und die niedrige Entlohnung zu protestieren.[80] Es war einer der ersten Arbeitskämpfe im öffentlichen Dienst, der, gegen den Willen der ÖTV geführt, die Unzufriedenheit von Frauen mit den Arbeitsbedingungen in die-

78 IMSF, *Septemberstreiks*, S. 128f.

79 Zit. nach ebd., S. 128.

80 Schwarz, *ÖTV*, S. 113. Die (wenigen) Streiks, die im September 1969 in West-Berlin stattfanden, werden meist nicht erwähnt. Ich danke Jacques Schwarz für den Hinweis.

sem Sektor zum Ausdruck brachte.[81] Das runde halbe Dutzend wilder Streiks, die im September und November 1969 in der Textilindustrie und der Bekleidungsindustrie stattfanden, hatte ebenfalls den Protest gegen die Niedriglöhne zum Gegenstand.[82] Sie setzten in diesem Sektor eine Tradition fort, die bis in die 1950er Jahre zurückreichte.

Bis heute bleibt die Wahrnehmung der Septemberstreiks häufig auf die Aktionen der Kernbelegschaften in der Montanindustrie beschränkt. Vor allem in Bezug auf diese erschien das Stichwort einer »Rekonstruktion« angemessen, das im Anschluss an die Streikwelle die akademischen Debatten beherrschte. In der Tat konnten die Ausstände der Berg- und Stahlarbeiter als eine Art *Rückgriff* auf Artikulationsformen erscheinen, die noch in den 1950er Jahren innerhalb dieser Gruppen recht üblich gewesen waren; mit ihrem Schwerpunkt in der Montanindustrie brachten sie unter anderem das Schicksal der einst als Errungenschaft gefeierten paritätischen Mitbestimmung in den Aufsichtsräten der Aktiengesellschaften wieder ins Gespräch. Aber obwohl die Septemberstreiks in dieser Hinsicht ein Widergänger der am Anfang dieser Studie geschilderten Arbeitskämpfe waren, manifestierte sich in ihnen zugleich eine Veränderung: Die Forderung nach Gleichheit unabhängig von den Leistungskriterien des industriellen Standortes und der modernen Fabrik trafen auf den Resonanzboden einer eigenen Tradition des Kampfes gegen niedrige und ungesicherte Löhne, die unter anderem von den migrantisch geprägten Streiks repräsentiert wurde. Diese Diffusion war in den Septemberstreiks öffentlich kaum wahrnehmbar, doch in den Jahren darauf gewann sie stark an Kontur.

Wilde Streiks und Konzertierte Aktion

Eine der wichtigsten Ursachen der Septemberstreiks waren die unbefriedigenden Resultate, die die zentralisierte Tarifpolitik hervorgebracht hatte. Anders als in der ersten Hälfte der 1960er Jahre, als die Arbeitspolitik der bundesdeutschen Gewerkschaften lediglich in einzelnen Sektoren durch zentrale Vereinbarungen geregelt wurde, war nach 1966 mit »Konzertation« und »Globalsteuerung« die Epoche der direkten Einbindung der Gewerkschaften in die Wirtschaftspolitik angebrochen. Die Politik der zentralen Instanzen der bundesdeutschen Gewerkschaften wurde, wenn man so will, »skandinavisiert«, das heißt sie richtete sich an einem Maßstab aus, der die Mitarbeit an der keynesia-

81 *Berliner Extradienst*, Nr. 76, 24.9.1969, S. 1f.

82 Für den 1.11. wurde nach einem wilden Streik von 5.000 Menschen in fünf Betrieben in Delmenhorst und Bremen eine vorzeitige Lohnerhöhung von 15 Pfennig vereinbart. Es folgten lineare Erhöhungen in der gesamten Textilindustrie: *Textil/Bekleidung*, Nr. 10, 1969, S. 3.

nistischen Wirtschaftspolitik mit der Hoffnung verband, stärker zum »Machtfaktor« in der parlamentarischen Politik zu werden. Die »Deals«, die die Einzelgewerkschaften in der Phase zwischen 1966 und 1969 mit den Unternehmern abschlossen, die de facto stark an die Vorgaben der »Wirtschaftsweisen« gebundene Lohnpolitik, waren nicht auf das »Versagen der Gewerkschaftsführung« zurückzuführen, sondern Teil einer von allen Gewerkschaften als Minimalkonsens betrachteten Konzeption, die den Wunsch reflektierte, nicht länger von den »wirklichen« Entscheidungsprozessen ausgeschlossen zu bleiben.

In der Tat hatte solches Denken eine Grundlage in der traditionellen Idee der Arbeiterbewegung von der »Eroberung des Staates« sowie in den »wirtschaftsdemokratischen« Vorstellungen der Zwischenkriegszeit. Die Kampagne, die die bundesdeutschen Gewerkschaften seit Mitte der 1960er Jahre für eine Ausweitung der Unternehmensmitbestimmung durchführten, ist insofern nicht unabhängig von ihrer Beteiligung an der Konzertierten Aktion zu sehen.[83] Die Bereitschaft zur Berücksichtigung der »objektiven« Wirtschaftsdaten, die Beteiligung an einer Art der »marktwirtschaftlichen Planung« sowie die »Lohnzurückhaltung« in Phasen der außenwirtschaftlichen Expansion verband sich stets mit dem Ruf nach einer Mitbestimmung, deren Leitbild in der Bundesrepublik die »vorbildliche« und »bewährte« Form der Montanmitbestimmung war. Aus diesem Grunde war es ein wirkliches Malheur für IGM und IG BE, dass die Septemberstreiks ausgerechnet in der Montanindustrie begannen. Angriffe auf die unbefriedigenden Resultate der Tarifpolitik, Pfiffe gegen die Arbeitsdirektoren sowie Proteste vor den Gewerkschaftshäusern mögen im Nachhinein immer wieder als »Ausnahmeerscheinungen« heruntergespielt worden sein. In der Situation selbst mussten sie von vielen Gewerkschaftssekretären als Angriff auf ihre grundlegenden politischen Konzeptionen und Ziele wahrgenommen werden. In den wütenden Reaktionen auf einige Formen der Streiks deutete sich dies an: »Vor der Zeche stehen 500 Leute und schreien« – mehr hatte etwa ein Gewerkschaftssekretär von den Forderungen des wilden Streiks bei der Dortmunder Zeche »Minister Stein« nicht notiert und wohl auch nicht verstehen wollen.[84]

Dass Gewerkschafter mitunter versuchten, die Beschäftigten mit der Verbreitung von falschen Informationen über Zusagen der Unternehmer oder die Wiederaufnahme der Arbeit in anderen Betrieben zu einem Abbruch ihrer Aktionen zu bewegen, hatte auch mit diesem Unverständnis zu tun. Die Folge war allerdings oft nur eine Eskalation der Streiks. Bis heute verbreitete Einschätzungen, die Septemberstreiks seien »unpolitisch« gewesen, es habe sich

83 Deppe u.a., *Kritik*, S. 211ff. Vgl. auch: Birke, »Mitbestimmung«, 2002.
84 AfsB/IGBE, 14.500, Notizen über die Aktion bei »Minister Stein« am 10.9.1969.

»nur um Lohnforderungen« gehandelt und so weiter, sind vor dem Hintergrund der Bedeutung zu werten, die die institutionelle Mitbestimmung aus Sicht der bundesdeutschen Gewerkschaftsspitzen hatte. Dass die Proteste in den montanmitbestimmten Betrieben begannen, löste einen Schock aus. Die alte Befürchtung, die Kontrolle über das »Pulverfass« Ruhrgebiet zu verlieren, schien zur Realität zu werden.[85] Zwar ist richtig, dass es sich um »Lohnrunden« handelte. Doch die Gewerkschaften hatten eben in den Jahren zuvor gewaltig zu einer Politisierung der Lohnpolitik beigetragen. Ob es »den Arbeitern« bei ihren Streiks um die Revolution ging oder nicht, ob sie mit der (bereits zerfallenden) APO sympathisierten oder, eher Angst hatten, dass »die Kerle mein Auto anzünden«, ist für die Frage, ob die Septemberstreiks »politisch« waren oder nicht, zweitrangig.[86] »Die Revolution« stand nicht vor der Tür – aber was heißt das schon? Die Besetzungen der Werkstore, das Eindringen in die heiligen Hallen der Verwaltungen, die noch vereinzelten Kämpfe der Migrantinnen und Migranten stellten »nur« die seit ungefähr 1950 etablierten Arbeitsbeziehungen in Frage.

Auch für die Unternehmer kamen die Septemberstreiks überraschend, und auch hier lösten sie heftige, ambivalente Reaktionen aus. Aus ihrer Sicht lag es aus mehren Gründen 1969 nahe, zumindest die Streiks der deutschen Kernarbeiter in der Montanindustrie mit Samthandschuhen anzufassen, nicht sofort die Polizei zu rufen und die »Rädelsführer«, wenn irgend möglich, erst später aus dem Betrieb zu werfen. Zwar redeten die Arbeitgeber während des Streiks keineswegs ausschließlich mit Engelszungen, wie die zitierte Äußerung ihres Präsidenten zum angeblichen Überfall auf die Villa von Dr. Harders während des Hoesch-Streiks zeigt. In aller Regel bewahrten sie jedoch Contenance. So wurde auf Schadensersatzforderungen, die angesichts des illegalen Status' der Aktionen durchaus hätten erhoben werden können, verzichtet. Im Boom war der Arbeitsfriede nicht nur lieb, sondern auch teuer. Langfristig allerdings dachte man nicht daran, die intern als »Anarchie« bezeichneten Zustände zu dulden und begann mehr oder weniger sofort mit der politisch-polizeilichen Vorbereitung auf künftige Kämpfe.[87] Ambivalent reagierten die Unternehmer auch auf den Umstand, dass die Streiks in den montanmitbestimmten Betrieben angefangen hatten. Einerseits betonten ihre Vertreter das »gemeinsame Interesse« von Unternehmern und Gewerkschaften, zu verhindern, dass die Tarifautonomie in Frage gestellt würde und »Elemente uns überrennen, die wir

85 Ein merkwürdiges Echo dieser Debatte findet sich in: Kittner, *Arbeitskämpfe*, S. 684f.

86 Schumann u.a., *Septemberstreiks*, Einleitung.

87 Gesamtmetall: Richtlinien für das Verhalten bei wilden Streiks, Juli 1970, dok. in: Schmidt, *Ordnungsfaktor*, S. 333–342. Vgl. auch die Debatte der Stahlindustriellen: ebd., 147f.

nicht mehr im Griff haben«[88]. Andererseits versuchte ihre Presse, die Streiks für ihre Kampagne gegen eine Ausweitung der Montanmitbestimmung zu benutzen. So schrieb etwa der »Industriekurier« mit kaum verhohlener Schadenfreude, dass den Gewerkschaften »ausgerechnet in den mitbestimmten Betrieben [...] die Kontrolle bis hin zu den Telefonzentralen entglitten« sei.[89] Und man empfahl weiter, dass die Gewerkschaften »erkennen [sollten], was ihnen blüht, wenn sie sich als Management etablieren.« In einer Auswertung der Streikbewegungen schrieb ein Vertreter der BdA, dass die sozialfriedliche Funktion der Mitbestimmung eine Illusion sei, die während der Septemberstreiks »wie ein Luftballon zerplatzte«[90].

Bemerkenswert ist, dass die Verbandspresse zugleich begann, Vorstellungen einer »direkten Demokratie« gegenüber der »institutionellen Demokratie« in Stellung zu bringen. Hinter dem entsprechenden Diskurs, der schon im Laufe des Jahres 1968 begonnen hatte, verbarg sich mehr als eine Kampagne gegen die Forderungen nach formaler Mitbestimmung: In ihm sollten die Impulse der Jugend- wie der Streikbewegungen nicht lediglich abgewehrt, sondern vielmehr in eine Reform der betrieblichen Arbeitsbeziehungen integriert werden. Die so angestoßene Debatte über »Selbstbestimmung« verband sich später mit Vorschlägen zur Einführung der »Gruppenarbeit«, das heißt von Kollektiven, die sich gegenseitig zur Erreichung des Produktionsziels motivieren würden. Ebenfalls bereits 1968 hatte der BDA in diesem Zusammenhang ins Spiel gebracht, dass künftig »Arbeitsgruppensprecher« Funktionen der Betriebsräte übernehmen könnten; ein Vorschlag, den zumindest die Metallgewerkschaft noch vehement ablehnte.[91]

Im September 1969 popularisierten einige große überregionale Zeitschriften diesen unternehmerischen Diskurs als eine Art gegen die Gewerkschaften und das duale System der Betriebsverfassung gerichtete »betriebliche Basisdemokratie«, indem sie die Widersprüche zwischen »Bürokraten« und »einfachen Arbeitern« in den Mittelpunkt ihrer Berichterstattung rückten. So berichtete etwa der *Stern* ausführlich über den geschilderten Konflikt zwischen linkem Betriebsrat und IGM auf der Klockner-Hütte, wobei sich der entsprechende Artikel in Wort und Bild über eine tendenziell korrupte Gewerkschaftsbürokratie, verkörpert durch den Arbeitsdirektor des Werkes, erregte.[92]

---

88 AdsD/IGMA, G 669 a, Tarifbewegung 1969, Manuskript eines Gesprächs mit Pleitgen (IGM) und Jensen (GM) im »Sozialpolitischen Magazin« des Hessischen Rundfunks, undat.

89 *Industriekurier*, 9.9.1969, S. 2.

90 *Der Arbeitgeber*, Nr. 16, 1969, S. 639f.

91 Vorstand der IG Metall, Bemerkungen zur Diskussion über die Arbeitsgruppensprecher, 9.7.1970, zit. nach: Schmidt, *Ordnungsfaktor*, S. 190.

92 AdsD/IGMA, G 669 b, Tarifbewegung 1969: *Stern*, Nr. 39, 1969, S: 186–189.

Auch die *Zeit* vertrat, wenn auch etwas subtiler formuliert, eine ähnliche Tendenz.[93] Die Artikel beider Blätter endeten in dem Aufruf, trotz des verständlichen Unmuts über die Gewerkschaften die »eigenen Arbeitsplätze« nicht durch wilde Streiks zu gefährden.

Interessant sind schließlich die Reaktionen der sich mitten in der »heißen Phase« des Bundestagswahlkampfes befindlichen politischen Parteien auf die Streiks. Die betrieblichen Aktionen stellten die Praxis der zentralen tripartistischen Vereinbarungen in Frage, die ein Kernstück der Politik der »Globalsteuerung« waren, für die vor allem der sozialdemokratische Wirtschaftsminister Schiller stand. Nicht nur aus diesem Grunde, sondern auch weil er Spitzenkandidat der SPD für den Dortmunder Wahlkreis war, in dem die Hoesch-Werke lagen, reagierte Schiller auf die Streiks zunächst sehr vorsichtig, verständnisvoll, vermittelnd. Nicht nur in seinem Falle trugen die bevorstehenden Bundestagswahlen dazu bei, dass die öffentlichen Reaktionen auf die wilden Streiks für bundesdeutsche Verhältnisse gemäßigt ausfielen, wenn man sie etwa mit den geschilderten Reaktionen auf die vergleichsweise harmlose Streikwelle des Jahres 1955 vergleicht. Die meisten Politiker fanden die Anliegen der Arbeiter »verständlich«, verurteilten aber das »falsche Mittel«. Schiller gratulierte der Belegschaft und der Unternehmensleitung am 3. September sogar zu ihrem »vernünftigen Abschluss«.[94] Daraufhin spitzte sich die Kontroverse um die Streiks (für sehr kurze Zeit) etwas zu. Ein Teil der CDU/CSU (Barzel, Strauß) beschuldigte den Wirtschaftsminister, mit seiner Politik den »Boden bereitet« zu haben, auf dem »APO und Kommunisten ernten können«, und mit seinem Verständnis für die Streikforderungen »rechtlose Zustände« zu legitimieren.[95] Weil die Gewerkschaften offenbar ebenfalls beim Wirtschaftsminister interveniert hatten, korrigierte dieser nun seine Position und sprach fortan im Stile der bürgerlichen Presse von einer Gefahr der »Infektion« der Wirtschaftsleistung durch die auf die wilden Streiks vorgeblich unvermeidlich folgenden Preissteigerungen.[96] Den Arbeitnehmern riet er, nicht auf »schädliche Streiks«, sondern auf die »Vertretungsmacht ihrer Gewerkschaften« zurückzugreifen. Da gleichzeitig die CDU/CSU ihre Position revidierte und von einem »verständlichen Nachholbedarf der Arbeitnehmer« in der Lohnfrage zu sprechen begann, war die Einheit der ersten Großen Koalition in Bezug auf die Streiks wiederhergestellt.

Dass die Arbeitskämpfe vom September 1969 die etablierten Arbeitsbeziehungen durcheinander brachten, widerspricht nicht der Feststellung, dass die

93 AdsD/IGMA, G 669 b, Tarifbewegung 1969: *Die Zeit*, 19.9.1969.

94 Schmidt, *Ordnungsfaktor*, S. 157.

95 IMSF, *Septemberstreiks*, S. 226.

96 AdsD/IGMA, G 669 b, Tarifbewegung 1969: Pressespiegel, 11.9.1969.

SPD mehr Glaubwürdigkeit bei den Arbeitnehmern besaß als die anderen parlamentarischen Parteien. Trotz ihrer faktischen Distanz zu den Arbeitskämpfen profitierte diese Partei von der sozialen Unruhe bei den Wahlen am meisten. Obgleich wilde Streiks nicht gerade zu den gängigen Instrumenten der »Globalsteuerung« gehörten, meinten die Streikenden selbst, durchaus an Schillers Versprechen einer »Sozialen Symmetrie« anzuknüpfen. Wie am Beispiel Hoesch gezeigt, gehörte zumindest ein Teil der streikenden Arbeiter zu der engeren traditionellen Wähler- und Mitgliederbasis der SPD. Die Streiks waren wohl vor allem als handfeste Aufforderung zu verstehen, das politische Versprechen einer »nachholenden« Lohnerhöhung in der Hochkonjunktur einzulösen, und nicht gleichbedeutend mit einer pauschalen Ablehnung der sozialdemokratischen Politik. Jedenfalls äußerten die am Ende des Jahres 1969 im Auftrag des DGB durch das infas-Institut befragten Beschäftigten aus vier im September bestreikten Montanbetrieben eine ambivalente Einstellung: Während sie die gewerkschaftliche Tarifpolitik mit großer Mehrheit für »unzulänglich« hielten und der betrieblichen Linken im Streik ein weitaus positiveres Verhalten attestierten als den SPD-Aktivisten, blieb die Zustimmung zur SPD als parlamentarischer Partei eindeutig.[97] Die infas-Untersuchung und weitere Umfragen zeigen, dass die SPD einige Monate nach dem Ausstand in den Streikbetrieben eine Zustimmung zwischen 60 Prozent und 75 Prozent genoss.[98] Die nach dem Wahlsieg vom 28. September 1969 angetretene sozialliberale Koalition erfreute sich innerhalb der Kernbelegschaften der Montanindustrie eines hohen Vertrauensvorschusses.

Die Septemberstreiks und die Linke

Die ersten »Streikforscher« waren Polizeibeamte. Die historische Streikstatistik war am Anfang des vorigen Jahrhunderts eine Aufzeichnung über Kriminalität, über »Fälle«, während es in »qualitativer« Hinsicht vor allem darum ging, »Hintermänner« zu ermitteln.[99] Aber auch nach 1945 kam es in den meisten westeuropäischen Ländern nur zu einer teilweisen Legalisierung von Arbeitskämpfen. Anders als etwa in Frankreich und bis in die 1970er Jahre zu einem gewissen Grade auch in England, garantierten bundesdeutsche und dänische Gesetze lediglich ein Streikmonopol der Gewerkschaften, und auch dies nur unter der Voraussetzung der Einhaltung der Friedenspflicht. Wilde Streiks

97 Infas, *Arbeitsniederlegungen*, S. 16, 26 sowie Teil 4.

98 Schumann u.a., *Septemberstreiks*, Tabellen B 21, B 34. Sowohl infas als auch SOFI befragten ausschließlich Beschäftigte aus der Montanindustrie.

99 Volkmann, »Modernisierung«, S. 110f.

blieben illegal, das heißt in der Sphäre, in der sich Arbeitskämpfe schon immer bewegt hatten. Selbstverständlich blieb dieser Umstand nicht ohne Folgen für die Bewegungsgesetze der wilden Streiks. Und er prägte die Möglichkeiten und Grenzen des Eingreifens der politischen Linken in die Arbeitskämpfe.

Um Repressionen wie Entlassungen und Schadensersatzforderungen sowie im Falle der migrantischen Streiks den Verlust des Aufenthaltsrechtes zu vermeiden, war die *Unsichtbarmachung* der inneren Kommunikation eine Voraussetzung. Die Techniken, derer sich dabei bedient wurde, sind am Beispiel des Streikes bei der Hoesch AG gezeigt worden: Die informellen Absprachen vor dem Streik, die Nutzung der betrieblichen Arbeitsteilung für die Organisierung des Informationsflusses, das »rollende« System der Auslösung des Streiks, die Demonstrationen durch den Betrieb, schließlich das »offene Mikrophon« vor der Hauptverwaltung; all dies diente der Verwischung der Spuren ebenso wie der Hereinnahme des Einzelnen in die Verantwortung des Kollektivs. Es bedeutete nicht, dass es keine Aktive gab und keine Organisation, sondern lediglich, dass diese, anders als in den durch die Urteile des BAG und die gewerkschaftlichen »Streikrichtlinien« bis ins Detail regulierten offiziellen Streiks, informell und kollektiv sein musste, wenn irgendeine Aussicht auf ein Erreichen der Streikziele bestehen sollte. Dass sich im Laufe vor allem längerer wilder Streiks »alternative« Arbeiterführer zu Wort melden konnten, zeigt, dass eine solche informelle Organisierung nicht mit einer Abwesenheit von Hierarchien oder gar mit einem antiautoritären Politikstil zu verwechseln ist. Der Rückgriff auf die Figur des in einer bestimmten Person »verkörperten Willens« war durchaus Teil der ambivalenten Tradition der wilden Streiks.

Aber angesichts der Tatsache, dass die lokalen Streiks der 1960er Jahre selten länger als ein paar Stunden dauerten und auch die Septemberstreiks überwiegend sehr kurz waren, tauchte diese Figur – wie etwa im Falle des Bergarbeiters Olschewski – nur ausnahmsweise auf. In dem Maße, in dem sich die wilden Streiks stärker aufeinander bezogen und eine größere öffentliche Resonanz erfuhren, stellte sich zugleich die »Demokratiefrage« neu: Wie würde die Verselbstständigung von »Streiksprechern« vermieden werden, und wie verhinderte man, dass der Arbeitskampf, von wem auch immer, instrumentalisiert würde? Und wie schließlich könnten sich die inneren Organisationsformen der Streiks auf die vorhandenen Formen der betrieblichen Interessenvertretung beziehen? Vor allem die zuletzt genannte Frage musste vor dem Hintergrund dessen bedeutend sein, dass das Gros der wilden Streiks des Spätsommers 1969 in der Montanindustrie stattfand. Denn damit griffen die Ausstände nicht nur die Autorität der Gewerkschaften bei der Regulierung der Arbeitsbedingungen an, sondern gerieten zugleich in Konflikt mit den dem »Betriebswohl« und der Friedenspflicht gesetzlich unterworfenen Betriebs-

und Aufsichtsräten. Es lag nahe, in dieser Hinsicht eine Parallele zur Studentenbewegung und zur APO zu sehen, die viel von ihrer Dynamik ebenfalls aus der Konfrontation der liberalen Ansprüche mit der bundesdeutschen Wirklichkeit bezog. Dass der Rat, bei wilden Streiks möglichst eine eigenständige Kommunikation zu bewahren, Streikkomitees zu bilden und ähnliches, später vor allem aus der Neuen Linken kam, war kein Zufall.[100] Ihre Vorstellungen von Selbstorganisation speisten sich aus Erfahrungen, die in den Kämpfen bei Hoesch ebenso gemacht wurden wie in der Freien Universität Berlin.

Dass sich die Neue Linke 1969 überhaupt für die Arbeitskämpfe interessierte, war angesichts der in der antiautoritären Szene weit verbreiteten These von der »Verbürgerlichung« der Arbeiter keine Selbstverständlichkeit, sondern die Folge eines Prozesses der gleichzeitigen Erosion und Diffusion der außerparlamentarischen Opposition. So hatte sich etwa in der Studentenbewegung die Debatte über mögliche Formen der Organisierung ebenso weiter entwickelt wie die Suche nach neuen Bündnispartnern. Zugleich hatte die Jugendbewegung insgesamt bereits seit einiger Zeit ihre soziale Basis erweitert.[101] Im Frühjahr 1969 meldete sich auch in der Bundesrepublik eine Lehrlingsbewegung zu Wort. In Hamburg hatte ein »Sozialistisches Arbeiter- und Lehrlingszentrum« mit Protesten gegen »schlechte Ausbildung, Schikanen und Prügelstrafe« auf sich aufmerksam gemacht.[102] Ähnliches hatte sich unter anderem in Essen, Nürnberg und Mannheim zugetragen.[103] Im Juni 1969 war es dann erneut in vielen Städten, wie schon im Winter 1967/68, zu überwiegend erfolgreichen Protesten gegen Fahrpreiserhöhungen der örtlichen Verkehrsgesellschaften gekommen.[104] Diese Aktionen wurden später vom *SPD-Pressedienst* zur unmittelbaren Vorgeschichte der Septemberstreiks gerechnet.[105]

Ob die Septemberstreiks tatsächlich (auch) der Dynamik der Aktionen gegen Fahrpreiserhöhungen, der Lehrlingsbewegung oder der im vorigen Kapitel geschilderten Proteste gegen die Notstandsgesetze geschuldet waren, kann nicht verifiziert werden. Allerdings gibt es wenig Hinweise auf eine solche Art der »Politisierung«. Spätere Befragungen von Streikteilnehmern bestätigten diese Vorstellung nicht.[106] Sicher ist immerhin, dass in einzelnen im September 1969 bestreikten Betrieben, wie der Klöckner-Hütte in Bremen, die

100 Zu dieser heute sehr kryptisch erscheinenden Debatte: Eschenhagen, *Gewerkschaften*, S. 5–19.

101 Das Programm der »Kritischen Universität« hatte sich schon 1967 auf die systemsprengende Bedeutung der »spontanen Streiks« bezogen: Schubert, *Aufbruch*, S. 10f.

102 Vgl. *Metall*, Nr. 6, 1969, S. 2. Vgl. auch: *ARPO*, Nr. 3, 1969, S. 8f.

103 *Metall*, Nr. 9, 1969, S. 5. Ausführlich: Weiler/Freitag, *Ausbildung*, S. 12–22; 218ff.

104 Zur Aktion Roter Punkt, die sogar selbstorganisierte Beförderungssysteme entwickelte, s. den begeisterten Artikel von Heinz Brandt in *Metall*, Nr. 13, 1969, S. 11.

105 AfsB/IGBE, 14.500, Abteilung Organisation: SPD-Pressedienst, 11.9.1969, S. 2.

106 Schumann u.a., *Septemberstreiks*, Tabellen B 21, B 34.

betrieblichen Aktiven mit den neuen sozialen Bewegungen zusammenarbeiteten und unter anderem die Kampagne gegen Fahrpreiserhöhungen unterstützten.[107]

In der Tat war der Zusammenhang zwischen der Strategie der direkten Aktion, den antiinstitutionellen Ideen der Neuen Linken und den wilden Streiks 1969 eine Mischung aus Projektionen, Phantasien, Wunschträumen und Analogien. Wenn Otto Brenner schrieb, eine Ursache der Streiks sei gewesen, dass »wir [es heute in den Stahlbetrieben] mit einer Generation im mittleren Mannesalter zu tun [haben], die nicht geprägt ist durch die demoralisierend kampflose Niederlage der deutschen Arbeiterbewegung von 1933«, so deutete er zwar an, dass die Streiks auch durch einen Generationswechsel in den Betrieben ausgelöst worden waren.[108] Aber jene »Generation im mittleren Mannesalter« war wohl eher durch die Erfahrungen mit den lokalen, wilden Streiks seit den 1950ern geprägt worden als durch die neue Jugendbewegung: Das Durchschnittsalter in den Stahlwerken wurde von Brenner mit 38 Jahren angegeben. Was zudem gegen die Vorstellung spricht, dass die Neue Linke die Septemberstreiks wesentlich beeinflusst hat, ist, dass es häufig zu Abwehrreaktionen gegenüber Vertretern der neuen Jugendbewegung kam. Der Konflikt zwischen Streikenden und jugendlichen Aktivisten wurde von der Saarbrücker *Streikagitation des SDS* in einem lustigen, aber keineswegs ironisch gemeinten »Arbeiterflugblatt« auf den Punkt gebracht:

> »Natürlich gibt es Studenten, denen es um die eigene Karriere geht und die später selbst Unterdrücker und Ausbeuter im Dienste des Kapitals werden. Aber man muß unterscheiden zwischen diesen reaktionären Studenten und den sozialistischen Studenten. Nur die reaktionären Studenten muß man bekämpfen. Man erkennt sie an ihren kurzen Haaren.«[109]

Zusammengefasst stellte etwa der damalige SDS-Funktionär Wolfgang Lefèvre auf einem aus gegebenem Anlass veranstalteten *Teach-In* in der Freien Universität Berlin am 12. September fest, dass der studentische Aktionismus in Bezug auf die wilden Streiks sich auf »solidaritätsseliges Erscheinen« und »abstrakte Aufrufe zur Selbstorganisation« beschränkt habe.[110] An einer Änderung dieses Zustandes zu arbeiten, war das Ziel einer »Projektgruppe Ruhrgebiet«, die sich Anfang 1970 wie viele studentische Initiativen zu einem Gründungszusammenhang gleich mehrerer K-Gruppen verwandelte und ihr ursprüngliches Ziel dann gewissermaßen aus den Augen verlor.[111] In studentischen Gruppen, die

107 Vgl.: Michelers, *Schülerbewegung*, S. 70.
108 Schmidt, *Ordnungsfaktor*, S. 324
109 *SDS-Info*, Nr. 21, 1969, S. 25: Flugblatt zum Streik in Saarbrücken.
110 Levèfre, »Konsequenzen«, S. 45.
111 Anhand von Interviews hat dies herausgearbeitet: Kozicki, *Aufbruch*, S. 75–91.

in den Streikzentren angesiedelt waren und die aus Sicht der Reisekader des SDS stets zur politischen Provinz gehört hatten, wurden derartige Projektgruppen zum Teil recht kritisch gesehen. Die Saarbrücker Gruppe etwa beschwerte sich darüber, dass »Genossen aus den größeren Gruppen nicht daran denken, in die Provinz zu fahren« und die SDS-Kader aus Heidelberg bei ihrem (mit einiger Ironie zitierten) »mehrstündigen Besuch« vor allem festgestellt hätten, dass die Arbeiter es nun »wie die Studenten machen« würden.[112] Einzelne studentische Gruppen in der »Provinz«, so in Bochum und eben auch in Saarbrücken, kamen dagegen auf der Grundlage einer eher fragenden und suchenden Haltung zu differenzierten Auswertungen der wilden Streiks. Ähnlich wie die Berichte der Kieler Studenten, die den Streik der Howaldtwerke ebenso zurückhaltend wie erfolgreich unterstützt hatten, legten diese Auswertungen den wenig spektakulären Schluss nahe, dass die seit einigen Monaten betriebene Einrichtung von Gesprächsgruppen zwischen Arbeitenden und Studierenden und das Aufgreifen von alltäglichen betrieblichen Konflikten eine wirksame Form der Annäherung an die Probleme der Arbeitswelt war.[113]

Entsprechend angefangene Initiativen konnten durchaus erfolgreich sein. So trugen Studierende der Gruppe »Arbeitersache« in München in einer einige Monate anhaltenden, geduldigen Arbeit zum erfolgreichen Streik der örtlichen Müllarbeiter im September 1969 bei.[114] Bereits seit Anfang des Jahres 1969 waren zudem Versuche unternommen worden, in stadtteilbezogenen »Basisgruppen« anhand verschiedener sozialer Probleme kollektive Lösungen zu suchen: Die Fabrikarbeit war hier nur eines von vielen Feldern. Initiativen gegen Mieterhöhungen, Gruppen der neuen Frauenbewegung und Betriebsgruppen waren nicht in einer bestimmten Hierarchie zueinander angeordnet. Vereinzelt kam es bereits im Laufe des Jahres 1969 zur Kooperation mit migrantischen Beschäftigten.[115] So war die »Siemens-Frauengruppe« in München, die 1970 an den Bandstraßen dieses Werkes aktiv wurde, zugleich eine der ersten autonomen Frauengruppen in der Stadt.[116] Sie kritisierte den männlich dominierten Blick auf die Fabrikarbeit und wollte andere Perspektiven aufzeigen. Auch wenn sie als Betriebsgruppe nicht lange bestand, stellte sie doch einen Bezugspunkt zwischen der Neuen Linken und betrieblichen Frauenkämpfen her. Die vielfältigen Ansätze der »Basisgruppen« gerieten jedoch

112 *SDS-Info*, Nr. 25, 1969, S. 23. Bei den »Heidelbergern« handelte es sich um einen Teil des Gründungszusammenhangs des späteren KBW.

113 Ebd., S. 18–22, Bericht aus Kiel.

114 Archiv 451, Bestand »Arbeitersache«, Flugblattsammlung »Müllarbeiter«, 1969.

115 *Rote Presse Korrespondenz*, Nr. 12, 1969, S. 2; Nr. 19, 1969, S. 1: Streik der »Gastarbeiter« bei der Firma ARWA in Berlin.

116 Schäfer/Wilke (Hg.), *Frauenbewegung*, S. 119–133.

schnell in einen Gegensatz zum sich ausbreitenden »Leninismus« der überwiegend männlichen »Betriebsarbeiter«.[117]

Während die Rolle der Aktiven der neuen Jugendbewegung während der Septemberstreiks eher »lernend« als »lehrend« war, wirkte die »alte Linke« schon eher innerhalb der Betriebe. Besonders galt dies für die erst 1968 legalisierte DKP, die die wohl einzige bundesweit agierende Organisation war, die den Streik systematisch und vermittels einiger bereits zuvor in den Betrieben verankerter Parteigruppen unterstützte. Auf das *Entstehen* der Streikbewegung hatte die DKP allerdings kaum Einfluss.[118] Zudem lehnten die Streikenden eine »Politisierung« von außen während der Aktionen in aller Regel vehement ab. Auf rote Fahnen, die von Studierenden getragen wurden, konnte man insofern ebenso verzichten wie auf die Aufmerksamkeit des Fernsehens der DDR.[119] Auch nach den Streiks vorgenommene Meinungsumfragen haben die feine Grenze, die in diesem Arbeiterverhalten zwischen der Betonung der Streiks als »unserer eigenen Sache« und antikommunistischen Einstellungen verlief, nicht genauer bestimmen können. Denn wo sich kommunistische Betriebsräte oder Vertrauensleute in langjähriger Arbeit einen Ruf als »konsequente Interessenvertreter« erworben hatten, waren sie durchaus anerkannt.[120] Der Einfluss solcher »Kader« war aber weniger Ausdruck der Anerkennung der KP, als vielmehr Resultat der Tatsache, dass sich Einzelne Autorität erworben hatten, *obwohl* ihre Parteie(en) zu Recht oder zu Unrecht mit »der Zone« identifiziert wurden.

Damit soll keineswegs behauptet werden, dass sich staatliche Stellen der DDR nicht für die Streiks interessierten. Aufgrund der mittlerweile zugänglichen Akten der Westabteilung des ZK der SED lässt sich jedoch nachweisen, dass deren Reise- und Befragungstätigkeit wahrscheinlich noch ineffektiver war als die Interventionen der DKP. Die dokumentierten Resultate jedenfalls hätten auch der bundesdeutschen Presse entnommen werden können.[121] Aus den Aufzeichnungen zu diesen damals als »vertraulich« qualifizierten Ermittlungen lässt sich mehr als alles andere Unverständnis und Ratlosigkeit gegenüber der neuen »Westerscheinung« herauslesen. Die Akten bestätigen im Nachhinein die These von der Nebenrolle von DKP/SED. Am Ende dieses Abschnitts kann festgehalten werden, dass die Bereitschaft, aus den Erfahrungen, die sich in den wilden Streiks zeigten, zu lernen, die wesentliche Voraus-

117 Zur Entwicklung in Berlin s.: Schubert, *Aufbruch*, S. 12–28.

118 Vgl. etwa die Einschätzung Otto Brenners: Schmidt, *Ordnungsfaktor*, S. 322–328.

119 IMSF, *Septemberstreiks*, S. 248–250.

120 Ebd., S. 77, 198.

121 BArch/SAPMO/SED, DY IV A2 10.02, 55, ZK der SED, Westabteilung, streng vertraulicher Bericht über den Einsatz vom 4.9. bis 14.9. im Ruhrgebiet und Ostwestfalen.

setzung für erfolgreiche Eingriffe der Linken war. Das galt insbesondere, als sich die Konflikte nach 1969 weiter differenzierten, und es galt gleichermaßen für das bundesdeutsche wie für das dänische Beispiel.

3. Die »Eine-Krone-Streiks« in Dänemark

Ende April 1969 diskutierte der geschäftsführende Vorstand des mächtigen Dachverbandes der dänischen industriellen Gewerkschaften (LO) über einige so genannte Nadelstichaktionen, die einer kleinen, linkssozialistischen Gruppe auf der Lindøwerft bei Odense zugeschrieben wurden. Der Anlass war nicht gerade spektakulär. Es ging um einen Konflikt zwischen Vertrauensleuten und Belegschaft. Erstere hatten, ohne dafür das notwendige Einverständnis einzuholen, einer neuen Arbeitszeitregelung zugestimmt.[122] Die vorwiegend studentisch geprägte linkssozialistische Partei (VS) hatte Kontakte in die Werft und verteilte vor den Toren Flugblätter, in denen die mangelnde Abstimmung kritisiert und als Antwort ein Überstundenboykott vorgeschlagen wurde. Die Reaktionen im höchsten Gremium der dänischen Gewerkschaften waren im Verhältnis dazu erstaunlich. Der Vorsitzende Thomas Nielsen erklärte:

> »Es ist typisch, dass die Verräter von 1967[123] jetzt Aktionen veranstalten, die den Lohnarbeitern nur schaden. [...] Aber leider stoßen sie damit auf offene Ohren, und dafür gibt es viele Gründe. Wenn man die Studentenaufläufe von politischer Seite unterstützt, dann trägt man dazu bei, den Nährboden für so etwas zu schaffen. Es ist zerstörerisch für unsere Organisationen, wenn man sich bei diesen Kräften einschmeicheln will.«[124]

Diese heftige Kritik führte zu einer lebendigen Diskussion unter den im Vorstand vertretenen Spitzenfunktionären der dänischen Einzelgewerkschaften. Dabei ging es nicht alleine um die Rolle der kleinen VS, sondern auch um das Verhältnis der Gewerkschaften zu den neuen sozialen Bewegungen insgesamt. Wie nicht anders zu erwarten, stimmte der Vorsitzende des Metallarbeiterverbandes, Hans Rasmussen, dem Angriff auf die Zusammenarbeit mit den Studenten zu. Seine Stellungnahme war nicht weniger pathetisch als die des LO-Vorsitzenden: »Die destruktiven Kräfte gewinnen an Boden. Wenn wir die

122 Zum (schlechten) Verhältnis zwischen Vertrauensleuten und Werftarbeitern auf der Lindøwerft s. auch die Ausführungen in: Schmidt, »Revolution«, S. 72.

123 Verräter von 1967: Wie im vorigen Kapitel geschildert, bildeten die Abgeordneten, die Ende 1967 gegen die Vorlage der »Arbeiterregierung« zur Aussetzung des Inflationsausgleichs gestimmt und damit Neuwahlen ausgelöst hatten, zunächst den Kern der VS.

124 ABA/LO, 1.500, 2.209, Protokoll des geschäftsführenden Vorstands der LO vom 25.4.1969.

Gewerkschaften spalten wollen, brauchen wir nur so weiterzumachen«[125]. Nicht nur die »Verräter« und die »destruktiven Kräfte« waren mit solchen Äußerungen gemeint, sondern auch Gewerkschafter, die in Einklang mit einigen Intellektuellen aus der SPDK in der Jugendbewegung ein Potential der Erneuerung erblickten. Getroffen fühlen musste sich unter anderem der frisch gebackene Vorsitzende des Verbandes der Ungelernten, Anker Jørgensen. Er erklärte, dass man sich »bei den Jugendbewegten nicht einschmeicheln« müsse: »Aber wir sollten offen sein, denn ansonsten vergeben wir die Möglichkeit, diejenigen aufzusammeln, die uns gegenüber positiv eingestellt sind«[126]. Damit lag der spätere dänische Ministerpräsident auf der integrativen Linie, die sich in der sozialliberalen Elite des Landes gegenüber den konkreten Forderungen der studentischen Proteste im Laufe des Jahres 1968 durchgesetzt hatte.

Jørgensens Rede konnte an eine Praxis der Arbeitenden-Studierenden-Zusammenarbeit anknüpfen, die zuvor im Verband der Ungelernten Anklang gefunden hatte. Die Initiative war von den Studierenden ausgegangen, die nach den Erfahrungen des Mai die soziale Basis der eigenen Bewegung zu verbreitern trachteten. Folge davon waren zunächst gemeinsame Demonstrationen mit den Organisationen der Lehrlinge und Schüler für eine Verbesserung der Ausbildungssituation.[127] An diesen Demonstrationen hatten sich auch Delegationen einzelner links orientierter Berufsverbände beteiligt. Im Dezember 1968 war es zu einer ersten konkreten Unterstützungsaktion gekommen, als der Studierendenrat die studentischen Hilfskräfte dazu aufforderte, eine »Arbeiten-nach-Vorschrift« Aktion der Postboten in Kopenhagen zu unterstützen, deren Ziel die Verbesserung der Arbeitsbedingungen der Festangestellten war. Die Hilfskräfte weigerten sich daraufhin fast geschlossen, aufgrund der Aktion der Postboten liegen gebliebene Sendungen auszutragen.[128] Im Januar 1969 hatte sich dann, im Kontext der entsprechenden Bemühungen des Studierendenrates, ein Komitee gebildet, das weitere Möglichkeiten einer Zusammenarbeit ausloten sollte. Beteiligt waren neben Studierenden der Kopenhagener Universität vor allem Funktionäre der linken Berufsverbände. Im März fand eine für dänische Verhältnisse mit etwa 400 Teilnehmenden gut besuchte Veranstaltung statt, in der neben der Zukunft der studentisch-gewerkschaftlichen Zusammenarbeit über das gemeinsame Interesse an einem Ausbau der betrieblichen und universitären Mitbestimmung beraten wurde. Aufgerufen hatten neben dem eben gegründeten »Komitee« fünf betriebliche Klubs der Buch-

125 ABA/LO, 1.500, 2.209, Protokoll des geschäftsführenden Vorstands der LO vom 25.4.1969.
126 Ebd.
127 Nielsen, »Lærlingeoprøret«, S. 15.
128 Vgl. auch im Folgenden: Danske Studerendes Fællesråd, *Rapport*, 1970.

drucker.[129] Der Vorsitzende der Kopenhagener Gewerkschaftsabteilung der Postboten forderte »unter großem Beifall«, dass die »Gewerkschaftsführung die ausgestreckte Hand der Studenten entgegennehmen sollte«[130]. Anfang April 1969 erschien dann das Zentralorgan des Verbandes der Ungelernten mit dem Aufmacher »Arbeiter und Studenten in gemeinsamer Demonstration«.[131] Der Titel des Blattes zeigte einige Vertreter des Verbandes, die auf einer studentischen Demonstration ein Transparent mit der Aufschrift »Auch die ungelernten Arbeiter fordern eine demokratische Ausbildung« zeigten. Seite 2 enthielt die Information, dass sich Studierende kurz zuvor an einer gegen den Vermittlungsvorschlag des staatlichen Schlichters in der eben abgeschlossenen Tarifrunde gerichteten Demonstration beteiligt hatten.

Dass derartige systematische, aber verhältnismäßig harmlose Demonstrationen gemeinsamen Willens zu drastischen Kommentaren im LO-Vorstand führten, lag nicht nur an der traditionellen Konkurrenz zwischen den beiden größten dänischen Berufsverbänden. Der Streit zwischen Ungelernten und Metallfacharbeitern war auch – und vielleicht viel eher als durch die kleine Flugblattaktion der VS oder die Appelle des »Komitees« – dadurch ausgelöst worden, dass sich nach dem Abschluss der Tarifrunde eine Situation andeutete, die zumindest den älteren Hans Rasmussen an die Sommerstreiks von 1960 erinnern musste. Zwar waren die Tarifverträge in der Urabstimmung von den Mitgliedern akzeptiert worden. Aber zeitgleich zur oben zitierten Vorstandssitzung vom April 1969 begann sich anzudeuten, dass es angesichts des Booms, der sich einige Monate später als in der Bundesrepublik nun auch in Dänemark zeigte, erneut zu einer Zunahme »tarifwidriger« Streiks kommen könnte. Ein Szenario, in dem sich wilde Streiks mit dem Impuls verbinden würden, der von den neuen sozialen Bewegungen ausging, musste für die alte sozialdemokratische Elite in der LO erschreckend sein. Aus Sicht der LO- und der DM&SF-Führung spielten Anker Jørgensen und Co. mit dem Feuer.

Im Folgenden werde ich der Frage nachgehen, inwiefern sich diese Befürchtungen bestätigten. Zunächst schildere ich die »schleichende Streikwelle«, die nach der Tarifrunde einsetzte, »schleichend«, weil sich in ihr anders als in den deutschen Septemberstreiks weder ein klarer Anfangspunkt noch eine »Vereinheitlichung« der Forderungen entwickelte.[132] Sodann werde ich darstellen, wie sich *neben* diesen Streiks am Ende des Jahres 1969 eine von der Gewerkschaftslinken (FI) getragene Kampagne für eine lineare Lohnerhöhung

129 *Dansk Typograf Tidende*, Nr. 15, 1969, S. 124f.

130 Ebd., S. 125f.

131 *Fagbladet*, Nr. 7, 1969, S. 1f.

132 Die Assoziation zum »schleichenden Mai« in Italien ist beabsichtigt, bezieht sich allerdings vor allem auf die »verstreute« Form und nicht auf die Zuspitzung der Streiks.

entwickelte. Am Ende des Kapitels werde ich schließlich den Konflikt um die Arbeitsgerichtspraxis schildern, der sich im unmittelbaren Anschluss an die »Eine-Krone-Streiks« des 2. Februar 1970 entwickelte.

Die »schleichende« Streikwelle

In der zweiten Novemberhälfte des Jahres 1968 blockierten einige hundert Aktivistinnen und Aktivisten der Buchdruckereigewerkschaft eine kleine Druckerei im Kopenhagener Stadtteil Vesterbro. Der Arbeitskampf gab einen Vorgeschmack auf Konflikte, die erst ab ungefähr 1973 die dänische Streikgeschichte prägen sollten. Auslöser des Streiks war, dass die Firma Brdr. Hilfling Petersen sich weigerte, einen Tarifvertrag zu unterschreiben. Am 9. November veröffentlichte die Gewerkschaft einen Aufruf an alle Beschäftigten, keine Arbeit in diesem Betrieb anzunehmen.[133] Wenige Tage später begann der Streik.[134] Als der Besitzer der Druckerei »Fachfremde« als Streikbrecher einzusetzen begann, wurde aus dem Konflikt ein öffentliches Ereignis. Das Streikkomitee rief zu einer physischen Blockade des in einer der zentralen Straßen der Hauptstadt gelegenen Betriebes auf. Die Situation eskalierte, nachdem der Besitzer, als er mit seinem Automobil auf den Hof fahren wollte, eine Gewerkschafterin anfuhr, leicht verletzte und anschließend Fahrerflucht begann. Die Polizei postierte sich zwar vor dem Betrieb und ermöglichte den Streikbrechern den Zutritt, verhinderte aber nicht, dass Stinkbomben in den Drucksaal geworfen wurden und zwischenzeitlich sogar AktivistInnen in den Betrieb eindrangen und die Maschinen anhielten. Die Aktionen führten schließlich dazu, dass der Betrieb am 26. November 1968 einen Tarifvertrag mit dem Verband der Buchdrucker unterzeichnete.

Neben dieser sowohl spektakulären als auch erfolgreichen Aktion kam es zwischen Mitte 1968 und Ende März 1969 nur zu wenigen wilden Streiks. Danmarks Statistik zählte ganze 13 Arbeitsniederlegungen.[135] In der Tabakindustrie, den Schlachtereien und den Werften wurde meist nur sehr kurz gegen Entlassungen oder Akkordverschlechterungen gestreikt.[136] Dass sich die verursachten Ausfalltage auf das ganze Jahr 1968 bezogen mehr als verdrei-

133 ABA, Bestand Dansk Typografforbund, Abt. Kopenhagen (ABA/DTF Kbh.), 564, 49, Sammlung »Blockade Brdr. Hilfling Petersen«, Aufruf vom 9.11.1968.

134 Für das Folgende s. ABA/DTF Kbh., 564, 49, Presseübersicht, 19.–27.11.1968.

135 Leihardt, »Strejkestatistik«, S. 155.

136 ABA/TF, 597, 44, Sammlung über wilde Streiks.

fachten, hatte mit den Protesten gegen den Regierungseingriff im Steuerleutekonflikt im Mai 1968 zu tun, die ich im vorigen Kapitel geschildert habe.[137]

Während die lokalen Streiks im Winter 1968/69 kein besonderes Aufsehen erregten, artikulierten sich in der zentralen Tarifrunde erneut die seit dem Frühjahr 1968 beobachteten Spannungen zwischen LO und bürgerlicher Regierung. Obwohl es durchaus zu Verhandlungen gekommen war, hatte sich die LO am Ende auf keine Vereinbarungen über eine Einkommenspolitik mehr eingelassen.[138] Damit deutete sich ein Abbröckeln der Integration der Gewerkschaften in die staatliche Wirtschaftspolitik an. Eine Folge war, dass sich die Positionen der Arbeitsmarktparteien am Beginn der Tarifrunde von 1968/60 diametral gegenüber standen. Während sich der DA auf keinerlei Lohnerhöhung einlassen wollte und zudem eine Abschaffung des automatischen Inflationsausgleiches anstrebte, verlangte die LO die Abschaffung der »Frauenlöhne«, eine Arbeitszeitverkürzung auf 40 Wochenstunden bei vollem Lohnausgleich und eine Erhöhung der Löhne entsprechend des Wachstums der Produktivität.[139]

Am 4. Februar 1969 brachen die Verhandlungen zwischen den Arbeitsmarktparteien zusammen. Ein Massenstreik lag in der Luft. Kurz vor dem Abschluss der Schlichtung demonstrierten vor dem Sitz des Arbeitgeberverbandes in Kopenhagen einige tausend Gewerkschafter gegen eine »Nullrunde«.[140] Aber schließlich empfahlen sowohl LO als auch DA ihren Mitgliedern, den Vorschlag des staatlichen Schlichters zu akzeptieren, der eine Arbeitszeitverkürzung von 42 ½ auf 41 ¾ Wochenstunden ab September 1970, eine geringe Lohnerhöhung, aber keine Abschaffung der »Frauenlöhne« vorsah. In der Urabstimmung befürworteten rund 58 Prozent der LO-Mitglieder das Resultat, bei einer Stimmbeteiligung, die nicht einmal 50 Prozent erreichte.[141] Protest rührte sich vor allem in Verbänden mit hohem Frauenanteil, so stimmten 85 Prozent der im Tabakarbeiter(-innen)verband Organisierten mit »Nein«. Aber auch die Schlachtereiarbeitenden und die Metallarbeitenden befürworteten das Resultat nur mit einer knappen Mehrheit. Selbst das Zentralorgan der LO nannte das Ergebnis bescheiden und zog angesichts der geringen Stimmbeteiligung den Schluss, dass es an der Zeit sei, die Tarifpolitik »bis zu einem gewissen Grade zu dezentralisieren«[142].

137 Vgl. Mikkelsen, *Arbejdskonflikter*, S. 328f., der die Rolle der politisch motivierten Streiks bei der Zunahme der offenen Arbeitskämpfe allerdings einseitig betont.

138 Hansen, *Økonomisk vækst*, S. 206.

139 Die Darstellung folgt hier: Hansen, »LO«, S. 48f.

140 LO, *Geschäftsbericht 1969*, S. 69.

141 Ebd., S. 13, auch im Folgenden.

142 *Løn og Virke*, Nr. 6, 1969, Leitartikel.

Obwohl sich die dänischen Gewerkschaften der »Konzertierung« seit Anfang 1968 mehr oder weniger entzogen hatten, war es ihnen nicht gelungen, die Stagnation der Reallöhne zu verhindern. Dazu hatte auch die Arbeitsmarktsituation beigetragen, die sich 1968 für einige Beschäftigtengruppen (Ungelernte, Frauen, Arbeiter in der Provinz) ungünstiger entwickelte als in den Jahren zuvor.[143] Doch in den ersten Monaten des Jahres 1969 begann sich die Situation, ähnlich wie kurz zuvor in der Bundesrepublik, drastisch zu ändern, und eine neue Hochkonjunktur setzte ein. Das Bruttosozialprodukt stieg wieder rasant und weit über dem Durchschnitt der westeuropäischen und nordamerikanischen Industriestaaten an.[144] Im Laufe des Jahres verzeichnete der Export eine Steigerung um fast 20 Prozent. Die vollen Auftragsbücher führten zu Neueinstellungen, und die registrierte Erwerbslosigkeit fiel bis zum Juni 1969 im Landesdurchschnitt auf einen Tiefststand von 1,6 Prozent. Vor allem in Kopenhagen herrschte Arbeitskräftemangel.[145] Die Politik der Regierung trug in dieser Situation dazu bei, die Unzufriedenheit (nicht nur) der abhängig Beschäftigten anzuheizen, da ihr Ziel weiterhin die »Dämpfung« des inländischen Verbrauchs war. Neue Abgaben auf Transport- und Kommunikationsmittel wurden erlassen, die von der Vorgängerregierung eingeführte Mehrwertsteuer um nochmals 2,5 Prozent erhöht. Und schließlich stieg im zweiten Halbjahr 1969 der Satz der direkten Steuern erneut, entgegen anders lautender Wahlversprechungen der Regierungsparteien, um ungefähr 20 Prozent.[146]

Die ersten Auswirkungen der veränderten Arbeitsmarktsituation zeigten sich, als der Brauereiarbeiter(-innen)verband, der, wie bereits erwähnt, nicht zu den LO-Gewerkschaften gehörte, Ende April 1969 in seinen Tarifverhandlungen ein besseres Resultat als das der zentralen Tarifrunde erreichen konnte.[147] Gleichzeitig begann die Zahl der lokalen wilden Streiks zu steigen, wobei das Missverhältnis zwischen Löhnen und Gewinnen nur eine von mehreren Ursachen war.[148]

Fünf Tage nach dem Ende der zentralen Tarifrunde legten die Flugzeugmechaniker der SAS auf dem Kopenhagener Flughafen für fast eine Woche die Arbeit nieder. Unmittelbarer Auslöser des Konflikts war die Nachricht,

143 Jespersen, »Strejkebevægelsen«, S. 5.

144 Hansen, *Økonomisk vækst*, S. 221.

145 Jespersen, »Strejkebevægelsen«, S. 5.

146 Die Steuerbelastung stieg von 1965 bis 1971 im Schnitt auf ungefähr 50% des Einkommens, mehr als überall sonst in Westeuropa: Hansen, *Økonomisk vækst*, S. 221.

147 Daraus kann keine Regel abgeleitet werden: Im Juni kam es zu einem Tarifkonflikt in der Seeschifffahrt, in dem im Vergleich zu den zentralen Verhandlungen kaum Verbesserungen erreicht wurden: Jespersen, *Strejkebevægelsen*, 56–58.

148 Velsing Groth, *Strejker i Danmark*, S. 102.

dass ein Direktor der Fluggesellschaft eine halbe Million Kronen als Abfindung ausgezahlt bekäme. Die Mechaniker waren über diese Nachricht empört, zumal ihre Forderung nach einer Lohnerhöhung von einer Krone in der Stunde von der Geschäftsleitung zuvor mit dem Argument des »Geldmangels« abgelehnt worden war.[149] Manche linke Autoren meinten, Parallelen zur »französischen« Situation aufspüren zu können, indem sie darauf verwiesen, dass der SAS-Streik von einer »untypischen« Gruppe (hoch qualifizierte Techniker) getragen wurde und sich zudem gegen die institutionellen Repräsentanten richtete: Die Vertrauensleute hatten die Streikenden in laufenden betrieblichen Lohnverhandlungen schlecht informiert und eigenmächtige Entscheidungen getroffen.[150] Der Protest der Flugzeugmechaniker schloss an ein Thema an, das von der studentisch geprägten Linken ins Spiel gebracht worden war: Diese hatte die Vertrauensleute in »Misstrauensleute« (*mistillidsmænd* statt *tillidsmænd*) umgetauft, nachdem eine Untersuchung gezeigt hatte, dass die Beschäftigten von ihren Vertretern erwarteten, die Interessen der Belegschaft zu vertreten, während die Vertrauensleute sich selbst mehrheitlich als Vermittler zwischen den betrieblichen Partien verstanden.[151] Doch der SAS-Streik blieb ein vereinzeltes Phänomen, zumal er nach wenigen Tagen mit einem Kompromiss endete.

Die Gegenstände der wilden Streiks blieben im April 1969 noch uneinheitlich.[152] Die Aktionen waren über die ganze Industrie verstreut, ohne dass sich wie in der Bundesrepublik im September 1969 ein eindeutiger Schwerpunkt entwickelte. Nach dem kleinen Höhepunkt in den Wochen nach dem Ende der Tarifrunde ging die Zahl der »tarifwidrigen« Streiks wieder zurück, wohl auch, weil die Arbeitgeber sich angesichts der Arbeitsmarktsituation (noch) nicht gezwungen sahen, auf irgendwelche Forderungen einzugehen.[153]

Aber diese Haltung ließ sich nicht lange aufrechterhalten. Schon im Juni 1969 stieg die Zahl der Arbeitskämpfe wieder leicht an. Bis September wurden alleine im Bereich des Metallarbeitgeberverbandes 65 Streiks gezählt, deren Forderungen nun angesichts der vollen Auftragsbücher zunehmend nachgegeben wurde.[154] Bis zum September 1969 zeigte sich dabei ein deutlicher Unterschied zur Streikwelle von 1959/60 in Dänemark und eine gewisse Parallele zu

149 Meidell, *Myndiggøreslе*, S. 16.
150 Schmidt, »Revolution«, S. 60.
151 Vgl.: Hornemann, *Tillidsmænd*, 1968.
152 Jespersen, *Strejkebevægelsen*, 56–58.
153 Anlässlich von Abteilungsstreiks auf den Odensener Werften, bei denen es zu Sabotageaktionen an der elektrischen Anlage gekommen sein soll, schrieben die Arbeitgeber, dass die »fortgesetzten illegalen Aktionen unsere Bereitschaft ausschließen, irgendeine Art des Vergleiches anzustreben«. Vgl. Erhvervsarkiv, Bestand DA (EA/DA), 1090, 82, 1969/I.
154 Jespersen, »Strejkebevægelsen«, S. 7f.

den bundesdeutschen Septemberstreiks. Denn anders als 1959 standen nicht die Niedriglohngruppen im Vordergrund des Geschehens, nicht die Ungelernten, die Arbeiterinnen, nicht die Beschäftigten der Schlachtereien oder der Tabakindustrie. Das Gros der Streiks ging von den traditionellen Kernen der Facharbeiterschaft auf den Werften und im Maschinenbau aus, während die Un- und Angelernten selbst in den Streikbetrieben oft nicht beteiligt waren. Der Übergang von der Stagnation zum Boom löste bei einem Teil der Facharbeiter eine stärkere Bereitschaft zu »tarifwidrigem« Verhalten aus, was nicht zuletzt ihre Berufsverbände beunruhigen musste: Da sie als zu schwerfällig und als ineffektiv galten, wurden die im Tarifvertrag vorgesehenen Möglichkeiten der Verhandlung nicht genutzt. Die wilden Streiks begannen – ähnlich wie zur gleichen Zeit im Stahlsektor der Bundesrepublik – die Tarifpolitik zu ersetzen. Schon am 17. September rief Hans Rasmussen in seiner Funktion als Sprecher der Tarifkoordination der Gewerkschaften des Metallsektors (*CO-Metal*) deshalb die Berufsverbände dazu auf, »so effektiv wie möglich« gegen »Ungesetzlichkeiten und Anarchie einzuschreiten«[155].

Ab September 1969 kam es dann nicht nur zu einem erneuten Anstieg der wilden Streiks – im Laufe des Monats wurden mehr als 30 »tarifwidrige« Aktionen gezählt –, sondern auch zu einer Ausdifferenzierung der beteiligten Beschäftigtengruppen.[156] Wie bereits im April beteiligten sich die Elektroschweißer der Lindøwerft, daneben aber auch Arbeiterinnen in verschiedenen Betrieben der Elektroindustrie und der Tabakverarbeitung. Im Oktober fand dann mit einer Aktion der Bandarbeiterinnen beim Elektromotorenhersteller Thrige-Titan in Odense ein von Massenarbeiterinnen geprägter Streik statt, der von einer breiteren Öffentlichkeit wahrgenommen wurde. Auch hier spielte die Verbesserung der Arbeitsmarktsituation eine Rolle. Das Unternehmen, das neben Odense Zweigbetriebe in Ålborg und dem Kopenhagener Industriegürtel hatte, war 1968 vom schwedischen ASEA-Konzern übernommen worden, der umfassende Versuche unternommen hatte, durch Personaleinsparungen »Synergieeffekte« zu erzielen. Noch im Sommer 1969 hatte der Konzern angesichts von Absatzschwierigkeiten angekündigt, in Dänemark rund 2.500 Arbeitsplätze zu streichen.[157] Gleichzeitig übte die Unternehmensleitung starken Druck auf die Bandarbeiterinnen aus, um eine Steigerung der Produktivität zu erreichen. So forderte sie unter anderem, Pausenzeiten und Ausschuss zu reduzieren.[158] In der Presse wurde der Betrieb als »hartherziger« Arbeitgeber gehandelt: Berühmt-berüchtigt war etwa die Angewohnheit der Firmenleitung

155 Rundschreiben der CO-Metall, zit. nach: Schmidt, »Revolution«, S. 62f.
156 Velsing Groth, *Strejker i Danmark*, S. 102.
157 ABA/SF, 501, 43, Flugblatt: »Thrige-Titan ist keine Privatangelegenheit«.
158 EA/DA, 1090, 85, 1969/II, Untersuchung der Arbeitssituation bei TT in Odense und Ålborg.

in Ålborg, fristlose Entlassungen wegen angeblicher »Disziplinlosigkeiten« als »Warnung für den Rest« über die betriebliche Lautsprecheranlage bekannt zu geben.[159] Als sich die Gewinnsituation des Unternehmens im Herbst 1969 schnell verbesserte, kam es sowohl in Ålborg als auch in Odense zu etlichen Kurzstreiks, besonders unter den in der Massenfertigung beschäftigten Frauen.

In Odense führte ein Streit um die Akkordgrundlage innerhalb von nur zwei Wochen zu drei wilden Streiks. Schließlich reagierten zwischen 300 und 400 Frauen angesichts der mangelnden Verhandlungsbereitschaft der Geschäftsleitung während des dritten Streiks mit einer Besetzung des Büros der örtlichen Direktion. Nicht nur, weil diese Aktion wie jene bei SAS im April mit einer massiven Kritik an den gewerkschaftlichen Vertrauensleuten verbunden war, ging sie später in Erzählungen der Neuen Linken über die Ereignisse des Herbstes 1969 ein.[160] Die Aktion von Odense erinnerte auch an »französische« Kampfformen. Genauer besehen hält der Vergleich jedoch nicht stand: Schon nach etwa einer halben Stunde war es der »herbeigeeilten« Vertrauensfrau gelungen, die Frauen durch »gütliches Zureden« vom Verlassen der »heiligen Hallen« zu überzeugen.

Direkte Aktionen spielten in Dänemark im Frühjahr 1969 noch keine wichtige Rolle, doch alleine die Tatsache, dass die Vergleiche mit Frankreich zunahmen, zeigt, dass eine »Europäisierung« der Streikbewegungen an ihren Rändern bereits gedacht werden konnte.[161]

Ein weiteres neues Moment war, dass in mindestens einem Fall ein Streik durch eine Auseinandersetzung um die Beschäftigung von »Gastarbeitern« ausgelöst wurde. Bis Mitte 1969 hatte die Zahl der Arbeitnehmer ohne dänischen Pass erstmals stark zugenommen, was unter anderem eine Folge der bundesdeutschen Rezession war, die 1967/68 zu Bemühungen von Migranten und Migrantinnen geführt hatte, Beschäftigung nördlich von Flensburg zu finden. Mit Einsetzen des Booms griffen dann 1969 einige dänische Arbeitgeber erstmals systematisch auf migrantische Arbeitskräfte zurück. Besonders bemerkt wurde die Zunahme der »GastarbeiterInnen« (*gæsteurbejder*) in der Massenfertigung der neu errichteten Betriebe des Kopenhagener Industriegürtels, wo sich ihre Zahl in wenigen Monaten ungefähr verzehnfachte.[162] Beim Elektrobetrieb LK-NES in der Kopenhagener Vorstadt Ballerup streikten im September 1969 600 Beschäftigte gegen eine Entlassung eines Kollegen,

159 Jespersen, »Strejkebevægelsen«, S. 8.

160 Vgl. Schmidt, »Revolution«, S. 61. Zur Verbreitung der Geschichte trug bei, dass die Besetzung in großer Aufmachung in der Boulevardpresse geschildert wurde.

161 Velsing Groth, *Strejker i Danmark*, S. 109ff.

162 Während ihr Anteil insgesamt unter einem Prozent blieb, waren 1970 im Bezirk Glostrup rund 10% der DASF-Mitglieder MigrantInnen: Vgl- Buch, »Udenlandske arbejdere«.

der sich geweigert hatte, als Zeitlöhner mit einer im Akkord beschäftigten jugoslawischen Arbeiterin zusammenzuarbeiten. Während ein Teil der Arbeitgeber versuchte, die Konkurrenz zwischen den verschiedenen Gruppen zu fördern, traten die zuständigen Gewerkschaften, ähnlich wie zehn Jahre zuvor in der Bundesrepublik, sowohl für die soziale Gleichstellung als auch für die Einschränkung der Zuwanderung ein. Sie hatten Erfolg, als die Regierung bereits Mitte 1971 einen teilweisen »Aufnahmestopp« verhängte. Eine mehr als ephemere Tradition migrantischer Streiks konnte sich in dieser kurzen Zeit nicht bilden.[163]

Zusammengefasst kann über die »tarifwidrigen« Streiks im Spätsommer und Herbst 1969 gesagt werden, dass sie untereinander so gut wie nicht vernetzt waren. Noch weniger als 1960 und punktuell danach waren Versuche der Koordination erkennbar. Auch das »gegenseitige Hochschaukeln« von Beschäftigtengruppen, wie es etwa 1960 in den Brauereien zu beobachten war, spielte keine sichtbare Rolle. Die dänischen »Septemberstreiks« hatten keinen definierten Ausgangspunkt, kein organisatorisches Zentrum, keine einheitliche Zielsetzung. Implizit setzten sich in ihnen dennoch zwei Motive fort, die in den »tarifwidrigen« Konflikten seit den 1950er Jahren immer wieder eine Rolle gespielt hatten: Erstens betonten viele der lokalen wilden Streiks den Unmut über konkrete, alltägliche Arbeitsbedingungen, die Abwehr der Forderung nach Fabrikdisziplin und Produktivitätssteigerungen. Zwar hatte es Proteste gegen schlechte Arbeitsbedingungen immer gegeben, doch 1969 wurden die Folgen der Produktionspolitik der fünfzehn Jahre zuvor immer sichtbarer; unmittelbar durch eine stetig steigende Zahl an Arbeitsunfällen, mittelbar durch physische und psychische Krankheiten und Frühinvalidität.[164] Zweitens lagen Streiks wie jener bei Thrige-Titan in der Tradition der durch Massenarbeiterinnen geprägten Kämpfe, die in Dänemark eine viel kohärentere und auffälligere Spur hinterlassen haben als in der Bundesrepublik. Die meisten dieser Streiks hatten wenig bis keine Verbindung zur politischen Kultur der Hauptstadt, zur radikalen Linken oder zur Gewerkschaftslinken. Ihr verstreuter Charakter ist auch durch diesen Umstand zu erklären: Die »Vereinheitlichung« der sozialen Bewegungen war in Dänemark auch 1969 der Initiative aus Kopenhagen überlassen. Sie wurde erst eingeleitet, als die Zunahme der Arbeitskämpfe bereits seit etwa einem halben Jahr beobachtet worden war. Mit einer »Deputation« von Vertretern der Großwerften aus dem ganzen Land, die gegen die »verfehlte Wirtschaftspolitik« bei der Regierung Protest einlegten,

163 Allerdings kam es punktuell zu Konflikten, in denen MigrantInnen für ihre Rechte kämpften: Ein Teil ist im Archiv der SiD dokumentiert: ABA/SiD, A 2.001– A 2.016.

164 Vgl. Hansen, »LO«, S. 55–57.

begann am 9. September die Umwandlung der Streikwelle in eine »Massenaktion« für eine lineare Lohnerhöhung von einer Krone in der Stunde.

Die »Kronenkampagne« bis zum Februar 1970

Anfang Oktober 1969 traf sich die »Vorsitzendeninitiative«, um angesichts der Zunahme der wilden Streiks eine gemeinsame Linie abzustecken. Die meisten der Anwesenden waren Aktivisten aus der Gewerkschaftsszene der DKP, aber auch eine Handvoll von Funktionären aus SF, SPDK und Parteilose nahmen an der Sitzung teil.[165] Die 22 Männer waren Facharbeiter aus Metallberufen, Seeleute, Telefonisten, Bauhandwerker und Brauereiarbeiter. Auf Grundlage eines Referates von Jørgen Jensen, dem Vorsitzenden des DM&SF in Lyngby, bildete man eine Kommission, die einen Forderungskatalog erarbeitete. Ziel der FI war eine »Politisierung« der Streikbewegungen, für die zunächst innerhalb der Berufsverbände und der LO geworben werden sollte. Dabei wollte man einen überparteilichen Konsens formulieren, der gegenüber einer aus Sicht der FI erstrebenswerten Neuauflage der »Arbeiterregierung« in Anschlag gebracht werden konnte: Das Protokoll der Sitzung vermerkte in diesem Kontext Forderungen nach einer Abschaffung der Karenztage im Krankheitsfall und nach »Rückgabe« der Arbeitsvermittlung in die Hand der Gewerkschaften.[166] Der Ruf nach einer linearen Lohnerhöhung bildete sozusagen die Krone des Papiers, sie stand am Ende einer langen Wunschliste. Der Katalog wandte sich – in dieser Reihenfolge – an die LO, die linken Parteien und die Belegschaften.[167] Alles in allem knüpfte man an den Versuch der Demonstration vom 24. Mai 1968 an, im Protest gegen die bürgerliche Regierung alte Mechanismen zu reaktivieren: Bestimmte Arbeitergruppen, insbesondere die Werftarbeiter, waren in der Konzeption der FI nach wie vor entscheidend. Auch die Vorstellung von der bestimmenden Rolle der Hauptstadt-Gewerkschaften wurde nicht hinterfragt.

Die Resonanz auf die »Kronenforderung« zeigte im Anschluss sowohl die Chancen als auch die Grenzen dieser Konzeption am Ende der 1960er Jahre. Nach dem Treffen vom 9. Oktober nahm die Politik der FI-nahen Gewerkschafter in der Hauptsache erst einmal die Form von Resolutionen und betrieblichen Deputationen zum Folketing an. Der Seeleuteverband, der Werftarbeiterverband und der Verband der Maurer kritisierten öffentlich die Steuer

165 ABA/DKP, 920, 330, Gewerkschaftsabt., TeilnehmerInnenliste der FI, 9.10.1969.
166 Ebd.
167 So Jespersen, »Strejkebevægelsen«, 10.

und Gebührenerhöhungen sowie die Kürzungen beim Wohngeld und forderten eine Anhebung des Inflationsausgleichs und der Arbeitslosenunterstützung.[168] Derartige Erklärungen kamen nicht allein von den DKP-dominierten Vereinigungen, sondern zum Beispiel auch von dem großen sozialdemokratisch geprägten Verband der Privatangestellten. Am 28. Oktober legten dann 20 Schmiede bei B&W für die Kronenforderung die Arbeit nieder; eine kleine Aktion, die aber in der kommunistischen Presse groß aufgeschlagen wurde.[169] Ende des Monats forderten zudem eine Handvoll linksorientierte Berufsverbände und Gewerkschaftsabteilungen die LO zur Übernahme der »Kronenforderung« auf. Die Einzigen, die diesen Instanzenweg nicht einhielten, sondern sich direkt an die Arbeitgeber wandten, waren Seeleute und Brauereiarbeiter, deren Berufsverbände nicht dem zentralen Tarifvertrag unterlagen. Die Vereinigung der männlichen Brauereiarbeiter in Kopenhagen profilierte sich mit dem ersten großen wilden Streik, in dem die Kronenforderung im Mittelpunkt stand: Am 17. Dezember streikten 818 Brauereiarbeiter bei Carlsberg und Tuborg, allerdings erfolglos. Gleichzeitig gingen die dezentralen Aktionen weiter, ohne mit der Kampagne der FI verbunden zu sein: In den Schlachtereien oder bei Thrige-Titan kam es weiterhin zu Konflikten um die Akkorde. Am Ende des Jahres traten erstmals die Techniker von *Danmarks Radio* in einen Kurzstreik. Am 27. Dezember drohte die Vereinigung der Krankenschwestern mit Lohnstreiks.

Die LO-Spitze reagierte unsicher und zwiespältig auf die Aktivitäten der FI. Ihre bereits im Frühjahr geäußerte Befürchtung, es könne zu einer weiter wachsenden »Unruhe« auf dem Arbeitsmarkt kommen, schien nun einen fassbaren Ausdruck zu bekommen. Den Protokollen des geschäftsführenden Vorstandes kann entnommen werden, dass es im Dezember zu Spitzengesprächen mit der DA kam, in denen versucht wurde, im gemeinsamen Interesse etwas gegen die drohende weitere Zunahme »tarifwidriger Aktionen« zu unternehmen. Allerdings wies die DA-Delegation Lohnforderungen, ähnlich wie es die Arbeitgeber in der bundesdeutschen Stahlindustrie einige Monate zuvor getan hatten, mit dem Hinweis zurück, dass der letzte Tarifvertrag erst vor neun Monaten unterzeichnet worden sei und eine Laufzeit von zwei Jahren habe.[170] Als »Prävention« gegen weitere wilde Streiks forderte der DA dagegen die Erhöhung der Geldstrafen, die das Arbeitsgericht verhängte; ein Vorschlag, der wiederum nicht auf die Gegenliebe der LO-Spitze stieß. In der Januarsitzung des Gewerkschaftsvorstandes verlangte der DM&SF-Vertreter Hans

168 Jespersen, *Strejkebevægelsen*, S. 67, auch im Folgenden.
169 Schmidt, »Revolution«, S. 62, auch im Folgenden.
170 ABA/LO, 1.500, 2.209, Protokoll der LO-Vorstandssitzung vom 19.12.1969.

Rasmussen dann, dass die LO eine Erklärung abgebe, die »zwischentarifliche« Lohnforderungen als »unbegründet« zurückwies.[171] Die Schwierigkeiten, in denen sich die Gewerkschaftsführung befand, zeigten sich in der Ablehnung dieser Idee durch den ehemaligen Ministerpräsidenten J.O. Krag, der als Vertreter der SPDK im LO-Vorstand saß. Krag meinte, dass die von Rasmussen angeregte Erklärung als »Verteidigung der bürgerlichen Regierungspolitik« gewertet werden könne. Als sich die betrieblichen Aktionen in den Wochen darauf zuspitzten, blieb in den Reaktionen aus den oberen Etagen der Gewerkschaften die Ambivalenz zwischen dem Wunsch, diese als Rückenwind für den einsetzenden Parlamentswahlkampf zu nutzen, und der Furcht, die Aktionen könnten wie 1956 außer Kontrolle geraten, erhalten.

Die Befürchtungen, dass sich ein neuer »tarifwidriger« Massenstreik entwickeln könnte, wurden unter anderem dadurch verstärkt, dass das neue Jahrzehnt mit einem Demonstrationszug wütender Seeleute begonnen hatte. Diese trugen die Kronenforderung am 5. Januar 1970 in gewohnt handfester Weise vor, indem sie ihren Protest *im* Gebäude des Reedereiverbandes zum Ausdruck brachten. Die Tarifkommission der Seeleute ließ sich im Sitzungssaal der Arbeitgeber nieder und erklärte, diesen Raum nicht verlassen zu wollen, bevor die Gegenseite ihre Bereitschaft erklärt habe, Verhandlungen aufzunehmen. Erst als die Arbeitgeber eine Strafanzeige wegen Hausfriedensbruch gestellt hatten und ein massiver Polizeieinsatz drohte, verließen die Seeleute schließlich Verhandlungslokal und Vorplatz. Diese eigenwillige und unkonventionelle Art, Tarifverhandlungen anzuregen, verleitete die Massenmedien zu der Frage, ob die »Seeleute jetzt mit den Studentenmethoden anfangen« würden. Preben Møller Hansen, der prominente Vorsitzende der Seeleutegewerkschaft, antwortete in der »Aktuellen Stunde« des dänischen Radios kurz und bündig:

> »Keine Ahnung, ob das Studentenmethoden sind. Aber ich weiß auf alle Fälle, dass wir noch ganz andere Dinge auf Lager haben, wenn unsere Gewerkschaften nicht endlich aus dem Quark kommen.«[172]

Ende Januar 1970 erlebte die Kronenkampagne ihren Durchbruch. Alleine vom 22. bis zum 30. Januar fanden 40 wilde Streiks statt, deren Gegenstand fast ausschließlich die Lohnforderungen waren.[173] In diesem Rahmen wiederholte sich noch einmal das Muster der »großen« Streikwellen der Nachkriegszeit, wenn auch ein wenig unfreiwillig. Schon seit dem 12. Januar hatte es bei

171 ABA/LO, 1.500, 2.209, Protokoll der LO-Vorstandssitzung vom 16.1.1970.

172 Das Interview wurde verwendet, um dem Seemannsverband eine »Organisationsstrafe« beim Arbeitsgericht aufzuerlegen. Eine Abschrift ist deshalb erhalten in: ABA/LO, 800, 6.764, Interview mit Hansen in der »Aktuellen Stunde«, 5.1.1970.

173 Die Darstellung folgt hier: Jespersen, »Strejkebevægelsen«, S. 11–13.

B&W Verhandlungen um Lohnerhöhungen gegeben. Am 19. Januar lehnte die Geschäftsleitung der Werft die Forderung ab. Am 21. Januar wurde in der Mittagspause per Akklamation beschlossen, in einen Proteststreik zu treten. Die Vertrauensleute hatten nur eine kurze, symbolische Aktion geplant. Doch in anderen Betrieben wurde diese als »Signal von B&W« verstanden, woraufhin es zu etlichen weiteren Arbeitsniederlegungen kam. Als die Vertrauensleute der Werft den Streik »diszipliniert« beenden wollten, weigerten sich die Werftarbeiter, die zunächst nur mäßig interessiert gewesen waren, weil man sich nun nicht mehr von den anderen Betrieben zu entsolidarisieren wünschte. Nach dieser »Signalverwirrung« verselbständigte der Streik sich zusätzlich, als sich keine »Offiziellen« des DM&SF »aus der Stadt« bei den Streikenden blicken ließen.[174] Am 22. Januar bewegte sich deshalb ein Demonstrationszug von ungefähr 5.000 B&W-Arbeitern zum Haus der Metallarbeitergewerkschaft. Da der Vorsitzende Rasmussen immer noch nicht zu sehen war, drang ein Teil der Werftarbeiter unter der doppeldeutigen Parole »Hans muss raus« (*ud med Hans*) in das Gebäude ein.[175] Als er sich endlich bereit fand, aus einem Fenster des Hauses einige Worte an die Anwesenden zu richten, wurde dies von Schimpfworten und Schmähungen unterbrochen. Die Episode war für Rasmussen auch deswegen peinlich, weil sie nicht nur von der randständigen KP-Zeitung *Land og Folk*, sondern von der nahezu vollständig vor der Gewerkschaftszentrale versammelten dänischen Presse wahrgenommen und verbreitet wurde.

Das Ereignis machte deutlich, dass die Zunahme der wilden Streiks auch damit zu tun hatte, dass einige Belegschaften mit der gewerkschaftlichen Tarifpolitik unzufrieden waren. Der Vorsitzende des Metallarbeiterverbandes scheint von der Demonstration sowie wohl auch von der unüblich großen Zahl an Resolutionen aus sozialdemokratisch geprägten Abteilungen des DM&SF durchaus beeindruckt gewesen zu sein. Jedenfalls entschloss er sich noch am Tag der unangenehmen Begegnung im und vor »seinem« Gewerkschaftshaus zu dem in der Geschichte der dänischen Arbeitsbeziehungen neuartigen, angesichts der parlamentarischen Mehrheitsverhältnisse gleichwohl etwas durchsichtigen Schritt, die SPDK aufzufordern, im Folketing eine staatlich verordnete Lohnerhöhung anzuregen.

Vom 22. bis zum 24. Januar streikten gleichwohl alle dänischen Werftarbeiter, einerseits um sich mit den Aktionen bei B&W zu solidarisieren, andererseits, um eigene Lohnforderungen zu formulieren. Darüber hinaus kam es bis Ende des Monats mindestens zu zehn wilden Streiks in Maschinenfabriken, vier Streiks in größeren Automobilwerkstätten und einem in einem

174 Schmidt, »Revolution«, S. 63.

175 Jespersen, »Strejkebevægelsen«, S. 12.

der wenigen Stahlwerke.[176] Außerhalb des Metallsektors wurden fünf Druckereien, vier Schlachtereien und einzelne weitere Betriebe bestreikt. Die Arbeitgeber antworteten auf die Ausweitung der Kampagne mit einer Welle von Klagen vor dem Arbeitsgericht, das überfordert war und den vielen »dringlichen« Anträgen kaum noch nachkommen konnte. Zugleich reagierte man aber auch mit dem Zugeständnis von Lohnerhöhungen in zahlreichen Betrieben, teils sogar präventiv, das heißt obwohl die Beschäftigten ihre Drohung mit einem wilden Streik noch nicht in die Tat umgesetzt hatten.

Am 29. Januar 1970 trafen sich die Vertrauensleute aller Großwerften und forderten für den 2. Februar zu einem eintägigen, landesweiten Streik für die Kronenforderung auf.[177] Nicht zufällig wurde für diesen Termin – das Vorbild der französischen Maistreiks vielleicht im Hinterkopf – der zweite Jahrestag des Regierungsantritts der bürgerlichen Koalition gewählt. Der Aufruf wurde schnell von einer ganzen Reihe betrieblicher Vertretungen und den bekannten oppositionellen Fachverbänden unterstützt. Am selben Tag erklärte die LO, dass sie »Verständnis« für die Proteste habe, riet aber von wilden Streiks ab. Ebenfalls am selben Tag, um zehn Uhr, begann auf Antrag von SPDK und SF eine achtstündige Debatte des Folketing, die sich mit der »unsozialen Verteilungspolitik« der Regierung befassen sollte. Während diese die »illegalen Aktionen« verurteilte, äußerte die Opposition ihr Verständnis und hielt dem Ministerpräsidenten vor, dass seine Versuche, mit den Gewerkschaften eine Einkommenspolitik zu vereinbaren, gescheitert waren.[178] Am 2. Februar beteiligten sich schließlich ungefähr 40.000 Menschen an dem Proteststreik, davon 7.000 auf Fünen, 3.500 in Ålborg und 3.000 in Århus und fast der gesamte Rest in Kopenhagen.[179] Damit waren rund 10 Prozent der Industriearbeiter an den Streiks beteiligt. Im Rahmen des Aktionstages kam es zu leichten Handgreiflichkeiten mit den in dieser Hinsicht geübten Seeleuten, als eine Gesellschaft im Kopenhagener Hafen eine Inlandsfähre mit Streikbrechern betreiben wollte.[180] Sonst blieb jedoch alles ruhig, und es fanden auch keine Versammlungen oder Demonstrationen statt, wenn man von einem Treffen des »Arbeiter/Studenten-Komitees« an der Kopenhagener Universität absieht, an dem sich rund 200 Menschen beteiligten. Etliche Belegschaften, die in den wilden Streiks von 1969 eine wichtige Rolle gespielt hatten, blieben dem Ausstand ebenso fern wie den Initiativen, die davor und danach von den Werftarbeitern und der FI ausgingen, so etwa die Mehrheit der Beschäftigten der

176 Jespersen, *Strejkebevægelsen*, S. 69f.

177 Die Darstellung folgt hier: Jespersen, »Strejkebevægelsen«, S. 12f.

178 Vgl. das Protokoll in *Folketingets Forhandlinger*, S. 2.968ff.

179 Eine Tageszeitung sprach von 100.000 TeilnehmerInnen. Jespersen, »Strejkebevægelsen«, 12.

180 Vgl. hierzu die Übersichten in: ABA/LO, 800, 6.764.

Provinzschlachtereien. Bemerkenswert ist auch, dass die Lohnstreiks nach dem 2. Februar in einigen Betrieben weitergingen, so im grafischen Gewerbe oder bis zum 9. Februar bei den Elektroarbeiterinnen von Danfoss auf der Insel Alsen, ohne dass sich diese Aktionen irgendwie auf die Kampagne der FI bezogen. Insgesamt kann gesagt werden, dass der 24-Stunden- Streik des 2. Februar auf gewisse Segmente der Lohnarbeitenden beschränkt blieb, dort aber durchaus Zuspruch fand.

Während die Eine-Krone-Streiks in dieser Hinsicht mit den bundesdeutschen Septemberstreiks vergleichbar waren, fällt andererseits auf, dass die Rolle der DKP, sicherlich nicht zuletzt aufgrund des legalen Status dieser Partei in den 1960er Jahren, nicht mit der ihrer eben neu gegründeten Schwesterorganisation in der Bundesrepublik zu vergleichen war, die auf die Streiks mehr oder weniger nur reagieren konnte. Die dänische KP war weitaus kontinuierlicher in der oppositionellen Gewerkschaftsszene verankert gewesen und hatte seit den frühen 1960er Jahren den »Marsch durch die Institutionen« der Gewerkschaftsbewegung angetreten. Dies ermöglichte ihr 1970, die wilden Streiks auf eine eigenständige gewerkschaftspolitische Konzeption zu beziehen.

Die unmittelbaren materiellen Resultate der Streiks des 2. Februar 1970 lassen sich schwer ermitteln. Eine Differenzierung zwischen erfolgreichen Lohnstreiks in Kern- und einem Scheitern in Randbereichen ist anders als im bundesdeutschen Beispiel nicht zu beobachten. Zudem war der Streik vor allem eine Demonstration gegen die bürgerliche Regierung, das heißt er war von vornherein nicht als »Erzwingungsstreik« gedacht, der erst beendet würde, wenn die Arbeitgeber ein Angebot machten. Nimmt man die Streikwelle der ersten Wochen des Jahres 1970 als Ganze, so sind die lokalen Arbeitgeber aber offenbar häufig auf die Lohnforderungen eingegangen, wenn auch nur selten in der verlangten Höhe.[181] Diese Tendenz deutet sich auch in der Lohnstatistik des dänischen Arbeitgeberverbandes an, die im dritten Quartal 1969 ein plötzliches und massives Wachstum der »Lohndrift« anzeigt, das sich über das gesamte Jahr 1970 fortsetzte. Festgestellt werden kann deshalb, dass die wilden Streiks von 1969/70 dazu beigetragen haben, die Stagnation bei den Effektivlöhnen zu beenden, die seit ungefähr 1966 zu beobachten war, auch wenn sich nicht im Detail quantifizieren lässt, wie das Verhältnis zwischen wilden Streiks und anderen Hintergründen der »Lohndrift« war.[182] Interessant ist zugleich, dass die »außertariflichen« Lohnzuwächse im Jahre 1969 mehr den Facharbeitern als den Ungelernten und den Frauen zu Gute kamen, während sich diese

181 Jespersen, *Strejkebevægelsen*, S. 82ff.
182 Lohnstatistik des DA für 1969, zit. nach ebd. S. 84f.

Tendenz seit 1970 umkehrte. Diese Entwicklung war jedoch nicht nur der »Kronenkampagne« geschuldet, sondern auch den Protesten der Industriearbeiterinnen und der neuen Frauenbewegung gegen die nach wie vor bestehende Lohndiskriminierung.

Proteste gegen Repressionen

Im Zusammenhang mit der Streikwelle von 1969/70 geriet die Praxis des Arbeitsgerichtes, Streikende zu Bußgeldern zu verurteilen, wieder in den Fokus der öffentlichen Debatte. Bereits im Herbst 1969 hatte es einige Streiks gegeben, die sich gegen die Bußgeldpraxis wandten. So legten am 24. September etwa 300 Beschäftigte einer Staubsaugerfabrik bei Kopenhagen die Arbeit nieder, weil 80 Kollegen wegen »zu langsamen Arbeitens« zu einer Geldbuße verurteilt worden waren.[183] In den Aktionen der letzten Januar- und ersten Februartage 1970 spielte der Protest gegen das Arbeitsgericht wieder eine wichtige Rolle. In vielen Betrieben und in einzelnen Berufsverbänden wurden Resolutionen verabschiedet, die sich für die Abschaffung des Gerichtes einsetzten.[184]

Der Konflikt wurde zusätzlich dadurch geschürt, dass die Arbeitgeber weiter die Erhöhung der Geldbußen zur Eindämmung der wilden Streiks forderten. Ausgerechnet am 2. Februar, dem Tag des landesweiten Aktionstages, entschloss sich das Arbeitsgericht, diesem Drängen nachzugeben. Verurteilt wurden die Beschäftigten zweier Schlachtereien in Århus, die Ende Januar »tarifwidrig« die Arbeit niedergelegt hatten.[185] Die Umstände der Verhandlung waren nicht untypisch: Während die »Angeklagten« ohnehin kein Recht hatten, vor dem Gericht in eigener Sache auszusagen, wurde selbst der Vorsitzende des Schlachtereiarbeiterverbandes nur wenige Stunden vor dem angesetzten Termin benachrichtigt und über den prinzipiellen Gegenstand des Verfahrens nicht unterrichtet.[186] Der DSF-Vorsitzende fühlte sich blamiert und protestierte per Presseerklärung. Seine Ankündigung, dass er in Zukunft nicht mehr an den Verhandlungen des Gerichtes teilnehmen würde, löste nicht nur in der Presse, sondern auch im geschäftsführenden Vorstand der LO Wirbel aus. Der

183 ABA/LO, 800, 6.465, AS Fisker Nielsen gegen DASF. *Slow-downs* galten als »Obstruktion« und konnten mit Bußgeldern belegt werden.

184 Schmidt, »Revolution«, S. 72.

185 Das Gericht begründete die erhöhten Bußgelder formal mit der Anpassung der Sätze an die Inflation. Vgl. das Urteil in: ABA/LO, 800, 6.502.

186 ABA/LO, 1.500, 2.209, Protokoll der LO-Vorstandssitzung vom 6.2.1970. S. auch die Berichterstattung in *Slagteren*, Kopenhagen, Nr. 2 und Nr. 4, 1970.

Fall war deshalb bemerkenswert, weil die Spitze des DSF die Legitimität des Arbeitsgerichtes und die »Tariftreue« stets auch gegen den Protest der eigenen Mitglieder verteidigt hatte. Auf der Sitzung des LO-Vorstands am 6. Februar verlangte ein Teil der Anwesenden eine sofortige Reform des Arbeitsrechtes, und der DASF-Vertreter Anker Jørgensen ging sogar so weit, die vollständige Abschaffung der Geldbußen zu fordern.[187]

Aber nicht nur die Strategie der Arbeitgeber, den Druck auf die Streikenden und ihre Gewerkschaften vermittels des Arbeitsgerichtes zu verstärken, bewirkte, dass sich die Streikwelle über den eigentlich als Abschuss gedachten Aktionstag des 2. Februar hinaus fortsetzte. Am selben Tag, an dem der Gewerkschaftsvorstand die »unglückliche« Situation nach der Erhöhung der Geldstrafen beriet, legten die Werftarbeiter erneut die Arbeit nieder. Die Vertrauensleute der Werftarbeiter hatten Briefe erhalten, in denen ihnen Verstöße gegen die im Tarifvertrag der Metallindustrie vorgesehene Verpflichtung vorgeworfen wurden, zwischen den Beschäftigten und den Unternehmensleitungen im Interesse des Betriebsfriedens zu vermitteln. Die Briefe enthielten eine lange Liste von »Vergehen« gegen diese Bestimmung, angefangen von der »Anstiftung« zum Überstundenboykott, über die wilden Streiks des Jahres 1969, die Organisierung von Solidaritätsveranstaltungen mit den streikenden Minenarbeitern im schwedischen Kiruna im Winter 1969/70 bis hin zum Treffen der Vertrauensleute vom 29. Januar 1970, bei dem zu der Arbeitsniederlegung des 2. Februar aufgerufen worden war.[188] Der zwischen den Werftleitungen abgestimmte Text schloss mit einer Aufforderung an die Vertrauensleute, sich sofort »freiwillig« aus dem Amt zu entfernen, anderenfalls würde das Arbeitsgericht eingeschaltet. Außerdem wurde im Falle einer Weigerung verklausuliert, aber unmissverständlich, mit fristloser Kündigung gedroht.

Als der Inhalt der Briefe bekannt wurde, traten alle 12.000 Werftarbeiter Dänemarks in einen Proteststreik, der sich am Montag, den 9. Februar auf weitere Sektoren ausdehnte. An einer kurzfristig einberufenen Demonstration vor dem Haus des Arbeitgeberverbandes nahmen am selben Tag etwa 10.000 Menschen teil, die in einem Sternmarsch unter anderem aus den Werften, fast einem Dutzend Kopenhagener Druckereien, einigen Elektrobetrieben, der Müllabfuhr zusammengekommen waren. Auch in der Provinz fanden kleinere Protestdemonstrationen statt.[189] Der Werftarbeiterstreik ging auch nach dieser Demonstration weiter. Am Freitag, den 13. Februar nahmen die Unternehmer

187 ABA/LO, 1.500, 2.209, Protokoll der LO-Vorstandssitzung vom 6.2.1970.

188 Der Brief findet sich in: ABA/LO, 800, 6.581, 6.583. Grundlage waren die Bestimmungen in §2 des Vertrags über die Vertrauensleute in der Metallindustrie.

189 Jespersen, »Strejkebevægelsen«, S. 13.

die Kündigungsdrohungen schließlich zurück.[190] Damit endete die Streikwelle des Jahres 1969/70.

Die Streiks des Frühjahrs 1970 trugen dazu bei, dass der Umfang der offenen und registrierten Arbeitskämpfe in Dänemark erstmals seit Jahren wieder signifikant stieg. In den ersten drei Monaten des neuen Jahrzehntes übertraf das Volumen sowohl der Ausfalltage als auch der Beteiligten nicht nur die 1969 registrierten Zahlen, sondern auch die des zweiten Quartals von 1968, deren relativ hohes Niveau vor allem durch den Proteststreik des 24. Mai verursacht worden war.[191] Dass zwischen Mitte 1969 und März 1970 die Zahl der Ausfalltage schneller stieg als die der Streikteilnehmer, weist darauf hin, dass vor allem seit September 1969 die Arbeitsniederlegungen manchmal einige Tage, am Ende der Streikwelle sogar fast eine Woche dauerten. Wirft man einen Blick auf die durch den Arbeitgeberverband erfassten Zahlen, dann zeigt sich, dass der Umfang der wilden Streiks im Jahre 1970 einen Nachkriegsrekord darstellte: Während alleine im *ersten Quartal* dieses Jahres 94.400 Ausfalltage gezählt wurden, betrug die Zahl des gesamten Jahres 1960, in dem der bis dahin höchste Stand erreicht worden war, lediglich 56.600.[192]

Die Streikwelle und die Linke

Am 14./15. Februar 1970, einen Tag, nachdem die Angriffe gegen die Vertrauensleute zurückgezogen worden waren, fand in Kopenhagen eine Konferenz der FI statt. Diese ließ die Ereignisse der beiden vergangenen Wochen Revue passieren und debattierte die zukünftigen Schwerpunkte der oppositionellen Gewerkschaftsarbeit. Wie nicht anders zu erwarten, war die Versammlung sehr gut besucht: Einige hundert Vertrauensleute und Funktionäre nahmen teil, insgesamt waren 122 Betriebe, 93 Gewerkschaftsabteilungen und 35 Betriebsgruppen repräsentiert.[193] Die Versammlung demonstrierte das neu gewonnene Selbstbewusstsein der Gewerkschaftsopposition. Nachdem man die Werften durch den Streik gezwungen hatte, die linken Vertrauensleute, obwohl sie eindeutig gegen die Friedenspflicht verstoßen hatten, weiterhin zu tolerieren, formulierte die Konferenz drei Schwerpunkte für die zukünftige

190 Das Papier dokumentiert: Schmidt, »Revolution«, S. 76. Die Odensener Werftleitung beklagte sich in einem internen Schreiben darüber, dass die Kündigungsdrohungen auf Anraten von Hans Rasmussen erfolgt seien: EA/DA, 1090, 85, 1970/I, Brief Ivar Hoppe (Direktor der Stahlschiffswerft Odense) an die Metallarbeitgeber vom 10.2.1970.

191 Zu den Daten s. Leihardt, »Strejkestatistik«, S. 153f., 155 (Quartalsstatistik).

192 Allerdings wurden die Proteststreiks von 1956 nicht erfasst: Ebd., S. 153f.

193 ABA/DKP, 920, 230, Statistik über die Vertrauensleutekonferenz am 14./15.2.1970.

Arbeit: Den betrieblichen Kampf für Lohnerhöhungen, den Kampf gegen das Arbeitsgericht und den Kampf gegen die ökonomische Politik der bürgerlichen Regierung. Die anwesenden gewerkschaftlichen Mandatsträger erklärten, das Arbeitsgericht fortan zu boykottieren. Schließlich wählte die Versammlung einen Ausschuss, der die Aktivitäten zwischen den Kongressen koordinieren sollte. Damit gab sich das bis dahin lose FI-Netzwerk erstmals eine verbindlichere Form.[194]

Unmittelbar nach der Konferenz schienen die Aktivitäten zunächst mit demselben Schwung weiterzugehen: Am frühen Morgen des 24. Februar mauerten linke Bauarbeiter in einer fotogenen Aktion den Eingang des Arbeitsgerichtes zu. Kurz darauf wurde auf der Svendborger Werft gegen eine Geldbuße gestreikt, die das Kopenhagener Arbeitsgericht wegen der Aktionen am 2. Februar verhängt hatte.[195] Doch auf längere Sicht gelang es der Opposition nicht, ihren Erklärungen kontinuierliche Aktivitäten folgen zu lassen. Neben der ohnehin vorhandenen Schwierigkeit, das hohe Aktivitätsniveau der »Kronenkampagne« auf Dauer aufrecht zu erhalten, hatte das auch damit zu tun, dass die FI kein »Gewerkschaftsersatz« sein wollte. Die Energien und Ressourcen wurden folglich eher auf die Arbeit in den Gremien der LO konzentriert als auf die Unterstützung wilder Streiks und anderer direkter Aktionen. Die Vorhaben der FI wurden letztlich dadurch torpediert, dass Aktivismus und institutionelle Arbeit in Widerspruch zueinander gerieten: Eine Balance zwischen den beiden Aspekten oppositioneller Politik ließ sich im Grunde nur in Ausnahmesituationen wie der der ersten beiden Februarwochen 1970 einigermaßen herstellen.

Und selbst in dieser Situation hatte die FI keineswegs die *gesamte Bewegung* repräsentiert, denn in ihr setzte sich *neben* der Kampagne die lokale Tradition wilder Streiks fort, die sich bis dahin selbständig entwickelt hatte.[196] Zudem erforderte die Unterstützung der wilden Streiks, vor allem, wenn sie massenhaft stattfanden, Ressourcen: Bußgelder und Lohnausfälle mussten gezahlt werden, Solidaritätskampagnen kosteten Geld und Zeit. Solange es keine Netzwerke gab, die sie effektiv unterstützen konnten, konnten die »tarifwidrigen« Aktionen deshalb nur kurz und punktuell bleiben. Nur ausnahmsweise bildeten sie aus sich heraus feste Kooperationsformen wie Streik- oder Solidaritätskomitees. Der einzige praktikable Ausweg aus dieser Zwickmühle war, Hilfskassen zu bilden, die neben den durch die Friedenspflicht gebundenen Berufsverbänden existieren würden. Aber die große Mehrheit in der FI lehnte

194 Vgl. die Aufzeichnungen in ABA/DKP, 920, 230.
195 Vgl. Jespersen, *Strejkebevægelsen*, S. 14.
196 Vgl. die »Branchenanalyse« in Velsing Groth, *Strejker i Danmark*, S. 127ff.

ein solches Vorgehen ab und forderte stattdessen die LO-Gewerkschaften dazu auf, mehr Verantwortung für die wilden Streiks zu übernehmen. Diese wiederum riskierten, jedenfalls solange der Hauptvertrag mit dem Arbeitgeberverband gültig war, hohe Geldstrafen, wenn sie offen zur Unterstützung wilder Streiks aufriefen. Eine Änderung dieses Hauptvertrages war weder in Sicht, noch hatten sich die LO-Mitglieder für solch eine Forderung bis dahin besonders interessiert: Innergewerkschaftliche Appelle blieben deshalb einstweilen folgenlos. Die Hilfskassen, die im Laufe des Jahres 1970 zu entstehen begannen, wurden angesichts der ablehnenden Haltung der FI von den streikenden Arbeitern selbst – mit Unterstützung der VS und der studentisch geprägten Linken – gegründet.

Zum einstweiligen Rückgang der FI-Aktivitäten trug zudem bei, dass deren Aktivisten überwiegend gleichzeitig Mitglieder der DKP waren, in selteneren Fällen auch der SF und in Ausnahmefällen der SPDK. Unmittelbar nach der Streikwelle stürzten sich viele von ihnen, vor allem aber die hinter ihnen stehenden Parteiapparate, in den Kommunalwahlkampf. Schließlich fand dieser Urnengang bereits drei Wochen nach dem Ende der Streikwelle am 3. März 1970 statt und sollte, nach den Vorstellungen der Opposition, der Anfang vom Ende der bürgerlichen Regierung werden. Aber während die Wahl für die SPDK ein großer Erfolg wurde, wurde die Erwartung der Linksparteien, die Dynamik der »Kronenkampagne« könne sich bei der Abstimmung zu ihren Gunsten auswirken, bitter enttäuscht. Die Sozialdemokraten gewannen im Schnitt 8,7 Prozent hinzu, die DKP wuchs im Vergleich zu 1966 nur um 0,1 Prozent und die SF konnte ihr damaliges Rekordergebnis nicht wiederholen und verlor sogar 2,7 Prozent der Stimmenanteile.[197]

Dass die Gewerkschaftslinke sich in Arbeitskämpfen Anerkennung erwarb, wirkte sich auch in Dänemark also nicht in Stimmengewinnen aus. Ähnlich wie in der Bundesrepublik waren die Sozialdemokraten zwar kaum organisierend an den wilden Streiks beteiligt, gewannen aber dennoch die meisten Arbeiter(-innen)stimmen. Nachhaltiger als die Kommunalwahlen wirkte sich deshalb die SPDK-interne Debatte aus, die angesichts des Verlustes der Regierungsmacht die »Produktionslinie« einer kritischen Überprüfung unterzog. Befördert wurde diese Debatte nicht alleine durch die Verhältnisse in Dänemark, sondern auch und vor allem durch die Diskussionen, die ein Arbeitskampf nordschwedischer Minenarbeiter Ende 1969 auslöste.[198]

Die »Übersetzung« dieses Streiks war nicht nur aus sprachlichen Gründen leicht: Es handelte sich um einen Protest gegen die unerträglichen Arbeitsbe-

197 Jespersen, *Strejkebevægelsen*, S. 15.
198 Siehe auch: Zenit (Hg.), *LKAB*.

dingungen und ein Akkordsystem, das schnell und sichtbar die Gesundheit ruinierte. Noch im Winter begann eine Solidaritätskampagne mit den Streikenden, die vor allem von VS-Aktivisten getragen wurde. Noch nie, hieß es, sei in Dänemark so schnell so viel Geld für einen wilden Streik im Ausland zusammengebracht worden.[199] Gesammelt wurde nicht nur in der »akademischen« Linken, für die die Lektüre eines dokumentarischen Berichtes über die Arbeitsbedingungen in den Bergwerken Kirunas bereits im Jahr zuvor ein einschneidendes Erlebnis gewesen war.[200] Die schwedische Delegation besuchte auch die großen Werftbetriebe und andere traditionelle »Hochburgen« der Gewerkschaftsopposition, wo improvisierte Betriebsversammlungen stattfanden: Überall wurde den streikenden Bergarbeitern des Nachbarlandes große Sympathie entgegengebracht.

Die Auseinandersetzung über den Kiruna-Streik, die im Januar 1970 gleichzeitig in der Theoriezeitschrift der SPDK und in der Gewerkschaftspresse geführt wurde, thematisierte implizit zugleich die Situation im eigenen Land. Vor dem Hintergrund der Geschichte der »Produktionslinie« können die SPDK-internen Kommentare zum Kiruna-Streik als Ausdruck eines erstaunlich schnellen Meinungswandels bezeichnet werden. So schrieb der für die Weiterentwicklung des Parteiprogramms zuständige Sekretär, dass

> »[…] man in Kiruna das erste Mal in Skandinavien einen bewussten und eindringlichen Kampf gegen die Produktionssysteme erlebt hat, die in einem direkten Gegensatz zur Arbeitszufriedenheit stehen. Es ist sehr bedenklich, dass der Streik in einer staatlichen Gesellschaft stattfand. Die schwedische Regierung ist Gefangene ihres eigenen Systems geworden. […] Dieser Streik beinhaltet auch eine ernste Botschaft für die Gewerkschaftsbewegung: Ist sie so stark in eine zentrale Verhandlungsmaschinerie eingebunden worden, dass sie nicht mehr in der Lage ist, auf lokale Verhältnisse Bezug zu nehmen?«[201]

Während das Zentralorgan der dänischen Gewerkschaften die Bedingungen in Kiruna so schilderte, dass das Bild einer bettelarmen, weit entfernten Gegend entstand,[202] hielt die intellektuelle Elite der SPDK einen Vergleich mit den Verhältnissen in Dänemark für viel nahe liegender: Auch die »Kronenstreiks«, konnte in der Zeitschrift der SPDK schließlich gelesen werden, »wenden sich gegen eine Politik, die einseitig durch die [...] ökonomische Statistik bestimmt wird«[203]. Solche Äußerungen der Vordenker einer Partei, die in den Jahren zuvor wie keine andere für die »wissenschaftliche Lohnpolitik« und die »produktivitätsfördernden« Lohnsysteme gestanden hatte, signalisierten einen

199 Vgl. die Berichte über die Rundreise in: *VS-Bulletin*, Nr. 12, 1969, Nr. 1, 1970.

200 Lidman/Uhrbom, *Gruva*.

201 *Ny Tid*, Nr. 2, 1970, S. 10.

202 *Løn og Virke*, Nr. 2, 1970, S. 43.

203 *Ny Tid*, Nr. 2, 1970, S. 4.

Einstellungswechsel – obwohl die zahllosen Artikel in der SPDK-Presse, die sich fortan mit »selbstorganisierten Gruppen« und dem »Sich-Wohlfühlen-im-Job« befassten, bereits andeuteten, dass eine Reform womöglich nur eine Erweiterung des technokratischen Verständnisses auf die Sozialbeziehungen insgesamt darstellen würde. Jedenfalls bewertete man die wilden Streiks nicht länger alleine auf der Grundlage der geringen ökonomischen Schäden, die sie anrichteten. Man sah sie als Indikator von Konflikten, deren Inhalte man sorgfältig zu registrieren hatte, wenn man mit der eigenen politischen Konzeption auf der Höhe der Zeit bleiben wollte. Eben darum waren die Ohren der SPDK-Theoretiker offen, wenn es galt, den Studierenden und der radikalen Linken zuzuhören, denn wie diese war man auf der Suche nach tiefer liegenden Ursachen der Streikwelle, die sich aus den Resolutionen der FI kaum herauslesen ließen. Und konsequent war auch, dass Anker Jørgensen (noch) als Vorsitzender des DASF bereit war, sich in der Literaturzeitschrift *Vindrosen* mit Autoren zu streiten, die mitunter zu skurrilen Gewaltphantasien neigen konnten, wenn von hauptamtlichen Gewerkschaftssekretären die Rede war.[204] Am Ende verband sich die innerhalb der LO diskutierte Frage, ob man mit »den Studierenden« reden solle, mit derjenigen, ob die »Produktionslinie« der 1960er Jahre einer Revision zu unterziehen sei. Die tayloristische Arbeitsorganisation und ihre Folgen für die Gesundheit und das Wohlbefinden wurden zu Top-Themen der öffentlichen Debatte.

4. Lokale Streiks in einer transnationalen Streikwelle

Streikende Belegschaften hatten in aller Regel keine »internationalen Verbindungen«, oft selbst dann nicht, wenn es sich bei den bestreikten Betrieben um Teile multinationaler Konzerne handelte. Die Dänemark-Rundreise des Sprechers der Bergarbeiter aus Kiruna war eine Ausnahme, bei der die Neue Linke eine wichtige Rolle spielte. Ähnlich ging es auch bei der Vermittlung von Infos über die deutsch-dänische Grenze hinweg zu. So hatte ein kleiner Ausschnitt von dänischen Aktiven die Gelegenheit, in radikalen Zeitschriften wie *Kurasje* etwas über die bundesdeutschen Streiks zu erfahren, während die dänischen Ereignisse in der Bundesrepublik durch Autoren wie Kjeld Schmidt in der *ARPO* oder die SDS-Aktivistin Ursula Schmiederer in der *neuen kritik* ver-

204 *Vindrosen*, Nr. 2/3, 1970, S. 151–161.

mittelt wurden.[205] Doch die Auflagen dieser Zeitschriften und der Einfluss der durch sie vermittelten Informationen waren sehr gering. Während die Texte und Kontakte eine wichtige Anregung für die akademisch-linke Streikforschung darstellten, waren sie für die große Mehrzahl der lokalen wilden Streiks und die mit ihnen verbundenen lokalen Netzwerke ohne jede Bedeutung.

Jenseits des linken Randes und seiner Öffentlichkeitsarbeit setzte sich zugleich der Anti-Streik-Diskurs in seinen verschiedenen Varianten fort: Als Abwehr des Gewerkschaftsapparates gegenüber möglichen konkurrierenden Repräsentanten, als Versuch der Instrumentalisierung des »antibürokratischen« Arguments durch die Unternehmer und die ihnen nahe stehende Presse, und nicht zuletzt auch als Warnung vor der »Infektion« durch die wilden Streiks in anderen Ländern. Entsprechend wachsam nahm man den »heißen Herbst« in Italien oder die Kämpfe um das Streikrecht in England 1968/69 wahr. Die Streikenden selbst haben diesen Diskurs im Großen und Ganzen nicht angefochten: Für die »große Politik«, die einem nur Ärger einbringen konnte, blieben Presse, Parteien, Gewerkschaften und Akademiker zuständig. Es entstand der merkwürdige Effekt, dass Streiks als »rein lokale« Angelegenheit erscheinen und deklariert werden konnten, während die rückblickende Außensicht es als legitim erscheinen lässt, von den massiv und gehäuft auftretenden »rein lokalen« Ereignissen als »transnationale Streikwelle« zu sprechen.

Dieses Auseinanderfallen von (zeitgenössischer) Innen- und (rückblickender) Außensicht spiegelt und reproduziert, dass in der Tat von abgegrenzten Räumen die Rede ist: Kämpfe um Lohnarbeit bewegten sich eben »auf dem Arbeitsmarkt«, »in der Fabrik« oder, virtuell, in den diversen Identitätsräumen bestimmter Gruppen. Dass die Kämpfe ein Beitrag dazu sein konnten, solche Räume zu sprengen, wurde oft erst in ihrer analytischen Aufarbeitung transparent. Und somit erschien auch der transnationale Charakter der lokalen Arbeiterbewegungen oft erst im Nachhinein, sozusagen in der »Dämmerung«.

Anders als die Neue Linke verstanden sich die streikenden Belegschaften nicht als »transnational«. Dennoch brachten sie einen zumindest in Westeuropa bedeutenden Diskurs durcheinander, indem sie das sozialdemokratische Gerechtigkeitsversprechen auf ihre Weise interpretierten. Zwar war »soziale Symmetrie« ein Ausdruck, der ganz von der Begeisterung der 1960er Jahre für Sozialtechnologien durchtränkt war. Aber es fiel den Streikenden leicht, diesen Ausdruck zu übersetzen: »Jetzt läuft das Geschäft, jetzt fordern wir unseren Lohn.« Die »indirekte Verbindung« (Silver) der Arbeitskämpfe zeigte sich

205 Zudem entwickelten sich vereinzelt persönliche Kontakte, so, als sich am 5./6.10.1968 Menschen aus APO und dänischer antimilitaristischer Bewegung trafen: *ARPO*, Nr. 4, 1968, S. 16.

zumindest im deutsch-dänischen Maßstab in einer Tendenz der wilden Streiks, selbst zu definieren, was »gerechte« soziale Ansprüche sind. Damit wies man zugleich die keynesianische ökonomische Politik in die Grenzen. Insgesamt hatten die wechselnden Regierungen der späten 1960er Jahre unfreiwillig, nämlich durch die »Erfindung« der Sprache von »Globalsteuerung« und »Programmierung« dazu beigetragen, dass sich die Streikenden mit einem verbindlichen, gemeinsamen Anliegen ausstatten konnten und die Streiks sich in der Tendenz aus ihrer »Lokalisierung« befreiten. Die Folgen waren weitgehend diese: Überall, nicht nur in den Belegschaften selbst, begann nunmehr die Begeisterung für die »moderne« Fabrik, für die Akkordsysteme und allgemein für die rigiden Zeitregime zu schwinden. Die wilden Streiks Ende der 1960er Jahre waren ein wirklicher Bruch in der Arbeitskampfgeschichte, sie standen am Ende der kurzen Geschichte des Fordismus als kohärentes, zusammenhängendes und hegemoniefähiges Gesellschaftsmodell.

Selbst die amtlichen Streikstatistiken wiesen diese Bruchstelle aus. Mit dem Jahr 1969 zeigten sie im internationalen Vergleich eine bemerkenswerte Veränderung: Das Gefälle in der Intensität der Streiks zwischen Nord- und Südeuropa sowie zwischen Europa und Nordamerika verringerte sich. Die registrierten Ausfalltage pro 1.000 Beschäftigten nahmen in zuvor »streikarmen« Ländern überdurchschnittlich zu. Im Vergleich von 17 Industrieländern sank oder stagnierte die Zahl der Streiks nur in Staaten, die in der Statistik ansonsten ganz oben lagen: in Kanada, Italien, den USA und Irland. Überall sonst stieg sie teils um ein Mehrfaches.[206] Zwar waren die Unterschiede im Streikvolumen etwa zwischen Italien und der Bundesrepublik immer noch beträchtlich, aber insbesondere für das dänische Beispiel wurde die These von »sozialfriedlichen Modell« offensichtlich immer fragwürdiger: Nicht einmal en gros konnte sie noch wirklich aufrechterhalten werden.

Dass das Auseinanderfallen der »ersten« und der »zweiten« Arbeitspolitik, von Tarifpolitik und wilden Streiks, als Problem wahrgenommen wurde, hing auch damit zusammen, dass 1969 die alten industriellen Kernbelegschaften im Mittelpunkt der Streikbewegungen standen. In den bundesdeutschen Septemberstreiks waren die Beschäftigten der Montanindustrie, einschließlich des krisengeschüttelten Steinkohlebergbaus, das dynamische Element. In Dänemark hatte sich die Belegschaft von B&W Øen soweit von der Krise des Jahres 1967 erholt, dass die Frage, was »die auf der Insel machen« noch einmal das Signal für eine Streikwelle gab. Nach 1969 differnzierten sich die Streikbewegungen weiter aus: Im nun folgenden letzten darstellenden Teil dieser Studie werde ich diese Entwicklungen schildern.

206 Vgl. Müller-Jentsch, »Streiks und Streikbewegungen«, S. 24f.

VI. Am Ende des »Goldenen Zeitalters«: Wilde Streiks bis 1973/74

Nachdem der Zug durch die W-Halle gekommen war, suchte sich ein deutscher Kollege ein Stück Pappe und einen Filzstift und begann die Forderung nach 60 Pfennig zu malen. Als die umherstehenden Türken das sahen, protestierten sie und sagten: ›60 Pfennig zu wenig - muss eine Mark!‹

Gruppe »Arbeiterkampf«, Streik bei Ford-Köln, 1973

1. Die bundesdeutsche Streikwelle von 1973 und ihre Vorgeschichte

Vier Jahre nach den Septemberstreiks fanden die »Ausländerstreiks«, die bis dahin nur punktuell Publizität erlangt hatten, bundesweit Beachtung. Meist ging dies allerdings auf Kosten der migrantischen Beschäftigten. Denn der hohe Bekanntheitsgrad etwa des Streikes bei den Fordwerken in Köln-Niehl vom August 1973 hatte vor allem damit zu tun, dass er im Boulevard vom ersten Tag an und trotz der zunächst durchaus vorhandenen Beteiligung Beschäftigter anderer Staatsbürgerschaften als »türkische« Angelegenheit definiert wurde. In der Folge wurden rassistische Zuordnungen mobilisiert (»Türken-Terror«), die wenig mit dem Verlauf des Streiks und viel mit dem Versuch, die Abgrenzungen des Arbeitsmarktes aufrecht zu erhalten, zu tun hatten.[1] Das Bild vom »willigen« und »billigen« Arbeitsmigranten, das noch am Beginn der Rezession von 1966 dazu gedient hatte, die Konkurrenz zwischen Arbeitenden unterschiedlicher Staatsbürgerschaften zu fördern, wurde nun durch ein anderes, ebenso altes Klischee ersetzt: Den türkischen Fordarbeitern wurde die Rolle zugeschrieben, unberechenbar, unzuverlässig zu sein. Evoziert wurde das Bild von den »gefährlichen Klassen«. Auf dieser Grundlage, und auf der Grundlage der durchlöcherten kollektiven Erinnerung der deutschen Industriearbeiterschaft, funktionierte die Erzählung, dass es sich bei dem Arbeitskampf um eine Auseinandersetzung zwischen »fremden« und »unseren« Interessen handele.

Am 28. August trat Bundeskanzler Brandt mit einer Regierungserklärung vor die Fernsehkameras, in der er eindringlich vor den Folgen »überzogener

1 Vgl. Karakayali, »Lotta Continua in Frankfurt, Türken-Terror in Köln«.

Lohnforderungen« für »uns alle« warnte.[2] Und während derartige Zuspitzungen dazu führten, dass der anfangs recht breit unterstützte Streik tatsächlich immer mehr zur »türkischen« Angelegenheit gemacht wurde, verschärften sich die Reaktionen: Politiker ließen sich mit dem Hubschrauber über das Werksgelände fliegen, um sich »ein Bild von der Lage« zu machen. Am Ende arrangierte die Werksleitung eine »Gegendemonstration von Arbeitswilligen«, die die Streikenden überfielen, um einen Polizeieinsatz zu provozieren: Die »Gastarbeiter«, berichtete ein Augenzeuge, seien »durch das Werk gejagt« worden.[3] Die gegen den Streik eingestellte Leitung des gewerkschaftlichen Vertrauensleutekörpers bestätigte dies in ihrem Bericht indirekt, indem sie ebenso geschmack- wie geschichtslos konstatierte, die »Chaoten« seien nach dem Überfall auf ihre Kundgebung von der bereitstehenden Polizei »in Schutzhaft genommen« worden.[4] Am Abend des 30. August wurden die Bilder vom Ende des Streiks in den Hauptnachrichten gesendet: »Rädelsführer«, die von der Polizei abgeführt werden. Es ist eines der wenigen Motive aus der Streikwelle von 1973, die bis heute regelmäßig abgebildet werden, wenn es um die Geschichte der Streiks in der Bundesrepublik geht.

Unabhängig von seinem spektakulären Verlauf war der Fordstreik keineswegs untypisch für die Streikwelle von 1973. Er fand in einem Kontext statt, der dem von 1969 ähnelte. Am Beginn der Streikwelle stand wiederum die Einbindung der IG Metall in eine Politik der »Lohnzurückhaltung«. Als die Inflation im Laufe des Jahres 1973 die »gemäßigten« Tariferhöhungen aushöhlte, kam es zu einer Welle von wilden Streiks, die weitaus mehr Beschäftigte einband als die von 1969, sich aber zugleich über eine viel längere Zeit hinzog. In einigen Betrieben kündigte sich eine Art permanenter Arbeitskampf um die Angleichung der Löhne an. Nicht alleine die Lohndrift, sondern auch der Umstand, dass die Besetzung von Verwaltungsgebäuden in einigen Großbetrieben fast schon zur Gewohnheit wurde, ließ die Furcht vor einem Kontrollverlust aufkommen. Unternehmer und Gewerkschaften reagierten auf die Streiks mit weitaus weniger »Verständnis« als 1969. Bei Meinungsumfragen zeigte sich, dass die Arbeitsniederlegungen auch allgemein weniger Sympathie hervorriefen als vier Jahre zuvor: Fast drei Viertel der Befragten meinten im Winter 1973/74, dass die Streiks zwar ökonomisch erfolgreich, aber keinesfalls legitim gewesen seien. Sogar unter den Gewerkschaftsmitgliedern brachten nur 47 Prozent für die »spontanen Streiks« Verständnis auf.[5] Obwohl wie 1969 Hunderttausende von Beschäftigten von den im Anschluss gewährten Lohn-

2 *SPD-Pressedienst*, 29.8.1973: »Die Verantwortung trifft uns alle...«.
3 Vgl. *Befreiung*, September 1973, S. 9f.
4 AdsD/IGMA, T 941 a, Streik bei Ford-Köln, Bericht VLK-Leitung, S. 23ff.
5 Zu den Resultaten der infas-Befragung vgl.: Schacht/Unterseher, »Arbeitsniederlegungen«.

erhöhungen profitierten, galten die wilden Streiks als Ausdruck einer »gefährlichen Verselbständigung« und eines »unangemessenen Anspruchsdenkens«.

Eine ironische Wendung dieser Geschichte ist, dass die Bildsprache, die um den Fordstreik von 1973 herum produziert wurde, dazu beigetragen hat, dass dieser als Ausnahme unter den etwa 2.000 wilden Streiks, die zwischen 1950 und 1973 registriert wurden, zum Gegenstand regelmäßiger historischer Reflektionen wurde: Im August 2003 kam die Aktion sogar zu der seltenen Ehre, in der Presse, in Radio und Fernsehen einen »Jahrestag« zugesprochen zu bekommen. Inspiriert wurde diese Erinnerungsarbeit dadurch, dass der Streik bereits zeitgenössisch als »erstmaliges« Ereignis galt. Dieser Mythos des »Ersten« und »Einmaligen« wird am ehesten aus dem Umfeld der Gruppe *Kanak Attak* hinterfragt, deren Autorinnen und Autoren sich aus der Perspektive der Kontinuität einer »Autonomie« migrantischer Kämpfe mit dem Fordstreik beschäftigen: Manuela Bojadžijev und andere beschreiben ihn als vielleicht deutlichsten Ausdruck einer noch zu entschlüsselnden, bis in die frühen 1960er Jahre reichenden und andauernden Geschichte.[6]

Die Streikwelle von 1973 stellte die Legitimität der Abgrenzung der Arbeitsmärkte und der Bewertung der ungelernten Arbeit in Frage. Sie schloss an die »diskreten« Konflikte an, die seit den 1950er Jahren um diese Frage geführt worden waren. Doch nun handelte es sich um einen offenen Prozess, der von zentralen gesellschaftlichen Akteuren kommentiert wurde. Auch in den statistischen Aufzeichnungen drückt sich diese »Veröffentlichung« aus:

Tabelle 9. Sämtliche Streiks in der Bundesrepublik, 1968–1973 [7]

Jahr	*Beteiligte*	*Ausfalltage*	*Betriebe*
1968	97.167	62.930	228
1969	194.385	293.089	482
1970	675.514	194.655	1.033
1971	722.077	4.571.690	1.426
1972	207.031	100.502	338
1973	562.150	794.806	1.877

6 Vgl. Bojadžijev, »Widerstand«. Dagegen interpretiert den Streik als »Ereignis, aus dem wir gelernt haben«: Hinken, »Gastarbeiter«.

7 Spode u.a., *Statistik*, S. 406f. In Jahren mit vielen wilden Streiks wurde nur ein Bruchteil derselben amtlich erfasst. So zählte die offizielle Statistik 1968 bis 1970 12,5 bis 17% der »Fälle«. Dagegen wurden im durch Tarifstreiks geprägten Jahr 1971 immerhin 77,6% der von Spode erfassten »Fälle« gezählt.

Der Zyklus begann mit den wilden Streiks von 1969, die sich in der Statistik in einer Verdoppelung der beteiligten Betriebe und nahezu einer Verfünffachung der Ausfalltage im Vergleich zum Vorjahr niederschlugen. Im Jahr 1970 setzten sich die Arbeitskämpfe in einer Vielzahl wilder Streiks fort, die allerdings nicht mehr im gleichen Maße verdichtet auftraten wie 1969. Auch waren sie kürzer als im Vorjahr, was sich in einer erneuten Verdoppelung der beteiligten Betriebe bei einer gleichzeitigen Halbierung der Ausfalltage darstellte. 1971 wurde eine Zunahme zuerst der wilden Streiks, dann der Warn- und schließlich der Tarifstreiks beobachtet. Die Zahl der beteiligten Betriebe stieg erneut: Angesichts des Tarifkampfes erreichten sowohl die Zahl der Ausfalltage als auch die der Beteiligten einen historischen Rekord: Sie war höher als jemals in der bundesdeutschen Geschichte. 1972/73 standen dann wieder die wilden Streiks im Vordergrund. Deshalb erreichte 1973 die Zahl der beteiligten Betriebe Rekordhöhe, während die Beteiligung an den Streiks und die gezählten ausgefallenen Arbeitstage im Vergleich zu 1971 zurückgegangen waren. Die Reaktion auf die wilden Streiks dieses Jahres war wohl auch deshalb weniger zurückhaltend und moderat als 1969, weil Arbeitgeber und Politik aufgrund der Erfahrungen der Vorjahre für sie gerüstet waren. Im Folgenden werde ich zunächst auf diese Erfahrungen eingehen. Im Anschluss werde ich dann die Streikwelle des Jahres 1973 schildern.

Wilde Streiks, Warnstreiks und »offensive Tarifpolitik«

1970 hielt das Wirtschaftswachstum in der Bundesrepublik an, auch wenn sich das Konjunkturbarometer langsam in Richtung des zyklischen Abschwungs einpendelte.[8] Gleichzeitig lag die Erwerbslosigkeit nach wie vor nahezu bei Null, weshalb massiv migrantische Beschäftigte angeworben wurden, deren Zahl schnell den bis dahin registrierten Höchststand von Mitte der 1960er Jahre ein und überholte. Die steigende Inflation trug dazu bei, dass die Forderung nach »zwischentariflichen« Lohnerhöhungen bis zur Tarifrunde des Herbstes 1970 weiterhin eine Rolle spielte.[9] Während die meisten wilden Streiks an das altbekannte Muster der »zweiten Lohnrunde« anknüpften und zwar die Aufmerksamkeit der betroffenen Gewerkschaften, aber kaum die der allgemeinen Öffentlichkeit erregten, legten einige wenige Streiks den Kampf um brüchig gewordene betriebliche Machtverhältnisse offen.

8 Vgl. *WSI-Mitteilungen*, Nr. 4, 1973, S. 136.
9 Vgl. Jacobi, »Wirtschaftliche Entwicklung«, S. 13.

Wie im vorigen Kapitel dargestellt, war die Reaktion der Unternehmer auf die Septemberstreiks weitgehend »integrativ« geblieben: Lohnerhöhungen wurden angesichts der vollen Auftragsbücher schnell gewährt und Versuche, »Rädelsführer« ausfindig zu machen und zu entlassen, blieben Ausnahmen. Gleichzeitig hatten die Unternehmerverbände begonnen, sich auf eine andere Gangart bei zukünftigen Konflikten vorzubereiten. Es kam zu Überlegungen, wie im Falle wilder Streiks die Kontrolle über den Betrieb erhalten, Öffentlichkeitsarbeit gemacht, der Werkschutz effektiv eingesetzt oder die Polizei auf die Seite der Unternehmer gezogen werden könnte.[10] 1970 kamen solche Strategien punktuell, in der Form des Skandals, an die Öffentlichkeit. Der bekannteste Fall war der des Leiters des Werkschutzes des Kölner Metall verarbeitenden Betriebes Felten und Guillaume, der mit der örtlichen politischen Polizei zusammengearbeitet sowie eine Kartei angelegt hatte, die persönliche Informationen über die Gewerkschaftsaktivisten des Betriebes enthielt.[11] Als diese »präventive Aufstandsbekämpfung« bekannt wurde, traten die Beschäftigten des Betriebes in einen kurzen Proteststreik, bis das Unternehmen der Forderung nachkam, die Überwachungspraxis zu beenden.

Die Liste der im Frühjahr 1970 bestreikten Betriebe zeigt im Übrigen nur wenige Neuigkeiten im Vergleich zu den Jahren davor. Die Streiks hatten einige lokale Schwerpunkte – so in Frankfurt am Main, wo innerhalb weniger Tage eine Reihe Metall verarbeitender Betriebe in den Ausstand traten –, erreichten aber bei weitem nicht die Verdichtung und Kohärenz des Septembers 1969.[12] Unter anderem wurde bei Hoesch in Dortmund, beim Schalker Verein, bei der Uerdinger Waggonfabrik oder bei Hanomag in Hannover gestreikt; Belegschaften, die für ihre notorische Streikbereitschaft bekannt waren.[13] In einigen der Ausstände, so bei der Hoesch AG, wurde die Aufgabe der »zurückhaltenden« Tarifpolitik der IG Metall verlangt; diese gehörten insofern bereits zur unmittelbaren Vorgeschichte der Warnstreiks, die im Herbst 1970 das Bild prägten.

Aber gleichzeitig manifestierte sich eine Diffusion der Streiks, die sich schon am Rande der Septemberstreiks gezeigt hatte, nun deutlicher. So legten im Februar 1970 2.000 spanische Beschäftigte der Firma Karmann in Osna-

10 Diese Überlegungen fassten »Richtlinien« zusammen, die Gesamtmetall im Juli 1970 an seine Mitgliedsfirmen schickte, vgl.. Schmidt, *Ordnungsfaktor*, S. 333–342.

11 AdsD/IGMA, T 796 a und b, Spontane Arbeitsniederlegungen: Berichtsbogen bis Mitte Mai 1970. Die IGM systematisierte nach den Septemberstreiks ihre Erfassung der lokalen Streiks. Dabei füllten die hauptamtlichen Sekretäre der Verwaltungsstellen einen Fragebogen aus, den sie bisweilen durch weitere Informationen ergänzten, die allerdings oft durch das taktische Verhältnis der Sekretäre zur »Zentrale« bestimmt waren.

12 AdsD/IGMA, T 796 a, Berichte der VWSt Frankfurt am Main.

13 Ebd., diverse Berichte.

brück die Arbeit nieder, um »gleiche Löhne wie die deutschen Arbeiter« zu fordern.[14] Eine ähnliche Zusammensetzung zeigte sich auch in einer Reihe von Arbeitskämpfen, die seit März 1970 in Mannheim stattfanden.[15] Die Agenda dieser Aktionen hatte sich seit Anfang der 1960er Jahre kaum verändert: Es ging um den Kampf um die »Poren der Arbeitszeit«, um Toilettengänge und Pausen, das Arbeitstempo, die Akkordlöhne.

So streikten im März die Akkordarbeiter des Landmaschinenherstellers Deere-Lanz, um einen Lohnzuschlag zu erhalten. Wie 1960 war hier auch 1970 der ständige Streit um den »Akkordpreis« Auslöser des Konfliktes. Aber anders als zehn Jahre zuvor bestand die Belegschaft mittlerweile besonders an den Fließbändern in der großen Mehrheit aus »Gastarbeitern«. Die günstige Arbeitsmarktsituation schuf 1970 die Voraussetzung dafür, dass die Unternehmen auch solchen migrantisch geprägten Streiks gegenüber Kompromisse machten. Die auf den Streik bei Deere-Lanz hin gewährten Lohnzuschläge inspirierten die Beschäftigten des Zweigwerkes in Homburg/Saar, eine Gleichbehandlung mit der Mannheimer Belegschaft zu erzwingen. Zugleich fanden in diversen weiteren Mannheimer Betrieben bis zum Sommer 1970 kurze wilde Streiks statt, die ebenfalls zum Teil migrantisch geprägt waren. Im Juli 1970 fragte der *Mannheimer Morgen* besorgt, ob »nach den Septemberstreiks jetzt Mannheim dran ist«[16]. Doch kurz darauf gingen die wilden Streiks in Mannheim zurück.

Am 14. und 15. Mai 1970 traten bei der Firma Pierburg in Neuss Migrantinnen in einen wilden Streik, um die Angleichung ihrer Löhne zu fordern, nachdem die überwiegend deutschen männlichen Facharbeiter eine Erhöhung von 20 bis 30 Pfennig in der Stunde erhalten hatten.[17] Der Kampf entwickelte sich schnell zu einer grundsätzlichen Auseinandersetzung um die »Leichtlohngruppen«. Die 1.600 Frauen, von denen 1.400 keinen deutschen Pass besaßen, forderten wie einige Monate zuvor ihre Kolleginnen bei Hella in Lippstadt die Abschaffung der untersten Lohngruppe. Den Ausgangspunkt des Streiks und den Kern des Streikkomitees bildeten einige hundert junge Frauen mit jugoslawischer Staatsbürgerschaft, die zugleich gegen ihre »Kaser-

---

14 AdsD/IGMA, T 796 a, Bericht über den Streik bei Karmann/Osnabrück.

15 AdsD/IGMA, T 796 a (März/April), b (Mai–Juli), Berichte der VWSt Mannheim.

16 Zit. nach: Ebd., *Mannheimer Morgen*, 8.7.1970. In einer Jubiläumsschrift der IG Metall fungieren die Streiks bei Deere-Lanz von 1960 als Ausdruck der »Kampfkraft der Arbeiterschaft«, während die Aktionen im selben Betrieb nach 1970 als Ausdruck »spezifischer« Gruppenforderungen gelten. Vgl. Kaiser, *Dokumente*, Kapitel II, III.

17 Vgl. AdsD/IGMA, T 796 b, Berichte aus der VWst Neuss. Die Überlieferung des »ersten« Pierburg-Streikes ist sehr fragmentarisch. Vgl. auch: Hildebrandt/Olle, *Ihr Kampf ist unser Kampf*, S. 155; Dokumentationsstelle Migration, Köln (DOMIT), Bestand »Arbeitskampfe« G 05, GIM, Broschüre »Pierburg-Streik«, S. 9f.

nierung« in einem Wohnheim protestierten, das auf dem Werksgelände lag. Der Ausstand endete mit der Abschaffung der untersten Lohngruppe; ein Erfolg, der auch mit der strategischen Position des Betriebes zu tun hatte, der rund zwei Drittel des westdeutschen Marktes für Autovergaser kontrollierte: Die Frauen waren sich durchaus dessen bewusst, dass ein längerer Arbeitskampf schnell einen großen Teil der bundesdeutschen Automobilproduktion lahm gelegt hätte.

Neben den migrantisch geprägten Streiks können für die erste Hälfte des Jahres 1970 einige »Lehrlingsstreiks« nachgewiesen werden. Diese waren neben der Einrichtung von autonomen Jugendzentren, öffentlichen Protestveranstaltungen und der internen gewerkschaftlichen Arbeit eine der Ausdrucksformen der »Lehrlingsbewegung«, die sich seit Mitte 1969 zunächst in Großstädten wie Hamburg, Köln oder Essen entwickelt hatte und sich nunmehr auf die gesamte Bundesrepublik ausdehnte.[18] Die Gewerkschaften sahen diese Bewegung – ganz ähnlich wie in Dänemark, wo Lehrlingsproteste bereits seit Mitte der 1960er Jahre in Erscheinung getreten waren – mit gemischten Gefühlen: Vor allem waren die selbstorganisierten »Lehrlingszentren« suspekt, da diese häufig gewerkschaftskritische Standpunkte verbreiteten. Andererseits konnten die Gewerkschaften an die Lehrlingsbewegung zumindest potenziell anknüpfen, um dem Trend des »Alterns« der eigenen Mitgliedschaft entgegenzuwirken. Neben einer »offensiven« Mitgliederwerbung unter Jugendlichen formulierten die DGB-Gewerkschaften deshalb um 1970 auch eine im Vergleich zu den 1960er Jahren aktive Berufsbildungspolitik.[19]

In Bezug auf die Lehrlingsstreiks drückte sich diese Ambivalenz insofern aus, als sich örtlich Sekretäre fanden, die den Aktionen positiv gegenüberstanden und ihre Vermittlung anboten. Als Beispiel kann ein im IG Metall-Archiv dokumentierter Konflikt in einer KFZ-Werkstatt in Gelsenkirchen dienen, in der von 15 Arbeitnehmern sieben Auszubildende waren. Nachdem die Azubis die Arbeit niedergelegt hatten, trat der zuständige Sekretär in Verhandlungen und vereinbarte nach eigenen Angaben eine Verbesserung der Ausbildungsbedingungen: »Einhaltung des 8-Stunden-Tages, kein Kloputzen und Wagenwaschen mehr, Bereitstellung von Werkzeug, volle Auszahlung der vorgeschriebenen Ausbildungsvergütung«[20]. Seit Anfang 1970 wurden immer wieder eigenständige Streiks von Lehrlingen registriert, auch in Großbetrieben.[21] Zudem tauchte in wilden Streiks »ausgelernter« Beschäftigter nun

18 Vgl. Crusius/Wilke, »Lehrlingsbewegung«, S. 85–95.

19 Vgl. Deppe, »Integration«, S. 609.

20 AdsD/IGMA, T 796 a, Berichtsbogen Fa. Neuhaus/Gelsenkirchen.

21 Ebd., »Auszubildenden-Streik« bei der Rheinstahl AG, Juli 1970. Weitere Beispiele nennt: Schmidt, »Spontane Streiks«, S. 40.

manchmal neben anderen Forderungen die nach einer die Existenz sichernden Ausbildungsvergütung auf. Das »vermittelnde« Eingreifen von IGM-Sekretären im Falle der »Lehrlingsstreiks« war ein Beispiel, das das Bemühen ausdrückte, aus der Streikwelle von 1969 zu lernen.

Aber wichtiger noch als diese Einzelbeispiele, die oft auf den lokalen Einfluss aufgeschlossener Hauptamtlicher zurückgeführt werden konnten, waren die Konsequenzen, die aus den Septemberstreiks an zentraler Stelle gezogen wurden: Dazu gehörte die zunehmende Bereitschaft, bereits vor der Urabstimmung über einen legalen Streik zu so genannten Warnstreiks aufzurufen. Warnstreiks galten bis Mitte der 1970er Jahre als »inoffizielle« Streiks. Doch anders als wilde Streiks wurden sie von den Unternehmern meist toleriert, wenn sie im Vorfeld von Tarifrunden stattfanden.[22] Dass der Warnstreik sowohl den »wilden« als auch den »tariflichen« Streik als dominante Arbeitskampfform bis heute bis zu einem gewissen Grade verdrängen konnte, hat seinen Ausgangspunkt in der Streikgeschichte von 1970. Warnstreiks wurden 1970 als Ansatz zur Dezentralisierung und Demokratisierung der Tarifpolitik verstanden. Allerdings war das Konzept der Dezentralisierung nicht frei von instrumentellem Denken. So wurde in der Interpretation Brenners »Dezentralisierung« lediglich als »Verbesserung des Informationsflusses« von unten nach oben verstanden: »Mehr Demokratie wagen«, hatte er in Auswertung der Septemberstreiks formuliert, »ist in Fragen der inneren Organisation missverständlich«[23]. In der IGM behielt der Hauptvorstand als zentrales Gremium gegenüber den Tarifkommissionen in der Gestaltung der Tarifpolitik und des Ablaufes eventueller Arbeitskämpfe weiterhin das letzte Wort.

Diese Ambivalenz wurde auch im Verlauf der Welle von Warnstreiks deutlich, die im Herbst 1970 stattfand. Als Konsequenz der Septemberstreiks hatte die IGM ihre Bindung an die »lohnpolitischen« Leitlinien des Sachverständigenrates aufgekündigt.[24] Wie andere bundesdeutsche Gewerkschaften zur gleichen Zeit auch, formulierte sie in den Tarifverhandlungen in der Metallverarbeitung im November 1970 bei einer Inflation von über 5 Prozent Forderungen in der Rekordhöhe von 15 bis 18 Prozent. Gleichzeitig stellte die Gewerkschaft aber in Abgrenzung zu den linearen Forderungen der wilden Streiks das Leistungsprinzip wieder her: Zwar verlangte man eine überdurchschnittliche Anhebung der Niedriglöhne, aber weder nahm man die Forderungen der wilden Streiks im Montanbereich nach linearen Lohnerhöhungen noch

22 Nach 1976 vereinbarten die Arbeitsmarktparteien zunächst in einzelnen Schlichtungsvereinbarungen die »Legalität« dieser oft eher symbolischen Arbeitsniederlegungen. 1980 bestätigte das BAG dies: Dribbusch, »Sword on the Wall«, S. 11.

23 Vgl. den Kommentar von Brenner in: Schmidt, *Ordnungsfaktor*, S. 327.

24 Vgl. insgesamt: HIS, Sbe/Box 001, 01, GIM, *Die Tarifpolitik der IG Metall 1969/70*, S. 7–42.

die der Aktionen der Frauen nach einer Abschaffung der »Leichtlohngruppen« in das Repertoire auf. Die »solidarische Lohnpolitik« erschien insofern noch einmal als »besondere Berücksichtigung« der »randständigen« Beschäftigtengruppen und nicht als grundlegender Anspruch. Im Vorfeld der Tarifrunde griff die IGM massiv auf das Instrument des Warnstreiks zurück: Von September bis November 1970 beteiligten sich bundesweit über 500.000 Beschäftigte, mehr dreimal soviel wie in den wilden Streiks im September 1969.[25]

Doch das »Instrument« erwies sich als zweischneidig. Nicht selten verlor die IG Metall die Kontrolle über die betrieblichen Proteste. Einzelne Belegschaften nutzten die Gelegenheit, Weitergehendes zu formulieren: So bei Ford in Köln-Niehl, wo es Ende September 1970 zu »Ausschreitungen« der Bandarbeiter kam, als diese in einer Demonstration durch das Werk zogen, um gegen die als unmenschlich erachteten Bandgeschwindigkeiten zu protestieren.[26] Andere nutzten die Warnstreiks, um die »zweite« Lohnrunde auf die Zeit vor dem Abschluss vorzuverlegen und forderten lineare Lohnzuschläge. Am Ende der Tarifrunde kam es schließlich zu betrieblichen Protesten, weil die 15-Prozent-Forderung von vielen als Mindestforderung angesehen worden war, und die letztlich vereinbarte Lohnerhöhung von 10 bis 12 Prozent für unzureichend gehalten wurde.

Doch im Großen und Ganzen erreichten die Proteste nicht das Niveau des Vorjahres: Die Aktionen blieben verstreut und punktuell. Auch ohne Arbeitsniederlegungen wurden »Zusatzleistungen« gewährt, und zudem konnten sich die Resultate der Tarifpolitik durchaus sehen lassen: Bei den am Ende vereinbarten Lohnerhöhungen handelte es sich um ein Rekordergebnis, durch das sich der mit den Septemberstreiks eingeleitete Prozess der Umverteilung zugunsten der Lohneinkommen fortsetzte. Nachdem der Metallbereich in dieser Hinsicht als Schrittmacher für andere Sektoren fungierte, erreichte die Reallohnsteigerung im Durchschnitt des Jahres 1970 einen historischen Höchststand.[27]

---

25 Vgl. HIS, Sbe/Box 001, 01, GIM, *Die Tarifpolitik der IG Metall 1969/70*, S. 3ff.

26 Vgl. Hunn, *›Nächstes Jahr‹*, S. 214. Die Aktionen sollen fünf Ausweisungen zu Folge gehabt haben. Vgl. auch AdsD/IGMA, T 796 a, Bericht der VWst Köln; AdsD/IGMA, T 941 a, Untersuchungsbericht, S. 6.

27 Der Reallohnzuwachs des Jahres 1970 (8,1%) wurde nur ein einziges Mal, 1953, knapp überboten, vgl. Jacobi u.a. (Hg.), *Kritisches Jahrbuch 1973*, S. 276f.

Tarifstreiks bis zur »Gegenwehr« der Unternehmer

1971 pendelte sich die Zahl der wilden Streiks auf einem im Vergleich zu 1969 niedrigen Niveau ein.[28] Ein leichter konjunktureller Abschwung und eine etwas schlechtere Arbeitsmarktposition der Beschäftigten trugen dazu bei, dass sich die Konzessionsbereitschaft der Unternehmer bei wilden Streiks reduzierte. Die Tarifpolitik rückte deshalb im Laufe des Jahres wieder in den Mittelpunkt der öffentlichen Aufmerksamkeit. Abweichend von dem üblichen Muster einer »Tarifführerschaft« der Metallverarbeitung zeigten sich diese Tendenzen zuerst in der chemischen Industrie. Bereits 1970 hatte die IG Chemie in Hessen den Versuch unternommen, lokale Arbeitskonflikte und Tarifpolitik neu miteinander zu verknüpfen, indem sie sich bemühte, in den neun Großbetrieben der chemischen Industrie des Landes Haustarifverträge zu erreichen.[29] Die in diesem Zusammenhang vorgenommene Bildung von betrieblichen Tarifkommissionen bedeutete eine Stärkung der überwiegend linksorientierten Vertrauensleute zu ungunsten der eher sozialpartnerschaflich eingestellten Betriebsräte. Dies führte zu schweren innergewerkschaftlichen Konflikten, besonders, nachdem im benachbarten Rheinland-Pfalz noch während des von Warnstreiks begleiteten Hessen-Konfliktes ein Abschluss zustande gekommen war. Die Mehrheit der hessischen Betriebsräte forderte daraufhin einen sofortigen Abbruch des tarifpolitischen Experiments. Sie setzten sich schließlich durch, als die Unternehmer im Gegenzug zu materiellen Zugeständnissen bereit waren, die noch über das Durchschnittsniveau der Lohnerhöhungen des Jahres 1970 hinausgingen.

1971 ging die Konfrontation in der chemischen Industrie weiter, und sie war sowohl Resultat der harten Haltung der Unternehmer als auch Ausdruck innergewerkschaftlicher Konflikte.[30] Zudem war der Boom in diesem Sektor nun vorläufig zu Ende. Parallel zu den im Vergleich zu 1970 sinkenden Spielräumen bei den Lohnverhandlungen richtete der sektorale Arbeitgeberverband einen »Anti-Streik-Fonds« ein, um eine »kompromisslose« Politik durchzusetzen. Die IG Chemie dagegen forderte angesichts der auf über 5 Prozent gestiegenen Inflationsrate erneut Lohnerhöhungen zwischen 11,2 und 12,5 Prozent. In der Folge scheiterten alle Tarifverhandlungen in sämtlichen Bezirken bis zum Mai 1971. Erneut kam es nun zu einem Ausscheren des Bezirkes

28 Die »Berichtsbogen« der IGM-Verwaltungsstellen wurden zunehmend weniger aussagekräftig, da nur noch wenige Berichte wilde Streiks und Warnstreiks unterschieden: AdsD/IGMA, 764 a, Berichtsbogen, 1970–1972 sowie T 795, Berichtsbogen, 1971–1975.

29 Vgl. Jacobi, »Streik in der chemischen Industrie«, S. 33f., auch im Folgenden.

30 Markovits, *Trade Unions*, S. 305, auch im Folgenden. Vgl. ausführlich: Dzielak, *Belegschaften und Gewerkschaften*, S. 135–309.

Rheinland-Pfalz, dessen Politik auf Arbeitnehmerseite weitgehend durch die BASF-Betriebsräte bestimmt wurde, die eigenständige betriebliche Verhandlungen führten. Am 24. Mai schloss dieser Bezirk mit 6,5 Prozent weit unter der innerhalb der Gewerkschaft vereinbarten Schmerzgrenze und sogar noch 1,5 Prozent unter dem eben veröffentlichten Lohnrahmen des Sachverständigenrates ab. Mit dem Abschluss in Rheinland-Pfalz, der kurz vor dem Beginn von Streiks in den anderen Bundesländern als Entsolidarisierung wahrgenommen wurde, wurde die Tarifrunde zugleich zu einer innergewerkschaftlichen Kraftprobe.

Die IG Chemie führte keine Urabstimmung durch und begann den Arbeitskampf (den sie als »aktiven tariflosen Zustand« bezeichnete) Anfang Juni 1971 im Bezirk Nordrhein. Angesichts der Tatsache, dass es in vielen Betrieben der erste »offizielle« Streik seit langem war und zugleich die Unternehmer die Legalität der Arbeitsniederlegungen nicht anerkannten, weil sie von einer Nachwirkung der Friedenspflicht ausgingen, löste der Streik ungewöhnlich scharfe Konfrontationen aus. Schon nach wenigen Tagen drängten einige Belegschaften des bestreikten Bezirks auf eine Ausweitung der Aktionen. In Köln kam es zu einer Demonstration mit etwa 10.000 Beteiligten, in anderen Städten zu kleineren Kundgebungen. Am 20. Juni schlossen sich die hessischen Chemiearbeiter den Streiks an, wobei erstmals auch die Firma Höchst bestreikt wurde. Im Rahmen des Arbeitskampfes fanden auch migrantisch geprägte Aktionen statt, so waren die meisten Beteiligten einer Betriebsbesetzung im hessischen Kelsterbach »Gastarbeiter«.[31] Zwischen dem 22. und dem 24. Juni weitete die Gewerkschaft den Arbeitskampf dann auf Hamburg und Westfalen aus, so dass nun fast 50.000 Beschäftigte der chemischen Industrie streikten. Am 3. Juli endeten die Streiks auf Vermittlung des Kanzleramtes mit Abschlüssen von durchschnittlich etwas über 8 Prozent. Der IG Chemie-Vorsitzende Hauenschildt sah den Arbeitskampf rückblickend als »Versuch der Unternehmer, einen Show-down« zu provozieren.[32] Im Verlauf der Tarifrunde in der Metallverarbeitung im Herbst 1971 zeigte sich erneut, dass die Konzessionsbereitschaft der Unternehmer abgenommen hatte. Auf den Chemie-Streik folgte ein fast zweimonatiger Arbeitskampf im von der IGM erneut als »Schwerpunktbezirk« auserkorenen Bezirk Nordbaden-Nordwürttemberg.

Am Beginn der Tarifrunde stand eine Lohnforderung der IG Metall von 11 Prozent. In der ersten Phase nahm der Arbeitskampf die Form von Warnstreiks an. Ab dem 22. November wurde er, nachdem sich fast 90 Prozent der Beschäftigten dafür ausgesprochen hatten, in einen »offiziellen« Streik verwan-

31 Hildebrandt/Olle, *Ihr Kampf ist unser Kampf*, S. 12f.

32 Markovits, *Trade Unions*, S. 305.

delt.[33] Erstmals seit 1963 antwortete Gesamtmetall mit einer Massenaussperrung: 145.000 Streikenden stand die Rekordzahl von bis zu 360.000 Ausgesperrten gegenüber.[34] Die Unternehmer, die 1970 noch weitgehende Zugeständnisse gemacht hatten, lehnten zudem einen Schiedsspruch ab, der eine angesichts der hohen Inflation geringe Lohnerhöhung von 7,5 Prozent vorsah. Im Verlauf des Arbeitskampfes mussten mehr als 100.000 Beschäftigte nach Hause geschickt werden, deren Betriebe nicht bestreikt, aber aufgrund von Materialmangel geschlossen wurden. Zunächst verweigerten die Arbeitsämter diesen »kalt Ausgesperrten« Kurzarbeiter oder Arbeitslosengeld. Nach einer Anweisung der Bundesanstalt für Arbeit wurde der §116 des Arbeitsförderungsgesetzes jedoch so interpretiert, dass eine weitere Verschärfung des Konfliktes durch die »kalte« Aussperrung von nicht am Streik Beteiligten vermieden wurde.[35] Am Ende des Tarifkonfliktes stand der zuvor bereits vorgeschlagene, aber von den Arbeitgebern abgelehnte Kompromiss einer Lohnerhöhung von etwa 7,5 Prozent. Die allgemeine wie betriebliche Wahrnehmung war, dass die Arbeitgeber vergeblich versucht hatten, der IGM eine Niederlage beizubringen. Fast alle Stimmberechtigten beteiligten sich an der Urabstimmung, und eine außergewöhnliche Zahl von 80 Prozent stimmte dem Vertrag zu.[36]

Die Konfrontation der Tarifparteien in der Metallverarbeitung fand in einer Zeit statt, in der die Unternehmerverbände nicht alleine in Bezug auf die Lohnpolitik nach einer »Kurskorrektur« und nach einer »Gegenwehr« riefen. Angesichts der Reformdebatten, die seit dem Regierungsantritt der sozialliberalen Koalition auch in der Arbeitsmarkt- und Sozialpolitik begonnen hatten, setzten sich in BDI, BdA und den Branchenverbänden jene Kräfte durch, die schon lange vor einem drohenden »Gewerkschaftsstaat« gewarnt hatten.[37] Nach dem Konflikt in Baden-Württemberg initiierten 62 prominente Industrielle und Funktionäre der Arbeitgeberverbände auf Initiative des BDI eine Anzeigenkampagne unter dem Titel »Wir können nicht schweigen«, die sich gegen die Politik der sozial-liberalen Koalition richtete.[38] Hintergrund war, dass die tarifpolitischen Konzessionen von 1969 und 1970 bei den kleineren und mittleren Unternehmern Unmut hervorgerufen hatten, zumal dem Exportboom in den ersten zwei Jahren der 1970er ein signifikanter Verfall der

33 Vgl. Kalbitz, *Aussperrungen*, S. 119ff.

34 Müller-Jentsch, »Streiks und Streikbewegungen«, S. 63.

35 IGM, *Geschäftsbericht 1971–73*, S. 115f. 1986 änderte die Regierung Kohl diesen Paragraphen unter dem Eindruck der IGM- und Drupa-Streiks von 1984.

36 Meyer, *Streik in der Metallindustrie*, S. 323ff.

37 Vgl. hierzu: Berghahn, *Unternehmer*, S. 279ff.

38 Ebd., S. 319.

Profitrate von am Binnenmarkt orientierten Unternehmen gegenüber stand.[39] Die Lohnerhöhungen akzentuierten die Konflikte innerhalb des Verbandes. Das Feld der Lohnpolitik schien deshalb auch geeignet, die Lücke zu schließen, die zwischen den Interessen der Klein- und Mittelbetriebe sowie der Großbetriebe klaffte.

Diese Vereinheitlichung der Verbandsposition in der Lohnfrage korrespondierte mit der Entwicklung im unmittelbar politischen Bereich, die durch die oben erwähnte Anzeigenkampagne dramatisch zugespitzt wurde. Innerhalb der Verbände hatte sich noch einmal die alte Generation durchsetzen können, deren Exponenten, folgt man einer zeitgenössischen Beobachtung in der französischen Zeitung *Le Monde*, gegenüber der Brandt-Regierung und den sich »offensiv« gebärdenden Gewerkschaften so etwas wie eine »Belagerungsmentalität« entwickelten.[40] Ungeachtet der zwischen 1969 und 1972 erreichten einmaligen Expansion des Bruttosozialproduktes erklärten die Arbeitgeber in dem erwähnten »offenen Brief«, dass »wir [...] heute schlechter da[stehen] als in der Flaute der Jahre 1966/67«[41]. Innerhalb der Gewerkschaften wurde die publizistische Offensive als »Startschuss« für den Versuch der CDU/CSU gewertet, die sozial-liberale Koalition abzulösen und Rainer Barzel zum neuen Bundeskanzler wählen zu lassen.[42]

Das konstruktive Misstrauensvotum vom April 1972 löste vor diesem Hintergrund eine Welle von Proteststreiks aus: Vom 25. bis zum 27. April 1972 legten insgesamt rund 100.000 Beschäftigte die Arbeit nieder, um gegen eine mögliche Regierungsübernahme der CDU/CSU zu protestieren.[43] Es war der erste unmittelbar politisch verstandene Streik seit den Aktionen gegen die Notstandsgesetze. Auch wenn es in der öffentlichen Auseinandersetzung vorrangig um die Ostpolitik der Brandt/Scheel-Regierung ging, machten die Proteststreiks die Befürchtung deutlich, dass es nach einem Regierungswechsel zu einer gegen die Interessen der Beschäftigten gerichteten Politik kommen könnte. Wie 1968 warnten die Gewerkschaftsspitzen gleichwohl vor einer Ausweitung der Aktionen, zu denen sie auch diesmal, obwohl dem DGB durchaus etwas an der »Rettung« der Brandt-Regierung lag, nicht aufgerufen hatten.[44] Das Misstrauensvotum wurde schließlich mit der knappsten aller denkbaren Mehrheiten abgelehnt: Der CDU/CSU war es letztlich nicht gelungen, genügend FDP-Abgeordnete für einen Regierungswechsel zu gewinnen. Ende 1972

39 Blechschmidt, »Wirtschaftliche Lage 1973/74«, S. 18ff.

40 Berghahn, *Unternehmer*, S. 320.

41 Zit. nach »Wir können nicht schweigen«: Ebd., S. 320.

42 Ebd., S. 322.

43 Siehe die detaillierte Auflistung in: *Express international*, Nr. 155, 1973, S. 5.

44 Vgl. Schmidt, »Spontane Streiks«, S. 41.

feierte die Brandt/Scheel-Regierung einen eindrucksvollen Wahlsieg, der ihr eine sichere Mehrheit von 54 Mandaten brachte.

Ironischerweise boten ausgerechnet der Proteststreik, das gescheiterte Misstrauensvotum und der SPD-Wahlsieg für die meisten Gewerkschaften den Anlass, von ihrer in den zwei Jahren zuvor vergleichsweise offensiven Lohnpolitik wieder abzurücken. Angesichts einer befürchteten weiteren Verselbstständigung der betrieblichen Basis ordnete man sich erneut den Maßstäben der Konzertierten Aktion unter: Glaubwürdiger als andere denkbare parlamentarische Konstellationen konnte sich eine Regierung unter Willy Brandt, mit ehemaligen Gewerkschaftsfunktionären als Ministern, als »neutraler Vermittler« zwischen den Arbeitsmarktparteien präsentieren. Auch die IG Metall erklärte sich Ende 1972 wieder dazu bereit, vor dem Hintergrund der Stabilisierungspolitik der sozial-liberalen Koalition einen niedrigen »Lohnrahmen« zu akzeptieren. Während die Tarifrunden des Frühjahres 1973 in vergleichsweise bescheidenen Lohnerhöhungen resultierten, führten die Erhöhungen von Steuern und Sozialabgaben sowie die Beibehaltung der umstrittenen starken Progression der Lohnsteuer bei geringen und mittleren Einkommen ab Anfang 1973 zu Reallohnverlusten. In der Folge nahm die Zahl der wilden Streiks wieder rasant zu.

Die wilden Streiks von 1973

Der Verlauf der wilden Streiks des Jahres 1973 ist schwieriger nachzuzeichnen als der der Septemberstreiks. Die Arbeitsniederlegungen waren über das ganze Jahr verteilt. Auf ihrem Höhepunkt, im August 1973, waren nach einer detaillierten Aufzählung des linksgewerkschaftlichen *Express* über hundert Betriebe im Ausstand, erheblich mehr als im September 1969.[45] Gleichzeitig beteiligten sich im August aber nur etwa halb so viele Menschen an den wilden Streiks. Daraus kann geschlossen werden, dass die durchschnittliche Beteiligung pro Arbeitsniederlegung viel geringer war, was wiederum entweder darauf zurückgeführt werden kann, dass tatsächlich mehr Klein- und Mittelbetriebe beteiligt waren oder auch darauf, dass die weitaus stärkere Präsenz des Themas »Streik« dazu führte, dass 1973 auch kleinere Aktionen wahrgenommen wurden. Insgesamt zählte der *Express* zwischen Februar und November 1973 335 Streiks mit rund 270.000 Beteiligten, davon alleine 280 im Mai/Juni sowie im Au-

45 Siehe, auch im Folgenden: Express, *Spontane Streiks*, S. 124.

gust/September.[46] Die eben erwähnten Ungewissheiten außer Acht lassend, kann man zu Recht von der größten »wilden« Streikwelle sprechen, die in der Bundesrepublik bis dato stattgefunden hatte.

Zur unmittelbaren Vorgeschichte der Streiks gehört die tarifpolitische Entwicklung des Winters 1972/73. Für die rund 4,5 Millionen Beschäftigten der Metallverarbeitung und der Stahlindustrie schlossen die Tarifparteien Anfang 1973 Lohnerhöhungen ab, die bei ungefähr 8,5 Prozent lagen. Die Laufzeit der Verträge betrug überwiegend ein Jahr, was aus heutiger Perspektive wenig ist, aus damaliger Perspektive aber ein Problem war.[47] Denn die stetige Steigerung der Inflationsrate, von ungefähr 4 Prozent im Schnitt des Jahres 1970 auf fast 7 Prozent im Januar 1973, ließ einen Reallohnverlust für 1973 mehr als nur befürchten. Zudem hatten die Lohnerhöhungen nun nicht einmal mehr den Anspruch auf einen Ausgleich für die gestiegene Produktivität (im Sinne der »Meinhold-Formel« der 1960er Jahre) eingelöst.[48]

Immerhin hatte die IG Metall sich 1972 in der Stahlindustrie insofern von den wilden Streiks inspirieren lassen, als dass sie Festgeldforderungen formuliert hatte. Allerdings entsprach der 46-Pfennig-Abschluss in Nordrhein-Westfalen, auf den Ecklohn bezogen, den Abschlüssen in der Metallverarbeitung und lag innerhalb des Lohnrahmens, den der Sachverständigenrat abgesteckt hatte. Angesichts der nach wie vor bestehenden Vollbeschäftigung war die Unzufriedenheit mit dem Ergebnis groß. Bei der Urabstimmung stimmten nur 26 Prozent der Gewerkschaftsmitglieder in der Stahlindustrie Nordrhein-Westfalens dem Vertragswerk zu.[49] Das hieß, dass der Vertrag nach der Satzung der IGM ganz knapp angenommen war. Kurz nach der Bekanntgabe des Resultates fanden in einigen Betrieben kurze Proteststreiks statt.[50]

Zwischen Donnerstag, dem 8., und Samstag, dem 10. Februar 1973 versuchten die Stahlarbeiter der Hoesch AG dann, die ursprünglich geforderte Lohnerhöhung von 60 Pfennig »einzustreiken«.[51] Anlass des Streikes war, dass der Arbeitsdirektor versucht hatte, dem Unmut der Facharbeiter über den Abschluss entgegenzuwirken, indem er vorschlug, die Lohnerhöhung »leis-

46 Dass auch die umfangreiche Erhebung des *Express* unvollständig war, zeigt sich daran, dass alleine die IG Metall für 1973 458 »spontane Streiks« mit rund 325.000 Beteiligten zählte, vgl. IGM, *Geschäftsbericht 1971–73*, S. 147.

47 Vgl. die Übersicht über die 1972/73 abgeschlossenen Tarifverträge: Jacobi u.a. (Hg.), *Kritisches Jahrbuch 1973*, S. 269f. Die ÖTV schloss für die 1,7 Millionen Beschäftigten des öffentlichen Dienstes, der Bundesbahn und der Bundespost ähnlich wie in der Metallindustrie ab.

48 Zu den ökonomischen Daten vgl. Jacobi u.a. (Hg.), *Kritisches Jahrbuch 1973*, S. 278 (Preise) sowie *Kritisches Jahrbuch 1974*, S. 319 (Erwerbslosigkeit).

49 IGM, *Geschäftsbericht 1971–73*, S. 149.

50 Müller-Jentsch, »Spontane Streikbewegung«, S. 46.

51 Die Darstellung folgt: Express, *Spontane Streiks*, S. 56–61.

tungsgerecht« zu verteilen. Doch obwohl er wieder die Form der »Dauerversammlung« annahm, entwickelte der Ausstand nicht annähernd die Dynamik des Jahres 1969. Anders als im damaligen Bundestagswahlkampf hielten sich Aufmerksamkeit und Verständnis von Politikern und Presse in Grenzen. Zudem gab es keine Anzeichen dafür, dass sich andere Belegschaften solidarisieren könnten. Schließlich distanzierte sich die IG Metall öffentlich von dem Streik, ohne dass die Beschäftigten ihr Ziel der »vollen« Lohnerhöhung erreicht hatten. Am Morgen des 10. Februar begaben sich die Belegschaften der Werke »Phönix« und »Union« wieder an die Arbeit, während die Westfalenhütte noch bis zum Abend bestreikt wurde. Nachdem die Werksleitung eine zusätzliche Lohnerhöhung von nur 5 Pfennig zugestanden hatte, wurde der Streik allerdings auch dort beendet. Einige Tage später reagierte die die Werksleitung auf den Streik, indem sie acht Entlassungen wegen des »Verstosses gegen die Arbeitsordnung« bekannt gab. Betroffen waren auch zwei Betriebsräte. Letztlich konnte der Versuch der Kündigung aber von der IGM »im Interesse des Arbeitsfriedens« abgewehrt werden.

Diese Entwicklungen deuten darauf hin, dass nicht nur das öffentliche Verständnis für wilde Streiks 1973 geringer war als 1969, sondern auch die Konfrontation mit einzelnen Unternehmern zunahm. Zugleich muss konstatiert werden, dass die Streikwelle nicht wie 1969 in der Stahlindustrie begann und dass in ihrem Mittelpunkt nicht der Protest gegen die Resultate der Tarifpolitik in einem bestimmten Sektor stand. Insgesamt versuchte nur eine Handvoll Belegschaften in Stahlwerken die Lohnforderungen der Tarifrunde »einzustreiken«. Nur acht der erwähnten 335 Streiks fanden zwischen Februar und April statt. Als die Zahl im Mai stark zunahm, geschah dies nicht im Anschluss an die laufenden Tarifrunden. Und dass Ende Mai in der Stahlindustrie eine »Teuerungszulage« vereinbart wurde, schwächte den Zusammenhang zwischen wilden Streiks und »zweiter Lohnrunde« weiter.

Die Streikwelle des Jahres 1973 hatte keinen eindeutigen Auslöser: Die Forderung nach einer anderen Lohnpolitik war nur eine unter vielen.[52] So kam es im März zu einem Arbeitskampf, der nicht unmittelbar mit der Tarifpolitik verknüpft war.[53] Die 380 Arbeiter des Profilwalzwerkes im Stahlwerk von Mannesmann in Duisburg-Huckingen forderten, nach langen lokalen Konflikten um diese Frage, einen garantierten Mindestlohn. Ziel war es, den Akkordlohn unabhängig von der Qualität des Materials und der Auftragslage zu gestalten. Die Streikenden hielten im Verlauf ihrer zehn Tage anhaltenden Aktion das Verwaltungsgebäude der Firma besetzt. Ein erster Versuch, die

52 Express, *Spontane Streiks*, S. 53–56.

53 Ebd., S. 61ff.

Produktion mit Meistern und Streikbrechern am frühen Morgen des 5. März anzufahren, wurde verhindert, indem die Arbeiter den Rollgang der Walzstraße blockierten.[54] Derartige Ansätze einer »Selbstermächtigung« provozierten, dass der Arbeitgeber schließlich über 42 der Streikenden ein Hausverbot verhängte, das vom Arbeitsgericht Duisburg bestätigt wurde, und mit dem Einsatz der Polizei drohte. Doch die Grenzen dieser Maßnahme zeigten sich, als am nächsten Tag ein Versuch, die Walzstraße anzufahren, erneut an einer Besetzungsaktion scheiterte. Am Ende einigten sich die Parteien auf eine Lohnerhöhung in der im Vergleich zum Hoeschstreik ansehnlichen Höhe von zwischen 25 und 70 Pfennig pro Stunde, allerdings bei Beibehaltung des Akkordsystems.

Fast zur gleichen Zeit erreichten einige Einzelgewerkschaften angesichts von Vollbeschäftigung und Inflation deutlich höhere Abschlüsse, als IG Metall und ÖTV im Winter vereinbart hatten. Am 20. März 1973 schloss die HBV im Bankensektor mit einer durchschnittlichen Lohnerhöhung von 11 Prozent ab. In den unteren Lohngruppen betrug die Lohnerhöhung sogar 17 Prozent. Am 10. und 11. April wurde dann erstmals seit 21 Jahren das grafische Gewerbe offiziell bestreikt, nachdem sich über 90 Prozent der Drupa-Mitglieder dafür ausgesprochen hatten. Nachdem sie nur zwei Tage lang für dünne Zeitungen und Textlücken gesorgt hatten, erreichten die Drucker Lohnerhöhungen von 11,2 bis 11,5 Prozent, wobei die unteren Lohngruppen wie in den Banken bis zu 17 Prozent mehr Lohn erhielten.[55] Ebenfalls am 11. April erreichte die GTB in der Textilindustrie mit einer linearen Lohnerhöhung von 60 Pfennig das, was die »große« IGM in der Stahlindustrie vergebens gefordert hatte.[56] Am Tag danach, am 12. April, fanden im Kontext der Haustarifverhandlungen erstmals seit rund zehn Jahren wieder wilde Streiks in den VW-Werken (in Kassel, Salzgitter und Emden) statt, durch die nach zwei Tagen die Wiedereinführung einer gestrichenen »Erfolgsprämie« und die Auszahlung eines vollen dreizehnten Monatsgehaltes erreicht wurden.[57]

Die Arbeitskämpfe und die Abschlüsse des April 1973 steigerten die Unruhe in den Bereichen, in denen im Winter 1972/73 niedrigere Lohnabschlüsse unterschrieben worden waren. Sie trugen dazu bei, dass es im Mai 1973 erstmals seit 1970 wieder zu einer stärkeren Verdichtung der wilden Streiks kam. Zunächst wurde, wie zuvor bereits im Frühjahr/Sommer 1970, der Raum Mannheim zur Hochburg dieser Arbeitskämpfe: Hier fanden 29 der 46 der

54 Höhne, *Wir gehen nach vorn*, S. 22ff.

55 Jacobi, »Wirtschaftliche Entwicklung«, S. 26f.

56 Jacobi u.a. (Hg.), *Kritisches Jahrbuch 1973*, S. 266f. (Chronologie). Fast gleichzeitig erreichte auch die CPK in der chemischen Industrie Lohnerhöhungen von 9,9%.

57 Express, *Spontane Streiks*, S. 64ff., 128.

durch den *Express* registrierten Streiks des Mai 1973 statt.[58] Beteiligt war fast die gesamte Großindustrie, so das Mannheimer Stahlwerk, Daimler-Benz und BBC, aber auch ein einzelner Chemiebetrieb. Die wichtigste Forderung war eine lineare Lohnerhöhung zwischen 70 Pfennig und 1 DM pro Stunde. Im Ergebnis erreichten die meisten Streiks rund 20 Pfennig, immerhin noch das Vierfache dessen, was bei Hoesch im Februar zugestanden worden war.[59]

Im Kontext der Streiks in Mannheim kam es erneut auch zu einem Ausstand bei Deere-Lanz, in dem zusätzlich zu einer Lohnerhöhung von 1 DM für alle pro Stunde eine Kontrolle der Beschäftigten über die Akkordrichtsätze gefordert wurde. Zudem nahm der stark migrantisch geprägte Streik Motive der Ford-Aktion von 1963 auf: Die Streikenden forderten eine »Bandpause« von fünf bis sechs Minuten pro Stunde.[60] Sein Ende ähnelte dem anderer migrantisch geprägter Aktionen von 1973: Werkschutz, einige Meister beziehungsweise Vorarbeiter, leitende Angestellte und Mitglieder der Geschäftsleitung überfielen eine Versammlung, an der fast ausschließlich »Gastarbeiter« teilnahmen, während die mehrheitlich deutschen Vertrauensleute eine Besprechung an einem anderen Ort abhielten. Es kam zu Übergriffen und privaten »Festnahmen«. Angesichts der Angriffe reagierten die überwiegend deutschen Vertrauensleute am 29. Mai mit einem Aufruf, den Streik zu beenden. Ergebnis war eine verhältnismäßig geringe Zulage von 20 DM im Monat. Mit dem Streik bei Deere-Lanz endete zugleich die erneute Streikwelle in Mannheim.

Bereits einige Tage zuvor, am 24. Mai, hatten IG Metall und Arbeitgeberverband Eisen und Stahl eine Sonderzahlung von 280 DM vereinbart, die in vier Raten bis zum Ende des Jahres gezahlt werden sollte.[61] Am 28. Mai sowie am 1. und 5. Juni kam es dennoch erneut zu Streiks bei Mannesmann in Duisburg-Huckingen, weil die Beschäftigten mit der Höhe dieser Zulage unzufrieden waren. Auch Klöckner in Bremen wurde Ende des Monats wieder bestreikt, allerdings mit weniger Erfolg als 1969, weil die Aktion von den Beschäftigten mehr oder weniger als »Kopfgeburt« des linksorientierten Betriebsrates betrachtet wurde.[62] Doch insgesamt gingen die Arbeitsniederlegungen in der Stahlindustrie nach der Gewährung der Teuerungszulage zurück, während sie zugleich in der Metallverarbeitung zunahmen, nachdem sich Gesamtmetall bei einem Spitzengespräch mit dem Hauptvorstand der IG Metall am 30. Mai

58 Vgl. Arbeitskreis Mannheimer Kommunisten, »Streik bei John Deere«, S. 48–72.

59 *Wir wollen alles*, Nr. 5, 1973, S. 6.

60 Arbeitskreis Mannheimer Kommunisten, »Streik bei John Deere«, S. 65ff.

61 Die Zahlung wurde als »Vorschuss« auf den neu zu vereinbarenden Manteltarifvertrag gewertet, womit man die von den Arbeitgebern aus prinzipiellen Gründen abgelehnten »Nachverhandlungen« während der Friedenspflicht formal vermied.

62 *ARPO*, Nr. 4, 1973, S. 12f., 13–15.

einer »Teuerungszulage« verweigert hatte. Im Juni und Juli 1973 kam es in über 60 Betrieben des Maschinenbaus, des Schiffbaus und der Elektroindustrie zu wilden Streiks mit Schwerpunkten in Hessen, Baden-Württemberg und Bayern.[63] Fast überall setzten die Beschäftigten in meist sehr kurzen Aktionen Zuschläge in Form von Festgeldzahlungen durch.[64]

Ihren Höhepunkt erreichte die Streikwelle im August 1973 mit über 100 bestreikten Betrieben bei etwa 80.000 Streikenden. Wie in den beiden Monaten zuvor handelte es sich um kurze Ausstände von einigen Stunden oder maximal Tagen, und wieder erreichten die Streikenden fast immer zumindest das Ziel einer linearen Lohnerhöhung. Anders als in den beiden Vormonaten fand die große Mehrheit der Arbeitskämpfe in NRW statt, so dass für die Monate Mai bis Juli etwas grob zusammengefasst von einer »süddeutschen«, zwischen August und Mitte September von einer »westdeutschen« Streikwelle gesprochen werden kann.[65] Neben der Metallverarbeitung, die wieder die klare Mehrheit der Streikbetriebe stellte, streikten auch die Beschäftigten einer Handvoll Druckereien und Stahlwerke. Längere Arbeitsniederlegungen fanden unter anderem im Werk Niehl von Ford in Köln, beim Automobilzulieferer Pierburg in Neuss sowie bei Opel in Bochum statt. Der Streik bei Opel war im Gegensatz zu den beiden zuerst genannten keiner, der am Ende überwiegend von Migranten getragen wurde. Bevor ich auf die »Diffusion« der Streiks des Sommers 1973 eingehe, werde ich deshalb nun zunächst seine Geschichte skizzieren.

Zum Beispiel Opel Bochum

Bei Opel in Bochum, wo in zwei Werken rund 19.000 Menschen beschäftigt waren, existierte eine linke Opposition innerhalb des Betriebsrates. Diese war ein mehr oder weniger direktes Resultat der Bemühungen der radikalen Linken, in den Betrieben an Einfluss zu gewinnen. Die Opposition hatte sich erst anlässlich der Betriebsratswahlen von 1972 konstituiert. Ihre Entstehung hatte sie der Forderung nach innergewerkschaftlicher und innerbetrieblicher Demokratie zu verdanken. Als »Gruppe oppositioneller Gewerkschafter« (= GOG) lehnte sie, ähnlich wie zur gleichen Zeit etwa die »plakat«-Gruppe bei Daimler-Benz, die in einem Teil der linken Szene zur selben Zeit modischen antige-

63 Express, *Spontane Streiks*, S. 131ff.

64 Ebd., 130f.

65 Vgl. die Aufzählung in: Ebd., S. 136–143.

werkschaftlichen Konzeptionen ausdrücklich ab.[66] Und ebenfalls wie bei Daimler bestand die GOG aus einem in politischer Hinsicht bunt zusammengewürfelten Haufen, der vor allem die Kritik an der im »Hinterzimmer« zustande gekommenen IGM-Liste für die Betriebsratswahlen teilte. Bei den Wahlen von 1972 erhielt sie 2.000 Stimmen, während die offizielle Liste der IG Metall auf rund 8.000 Stimmen kam.[67] Im Anschluss schloss die IG Metall die beiden Listenführer der GOG aus der Gewerkschaft aus und verhängte über die drei weiteren BR-Mitglieder sowie den Rest der GOG-Kandidaten mehrjährige Funktionsverbote. Der immer noch von der »alten Riege« dominierte Betriebsrat sorgte zudem für die Entlassung eines sozialdemokratischen Betriebsrates, der die Bestechlichkeit einiger Interessensvertreter durch »kleine Geschenke seitens der Geschäftsleitung« angeprangert hatte.

Doch obwohl der »alte« Betriebsrat immer wieder Angriffsflächen bot, blieb die GOG zunächst eine relativ kleine Gruppe, die im Gegensatz zu immer wieder vorgebrachten Vorwürfen nicht in der Lage war, betriebliche Kämpfe »auszulösen«. Dies galt auch für die wilden Streiks. 1970 und 1971, als es im Zusammenhang der Warnstreiks auch bei Opel zu »zusätzlichen« Forderungen gekommen war, hatte die Gruppe noch gar nicht existiert. 1972 hatte sie in einem wilden Streik von 500 spanischen Opelarbeitern, die sich gegen die Entlassung eines Aktivisten wandten, lediglich unterstützend und nicht initiativ gewirkt: Die spanischen Kollegen hatten ihre eigenen organisatorischen Netzwerke, die unabhängig von denen der deutschen Linken funktionierten.[68] Und auch der wilde Streik des August 1973 überraschte, entgegen der Meldungen in der deutschen Tagespresse, die von der Hamburger *Zeit* lapidar als »Chaoten von Bochum« titulierte Gruppe.[69]

Am 22. August hatte um 10.30 Uhr eine Abteilung im Presswerk (Werk I) die Arbeit niedergelegt. Der Streik verbreitete sich schnell auf die beiden Werke.[70] Kurz zuvor hatte die Geschäftsleitung eine Forderung der Vertrauensleute, auf die die GOG so gut wie keinen Einfluss hatte, nach einem Teuerungszuschlag von 300 DM abgelehnt. Am 23. August wurden die Forderungen nach Diskussionen im Werk II um die nach der Gewährung einer

66 Dokumente zur »Frühgeschichte« der GOG enthält: Wiesner (Hg.), *Jahrbuch Klassenkampf 1973*, S. 9–47. Zur Opposition bei Daimler-Benz, vgl. Bauer, »plakat«, S. 636ff. Die Oppositionsgruppen bei Opel und Daimler spiel(t)en in der Geschichte der bundesdeutschen »Betriebslinken« seit den frühen 1970er Jahren eine wichtige Rolle.

67 Vgl. Breger, *Orientierungs- und Aktionsformen*, S. 142.

68 Dass die Gruppe an der Planung des Streiks nicht beteiligt war, war bemerkenswert, weil der Entlassene auf der GOG-Liste für den BR kandidiert hatte: Ebd. S. 161ff.

69 Ebd., S. 173. Zum »Chaoten«-Titel in der *Zeit* s.: Projektgruppe Ruhrgebietsanalyse, *Opel streikt*, S. 58.

70 Eine kurze Zusammenfassung gibt: *ARPO*, Nr. 4, 1973, S. 21.

halbstündigen Pause während der Arbeitszeit erweitert. Zudem verlangte man jetzt einen Tag Sonderurlaub und eine Erhöhung des Weihnachtsgeldes. Die Forderungen nach der bezahlten Pause und nach dem Sonderurlaub waren eindeutige Bandarbeiter-Anliegen.

Ins Gespräch gebracht wurde hier ebenso wie in etlichen weiteren Streiks des Sommers 1973, dass es nicht alleine um die Kompensation der verschärften Arbeitsbedingungen durch höhere Löhne ging, sondern auch um die Erweiterung der »Poren der Arbeitszeit«. Die »Opelaner« gestalteten den Streik, indem sie sich auf einer Wiese trafen, Karten und Fußball spielten.[71] Einen Demonstrationszug von Werk zu Werk konnte der an einer schnellen Beendigung des Ausstandes interessierte Betriebsrat unterbinden. Die Streikbereitschaft ließ nach, als die Geschäftsleitung Repressalien androhte. Sie schickte allen Streikenden eine Kündigungsdrohung und bot gleichzeitig eine »außertarifliche« Zulage von 180 DM sowie einen Vorschuss auf das Weihnachtsgeld von 100 DM an. Am 27. August liefen die Bänder bei Opel wieder an, während gleichzeitig bei Ford in Köln noch gestreikt wurde.

Im September 1973 sank die Zahl der wilden Streiks um etwa ein Viertel auf 79. Mit 27.000 wurde nur noch die Hälfte der Teilnehmenden des Vormonats gezählt.[72] Wieder forderten viele Metallarbeiter erfolgreich Teuerungszulagen. Eindeutige regionale Schwerpunkte können nicht ausgemacht werden. Im Oktober sank die Zahl der Arbeitsniederlegungen dann auf 28, und im November zählte der *Express* nur noch zwei wilde Streiks.

Am Ende der Streikwelle standen wie 1969 ein Streik der saarländischen Bergarbeiter und eine Reihe von Arbeitsniederlegungen im öffentlichen Dienst. Die beiden Bewegungen repräsentierten sehr verschiedene Positionen der Streikgeschichte, und sie brachten unterschiedliche Resultate hervor. Der Arbeitskampf in den Steinkohlebergwerken schloss in seiner Form und seinen Forderungen an die Kämpfe von 1969 an. Wiederum hatten sich 13.000 Kumpel recht unkoordiniert entschlossen, mit ihrem Streik dem Beispiel eines erfolgreichen Kampfes der Neunkircher Stahlarbeiter zu folgen. Am 23. Oktober kamen sie zu einer Demonstration zum Landtag in Saarbrücken zusammen. Gefordert wurden Teuerungszulagen von 300 DM und eine lineare Lohnerhöhung von 100 DM pro Monat.[73] Vor dem Landtag wurden sie zwar mit offenen Ohren empfangen, aber die Lokalpolitiker sahen sich zugleich nicht in der Lage, bestimmte Zusagen zu machen. Nachdem der Anteilseigner Bund in Gesprächen erklärt hatte, dass es angesichts der »Stabilitätspolitik«

71 Dies verleitete den BR-Vorsitzenden Perschke am 27.8. dazu zu erklären, dass »das Wetter« die eigentliche Ursache des Streiks sei: vgl. Birke, »Vorgeschichte«, S. 17.

72 Express, *Spontane Streiks*, S. 144ff.

73 Vgl. die Presseberichte in: AfsB/IGBE, 12.510, Org. Abt., Presse, Saarland.

keine Zugeständnisse geben würde, wurden die Bergleute am nächsten Tag in Saarbrücken nicht mit Verständnis, sondern von einigen Hundertschaften Polizei empfangen, die die Bannmeile abriegelten. Der Streik fiel nun sehr schnell auseinander, ohne dass es zu Verbesserungen kam. Die IG Bergbau verurteilte die Aktion im Anschluss wie gehabt als Resultat einer »faulen Masche« der DKP, die als »Drahtzieher« hinter den Aktionen bezeichnet wurde.[74]

Ganz anders gingen die wilden Streiks in den »Arbeiterbereichen« des öffentlichen Dienstes aus, obgleich diese ihre Forderungen ebenfalls an staatliche Arbeitgeber richteten. Nach mehrtägigen Aktionen in acht bundesdeutschen Städten wurden im September 1973 unter anderem bei Müllabfuhr und Stadtwerken Teuerungszulagen zwischen 100 und 600 DM eingeräumt. In vier weiteren Städten machten die Kommunen »vorsorgliche« Zugeständnisse.[75] Die kommunalen wilden Streiks gehören zur Vorgeschichte des bis dahin größten Tarifkonfliktes im öffentlichen Dienst, während dem im Frühjahr 1974 200.000 Beschäftigte in den Ausstand traten; ein Streik, der die »Stabilitätspolitik« der Regierung Brandt tatsächlich gehörig durcheinander wirbelte, bevor sie kurz darauf von der Regierung Schmidt abgelöst wurde. Diese Arbeitskämpfe signalisierten eine Veränderung des bundesdeutschen Streikmusters, die nicht nur anhand der »Mikrogeschichte« der wilden Streiks, sondern auch im groben Maßstab der offiziellen Streikstatistik nachvollzogen werden kann. Die traditionell »streikbereiten« Branchen verloren nach 1970 stark an Bedeutung.[76] So sank der offiziell registrierte Anteil des Bergbaus an den Beteiligten von 33 Prozent zwischen 1949 und 1960 auf im Schnitt 18 Prozent in den 1960er Jahren und schließlich auf 1 Prozent zwischen 1971 und 1976. Die Stahlindustrie, die in den 1950er Jahren noch 11 Prozent der Streikbeteiligten gestellt hatte, zählte in der ersten Hälfte der 1970er Jahre nur noch 2 Prozent Der Anteil der Textilindustrie sank im selben Zeitraum von 5 auf 1 Prozent. Dagegen stieg der Anteil des öffentlichen Dienstes auf 21 Prozent, während er in den 1950ern 15 Prozent und in den 1960ern erst 1 Prozent betragen hatte. Die wilden Streiks von 1973 illustrieren insofern an ihrem Ausgang eine Veränderung der Zusammensetzung der Arbeitskämpfe insgesamt: Sie markieren den Beginn einer »postindustriellen« Streikgeschichte.

---

74 *Einheit*, Nr. 22, 1973, S. 1, 8.

75 Siehe die Übersicht in Express, *Spontane Streiks*, S. 149f.

76 Zu den Zahlen s. Müller-Jentsch, »Streiks und Streikbewegungen«, S. 27.

Migrantisch geprägte Streiks

Der im vorigen Abschnitt im Zusammenhang mit den Streiks im Raum Mannheim geschilderte Arbeitskampf bei Deere-Lanz war nicht der erste in der Reihe der so genannten Ausländerstreiks des Jahres 1973. Bereits einige Wochen zuvor, am 4. Mai, hatten beim Karosserie- und Presswerk Karmann in Osnabrück 1.600 Spanier und Portugiesen für einen längeren und zusammenhängenden Jahresurlaub gestreikt.[77] Im Sommer 1972 waren hier 300 »Gastarbeiter« entlassen worden, weil sie verspätet aus dem Urlaub zurückkamen. Die Entlassungen stellten den Bruch mit einer Art Gewohnheitsrecht dar, das sich in der Zeit des Arbeitskräftemangels etabliert hatte. Weil vier Wochen Urlaub pro Jahr nicht ausreichten, um mit dem Zug und dem Bus Verwandte und Freunde im Herkunftsland zu besuchen, verlängerten viele der ohnehin ungesichert Beschäftigten unbezahlt und eigenmächtig ihre Reise, wurden aber nach ihrer Rückkehr in aller Regel ohne Probleme wieder eingestellt. Und auch in anderer Hinsicht glich der Karmann-Streik anderen migrantischen Aktionen: Während sich am Freitag, den 4. Mai, noch fast alle der 5.000 Kollegen mit der Demonstration durch das Werk solidarisierten, nahmen am Montag, den 7. Mai, die überwiegend deutschen Beschäftigten im Werkzeugbau die Arbeit wieder auf. Die Geschäftsleitung drohte zugleich mit Aussperrung, Lohnpfändung und Polizeieinsatz, wozu es schließlich aber nicht kam. Noch am selben Tag endete der Streik mit einem Teilerfolg: Der Urlaub wurde nicht verlängert, aber zusammenhängend gewährt.

Einige Wochen später knüpfte ein Ausstand direkt an die Geschichte der migrantischen Streiks von 1969 an. Vom 16. bis 19. Juli 1973 streikten erneut etwa 3.000 migrantische Beschäftigte in den beiden Werken des Autozulieferers Hella in Lippstadt und Paderborn. Hintergrund war, dass die Geschäftsleitung den 800 fast ausschließlich deutschen Fachkräften eine Teuerungszulage von 15 Pfennig gewährt hatte, während die Migrantinnen und Migranten leer ausgingen.[78] Aus Protest dagegen, dass ihre ohnehin weitaus niedrigeren Löhne nicht angehoben wurden, legten am 16. Juli zunächst einige junge Spanier in der Plastikspritzerei die Arbeit nieder und bildeten einen kleinen Demonstrationszug, dem sich schließlich nahezu alle »Gastarbeiter« beider Werke anschlossen. Die Forderung der Streikenden war eine Lohnerhöhung von 50 Pfennig, auch für die deutschen Beschäftigten. Die Geschäftsleitung rief die Polizei, die die Streikenden von den deutschen Beschäftigten, die ganz

---

77 Vgl. Hildebrand/Olle, *Ihr Kampf ist unser Kampf*, S. 22ff.

78 Vgl. ebd. S. 33. Grundlegend zu den Geschlechterverhältnissen der Arbeitsmigration: Mattes, *»Gastarbeiterinnen«*, dort exemplarisch zu den Leichtlohngruppen: S. 164.

überwiegend weiter arbeiteten, fernhielt. Weil eines der Wohnheime der Migranten auf dem Werksgelände lag, war dies aber keine ganz leichte Aufgabe. Immer wieder kam es zu Handgreiflichkeiten.

Nach der Vermittlung eines Angestellten der spanischen Botschaft erreichten die Streikenden am Ende, dass drei der vier Streiktage bezahlt wurden und alle Beschäftigten eine Lohnerhöhung von 40 Pfennig erhielten. Dieser Erfolg inspirierte nur wenige Wochen später einen weiteren »Ausländerstreik«, der ebenfalls in einem »strategisch wichtigen« Zuliefererbetrieb der Automobilindustrie stattfand. Vom 13. bis zum 20. August 1973 legten die immer noch in »Leichtlohngruppen« entlohnten Frauen bei Pierburg in Neuss die Arbeit nieder. Ihr Streik war für die Geschichte der migrantischen Kämpfe ein bedeutendes Ereignis, zumal er ein positives Echo in der deutschen Öffentlichkeit fand. Eine Ursache für die Resonanz war, dass die geschlechtsspezifische Ungleichheit Ansatzpunkte für eine Solidarisierung von deutschen und migrantischen Frauen bot. Fast zeitgleich war es zu einer Reihe weiterer Streiks von Industriearbeiterinnen gekommen: Bei AEG in Neumünster, bei den Deutschen Telefonwerken in Rendsburg und anderswo waren sie für »gleichen Lohn für gleiche Arbeit« eingetreten.[79]

Eine zweite Ursache für die Solidarisierung war die Empörung über Angriffe der Schutzpolizei auf die Streikenden. Der Pierburg-Streik begann am 13. August mit der Verteilung von Flugblättern durch eine griechische sozialistische Gruppe, in denen in verschiedenen Sprachen zum Streik gegen die Niedriglöhne aufgefordert wurde.[80] Obwohl es noch gar nicht zu einem Ausstand gekommen war, rief die Werksleitung die Polizei, die eine Stunde später mit drei Wagen erschien.[81] Auf Zuruf von Vorarbeitern versuchten die Polizisten, eine Griechin und einen Griechen zu verhaften, worauf es zu Rangeleien kam, in deren Verlauf ein Polizist die Aktivisten mit gezogener Pistole bedroht und mit rassistischen Zurufen beleidigt haben soll. Die Schlägerei hielt zunächst viele Beschäftigte vom Streik ab. Doch die Stimmung kippte, als sich die rassistische Dimension der Übergriffe herumsprach. Mit der Frühstückspause des 13. August stand die Produktion im Werk das erste Mal still. Am zweiten Tag machte die Polizei dann den Fehler, gleich mit dreizehn Wagen vorzufahren und mehrere Aktivisten festzunehmen. Bei dieser Gelegenheit wurden einige der Streikposten schwer verletzt. Doch mittlerweile hatten sich Streik und Polizeieinsatz nicht alleine bei den Beschäftigten des Werkes herumgesprochen. Am Ende des Einsatzes erschien das Kamerateam eines

79 DOMIT, G 08, Arbeitskämpfe: GIM, *Pierburg*, 1974, S. 109–114, hier: 110.

80 AdsD/IGMA, T 795 b, Bericht der Verwaltungsstelle Neuss über die Arbeitsniederlegung bei Pierburg, auch im Folgenden.

81 Express, *Spontane Streiks*, S. 79.

Fernsehsenders und sorgte dafür, dass der Übergriff am Abend allgemein öffentlich wurde. Dies wiederum veranlasste den Leiter der örtlichen IG Metall, nachdem am Nachmittag eines »seiner« Mitglieder »schwarz und blau angelaufen« im Gewerkschaftshaus erschienen war, zu einem empörten Brief an den Polizeipräsidenten.[82] Die evangelische Kirche und die Jungsozialisten unterstützten den Streik durch Flugblattaktionen in der Neusser Innenstadt – die Aktion der Frauen war in der lokalen linksliberalen Öffentlichkeit angekommen.[83]

Am dritten Tag des Streikes wurde die uniformierte Polizei zurückgezogen und durch Zivilbeamte ersetzt. Am vierten Tag solidarisierten sich die deutschen Facharbeiter schließlich mit den Forderungen der Migrantinnen und legten ebenfalls die Arbeit nieder.[84] Aber erst am Montag, den 20. August 1973, endete der Streik, wohl nicht zuletzt vor dem Hintergrund, dass die Lieferung von Vergasern für die Automobilindustrie nicht mehr gesichert war. Die Resultate waren ein großer Erfolg: Die Lohngruppe 2 wurde endlich abgeschafft, alle Löhne um 65 Pfennig erhöht und der größte Teil der Streikzeit bezahlt.[85] Damit hatten die Pierburg-Frauen innerhalb von wenigen Jahren die Abschaffung beider Leichtlohngruppen erreicht; eine Errungenschaft, die die IGM in den regulären Tarifrunden erst später für den gesamten Sektor durchsetzte.

Kurz nach dem Ende des Pierburg-Streikes traten dann die Beschäftigten der Fordwerke in Köln-Niehl in den Ausstand. Dabei kehrten einige Motive der in Kapitel IV geschilderten Ford-Aktion von 1963 wieder: So etwa die Y-Halle als »Hölle« der modernen Massenproduktion, die Forderungen nach »Bandpausen« und einer Verbesserung der Arbeitsbedingungen. Seit 1963 war die Fabrik ein *closed shop* geworden. Aber anders als sich das die Aktivisten der Ford-Aktion vorgestellt hatten, lag dem hohen Organisationsgrad keine Identifikation mit der IGM zugrunde. Neu Ankommenden wurde das Eintrittsformular mittlerweile zusammen mit dem Arbeitsvertrag vorgelegt, so dass es wie eine Einstellungsvoraussetzung erschien, sich in der Gewerkschaft zu organisieren. Der Organisationsgrad täuschte vor allem in Bezug auf die migrantischen Beschäftigten eine Repräsentanz der IGM vor, die real nicht existierte.

Die Zahl der »Gastarbeiter« war in den Jahren nach 1960 kontinuierlich gewachsen. Nach 1962 wurden zunehmend Arbeitende türkischer Staatsbür-

82 AdsD/IGMA, T 795 b, Streikberichtsbogen: Protestschreiben des Verwaltungsstellenleiters der IG Metall an den Polizeipräsidenten von Neuss, 14.8.1973.

83 AdsD/IGMA, T 795 b, Streikbericht der Verwaltungsstelle Neuss.

84 Diese Szene wurde auch in einem Roman beschrieben: Spix, *Elephteria*, S. 150f.

85 Express, *Spontane Streiks*, S. 81.

gerschaft eingestellt. 1965 betrug deren Zahl bereits 6.000 und 1973 nicht weniger als 12.000, was etwa einem Drittel der Gesamtbelegschaft entsprach.[86] Wie überall, wurden diese Menschen für die am schlechtesten bezahlten und am meisten gesundheitsschädlichen Arbeiten eingesetzt. Zudem waren sie in der betrieblichen Interessenvertretung stark unterrepräsentiert. Nach der Reform des Betriebsverfassungsgesetzes, das seit 1968 gegen eine EWG-Vorschrift verstoßen hatte, da es den ausländischen Arbeitenden nur aufgrund von »Ausnahmeregelungen« ein passives Wahlrecht zugestand, waren bei den Betriebsratswahlen von 1972 erstmals alle »Gastarbeiter« sowohl wahlberechtigt als auch wählbar. Ein Kandidat, dessen Ein-Mann-Liste über 30 Prozent der abgegebenen Stimmen erhalten hatte, blieb jedoch der einzige türkische Belegschaftsvertreter, wobei die BR-Mehrheit ihm zudem die Freistellung verweigerte.[87] Der Vorgang war nicht untypisch: Einem migrantischen Beschäftigtenanteil von etwa 10 Prozent standen im gesamten Metallbereich nur rund 1,8 Prozent der Betriebsratsmitglieder gegenüber.[88]

Als am 24. August 1973 mehrere tausend Beschäftigte im Werk Köln-Niehl der Ford AG die Arbeit niederlegten, hatte dies also nicht zuletzt damit zu tun, dass diese sich von der »deutschen« Gewerkschaft nicht vertreten fühlten. Eine aus der SDS-Tradition stammende Betriebsgruppe beschrieb die Ereignisse:

> »Auslösendes Moment des Streiks waren türkische Kollegen in der Y-Halle. [...] Ein Türke, der seit Jahren an diesem Bandabschnitt und von seinen Kollegen recht isoliert und als Kommunist verschrieen war, sollte zu Beginn der Spätschicht eine zusätzliche Operation übernehmen. Er reagierte, wie schon viele Kollegen in dieser Woche reagiert hatten. Er motzte und schrie rum: ›Kollegen, wie lange wollen wir uns das noch gefallen lassen? Wann tun wir endlich was gegen diese Schweinerei?‹ [...] Es dauerte nur ein paar Minuten, bis die ganze Y-Halle [...] streikte. Die Kollegen zogen durch die Y-Halle und formierten einen Streikzug, der [dann] durch das ganze Werk [demonstrierte] und die Spätschicht zum Streik mobilisierte.«[89]

Wie in vielen Betrieben, die 1973 in wilde Streiks traten, protestierten auch die Ford-Arbeitenden gegen die aus ihrer Sicht unerträglichen Arbeitsbedingungen. Die Abteilungen Karosseriefertigung und Endmontage waren in dieser Hinsicht seit langem besonders berüchtigt: Schon Günther Wallraff hatte die Bedingungen in diesem Teil des Werkes einige Jahre zuvor als ausgesprochen schlecht beschrieben. Auch 1973 musste die Bandarbeit in der Y-Halle noch

86 Mit Familien waren es rund 22.000 Menschen: Hunn, *›Nächstes Jahr‹*, S. 237.

87 Arbeiterkampf, *Streik bei Ford*, S. 90f. Fast ebenso sah es bei den Vertrauensleuten aus: Hunn, *›Nächstes Jahr‹*, S. 238.

88 *Pressedienst der IG Metall*, Nr. 181, 1972.

89 Arbeiterkampf, *Streik bei Ford*, S. 55.

über Kopf aus einer Grube verrichtet werden. Eine technisch durchaus mögliche und in anderen Werken der Ford AG auch umgesetzte Erleichterung der Arbeit war ausgeblieben.[90] Zusätzlich zu dem, was die Bandarbeit, die kurzen Taktzeiten, Schichtarbeit, Lärm und Staub an Belastungen brachten, führte die Entlassung von einigen hundert Menschen dazu, dass die Konflikte im August 1973 eskalierten.[91] Am 30. Juli 1973 waren ungefähr 300 überwiegend türkische Bandarbeiter nicht rechtzeitig aus dem vierwöchigen Urlaub zurückgekommen, und nur ungefähr die Hälfte von ihnen konnte ein Attest vorlegen. Die Kündigungen, die zunächst auch gegen die Kolleginnen und Kollegen mit Krankmeldung ausgesprochen wurden, waren ein Bruch mit den Gepflogenheiten der Jahre zuvor. Wie die Vertrauenskörperleitung der IG Metall konstatierte, hatte die Geschäftsleitung bis dahin, »um den normalen Produktionsbetrieb aufrechterhalten zu können, die zu spät kommenden Kollegen [...] ohne große Bedenken die Arbeit wieder aufnehmen lassen«[92]. Solange der Boom anhielt und Arbeitskräfte gefragt waren, konnten die Beschäftigten dieses Arrangement durchsetzen. Nach dem Werksurlaub des Jahres 1973 wurde die verspätete Rückkehr jedoch von der Geschäftsleitung zum Anlass genommen, Entlassungen auszusprechen. Hintergrund dafür waren Prognosen, die für die zweite Jahreshälfte einen Rückgang der Nachfrage nach Autos ankündigten.[93]

Die zusätzlichen Belastungen, die in der Y-Halle den Streik auslösten, erklärten sich damit, dass die Noch-Beschäftigten die Arbeit ihrer entlassenen Kollegen übernehmen mussten. Die Rücknahme der Entlassungen war darum eine der zentralen Forderungen des Streiks. Außerdem wurden sechs Wochen bezahlter Urlaub sowie eine Verringerung des Bandtempos verlangt. Wie in vielen Streikbewegungen zuvor, formierte sich ein Zug durch das Werk, an dem am ersten Tag noch viele deutsche Beschäftigte beteiligt waren. Einer von ihnen schlug, als der Streik bereits im Fluss war, eine weitere Forderung vor:

> »Nachdem der Zug durch die W-Halle gekommen war, suchte sich ein deutscher Kollege ein Stück Pappe und einen Filzstift und begann die Forderung nach 60 Pfennig zu malen. Als die umherstehenden Türken das sahen, protestierten sie und sagten: ›60 Pfennig zu wenig – muss eine Mark‹. Dies ist die einzig wahre Version über das Auftauchen der 1-DM-Forderung im Streik.« [94]

Eine lineare Lohnforderung war von einem Teil der überwiegend deutschen Vertrauensleute bereits zuvor unter dem Eindruck der wilden Streiks in ande-

90 AdsD/IGMA, T 941 a, Untersuchung der VKL von Ford-Köln zum Streik 1973, S. 1.

91 Während ZeitgenossInnen 500 Entlassene zählten, ist in der Erinnerungsliteratur von 300 Kündigungen die Rede: Arbeiterkampf, *Streik bei Ford*, S. 54; Kleff, »Anmerkungen«, S. 256.

92 AdsD/IGMA, T 941 a, Untersuchung der VKL, S. 2.

93 Ebd.

94 Arbeiterkampf, *Streik bei Ford*, S. 55.

ren Automobilwerken formuliert worden. Die linke Gruppe »Kölner Fordarbeiter« hatte »60 Pfennig mehr« eine Woche zuvor auf einer Betriebsversammlung lautstark propagiert. Die Erhöhung auf eine Mark entstand aus der Dynamik des Streikes heraus.[95]

Am 25. August 1973, einem Samstag, wurde die Arbeit vorläufig wieder aufgenommen, da die Beschäftigten zum Teil noch nicht informiert waren oder die Zuschläge aus den Sonderschichten benötigten.[96] Am Montag jedoch wurde der Streik fortgesetzt. Ein Streikkomitee wurde gewählt, das vor allem aus türkischen Kollegen, aber auch aus Deutschen, Jugoslawen und Italienern bestand.[97] Zunächst solidarisierte sich ein Teil der deutschen Beschäftigten. Der Betriebsrat, der sich von vornherein gegen den Streik stellte, versuchte, ein Verhandlungsergebnis zu erreichen, wurde in dieser Rolle von den Streikenden aber nicht akzeptiert. Die örtliche Hierarchie der IG Metall und die betriebliche Interessenvertretung erklärten, dass der Streik von einigen linken Studenten angezettelt worden sei, die, so der Betriebsratsvorsitzende Lück, »sich als Arbeiter eingeschlichen haben«[98].

Nicht zuletzt auf dieser Grundlage setzte eine Pressekampagne ein. So bezeichnete eine Kölner Boulevardzeitung den Streik als ein »Werk von sechs Radikalen«. Die *Bild-Zeitung* sprach vom »Türken-Terror in Köln«. Im Vordergrund stand in beiden Blättern die Behauptung, bei den Aktivisten handele es sich um Arbeiter, die erst kurze Zeit bei Ford beschäftigt seien und nun »Unruhe stiften« würden. Unabhängig vom Wahrheitsgehalt dieser Aussage – einige der Streikenden waren bereits seit Anfang der 1960er Jahre bei Ford beschäftigt – wurde hier der Status der Beschäftigten auf dem Arbeitsmarkt als »Eigenschaft« auf diese projiziert. Im Kern machte man die Tatsache, dass die Arbeit am Fließband häufig schlecht bezahlt, inhaltlich anspruchslos und prekär war, zum Ausdruck einer Art kollektiven »Persönlichkeit« der Streikenden selbst. Die Argumentation entlastete sowohl Betriebsrat als auch Geschäftsleitung: Ihre Verantwortung für die zunehmend als unmenschlich betrachteten Bedingungen an den Montagebändern trat in den Hintergrund. Angesichts der vergleichsweise hohen Auflagen, in der sie verbreitet wurden, hatten die Boulevardblätter wahrscheinlich einen größeren Einfluss auf die Rezeption des

95 In einem Zeitzeugengespräch, das im Rahmen eines 1982 entstandenen Filmes geführt wurde, erklärte ein ehemaliger Fordarbeiter auf die Frage, warum sich die Deutschen überwiegend nicht am Streik beteiligten: »Das war doch ganz klar, die [hatten] die Mark ja schon.« Das Skript des Filmes dokumentiert in Auszügen: Motte/Ohliger (Hg.), *Geschichte und Gedächtnis*, S. 238ff., hier: 239. Zur Chronologie vgl. auch: Hunn, *›Nächstes Jahr‹*, S. 244ff.

96 Wieser (Hg.), *Jahrbuch Klassenkampf 1973*, S. 84.

97 Die deutschen KollegInnen kamen zum Teil aus dem Zweigwerk in Köln-Metternich, wo die »Kölner Fordarbeiter« stärker vertreten waren, vgl. Arbeiterkampf, *Streik bei Ford*, S. 184–206.

98 *Express*, 28.8.1973, dok. in: GIM, *Streik bei Ford*, S. 98ff.

Streiks als die differenzierteren Berichte, die in der gleichen Zeit etwa in der *Frankfurter Rundschau* erschienen.

Nachdem das Bild von den »gefährlichen Klassen« hergestellt war, war es nur konsequent, dass der Streik kriminalisiert wurde.[99] Die Geschäftsleitung erklärte eine Art betrieblichen Notstand, ließ den Werkverkehr einstellen und warb in den Wohnheimen dafür, nicht ins Werk zu fahren. Am Montag, den 27. August 1973, wurde der Betrieb im Werk Köln-Niehl offiziell eingestellt, was in Straßenbahnen und Bussen sowie im Radio bekannt gegeben wurde. Diese faktische Aussperrung beantworteten die Streikenden mit einer Betriebsbesetzung, in der die »Y-Halle« den Mittelpunkt bildete. So wurde eine Situation produziert, die dazu beigetragen hat, dass auf den Ford-Streik bis heute Bezug genommen wird: Neben Demonstrationen fanden Kulturveranstaltungen mit Märchenerzählern, Liedermachern etc. statt. Die Y-Halle wurde zum Übernachtungsplatz der Streikenden. Ein Angebot der Geschäftsleitung – eine Sonderzahlung von 280 DM und die Rücknahme der Entlassungen bei Vorlage einer Krankmeldung – wurde von den Streikenden nicht akzeptiert. Der Betriebsrat hatte bereits in der gesamten Woche versucht, die Besetzung des Werks zu beenden. Nachdem dies nicht geglückt war, organisierte die Geschäftsleitung am 30. August eine Demonstration von »Arbeitswilligen«. Die Angriffe dieser Gruppe auf die Streikenden bildeten den Vorwand für das Eingreifen der Polizei, die bereits seit einigen Tagen vor dem Werk stationiert war. Die wichtigsten Aktivisten und einige weitere Streikende wurden verhaftet, mehrere Menschen verletzt aus dem Betrieb getragen. 100 fast ausschließlich migrantische Beschäftigte wurden sofort entlassen, weitere 600 kündigten »freiwillig«. Das Angebot der Geschäftsleitung wurde als »Verhandlungsergebnis« eingesetzt. Zusätzlich wurde die Bezahlung der Streikzeiten vereinbart, ein Versprechen, das aber nur selektiv eingehalten wurde.[100]

Wie kam es zu den »Ausländerstreiks« des Jahres 1973? In der Literatur finden sich zwei Erklärungen: Einerseits gelten sie als Ausdruck von »bäuerlichen« (sprich: vormodernen) Verhaltensmustern, andererseits als ein Resultat einer besonderen gewerkschaftlich-politischen »Militanz«, die die Migranten »aus ihren Herkunftsländern mitgebracht« hätten.[101] Beide Bewertungen sind meines Erachtens fragwürdig. Zunächst zur Frage der »importierten« Militanz: Sicherlich hat die »Übersetzung« von eigenen Erfahrungen auf die Verhältnisse

99 Vgl. zum Folgenden: AdsD/IGMA, T 941 a, Untersuchung der VKL über den Fordstreik bzw. Motte/Ohliger (Hg.), *Geschichte und Gedächtnis*, S. 238ff.

100 Vgl. Wieser (Hg.), *Jahrbuch Klassenkampf 1973*, S. 86. Wenig bekannt ist, dass einige Wochen nach dem Ende des Streiks weibliche Beschäftigte in der Polsterei gegen die durch die Entlassungen ausgelöste Personalknappheit streikten: Arbeiterkampf, *Streik bei Ford*, S. 207f.

101 Vgl. Kleff, »Vom Bauern zum Industriearbeiter«, S. 146ff.

in der Migration in der Streikwelle von 1969 bis 1973 eine Rolle gespielt. Dabei war jedoch die direkte und gezielte Intervention politischer Aktivisten aus anderen europäischen Ländern eine seltene Ausnahme.[102] Das bedeutet nicht, dass bei den migrantischen Streiks linke, transnational agierende Gruppen keine Rolle gespielt haben. Aber diese Gruppen waren im besten Fall Katalysator vorhandener Konflikte und nicht deren Auslöser. Häufiger ist da schon die gegenseitige »Nachahmung« gewesen. Diese funktionierte in Einzelfällen auf der Grundlage direkter Kontakte: Die Frauen aus Pierburg haben etwa sowohl den Streikenden bei Hella als auch bei Ford in Köln Besuche abgestattet.[103] Noch weniger Hinweise als auf einen »Import« wilder Streiks gibt es auf die Wiederkehr von »vormodernen« Verhaltensmustern. Denn grundlegend muss für *alle* wilden Streiks konstatiert werden, dass sie dem Modell der »verrechtlichten« und »institutionalisierten« Konflikte nicht entsprachen, dies jedoch nicht in erster Linie, weil sich die Streikenden ihre »bäuerlichen« Traditionen bewahrt hatten, sondern weil der Spielraum für legale Streiks eng war. Für die Streikgeschichte der Bundesrepublik fallen die Gemeinsamkeiten auf, die die Streiks *ungelernter* Arbeiter zeigten, so bei Deere-Lanz (1960, 1970, 1973), VW Hannover (1960, 1962) beziehungsweise Ford-Köln (1963/64, 1970, 1973). Diese Ähnlichkeiten bestanden unabhängig von der staatsbürgerlichen Herkunft der Streikenden.

Migrantisch geprägte Kämpfe haben um 1970 in etlichen (west-)europäischen Ländern stattgefunden, aber sie waren kaum Folge einer blühenden Import/Export-Gesellschaft, sondern Proteste gegen die transnational etablierte Fabrikdisziplin. Dass sie keineswegs »randständig« und »marginal« waren, zeigte sich daran, dass ihre zentralen Themen bald von den Gewerkschaften aufgenommen wurden. In der Bundesrepublik wurden die wilden Streiks damit auch zu einer Teilgeschichte der Reformen der Arbeitsorganisation im Rahmen der staatlichen Kampagne für eine »Humanisierung der Arbeit«, die eine der Antworten auf eine wachsende Selbstständigkeit und Differenzierung der lohnabhängig Beschäftigten war. Parallel dazu hatte die »kompensatorische« Tarifpolitik in den Gewerkschaften an Glanz verloren. Zunehmend wurde nun in der Tat auch »offiziell« gegen rigide und autoritäre Strukturen und das hohe Rationalisierungstempo agiert. Während die IG Metall sich 1973 deutlicher als 1969 weigerte, die wilden Streiks anzuerkennen, zögerte sie nicht, anderswo zum Kampf für eine »qualitative Tarifpolitik« anzutreten. Nur wenige Wochen nach dem Ford-Streik startete sie im »Pilotbezirk« Nordbaden-Nordwürttem-

102 Ein Streik einiger junger, italienischer Arbeiter, die zur Gruppe »Lotta Continua« gehörten, bei BMW in München kommt als einziger mir bekannter Fall dem Muster des »Imports« nahe, vgl. Archiv 451, Sammlung »Arbeitersache/RK«, Aktionen bei BMW, 1972.

103 Vgl. Hildebrandt/Olle, *Ihr Kampf ist unser Kampf*, S. 155f.

berg eine entsprechende Kampagne. Erstmals wurden hier bei einer großen Metall-Tarifrunde Forderungen nach einer Verbesserung der Arbeitsbedingungen propagiert. So wurden Bandpausen, die Abschaffung von Niedriglohngruppen oder die Entlastung von Bandarbeit ab einem bestimmten Alter im »progressiven« Bezirk Stuttgart Gewerkschaftsforderungen.[104] Dass die Stuttgarter IGM und ihr Vorsitzender Franz Steinkühler mit diesem Programm freie Hand bekamen, lag auch an der Legitimationskrise der zentralistischen Tarifpolitik, die die wilden Streiks erneut akzentuiert hatte.

Dass es den Gewerkschaften anschließend wenigstens zum Teil gelang, die Impulse der Arbeitskämpfe in Ressourcen umzuwandeln, zeigte die Mitgliederentwicklung. Von 1969 bis 1974 traten über eine Million Menschen in die DGB-Gewerkschaften ein. Die Zahl der Organisierten stieg auf 7,4 Millionen. Die größten Zuwächse erfolgten in den Jahren 1970 und 1972.[105] Die am meisten von den wilden Streiks betroffene IG Metall verzeichnete ein überdurchschnittliches Wachstum: Sie gewann alleine zwischen Januar 1971 und Dezember 1973 nicht weniger als 150.000 neue Mitglieder hinzu.[106] Dagegen konnte die Gewerkschaftsopposition unmittelbar kaum von der Streikwelle profitieren. Aber auch wenn sie die »große Politik« nicht beeinflussen konnte, spielte sie punktuell weiterhin eine wichtige Rolle. Trotz der nach den Unvereinbarkeitsbeschlüssen von 1973 beginnenden Ausschlusswelle in den Gewerkschaften blieben die »neuen« Linken in einer Reihe von Großbetrieben ein bedeutender Faktor.[107] In ähnlicher Weise traten auch in Dänemark nach 1970 neben die traditionelle Gewerkschaftslinke oppositionelle Strömungen, deren wichtigste Anliegen die Demokratisierung der Gewerkschaften und der Kampf gegen Akkord und Fabrikdisziplin waren.

104 Vgl. Beck, »Steinkühlerpause«.

105 Streeck, »Gewerkschaften als Mitgliederverbände«, S. 102, Tabelle I.

106 Jacobi u.a. (Hg.), *Kritisches Jahrbuch 1973*, S. 273; dies., *Kritisches Jahrbuch 1974*, S. 311.

107 Zu den 1973 einsetzenden Gewerkschaftsausschlüssen, die in ihrem Ausmaß nur mit der »Reverspolitik« der 1950er zu vergleichen sind: IGM, *Geschäftsberichte: 1971–73*, S. 304; *1974–76*, S. 422ff. Vgl. zur Übersicht: Erd, »Gewerkschaftsausschlüsse«, S. 167. Insgesamt kam es bis 1977 zu mindestens 1.300 Ausschlüssen in der Drupa, der IGM, der CPK und der ÖTV.

2. Dänemark: Wilde Streiks als soziale Bewegung

Die Instabilität des politischen Systems blieb in Dänemark auch in den ersten Jahren der 1970er erhalten. Die bürgerliche Koalition, die seit dem Winter 1968/69 regiert hatte, konnte sich bis zu den Neuwahlen im September 1971 trotz des anhaltenden Wirtschaftsbooms nicht festigen. Erneut übernahm nun eine SPDK-Minderheitsregierung, die von der SF toleriert wurde und im Parlament nur über eine Mehrheit von einer einzigen Stimme verfügte, die Amtsgeschäfte.[108] In ihrer Amtsperiode baute sie zwar die wohlfahrtsstaatlichen Leistungen systematisch weiter aus[109], doch sorgte der von ihr geplante und schließlich verwirklichte EG-Beitritt Dänemarks für eine Polarisierung innerhalb der eigenen Wählerschaft. Im Vorfeld der durch die Verfassung vorgeschriebenen Volksabstimmung über die EG-Mitgliedschaft sprachen sich unter anderem selbst sonst mit der SPDK loyale Berufsverbände wie der DM&SF für ein »Nein« aus. Die Gewerkschaftslinke beteiligte sich darüber hinaus an einer Anti-EG-Kampagne, die am Tag der Abstimmung, dem 2. Oktober 1972, etwa 80.000 Menschen zu Demonstrationen in Kopenhagen und der Provinz zusammenbrachte.[110]

Nachdem sich gleichwohl rund 60 Prozent der Abstimmenden für die Mitgliedschaft ausgesprochen hatten, trat Ministerpräsident Krag zurück und überließ seinen Platz zur allgemeinen Überraschung dem reformerisch orientierten DASF-Vorsitzenden Anker Jørgensen, eine Entscheidung, die unzweifelhaft mit dem Ziel getroffen worden war, die brüchig gewordene Kooperation zwischen SPDK und Gewerkschaften zu erneuern. Doch die Jørgensen-Regierung konnte sich nur etwas mehr als ein Jahr halten. Nachdem ein Abgeordneter aus der SPDK-Fraktion ausgetreten war, war die »Arbeitermehrheit« schon im Spätsommer 1973 wieder am Ende.[111]

Mit den »Zentrumsdemokraten« und der »Freiheitspartei« entstanden kurze Zeit später gleich zwei neue rechte Parteien, die zwar kein durchdachtes Programm zu bieten hatten, aber »charismatische« Führungskräfte und, vor allem, die Forderung nach umgehenden Steuersenkungen. Bei den Wahlen des 4. Dezember 1973 erreichte die SPDK nur 25,7 Prozent statt zuvor 37,3 Prozent der abgegebenen Stimmen, weniger als jemals nach 1945. Auch die SF verlor ein Drittel ihres Anhangs und fiel von einem Anteil von 9,1 Prozent auf 6 Pro-

108 Vgl. zum Folgenden auch die Übersicht bei Knudsen u.a., *Kampen*, S. 311ff.

109 Dazu gehörte die Erhöhung der Erwerbslosenunterstützung auf 90% des letzten Einkommens und die Zahlung von Krankengeld für alle Arbeitnehmer.

110 Zur Geschichte der »Anti-EG-Bewegung« s. auch: Rasmussen, *Sære Alliancer*, S. 63–122, zur Volksabstimmung von 1972: S. 88.

111 Hansen, »LO«, S. 68, auch im Folgenden.

zent.[112] Die »Freiheitspartei« schaffte es auf Anhieb auf 15,9 Prozent und wurde drittstärkste Partei, während die von der SPDK »abtrünnigen« Zentrumsdemokraten 7,8 Prozent der Stimmen erhielten. Insgesamt zogen nicht weniger als zehn Parteien in das Parlament ein, einschließlich der DKP, die wohl nicht zuletzt auf der Grundlage ihrer Rolle in der Anti-EG-Bewegung auf 3,6 Prozent kam und damit ihr parlamentarisches Comeback feiern konnte. Im Anschluss an die Wahl bildeten die Rechtsliberalen eine Minderheitsregierung, die lediglich über 22 der 175 Mandate verfügte: Es war die schwächste Regierung der Nachkriegsgeschichte.

Das staatlich-gewerkschaftliche Arrangement, das die dänische Politik der 1960er Jahre geprägt hatte, war mit den Wahlen von 1973 vorläufig am Ende. Die zentrale Verabredung einkommenspolitischer Maßnahmen, die »Lohnzurückhaltung« auf Arbeitnehmerseite bei gleichzeitiger Expansion des Wohlfahrtsstaates, hatte eine starke Position der SPDK in der Regierung vorausgesetzt. Die nationalstaatliche Regulierung der Arbeitsbeziehungen wurde nun zunehmend unrealistisch, nicht nur aufgrund der Öffnung der Märkte mit dem EG-Beitritt und kurz danach mit dem Einsetzen der Weltwirtschaftskrise, sondern auch aufgrund der Differenzierung der Kräfte, die die Verbindlichkeit des Arrangements garantiert hatten. Symptom dieser Differenzierung war die Existenz von nicht weniger als vier linken Parteien, die nach 1973 zeitweise alle im dänischen Parlament saßen, aber auch die Entstehung von Rechtsparteien, die sich teils aus der sozialdemokratischen Tradition heraus entwickelt hatten. Dass sich das Wahlverhalten nicht mehr festen sozialen Mustern zurechnen ließ, hatte die Option stabiler sozialdemokratischer Mehrheiten im dänischen Parlament zerstört.

In Bezug auf die Arbeitsbeziehungen äußerte sich dieser Bruch mit den bis dahin dominanten institutionellen und repräsentativen Traditionen unter anderem in einer anhaltenden Krise des gewerkschaftlichen Streikmonopols. Zwar nahmen Zahl und Umfang der wilden Streiks nach dem Februar 1970 zunächst ab: Lediglich im Frühjahr 1971 konnte eine leichte Verdichtung von Proteststreiks im Rahmen der Tarifrunde beobachtet werden.[113] Doch am Ende des Jahres 1972 begann die Zahl der Streiks wieder anzusteigen und 1973 erreichte auch ihr Umfang Rekordhöhe.[114] Am Ende des von der vorliegenden Studie umfassten Zeitraums zeigte sich insgesamt eine grundlegende Veränderung der Position der dänischen Arbeitskämpfe im internationalen Vergleich.

112 Knudsen u.a., *Kampen*, S. 320.
113 Ursache waren einige Streiks in den Druckereien: Velsing Groth, *Strejker i Danmark*, S. 102.
114 Mikkelsen, *Arbejdskonflikter*, S. 339.

Tabelle 10. Ausfalltage je 1.000 Beschäftigte im internationalen Vergleich, 1967–1976 [115]

	1967–71	*1972–76*	*Steigerung*
Dänemark	*64*	*1.078*	*+ 1.584%*
Norwegen	20	114	+ 570%
Holland	42	82	+ 95%
Australien	796	1.502	+ 89%
Großbritannien	608	968	+ 59%
Italien	1.692	1.956	+ 16%
Frankreich	313	338	+ 8%
USA	1.644	1.054	- 36%
Bundesrepublik	*80*	*32*	*- 60%*

Vergleicht man die vier Jahre vor und nach 1972, so stieg die Anzahl der »verlorenen« Arbeitstage in Dänemark um sage und schreibe 1.584 Prozent. Die zweithöchste Steigerung verzeichnete Norwegen mit 570 Prozent. Alle anderen Industrieländer, auch die in der Tabelle nicht aufgeführten, lagen unter 100 Prozent. Der Weltrekord hievte Dänemark ins obere Drittel der international vergleichenden Statistiken. Es handelte sich um eine Tendenzwende in der Streikgeschichte, zumindest in quantitativer Hinsicht: Heute gehört Dänemark zu den Ländern, die regelmäßig zu den Ländern mit den im Vergleich meisten Streiks gehören. Aber was sagt dies wirklich über die Arbeitskämpfe in den ersten Jahren der 1970er aus?

Der größte Teil der Steigerung wurde durch einen einzigen Streik verursacht. Der Tarifkonflikt des Frühjahres 1973 produzierte die bis dahin und bis heute höchste Zahl an Ausfalltagen in der dänischen Arbeitskampfgeschichte.[116] In seinen Formen und seinen Inhalten war dieser Streik jedoch alles andere als »militant«: Sein Gegenstand war eine Differenz zwischen den Forderungen der Arbeitgeber und der Gewerkschaften von rund 20 Øre pro Stunde.[117] Strategische Bereiche wie die Elektrizitätsversorgung, die Benzinlieferungen und ein Teil des Transportsektors arbeiteten während des Tarifkonflikts weiter, weil die LO und das Gros der Berufsverbände den »Schaden für die Gemeinschaft« in Grenzen halten wollten. Es kam so gut wie gar nicht zu Demonstrationen zur Unterstützung der Gewerkschaftsforderungen. Bei der Ur-

115 Die Zahlen entstammen der ILO-Statistik. In Frankreich wurden die Streiks des Mai/Juni 1968 nicht erfasst. Der für die Bundesrepublik festgestellte Rückgang ist dem Metallarbeiter-Innenstreik von 1971 geschuldet. Vgl.: Tetzschner, »Strejkeopsving«, S. 168.

116 Insgesamt wurden fast vier Millionen Ausfalltage und damit das Doppelte des bis dahin gültigen »Rekords« von 1961 erfasst: Leihardt, »Strejkestatistik«, S. 153f.

117 Vgl. zu dem Folgenden: Hansen, »LO«, S. 63f.

abstimmung stieß der Abschluss nicht auf völliges Desinteresse, doch dass bei einer Rekordzahl von Ausfalltagen sich fast 40 Prozent der Gewerkschaftsmitglieder nicht an der Entscheidungsfindung beteiligen wollten, zeigt doch, dass die mobilisierende Wirkung des Konfliktes begrenzt blieb.

Wie sich die Formveränderung der Arbeitskämpfe zwischen 1970 und 1973 darstellte, lässt sich weder an der Zunahme der in der Statistik registrierten Ausfalltage noch an den Inhalten oder am Verlauf des Tarifstreiks von 1973 ablesen. Im Folgenden werde ich von daher schildern, wie sich die andere Seite der Medaille, die »diskreten« Streiks, seit 1970 entwickelten. Interessant ist etwa, dass es der studentisch geprägten Linken erstmals gelang, in Kämpfe einzugreifen, die von Massenarbeiterinnen und -arbeitern initiiert wurden. Die »Verstärkung«, die die Streikenden durch die jungen Akademiker erhielten, wirkte sich gleich dreifach aus: Erstens wurden Leistungslöhne und Fließproduktion und damit implizit auch die »Produktionslinie« weiter in Frage gestellt, wobei insbesondere die Folgen der Arbeitsbedingungen für die Gesundheit der Beschäftigten thematisiert wurden. Zweitens kam es zu einer überbetrieblich angelegten, systematischen Selbstorganisation der Streikenden. Und drittens gerieten die wilden Streiks in den Fokus der sozialen Bewegungen, wobei unter anderem die Interaktion zwischen neuer Frauenbewegung und Akkordarbeiterinnen bemerkenswert ist.

Akkordhetze und »Fachkritik«

1969/70 hatten sich die dänischen Arbeitskämpfe auf eine Vielzahl unterschiedlicher Sektoren erstreckt. Bei weitem nicht alle waren mit der »Eine-Krone-Kampagne« verbunden. Dies galt, neben Streiks in erst in jüngster Zeit entstandenen Fabriken wie Danfoss auf der Insel Als, für die Schlachtereien in der Provinz. Hier war der Abstand zur linken Gewerkschaftsszene traditionell groß: Diese Arbeiterinnen und Arbeiter hatten es seit den 1950er Jahren verstanden, kreative Streik-Formen zu entwickeln und sich untereinander in beeindruckender Weise zu koordinieren. Eine Vernetzung mit der Gewerkschaftsopposition oder der politischen Linken hatte dies aber nur ausnahmsweise zur Folge.

Vor und nach dem Aktionstag des 2. Februar 1970 erlebten die Schlachtereien etliche »tarifwidrige« Aktionen. Zum Teil wurden ganz ähnliche Forderungen wie in der Kampagne der FI formuliert. Doch am Aktionstag beteiligte sich die Mehrheit der Belegschaften nicht, und die allermeisten wurden auch nicht aktiv, als in der Hauptstadt gegen die Entlassung der Vertrauensleute der Werften protestiert wurde. Und als sich der Vorsitzende des DSF aus Protest von den Arbeitsgerichtsverfahren zurückzog, entwickelte sich innerhalb der DSF-Basis kein Ansatz einer gemeinsamen Strategie mit linken Gewerkschaftern, obgleich diese das Arbeitsgericht vehement kritisiert hatten. Und schließlich zeigte sich die mangelnde Verbindung auf der Konferenz der FI am 14./15. Februar 1970, die den Zyklus der Arbeitskämpfe von 1969/70 beendete: Von den 93 anwesenden Gewerkschaftsabteilungen gehörte keine einzige zum DSF.[118]

Was der Gewerkschaftsopposition über mehr als zwanzig Jahre nur unzureichend gelungen war, gelang 1970 linken Studierenden: Sie bauten einen intensiven und für die dänische Arbeitsgeschichte am Ende nicht unbedeutenden Kontakt zu streikenden Beschäftigten unter anderem im Schlachtereisektor der Provinz auf. Um zu verstehen, wie es dazu kam, müssen wir uns zunächst den Studierenden zuwenden: Wie in der Bundesrepublik wurde auch in Dänemark die Orientierung der studentischen Politik auf Hochschul- und allgemeinpolitische Fragen unter Aktivistinnen und Aktivisten zunehmend als unzureichend erkannt. In der Folge entwickelte sich eine langsame Hinwendung zur »sozialen Frage«, so wie geschildert anlässlich des Streiks der Postarbeiter oder in der Form des »Arbeiter/Studenten-Komitees«. Ebenfalls seit 1968 setzte sich der Begriff der »Fachkritik« (*fagkritik*) durch, zuerst als Kritik der universitären Forschungs- und Lehrmethoden, später, in Anlehnung an das bundesdeutsche Konzept der *Kritischen Universität*, als Wissenschaftskritik im Allgemeinen.[119] Im Laufe des Jahres 1970 verstärkten Studierende naturwissenschaftlicher Fächer und Medizinstudierende in Århus ihre Bemühungen um eine als »externe Fachkritik« (*ekstern fagkritik*, im Gegensatz zu der auf die Sphäre der Universität bezogenen *intern fagkritik*) definierte Erforschung der Lebensverhältnisse der Lohnarbeitenden. »Externe Fachkritik« wurde so etwas wie die dänische Version der international als »Alltagsforschung« bezeichneten Konzeptionen einer »beteiligten« und »eingreifenden« Untersuchung.

Ihre konkrete Gestalt waren zunächst »Reportagen« (*rapporter*) über die Arbeitsbedingungen in verschiedenen handwerklich geprägten und industriellen Berufen. In den Untersuchungen, die später auch von linken Berufsvereinigungen unterstützt und sogar »bestellt« wurden, wurde der Zusammenhang zwischen Arbeitsbelastungen wie Lärm, Staub, Lösungsmitteln, den »produktivitätsfördernden« Lohnsystemen auf der einen sowie den Folgen für die Gesundheit der Betroffenen auf der anderen Seite nachgewiesen.[120] Dabei wurde

118 ABA/DKP, 920, 230, Verzeichnis über die Anwesenden der Konferenz.

119 Die Tendenz wurde durch die Hochschulreform von 1970 verstärkt, die die AktivistInnen der Studentenbewegung als Niederlage sahen. Vgl. Jensen/Jørgensen, *Studenteroprøret*, S. 262. Zur studentischen Bewegung im März 1970 s. auch: Gottschau, *Rebeller*, S. 75–82.

120 Eine Übersicht über die »Rapporte« gibt: Autorenkollektiv, *Rapport om rapporter*.

nicht mit Kritik an der »Fünfpfennigpolitik« der Gewerkschaften gespart, die für die mangelnde Aufmerksamkeit gegenüber den Folgen der industriellen Entwicklung mitverantwortlich gemacht wurde. Den Initiativen der Studierenden kam das wachsende ökologische Bewusstsein in der dänischen Gesellschaft ebenso wie die Abwendung von Teilen der liberalen, bürgerlichen Öffentlichkeit von den Arbeitsmethoden der »zweiten Industrialisierung« zugute. Die wilden Streiks in den Schlachtereien wurden 1970/71 zum Gegenstand einer der ersten studentischen »Reportagen«.

Zwischen dem 17. November und dem 8. Dezember 1970 streikten die 70 Beschäftigten der Privatschlachterei Schaub und Co. in der Kleinstadt Nyborg auf Fünen.[121] Vor dem Streik hatte es Unmut über die Weigerung des Betriebes gegeben, das volle Urlaubsgeld zu zahlen. Fast zeitgleich protestierte man gegen eine geplante Einführung von neuen Akkorden auf der Basis von Zeitstudien. Ausgelöst wurde der Ausstand schließlich durch die Kündigung von vier Arbeitern. Als der für die Kündigung verantwortliche Abteilungsleiter sich weigerte, wie nach dem Tarifvertrag vorgeschrieben, den Vertrauensmann zu informieren, legte die betroffene Abteilung die Arbeit nieder. Vier Tage später schlossen sich alle 70 Beschäftigten dem Streik an und forderten neben der Wiedereinstellung der Entlassenen die Zahlung der ausstehenden Urlaubsgelder. Die Firma verklagte die Streikenden und erreichte vor dem Arbeitsgericht in Kopenhagen eine Verurteilung zu einer Geldstrafe von insgesamt 51.000 Kronen.[122] Vor Gericht kam es zu einer heftigen Auseinandersetzung zwischen dem Vorsitzenden des DSF, dem Juristen der LO auf der einen sowie dem Vertrauensmann der Streikenden auf der anderen Seite, weil die beiden Ersteren den Streik nicht alleine wie üblich für »tarifwidrig« erklärten, sondern hinnahmen, dass dem Vertrauensmann kein Rederecht zugesprochen wurde.

Im Anschluss an den Prozess erhielten 22 Schaub-Beschäftigte, einschließlich des erwähnten Vertrauensmannes, eine fristlose Kündigung. Das Verhalten des DSF, der noch im Frühjahr gegen die Verschärfung der Geldbußen bei wilden Streiks protestiert hatte, gab Anlass zu einer kritischen Berichterstattung in der dänischen Presse, die über das übliche Spektrum von Interessierten hinausging. Das Zentralorgan des DSF musste deshalb seine Regel, nicht über »tarifwidrige« Streiks zu berichten, aufgeben und rechtfertigte sein Vorgehen in aller Ausführlichkeit und unter besonderer Betonung des Umstandes, dass man stets zur Wiederaufnahme der Arbeit aufgefordert und vor den ansonsten drohenden Konsequenzen gewarnt habe.[123] Die Entlassenen

121 Vgl. zur folgenden Darstellung: ABA/LO 800, Nr. 6.732, Materialien zum Arbeitsgerichtsprozess wegen des Schaub-Streiks, hier u.a.: *Solidaritet*, Nr. 16, 1971.

122 Urteil des Arbeitsgerichtes, dokumentiert in: *Slagteren*, Nr. 1, 1971, S. 22f.

123 Siehe die Erklärung in: *Slagteren*, Nr. 2, 1971, S. 8f.

suchten sich schließlich andere Bündnispartner als die Gewerkschaft und fanden sie vor Ort in der aus einer Handvoll Menschen bestehenden Nyborger VS.[124] In Zusammenarbeit mit der kleinen Linkspartei begann eine Spendensammlung, um Geldstrafe wie Lohnausfall bezahlen zu können. Angesichts dessen, dass zeitgleich eine ganze Reihe von Ausständen in Schlachtereien stattfand, entwickelte sich aus dieser Initiative der Keim einer gewerkschaftsunabhängigen Selbstorganisation. Dass die Zahl der wilden Streiks 1970 einen neuen Höhepunkt erreichte, hatte mit der Konkurrenz auf dem Markt und der Forcierung des Leistungsdrucks an den »Schlachterketten« zu tun. Die Grenze der Belastbarkeit der Beschäftigten war erreicht.[125] Im Januar 1971 fand ein stark beachteter Ausstand in einem der größten Betriebe des Sektors statt, als mehr als 1.300 Beschäftigte der Firma Tulip im jütischen Vejle die Arbeit niederlegten.[126] Alleine im Dezember 1970 waren dort 60 Arbeitsunfälle gemeldet worden. Der Unmut der Belegschaft entzündete sich an der Praxis des Krankenhausarztes, die Unfallopfer nach drei Tagen wieder »gesund zu schreiben«. Im Sommer 1971 fanden weitere wilde Streiks von Bornholm bis Jütland statt. Die Beschäftigten der Schweineschlachterei in Holstebro, einer Kleinstadt in Mitteljütland, bekamen schließlich Besuch von einer studentischen »Arbeitsmedizingruppe«.[127]

In Holstebro löste den Streik aus, dass sich am 24. August 1971 ein Zuschneider in den Finger schnitt.[128] Der Mann ging zum Meister und bat darum, wegen des Arbeitsunfalls nach Hause gehen zu können. Der Meister verweigerte die Zustimmung, woraufhin der Betroffene sich verbinden ließ und weiter arbeitete. Als die Arbeiter der Abteilung das beobachteten, traten sie sofort in den Streik, und erst 16 Tage später nahmen sie die Arbeit wieder auf. Genügend Zeit für die Studierenden, Interviews mit den Streikenden zu machen, die eine wertvolle Quelle über die wilden Streiks in Dänemark um 1970 darstellen. Denn diese Interviews verdeutlichen mehr als andere Quellen und Darstellungen die Ambivalenz der »produktionsfördernden Lohnsysteme«. Über ihre Arbeitssituation erklärten einige der Streikenden Folgendes:

124 Vgl. ABA, Bestand Venstresocialisterne (ABA/VS), 520, 114, Berichte der VS Nyborg über den Schaub-Streik.

125 Leihardt, *Decentral strejkeaktivitet*, S. 30f. Zur Konzentration vgl.: VS (Hg.), *Kampen*.

126 Vgl. Studenterfronten, *Slagterirapport*, S. 29ff.

127 Kurz zuvor hatte ein »MalerInnenrapport« breite Resonanz erfahren. Hier wurden im Auftrag der zuständigen lokalen Gewerkschaft 20 Interviews mit MalerInnen dokumentiert. Die geschilderten Symptome wie Schwindel, Kopfschmerzen und Übelkeit führten die Studierenden auf die Verwendung von Acrylfarbe zurück: Studenterfronten, *Malerrapport*.

128 Vgl. auch im Folgenden: Studenterfronten, *Slagterirapport*, S. 51f. Der »Rapport« enthält Analysen von zehn wilden Streiks in Provinzschlachtereien, die von studentischen Arbeitsgruppen erarbeitet wurden, teils allerdings als Zusammenfassungen aus »dritter Hand«.

» *Frage:* Verletzt sich oft jemand bei der Arbeit?

Antwort: Ja, es sind täglich etwa zehn. [...] Wenn man Kranke und Verletzte zusammenzählt, sind dauernd ungefähr 20 von 80 Leuten nicht in Arbeit.

Frage: Hängen die Unfälle mit dem Arbeitstempo zusammen?

Antwort: Ja, sie lassen sich einfach nicht vermeiden. [In unserer Abteilung] arbeiten 50 Leute von morgens bis abends mit Messern und bei dem Tempo muss es wohl dazu kommen, dass ab und zu ein Finger abgeschnitten wird [...]. [Nach kleineren Verletzungen] geschieht es oft, dass man mit einem verbundenen Finger versucht, das Tempo zu halten, aber man muss gleichzeitig auf seinen Verband aufpassen, [das heißt man verliert die Konzentration] und dabei verletzt man sich dann schwer [...].«[129]

Ursache des Streiks war die Beschneidung der Freiräume der Beschäftigten. Bis dahin hatte man sich mit dem Arbeitstempo arrangiert, indem man die Arbeit verließ, wenn man sich leicht verletzte. Ein Verband stellte eine Behinderung dar, die das Einhalten des Akkordes erschwerte. In der Logik des Akkordes erschien eine Verletzung als »Wettbewerbsnachteil«. Während die Wunde verheilte, erhielt der Arbeiter zumindest annähernd den Akkorddurchschnittsverdienst. So wurde der Preis minimiert, den die harten Arbeitsbedingungen forderten. Formal hatten die Beschäftigten allerdings nie das Recht, eigenmächtig zu entscheiden, wann sie den Arbeitsplatz verließen. Es handelte sich um eine Gewohnheit, die sich im alltäglichen Arbeitsprozess entwickelt hatte. Als dieses »Gewohnheitsrecht« zurückgenommen wurde, fühlten sich die Bandarbeiter willkürlich behandelt. Als die Vorgesetzten unter immer stärkerem Produktionsdruck die »Spielräume« aufhoben, die Voraussetzung für das Arrangement mit den Arbeitsbedingungen waren, ließen sie den Beschäftigten ungewollt kaum noch eine Alternative zur Arbeitsniederlegung.

Die Interviews zeigen, dass erst der Streik einen Raum schuf, in dem die Kollegen zu einer gründlichen Reflektion der Arbeitsbedingungen in der Lage waren. Aus der Entfernung von der »Akkordhetze« betrachtet und daraufhin befragt, schilderten die Arbeiter ihre Situation als bizarr. Alle wussten, dass das Arbeitstempo höchstens zehn Jahre gehalten werden konnte und dass man im Alter von 35 bis 40 Jahren bereits auf einen anderen – schlechter entlohnten – Arbeitsplatz versetzt würde.[130] Der »Zeitstudienmann«, der die »Objektivität« des Akkordsystems sichtbar repräsentierte, wurde als »der bestgehasste Mann im Betrieb« bezeichnet. Damit geriet auch die Strategie der Gewerkschaft, die »produktionsfördernden Lohnsysteme« zu fördern und »wissenschaftlich« zu begleiten, in den Fokus. Auf die Fragen der Studierenden hin stellten die

129 Studenterfronten, *Slagterirapport*, S. 64, 71.
130 Ebd., S. 71f.

Arbeiter die »Objektivität« dieser wissenschaftlichen Arbeit in Frage: »Es gibt nichts, was ungerechter ist, wenn ein Akkord berechnet werden soll, als Zeitstudien«[131]. Der angegriffene DSF reagierte mit einer scharfen Polemik, bei der die Studierenden die Zielscheibe waren. Ihr Vorsitzender erklärte:

»Es kann wohl niemanden überraschen, dass eine Reportage von Studenten, die einen Arbeitsplatz untersuchen, mit Floskeln und Ungenauigkeiten voll ist. Diese Studenten von heute sind so verwöhnt, sie leben wie in Watte eingepackt, fern von der wirklichen Welt.« [132]

Gleichzeitig veröffentlichte das Zentralorgan der Gewerkschaft Zuschriften, die der Studie der »Arbeitsmedizingruppe« Aufmerksamkeit verschafften, indem sie sie als »beschissen«, »schweinisch« oder »perfide« bezeichneten.[133]

Nachdem so in- und außerhalb des Verbandes Stimmung gemacht worden war, zeigte sich allerdings, dass die Strategie, alleine das Ressentiment zu bedienen, nicht ausreichte, um die Diskussion zu beenden. Andere begannen sich zu Wort zu melden, Schlachtereiarbeiter, die mit dem Angriff auf die jungen Mediziner und Chemikerinnen zugleich ihr eigenes Anliegen diffamiert sahen. Wenn schon von Wissenschaft die Rede sei, hieß es in einer der Zuschriften, die das Gewerkschaftsblatt schließlich auch veröffentlichte, dann solle doch auch das Forschungsinstitut der Schlachtereien erwähnt werden, das, als gemeinsame Institution von DSF und Arbeitgebern, seit fünfzehn Jahren Rationalisierungsforschung betrieb. Denn habe nicht zuletzt diese Einrichtung die ständige Erhöhung des Arbeitstempos zu verantworten? Dagegen solle der Verband die Studierenden lieber loben als beschimpfen: »Sie haben in einem Jahr erreicht, wofür [andere] 18 Jahre gekämpft haben.«[134]

In der Folge begann die erste verbandsöffentliche Debatte über die Folgen der Akkordarbeit.[135] Die Vorschläge zur Verbesserung der Situation ähnelten denen, die in der Bundesrepublik in der Diskussion waren: Bandpausen, längere Taktzeiten, wechselnde Arbeitsaufgaben, Arbeitszeitverkürzung. Auch die LO schloss sich nach 1971 solchen Vorschlägen an, insoweit sie nicht im Gegensatz zu einer »Erhöhung der Motivation« standen. Der Beruf des für die Optimierung der Akkordsysteme zuständigen Gewerkschaftssekretärs verschwand, und seit Mitte der 1970er Jahre begannen Berufsverbände und LO,

131 Studenterfronten, *Slagterirapport*, S. 75f.

132 Ekstrabladet, zit. nach: *Slagteren*, Nr. 3, 1972, 49.

133 *Slagteren*, Nr. 2, 1972, S. 27.

134 *Slagteren*, Nr. 3, 1972, S. 109.

135 Die Ambivalenz dieser Systeme auf die Spitze brachte zwei Jahre später ein Interview mit dem 33jährigen Villy Kellner, der »ohne besonders müde zu wirken, 380 Köpfe pro Tag auseinander nimmt«. Der »Rekordträger« wurde gefragt, was er denke, wenn er in diesem »fantastischen Tempo« arbeite. Er antwortete: »Ich hasse dieses Akkordsystem. Es macht den Menschen kaputt«: *Slagteren*, Nr. 2, 1973, zit. nach: Grelle/Knudsen, *Gris*, S. 141.

Arbeitsschutzexperten einzustellen.[136] Nach und nach begannen zudem Teile der allgemeinen Öffentlichkeit, den Stil der studentischen Reportagen zu übernehmen: »Die menschlichen Momente sind aus der Arbeit verschwunden. Es geht nur noch um den Profit«, wusste etwa die Tageszeitung *Information* am 5. Januar 1973 über einen Streik bei der Firma VIGO in Århus zu berichten. Vor diesem Hintergrund schien es legitim, dass die Arbeiter eine eigenmächtige »Reduzierung des Tempos um 20 Prozent« vornahmen, eine Maßnahme, die noch zehn Jahre zuvor den meisten Tageszeitungen als vollkommen inakzeptabel gegolten hätte.[137]

Die taylorisierte Fabrik verlor mehr und mehr die Aura eines Ortes, in dem eine für alle nützliche und wünschenswerte Modernisierung vorangebracht werde. Die studentischen Gruppen waren eine Art Katalysator dieser Entwicklung. Sie bestanden im Gegensatz zu dem in den 1960er Jahren üblichen akademischen Selbstverständnis auf der zentralen Rolle, die die Perspektive derjenigen haben müsse, für die die Zergliederung der Arbeit am Ende vor allem eine Alltagsfrage war. So kam es dazu, dass wilde Streiks in sonst abgelegenen Orten wie Bjerringebo, Holstebro oder Hammel die Debatte über die Zukunft der Arbeit in Dänemark für eine kurze Zeit beeinflussen konnten.

Arbejdersolidaritet als Selbstorganisation

Die wilden Streiks in den Schlachtereien von 1970/71 hatten auch eine organisationspolitische Dimension. Über den DSF hinaus lösten sie innerhalb der LO Beunruhigung aus, weil sie mit dem Entstehen eines alternativen organisatorischen Netzwerkes verbunden waren. Im Mai 1971 gründeten rund hundert Menschen auf Initiative der oben erwähnten ehemaligen Streikenden von Schaub in Nyborg eine Vereinigung namens »Arbeitersolidarität« (*Arbejdersolidaritet*).[138] Ziel der Initiative war es, Streikende, die nicht mit der Unterstützung ihrer Gewerkschaft rechnen konnten, mit dem notwendigen materiellen Rückhalt zu versehen. Die Vereinigung wurde im Anschluss, sicherlich auch aufgrund der Aufmerksamkeit, die die dänische Öffentlichkeit den wilden Streiks nunmehr entgegenbrachte, zum einem Sammelpunkt des Teiles der Gewerkschaftsopposition, der mit der DKP- beziehungsweise SF-Gewerkschaftslinie unzufrieden war. In Folge der wilden Streiks des Herbstes 1971 sammelte die Gruppe bis Anfang 1972 rund 500 Mitglieder in 15 Lokalgrup-

136 Hansen, »LO«, S. 55ff.

137 *Information*, 5.1.1973, S. 5.

138 Die Schilderung folgt hier: Christensen, *Arbejderpartierne*, S. 105–115.

pen, eine im Rahmen dänischer Verhältnisse jedenfalls nicht völlig bedeutungslose Zahl. Doch im Laufe des Jahres 1972 begannen die internen Debatten der »Arbeitersolidarität« immer mehr denen der zeitgenössischen VS zu ähneln, das heißt sich in heute nur noch schwer nachvollziehbaren Haarspaltereien über den »wahren Marxismus« zu verlieren. Vor allem aber erwies es sich als schwierig, alleine die überwiegend sehr kurzen wilden Streiks zum Ausgangspunkt der Vernetzung zu machen.[139]

Im Laufe ihrer kurzen Existenz kam »Arbeitersolidarität« deshalb nur zu wenigen wirksamen Unterstützungsaktionen, bei denen sich zudem zeigte, dass die Streikenden die Zuwendungen der Gruppe akzeptierten, gegenüber ihren politischen Ideen allerdings reserviert blieben. Mitte 1972 spaltete sich die Vereinigung schließlich an der Frage, ob sie eine »alternative« Gewerkschaft sein wolle.[140] Gleichwohl bleibt festzuhalten, dass »Arbeitersolidarität« die erste Initiative zu einer landesweiten Vernetzung der Gewerkschaftsopposition war, die sich unabhängig von der »alten Linken« (einschließlich der DKP) konstituierte. Es war der Beginn einer Kette von Versuchen, eine Betriebspolitik zu machen, deren Ziel in erster Linie war, Arbeitskämpfe zu unterstützen und nicht, Vertrauensposten in den LO-Gewerkschaften zu übernehmen.[141] Die Vereinigung füllte damit zugleich eine Leerstelle, die sich nach den Eine-Krone-Streiks gezeigt hatte. Denn der Appell der Konferenz der »Vorsitzendeninitiative« (FI) vom Februar 1970, den »Kampf gegen das Arbeitsrecht« aufzunehmen, war in der Tat mehr oder weniger folgenlos geblieben.

Im Dezember 1971 machte ein wilder Streik die Grenzen der auf ein bestimmtes Segment männlich geprägter Kernbelegschaften konzentrierten Politik der »alten« Gewerkschaftslinken noch stärker deutlich. Erneut ging es um Position und Rechte der Vertrauensleute. Der Ausstand auf der Aalborg-Werft dauerte vierzehn Tage. Mehr als 1.600 Beschäftigte legten die Arbeit nieder, weil die Geschäftsleitung einen Vertrauensmann entlassen hatte, der sich gegen die Rationalisierungspolitik des Unternehmens ausgesprochen hatte.[142] Zwar erinnerte die Entlassung an den Auslöser der landesweiten Protestaktionen in der zweiten Februarwoche 1970, doch die ökonomische Situation der Aalborg-Werft war schlecht, ihre Schließung lag in der Luft.[143] Während in den Groß-

139 Siehe hierzu die Übersicht über die »gewerkschaftsoppositionellen« Gruppen in Dänemark in: Nielsen/Rolighed, »Fagopposition«, 1986. In diesem Text wird das Entstehen der *Arbejdersolidaritet* allerdings fälschlicherweise als Resultat der Eine-Krone-Streiks dargestellt: S. 219f.

140 Im Gegensatz zur Bundesrepublik gab es in Dänemark bis 1973 keine gegen Oppositionelle gerichteten Gewerkschaftsausschlüsse, die eine eigenständige Organisation nahe gelegt hätten.

141 Nielsen/Rolighed, »Fagopposition«, S. 220ff., schildern, wie sich nach 1973 diese oppositionell autonome Kultur in der Form verschiedener »Hilfsvereinigungen« weiterentwickelte.

142 Vgl. ausführlich: Due/Madsen, *Tillidsmanden*, S. 113ff.

143 Vgl. ABA/LO, 800, 6.932, Protokolle des Kooperationsausschusses.

betrieben eine verhältnismäßig erfolgreiche Geldsammlung stattfand, blieb ein Solidaritätsstreik diesmal aus. Der Konflikt endete schließlich mit einer Bestätigung der Kündigung.[144] Die Werft wurde, weil sie den Kollegen rechtswidrig entlassen hatte, zur Zahlung einer Abfindung verpflichtet, der Streik wurde wie üblich mit einem Bußgeld bestraft. Als die Vertrauensleute einer Werft im süddänischen Svendborg auf das Urteil gegen ihre Kollegen in Aalborg mit dem Rücktritt und dem Boykott des Kooperationsausschusses reagierten, ging das der Gewerkschaftslinken zu weit und die FI distanzierte sich. Die Svendborg-Werft konnte den ehemaligen Vertrauensleuten in der Folge nach und nach kündigen, ohne dass es zu weiteren Protestaktionen kam.[145] Der Erfolg des Februar 1970, als es wie geschildert gelang, das Recht der Vertrauensleute zu verteidigen, sich in Arbeitskämpfen offen auf die Seite der Beschäftigten zu stellen, hatte sich in eine Niederlage verwandelt. Die FI stand dieser Entwicklung ohnmächtig gegenüber, nicht nur wegen der einsetzenden Werftenkrise, sondern auch, weil man sich in der Praxis nicht allzu offen gegen die Friedenspflicht zu stellen wagte. Zwölf Monate später lösten Urteile des Arbeitsgerichts erneut Konflikte aus, ohne dass die FI eine wichtige Rolle spielte.[146]

»Porzellandamen« im Arbeitskampf

Die Industriearbeiterinnen gehörten zu den Gruppen der dänischen Gesellschaft, die die negativen Folgen der »zweiten Industrialisierung« am meisten zu spüren bekamen.[147] Kein Wunder also, dass ihre Streiks häufig die Ambivalenz der Modernisierung der Fabrik thematisierten. Schon der Philipsstreik von 1954 war überwiegend von Massenarbeiterinnen getragen worden, und er hatte die »Rationalisierungsfrage« in den Vordergrund gestellt. Die wilden Streiks der Brauereiarbeiterinnen von 1960 hatten neben den niedrigen »Frauenlöhnen« auch das Verhältnis zwischen Arbeitsbelastung und Entlohnung thematisiert. Und schließlich hatten die Proteste der Frauen von Thrige-Titan, der Tabakarbeiterinnen und so weiter im Herbst 1969 die Geschichte der »Frauenstreiks« fortgesetzt, wobei erneut die Widersprüche der »Akkordsetzung« eine wichtige Rolle spielten. 1970 war der Kampf der Frauen gegen Lohndiskriminierung und für bessere Arbeitsbedingungen an den Bändern bereits mehrere Jahrzehnte alt.

144 Vgl. Mølholm, *Arbejdskampe*, S. 86f.

145 Larsen, *Kommunisterne*, S. 190.

146 Velsing Groth, *Strejker i Danmark*, S. 102.

147 Ein Großteil dieser Folgen verlieh sich nur statistisch Ausdruck, so durch die Überrepräsentation von Frauen unter den »Berufsunfähigen«, vgl.: Hansen, »LO«, S. 68.

Seine Wirksamkeit verstärkte sich nach 1970, weil die neue Frauenbewegung die Lohndiskriminierung ganz oben auf ihre Agenda setzte. Die nach einem Vorbild aus New York «Rotstrümpfe« genannten »Frauenbasisgruppen« betraten am 8. April 1970 mit einer Aktion in der zentralen Kopenhagener Fußgängerzone *Strøget* die dänische Öffentlichkeit: 15 Frauen veranstalteten einen Umzug, mit grotesk ausgestopften Brüsten und anderen Attributen der »Weiblichkeit« versehen, die am Ende der Kundgebung demonstrativ weggeworfen wurden.[148] Noch am selben Tag zog die Gruppe, die Presse im Schlepptau, zur Brauerei von Tuborg im Stadtteil Hellerup, um eine Abschaffung der »Frauenlöhne« zu fordern – eine Verbeugung vor der »älteren« Frauenbewegung. Am 1. Mai wurde die Performance fortgesetzt, als eine Gruppe von »Rotstrümpfen« während der Rede des LO-Vorsitzenden Thomas Nielsen das Rednerpult stürmte, um wiederum eine Abschaffung der »Frauenlöhne« zu fordern und umgehend mit Gewalt vom Podium entfernt wurde. Am »Muttertag«, dem 10. Mai, weigerten sich einige Frauen dann, in einem Kopenhagener Bus den vollen Fahrpreis zu bezahlen: Dem Verhältnis zwischen Männer- und Frauenlöhnen entsprechend, reduzierten sie ihre Zahlung von 1,25 Kronen auf 80 Øre. Die Polizei wurde ebenso gerufen wie die Presse. Das Repertoire der »Rotstrümpfe« war deutlich von europäischen und nordamerikanischen Beispielen direkter Aktionen inspiriert, Methoden, die in der Frauenbewegung bis dahin so gut wie nie eine Rolle gespielt hatten. Die »neue« Frauenbewegung verfügte nach 1970 erstaunlich schnell auch über die Hauptstadt hinaus über ein Netzwerk von Basisgruppen, aber sie sprach in erster Linie junge, gut ausgebildete Frauen an.

Umso wichtiger war die Kampagne gegen Lohndiskriminierung für die Verbindung zwischen Gruppen unterschiedlicher sozialer Provenienz. Wilde Streiks standen hier oft im Mittelpunkt. Als Beispiel können Aktionen der Kranführerinnen einiger dänischer Werften dienen.[149] So bei B&W Tegelholmen, wo 50 Kranführerinnen mit exakt denselben Tätigkeiten wie ihre männlichen Kollegen beschäftigt waren, aber schlechter bezahlt wurden: Die Frauen traten im Februar 1970 erstmals in einen Proteststreik. Im Anschluss sprach der DASF eine im Grunde »tarifwidrige« Streikwarnung aus.[150] Der Konflikt wurde schließlich geschlichtet, indem die Frauen einen Zuschlag auf ihren

148 Die Aktion löste einen kleinen Wirbelsturm in der Presse aus, zumal sie ausgerechnet am Jahrestag des Einmarsches der deutschen Wehrmacht stattfand. Zur neuen dänischen Frauenbewegung s.: Dahlerup, »Decline and Change«.

149 ABA/SiD, 774, 79, Protokoll der Sitzung des geschäftsführenden Vorstandes vom 11.6.1970.

150 Ebd., Vorstandsprotokolle Juni bis August 1970. Nachdem B&W sich bereit erklärt hatte, auf die Forderung der Frauen einzugehen, zog der DASF die »Streikwarnung« zurück.

Lohn erhielten, der sie auf das Niveau ihrer männlichen Kollegen brachte.[151] Die Geschichte der faktischen Gleichstellung der Kranführerinnen bei B&W und in anderen Werften zeigte nicht nur, dass der DASF-Vorstand über eine Revision seiner Position gegenüber bestimmten wilden Streiks nachdachte, sondern auch, dass die an der Aktion beteiligten Frauen gelernt hatten »in der Presse Krach zu schlagen«: Sogar das Boulevard hatte den Streik unterstützt, indem es in kräftigen Wendungen über den »Skandal« der ungleichen Löhne berichtete.[152]

In der zentralen Tarifrunde stand Ende des Jahres 1970 die Abschaffung der Frauenlöhne erneut auf der Tagesordnung. Mittlerweile hatten »Rotstrümpfe«, die »alte« »Dänische Frauengesellschaft« (*Dansk Kvindesamfund*) und eine Reihe weiblicher Fachvereinigungen eine »Initiativgruppe für gleiche Löhne« gegründet. Diese organisierte am 8. Februar 1971 eine Demonstration vor dem Sitz des staatlichen Schlichters, zu der sich neben 5.000 Frauen aus den meisten großen Kopenhagener Betrieben »auch ein paar Männer vorwagten«[153]. Obwohl sich die zu Tarifverhandlungen anwesenden Vertreter der Arbeitsmarktparteien zunächst geweigert hatten, »Ratschläge von der Straße« anzunehmen, glückte es schließlich, den Vorsitzenden von LO und DA eine Resolution zu überreichen. Die Tarifrunde resultierte schließlich in der Unterzeichnung eines Protokolls, das die »Durchführung der Lohngleichheit« bis zum Ende der zweijährigen Laufzeit des Vertrages vorsah. Damit war das Ziel der sofortigen Gleichstellung einmal mehr nicht erreicht worden. Obwohl man die Verlängerung des Jahresurlaubes auf vier Wochen, die Erhöhung der Betriebsrenten, eine überproportionale Erhöhung der Niedriglöhne sowie gleiche Zuschläge für Männer und Frauen durchgesetzt hatte, waren die Industriearbeiterinnen unzufrieden.

Der KAD sowie der Verband der Hausarbeiterinnen stimmten im LO-Vorstand gegen den Tarifvertrag.[154] Die Kampagne gegen Lohndiskriminierung ging bis zu den zentralen Verhandlungen des Jahres 1973 weiter. Weiterhin kam es zu »Frauenstreiks«, die kräftige Lohnerhöhungen forderten.[155] Die bekannteste dieser Aktionen war ein Streik in der Malerabteilung der »Königlichen Porzellanfabrik« in Kopenhagen. Hier wurden auch die Wurzeln der

151 *Fagbladet*, Nr. 16, 1970, S. 471. Damit waren die »Frauenlöhne« formal allerdings nicht abgeschafft: Der DA war gegen eine solche Vereinbarung eingeschritten.

152 *Fagbladet*, Nr. 15, 1970, S. 420f.

153 Hansen, »LO«, S. 53. Die Gruppe veranstaltete in Kopenhagen und Århus in Zusammenarbeit mit den Lehrlingsverbänden mehrere Straßenaktionen, vgl. Thygesen, *Om køb og salg*, S. 147ff.

154 Das Abkommen wurde dennoch angenommen, wobei die Stimmbeteiligung lediglich 44,4% erreichte, Hansen, »LO«, S. 53. Vgl. auch: *Fagbladet*, Nr. 20, 1970, S. 597.

155 Unter anderem streikten im August 1972 erneut rund 1.000 Frauen der Firma Danfoss/Als, die gleiche Löhne forderten, vgl. Mølholm, *Arbejdskampe*, S. 87.

Lohndifferenzen verhandelt: Der Streik griff auch die hierarchisierte gesellschaftliche Arbeitsteilung an, und er thematisierte die »Doppelbelastung« der Arbeiterinnen in Familie und Beruf.[156]

Das Bemalen der Porzellanplatten galt in der Fabrik traditionell als »Frauenarbeit«. Es war 1973 von künstlerischen und kreativen Aspekten ebenso frei wie etwa das fließbandmäßige Schlachten von Ochsen, und es beinhaltete eine starke Gesundheitsgefährdung wegen des im Arbeitsgang verwendeten blauen Farbstaubes.[157] Die »Porzellandamen« bekamen vorgefertigte Stücke geliefert, deren Muster bereits eingraviert waren. Diese Stücke wurden mit blauem Farbstaub besprüht, anschließend wurde das Stück mit einem Lappen abgewischt, so dass die weiß bleibenden Teile freigelegt wurden. Ein solcher Arbeitsgang wiederholte sich pro Stück mehrmals. Da die Arbeit im Akkord vergeben wurde, entschied die Qualität des zu verarbeitenden Materials über die Verdienstmöglichkeiten. Bereits seit 1969 hatte die Lieferung minderwertiger Rohstoffe zu ständigen Konflikten geführt. Im Sommer 1972 spitzten diese Konflikte sich zu, da die Frauen einen Großteil der gelieferten Platten mehrmals nacharbeiten oder sogar wegwerfen mussten, da das Material kleine Risse enthielt.[158] Bei gegebenen Akkordsatz musste die Arbeitsleistung erhöht werden, wenn der Lohn konstant gehalten werden sollte.

Schließlich forderten die ungefähr 150 Frauen der Abteilung den Übergang auf Zeitlohn, eine Forderung, der die Arbeitgeber nicht zu Unrecht entgegenhalten konnten, dass die in Niedriglohnsektoren Beschäftigten in den 1960er Jahren oft »Leistungslöhne« gefordert hatten, um die geschlechtsspezifische und an den formalen Qualifikationen orientierte Lohnhierarchie zu umgehen. Als Kompromiss wurde in einer Betriebsvereinbarung am 30. Oktober 1972 festgelegt, dass Reparaturzeiten mit dem individuellen Akkorddurchschnittsverdienst berechnet würden.[159] Dies führte dazu, dass die Beschäftigten plötzlich eine gewisse Autonomie in der Arbeit zurück gewannen, da die Vereinbarung hinsichtlich der Definition dessen, was »Reparaturzeiten« waren, Spielräume offen ließ.[160] Wohl aus diesem Grunde erklärte die Geschäftsleitung

156 Vor dem Streik der Malerinnen hatte es in der »Manufaktur« zahlreiche Arbeitsniederlegungen anderer Abteilungen gegeben: Der Keramische Berufsverband hatte seit 1969 mindestens neun »tarifwidrige« Streiks gezählt, deren Auslöser stets die Auseinandersetzung um die Höhe der Akkordsätze war. So hatten 1970 und 1971 die Gipser und Former wegen der Verschlechterung des Materials mehrmals »tarifwidrig« gestreikt, vgl.: ABA/LO, 800, 6.855; 6.898. Zum »Plattenkonflikt« s. auch: ABA, Bestand Keramisk Forbund (ABA/KF), 769, 71, Bericht zum Kongress (1973). Vgl. auch Røde hane (Hg.), *Plattepigernes kamp* und Thygesen (Hg.), *Erfaringer.*

157 Die Arbeitsbedingungen dokumentiert: Østrup Madsen, *Konflikt*, S. 7ff.

158 Zur Chronologie s., auch im Folgenden: ABA/KF, 769, 71, Bericht zum Kongress (1973).

159 Das Abkommen ist dokumentiert in: *Keramikken*, Nr. 147, 1973, S. 18.

160 Vgl. Østrup Madsen, *Konflikt*, S. 45.

bereits nach 14 Tagen, dass die Vereinbarung ersatzlos gestrichen sei: Dabei rechnete sie vor, dass im Oktober 1972 von den 202.000 Kronen, die in der Abteilung an Löhnen ausgezahlt worden waren, fast ein Drittel lediglich die Reparaturen vergütetet hatte. Nachdem die Geschäftsleitung im Anschluss an die einseitige Aufkündigung des Vertrags Neuverhandlungen »mangels freier Termine« mehrmals verschoben hatte, traten die Frauen am 29. November 1972 in einen Sitzstreik und wurden am selben Tag von der Firma ausgesperrt.

In der Folgezeit kam es zusätzlich zu einem Konflikt zwischen den streikenden Frauen auf der einen sowie den gewerkschaftlichen Vertrauensleuten, der Mehrheit des Berufsverbandes und der Spitze der LO auf der anderen Seite. Ganz ähnlich wie in den oben geschilderten Streiks in den Schlachtereien war der »interne« Streit nicht durch eine von vornherein gewerkschaftskritische Haltung der Streikenden ausgelöst worden. Vielmehr brachte die Forderung von Verband und LO vom 4. Dezember 1972, die Arbeit zu den Bedingungen der Firmenleitung wieder aufzunehmen, die Frauen gegen die Gewerkschaftsgremien auf. Während die Gewerkschaften nach den Buchstaben des Arbeitsrechts zu handeln meinten, waren die Frauen bis dahin Tag für Tag vor dem Werk erschienen, um ihre Arbeitskraft »zu den Bedingungen des Vertrages vom 30. Oktober« anzubieten.[161]

Durch die Spaltung zwischen Gewerkschaft und Streikenden inspiriert, bereitete die Fabrik seit dem 4. Dezember die Wiederaufnahme der Arbeit vor. Offenbar erwartete man in der Chefetage, dass die »Porzellandamen« nunmehr schnell mürbe gemacht würden. Auch die Frage, ob der Vertrag über die Akkorde vom Arbeitgeber rechtmäßig gekündigt worden sei, blieb deshalb zunächst ungeklärt, und weder Arbeitgeber noch Gewerkschaften hatten offenkundig ein Interesse an einer Klärung. Schließlich verloren die Frauen die Geduld, aber in einer anderen Hinsicht als erwartet. Sie warfen der LO vor, sich passiv zu verhalten. Am 14. Dezember organisierten die Streikenden eine Demonstration zur LO-Zentrale in Kopenhagen. Nachdem sich der zuständige Arbeitsrechtssekretär nicht zu einem Gespräch einfand, besetzten rund 100 Frauen das Gebäude.[162] Die Konfrontation zwischen dem LO-Vorsitzenden Nielsen, einem alten, grauhaarigen Mann, dessen Markenzeichen es war, immer eine Zigarre im Mund zu haben, und den überwiegend jungen Massenarbeiterinnen wurde später zu einem oft reproduzierten Fotomotiv.[163] Die »Porzellandamen« stellten die Frage, ob die LO-Führung und die überwiegend männlichen Vorstandsmitglieder des Keramischen Verbandes auch

161 *Keramikken*, Nr. 147, 1973, S. 17ff.
162 Røde hane (Hg.), *Plattepigernes kamp.*; Dokumentation: *Aktuelt*, 14.12.1972.
163 Vgl. auch: ABA/LO, 800, 7.063.

ihre weiblichen Mitglieder repräsentierten. Zugleich kritisierten die Malerinnen auch das Verhalten vieler ihrer Ehemänner, die versuchten, die Frauen vom Abbruch des Streiks zu überzeugen.[164]

Am 19. Dezember 1972 entschied das Arbeitsgericht erneut, dass der Streik »tarifwidrig« sei und überwies gleichzeitig den Konflikt um die einseitige Aufkündigung der Betriebsvereinbarung an eine Schlichtungsstelle. Diese tagte jedoch erst nach Neujahr, was das Gefühl der Frauen, dass ihr Anliegen »verschleppt« würde, steigerte, zumal sie damit um die in der Weihnachtszeit anfallenden Zuschläge gebracht wurden. Am 8. Januar 1973 besuchte der Schlichter dann endlich das Werk, um sich ein Bild von dem Gegenstand der Verhandlungen zu machen. Doch die Firma hatte vorsorglich das »Beweismaterial«, das heißt die Platten minderer Qualität, »entsorgt«. Dies allerdings erwies sich als Fehler. Der Schlichter empfand es als Versuch der Beeinflussung und entschied am 9. Januar vollständig zugunsten der Frauen. Im Arbeitsgericht kam es unter Anwesenheit eines repräsentativen Ausschnittes der hauptstädtischen Presse zu Freudentänzen der Streikenden, die anschließend an ihre Arbeitsplätze zurückkehrten, um zu den Bedingungen der alten Betriebsvereinbarung weiterzuarbeiten. Der mehr als sechswöchige Arbeitskampf der »Porzellandamen« war damit beendet, und die Frauen hatten auf ganzer Linie gesiegt. Der Streik hatte von einer positiven Resonanz in der linken und liberalen Öffentlichkeit profitiert. Die Sympathie erreichte ähnliche Ausmaße wie während des Philipsstreiks von 1954: Studierende entwarfen einen alternativen »Weihnachtsteller«[165], die Rotationsdrucker der Tageszeitung *Politiken* spielten sogar eine Solidaritäts-Schallplatte ein, die es in die dänischen Charts geschafft haben soll. Das Streikkomitee konnte über Spenden verfügen, die alles bis dahin in einem einzelnen Streik Erreichte in den Schatten stellten.

In den Tarifverhandlungen von 1973 wurden die Frauenlöhne »offiziell« abgeschafft. Es kam zu einer deutlichen Verbesserung der materiellen Situation der Industriearbeiterinnen: Neben der Angleichung der Löhne, die zwischen 1971 und 1976 nicht nur juristisch, sondern auch statistisch gesehen stark vorankam, trug hierzu die Ausweitung der sozialen Absicherung durch den Staat bei.[166] Dies geschah etwa durch die Anerkennung des Anspruches auf

164 Am 30.11. und 1.12. war es immerhin zu einem Streik in der gesamten Fabrik gekommen, der von den Frauen als wichtige Unterstützungsaktion wahrgenommen wurde, zumal die männlichen Beschäftigten sich nach einem Ausstand von 1971 immer noch »auf Bewährung« befanden: Bei »erneutem Verstoß gegen die Tarifordnung« wurde für sie zusätzlich eine Geldbuße aus einem alten Verfahren fällig. Vgl.: Østrup Madsen, *Konflikt*, S. 45ff., 97ff.

165 »Weihnachtsteller« aus Porzellan kamen in Dänemark traditionell im Dezember zum Verkauf. Sie waren Anfang der 1970er Jahre ein sehr populäres Produkt. Die Solidaritätskampagne zeigte die »Rückseite der Weihnachtsplatte«.

166 Zusammenfassend s.: Dahlerup, *Rødstrømperne*, Bd. 1, S. 231–234.

Arbeitslosengeld bei Teilzeitarbeit, die Beseitigung der »Strafsteuern« für Ehepaare, die über zwei Einkommen verfügten, sowie durch die Ausweitung des Erziehungsurlaubes und der öffentlichen Kinderbetreuung. Aber trotz allem wurde die geschlechtsspezifische Arbeitsteilung eher verschoben als aufgehoben. Seit 1976 stagnierten die trotz der Abschaffung der »Frauenlöhne« immer noch vorhandenen Abstände zwischen den durchschnittlichen Verdienstmöglichkeiten der beiden Geschlechter wieder, obwohl deren Gleichheit auf dem Arbeitsmarkt ausgerechnet in diesem Jahr endlich auch per Gesetz vorgeschrieben wurde.[167] Zugleich ging das »Gendering« der Arbeitskämpfe weiter: Mitte der 1970er Jahre begannen Zahl und Umfang der Arbeitsniederlegungen im Dienstleistungssektor, auch und vor allem in einigen klassischen Frauenberufen im Pflegebereich, signifikant zu steigen: Auch dies war einer der Beiträge zum dänischen Streikaufschwung der 1970er Jahre.[168]

Die Konflikte verschärfen sich

Angesichts des Porzellan-Streiks erreichte auch die Debatte um das Arbeitsgericht einen neuen Höhepunkt. Am 19. Januar 1973 verurteilte das Gericht den Arbeitgeber wegen der »tarifwidrigen« Aussperrung zu einem Bußgeld von 20.000 Kronen. Die 150 Frauen wurden dagegen wegen des Streiks mit insgesamt 72.000 Kronen Strafe nach Hause geschickt.[169] Besonders kontraproduktiv erschien dieses Urteil vor dem Hintergrund, dass der Direktor der Porzellanfabrik vier Tage zuvor das Gericht vergeblich um eine Einstellung des Verfahrens gebeten hatte, da er nach einem unvermeidlich auf die Beschäftigten zukommenden Bußgeld neue innerbetriebliche Konflikte befürchtete. Die Episode verstärkte den Ruf nach einer Reform des Streikrechtes. Die zahlreichen wilden Streiks des Jahres 1973, die, wie bei der Firma OTA in Nakskov, in Einzelfällen eine längere Dauer erreichten und Solidaritätskampagnen hervorriefen, hielten die Reformfrage im Gespräch.[170] Noch während des Streiks der

167 Anfang 2004 verdienten Arbeiter im Schnitt 14% mehr als Arbeiterinnen und männliche Angestellte 20% mehr als weibliche: *Politiken*, 23.2.2004, S. 4.

168 Vgl. Mikkelsen, *Radikaliseringen*, S. 17, zum Krankenhausstreik: ebd., 128ff. Im September streikten die EDV-TechnikerInnen in den statistischen Ämtern: ABA/LO, 800, 7.184, 7.206.

169 Die Arbeiterinnen machten die LO, die den »tarifwidrigen Charakter« des Streiks anerkannt hatte, für das Bußgeld verantwortlich. Die Forderung an die LO, das Bußgeld zu zahlen, die sogar durch den Chefredakteur von *Aktuelt* unterstützt wurde, lehnte diese ab: Røde hane (Hg.), *Plattepigernes kamp*, Dokumentation: *Information*, 24.2.1973.

170 Zum OTA-Streik und den Versuchen einiger linker Aktivisten aus Kopenhagen, ihn zu einer »exemplarischen« Angelegenheit zu machen, existiert eine sehr ausführliche Sammlung, s.: ABA, Bestand Internationale Socialister, 529, 1, 2.

Porzellanarbeiterinnen legte die drei Jahre zuvor als Reaktion auf die Eine-Krone-Streiks eingesetzte »Arbeitsrechtskommission« einen Vorschlag zur Reform des Streikrechtes vor.

Im Sommer 1973 wurde ein entsprechendes Gesetz mit der SPDK-SF-Mehrheit im dänischen Parlament verabschiedet. Erstes Ziel war, das »Streikmonopol« der Gewerkschaften zu sichern.[171] Beschlossen wurde, dass die Geldbußen wegfallen konnten, wenn es sich bei dem Streik um eine politische Demonstration handelte oder wenn der Arbeitgeber den Streik durch einen Verstoß gegen den Tarifvertrag ausgelöst hatte. Außerdem konnte auf die Geldbuße verzichtet werden, wenn die Beschäftigten einem Aufruf der Arbeitsmarktparteien zur Wiederaufnahme der Arbeit umgehend Folge leisteten. Um zu erreichen, dass es zu einem solchen Aufruf kommen würde, wurde ein Treffen der Verhandlungspartner spätestens zwei Tage nach dem Beginn des Streiks verbindlich. Damit waren eintägige, symbolische Proteste nach dem Muster der »Kronenstreiks« sowie andere wilde Streiks, die weniger als zwei Tage dauerten, noch immer nicht legalisiert, bleiben aber de facto straffrei. Dennoch bezeichnete der Arbeitsrechtler Ole Krarup diese Reform, die in der Presse als »Sieg für die Arbeiter« gefeiert wurde, später als »Selbstschutz des Systems, das zuvor von Ineffektivität und inneren Widersprüchen geprägt war«[172]. Nach wie vor wurde den Beschäftigten ein eigenständiges Streikrecht vorenthalten. Es ging im Wesentlichen darum, in Zukunft nicht mehr durch umstrittene Gerichtsurteile Öl ins Feuer zu gießen. Die Reform hatte eine ähnliche Ausrichtung wie die auf einer anderen Rechtskonstruktion basierende Tolerierung und Legalisierung der Warnstreiks in der Bundesrepublik.

Doch die Reform konnte die Verschärfung der Arbeitskonflikte letztlich nicht verhindern. Blockaden und Betriebsbesetzungen, zuvor seltene Ausnahmen, traten nun weitaus häufiger auf und wurden von Unternehmern und Staatsgewalt zunehmend schärfer beantwortet. Die Liberalisierung des Streikrechtes in Bezug auf die massenhaft auftretenden kurzen wilden Streiks war von einer Verschärfung der Repression gegen einzelne zugespitzte Arbeitskämpfe begleitet. Die erste große Betriebsbesetzung fand noch Ende des Jahres 1972 in der Druckerei der Tageszeitung *Politiken* statt. Sie war im wahrsten Sinne des Wortes unübersehbar, zumal der Betrieb am zentralen Platz der dänischen Hauptstadt liegt.[173] Hintergrund war ein Konflikt um den durch

171 Vgl. für das Folgende: Krarup, *Arbejdsretten*, S. 69ff.

172 Ebd., S. 71.

173 Es war der erste einer Reihe von Kämpfen gegen das Verschwinden der traditionellen grafischen Berufe, die sowohl in der Bundesrepublik wie in Dänemark in der Streikgeschichte der 1970er Jahre ihre Spuren hinterließen. Vgl. die Gerichtsakte in ABA/LO, 800, 7.056.

Rationalisierungen bedrohten Status der Handsetzer. Die Aktion dauerte vierzehn Tage und endete mit der Wiedereinstellung zweier gekündigter Kollegen.

Nur wenige Wochen später kam es zu einem weiteren spektakulären Konflikt. In der Kleinstadt Hadsund im Nordwesten Jütlands weigerte sich eine US-amerikanische Computerfirma, einen Tarifvertrag abzuschließen. Am 2. Januar 1973 riefen DASF und KAD zu einer Arbeitsniederlegung auf, um die »Tarifierung« durchzusetzen.[174] Der Geschäftsführer der Firma drohte mit der Verlagerung der Produktion ins Ausland und versuchte, diese vorläufig durch Streikbrecher aufrechtzuerhalten. Daraufhin riefen die Gewerkschaften zur Blockade des Betriebes auf. Am 10. Januar kam es in diesem Zusammenhang zu einer Demonstration vor dem Betrieb, an der rund 300 Menschen teilnahmen.[175] Die Polizei hielt sich gegenüber den Streikenden zurück. Bis nachts um 4 Uhr 55 unternahm sie nichts, um die Arbeiter an der Blockade der Firma zu hindern, was dazu führte, dass die Streikbrecher im Werk übernachten mussten. Kurz vor fünf Uhr forderte sie dazu auf, die Blockade zu beenden, was auch ohne weiteres geschah.

Der Staatsanwalt benutzte den Vorgang gleichwohl, um gegen sieben beteiligte lokale Gewerkschaftsfunktionäre und zwei einfache Mitglieder Anklage wegen Freiheitsberaubung zu erheben. Damit überschritt er eine bis dahin wohl auch wegen der Seltenheit der Blockaden noch nicht betretene und definierte Grenze: Die Gewerkschaften fürchteten nicht zu Unrecht eine Einschränkung des Streikrechtes, wenn sich künftig Polizei und Staatsanwalt in Arbeitskonflikte einschalten würden. Zudem protestierten Bürgerrechtsgruppen gegen das angestrengte Verfahren, denn das Gericht ließ erstmals beschlagnahmte Fernsehaufnahmen als Beweismaterial zu, was heute auch in Dänemark völlig normal geworden ist, damals aber als massive Einschränkung der Pressefreiheit gesehen wurde.[176] Es kam zu einer breit getragenen Kampagne für den Freispruch der Gewerkschafter.

Als das lokale Gericht Ende Oktober 1973 tagte, traten bis zu 50.000 Beschäftigte in mindestens 126 Betrieben in ganz Dänemark in einen teils mehrtägigen Proteststreik. Zeitweise legte die Aktion Fähren und Flugverkehr lahm. Als das Gericht acht Angeklagte frei sprach, aber den lokalen DASF-Vorsitzenden als »Hauptangeklagten« zu einer Geldstrafe verurteilte, wurde die Kampagne fortgesetzt. Erst der Freispruch des Gewerkschafters in der Revisionsverhandlung im Januar 1974 beendete die Proteste: Am selben Tag demonstrierten erneut etwa 15.000 Menschen durch Hadsund.[177]

174 Vgl. Bisgaard-Mortensen, *Blokader*, S. 72–75.

175 Vgl. *Fagbladet*, Nr. 3, 1973, S. 28f.

176 Zu Gerichtsverfahren und Proteststreik s. auch: Ingerslev, *Hope-sagen*.

177 *Fagbladet*, Nr. 4, 1974, S. 9f.

In den Jahren nach 1973 nahm die Repression gegen Blockaden trotz des Erfolges der Proteste zu: 1976 erließ die SPDK-Minderheitsregierung nach weiteren Blockadeaktionen ein Rundschreiben (das so genannte *blokadecirkulær*), das die Polizei anhielt, bei einer »Behinderung des Personen- und Warenverkehrs anlässlich von Arbeitskämpfen« einzuschreiten. Seitdem folgten regelmäßig erbitterte Auseinandersetzungen zwischen Streikenden und Polizei.[178] Mikkelsen fasst zusammen, dass »der Ausbau der Polizeikräfte, der Abgang der ›KZ-Generation‹ und die Rekrutierung neuer Jahrgänge zu einer langsamen Haltungsänderung [führten]: Man begann, Einsätze gegen Streikende ohne Zögern zu akzeptieren«[179].

Die dänische Streikgeschichte war an einem Wendepunkt angelangt. Der Massenstreik des Jahres 1973 war der letzte, in dem die LO einige »Merkposten« der Arbeiterbewegung durchsetzen konnte: die Abschaffung der »Frauenlöhne«, die Einführung der vierten Urlaubswoche, die 40-Stunden-Woche.[180] Nach der Ablösung der zweiten »Arbeiterregierung« wurden die meisten Reformvorhaben, die die LO und SPDK zuvor propagiert hatten, auf Eis gelegt.[181] Mit dem Regierungswechsel und der Wirtschaftskrise begannen auch für die dänische Arbeiterbewegung die »Verteidigungskämpfe«. Dabei war die alleine von den Rechtsliberalen getragene Hartling-Regierung das fünfte Kabinett innerhalb von fünf Jahren. Unfähig, eine breit akzeptierte Einkommenspolitik durchzusetzen, versuchte Hartling angesichts der einsetzenden Rezession eine Einschränkung des Konsums durch Abgabenerhöhungen auf diverse staatliche Leistungen zu erreichen. Als dies im Folketing eine Mehrheit fand, rief unter anderem die FI zu Aktionen auf. Es kam zu dem größten politischen Proteststreik in Dänemark seit 1956[182]: Zwischen 9. und 17. Mai 1974 legten mehrere hunderttausend Menschen die Arbeit nieder. Alleine am 13. Mai streikten etwa 60.000 Menschen, während 40.000 vor dem Regierungsgebäude demonstrierten. Am 16. Mai erhöhte sich die Zahl der Streikenden auf 250.000 und die der Demonstrierenden auf 55.000. Die »Maistreiks« waren, wie zuvor die Eine-Krone-Streiks, eine symbolische Aktion gegen eine bürgerliche Regierung. Aber sie waren viel massenhafter. Sie trugen zur Ablösung Hartlings bei. Doch auch die 1975 wieder ins Amt gelangte sozialdemokratisch geführte Regierung blieb mit einer Zunahme der Arbeitskämpfe konfrontiert.

---

178 Nielsen/Rolighed wiesen alleine für den Zeitraum zwischen 1976 und 1979 121 »militante Konflikte« nach. Vgl. Nielsen/Rolighed, *Faglige konflikter*, S. 106.

179 Mikkelsen, *Arbejdskonflikter*, S. 337.

180 Hansen, »LO«, S. 65.

181 Dies galt auch für die Idee der »Arbeitnehmerfonds«, eine Art Kapitalbildung in »Arbeitnehmerhand«: Dalgaard, *Demokratiet*, S. 233–236.

182 Zu den »Maistreiks« s. Mikkelsen, *Arbejdskonflikter*, S. 331f.

3. Wilde Streiks vor der Weltwirtschaftskrise

Die Arbeitskämpfe von 1969/70 wurden als Ausdruck einer einsetzenden »Synchronisierung« der Streikgeschichte im internationalen Maßstab beschrieben. Auf die Zeit bis 1973 bezogen, lässt sich diese »Synchronisierung« für den bundesdeutsch-dänischen Vergleich bestätigen. Gemeinsam ist beiden Ländern, dass die Arbeitsmarktsituation aus Arbeitnehmersicht günstig blieb. Die Arbeitskämpfe waren eine Begleitmusik dieser günstigen Situation. Nach den Streikwellen von 1969/70 waren die Gewerkschaften zunächst in der Lage, recht weitgehende »offizielle« Lohnzugeständnisse zu erreichen. In beiden Ländern ließ jedoch die Reaktion der Arbeitgeber nicht auf sich warten. Während sich die neuen Konflikte in Dänemark 1973 im tariflichen Massenstreik und im Hope-Konflikt darstellten, kam es in der Bundesrepublik zur größten Welle wilder Streiks seit 1949. Erst die Krise konnte das neu gewonnene Selbstbewusstsein der Beschäftigten eindämmen, doch auch dies nur langfristig, in den »schwarzen 1980er Jahren«. Zunächst inspirierten die jüngsten Erfahrungen mit den eigenen Durchsetzungsmöglichkeiten eine Gegenwehr, die in Dänemark in den »Maistreiks« einen weiteren Höhepunkt erreichte, und in beiden Ländern in den gesamten 1970ern deutliche Spuren hinterließ.

Zu diesen Spuren gehört auch, dass die Einkommenspolitik nie wieder die Effektivität erreichte, die exemplarisch in der dänischen »ganzheitlichen Lösung« von 1963 zum Ausdruck gekommen war. In Dänemark waren die jährlich wechselnden Minderheitenregierungen kaum noch zu einer kohärenten Politik der Einbindung der Arbeitsmarktparteien in der Lage. Wo die »zweite Arbeiterregierung« zu einer solchen Politik imstande gewesen wäre, machte dem der Konflikt um den EG-Beitritt einen Strich durch die Rechnung. In der Bundesrepublik gerieten die Konzertierte Aktion und die damit verbundenen politischen Konzeptionen durch den Angriff der Unternehmerverbände auf die Bundesregierung 1972 ins Schlingern. Als die Brandt-Regierung nach ihrem Wahlsieg versuchte, die Gewerkschaften auf eine »zurückhaltende Lohnpolitik« festzulegen, führte dies 1973 zu einer Verschärfung der lokalen betrieblichen Konflikte. Bemerkenswert ist, dass die politische Krise der seit den 1950er Jahren entwickelten Formen der Regulierung in beiden Ländern der Weltwirtschaftskrise voraus ging. »Konzertation« und Einkommenspolitik vermochten den sozialen Frieden nicht mehr zu garantieren. Ohnehin hatte es sich dabei nie um etwas anderes als um Eingriffe in soziale Konflikte gehandelt, deren Ausgang stets offen war. Ihre scheinbare Festigkeit war auch in den »goldenen Jahren« vollkommen von der Dynamik dieser Konflikte geprägt.

Die Reformen des Streikrechts und der Arbeitspolitik, die in den ersten Jahren der 1970er einsetzen, verabschiedeten sich entsprechend schnell von den Paradigmen der »langen 1960er Jahre«. Erstere sollten die zahllosen halblegalen Aktionen in einen »übersichtlichen« Rahmen überführen. In der Bundesrepublik griffen die Gewerkschaften nun stärker auf das »Instrument des Warnstreiks« zurück. Sogar in Dänemark ließ sich vereinzelt eine Aufweichung der gewerkschaftlichen Haltung gegenüber wilden Streiks verzeichnen. Die Arbeitsrechtreform von 1973 erweiterte hier schließlich auch den legal tolerierbaren Rahmen der »tarifwidrigen« Aktionen. Auf der anderen Seite ließ sich in Arbeitskämpfen, die mit stärker militanten Formen verbunden waren, ein Trend zur selektiven Repression feststellen. Dies betraf in der Bundesrepublik die Streikwelle von 1973, bei der eine im Vergleich zu 1969 signifikante Zunahme von Polizeieinsätzen zu konstatieren war, in Dänemark die Aktionen gegen die Hope-Blockade, die ein erstes Zeichen der bevorstehenden Zunahme der Konflikte zwischen Streikenden und Staatsgewalt waren.

Nachhaltiger jedoch als die Reformen des Streikrechts beziehungsweise die Änderungen im pragmatischen Verhältnis zwischen Staatsgewalt und Aktivisten wirkten die Programme der »Humanisierung« der Arbeit. Insbesondere die Aktionen der Massenarbeiterinnen und -arbeiter trafen nun auf einen gesellschaftlichen Diskurs, der wesentliche Momente der betrieblichen Arbeitspolitik der 1960er Jahre einer Revision unterzog und sich tendenziell von der Massenarbeit und der tayloristischen Form der Kontrolle über die Arbeit abwandte. Die wilden Streiks trugen, wie ich gezeigt habe, Wesentliches zu diesem Diskurs bei. Kein Zufall war, dass der erste Tarifvertrag, der »Bandpausen« und Ähnliches vorsah, von der IG Metall in der Bundesrepublik nur wenige Wochen nach dem Ford-Streik in der Metallindustrie Nordwürttemberg-Nordbadens unterzeichnet wurde. Ebenso wenig zufällig war der Zusammenhang zwischen Rationalisierungskonflikten und der Reform der Arbeitspolitik in Dänemark: Die ersten Jahre der 1970er markierten in unserem Nachbarland das überraschend schnelle Ende der »Produktionslinie«.

Während sich in Bezug auf die »große Politik« Parallelen zeichnen lassen, blieb das Gesicht der wilden Streiks entscheidend durch die jeweils unterschiedliche Zusammensetzung der Lohnarbeit geprägt. Zwar stieg 1969/70 und 1973/74 die Zahl der »inoffiziellen« Aktionen sowohl in der Bundesrepublik als auch in Dänemark noch einmal sprunghaft an. Und zudem war am Ende der »europäischen« Streikwelle das Bild sowohl nördlich als auch südlich von Flensburg nicht mehr alleine durch die Kernbelegschaften dominiert. Aber gleichzeitig blieben signifikante Unterschiede zwischen den beiden Ländern erhalten: So betrafen die Streiks teils ähnliche Beschäftigtenkategorien (wie die »Massenarbeiter«), aber diese hatten dennoch unterschiedliche Gesichter. Die Kämpfe der dänischen Industriearbeiterinnen ähnelten den Arbeitskämpfen bei Ford oder Pierburg, was die Forderungen betraf, aber sie sprachen dennoch eine andere Sprache, da ihr rechtlicher und sozialer Status nicht durch die fehlende inländische Staatsbürgerschaft strukturiert war.

Zum Schluss bleibt festzuhalten, dass der Einfluss sozialer Bewegungen auf die Arbeitskämpfe in den frühen 1970er Jahren noch immer nicht »auslösend« war. Aber er war positiv-verstärkend. In der Tat bildeten linke Aktionsgruppen, studentische Komitees, Projektgruppen, die von der »militanten Untersuchung« und der »Alltagsforschung« beeinflusst waren, und nicht zuletzt die neue Frauenbewegung oft das »moralische« Rückrat der wilden Streiks. Sie trugen dazu bei, dass sich der Spielraum für »Slomos«, Tempo-Reduzierungen, Besetzungen und ähnliche früher verpönte Aktionsformen spürbar erweiterte. Die »Veröffentlichung« der Anliegen der Streikenden, inklusive des Kampfes gegen die zerstörerischen Wirkungen der Fließproduktion, gehen nicht zuletzt auch auf das Konto dieser Neuen Linken. Dass sich Arbeitskämpfe punktuell in ihrer Kreativität und Offenheit den Ausdrucksformen der neuen sozialen Bewegungen annäherten, sollte in Bezug auf die Geschichte der wilden Streiks zwischen den 1950er und 1970er Jahren festgehalten werden.

VII. Ausblick

> Die Menschen kämpfen und unterliegen, und die Sache, für die sie kämpfen, setzt sich trotz ihrer Niederlage durch; und wenn das Ziel erreicht ist, erweist es sich, dass es nicht das ist, was sie eigentlich meinten, und dass andere Menschen zu kämpfen haben für das, was sie meinten, doch unter einem anderen Namen.
>
> *William Morris, A Dream of John Ball*

Bis in die 1950er Jahre hinein kam es sowohl in Dänemark als auch in der Bundesrepublik zu massenhaften Arbeiter(-innen)protesten. Die großen politischen Aktionen verschwanden jedoch nach und nach ebenso wie die offensichtliche gesellschaftliche Polarisierung, die sich in ihnen ausdrückte. Die Verbesserung der Versorgungslage, die massenhafte Verbreitung relativ dauerhafter Konsumgüter und die Expansion der staatlichen Sozialpolitik trugen dazu bei, dass die Verbindlichkeit der sozialen Bezüge nachließ, die sich in den sozialistischen Parteien und Gewerkschaften entwickelt hatte. Eine proletarische Gegenwelt zu konstruieren, machte immer weniger Sinn. Der Kalte Krieg und seine Folgen gaben dieser Vorstellung den Rest. Aber das bedeutet keineswegs, dass die betrieblichen sozialen Konflikte verschwunden waren.

Während in der Bundesrepublik von einer »Anspruchsinflation« die Rede war, entwickelten sich im Jahr 1960 die »zwischentariflichen« wilden Streiks in Dänemark gar zur »Sommermode«. Die Arbeitskämpfe hatten ihre Form verändert, sie gewannen, wenn man so will, an Flüssigkeit und Leichtigkeit. In ihnen manifestierten sich neue Ansprüche, und neue Beschäftigtengruppen verschafften sich Gehör. Auf den mit der Hochkonjunktur verbundenen schleichenden Kontrollverlust der Arbeitsmarktparteien reagierten diese mit Versuchen der Steuerung der ökonomischen und sozialen Entwicklung in Zusammenarbeit mit dem Staat. Im Laufe der 1960er Jahre entwickelte sich in beiden Ländern eine »Einkommenspolitik«, zuerst in Dänemark, in der zweiten Hälfte des Jahrzehntes auch in der Bundesrepublik. Doch auch die Verfeinerung des sozialtechnischen Instrumentariums konnte die Konflikte nicht beseitigen. Im Gegenteil, sie trug sogar zu deren erneuter Zusammenfassung bei: Je mehr die Tarifpolitik zentralisiert und zur Sache von Experten erklärt wurde, je mehr sie »verstaatlicht« wurde, desto mehr wurden Politik und Ökonomie auch öffentlich als ein einziges Feld wahrgenommen. Am Ende kam es so weit, dass die Konzertierte Aktion die Stichworte für die Arbeitskämpfe Ende der 1960er Jahre lieferte: Die Streikenden interpretierten die Forderung nach »sozialer Symmetrie« auf ihre Weise. In Dänemark war eines der wesentlichen Momente der Arbeitskämpfe nach 1968 die Opposition gegen die Wirtschaftspolitik der neuen Regierung, die im Gegensatz zu ihren sozialdemokratischen Vorgängern nicht mehr imstande war, einen wenigstens für den Moment unangefochtenen Konsens in der Lohnpolitik herbeizuführen. In beiden Ländern machte die Zunahme der offenen Arbeitskämpfe nach 1970 deutlich, dass der Traum von der konfliktfreien, technisch-rationalen und »objektivierten« Arbeitspolitik eine Illusion geblieben war.

Die lokalen wilden Streiks, deren Mehrzahl vermutlich in keiner Streikstatistik registriert wurde, spielten in dieser Transformation eine entscheidende Rolle. Diesen Prozess werde ich nun noch einmal im Ländervergleich nachzeichnen. Im Anschluss werde ich dann die »Diffusion« der Arbeitskämpfe skizzieren, wie sie in diesen lokalen Konflikten eher als in den Tarif- und sonstigen Massenaktionen zum Ausdruck gebracht wurde. Und schließlich werde ich die sich wandelnden Reaktionen der Arbeitsmarktparteien auf die veränderten Formen der Streiks darstellen. Es folgt ein abschließender Ausblick auf die Arbeitskämpfe seit 1973 und auf einige der vielen offenen Fragen, die die vorliegende Studie nicht beantworten konnte.

Die Transformation der Arbeitskämpfe

Bilanziert man die Geschichte der wilden Streiks in der Bundesrepublik und Dänemark, dann kann zunächst festgestellt werden, dass sie in ihrer großen Mehrheit nicht untereinander vernetzt waren, noch seltener eine breite gesellschaftliche Öffentlichkeit erreichten und fast nie eine feste Erzählung oder gar eine Erzähltradition begründeten. Heute werden wilde Streiks zwischen 1950 und 1973 in der Presse, in politischen Gruppen oder in der historisch-politischen Literatur nur ganz ausnahmsweise erinnert, und wenn, dann sozusagen als Unfall in der im Allgemeinen reibungslos verlaufenen Geschichte des »Wirtschaftswunders«. In der vorliegenden Studie wurde versucht, dieses Bild sowohl aufzugreifen als auch auf den Kopf zu stellen, indem wilde Streiks nicht alleine aus quantitativer Sicht behandelt und als Schlaglichter einer weitgehend unbekannten, untergründigen Geschichte der Arbeitsbeziehungen interpretiert wurden. Das Verfahren ist nicht neu. Es wurde bereits zeitgenössisch in Anschlag gebracht, so etwa angesichts des Philipsstreiks von 1954, der in Dänemark allgemein als Signal gegen die Eindimensionalität und Entfremdung, die die tayloristische Unternehmenskultur produzierte, verstanden wurde. 25 Jahre später griff etwa der Autor Hans-Jørgen Nielsen dieses Signal auf. Er verstand den Philips-Streik zugleich als eine Art Kommentar zu aktuellen Streiks, die er wie damals viele linke Intellektuelle auch als Kampf gegen die Akkordsysteme interpretierte:

»Sie haben sich einen Rationalisierungsexperten angeschafft, mit einer ganzen Herde von Zeitnehmern, um die Leute zu tyrannisieren, damit sie schneller arbeiten, schneller, damit es mehr Geräte werden, höhere und immer höhere Ausbeute. Dort bei Philips lehnen sich die Arbeiterinnen und Arbeiter 1954 zuerst gegen die neuen Methoden auf.«[1]

Nielsens Text illustrierte die Unterbrechung der Gleichförmigkeit und Gleichgültigkeit der Bandarbeit durch die Aktion von 1954 und wies insofern zugleich auf deren Aktualität hin. In ähnlicher Weise wurde der bundesdeutsche Ford-Streik von 1973 in den letzten Jahren neu interpretiert. Als etwa die Gruppe »Kanak Attak« diesen historischen Arbeitskampf in ihrer Revue an der Berliner Volksbühne am 13. April 2001 vorstellte, wollte sie »mit dem Negativklischee des ›passiven‹ Migranten Schluss machen«: »Dieses Unterwürfige«, erklärte einer der Aktivisten später, »das ist ein Bild, mit dem man nichts anfangen kann.«[2] Es war ein Versuch, die Bedeutung lokaler Kämpfe dem Feld des Isolierten und Zufälligen zu entreißen.[3]

Doch im Allgemeinen scheint sich bis in die jüngste Zeit zu bestätigen, was die nordamerikanische Industriesoziologie über die Arbeitskämpfe in Nordwesteuropa bereits zu Beginn der 1950er Jahre konstatiert hatte. Ihre Rede vom »Verwittern« der Streiks blieb in der Phase der »Abwehrkämpfe« seit der Weltwirtschaftskrise von 1973/74 weitaus gängiger als die von der »Rekonstruktion der Arbeiterklasse«, die im Grunde nur in den ersten Jahren der 1970er in Westeuropa wirklich ernsthaft diskutiert wurde. Gegenüber den Beschwörungen der Revolution schien die Industriesoziologie – abgesehen vielleicht von einigen Monaten oder Jahren Anfang der 1970er – dauernd überlegen zu sein. Eine Grundlage dieser Überlegenheit war, dass zumindest ein Teil der Soziologie seit langem nicht mehr von einer festen »Arbeiterklasse-an-sich« ausging, sondern von »Militanz« als flüssigem und veränderlichem Muster, ein Bild, das den Verhältnissen der 1950er und 1960er Jahre weitaus besser entsprach als die unstillbare Hoffnung der Linken auf das Erscheinen der »Arbeiterklasse-für-sich«.

Die These vom »Verwittern« der Streiks schloss an dieses Bild an: In der nordamerikanischen Streikforschung wurde Militanz als typisch für die *isolated*

1 Nielsen gehörte zur Neuen Linken, u.a. war er Mitarbeiter der *Politisk revy*. In der Literaturwissenschaft gilt er als ein Vertreter der »letzten Generation« modernistischer Autoren.

2 Motte/Oehlinger, »Zeitzeugengespräch«, S. 297.

3 »Nur als Bild, das auf Nimmerwiedersehen im Augenblick seiner Erkennbarkeit eben aufblitzt, ist die Vergangenheit festzuhalten«: Über den Begriff der Geschichte (5. These), in: Benjamin, *Illuminationen*, S. 253.

masses gesehen, deren Signatur das sporadische, ungesicherte Leben (symbolisiert in Orten wie *logging camps, textile towns, ships*) und die Bildung einer abgegrenzten Subkultur sei. Die bestimmte, konkrete Arbeit dieser Gruppen hielt man für deren zweite Haut, ihre überdurchschnittliche Streikbereitschaft wurde ihnen als feste Eigenschaft zugeordnet. In der Konsequenz rief man danach, diese Gruppen »in die Gesellschaft zu holen«, ihre festen sozialen Bezüge aufzulösen, sie in vereinzelte Bürger und Arbeitskraftanbieter zu verwandeln. Als Mittel wurde eine durch Staat, Unternehmer und »gutwillige« Gewerkschaften vereinbarte Regulierung der Zusammensetzung der Beschäftigten gesehen. Dänemark und andere westskandinavische Länder galten als Modell, insbesondere die Einbindung der dortigen Gewerkschaften wurde zur Nachahmung empfohlen. Während solche Machbarkeitsphantasien heute anachronistisch erscheinen, muss doch zugleich konstatiert werden, dass die Liberalen den Kampf gegen die »Rigiditäten« des Arbeitsmarktes nicht aufgegeben haben: Nur meint man heute dabei auf die Hilfe der »business unions« verzichten zu können.

Der Fokus, den die »frühe« Streikforschung auf die Zusammensetzung der Beschäftigten, ihr Wohnumfeld, ihre sozialen Beziehungen und ihre Einstellung zu Arbeit und Gewerkschaften richtete, enthielt gleichwohl eine tiefere Wahrheit. Die politisch zentrale Rolle bestimmter Beschäftigtengruppen erhielt sich weder in der Bundesrepublik noch in Dänemark zwischen 1950 und 1973. In der Tat waren zum Beispiel die Bergarbeiter des Ruhrgebiets, die in den wilden Streiks der 1950er noch eine wichtige Rolle eingenommen hatten, um 1970 randständig: Die Resultate der Septemberstreiks im Ruhr- und Saarbergbau illustrieren dies ebenso wie die des Streiks im Saarland von 1973. Ähnliches galt für die Werftarbeiter in Dänemark, auch wenn sich deren politische Verortung an der Spitze der Arbeitskämpfe nachhaltiger in die dänische Streikgeschichte der langen 1960er eingeschrieben hat, weil sie nicht alleine ein Resultat der zentralen Position dieser Gruppe in der Nachkriegsökonomie war, sondern auch ein Reflex des Kampfes gegen die deutsche Besatzung.

Doch obgleich bestimmte Gruppen tatsächlich aus der Streikgeschichte verschwanden: In der vorliegenden Studie konnte gezeigt werden, dass die Streiks der 1950er Jahre dennoch Spuren hinterlassen haben, die sich unabhängig von der strategischen Position bestimmter Beschäftigtengruppen weiter entwickelten. Bestimmten Gruppen ein bestimmtes »Streikverhalten« zuzuordnen, ist plakativ, aber falsch: Demgegenüber muss die Beständigkeit hervorgehoben werden, in der sich die betrieblichen sozialen Konflikte gerade in den »dynamischen Zeiten« der 1950er bis 1970er Jahre transformiert und erneuert haben. Die wilden Streiks waren ein Ausdruck davon, dass Lohnarbeit einen ständigen Formenwandel produziert.

In der vorliegenden Studie konnten wichtige Elemente dieses Formenwandels dargestellt werden. So zeigte sich in der Bundesrepublik eine Kontinuität der Formen und Gegenstände wilder Streiks seit ungefähr Mitte der 1950er Jahre. Dies wurde unter anderem anhand der Geschichte des Streiks der Hamburger Werftarbeiter im August 1955 gezeigt. Auslöser dieser Arbeitsniederlegung war, dass die Inflation die tariflich vereinbarten Lohnerhöhungen überschritt. Der Streik begann mit einer internen Demonstration auf der Werft, während der eine lineare Lohnerhöhung gefordert wurde. Die Demonstration entwickelte sich von einer Maßnahme, die zunächst nur dazu gedacht war, durch die kollektive Form die Einzelnen vor dem Zugriff der unmittelbaren Vorgesetzten zu schützen und zögerliche Kollegen für den Streik zu gewinnen, zu einer Form, die kurzfristig die Kontrolle über die Werft ermöglichte. In der Folge wurde durch die Unternehmer, den größten Teil der regionalen und überregionalen Presse und die städtischen Behörden versucht, den Streik durch die Zuschreibung »kommunistischer« Einflüsse auf den Ost-West-Konflikt zurückzuführen und zu reduzieren. Repressionen gegen die Streikenden, unter anderem die Verhaftung eines »Rädelsführers«, trugen dazu bei, den Streik einzudämmen. Wenn man sich den Plot vieler lokaler wilder Streiks aus der Zeit von 1969 bis 1973 ansicht, dann sind Ähnlichkeiten unverkennbar: die Inflation als Auslöser, die linearen Lohnforderungen, die Form der Demonstration und der »Belagerung« des Direktionsgebäudes, die Gegenmaßnahmen des Unternehmens und der örtlichen Polizei. Aber wie haben sich solche Kontinuitäten vermittelt?

Diese Frage drängt sich auf, weil die kollektive Erinnerung an derartige Konflikte heute im Allgemeinen sehr durchlöchert ist. Selbst innerhalb einzelner Betriebe ist die Überlieferung der Streikerfahrungen äußerst brüchig und fragmentarisch. Im Abschnitt über den Howaldtstreik habe ich kurz erwähnt, dass es die Streikforscher der 1980er Jahre viel Mühe kostete, die Ereignisse von 1955 zu rekonstruieren. Die Erinnerungen an den Streik waren verblasst, es gab nur mündliche Überlieferungen. Niemand hatte bis dahin den Versuch unternommen, die Streikgeschichte des Werkes zu rekonstruieren: Für die meisten in dieser Studie geschilderten Geschichten gilt dies bis heute. Noch drastischer konnte diese »Vergesslichkeit« anhand der Streikgeschichte von Pierburg in Neuss in Kapitel VI gezeigt werden: Die Informationen über den Streik von 1970 waren bereits 1973 äußerst spärlich. Ein Blick in das Archiv der IG Metall verriet Anfang 2005 mehr Details über den Streik von 1970, als ein den Kämpfen durchaus wohlgesonnener Pierburg-Betriebsrat 1973 im Gespräch mit zwei »Streikforschern« zu referieren wusste. Ein Hauptgrund für diese Vergesslichkeit war die Fluktuation der Beschäftigten: Bei Ford in Köln trug sie dazu bei, dass sich die Streikenden von 1973 in keiner einzigen ihrer vielen dokumentierten Äußerungen auf die betriebliche Tradition des Kampfes für die »Bandpausen« beriefen, der bereits in der ersten Hälfte der 1960er Jahre begonnen hatte.

Die lokalen wilden Streiks waren in erster Linie indirekt und negativ miteinander vermittelt. Diese eigenartige Art der Traditionsbildung hatte unter anderem mit den Widersprüchen zu tun, die sich während des »Wirtschaftswunders« zwischen gewerkschaftlicher Betriebs- und Tarifpolitk entwickelt hatten. Arbeitskonflikte, die nicht in der immer mehr zentralisierten Tarifpolitik dargestellt werden konnten, wurden spätestens seit 1960 in das Feld des »Unsichtbaren« verwiesen. KPD-Verbot und Kalter Krieg, aber auch eine Arbeitsmarktsituation, die aus Sicht der Lohnabhängigen vorzüglich (und bis dahin unbekannt) war, taten das ihre zu dieser Verdrängung der lokalen Konflikte in einen Raum im Jenseits der bürgerlichen Öffentlichkeit. Arbeitskämpfe wurden in aller Regel verloren, wenn man sie öffentlich propagierte, und eher gewonnen, wenn man etwas tat, aber nicht viel darüber sprach. Auf dieser Grundlage entwickelte sich die »zweite Lohnrunde«, die tatsächlich inhaltlich viel mehr als nur eine Lohnrunde war und vielfältige Formen annahm: Verhandlungen von Betriebsrat oder Vertrauensleuten über »außertarifliche Verbesserungen« und »Sonderleistungen«, der Arbeitsplatz- beziehungsweise Branchenwechsel, schließlich auch die wilden Streiks.

In Bezug auf das quantitative Verhältnis der Streik-Formen äußerte sich diese Tendenz mit der Zeit in einer Abnahme der tariflichen Konflikte und einer gleichzeitigen Zunahme des Anteils der wilden Streiks. Anders als in Dänemark äußerte sich dieser Trend in der Bundesrepublik jedoch nur »statistisch«, das heißt fast nie in der Form von allgemein wahrnehmbaren »Streikwellen«. Bis 1966/67 blieben die betrieblichen sozialen Konflikte latent und sehr weitgehend unveröffentlicht. Erst mit der Rezession 1966/67 und dem anschließenden erneuten Boom löste sich diese »lokalistische« Arbeitskampfkultur langsam auf, weil viele Arbeitgeber die sofortige Rücknahme der im Boom zugestandenen »Konjunkturpuffer« verlangten. Die Septemberstreiks von 1969, die in der Öffentlichkeit mit viel Verständnis rezipiert wurden, brachten sodann Formen des Arbeitskampfes zum Vorschein, die über zehn Jahre aus dem Blickfeld verschwunden waren. Die erneuten Hochkonjunkturstreiks der Jahre nach 1969 waren in vielerlei Hinsicht eine Art öffentliche Neuinszenierung der Konflikte von 1955 bis 1966. Sie verdeutlichten das Auseinanderfallen zwischen den zentralen Tarifvereinbarungen und der »zweiten Lohnrunde« und thematisierten den Kontrollverlust der Arbeitsmarktparteien in den betrieblichen Konflikten. Angesichts der »Lokalisierung« und »Verborgenheit« der wilden Streiks der 1960er Jahre war es verständlich, wenn die studentisch geprägte Linke 1969 glaubte, in der Streikwelle ein Marxsches

Wesen am Werk zu sehen, das man bereits für ausgestorben erklärt hatte: »Gut gewühlt, alter Maulwurf.«

Zugleich enthielt die neue Offenheit der Arbeitskämpfe der Möglichkeit nach die Chance einer Neustrukturierung des Verhältnisses zwischen »erster« und »zweiter« Tarifpolitik, die in den 1960er Jahren angesichts des ephemeren Charakters der Streiks trotz einiger Versuche mit einer »betriebsnahen« Gewerkschaftspolitik immer wieder zum Scheitern verurteilt gewesen war. In den 1970er Jahren wurde dann das »Streikmonopol« der zentralen repräsentativen Instanzen nicht nur juridisch, sondern auch faktisch langsam wieder hergestellt.

Auch in Dänemark ließ sich in den 1950er und 1960er Jahren ein wachsender Gegensatz zwischen den zentralen Tarifrunden und einer »Lokalisierung« und »Dezentralisierung« der Arbeitskämpfe beobachten. Aber abgesehen davon spielten insbesondere zwischen Mitte der 1950er und Mitte der 1960er Jahre wilde Streiks eindeutig eine andere Rolle als in der Bundesrepublik. Nimmt man etwa den Streik bei Philips von 1954, dann finden sich hier Elemente wieder, die die dänische Arbeitskampfgeschichte geprägt haben: Er begann als Protest gegen die Entlassung eines Arbeiters (und gegen die übermächtig gewordenen Arbeitsanforderungen, die die Entlassung ausgelöst hatten). Es gab keine Demonstration durch das Werk, sondern eine permanente Streikversammlung außerhalb des Werkes. Die Urteile des Arbeitsgerichtes gegen die Streikenden trugen zur Eskalation des Konflikts bei. Schließlich wurde nach einem eintägigen Massen-Solidaritätsstreik ein Kompromiss zwischen Fachverbänden, LO und DA ausgehandelt. Die lokalen Streiks seit 1969 haben viele dieser Elemente wieder aufgenommen: Das gilt für den Protest gegen den im Vergleich zu den meisten anderen europäischen Ländern schlechten Kündigungsschutz ebenso wie für den gegen die Bußgeldverfahren vor dem Arbeitsgericht. Das System der normierten Verfahren gegen wilde Streiks, das in der Bundesrepublik nicht existierte, führte in Dänemark immer wieder dazu, dass wilde Streiks eskalierten, und es wirkte sogar in Richtung einer Zusammenfassung und Veröffentlichung der Aktionen. Aber auch andere Faktoren trugen dazu bei, dass die »Lokalisierung« der Konflikte in Dänemark lange Zeit weniger ausgeprägt war als in der Bundesrepublik. Ein wesentliches Moment war einerseits, dass der Boom in Dänemark ungefähr fünf Jahre später als in der Bundesrepublik einsetzte. Das beschleunigt einsetzende industrielle Wachstum führte sodann bereits 1959/60 zu einer ersten Welle von Hochkonjunkturstreiks, die sowohl aufgrund der zentralisierten Form des dänischen Tarifvertrags- und Gewerkschaftswesens als auch aufgrund der relativ geringen Größe des Landes weitaus koordinierter erschienen als in der Bundesrepublik.

Dabei spielte eine Rolle, dass der Niedergang der kommunistischen Bewegung in Dänemark seit Beginn der 1950er Jahre nicht im gleichen Maße wie in der Bundesrepublik durch Repressionen hervorgerufen war, die auch gegen die oppositionellen Gruppen innerhalb der Gewerkschaften gewendet werden konnten. Die Foren, die etwa rund um den Philipsstreik zur Vernetzung der Solidaritätsarbeit entstanden, konnten so im Henzestreik von 1959, in diversen Aktionen bei B&W und so weiter immer wieder erneuert werden. Der legale Status der dänischen KP brachte es mit sich, dass die »Spuren« der oppositionellen Vernetzung hier anders als in der Bundesrepublik vom Widerstand gegen die deutsche Besatzung bis in die 1970er Jahre relativ kohärent nachvollziehbar sind. Der Status der Werftarbeiter in der Hauptstadt trug das Seine zu solchen Kontinuitäten bei. Doch zugleich war in Dänemark seit etwa 1957 eine Schwächung der Autorität der betrieblichen Hochburgen der KP zu beobachten, die mit der Neuzusammensetzung der Lohnarbeit zusammenhing. Schon in den Streiks um 1960 spielten die traditionellen Kerne der hauptstädtischen Gewerkschaftsopposition weder als Auslöser noch als Koordinator eine Rolle. Expliziter als in der Bundesrepublik machten diese Arbeitskämpfe deshalb eine Formveränderung der betrieblichen Konflikte kurzfristig sichtbar. Beschäftigtengruppen wurden aktiv, die sich von der traditionellen, hauptstädtischen Gewerkschaftslinken nicht repräsentiert fühlten: Es handelte sich um Streiks im Niedriglohnsektor, viele davon waren von Industriearbeiterinnen getragen. Insofern stellte auch in Dänemark die Streikwelle von 1969/70 eine Manifestation der Streikkulturen dar, die sich seit 1960 entwickelt hatten: Massenhafte Streiks im Rahmen der *wage drift*, die aber nur in bestimmten, definierten Sektoren von der alten Linken koordiniert waren. Die Transformation der alten Arbeiterbewegung war nicht nur den Gewerkschaften, sondern auch Gruppen wie der FI über den Kopf gewachsen. Um 1970 wurde die entstandene Lücke kurzfristig von der Neuen Linken gefüllt.

Die Diffusion der wilden Streiks

Es ist ein wichtiges Resultat dieser Arbeit, dass sich die Streikwellen ab 1969 nicht »plötzlich« und »spontan« ergaben, sondern ihre Ursachen bereits mindestens seit 1960 benennbar waren und tatsächlich benannt wurden. Dass die Forderung, diese Vorgeschichte zu rekonstruieren, die Rainer Kalbitz für die Bundesrepublik im Jahre 1972 erhoben hatte, nur sehr rudimentär umgesetzt wurde, hat zwei Gründe: erstens, die Fixierung der Forschung auf den Streik als Massenphänomen und zweitens, in engem Zusammenhang damit, die in aller Regel mangelhafte Wahrnehmung der sich seit 1960 entwickelnden Vervielfältigung und Differenzierung der Arbeitskämpfe. Wenn man so will, legt die Streikforschung bis heute eine industriell geprägte Folie an ihren Gegenstand an, ist immer noch auf der Suche nach dem großindustriellen Kern der Kämpfe. Doch dass dieser »Kern« sich von einem Riesen zu einem Zwerg verwandeln würde, deutete sich in beiden hier untersuchten Ländern bereits um 1960 auf je spezifische Weise an.[4] An den »Sommerstreiks« von 1960 in Dänemark war zunächst nichts Ungewöhnliches. Die Forderung nach linearen Lohnerhöhungen zum Ausgleich der Inflation war in »tarifwidrigen« Streiks schon vorher erhoben worden. Aber sie nahm 1960 einen anderen Charakter an, indem sie nicht mehr alleine eine lokale Strategie der Beschäftigten war, in der kritischen Situation wilder Streiks eine Spaltung zu vermeiden, sondern zugleich mit dem Anspruch verbunden wurde, eine Aufwertung der als »weiblich« und »ungelernt« bewerteten Arbeiten vorzunehmen. In dem Jahrzehnt nach 1960 wurde dieser Anspruch mit wachsender Vehemenz und mit wachsendem Erfolg formuliert, was eine der Voraussetzungen für die spätere Verbindung zwischen »alter« und »neuer« Frauenbewegung in der Kampagne für gleiche Löhne wurde. In den wilden Streiks nach 1969 zeigte sich eine Spannung, deren Spuren sich bis 1960 zurückverfolgen lassen: Der Forderung nach einer Einheit gegenüber dem Arbeitgeber stand die Forderung nach einer Anerkennung der Differenz der verschiedenen Gruppen des segmentierten Arbeitsmarktes gegenüber.

Es gab in der Tat in den beiden hier untersuchten Ländern mehr als nur eine Streikgeschichte. In den lokalen wilden Streiks artikulierten sich viel deutlicher als in den legalen, tariflichen oder »großen« politischen Streiks die Differenzen der verschiedenen Beschäftigtenkategorien. In den politischen Streikbewegungen dominierten an die Regierung und das Parlament gerichtete Forderungen, was eine Definition von »Klasseninteressen« auch gegenüber der Verfasstheit des politischen Systems voraussetzte, ein Grund dafür, dass solche Bewegungen in den frühen 1960er Jahren schwächer wurden und am Ende der 1960er Jahre neue Formen und Inhalte annahmen, allerdings das Ausmaß der unmittelbaren Nachkriegszeit nicht mehr erreichten. In den Tarifrunden waren die sozialen Forderungen der Gewerkschaften durch die Grenzen geprägt, in denen bestimmte Arbeitsbedingungen ebenso wie die Aufteilung des Arbeitsmarktes als Normalität definiert worden waren. Diese Hierarchien hatten auch eine Basis in der männlichen, qualifizierten Mitgliedschaft der Gewerkschaften, aus der sich auch die Mehrheit des hauptamtlichen Apparates rekrutierte. Aus

4 Was ihn nicht bedeutungslos machte, denn er kehrte später von Zeit zu Zeit überraschend in die Geschichte zurück, so in Dänemark während der Maistreiks von 1974, während der Osterstreiks von 1985 oder zuletzt während der Massenstreiks in der dänischen Industrie von 1998, vgl. hierzu ausführlich: Birke, »The Persistence of Labor Unrest«.

ihrer Sicht war plausibel, dass Gewerkschaften die doppelte Aufgabe hatten, die eigene Arbeitsmarktposition gegenüber den Unternehmern, aber auch gegenüber konkurrierenden Arbeitergruppen abzusichern. Die traditionelle Arbeitsteilung in der Familie bestätigte die Grenzziehungen ebenso wie die Definition der ungelernten Arbeit als »Gastarbeit«. Dabei ist es einer der wichtigsten Unterschiede zwischen der Bundesrepublik und Dänemark, dass die prekär Beschäftigten nördlich von Flensburg zu einem großen Teil ehemalige Landarbeiterinnen und Landarbeiter mit dänischer Staatsbürgerschaft waren, während in der Bundesrepublik nach dem Mauerbau zunehmend auf Arbeitsmigranten aus dem Süden zurückgegriffen wurde. Die Wohnheime dieser Migrantinnen und Migranten waren im buchstäblichen Sinne des Wortes abgegrenzt, mitunter gab es in der ersten Hälfte der 1960er Jahre sogar einen Schlagbaum wie bei einer »richtigen« Grenze (oder in einem Gefängnis). Die Arbeitgeber hatten damit zugleich eine Aufstiegsmöglichkeit für einen großen Teil der Beschäftigten mit deutscher Staatsbürgerschaft und sozusagen ein extraterritoriales Gebiet geschaffen, auf dem sie »freier« agieren konnten als in der regulierten Hauptgesellschaft.

In der Folge wurden die Aktionen der migrantischen Arbeiter selbst dann als *spezifisch* definiert, wenn sie einem Fabrikregime galten, das nicht nur für diese Gruppe bestimmt war. Ich habe in der vorliegenden Studie gezeigt, wie ähnlich die Agenden der »deutschen« Proteste bei VW in Hannover (1959/60) und der »italienischen« Proteste bei VW in Wolfsburg (1962) waren, ebenso konnte die Kontinuität zwischen der Ford-Aktion der ersten Hälfte der 1960er Jahre und dem Fordstreik von 1973 aufgezeigt werden. Für das kollektive Gedächtnis (oder vielmehr die kollektive Vergesslichkeit) ist entscheidend, dass diese Aktionen bis aufs Haar dieselben Gegenstände haben konnten, aber trotzdem keine gemeinsame Sprache fanden. Letzteres lag auch am aktiven Desinteresse der deutschen Beschäftigten: Ein Verhalten, das Beverly Silver als *boundary drawing* bezeichnet, äußerte sich bei migrantisch geprägten Streiks häufig latent und manchmal auch in Form gewalttätiger Übergriffe. Die Grenzziehungen des Arbeitsmarktes und der strukturelle Rassismus der Gesellschaft prägten nicht nur den betrieblichen Alltag, sondern auch die Geschichte der Arbeitskämpfe.

Die Ausgrenzung der »Gastarbeiter« spiegelt sich noch in einigen, diesen Kämpfen ansonsten durchaus wohlgesonnenen Arbeiten: »Der Ford-Streik [...] zeigt eine deutliche Parallele zu häufig wiederkehrenden Strukturen von Bauernunruhen.«[5] Und weiter: »So wie es die Bauern nicht schaffen, Koalitionen in die Städte hinein aufzubauen, so war es im Ford-Streik typisch, dass

5 Kleff, »Anmerkungen zum Fordstreik«, S. 210.

man es nicht schaffte, […] eine – wenn auch partielle – Zusammenarbeit mit deutschen Betriebsräten und Vertrauensleuten aufzubauen.« Diese These, die die »Unfähigkeit« der Migranten trotz einiger Relativsätze am Ende mit ihrem »bäuerlichen Hintergrund« erklärt, funktioniert analog zur Idee der »isolated masses«: Die »mangelnde Kommunikationsfähigkeit« wurde nicht aus der Abwesenheit der Migranten in der Betriebs- und Gewerkschaftshierarchie hergeleitet, sondern als »Eigenschaft« der prekär Beschäftigten selbst gewertet. Migration wurde als vormodernes, externes Element gesehen, das erst in einem mühsamen Prozess integriert werden musste. Aber der Umstand, dass Automobilfabriken überall in Europa in den 1960er Jahren migrantische Arbeitskraft anzogen, legt bereits nahe, dass es sich bei der Hierarchisierung der Arbeitsmärkte um ein notwendiges Element der kapitalistischen Entwicklung handelt. Die mangelnde Verbindung zwischen den deutschen Betriebsräten und den türkischen Bandarbeitern war aufgrund der Trennung zwischen der betrieblichen Interessenvertretung und der Masse der Bandarbeiter entstanden; eine Trennung, die durch den Ausschluss der »Gastarbeiter« vom passiven Wahlrecht in der deutschen Betriebsverfassung verstärkt wurde.

Die Bedeutung der Streikwelle von 1973 lag *nicht* in erster Linie darin, dass diese Trennung in ihr *aufgehoben* wurde. Angesichts der Ablehnung, die dem größten Teil der migrantisch geprägten Streiks in der bundesdeutschen Öffentlichkeit entgegenschlug, kann davon wohl kaum die Rede sein. Ihre Bedeutung lag darin, dass sie die Arbeitsmarkthierarchie mit einer ganz anderen Vehemenz *artikulierten*.

Auch in Dänemark waren die Kämpfe bedeutend, die die Neuzusammensetzung der Lohnarbeit hervorbrachte. Auch hier ging es nicht nur um Lohnerhöhungen, sondern auch um gleiche Rechte. Als Beispiel können die Sommerstreiks des Jahres 1960 gelten. Später wurde selbst auf einzelbetrieblichem Niveau deutlich, wie die Forderungen »diffundierten«: In der Königlichen Porzellanfabrik waren zuerst die Akkorde der Gipser umkämpft, dann wanderte das Problem in die Malerei, und nach den Streiks der männlichen Arbeiter von 1970/71 kam es zu den Aktionen der »Porzellandamen« von 1973.

Dabei ist interessant, dass sich die traditionelle Aufteilung der Gewerkschaften in Dänemark noch reproduzierte, als die Segmentierung des Arbeitsmarktes bereits zu erodieren begonnen hatte. Die gleichzeitige Existenz von »weiblichen« und »männlichen« Berufsverbänden und Fachvereinigungen artikulierte die Ambivalenz der Grenzziehungen: Einerseits wirkte das Gewerkschaftssystem in Richtung einer Konservierung bestimmter beruflicher Positionen, andererseits eroberten sich die Industriearbeiterinnen eine relative Eigenständigkeit, die sie in den Industriegewerkschaften nach bundesdeutschem Modell nicht entwickeln konnten. Zudem existierte in Dänemark vor

1969 eine durch Staatsbürgerschaft definierte Ausgrenzung so gut wie nicht. Aber das lag nicht (wie heute) an einem rigiden Grenzregime, sondern daran, dass die Binnenwanderung bis in die 1960er Jahre hinein einen stetigen »Nachschub« an neuer industrieller Arbeitskraft sicherte. Die Erwerbslosigkeit lag sowohl vor dem Einsetzen des Booms im Jahre 1958 als auch danach dauernd über den bundesdeutschen Vergleichzahlen. Erst 1968 änderten sich die Verhältnisse, als sich unter anderem in der Folge der bundesdeutschen Rezession verstärkt Migranten auf einem sehr kurzfristig offenen dänischen Arbeitsmarkt bewegten. Die heftigen Repressionen gegen wilde Streiks von Migranten, die in der bundesdeutschen Arbeitskampfgeschichte zwischen ungefähr 1960 und 1973 praktisch permanent nachweisbar sind, hat es in Dänemark nicht gegeben. Dies ist, neben den am Ende von Kapitel VI erwähnten spezifischen historischen Dispositionen der dänischen Polizei, eine der Ursachen dafür, dass direkte Eingriffe der staatlichen Exekutive in die wilden Streiks in Dänemark bis 1973 verhältnismäßig unbedeutend blieben.

Arbeitsbeziehungen und Arbeitskämpfe

In den 1960er Jahren konnte in der Bundesrepublik der Eindruck entstehen, dass die wilden Streiks in einer Sphäre stattfanden, die vollkommen abgeschlossen und jenseits der »offiziellen« Arbeitsbeziehungen verortet war. Aber dieser Eindruck trügt. Wenn auch lange Zeit sehr vermittelt, standen die wilden Streiks immer in einem Verhältnis zur Gewerkschafts- und Tarifpolitik. Die Gewerkschaften beider Länder griffen auf die eine oder andere Art und Weise immer wieder in die »informellen« Streikbewegungen ein. Besonders in der Bundesrepublik, wo die wilden Streiks keine ähnlich definierten Sanktionen wie in Dänemark nach sich zogen, konnte es phasenweise sogar vorkommen, dass Einzelgewerkschaften bestimmte »inoffizielle« Streiks geradezu förderten. Aber wie lässt sich das Verhältnis zwischen »offizieller« und »inoffizieller« Arbeitspolitik im bundesdeutsch-dänischen Vergleich nachzeichnen?

In der Bundesrepublik setzte der Nachkriegsboom, wie erwähnt, früher ein als in Dänemark, während die Re-Institutionalisierung der Arbeitsbeziehungen als Folge der NS-Herrschaft erst in der ersten Hälfte der 1950er Jahre abgeschlossen wurde. Daher fanden für eine weitaus längere Phase als in Dänemark Massenaktionen wie die Kampagne gegen das Betriebsverfassungsgesetz von 1952 und die »Reusch-Aktion« von 1955 statt, die man als betriebliche »Verfassungskämpfe« bezeichnen kann. In diesem Rahmen spielten auch politische Streiks eine gewisse Rolle, blieben aber nach ihrer anlässlich des Zeitungsstreiks von 1952 vollzogenen Illegalisierung stets randständig. Mit den Protesten gegen die Atombewaffnung der Bundeswehr (1958) und gegen die Krankenversicherungsreform (1960) fanden dann die vorläufig letzten großen Massenaktionen der bundesdeutschen Arbeiterbewegung statt, die sich direkt mit einem konkreten Anliegen an den Gesetzgeber wandten.

Bereits in der ersten Hälfte der 1950er Jahre rückte das tarifpolitische Alltagsgeschäft mehr und mehr in den Vordergrund. Nachdem der Versuch der bundesdeutschen Gewerkschaften, die Spielregeln der Arbeitspolitik entscheidend zu beeinflussen, weitgehend gescheitert war, erschien die Lohnpolitik als Feld, auf dem konkrete soziale Verbesserungen erreicht werden konnten. Die Forderung nach einer »offensiven« oder »expansiven« Lohnpolitik im Sinne einer Umverteilung zwischen Einkommen aus Kapital und Arbeit wurde jedoch schnell relativiert: Tarifliche Streiks endeten deshalb immer wieder, wie in Bayern 1954, damit, dass sich eine Mehrheit der Gewerkschaftsmitglieder gegen eine Wiederaufnahme der Arbeit aussprach. Doch das satzungsgemäße Quorum für eine Weiterführung des Streiks wurde selten erreicht, und angesichts der Arbeitsmarktsituation wurde es nach 1955 zunehmend zur Alternative, sich die »fehlenden« Lohnbestandteile unauffällig als »Nachschlag« auf betrieblicher Ebene zu holen. Der Schleswig-Holstein-Streik im Winter 1956/57 blieb dann nicht nur deshalb eine Ausnahme, weil sich die IG Metall hier nochmals eine (zumindest »indirekte«) Einwirkung auf die Regierung vorgenommen hatte, sondern auch, weil der Gewerkschaft nach ihrer Niederlage in der ersten Urabstimmung die Kontrolle über den Streik entglitt.

Am Ende der 1950er Jahre zeigten sich in der bundesdeutschen Arbeitspolitik schließlich drei Tendenzen: Erstens spielte die IG Metall immer mehr die Rolle des tarifpolitischen Vorreiters und die Bezirke außerhalb (!) Nordrhein-Westfalens wurden innerhalb der Metallverarbeitung zu »Pilotbezirken«. Zweitens setzte sich zugleich eine Zentralisierung der Tarifpolitik durch direkte Abkommen zwischen Metallgewerkschaft und Arbeitgeberverband durch. Und drittens wurde diese Zentralisierung durch eine lokale »zweite« Lohnrunde ergänzt, in der auf Grundlage des »dualen Systems« der bundesdeutschen Arbeitsverfassung zwischen Geschäftsleitungen und Betriebsräten außertarifliche Sonderleistungen vereinbart wurden. Am Ende der 1950er Jahre waren die politischen Auseinandersetzungen um die Arbeitsverfassung erst einmal beendet, und es ergab sich eine zuvörderst im Metallbereich strukturierte Spannung zwischen lokaler und überregionaler Arbeitspolitik, die die Position der wilden Streiks entscheidend beeinflussen sollte und die insgesamt zur Folge hatte, dass diese untergründig erheblich an Bedeutung gewannen.

Dagegen erhielten sich in Dänemark in den 1950er Jahren die arbeitspolitischen Traditionen der Vorkriegszeit relativ bruchlos, was damit zusammenhing, dass eine institutionelle Reform anders als in der Bundesrepublik weder durch die Ereignisse des Zweiten Weltkrieges noch durch die internationale Position des Landes in der Nachkriegszeit gefördert wurde. Auch die Stagnation der dänischen Industrie in den 1950er Jahren und die kleinbetrieblich-handwerklich dominierte Wirtschaftsstruktur des Landes trugen dazu bei, dass das Gewerkschaftssystems nicht auf Industriegewerkschaften umgestellt wurde. Die Gegensätze innerhalb des verwirrenden Konglomerats aus relativ autonomen Berufsverbänden, nach Geschlecht aufgeteilten allgemeinen Gewerkschaften der Ungelernten und einzelnen Industriegewerkschaften blieben erhalten. Gleichzeitig erhielten sich auch die im Hauptvertrag seit 1899 vereinbarte Sanktionierung »tarifwidriger« Streiks und die Praxis der Regierungseingriffe in die zentralen Verhandlungen der Arbeitsmarktparteien, de facto eine Zwangsschlichtung, die in der Bundesrepublik wegen der Erfahrungen aus der Weimarer Republik bis heute Tabu geblieben ist. Auseinandersetzungen um die Verfasstheit der Arbeitsbeziehungen spielten in den 1950er Jahren in Dänemark vor dem Hintergrund dieser Kontinuitäten keine mit den Verhältnissen in der Bundesrepublik vergleichbare Rolle. Aber vielleicht gerade aus diesem Grunde etablierte sich seit Mitte der 1950er Jahre ein stärkerer Zusammenhang zwischen der Zunahme lokaler Konflikte und der Tarifpolitik.

Der Massenstreik von 1956 aktualisierte nicht nur die angesichts der fortwährenden Stagnation der dänischen Wirtschaft immer noch ausstehenden Forderungen der Arbeiterbewegung aus der unmittelbaren Nachkriegszeit. Er zeigte auch, dass die Zentralisierung der Tarifpolitik unter bestimmten Umständen konfliktverschärfend wirken konnte. Der Eingriff der Regierung in die Tarifrunde löste den bis dahin größten illegalen Proteststreik in der dänischen Arbeitskampfgeschichte aus. Sein spontan zusammengesetztes Zentralkomitee spukt als *Situationens Generalstab* bis heute durch die dänische Arbeiterbewegung. Im unmittelbaren Anschluss an den Streik von 1956 verstärkte die sozialdemokratische Minderheitsregierung ihre wohlfahrtsstaatlichen Reformbemühungen, unter anderem mit der Einführung der Volksrente. In der zentralen Tarifrunde von 1958 wurden Forderungen aus der Tarifrunde von 1956 wie die Verkürzung der Wochenarbeitszeit »verspätet« auf dem Verhandlungswege durchgesetzt. Im Boom wiederholte sich diese Konstellation: Auf die wilden Streiks des Jahres 1959/60 folgte 1961 eine Tarifrunde, die Massenstreiks in zwei der nunmehr gebildeten acht »Verhandlungsgruppen« nach sich zog. Die überdurchschnittlichen Erhöhungen der Niedriglöhne leiteten in den Jahren darauf eine kontrollierte solidarische Lohnpolitik von oben ein, die das Auseinanderklaffen der Schere zwischen den verschiedenen Lohngruppen, das durch das betriebliche »Nachverhandeln« im Boom verursacht war, immer wieder eindämmte. Das strukturierende Eingreifen des Staates in die Tarifpolitik, das 1963 mit der »ganzheitlichen Lösung« seinen Höhepunkt erreichte, trieb diese Spannung zwischen zentralem und lokalem Niveau auf die Spitze. Der Zyklus der »Ersetzung« und »Verstaatlichung« der neuen lokalen Konflikte war nun vorläufig abgeschlossen. Es begann eine kurze Periode der Unsichtbarmachung der wilden Streiks.

Dass die wilden Streiks in der Bundesrepublik früher als in Dänemark wieder zum öffentlichen Ereignis wurden, hatte unter anderem mit der Ungleichzeitigkeit des Wechsels der Konjunkturen zu tun. Nach dem Konflikt in der Metallindustrie Nordwürttemberg-Nordbadens von 1963, der vor allem dem Versuch der Unternehmer, eine »Nullrunde« durchzusetzen, geschuldet und dementsprechend mit der ersten Massenaussperrung der bundesdeutschen Nachkriegsgeschichte verbunden war, hatten, wie in Dänemark auch, zunächst keine größeren Tarifstreiks mehr stattgefunden. Das Ende der »Lokalisierung« der betrieblichen Konflikte deutete sich dann 1966/67 im Rahmen der Streiks gegen die Kürzung übertariflicher Leistungen an. Obwohl sie sich in Einzelfällen im Rahmen der Kampagnen für eine »betriebsnahe Tarifpolitik« seit etlichen Jahren darum bemüht hatte, gelang es der IG Metall erst in der Rezession, wieder einen gewissen Einfluss auf die betriebliche Arbeitspolitik zu nehmen. Grundlage hierfür waren aber nicht die gewerkschaftlichen Kampagnen, sondern exemplarische wilde Streiks wie bei Roland in Offenbach oder Hanomag in Hannover, die nicht Teil einer von der IGM-Zentrale entworfenen Strategie waren.

In ihrem ersten und zweiten »Weißbuch gegen Unternehmerwillkür« *reagierte* die IGM auf diese Streiks, dokumentierte sie und prangerte die Leistungskürzungen und Entlassungen an. Es war der erste flächendeckende Versuch, das Auseinanderfallen zwischen Tarif- und Betriebspolitik zu korrigieren. Im Winter 1967/68 ging die Gewerkschaft punktuell so weit, dass sie sich offen zu den Forderungen der wilden Streiks bekannte. Paradox erscheint, dass sie gleichzeitig um eine Verbesserung ihres Rufes in der bürgerlichen Öffentlichkeit bemüht war, auf einen Abschied vom Image der linken »IG Krawall«. Wie die anderen Einzelgewerkschaften unterstützte sie die Bemühungen um eine Lösung der wirtschaftlichen Probleme durch die »Konzertation«. Schließlich setzte sie in der Tarifpolitik, ganz »skandinavisch«, auf den Tausch zwischen einer »Mäßigung« in der Lohnpolitik gegen einen (schwachen) Schutz vor Rationalisierungen. Die unmittelbare Folge war, dass das Jahr 1967 neben den wilden Streiks im Metallsektor von Tarifkonflikten außerhalb des Organisationsbereichs der IGM geprägt war. Die längerfristige Folge war, dass die Tarifpolitik der IGM 1968 den erneut einsetzenden Boom »verschlief« und ausgerechnet im Mai 1968 in der Metallverarbeitung einen Tarifvertrag unterzeichnete, der noch unterhalb des Lohnrahmens des Sachverständigenrates und der Regierung blieb. Doch erst später gerieten diese Widersprüche in den Fokus der Arbeitspolitik, zunächst standen sowohl in Dänemark als auch in der Bundesrepublik im Mai 1968 andere Konflikte im Vordergrund.

Wenn man den Mai 1968 summiert, dann kann man Mikkelsen Recht geben, der für das dänische Beispiel von einer in diesem Monat einsetzenden Politisierung der Arbeitskämpfe spricht.[6] Aber es war eine Politisierung, die merkwürdig verschoben und isoliert erscheint. Sie hatte erstens mit den gleichzeitigen Protesten der neuen sozialen Bewegungen so gut wie keine Berührungspunkte. Die Mobilisierung konnte die Gewerkschaftslinke zwar als Erfolg verbuchen, aber sie war doch keineswegs vergleichbar mit den Massenaktionen der 1950er Jahre. Ähnliches galt für die Bundesrepublik, allerdings unter etwas anderen Vorzeichen. Die Kampagne der linken Einzelgewerkschaften gegen die im Mai 1968 verabschiedeten Notstandsgesetze verwies direkt auf die »Verfassungskonflikte« der 1950er Jahre und bot zugleich einen Ansatzpunkt zur direkten Zusammenarbeit mit der in der Bundesrepublik weitaus stärkeren Studentenbewegung sowie der außerparlamentarischen Neuen Linken. Insgesamt muss allerdings auch für das bundesdeutsche Beispiel festgestellt werden, dass die Mobilisierung gegen die Notstandsgesetze zwar breitere gesellschaftliche Sektoren als in Dänemark erfasste, aber trotz günstiger Voraussetzungen das Niveau der 1950er Jahre nicht mehr erreichte. Die Proteste des Jahres 1968 sollten dennoch nicht unterbewertet werden: Sie waren Ausgangspunkt eine erneuerten Bezugnahme der studentisch geprägten Linken auf die soziale Frage, und sie schufen die ersten praktischen Verbindungen zwischen sonst getrennten Sphären der Protestbewegungen.

Nicht 1968, sondern 1969 wurde dann in beiden Ländern das Jahr des einsetzenden »Streikaufschwungs«. Diese Verzögerung zeigt, dass die neuen Arbeitskämpfe keine direkte Wirkung der sozialen Bewegungen des Vorjahres waren. In beiden Ländern verfolgten die wilden Streiks eine Agenda, die sowohl auf den Widerspruch zwischen zentralisierter Arbeitspolitik und dezentralen sozialen Bewegungen verwies als auch einen Protest gegen die Inkorporation der Gewerkschaften in die Politik der Lohnzurückhaltung darstellte. Um eine »Politisierung« handelte es sich aber lediglich insofern, als die Polit-Ökonomie der 1960er Jahre keinen Spielraum für »unpolitische« Arbeitskämpfe mehr ließ. Kein Widerspruch hierzu ist es, dass in den wilden Streiks von 1969 die Alltagsinteressen der Industriearbeiterinnen und -arbeiter dominierten: Auf der Tagesordnung stand erneut die seit den Hochkonjunkturstreiks der frühen 1960er Jahre eingeübte Gewohnheit, dass »wir uns holen müssen, was uns zusteht, wenn es der Wirtschaft gut geht«. Dennoch blieben die Streiks der Jahre 1969 und 1970 weder in der Bundesrepublik noch in Dänemark lediglich

6 Mikkelsen, *Arbejdskonflikter*, S. 326ff.

eine Episode oder ein Zwischenspiel. Im Gegenteil, sie markierten den entscheidenden Punkt der »Veröffentlichung« der Tradition der dezentralen Konflikte der 1960er Jahre.

Bemerkenswert ist, dass die Belegschaften der Montanindustrie in der Bundesrepublik im Mittelpunkt dieser Streikwelle standen: Hier wurde die Rede von der »sozialen Symmetrie«, die im Boom nicht eingelöst wurde, ernster genommen als in anderen Sektoren, und dies wiederum hing nicht unwesentlich damit zusammen, dass die sozialpartnerschaftlichen Zusammenarbeitsformen in diesem Sektor vergleichsweise stark ausgebaut waren. In der Folge bildete sich erstmals seit den 1950er Jahren so etwas wie ein »Streikzyklus« heraus: Die Gewerkschaften reagierten im Jahre 1970 zwar nicht mit einer Übernahme der linearen Lohnforderungen, aber mit einer »offensiven« Lohnpolitik auf die »irregulären« Konflikte. 1971 kam es dann zu einer Verschärfung der Tarifkonflikte, die sich einmal mehr in einem Massenstreik in Nordwürttemberg-Nordbaden ausdrückte. Am Ende des Jahres 1972 geriet die Tarifpolitik erneut in eine Krise, nachdem sich ein Teil der Einzelgewerkschaften unter dem Eindruck der Wiederwahl der sozial-liberalen Koalition erneut auf eine »Mäßigung« ihrer Abschlüsse eingelassen hatte. Die wilden Streiks des Jahres 1973 führten dann zu einer noch stärkeren Konfrontation zwischen Belegschaften und Metallgewerkschaft als noch 1969. Erst die Weltwirtschaftskrise beendete die Hochkonjunkturstreiks. Das Verhältnis zwischen Warnstreiks und wilden Streiks zeigte in den Jahren darauf, dass es den bundesdeutschen Gewerkschaften in der Krise nach und nach gelang, die Kontrolle über die Arbeitskämpfe wieder zu erlangen: Der Anteil der an wilden Streiks Beteiligten sank von rund einem Drittel (1969/72) auf rund 10 Prozent (1977/80).[7] Die in der vorliegenden Studie geschilderten Streikbewegungen gehören in dieser Hinsicht einer abgeschlossenen Epoche an. Sie waren ein Modus, in dem sich die betrieblichen sozialen Konflikte während der Hochkonjunktur und unter den Bedingungen des Kalten Krieges entwickeln konnten. Mit ihrer »Veröffentlichung« zwischen 1967/69 und 1973 entfiel auch ein wesentliches Moment ihrer Unkontrollierbarkeit. Die Weltwirtschaftskrise brachte neue und andere Fragen wie Massenentlassungen, Betriebsschließungen und Sozialkürzungen auf die Tagesordnung.

Im bundesdeutsch-dänischen Vergleich verblüfft dagegen die Kontinuität des dänischen »Streikaufschwungs« nach 1973: Von 1949 bis 1972 wurden dort 775 Streiks mit rund 470.000 Beteiligten und 3.800.000 ausgefallenen Arbeitstagen gezählt. Zwischen 1973 und 1995 fanden – im selben Zeitraum – 5.261 Streiks mit rund 2.200.000 Beteiligten und 9.200.000 ausgefallenen Ar-

7 Spode u.a., *Statistik*, div. Tab., zit. nach: Dribbusch, »Sword on the Wall«, S. 11.

beitstagen statt.[8] Auch wenn die Zahl von 7.673 Streiks zwischen 1996 und 2002 unter anderem einer Veränderung der Erfassungskriterien geschuldet war – seit 1996 zählt *Danmarks Statistik* auch Streiks, die weniger als 100 Ausfalltage verursachten –, muss für die Zeit seit 1949 von einer grundlegenden Veränderung der Zusammensetzung der registrierten Streiks in Dänemark gesprochen werden. Diese hat nicht in alleine mit einer »neuen« Massenhaftigkeit der Kämpfe seit 1973 zu tun. Zwar wurde nach 1973 das Zweieinhalbfache der in den 25 Jahren zuvor erfassten Zahl der verlorenen Arbeitstage registriert. Noch auffälliger aber ist die Zunahme der »Fälle«, die als Maßstab für die Entwicklung der wilden Streiks gelten kann: Zwischen 1973 und 1995 war sie fast sieben Mal so hoch wie in den 25 Jahren nach 1949 – und seitdem blieb sie auf diesem historisch hohen Niveau. Die Zeiten, in denen Industriesoziologen mit einem gewissen statistisch fundierten Recht Dänemark zu einem Modell des sozialen Friedens (Galenson) oder zu einem Land mit einer »parlamentarisch eingedämmten« Streikkultur (Shorter/Tilly) erklären konnten, sind offenbar definitiv vorbei.

In der vorliegenden Studie wurden die Spuren dieser entscheidenden Formveränderung bis in die 1950er Jahre zurückverfolgt. Dabei konnte gezeigt werden, dass der Anstieg der »tarifwidrigen« Streiks bereits in der zweiten Hälfte dieses Jahrzehntes einsetzte und durch den Boom verstärkt wurde, um seit den 1970er Jahren in der gewerkschaftlichen wie der allgemeinen Öffentlichkeit stärker rezipiert zu werden. Von 1951 bis 1953, in der Zeit, in der Walter Galenson seine Studien über dänische Arbeitsbeziehungen verfasste, zählte das dänische statistische Büro gerade einmal 29 Streiks. Seitdem stieg die Zahl stets an, und selbst in der zweiten Hälfte der 1960er Jahre, als in Bezug auf das Streikvolumen ein Rückgang registriert wurde, setzte sich dieser Anstieg fort. 1973 zählte *Danmarks Statistik* bereits 205 Streiks, 1978 war die Zahl auf 314 gestiegen, und 1985, im Jahr der Proteststreiks gegen die konservative Schlüter-Regierung, wurden sogar mehr als 800 »Fälle« gezählt. Im Laufe von fünf Jahrzehnten hatte sich eine Kultur lokaler Arbeitskämpfe entwickelt, die das bereits seit der Vorkriegszeit etwa in jeder Dekade einmal stattfindende eruptive »Ausbrechen« tariflicher Massenstreiks ergänzte und gelegentlich auch förderte.

Es handelte sich um eine tiefgreifende, die »politisierte« Phase von 1969 bis 1973 überdauernde, Differenzierung, Individualisierung und Diffusion der offenen Arbeitskämpfe. Während der untergründige und nur in einer qualitativen Studie zu erfassende Charakter dieser Transformation seit 1960 auch für

8 Siehe Vad, *Påskestrejkerne*, S. 199, sowie DS, *Nyt*, April 2007. Ausführlich s. Birke, »The Persistence of Labor Unrest«, auch zu dem Folgenden.

die Bundesrepublik konstatiert werden kann, kam es nach 1973 hier anders als in Dänemark, was das Ausmaß des Phänomens betrifft, zu einer gewissen Eindämmung.

In der Folge hat sich die Position der beiden Länder in der internationalen Streikstatistik, die ausschließlich mit dem »relativen Streikvolumen« befasst ist, deutlich auseinander entwickelt. Zwischen 1950 und 1973 gehörten sowohl die Bundesrepublik als auch Dänemark überwiegend zu der Gruppe der vergleichsweise »streikarmen« Länder. Nach 1973 stieg Dänemark zunächst in die mittlere Gruppe der ILO-Statistik und in den 1990er Jahren, im Kontext einer internationalen Abnahme der Streikbereitschaft, in deren Spitzengruppe auf. Dies war sowohl dem Massenstreik von 1998 als auch den wilden Streiks geschuldet: In Bezug auf das relative Streikvolumen führte Spanien zwischen 1990 und 2003 mit durchschnittlich 252 Tagen die international vergleichende Statistik an, es folgte Kanada mit 187 Tagen. Dänemark lag mit 174 Tagen an dritter Stelle, noch vor Italien, Frankreich, den USA, Australien und Irland. Die Bundesrepublik lag weiterhin am Ende der Rangliste.[9]

In Dänemark konnte auch die 1973 durchgeführte Reform des Streikrechts keine Eindämmung der offenen Arbeitskämpfe bewirken. Die wilden Streiks behielten, gerade angesichts dessen, dass die sozialdemokratische Minderheitsregierung in jede Tarifrunde nach 1975 eingriff, ihre kompensatorische Funktion. Die hochgradig zentralisierten Arbeitsbeziehungen, die Einbindung der Gewerkschaften in staatliche Politik und tripartistische Lösungen gerieten an ihre Grenze: Der Versuch, die Auswirkungen der Weltwirtschaftskrise auf das exportorientierte Dänemark durch Gespräche der Arbeitsmarktparteien zu lösen, scheiterte. Gleichzeitig differenzierten sich die Streikbewegungen und erreichten in der zweiten Hälfte der 1970er Jahre neue Bereiche des öffentlichen Dienstes, so die Krankenhäuser mit ihrem hohen Frauenanteil oder die Volksschulen. Die konservative Regierung konnte seit 1982 die Streiks unter dem Eindruck steigender Massenarbeitslosigkeit zunächst zurückdrängen, aber 1985 kam es zu einem erneuten Massenstreik. Nicht nur die weiterhin bestehende Verfügung der Gewerkschaften über die Arbeitslosenversicherung und die massive Ausdehnung der Organisierung im dritten Sektor, auch die Streikbewegungen selbst trugen am Ende dazu bei, dass der gewerkschaftliche Organisationsgrad in Dänemark ganz im Gegensatz zum westeuropäischen Trend bis Mitte der 1990er Jahre weiterhin anstieg.

Die Ursachen der Transformation der Streikbewegungen nach 1973 können hier nur skizziert werden. Weitere Forschungen über den Zusammenhang zwischen der Streikgeschichte der 1950er bis 1970er Jahre und ihrer Nachge-

9 Vgl. Kittner, *Arbeitskampf*, S. 651, sowie Scheuer, *Strejker i Europa*, S. 36–43.

schichte sind notwendig. Wenn solche Forschungen nicht alleine quantitativ ausgerichtet werden, werden sie Wesentliches zur Frage des Formwandels der sozialen Konflikte in der Lohnarbeit beitragen. So könnten sie die Veränderungen der Bezüge zwischen betrieblichem Alltagsverhalten und offenen Arbeitskämpfen ebenso konturieren wie die Bedeutung der Substitution der »offiziellen« gewerkschaftlichen und der wilden Streiks durch die Warnstreiks. Auch könnte auf Grundlage von Untersuchungen über die Geschichte der nationalstaatlichen Arbeitspolitik seit den 1950er Jahren die Bedeutung der globalen Firmenpolitiken, der Standortpolitiken der lokalen, nationalen und übernationalen Staatsapparate diskutiert werden. In diesem Kontext wären die Veränderungen in der Regulation der Lohnarbeit, wie die Erosion der Tarifverträge, erneut zu diskutieren. Denn eine historische Perspektive, die das Bild der festen Form der Regulation der Arbeitsbeziehungen in den 1950er bis 1970er Jahren in Frage stellt, rückt zugleich die heutige Instabilität der Arbeitsbeziehungen und -bedingungen in ein anderes Licht: Selbst die »goldenen Jahre« waren nicht frei von sozialen Kämpfen, und die heutige Instabilität der Arbeitsbeziehungen ist von dieser Geschichte nicht zu trennen.

Aktuell ist vor allem in der Bundesrepublik schließlich ein Aspekt ins Gespräch gebracht worden, der in der vorliegenden Studie ebenfalls häufiger betont wurde: die Kontinuität zwischen verschiedenen Formen des *labor unrest*. Die insbesondere in den Gewerkschaften geführte Debatte über diese Frage wurde durch die Wahrnehmung befördert, dass es in den letzten 15 Jahren immer schwieriger wurde, mit den traditionellen Formen des Arbeitskampfes nachhaltige Resultate zu erreichen. Zunächst schien dieses Problem nur die ausgelagerten und prekären Bereiche sowie Teile des Dienstleistungssektors und das Gebiet der ehemaligen DDR zu betreffen. Seit einigen Jahren, spätestens nach der Niederlage der IG Metall im ostdeutschen Metallarbeiterstreik von 2003, wird zunehmend klar, dass alle abhängig Beschäftigten von der Entwicklung betroffen sind. Zum Zeitpunkt, in der das Schlusswort dieser Studie verfasst wurde, waren zum ersten Mal seit Anfang der 1990er Jahre Millionen Beschäftigte des öffentlichen Dienstes in der Bundesrepublik im Ausstand, um eine Verlängerung ihrer Wochenarbeitszeit auf 40 Stunden und mehr zu verhindern.

Gleichzeitig hat in den Gewerkschaften seit einigen Jahren eine Diskussion begonnen, die von Formen des Organizing der US-Dienstleistungsgewerkschaften inspiriert ist und unter anderem ein gezieltes Einbeziehen und eine Veröffentlichung jener unsichtbaren Formen des Arbeitskampfes beinhaltet, die unterhalb und jenseits des Streiks liegen.[10] Derartige Entwicklungen

10 Vgl. hierzu u.a. Renneberg, *Die Arbeitskämpfe von morgen.*

können vielleicht zu einer Erneuerung des Fragenkataloges und der Aufgaben der Streikforschung beitragen. Eine wesentliche Errungenschaft wäre es, wenn dabei die Einseitigkeit und Mystifizierung der traditionellen Form der kollektiven Verweigerung der Arbeitskraft, die Mythen der verschiedenen Internationalen der Arbeiterbewegung, die Ideen vom zentral organisierten Generalstreik hinterfragt werden könnten: Im Rahmen eines umfassenden Begriffes des sozialen Konfliktes könnte deren Kontinuität dies- und jenseits ihrer öffentlich dokumentierten Formen betont werden.

Die in der vorliegenden Studie geschilderten »industriellen« Konflikte verwiesen bereits auf das Ende der »Fabrikdisziplin«, die seit 1973 als Reaktion auf Widerstand und Ausweichen, immer mehr durch neue Formen der Kontrolle der Ware Arbeitskraft ersetzt wird. Diesen historischen Prozess zu analysieren, wäre jedoch nur auf Grundlage von Untersuchungen denkbar, die die lokalen Streikgeschichten detaillierter beschreiben müssten, als dies im Rahmen meiner Arbeit möglich war. Dabei könnte dargestellt werden, wie sich die Geschichten der sozialen Konflikte »innerhalb« und »außerhalb« der bezahlten Arbeit konkret miteinander verbunden haben. Nur so wären die Streikbewegungen im umfassenderen Sinne etwa auf Geschlechter- und Familienverhältnisse zu beziehen. Um wirklich etwas über die »Reproduktion« von Arbeitskämpfen zu erfahren, müsste das Feld der Streikforschung verlassen werden. Ebenso wäre aber wünschenswert, mehr über die Zusammenhänge zwischen Arbeitskämpfen und Migration zu erfahren. Gut wäre, anders als in der vorliegenden Arbeit, dabei auch auf lebensgeschichtliche Interviews zurückgreifen zu können. Und schließlich wäre wichtig, die Strategien der Unternehmer – etwa im Kontrast zwischen »sozialpartnerschaftlichen« und »konfrontativen« Firmenpolitiken – und ihrer Verbände gegenüber Arbeitskämpfen sowie die Genese ihrer derzeitigen Strategien zu ergründen, wobei auch der Prozess der Internationalisierung der Firmenpolitiken einbezogen werden müsste. All dies war im Rahmen der vorliegenden Arbeit nicht möglich: Eine systematische Erneuerung der Arbeitskampfforschung erforderte sicherlich mehr als vereinzelte Studien, sondern größere, kollektive Anstrengungen.

Am Ende einer Epoche

In einem bestimmten Sinne sind alle Kämpfe um Lohnarbeit »unpolitisch«: »Außerhalb des Kapitals existieren die ArbeiterInnen zwar als Klasse, aber als Einzelne, während sie als gesellschaftliche Klasse nur im Inneren des Kapitals,

als angewandte Arbeitskraft, fungieren.«[11] Dieser Satz gibt treffend die Spannung wieder, die sich in den wilden Streiks darstellte. Das Verschwinden der symbolisch-demonstrativen Funktion der Arbeitskämpfe seit den 1950er Jahren sowie die »Verbetrieblichung« und »Lokalisierung« der Arbeitskonflikte in den 1960er Jahren ließ diese nicht nur ganz überwiegend aus dem Blickfeld der Öffentlichkeit verschwinden, sondern verwies sie zugleich in den geschlossenen Raum der Fabrik. Die Logik dieser Abschottung war nicht alleine Folge der polemischen Zuschreibung, die Arbeitskämpfe seien Teil eines »kommunistischen Spionagenetzwerkes«, und sie waren nicht alleine exemplarischen Repressionen geschuldet. Der Kalte Krieg bestimmte lediglich das spezifische Maß des Zurückdrängens. Die zitierte Dialektik des Verschwindens und des Auftauchens existierte unabhängig von diesen Eingrenzungen, denn die Fabrik nahm das Außen, das Gesellschaftliche in sich auf, indem sie es zugleich aus dem Blickfeld entfernte. Die wilden Streiks waren dementsprechend Ereignisse, die in einer Art totalem Innenraum stattfanden. Außerhalb dieses Raumes, in der »Freizeit«, war es nicht nur möglich, sondern notwendig, eine Existenz zu erhalten, die nur indirekt, das heißt über den Preis der verkauften Ware Arbeitskraft vermittelt, mit der Fabrik etwas zu schaffen hatte. Als Resultat dieses Verhältnisses konnte das Insistieren auf dem Status als Nicht-Arbeiter sowohl affirmativ sein, indem es der Idee wie der Praxis der Trennung der beiden Welten zur Hegemonie verhalf, als auch emanzipatorisch, indem es die Bindung der sozialen Ansprüche an die Inwertsetzung der Arbeit angriff.

Die entscheidenden Elemente, die eine Diffusion der Fabrikkämpfe erst ermöglichten, entstanden in den 1960er Jahren nicht innerhalb der Anstalten, sondern als Ausdruck einer Spannung, die durch den Widerspruch zwischen der »privaten« Existenz des Lohnarbeiters und deren Ausblenden im »Inneren des Kapitals« aufkam. So wurden lineare Lohnforderungen mit dem Argument erhoben, dass »das Brot für alle teurer geworden« sei, und die Forderung nach einer Reduzierung der Bandgeschwindigkeit entstand aus der Einsicht heraus, individuell in nicht allzu ferner Zukunft wohl nicht mehr zu jener »olympiareifen Mannschaft« zu gehören, für die die Fließarbeit mit beeindruckenden Lohnsteigerungen einherging. Diese Spannung zu einem Gegenstand öffentlicher Debatten zu machen, war vielleicht eines der wichtigsten Resultate der wilden Streiks Ende der 1960er Jahre. Die Kämpfe griffen die Frage nach der Existenz jenseits jener Anstalten auf, innerhalb derer die Lohnarbeit historisch organisiert wurde: Sie thematisierten das Problem der Reproduktion der Arbeitskraft, ein Feld, dass bis dahin entscheidend dafür war, dass die sozialen Konflikte »verschoben« und »unaussprechlich« (Finnemann) erschienen. Das

11 Dieckmann, »Entdeckungsreisen«, S. 13.

Auseinanderfallen von betrieblicher Organisierung und institutioneller Repräsentanz war untrennbar mit der Existenz der Fabrik als geschlossenem Raum verbunden. Die Arbeitskämpfe der frühen 1970er Jahre trugen dazu bei, Löcher in diese Mauern zu sprengen.

Dass die Arbeitsbeziehungen in den 1950er und 1960er Jahren zunehmend in zwei Welten aufgeteilt wurden, war kein nordeuropäisches Phänomen. Aber es war in Dänemark und der Bundesrepublik besonders ausgeprägt. Dass die beiden Welten wieder miteinander in Verbindung gebracht wurden, hatte nicht allein mit der Dynamik von Revolte und Reform zu tun, sondern auch mit dem Auftreten der neuen sozialen Bewegungen seit den frühen 1960er Jahren. Diese entwickelten zunächst »für sich« eine transnationale Agenda. Aber ihre globale Perspektive riss später auch nicht wenige Arbeitskämpfe aus ihrer lokalen Borniertheit – erste Beispiele waren die in diesem Buch geschilderten Kämpfe bei Hope in Hadsund oder Ford in Köln. Die Inspiration konnte wirken, als sich einige Aktivistinnen und Aktivisten mit den lokalen Arbeitskämpfen befassten und versuchten, deren eigenen Sinn und deren eigene Widersprüchlichkeit zu verstehen. Ein Zuschneider, der sich in den Finger schneidet, eine Porzellanmalerin, die sich mit ihrem Ehemann streitet, ein türkischer Kommunist, der unbeliebt ist, aber dessen hilflos schreiende Frage danach, wie lange wir uns das noch alles gefallen lassen wollen, einen Erdrutsch auslöst: Aus solchen lokalen Ereignissen setzten sich die wilden Streiks zusammen. Nichts sonst war die wirkliche Grundlage ihrer Veröffentlichung und Ausbreitung. Die traditionelle Arbeiterbewegung unterschätzte das Potenzial solcher Konflikte. Hier wurden die wilden Streiks oft nur in ihrer zusammengefassten Form, als Forderungen nach Lohnerhöhungen, wahrgenommen. Um 1970 gab es eine kurze Zeit, in der ein Teil der Kämpfe unabhängig von dieser Form gesehen werden konnte. Die Diffusion der Gegenstände, Formen und Forderungen der Streiks zeigte deren lokale Bedeutungen: Als Kampf in und zugleich gegen die Lohnarbeit.

Anhang

Quellen- und Literaturverzeichnis

Unveröffentlichte Quellen

Arbejderbevægelsens Bibliotek og Arkiv, Kopenhagen, zit. ABA

Bestand Bryggeriarbejdernes Fagforening Kopenhagen (ABA/BF Kbh.), Nr. 674: 77.
Bestand Danmarks Kommunistiske Parti (ABA/DKP), Nr. 920: 227–231, 232, 330.
Bestand Dansk Metalarbejderforbund (ABA/DM), Nr. 853: 379.
Bestand Dansk Typografforbund, Abt. Kopenhagen (ABA/DTF Kbh.), Nr. 853: 379.
Bestand Internationale Socialister, Nr. 529: 1, 2.
Bestand Keramisk Forbund (ABA/KF), Nr. 769: 71.
Bestand Landsorganisation i Danmark (ABA/LO), Nr. 1.500: 2.208, 2.209.
Bestand Landsorganisation i Danmark, (ABA/LO), Nr. 800, Arbeitsrechtarchiv, Materialien zu den folgenden Aktenzeichen: 4.760, 5.165, 5.226, 5.292, 5.378, 5.381, 5.655, 5.658, 5.691, 5.728, 5.748, 5.823, 5.824, 5.834, 5.835, 5.844, 5.853–5.925, 6.030, 6.124, 6.308, 6.465, 6.502, 6.581, 6.583, 6.614, 6.732, 6.764, 6.855; 6.898, 6.932, 7.056, 7.063, 7.131, 7.184, 7.206.
Bestand Socialistisk Folkeparti (ABA/SF), Nr. 501: 43, 45.
Bestand Specialarbejderforbund i Danmark (ABA/SiD), Nr. 774: 79; A 2.001–A 2.016 (Sammlung zur Arbeitsmigration, noch in der Registratur des SiD).
Bestand Sømændenes Forbund (ABA/SØF), Nr. 556: 191.
Bestand Tobaksarbejderforbund (ABA/TF), Nr. 597: 44–46.
Bestand Venstersocialisterne (ABA/VS), Nr. 520: 114.

Archiv 451, ehemals Trikont-Verlag, München

Bestand »Arbeitersache/Revolutionärer Kampf«: Flugblattsammlung »Müllarbeiter«, 1969; Sammlung Streik bei BMW, 1972.

Archiv der sozialen Demokratie, Bonn, zit. AdsD

Bestand Gewerkschaft Textil und Bekleidung, Hauptvorstand (AdsD/GTB): Ordner Arbeitskampf 1951–1961 (ohne Signatur).
Bestand IG Metall, Hauptvorstand (AdsD/5/IGMA), Tarifabteilung: 150.373, 220.962; Mitteilungen der Verwaltungsstellen: 582.015, 582.024, 582.049; Abteilung Organisation: D 752/D 758; (alte Signatur: AdsD/IGMA) DGB-Bundesvorstand: G 654 a; Sammlung »Notstandsgesetze«/ehemaliges Archiv des Kuratoriums »Notstand der Demokratie«: G

914, G 920, G 954, G 1.418, G 1.419, G 1.420; Tarifabteilung und Streikberichtsbogen: T 561 a, G 669 a, G 669 b, T 764 a, T 795, T 796 a, T 796 b; Verwaltungsstelle Köln: T 941 a.

Archiv für soziale Bewegungen, Bochum, zit. AfsB
Bestand IG Bergbau und Energie (AfsB/IGBE): Nr. 11.332, 12.510, 12.997, 14.500.

Bundesarchiv, Stiftung der Parteien und Massenorganisationen der DDR, Berlin, zit. BArch/SAPMO
Bestand SED (BArch/SAPMO/SED): DY 30/IV 2/10.02 (Blatt 74–77, 80, 98, 101, 118, 121, 150, 186–191, 361–364); BArch/SAPMO/SED, BY 1/2.855, BY 1/2.884; BArch/SAPMO/SED, DY IV A2 10.02/55.

Dokumentationsstelle Migration, Köln, zit. DOMIT
Bestand G 05: Gruppe Internationaler Marxisten, Broschüre »Pierburg-Streik«.

Erhvervsarkiv, Århus, zit. EA
Bestand Dansk Arbejdsgiverforening (EA/DA), Arbeitsgerichtsunterlagen aus dem Bereich des Metallarbeitgeberverbandes: Nr. 1.090: 82, 1969/I; 85, 1969/II; 85, 1970/I.

Hamburger Institut für Sozialforschung, Hamburg, zit. HIS
Sammlung Streikbewegungen (HIS/Sbe), 060, Box 001, 01.

Gedruckte Quellen

AStA der Uni Köln (1968), *Fordarbeiter und Studenten in einer Front gegen Kurzarbeit. Protokoll einer gemeinsamen Protestkundgebung am Dienstag, den 5. März 1968*, Köln.

Christensen, Ove (1950–1964), *Den faste Voldgiftsrets Kendelser, udgivet ved Rettens Foranstaltning*, Kopenhagen.

DA/LO (1964), *Samarbejdsudvalgsaftalen af 1964*, Kopenhagen.
— (1967), *Produktionsfremmende lønsystemer*, Kopenhagen.
Deutscher Bundestag (1970), *Jahresgutachten 1969 des Sachverständigenrats zur Begutachtung der wirtschaftlichen Entwicklung*, (Bundestagsdrucksache VI/100), Bonn.
Dörrich, Walter, Schönhoven, Klaus (1991) (Hg.), *Die IG Metall in der frühen Bundesrepublik, Quellen zur Geschichte der deutschen Gewerkschaftsbewegung, Bd. 10*, Köln.
DsF/LO (1950–1966), *Årsberetning*, (Geschäftsbericht), Kopenhagen.

Folketing (1970), *Folketingets Forhandlinger*, Kopenhagen.

Hildebrandt, Jens (2005) (Hg.), *Der Deutsche Gewerkschaftsbund, 1956–1963, Quellen zur Geschichte der deutschen Gewerkschaftsbewegung, Bd. 12*, Bonn.

IG Metall, Hauptvorstand (1952), *Protokoll des 2. Gewerkschaftstages der IG Metall*, Frankfurt/M.

— (1958–1961, 1965–1967, 1971–1973, 1974–1976), *Geschäftsberichte*, Frankfurt/M.
— (1972), *Pressedienst Nr. 181*, Frankfurt/M.

Kaiser, Josef (1996) (Hg.), *Der Deutsche Gewerkschaftsbund, 1949 bis 1956, Quellen zur Geschichte der deutschen Gewerkschaftsbewegung, Bd. 11*, Bonn.

LO (1967–1973), *Årsberetning*, (Geschäftsbericht), Kopenhagen.

Merkel, Felicitas (1999) (Hg.), *Die IG Metall in den Jahren 1956 bis 1963, Quellen zur Geschichte der deutschen Gewerkschaftsbewegung, Bd. 9*, Bonn.

Zeitschriften, Zeitungen, Pressedienste (im Text zit. Jahrgänge)

Aktuelt, Kopenhagen: 1972, 1973.
Andere Zeitung (zit. *AZ*), Hamburg: 1955, 1958–1969.
Arbeiterpolitik (zit. *ARPO*), Bremen: 1949–1951, 1965–1973.
(Der) Arbeitgeber. Das BdA-Magazin zur unternehmerischen Sozialpolitik, Düsseldorf: 1969.
Arbejderen. Medlemsblad for DsF, Kopenhagen: 1954 [Organ des DsF].
Arbejdsgiveren, Kopenhagen: 1960 [Zeitschrift des DA].

Befreiung – anarchistische Zeitung, Köln: 1973.
Berliner Extradienst, Berlin (West): 1969, 1970.

Danmarks Statistik, Statistisk årbog, Kopenhagen: 1950–1973.
Dansk Typograf Tidende, Kopenhagen: 1969 [Organ des DTF].
Department of Employment Gazette, London: 1972, 1973, 1977, 1979.
Diskus, Frankfurt/M.: 1968.

Einheit, Mitgliederzeitschrift der IG Bergbau und Energie: 1969, 1973.
Express international, Offenbach/M.: 1967, 1968, 1973.

Fagbladet, Kopenhagen: 1969–1974 [Zentralorgan des DASF/des SiD].

(Der) Gewerkschafter, Monatsschrift für die Funktionäre der IG Metall (zit. *DG*), Frankfurt/M.: 1960–1962, 1965, 1967, 1969, 1970.
Gewerkschaftspost, Zentralorgan der IG Chemie, Papier, Keramik, Hannover: 1961–1963.

ILO-Yearbook of Labour Statistics, Genf: 1950–1979.
Industriekurier, Düsseldorf: 1969.
Information, Kopenhagen: 1973 [Linksliberale Tageszeitung].

Jern og Metal, Kopenhagen: 1961 [Zeitschrift des DM&SF].

Keramikken, Kopenhagen: 1970, 1973 [Zeitschrift des KF].

Kurasje, Kopenhagen: 1970 [linke soziologische Zeitschrift].

Land og Folk, Kopenhagen: 1953–1956, 1959–1973 [DKP-Tageszeitung].
Løn og Virke, Kopenhagen: 1959, 1962, 1968–1970 [Zeitschrift der LO].

Metall, Zeitung der IG Metall für die Bundesrepublik, Frankfurt/M.: 1959–1973.

Ny tid, Kopenhagen: 1970 [Theoriezeitschrift der SPDK].

Politiken, Kopenhagen: 2003 [Liberale Tageszeitung].

Rote Presse Korrespondenz, Berlin (West): 1969.

SDS-Info, Frankfurt/M.: 1969, 1970.
SF-bladet, Kopenhagen: 1967 [Mitgliederzeitschrift der SF].
Slagteren, Kopenhagen: 1970–1972 [Mitgliedszeitschrift des DSF].
Socialdemokraten, Kopenhagen: 1954 [Tageszeitung].
Socialdemokratiske Noter (zit. *SN*), Kopenhagen: 1954, 1955, 1959–1961 [Zeitschrift der AIC].
SPD-Pressedienst, Bonn: 1973.

Textil/Bekleidung, Monatszeitschrift der GTB, Düsseldorf: 1969.

Verdens Gang, Kopenhagen: 1952 [Theoriezeitschrift der SPDK].
Vindrosen, Kopenhagen: 1970 [linke Literaturzeitschrift].
VS-Bulletin, Kopenhagen: 1969, 1970 [Mitgliederzeitschrift der VS/Linkssozialisten].

Wir wollen alles, Frankfurt/M.: 1973.
WSI-Mitteilungen, Köln: 1973.

Zeitgenössische Schriften, 1950 bis 1977

Albers, Detlev, Goldschmidt, Werner, Oehlke, Paul (1971), *Klassenkämpfe in Westeuropa. England, Frankreich, Italien*, Hamburg.
(Gruppe) Arbeiterkampf (1973), *Streik bei Ford in Köln*, Köln.
Arbeitskreis Mannheimer Kommunisten (1973), »Materialien zur Entwicklung der Klassenkämpfe im Rhein-Neckar-Raum und der Streik bei John Deere«, in: Wiesner (Hg.), *Jahrbuch 1973*, Berlin (West), S. 48–72.
(Gruppe) Arbeiterpolitik (1975), *Arbeiterpolitik Nov. 1948–Juli 1950*, Nachdruck, Bremen.

Balestrini, Nanni (1974), *Vi vil har det hele*, Kopenhagen.
Beier, Gerhard (1975), *Der Demonstrations- und Generalstreik vom 12. November 1948*, Frankfurt/M./Köln.
Bjerrum, Peter, Melander, Karsten (1970), »De ulovlige strejker i Danmark i vinteren 1969/70«, in: *Zenit*, Nr. 17, Stockholm, S. 27–32.

Blechschmidt, Aike (1974), »Abriss der wirtschaftlichen Lage 1973/74«, in: Jacobi u.a. (Hg.), *Kritisches Jahrbuch 1974*, Frankfurt/M., S. 11–25.

Breger, Wolfram (1976), *Orientierungs- und Aktionsformen der spontanen Arbeiterbewegung in der Bundesrepublik. Spontane Streiks und gewerkschaftsoppositionelle Bewegungen*, Diss., Essen.

Buch, Kaj (1976), »Udenlandske arbejdere i Danmark«, in: *Tidens stemme*, Nr. 9, Kopenhagen, S. 65–67.

Cohn-Bendit, Daniel (1969), *Obsolete Communism – The Left Wing Alternative*, London.

Delp, Volker, Schmidt, Lothar, Wohlfahrt, Klaus (1974), »Gewerkschaftliche Betriebspolitik bei Ford«, in: Jacobi u.a. (Hg.), *Kritisches Jahrbuch 1974*, Frankfurt/M., S. 161–175.

Deppe, Frank, von Freyberg, Frank, Kievenheim, Christof, Meyer, Regine, Werkmeister, Frank (1969), *Kritik der Mitbestimmung*, Frankfurt/M.

Due, Jesper, Madsen, Jørgen Steen (1972), *Tillidsmanden i klassekampen. Ålborgstrejken – en sociologisk analyse*, Kopenhagen.

Emerek, Ruth, Siim, Birte (1976), *Kvindernes arbejds- og levevilkår – belyst gennem kvinder i tobaksindustrien*, Århus.

Eschenhagen, Wieland (1971), *Antigewerkschaftlicher Kampf oder Kampf in den Gewerkschaften? Sozialistische Betriebsarbeit und Gewerkschaftsbürokratie*, Bremen.

Express (Redaktionskollektiv) (1974), *Spontane Streiks 1973 – Krise der Gewerkschaftspolitik*, Offenbach/M.

Fichter, Tilmann, Lönnendonker, Siegward (1977), *Kleine Geschichte des SDS. Der Sozialistische Deutsche Studentenbund vom 1946 bis zur Selbstauflösung*, Berlin (West).

Flanagan, Robert J., Ulman, Lloyd (1971), *Wage Restraint. A Study of Incomes Policy in Western Europe*, Los Angeles.

Galenson, Walter (1952), *The Danish System of Labor Relations. A Study in Industrial Peace*, Cambridge (Massachusetts).

Hansen, Svend Aage (1977), *Økonomisk vækst i Danmark*, Band 2: 1914–1975, Kopenhagen.

Hildebrandt, Eckart, Otte, Werner (1975), *Ihr Kampf ist unser Kampf. Ursachen, Verlauf und Perspektiven der Ausländerstreiks 1973 in der BRD* (Teil 1), Offenbach/M.

Höhne, Gerd (1974), *Wir gehen nach vorn! Erfahrungsbericht über die Arbeitskämpfe bei Mannesmann*, Berlin (West).

Hornemann, Ivar (1968), *Tillidsmænd i industrivirksomheder*, Kopenhagen.

IG Metall (Hauptvorstand) (1951), *Der große Streik in der hessischen Metallindustrie*, Schriftenreihe Nr. 7, Frankfurt/M.

— (1967), *Erstes Weißbuch zur Unternehmermoral*, Frankfurt/M.

— (1967), *Zweites Weißbuch zur Unternehmermoral*, Frankfurt/M.

Ingerslev, Philip (1974), *Hope-sagen*, Kopenhagen.

Institut für angewandte Sozialwissenschaft (1970), *Spontane Arbeitsniederlegungen im September 1969*, Bad Godesberg.

Institut für marxistische Studien und Forschungen (1969), *Die Septemberstreiks 1969*, Frankfurt/M.

(Gruppe) Internationaler Marxisten (undat., wahrscheinlich 1973), *Was tun? Streik bei Ford in Köln, Streikverlauf, Dokumentation*, Köln.

Jacobi, Otto (1972), »Der Streik in der chemischen Industrie 1971«, in: Jacobi u.a. (Hg.), *Kritisches Jahrbuch 1972*, Frankfurt/M., S. 32–44.

— (1973), »Wirtschaftliche Entwicklung und Tarifbewegungen 1972/73«, in: Jacobi u.a. (Hg.), *Kritisches Jahrbuch 1973*, Frankfurt/M., S. 11–30.

— (1973), »Die innergewerkschaftliche Stellung der Vertrauensleute in der IG Chemie«, in: Jacobi u.a. (Hg.), *Kritisches Jahrbuch 1973*, Frankfurt/M., S. 83–93.

— Müller-Jentsch, Walther, Schmidt, Eberhard (1974), »Streikberichte«, in: dieselben (Hg.); *Kritisches Jahrbuch 1974*, Frankfurt/M., S. 55–101.

— Müller-Jentsch, Walther, Schmidt, Eberhard (1972–1977) (Hg.), *Kritisches Jahrbuch Gewerkschaften/Kritisches Gewerkschaftsjahrbuch*, Frankfurt/M.

Jespersen, Karen (1976), »Strejkebevægelsen i Danmark i 69/70. En uensartet arbejderklasse – udviklet kapitalisme og småborgerlighed«, in: *Socialistisk politik*, Nr. 5, Århus, S. 3–42.

— (1977), *Strejkebevægelsen i Danmark marts 1969 til marts 1970. En analyse af strejkebevægelsernes indhold på baggrund af den socialstrukturelle udvikling i 1960'erne*, speciale, Kopenhagen.

Jørgensen, Klaus (1973), *Atomvåbenes rolle i dansk politik. Med særlig henblik på Kampagnen mod Atomvåben 1960–68*, Odense.

Kalbitz, Rainer (1972), *Die Arbeitskämpfe in der Bundesrepublik, Aussperrung und Streik 1948–1968*, Diss. (Manuskript), Bochum.

— (1972), »Die Streikstatistik in der Bundesrepublik«, in: *Gewerkschaftliche Monatshefte*, Nr. 8, Köln, S. 495–505.

Kern, Horst (1974), »Die Bedeutung der Arbeitsbedingungen in den Streiks 1973«, in: Jacobi u.a. (Hg.), *Kritisches Jahrbuch 1974*, Frankfurt/M., S. 25–43.

Kerr, Arthur, Siegel, Abraham (1954), »The Interindustry Propensity to Strike – an International Comparison«, in: Kornhauser u.a. (Hg.), *Industrial Conflict*, New York/Toronto/London, S. 189–213.

Knudsen, Knud (1975), *Arbejdskampe i Danmark under verdenskrisen 1931–34. En analyse af de fire største arbejdskampe*, 2 Bde., Kopenhagen.

Kornhauser, Arthur, Dubin, Robert, Ross, Arthur M. (1954) (Hg.), *Industrial Conflict*, New York/Toronto/London, 1954.

Larsen, Steen Bille (1977), *Kommunisterne og arbejderklassen*, Kopenhagen.

Lefèvre, Wolfgang (1969), »Einige Konsequenzen aus der Streikbewegung von 1969 für unsere Arbeit«, in: *neue kritik*, Berlin (West), Oktober 1969, S. 41–48.

Lidman, Sara, Uhrbom, Bild Odd (1969), *Gruva*, Roman, Stockholm.

Loft, Svend, Høj, Jørgen (1954), *Philipsstrejken 1954*, Kopenhagen.

Logue, John (1976), *Trade Unions in the Corporate State. The Effects of Corporatism on Party Competition, Contract Referenda and Internationalism in the Danish Trade Unions*, Göteborg.

Mallet, Serge (1972), *Die neue Arbeiterklasse*, Neuwied/Berlin (West).

Mandel, Ernest (1969), *Die deutsche Wirtschaftskrise. Lehren der Rezession 1966/67*, Frankfurt/M.

Mathews, John (1972), *The Ford Strike. The Worker's Story*, London.
Meidell, Bjørn (1972), *En undersøgelse af lønarbejdernes muligheder for myndiggørelse*, Ballerup.
— (1976), *DKP og storstrejkerne i 1956*, Viborg.
Meyer, Regine (1977), *Streik und Aussperrung in der Metallindustrie. Analyse der Streikbewegung in Nordwürttemberg/Nordbaden 1971*, Diss., Marburg.
Müller-Jentsch, Walther (1974), »Die spontane Streikbewegung 1973«, in: Jacobi u.a. (Hg.), *Kritisches Jahrbuch 1974*, Frankfurt/M., S. 44–55.

Negt, Oskar (1971), *Soziologische Phantasie und exemplarisches Lernen. Zur Theorie und Praxis der Arbeiterbildung*, Frankfurt/M..
Noé, Claus (1970), *Gebändigter Klassenkampf. Tarifautonomie in der Bundesrepublik Deutschland. Der Konflikt zwischen IG Metall und Gesamtmetall vom Frühjahr 1963*, Berlin (West).

Olsen, Erling (1967), *Danmarks økonomiske historie siden 1750*, Kopenhagen.
Olson, Mancur (1965), *The Logic of Collective Action: Public Goods and the Theory of Groups*, Harvard.
Otto, Karl A. (1977), *Vom Ostermarsch zur APO. Geschichte der außerparlamentarischen Opposition in der Bundesrepublik, 1960–1970*, Frankfurt/M./New York.

De Palma, Dino, Rieser, Vittorio, Salvadori, Edda (1972), »Die Arbeiteruntersuchung bei FIAT 1960/61«, in: Trikont (Hg.), *»Quaderni Rossi«, Arbeiteruntersuchung und kapitalistische Organisation der Produktion*, München, S. 111–146.
Piehl, Ernst (1974), *Multinationale Konzerne und internationale Gewerkschaftsbewegung. Ein Beitrag zur Analyse und Strategie der Arbeiterbewegung im international organisierten Kapitalismus insbesondere in Westeuropa*, Frankfurt/M.
Pirker, Theodor (1960), *Die blinde Macht*, 2 Bde., München.
Projektgruppe Ruhrgebietsanalyse (1973), *Opel streikt*, Bochum.
Proletarische Front (1973), *Rationalisierung und Massenarbeiter. Die Kämpfe der norddeutschen Werftarbeiter seit 1945*, München.

Rajewsky, Xenia (1970), *Arbeitskampfrecht in der Bundesrepublik*, Frankfurt/M.
Ridder, Helmut (1966), »Neujahrsprogramm der Notstandsgesetzgebung«, in: *Blätter für deutsche und internationale Politik*, Nr. 1, Köln, S. 8–23.
Ross, Arthur M. (1954), »The Natural History of the Strike«, in: Kornhauser u.a. (Hg.), *Industrial Conflict*, New York/Toronto/London, S. 23–37.
Roth, Karl Heinz, Behrens, Elisabeth (1974), *Die »andere« Arbeiterbewegung und die Entwicklung der kapitalistischen Repression von 1880 bis zur Gegenwart*, München.
Rupp, Hans Karl (1970), *Außerparlamentarische Opposition in der Ära Adenauer. Der Kampf gegen die Atombewaffnung in den fünfziger Jahren. Eine Studie zur innenpolitischen Entwicklung der BRD*, Köln.
Røde hane (1974) (Hg.), *Plattepigernes kamp*, Kopenhagen.

Sange, Heinze (1962), *Probleme des Streikkampfes unter den Bedingungen des staatsmonopolistischen Kapitalismus in Westdeutschland*, Diss., Berlin (DDR).

Schacht, Konrad, Unterseher, Lutz (1974), »Spontane Arbeitsniederlegungen und Tarifverhandlungen«, in: *Gewerkschaftliche Monatshefte*, Nr. 4, Köln, S. 143–152.

Schmidt, Eberhard (1972), *Ordnungsfaktor oder Gegenmacht. Die politische Rolle der Gewerkschaften*, 2. Auflage, Frankfurt/M. (1. Auflage: 1971).

— (1973), Spontane Streiks 1972/73, in: Jacobi u.a. (Hg.), *Kritisches Jahrbuch 1973*, Frankfurt/M., S. 30–42.

Schmidt, Kjeld (1970), »Revolution og kontrarevolution i Danmark«, in: *Kurasje*, Nr. 2/3, Kopenhagen, S. 53–81.

Schmidt, Renate (1974), *Konflikterfahrung und Konfliktbewusstsein. Der bayrische Metallarbeiterstreik von 1954*, Diss. (Manuskript), Erlangen.

Schmidt, Ute, Fichter, Tilman (1971), *Der erzwungene Kapitalismus. Klassenkämpfe in den Westzonen 1945–1948*, Berlin (West).

Schmiederer, Ursula (1969), *Die Sozialistische Volkspartei Dänemarks. Eine parteiensoziologische Untersuchung*, Diss., Marburg.

Schumann, Michael, Baethke, Martin, Schwenke, Peter (1971), *Am Beispiel des Septemberstreiks. Anfang der Rekonstruktionsperiode der Arbeiterklasse? Eine empirische Untersuchung*, Frankfurt/M.

Shorter, Edward, Tilly, Charles (1974), *Strikes in France, 1830–1968*, London/Cambridge.

Spix, Hermann (1975), *Elephteria oder die Reise ins Paradies*, Roman, Frankfurt/M.

Steinhaus, Klaus (1973), *Streiks in der Bundesrepublik 1966–1974*, Frankfurt/M.

Stender Petersen, Ole (1974), »Danmarks socialistiske Parti – et forsøg«, in: SFAH (Hg.), *Årbog for arbejderbevægelsens historie*, Kopenhagen S. 129–146.

Studenterfronten Århus (1971), *Slagterirapport. Slagterier, stramninger og strejker*, Århus.

Studenterfrontens Arbejdsmedicingruppe (1971), *Malerrapport*, Århus.

Thomsen, Poul (1973), *Øens folk. En beretning om arbejdernes fællesklub på B&W gennem 50 år*, Kopenhagen.

Thygesen, Erik (1973), *Om køb og salg af arbejdskraft. Syv kritiske radioudsendelser om arbejdsmarkedsproblemer*, Kopenhagen.

Thygesen, Erik (1974) (Hg.), *Erfaringer fra en arbejdskamp. Plattkonflikten på Det kongelige Porcelainsfabrik 1972/73*, Kopenhagen.

(Verlag) Tiden (1953) (Hg.), *Tre svin i minuttet. Hvad arbejdstempo og større produktivitet kan føre til*, Kopenhagen.

Venstersocialisterne (1970) (Hg.), *Kampen på slagterierne*, Kopenhagen.

Wagner, Wolfgang (1968), *Europa zwischen Aufbruch und Restauration*, München.

Wallraff, Günther (1970), *Industriereportagen. Als Arbeiter in deutschen Großbetrieben*, Hamburg.

Weiler, Joachim, Freitag, Rolf (1971), *Ausbildung statt Ausbeutung. Der Kampf der Essener Lehrlinge*, Hamburg.

Wieser, Harald (1973) (Hg.), *Jahrbuch zum Klassenkampf 1973, Sozialistische Initiativen im kapitalistischen Deutschland*, Berlin (West).

Zenit (1970) (Hg.), *LKAB-strejken*, Stockholm.

Østrup Madsen, Benthe (1977), *Konflikt*, Roman, Kopenhagen.

Sonstige Literatur

Abelshauser, Werner (2004), *Deutsche Wirtschaftsgeschichte seit 1945*, München.

Achten, Udo (2007), *Flächentarifvertrag & betriebsnahe Tarifpolitik. Vom Anfang der Bundesrepublik bis in die 1990er Jahre*, Hamburg.

Alheit, Peter, Bunke, Hendrik (1999) (Hg.), *Gebrochene Modernisierung – der langsame Wandel proletarischer Milieus: eine empirische Vergleichsstudie ost- und westdeutscher Arbeitermilieus in den 1950er Jahren*, Bremen.

Ambrosius, Gerold (1993), »Wirtschaftlicher Strukturwandel und Technikentwicklung«, in: Schildt/Sywottek (Hg.), *Modernisierung*, Bonn, S. 107–128.

Andersen, Svend Aage (1990), *Dockers' Culture in Three North European Port Cities: Hamburg, Gothenburg and Århus, 1880–1960*, Århus.

— (1997), *Arbejderkultur i velfærdssamfundet*, Kopenhagen.

Anderson, Bjarne, Clausen, Niels Senius (1979), »Danmark: Arbejdskampstudier, en vejledende oversigt«, in: SFAH (Hg.), *Årbog for arbejderbevægelsens historie*, Kopenhagen, S. 217–227.

(Gruppe) Arbeiterpolitik (2005), »Sonderbeilage zum Gedenken an Josef Bergmann«, in: *ARPO*, Nr. 4, Hamburg.

Arrighi, Giovanni, Silver, Beverly J., Dubofsky, Melvyn (1995) (Hg.), *Labor Unrest in the World Economy (Journal of the Fernand Braudel Centre for the Study of Economics, Historical Systems and Civilisations)*, Nr. 1, Binghamton.

— (1995), Caspari, John, »Labor Unrest in Germany, 1906–90«, in: Arrighi u.a. (Hg.), *Labor Unrest*, Binghamton, S. 137–151.

Assens, Jørgen, Hansen, Anette Eklund, Jensen, Bjarne Bo, Nielsen, Margaret (1993), *De slukkede vores tørst – og gjorde livet lidt rødere: Bryggeriarbejdernes forbund, DBBMF 1898–1990*, Kopenhagen.

Autorenkollektiv »FADL« (1978), *Rapport om rapporter. Hvad sker der efter arbejdsmiljørapporters offentliggørelse?*, Kopenhagen/Århus/Odense.

Baudouin, Thierry, Collin, Michelle, Guillerm, Danielle (1978), »Woman and Immigrants: Marginal Workers?«, in: Crouch/Pizzorno (Hg.), *Resurgence*, Bd. 2, London/Basingstoke, S. 71–99.

Bauer, Helmuth (1987), »›plakat‹-Gruppe. Daimler-Benz von innen«, in: Hamburger Stiftung für Sozialgeschichte des 20. Jahrhunderts (Hg.), *Das Daimler-Benz-Buch. Ein Rüstungskonzern im »Tausendjährigen Reich«*, Nördlingen, S. 594–691.

Beck, Ursel (2003), »Vor 30 Jahren. August 1973 - Höhepunkt wilder Streiks«, in: *Labournet*, 3.7.2007, URL: http://www.labournet.de/diskussion/geschichte/august73.html.

Benjamin, Walter (1977), *Illuminationen, Ausgewählte Schriften*, Bd. 1, Frankfurt/M.

Berghahn, Volker (1985), *Unternehmer und Politik in der Bundesrepublik*, Frankfurt/M.

Bergmann, Ralf (1990), *Stahl oder Rüben. Die Entwicklung der Industriegewerkschaft Metall in Salzgitter nach dem Zweiten Weltkrieg*, Marburg.

Bergmann, Joachim (1979) (Hg.), *Beiträge zur Soziologie der Gewerkschaften*, Frankfurt/M.

Birke, Peter (2002), »Zum Diskurs über Mitbestimmung am Arbeitsplatz und ›industrielle Demokratie‹ in der Bundesrepublik bis 1973«, in: Hertzfeld, Hella/Katrin Schäfgen (Hg.), *Demokratie als Idee und Wirklichkeit*, Berlin, S. 100–118.

— Meuche-Mäker, Meinhardt, Nowak, Iris, Stubbe, Lars (2004) (Hg.), *Prekäre Bewegungen. Soziale Konflikte in Frankreich, Italien, Österreich und Dänemark*, Hamburg.

— (2005), »Bizarre Autonomie: Turmuhren, Stoppuhren und Fabrikarbeit in Dänemark bis ca. 1973«, in: Bauer, Philip/Heigl, Richard/Ziegler, Petra (Hg.), *Kritische Geschichte. Perspektiven und Positionen*, Leipzig, S. 145–172.

— (2005), »Jenseits der glatten Oberfläche. Militante Untersuchung, Organisierung und Gewerkschaftsarbeit in Italien und der Bundesrepublik«, in: *analyse & kritik*, Hamburg, S. 14.

— (2005), »Eine kleine Vor- und Frühgeschichte der wilden Streiks – bei Opel Bochum und anderswo«, in: Gester/Hajek (Hg.), *Sechs Tage der Selbstermächtigung*, Berlin, S. 17–34.

— (2007), »The Persistence of Labour Unrest: Strikes in Denmark, 1970–2005«, in: Dribbusch u.a. (Hg.), *Strikes*, Amsterdam.

— (2007), »Die Protestbewegungen und die ›kulturelle‹ Revolution der 1960er Jahre in der aktuellen bundesdeutschen Historiographie: Montage und Virtualität«, in: *Sozial.Geschichte*, Heft 2, Bern, i.E.

Bisgaard-Mortensen, Ellen (1987), *Arbejdernes fysiske blokader i 20'ernes, 70'ernes og 80'ernes Danmark*, speciale, Bd. 2, Århus.

Bojadžijev, Manuela (2002), »Antirassistischer Widerstand von Migrantinnen und Migranten in der Bundesrepublik: Fragen der Geschichtsschreibung«, in: *1999. Zeitschrift für Sozialgeschichte des 20. und 21. Jahrhunderts*, Nr. 1, Bern, S. 125–152.

— (2003), »Zwölf Quadratmeter Deutschland. Staatliche Maßnahmen und das Konzept der Autonomie«, in: *kanak attak*, 3.7.2007, URL: http://www.kanak-attak.de/ka/text/zwoelf.html (aus: *Subtropen*, Nr. 1, Berlin).

— (2006), *Die windige Internationale. Rassismus und Kämpfe der Migration in der Bundesrepublik*, Diss. (Manuskript), Frankfurt/M.

Boll, Friedhelm (1989), »Changing Forms of Labor Conflict: Secular Development or Strike Waves?«, in: Haimson/Tilly (Hg.), *Strike, War, and Revolution*, Cambridge, S. 47–78.

— (1989), »Economic Cycles and Labor Conflicts in Germany During the First Quarter of the Twentieth Century?«, in: Haimson/Tilly (Hg.), *Strike, War, and Revolution*, Cambridge, S. 449–456.

— (1992), *Arbeitskämpfe in Deutschland, England und Frankreich: ihre Entwicklung vom 19. bis zum 20. Jahrhundert*, Habil., Kassel.

— (2003), »Streik und Aussperrung«, in: Schroeder/Wessels (Hg.), *Die Gewerkschaften in Politik und Gesellschaft*, Wiesbaden, S. 478–510.

Borchorst, Anette, Siim, Birte (1986), *Kvinder i velfærdsstaten. Mellem moderskab og lønarbejde gennem 100 år*, Aalborg.

Brünneck, Alexander von (1978), *Politische Justiz gegen Kommunisten in der Bundesrepublik Deutschland, 1949–1968*, Frankfurt/M.

Callesen, Gerd (1981), »Historieskrivningen om arbejderbevægelsen i Danmark indtil ca. 1970«, in: SFAH (Hg.), *Fremad og aldrig glemme, Årbog for arbejderbevægelsens historie*, Kopenhagen, S. 16–23.

Christensen, Erik (1981), *Arbejderpartiernes faglige politik i 1970'erne*, Ålborg.

Christiansen, Nils Finn (1992), *Fagbevægelsens historie*, Kopenhagen.

Crouch, Collin, Pizzorno, Alessandro (1978) (Hg.), *The Resurgence of Class Conflict in Western Europe since 1968, Band 2: Comparative Analyses*, London/Basingstoke.

Crusius, Reinhardt, Wilke, Manfred (1978), »Von der Lehrlingsbewegung zur Jugendarbeitslosigkeit«, in: Küsel, Gudrun (Hg.), *APO und Gewerkschaften. Von der Kooperation zum Bruch*, Berlin (West), S. 85–95.

Dahlerup, Drude (1986), »Is the New Woman's Movement Dead? Decline and Change of the Danish Movement«, in: dies. (Hg.), *The New Woman's Movement. Feminism and Political Power in Europe and the USA*, London, S. 217–244.

— (1998), *Rødstrømperne. Den danske rødstrømpebevægelses udvikling, nytænkning og gennemslag 1970–1985*, 2 Bd., Kopenhagen.

Dalgaard, Niels (1995), *Ved demokratiets grænse. Demokratisering af arbejdslivet i Danmark 1919–1994*, Kopenhagen.

Davies, Sam (Hg.) (2000), *Dock Workers: International Explorations in Comperative Labour History*, Ashgate.

Deppe, Frank (1989), »Der Deutsche Gewerkschaftsbund«, in: ders. u.a., *Geschichte der deutschen Gewerkschaftsbewegung*, Köln, S. 471–576.

— (1989), »Zwischen Integration und autonomer Klassenpolitik. Die Gewerkschaften in der Ära des Sozialliberalismus«, in: Deppe, Frank/Fülberth, Georg/Harrer, Jürgen (Hg.), *Geschichte der deutschen Gewerkschaftsbewegung*, Köln, S. 576–708.

Dieckmann, Martin (2005), »Entdeckungsreisen ins Innere eines Kontinents. ArbeiterInnenklasse, ›revolutionäres Subjekt‹ und Operaismus«, in: *analyse und kritik*, Nr. 497, Hamburg, S. 13.

Dinné, Olaf, Grünwaldt, J., Kuckuk, Peter (1998) (Hg.), *anno dunnemals: 68 in Bremen*, Bremen.

Dittrich, Irene, Kalk, Wilfried (1996), »Wir wollen nicht länger Menschen zweiter Klasse sein.« Der Metallarbeiterstreik in Schleswig-Holstein 1956/57, in: *Demokratische Geschichte*, Jahrbuch X, Kiel, S. 351–391.

Doleschal, Reinhard, Dombrois, Rainer (1982) (Hg.), *Wohin läuft VW? Die Automobilproduktion in der Wirtschaftskrise*, Hamburg.

Dribbusch, Heiner (2007), »The Sword on the Wall: Strikes in Germany, 1969–2004«, Manuskript, in: Dribbusch u.a. (Hg.), *Strikes in an International Perspective*, Amsterdam, i.E.

— Lyddon, Dave, Velden, Sjaak van der, Vandaele, Kurt (2007) (Hg.), *Strikes and Lockouts in a Globalizing World, 1965–2005*, Amsterdam, i.E.

Due, Jesper, Madsen, Jørgen Steen, Strøby, Carsten (1993), *Den danske model. En historisk sociologisk analyse af det kollektive aftalesystem*, Kopenhagen.

— Madsen, Jørgen Steen (1999), *Septemberforliget og den danske model. Indhold, baggrund og udvikling*, Kopenhagen.

Dzielak, Willi (1978), *Belegschaften und Gewerkschaften im Streik: am Beispiel der chemischen Industrie*, Frankfurt/M.

Ebbinghaus, Angelika (2003), »Die ›andere‹ Arbeiterbewegung. Operaistische Strömungen in den 1970er Jahren«, in: Klönne, Arno/Otto, Karl A./ Roth, Karl Heinz (Hg.), *Fluchtpunkte: das soziale Gedächtnis der Arbeiterbewegung*, Hamburg, S. 240–250.

Eisenberg, Christiane (1994), »Die Arbeiterbewegungen der Welt im Vergleich. Methodenkritische Bemerkungen zu einem Projekt des Internationalen Instituts für Sozialgeschichte«, in: *Archiv für Sozialgeschichte*, Nr. 34, Bonn, S. 397–410.

Erd, Rainer (1988), »Gewerkschaftsausschlüsse in den 70er Jahren«, in: Jacobi u.a. (Hg.), *Kritisches Jahrbuch 1977/78*, Berlin (West), S. 166–176.

Erhard, Ludwig (1988), *Gedanken aus fünf Jahrzehnten. Reden und Schriften*, Düsseldorf.

Esping-Andersen, Gøsta (1989), *The Three Worlds of Welfare Capitalism*, London.

Feldman, Gerald D., Tenfelde, Klaus (1990) (Hg.), *Workers, Owners and Politics in Coal Mining: An International Comparison of Industrial Relations*, New York.

Finnemann, Nils Ole (1985), *I Broderskabets Aand. Den socialdemokratiske arbejderbevægelses idéhistorie, 1871–1971*, Kopenhagen.

Fischer, Ib Hansen, Jørgensen, Jens Anker, Michelsen, Knud, Sørensen, Jørgen, Tonnesen, Lars (1982) (Hg.), *Litteraturhåndbogen*, Kopenhagen.

Franzosi, Roberto (1995), *The Puzzle of Strikes, Class and State Strategies in Postwar Italy*, Cambridge.

Frevert, Ute (2000), »Umbruch der Geschlechterverhältnisse? Die 60er Jahre als geschlechterpolitischer Experimentierraum«, in: Schildt u.a. (Hg.), *Dynamische Zeiten*, Hamburg, S. 642–660.

Friis, Marlene (1991), »Fremmed og arbejder. Fagbevægelse – stat; 20 års dansk indvandrerpolitik«, in: SFAH (Hg.), *Årbog for arbejderbevægelsens historie*, Kopenhagen, S. 207–238.

Fülberth, Georg (1990), *KPD und DKP, 1945–1990. Zwei kommunistische Parteien in der vierten Periode kapitalistischer Entwicklung*, Heilbronn.

Geary, Dick (1986), »Protest and Strike. Recent Reasearch on Collective Action in England, Germany and France«, in: Tenfelde, Klaus (Hg.), *Arbeiter und Arbeiterbewegung im Vergleich*, Berichte zur internationalen Forschung, München, S. 363–387.

Gehrke, Bernd, Horn, Gerd-Rainer (2007) (Hg.), *1968 und die Arbeiter in Europa. Studien zum »proletarischen Mai« in Europa*, Hamburg.

Gester, Jochen, Hajek, Willi (2005) (Hg.), *Sechs Tage der Selbstermächtigung. Der Streik bei Opel in Bochum Oktober 2004*, Berlin.

Gilcher-Holtey, Ingrid (1995), *»Die Phantasie an die Macht«. Mai 68 in Frankreich*, Frankfurt/M.

— (2001) (Hg.), *Die 68er-Bewegung. Deutschland – Westeuropa – USA*, München.

Gobrecht, Horst (2004), »Improvisiert, zaghaft, perspektivlos und hilflos? Die Septemberstreiks 1969«, in: *Marxistische Blätter*, Nr. 5, Essen, S. 87–90.

Gottschau, Jakob (1987), *Rebeller og medløbere. Tolv kapitler af studenternes historie*, Kopenhagen.

Gramsci, Antonio (1991), *Gefängnishefte, Kritische Gesamtausgabe*, Band 2, Hamburg.

Grelle, Henning, Knudsen, Knud (1995), *Gris på kniven. Slagteriarbejdernes arbejde og organisering i 100 år*, Kopenhagen.

Groth, Nils H. (2000), »Urolighederne i 1956 og kommunisternes rolle«, in: *Arbejderhistorie*, Nr. 3, 2000, S. 43–56.

Haimson, Leopold H., Tilly, Charles (1989) (Hg.), *Strike, War, and Revolution. Comperative Analyses of Strike Waves in Six Major Countries in the Late Nineteenth and Twentieth Century*, Cambridge.

Haller, Max (1997), »Klassenstruktur und Arbeitslosigkeit«, in: Hradil, Stefan/Immerfall, Stefan (Hg.), *Die westeuropäischen Gesellschaften im Vergleich*, Opladen 1997, S. 377–431.

Hansen, Anette Eklund (1998), »LO 1960–1980«, in: Grelle, Henning (Hg.), *I takt med tiden, LOs historie*, Band 2, 1960–1997, Kopenhagen, S. 14–95.

Hansen, Klaus Erik Hamann (1995), »Philipsstrejken. En komperativ analyse af socialdemokratiets og DKP's faglige politik i 1950'erne med udgangspunkt i en strejke«, Kopenhagen.

— (1996), »Philipsstrejken«, in: *Arbejderhistorie*, Nr. 3, Kopenhagen, S. 1–13.

Hardach, Gerd (1993), »Die Rückkehr zum Weltmarkt 1948–1958«, in: Schildt/Sywottek (Hg.), *Modernisierung*, Bonn, S. 80–104.

— (2000), »Krise und Reform der Sozialen Marktwirtschaft. Grundzüge der wirtschaftlichen Entwicklung in der Bundesrepublik der 60er und 70er Jahre«, in: Schildt u.a. (Hg.), *Dynamische Zeiten*, Hamburg, S. 197–217.

Hardt, Michael, Negri, Antonio (2002), *Empire. Die neue Weltordnung*, Frankfurt/M.

Haupt, Heinz-Gerhard, Kocka, Jürgen (1996) (Hg.), *Geschichte und Vergleich: Ansätze und Ergebnisse international vergleichender Geschichtsschreibung*, Frankfurt/M./New York.

Hedden, Reinhardt, Hinrichs, Wolfgang, Mäulen, Claus (1993), *Widerstand gegen Betriebsstillegungen. Aktionen, Erfahrungen und Lernprozesse von Belegschaften*, Forschungsreihe des Forschungsschwerpunktes »Arbeit und Bildung« der Universität Bremen, Bremen.

Heith, Holger (2002), *Streikchronik der Bergbau- und Kohlenwirtschaft in der Bundesrepublik Deutschland, 1945–1990, zusammengestellt aus dem AfsB*, Manuskript, Bochum.

Hemmer, Hans-Otto, Schmitz, Kurt-Thomas (1990) (Hg.), *Die Geschichte der deutschen Gewerkschaftsbewegung*, Köln.

Herbert, Ulrich, Hunn, Karin (2000), »Gastarbeiterpolitik in der Bundesrepublik Deutschland«, in: Schildt u.a. (Hg.), *Dynamische Zeiten*, Hamburg, S. 273–311.

Hinken, Günter (2004), »Vom ›Gastarbeiter‹ aus der Türkei zum gestaltenden Akteur. Mitbestimmung und Integration von Arbeitsmigranten bei Ford in Köln«, in: Motte u.a. (Hg.), *Geschichte und Gedächtnis*, Essen, S. 259–272.

Hobsbawm, Eric (2003), *Das Zeitalter der Extreme. Weltgeschichte des 20. Jahrhunderts*, 6. Auflage, München (1. Auflage: 1998).

Hoff, Jens (1989), »Arbejderklassen i efterkrigstiden. Struktur og politik«, in: SFAH (Hg.), *Årbog for arbejderbevægelsens historie 1989*, Kopenhagen, S. 11–62.

Holloway, John (2002), *Die Welt verändern ohne die Macht zu übernehmen*, Münster.

Hunn, Karin (2005), »*Nächstes Jahr kehren wir zurück…«: Die Geschichte der türkischen ›Gastarbeiter‹ in der Bundesrepublik*, Göttingen.

Ibsen, Flemming, Jørgensen, Henning (1979), *Fagbevægelse og stat. Den faglige kamp, statsindgreb og indkomstpolitik*, Band 2, Kopenhagen.

ILO (1993), *Sources and Methods, Labour Statistics, Vol. 7, Strike and Lockouts*, Genf.

— (2003), *Decent work Statistical Indicators: Strikes and Lockouts Statistics in the International Context*, Nr. 3, Genf.

Industriegewerkschaft Metall, Verwaltungsstelle Ingolstadt (1984), *Bayernstreik 1954, Dokumente seiner Geschichte*, Ingolstadt.

Jensen, Steven Bjerregård Llewellyn, Jørgensen, Thomas Ekman (1999), *Studenteroprøret i Danmark. Forudsætninger og konsekvenser*, Kopenhagen.

Johansen, Inger V., Gluud, Wilfried (2000), *Vietnambevægelsen i Danmark, 1964–1975*, Kopenhagen.

Jüres, Ernst August, Kuehl, Herbert (1981), *Gewerkschaftspolitik der KPD nach dem Krieg. Der Hamburger Werftarbeiterstreik 1955*, Hamburg.

Kaiser, Josef (1993), *Dokumente zur Geschichte der Arbeiterbewegung in Mannheim, 1945–1990, herausgegeben von der Industriegewerkschaft Metall*, Mannheim.

Kalbitz, Rainer (1978), »Gewerkschaftsausschlüsse in den 1950er Jahren«, in: Jacobi u.a. (Hg.), *Kritisches Jahrbuch 1977/78*, Berlin (West), S. 159–175.

— (1979), *Aussperrungen. Die vergessenen Konflikte*, Köln.

— (1991), *Tarifpolitik – Streik – Aussperrung. Die Gestaltungskraft der Gewerkschaften nach 1945*, Köln.

Karakayali, Serhat (2005), »Lotta Continua in Frankfurt, Türken-Terror in Köln. Migrantische Kämpfe in der Geschichte der Bundesrepublik«, in: Hüttner, Bernd/Oy, Gottfried/Schepers, Norbert (Hg.), *Vorwärts und viel vergessen. Beiträge zur Geschichte und Geschichtsschreibung neuer sozialer Bewegungen*, Bremen, S. 121-134.

Kirchhoff, Hans (2001), *Samarbejde og modstand under besættelsen: en politisk historie*, Odense.

Kittner, Michael (2005), *Arbeitskampf. Geschichte, Recht, Gegenwart*, München.

Klandermans, Bert (1989), *From Structure to Action: Comparing Social Movement Research across Cultures*, Greenwich.

Kleff, Hans-Günter (1984), *Vom Bauern zum Industriearbeiter. Zur kollektiven Lebensgeschichte der Arbeitsmigranten aus der Türkei*, Mainz/Ingelheim.

— (2004), »Täuschung, Selbsttäuschung und Lernen. Anmerkungen zum Fordstreik im Jahre 1973«, in: Motte/Ohlinger (Hg.), *Geschichte und Gedächtnis*, Essen, S. 251–257.

Kniesburges, Maria (1984), *Die Funktion der Gewerkschaftspresse im Rahmen innergewerkschaftlicher Diskussion und Willensbildung: am Beispiel der IG Metall-Mitgliederzeitung Metall*, Göttingen.

Knudsen, Knud, Caspersen, Hanne, Nielsen, Vagn Oluf (1991), *Kampen for en bedre tilværelse. Arbejdernes historie i Danmark fra 1800-tallet til 1990*, Kopenhagen.

— (1999), *Arbejdskonflikternes historie i Danmark. Arbejdskampe og Arbejderbevægelse 1870–1940*, Kopenhagen.

Kössler, Till (2005), *Abschied von der Revolution. Kommunisten und Gesellschaft in Westdeutschland 1945–1968*, Düsseldorf.

Könke, Günter (2004), *Arbeitsbeziehungen in der hamburgischen Metallindustrie 1918–1974*, Berlin.

Korte, Hermann (1987), *Eine Gesellschaft im Aufbruch. Die Bundesrepublik in den sechziger Jahren*, Frankfurt/M.

Kozicki, Norbert (1993), *Aufbruch im Revier. 1968 und die Folgen*, Essen.

Krarup, Ole (1980), *Arbejdsretten*, Kopenhagen.

Kragh, Jens (1995), *Mellem socialismens velsignelser og praktikable fremskridt. SF 1960–1968*, Odense.

Kraushaar, Wolfgang (1996), *Die Protestchronik, 1949 bis 1959. Eine illustrierte Geschichte von Bewegung, Widerstand und Utopie*, 4 Bände, Hamburg.

— (1998) (Hg.), *Frankfurter Schule und Studentenbewegung. Von der Flaschenpost zum Molotowcocktail, 1945 bis 1995*, Band 1: Chronik, Hamburg.

— (2000), *1968 als Mythos, Chiffre und Zäsur*, Hamburg.

Lange, Ole (2001), *Juvelen der blev skrottet. Kampen om B&W, 1945–1996*, Kopenhagen.

Larsen, Allan (1979), *Arbejdsbetingelser i Slagteribranchen 1945–1978*, speciale, Roskilde.

Larsen, Chris Holmsted (2007), *Tiden arbejder for os. DKP og Vietnamkrigen 1963–1973*, Kopenhagen.

Larsen, Steen Bille (1986), *Mod Strømmen, Den kommunistiske »højre«- og »venstre«-opposition i 30'ernes Danmark*, Kopenhagen.

Lauschke, Karl (1984), *Schwarze Fahnen an der Ruhr, Die Politik der IG Bergbau und Energie während der Kohlekrise 1958–1968*, Marburg.

— (2000), *Die Hoesch-Arbeiter und ihr Werk. Sozialgeschichte der Dortmunder Westfalenhütte während der Jahre des Wiederaufbaus 1945–1966*, Essen.

Leihardt, Kurt (1979), »Strejkestatistik – metodisk set«, in: SFAH (Hg.), *Årbog for arbejderbevægelsens historie*, Kopenhagen, S. 125–162.

— (1981), *Decentral strejkeaktivitet og fagorganisation – den faglige bevægelse blandt slagteriarbejderne 1965–77 som eksempel*, speciale, Århus.

Linden, Marcel van der (2003), *Transnational Labour History. Explorations*, Ashgate.

— (2003), »Doing Comperative Labour History. Some Preliminaries«, in: ders., *Transnational Labour History. Explorations*, Ashgate, S. 173–192.

— (2003), »Die Geschichte der Arbeiterinnen und Arbeiter in der Globalisierung«, in: *Sozial.Geschichte*, Heft 1, 2003, S. 10–40.

Logue, John (1978), *Integration of Trade Unions in the State and Member Response. Contract Referenda in the Danish Metal Workers' Union, 1917–1977*, Roskilde.

Lüdtke, Alf (1993), *Eigen-Sinn. Fabrikalltag, Arbeitserfahrungen und Politik vom Kaiserreich bis in den Faschismus*, Hamburg.

Lupa, Markus, Jäger, Wolfgang (1997), *Geschichte der Ausländer in Deutschland, Schulungsmaterial der Bildungsstätte IG Bergbau, Chemie und Energie*, Manuskript, Haltern am See.

Lutz, Burkhardt (1989), *Der kurze Traum immerwährender Prosperität*, Frankfurt/M./New York.

Madsen, Per Askholm, Madsen, Jens Otto (1979), *Fra sandkasse til kadreparti. VS's dannelse og udvikling, 1967–1973*, Kopenhagen.

Markovits, Andrei S. (1986), *The Politics of the West German Trade Unions: Strategies of Class and Interest Representation in Growth and Crisis*, Cambridge.

Mattes, Monika (2005), *›Gastarbeiterinnen‹ in der Bundesrepublik. Anwerbepolitik, Migration und Geschlecht in den 50er bis 70er Jahren*, Frankfurt/M.

Michelers, Detlef (2002), *Draufhauen, Draufhauen, Nachsetzen! Die Bremer Schülerbewegung, die Straßenbahndemonstrationen und ihre Folgen 1967/70*, Bremen.

Mielke, Siegfried (1990), »Die Neugründung der Gewerkschaften in den westlichen Besatzungszonen 1945 bis 1949«, in: Hemmer u.a. (Hg.), *Geschichte*, Köln, S. 19–84.

Mikkelsen, Flemming (1986) (Hg.), *Protest og oprør. Kollektive aktioner i Danmark 1700–1985*, Århus.

— (1992), *Arbejdskonflikter i Skandinavien 1848–1980*, Odense.

— (1993), »Industrial conflicts in Scandinavia 1848–1990«, in: Kettunen, Pauli (Hg.), *Strike and Social Change*, Turku, S. 27–52.

— (1994), *Radikalisieringen af de offentligt ansatte i Danmark*, Kopenhagen.

— (2001), »Historisk sociologi. Den tredje vej mellem historie og samfundsvidenskab«, in: Nielsen, Tage/Simonsen, Dorthe Gert/Wul, Lene (Hg.), *Mod nye historier*, Århus, S. 108–143.

— (2002) (Hg.), *Bevægelser i Demokrati: foreninger og kollektive aktioner i Danmark*, Århus.

Mitchell, Brian R. (1980), *European Historical Statistics, 1750–1975*, Cambridge (2. Auflage).

Motte, Jan, Ohliger, Rainer (2004), »Vergangene Zeiten und zukünftige Aufgaben. Vom ›wilden Streik‹ bei Ford zur gleichberechtigten Teilhabe in Betrieb und Gesellschaft? Ein Zeitzeugengespräch fast 30 Jahre danach«, in: Motte u.a. (Hg.), *Geschichte und Gedächtnis*, Essen, S. 273–288.

— Ohliger, Rainer, Oswald, Anne von (Hg.) (2004), *Geschichte und Gedächtnis der Einwanderungsgesellschaft. Migration zwischen historischer Rekonstruktion und Erinnerungspolitik*, Essen.

Müller, Gloria (1987), *Mitbestimmung in der Nachkriegszeit: britische Besatzungsmacht – Unternehmer – Gewerkschaften*, Düsseldorf.

Müller-Jentsch, Walther (1979), »Streiks und Streikbewegungen in der Bundesrepublik, 1950–1978«, in: Bergmann (Hg.), *Beiträge*, Frankfurt/M., S. 21–71.

— Peter Ittermann (2000), *Industrielle Beziehungen: Daten, Zeitreihen, Trends, 1950–1980*, Frankfurt/M.

Münz, Rainer, Ulrich, Ralf (1996), »Internationale Wanderungen von und nach Deutschland 1945–1994. Demographische, politische und gesellschaftliche Aspekte räumlicher Mobilität«, in: *Allgemeines Statistisches Archiv*, Köln, S. 5–35.

Mølholm Jensen, Ole (1987), *Arbejdskampe i Danmark 1956–1978*, speciale, Kopenhagen.

Naetar, Franz (2004), »Vorstellung und Diskussion von Beverly J. Silver ›Forces of Labor – Workers' Movement and Globalization since 1870‹«, in: *grundrisse*, Wien, S. 19–26.

Nelson, Bruce (1988), *Workers on the Waterfront: Seamen, Longshoremen and the Unions in the 1930s*, Urbana etc.

Niehuss, Merith (1993), »Kontinuität und Wandel der Familie in den 1950er Jahren«, in: Schildt/Sywottek (Hg.), *Modernisierung*, Bonn, S. 316–334.

Nielsen, Hans Hoier, Rolighed, Arne J. (1980), *Faglige konflikter i Danmark*, Kopenhagen.

— (1986), »Strejker og fagopposition i 1970'erne«, in: Mikkelsen (Hg.), *Protest og oprør*, Århus, S. 211–231.

Nielsen, Hans-Jørgen (1979), *Fodboldenglen*, Roman, Kopenhagen.

— Otte, Helle, Rasmussen, Marianne Rostgård (1981), »Historieskrivningen om dansk arbejderbevægelse i efterkrigstiden«, in: SFAH (Hg.), *Fremad og aldrig glemme, Årbog for arbejderbevægelsens historie*, Kopenhagen, S. 100–123.

Nielsen, Henrik Kaare (1991), *Demokrati i bevægelse. Sammeligenende studier i politisk kultur og nye sociale bevægelser i Vesttyskland og Danmark*, Århus.

Nielsen, Knud Holt (2002), *Lærlingeoprøret 1966–1970*, in: *ABA-Årsskrift 2001*, Kopenhagen, S. 9–15.

Nielsen, Niels Juul (2004), *Mellem storpolitik og værkstedsgulv. Den danske arbejder – før, under og efter Den kolde krig*, Kopenhagen.

Noll, Paul (1982), »Das alles frisst – 25 Jahre Arbeit bei VW«, in: Doleschal/Dombrois (Hg.), *Wohin läuft VW? Die Automobilproduktion in der Wirtschaftskrise*, Hamburg, S. 55–83.

Oertzen, Christiane von (1997), »Männerwelt Volkswagenwerk. Frauenarbeit und Geschlechterpolitik in der ›Käferstadt‹«, in: Beier, Rosemarie, *Aufbau West – Aufbau Ost:: die Planstädte Wolfsburg und Eisenhüttenstadt in der Nachkriegszeit,* Ausstellungskatalog, Ostfildern-Ruit, S. 211–217.

— (1999), *Teilzeitarbeit und die Lust am Zuverdienen. Geschlechterpolitik und gesellschaftlicher Wandel in Westdeutschland 1948–1969*, Göttingen.

Oswald, Anne von (1997), »»Venite a lavorare con la Volkswagen!‹. ›Gastarbeiter‹ in Wolfsburg 1962-1974«, in: *Deutsches Historisches Museum*, 3.7.2007, URL: http://www.dhm.de-/ausstellungen/aufbau_west_ost/katlg21.htm.

— (1999), »»Venite a lavorare alla Volkswagen!‹, Strategie aziendali e reazioni degli emigrati italiani a Wolfsburg, 1962–1975«, in: Musso, Stefano (Hg.), *Tra fabbrica esocietá. Mondi operai nell'Italia del Novecento.* Annali della Fondazione Feltrinelli 1997, Milano, S. 695–742.

Pedersen, Jens Christian (1988), »Overenskomstforhandlinger og indkomstpolitik i Danmark«, in: Elvander, Nils (Hg.), *Förhandlingssystem, inkomstpolitik och arbetskonflikter i Norden*, Stockholm, S. 39–53.

Petersen, Carl Hinrich (1979), »Sommerens mode: ulovlige strejker«, in: ders., *Fra klassekampens slagmark i Norden*, Kopenhagen, S. 208–212.

Petersen, Klaus (1996), »Om formuleringen af velfærdsstaten som politisk projekt i 1950'erne – et bidrag til den moderne velfærdsstats historie«, in: *Arbejderhistorie*, Nr. 4, Kopenhagen, S. 62–78.

Piven, Frances Fox, Cloward, Richard A. (1992), »Normalizing Collective Protests«, in: Morris, Aldon D./Mc Clurg Mueller, Carol (Hg.), *Frontiers in Social Movement Theory*, New Haven, S. 301–325.

Rasmussen, Søren Hein (1997), *Sære Alliancer. Politiske bevægelser i efterkrigstidens Danmark*, Odense.

Renneberg, Peter (2005), *Die Arbeitskämpfe von morgen? Arbeitsbedingungen und Konflikte im Dienstleistungsbereich*, Hamburg .

Rostgård, Marianne (1979), *Det danske socialdemokrati efter 1945*, speciale, Kopenhagen.

Rucht, Dieter (1991), »The Study of Social Movements in Western Germany: Between Activism and Social Science«, in: ders. (Hg.), *Research on Social Movements. The State of the Art in Western Europe and the USA*, Frankfurt/M./Boulder (Colorado), S. 175–202.

Rudolph, Karsten (2000), »Die 60er Jahre – das Jahrzehnt der Volksparteien?«, in: Schildt u.a. (Hg.), *Dynamische Zeiten*, Hamburg, S. 471–491.

Schäfer, Christine; Christiane Wilke (2000) (Hg.), *Die Neue Frauenbewegung in München 1968–1985. Eine Dokumentation*, München.

Scheuer, Steen (1999), »Denmark – A Less Regulated Model«, in: Ferner, Anthony/Hyman, Richard (Hg.), *Changing Industrial Relations in Europe*, Oxford, S. 146–170.

— *Strejker i Europa*, LO-dokumentation, Nr. 2, Kopenhagen 2004.

Schildt, Axel, Sywottek, Arnold (1993) (Hg.), *Modernisierung im Wiederaufbau. Die westdeutsche Gesellschaft der 50er Jahre*, Bonn.

— (2000), »Materieller Wohlstand – pragmatische Politik – kulturelle Umbrüche. Die 60er Jahre in der Bundesrepublik«, in: Schildt u.a. (Hg.), *Dynamische Zeiten*, Hamburg, S. 21–53.

— Siegfried, Detlev, Lammers, Karl Christian (2000) (Hg.), *Dynamische Zeiten: Die 60er Jahre in beiden deutschen Gesellschaften*, Hamburg.

Schiller-Dickhut, Reiner (1987), *Qualitative Tarifpolitik. Über Form und Inhalt der IG-Metall-Tarifpolitik zur Verbesserung der Arbeitsbedingungen und der Beschäftigungslage*, Bielefeld.

Schneider, Michael (1986), *Demokratie in Gefahr? Der Konflikt um die Notstandsgesetze*, Bonn.

— (1993), »Demokratisierungs-Konsens zwischen Unternehmern und Gewerkschaften? Zur Debatte um Wirtschaftsdemokratie und Mitbestimmung«, in: Schildt/Sywottek (Hg.), *Modernisierung*, Bonn, S. 207–222.

Schönwälder, Karen (2001), *Einwanderung und ethnische Pluralität: Politische Entscheidungen und öffentliche Debatten in Großbritannien und der Bundesrepublik von den 1950er bis zu den 1970er Jahren*, Essen.

Schroeder, Wolfgang (2000), »Industrielle Beziehungen«, in: Schildt u.a. (Hg.), *Dynamische Zeiten*, Hamburg, S. 492–527.

— Wessels, Bernhardt (2003) (Hg.), *Die Gewerkschaften in Politik und Gesellschaft der Bundesrepublik Deutschland. Ein Handbuch*, Wiesbaden.

Schubert, Karl-Heinz (1988), *Aufbruch zum Proletariat. Dokumente der Basisgruppen*, Berlin (West).

Schulenburg, Lutz (1998) (Hg.), *Das Leben ändern, die Welt verändern! 1968, Dokumente und Berichte*, Hamburg.

Schwarz, Jacques (2001), *50 Jahre ÖTV in Berlin – eine halbwegs runde Geschichte.* Herausgegeben von der ÖTV Bezirk Berlin, Berlin.

Siegfried, Detlev (2000), »Vom Teenager zur Pop-Revolution. Politisierungstendenzen in der westdeutschen Jugendkultur 1959 bis 1968«, in: Schildt u.a. (Hg.), *Dynamische Zeiten*, Hamburg, S. 582–623.

— (2003), »Weite Räume, schneller Wandel. Neuere Literatur zur Sozial- und Kulturgeschichte der langen 60er Jahre in Westdeutschland«, in: *Historische Literatur. Rezensionszeitschrift von H-Soz-u-Kult*, Nr. 1, Berlin. S. 7–34.

— (2006), *Time Is on my Side. Konsum und Politik in der westdeutschen Jugendkultur der 60er Jahre*, Habil., Göttingen.

Silver, Beverly J. (2003), *Forces of Labor. Workers' Movements and Globalization since 1870*, Cambridge [deutsche Ausgabe: Berlin 2005].

Sonnenberger, Barbara (2003), *Nationale Migrationspolitik und regionale Erfahrung. Die Anfänge der Arbeitsmigration in Südhessen (1955–1967)*, Darmstadt .

Spode, Hasso, Volkmann, Heinrich, Morsch, Günther, Hudemann, Rainer (1992), *Statistik der Arbeitskämpfe in Deutschland*, St. Katharinen.

Spöhring, Walter (1983), *Streiks im internationalen Vergleich. Merkmale und Bedingungen der Streikmuster in Frankreich, Großbritannien, Italien und in der Bundesrepublik Deutschland. Eine theoretisch-methodische Literaturstudie über neuere vergleichende Untersuchungen*, Bayreuth.

Stampf, Friedrich (1997), *Arbeiter in Bewegung. Die Geschichte der Metallgewerkschaften in Schleswig-Holstein*, Malente.

Stapelfeldt, Gerhardt (1998), *Wirtschaft und Gesellschaft der Bundesrepublik Deutschland. Kritik der ökonomischen Rationalität.* Zweiter Band, Hamburg.

Streeck, Wolfgang (1979), »Gewerkschaften als Mitgliederverbände. Probleme gewerkschaftlicher Mitgliederrekrutierung«, in: Bergmann (Hg.), *Beiträge*, Frankfurt/M., S. 72–110.

— (1981), *Gewerkschaftliche Organisationsprobleme in der sozialstaatlichen Demokratie*, Königstein/Ts.

Surkemper, Klaus-Peter (1981), *Inoffizielle Streiks, informelle Systeme und betriebliche Gegenmacht: eine empirische Untersuchung ausgewählter inoffizieller Streiks*, Bd. 1, Hannover.

Süß, Dietmar (2003), *Kumpel und Genossen. Arbeiterschaft, Betrieb und Sozialdemokratie in der bayrischen Montanindustrie 1945 bis 1976*, München.

Sørensen, Gert (1991), *Antonio Gramsci, Fægelsesoptagleser II*, Kopenhagen: Kommentarband.

Taylor, Frederick W. (1913), Die Grundlagen der wissenschaftlichen Betriebsführung, München/Berlin.

Tenfelde, Klaus, Volkmann, Heinrich (Hg.) (1981), *Streik. Zur Geschichte des Arbeitskampfes während der Industrialisierung*, München.

Tetzschner, Helge (1979), »1970'ernes strejkeopsving i Danmark«, in: SFAH (Hg.), *Årbog for arbejderbevægelsens historie*, Kopenhagen.

Thomas, Nick (2003), *Protest Movements in 1960s West Germany. A Social History of Dissent and Democracy*, Oxford/New York.

Thompson, Edward Palmer (1980), »Die »moralische Ökonomie« der englischen Unterschichten im 18. Jahrhundert«, in: ders., *Plebejische Kultur und moralische Ökonomie. Aufsätze zur englischen Sozialgeschichte im 18. und 19. Jahrhundert*, Frankfurt/M., S. 66–129.

Tilly, Charles (1984), *Big Structures – Large Processes – Huge Comparisons*, New York.

Tolomelli, Marcia (2001), *»Repressiv getrennt« oder »organisch verbündet«. Studenten und Arbeiter 1968 in der Bundesrepublik und in Italien*, Opladen.

Touraine, Alain (1988), *Return of the Actor: Social Theory in Postindustrial Society*, Minneapolis.

Tronti, Mario (1994), »Lenin in England«, in: Moroni, Primo/Balestrini, Nanni (Hg.), *Die goldene Horde: Arbeiterautonomie, Jugendrevolte und bewaffneter Kampf in Italien*, Berlin, S. 93–100.

Vad, Hans Jørgen (1995), *Påskestrejkerne, Ti dage der rystede Schlüter*, Kopenhagen.

Velsing Groth, Margit (1979), *Strejker i Danmark 1969–1972*, Kopenhagen.

Volkmann, Heinrich (1978), »Modernisierung des Arbeitskampfes«, in: Kaelble, Hartmut (Hg.), *Probleme der Modernisierung in Deutschland. Sozialhistorische Studien zum 19. und 20. Jahrhundert*, Opladen, S. 110–170.

Wallerstein, Immanuel (1997), »1968: Eine Revolution im Weltsystem«, in: Françoise, Etienne/Terray, Emanuelle/Middell, Mathias/Wierling, Dorothee (Hg.), *1968 – ein europäisches Jahr*, Leipzig, S. 19–33.

Warring, Anne (2007), *Around 1968: Danish Historiogrphy*, Manuskript, Oxford.

Weinhauer, Klaus (1994), *Alltag und Arbeitskampf im Hamburger Hafen 1914–1933*, Diss., Paderborn.

— (1995), »Zwischen Betrieb und Straße. Arbeit, Konflikt und Organisationder Hamburger Hafenarbeiter«, in: *Internationale Wissenschaftliche Korrospondenz zur Geschichte der Arbeiterbewegung*, Nr. 1, Berlin, S. 6–24.

— (1998), »Konflikte am Arbeitsplatz und im Quartier. Perspektiven einer sozialgeschichtlichen Erforschung von Arbeitskämpfen und Konsumentenprotesten im 20. Jahrhundert«, in: *Archiv für Sozialgeschichte*, Nr. 38, Bonn, S. 337–356.

Wellhöner, Volker (1996), »*Wirtschaftswunder*« – *Weltmarkt – westdeutscher Fordismus: der Fall Volkswagen*, Münster.

Welskopp, Thomas (1995), »Stolpersteine auf dem Königsweg. Methodenkrische Anmerkungen zum internationalen Vergleich in der Gesellschaftsgeschichte«, in: *Archiv für Sozialgeschichte*, Nr. 35, Bonn, S. 339–367.

Wittemann, Klaus Peter (1994), *Ford-Aktion. Zum Verhältnis von Industriesoziologie und IG Metall in den sechziger Jahren*, Marburg.

Wright, Steve (2002), *Storming Heaven. Class Composition and Struggle in Italian Autonomist Marxism*, London.

Abkürzungsverzeichnis

Bundesrepublik Deutschland

ADF	Aktion demokratischer Fortschritt
AdGB	Allgemeiner deutscher Gewerkschaftsbund
AdsD	Archiv der sozialen Demokratie, Bonn
AfsB	Archiv für soziale Bewegungen, Bochum
APO	Außerparlamentarische Opposition
ARPO	(Zeitschrift) Arbeiterpolitik
AStA	Allgemeiner Studentenausschuss
AZ	Andere Zeitung
BAG	Bundesarbeitsgericht
BArch/SAPMO	Bundesarchiv/Stiftung d. Parteien und Massenorganisationen der DDR
BdA	Bundesvereinigung deutscher Arbeitgeberverbände
BDI	Bundesverband der deutschen Industrie
BR	Betriebsrat
CDU/CSU	Christlich Demokratische Union/Christlich Soziale Union
CPK	Industriegewerkschaft Chemie, Papier, Keramik
DFU	Deutsche Friedensunion
DKP	Deutsche Kommunistische Partei
DOMIT	Dokumentationsstelle Migration, Köln
Drupa	Industriegewerkschaft Druck und Papier
EG	Europäische Gemeinschaft
EWG	Europäische Wirtschaftsgemeinschaft
FdGB	Freier deutscher Gewerkschaftsbund
FDP	Freie Demokratische Partei
FES	Friedrich-Ebert-Stiftung

GGLF	Gewerkschaft Gartenbau, Land- und Forstwirtschaft
GIM	Gruppe Internationaler Marxisten
GOG	Gruppe oppositioneller Gewerkschafter
GTB	Gewerkschaft Textil und Bekleidung
HDW	Howaldtwerke/Deutsche Werft
HIS	Hamburger Institut für Sozialforschung
IGBE	Industriegewerkschaft Bergbau und Energie
IG BSE	Industriegewerkschaft Bau, Steine, Erden
IGM	Industriegewerkschaft Metall
IMSF	Institut für marxistische Studien und Forschungen
infas	Institut für angewandte Sozialwissenschaft, Bonn
KfA(D)	Kampagne für Abrüstung (1968: …und Demokratie)
KPD	Kommunistische Partei Deutschlands
KPD/ML	Kommunistische Partei Deutschlands/Marxisten-Leninisten
NPD	Nationaldemokratische Partei Deutschlands
ÖTV	Gewerkschaft öffentliche Dienste, Transport und Verkehr
SDS	Sozialistischer Deutscher Studentenbund
SED	Sozialistische Einheitspartei Deutschlands
SOFI	Sozialwissenschaftliches Forschungsinstitut, Göttingen
SPD	Sozialdemokratische Partei Deutschlands
VKL	Vertrauenskörperleitung (IGM)
VST	Verwaltungsstelle (IG Metall)
VzsB	Verein zum Studium der sozialen Bewegungen, Berlin
WSI	Wirtschafts- und Sozialwissenschaftliches Institut des DGB
WWI	Wirtschaftswissenschaftliches Institut des DGB
ZK	Zentralkomitee

Dänemark

ABA	*Arbejderbevægelsens Bibliotek og Arkiv* = Archiv und Bibliothek der Arbeiterbewegung, Kopenhagen
AIC	*Arbejderbevægelsens Informations Central* = Informationscentrale der Arbeiterbewegung, Nachrichtendienst der SPDK und der Gewerkschaften
B&W	*Burmeister og Wain*, Schiffswerft, Kopenhagen
DA	*Dansk Arbejdsgiverforening* = Dänischer industrieller Arbeitgeberverband
DAmF/DASF	*Dansk Arbejdsmands [og Specialarbejder]forbund* = Verband der Unglernten [und Spezialarbeiter], in dänischsprachigen Texten oft als »DAF« abgekürzt, seit 1973: SiD
DKP	*Danmarks Kommunistiske Parti* = Dänemarks Kommunistische Partei
DKU	*Dansk Kommunistisk Ungdom* = Dänische Kommunistische Jugend
DM&SF	*Dansk Maskinarbejder & Smedeforbund* = Verband der Schmiede & Maschinenarbeiter, ab 1972: DM = *Dansk Metalarbejderforbund* = Dänischer Metallarbeiterverband
DS	*Danmarks Statistik* = Dänisches Amt für Statistik
DsF	*De samvirkende Fagforbund* = Die vereinigten Berufsverbände, seit 1959: LO/DsF, seit 1967: LO
DSF	*Dansk Slagteriarbejderforbund* = Verband der SchlachtereiarbeiterInnen
DSU	*Dansk Socialistisk Ungdom* = Dänische Sozialistische Jugend, Jugendverband der SPDK
EA	*Erhvervsarkiv* = Wirtschaftsarchiv, Århus
FI	*Formandsinitiativet* = Initiativgruppe der Gewerkschaftsvorsitzenden
FU	*Faglig Ungdom* = Gewerkschaftsjugend
HK	*Handels og Kontorarbejdernes Fagforening* = Verband der privatwirtschaftlichen Angestellten
KAD	*Kvindeligt Arbejderforbund i Danmark* = Verband der weiblichen Ungelernten
LO	*Landsorganisation i Danmark* = Landesorganisation in Dänemark, Dachverband der Gewerkschaften des privaten Sektors
LLO	*Lærlingenes og Ungarbejdernes Landsorganisation* = Landesorganisation der Auszubildenden und Jungarbeiter

OMS	*Omsætningsafgift* = Mehrwertsteuer
RV	*Radikale Venstre* = »Radikale Linke«, linksliberale Partei
SALA	*Sammenslutningen af Landbrugets Arbejdsgiverforeninger* = Zusammenschluss der Arbeitgeber der Landwirtschaft
SF	*Socialistisk Folkeparti* = Sozialistische Volkspartei
SiD	*Specialarbejderforbund i Danmark* = Spezialarbeiterverband in Dänemark
SN	*Socialdemokratiske Noter* = Zeitschrift der AIC
SPDK	*Socialdemokratiet* = Sozialdemokratische Partei, in dänischsprachigen Texten häufig als »SD« abgekürzt
V	*Venstre* = »Linke«, liberale Partei
VS	*Venstresocialisterne* = Linkssozialisten

Andere Länder

CGT	*Confédération Générale du Travail* = Allgemeiner Arbeiterverband, kommunistisch orientierter Gewerkschaftsdachverband in Frankreich
CGIL	*Commissione Generale Italiano de Lavoro* = Italienische Generalkommission der Arbeit, kommunistisch orientierter Gewerkschaftsdachverband
EFTA	*European Free Trade Association*
FNL	*Front National de la Libération* = Nationale Befreiungsfront, Vietnam
IISG	*Internationaal Instituut voor Sociale Geschiedenis,* Amsterdam = Internationales Institut für Sozialgeschichte
ILO	*International Labour Organisation*, Genf
MTM	*Methods-Time-Measurement*, Methoden-Zeit-Messung
TUC	*Trade Union Congress* = Dachverband der Gewerkschaften in Großbritannien
WLR	*World Labor Research Group*, Bloomington, USA

Tabellenverzeichnis

1. Registrierte Streiks in der Bundesrepublik, 1949–1960 ... 55
2. Nicht gewerkschaftlich organisierte Streiks, 1949–1960 ... 55
3. Registrierte Streiks in Dänemark, 1946–1957 ... 73
4. Alle Streiks und Anteil der wilden Streiks (BRD), 1949–1964 ... 111
5. Tarifliche und wilde Streiks in Dänemark, 1957–1961 ... 130
6. Wilde Streiks und ihr Anteil an sämtlichen Streiks (BRD), 1957–1968 ... 160
7. Ausfalltage bei tariflichen und wilden Streiks in Dänemark, 1964–1968 .. 193
8. Wilde Streiks in der Bundesrepublik, 1965–1972 ... 219
9. Sämtliche Streiks in der Bundesrepublik, 1968–1973 ... 276
10. Ausfalltage je 1.000 Beschäftigte im int. Vergleich, 1967–1976 ... 307